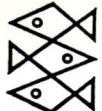

Über dieses Buch Psychoanalyse als kritische Theorie – diese von Alfred Lorenzer selbst gewählte Formulierung bezeichnet ein umfassendes und in mehrfacher Hinsicht provozierendes Programm. Lorenzer vertritt die These, die Psychoanalyse verrate ihre Bestimmung und verkomme zur bloßen Ideologie, wenn sie sich nicht in ihrem Wesen als kritische Theorie begreife. Diese These und Anklage geht jenen Fraktionen in der traditionellen Psychoanalyse gegen den Strich, die sich entweder selbstgenügsam abgekapselt haben oder eine freundliche Kooperation mit traditionellen Wissenschaften pflegen. Doch auch die Theorie der Gesellschaft hat ihre Schwierigkeiten mit der Psychoanalyse als kritischer Theorie und verweist auf ihren Erkenntnisgegenstand und ihre ganz andere Aufgabenstellung. Die hier zusammengestellten Aufsätze spiegeln den Ansatz Lorenzers und seine Wirkung in der ganzen Breite wider und sind um drei Schwerpunkte des Lorenzerschen Werkes gruppiert: Theorie und Geschichte der Psychoanalyse; Sozialisation und Subjektivität; tiefenhermeneutische Kulturanalyse.

Die Herausgeber Jürgen Belgrad ist Lehrer und Wissenschaftlicher Mitarbeiter an der Pädagogischen Hochschule Ludwigsburg; Bernard Görlich, Dr. phil., ist Wissenschaftlicher Mitarbeiter am Fachbereich Gesellschaftswissenschaften der Universität Frankfurt am Main; Hans-Dieter König, Dr. phil., ist Lehrbeauftragter am Fachbereich Gesellschaftswissenschaften der Universität Frankfurt am Main und wissenschaftlicher Mitarbeiter am Hamburger Institut für Sozialforschung; Gunzelin Schmid Noerr, Dr. phil., ist Leiter des Max-Horkheimer-Archivs der Stadt- und Universitätsbibliothek Frankfurt am Main und Mitherausgeber der Gesammelten Schriften Horkheimers.

Zur Idee einer psychoanalytischen Sozialforschung

Dimensionen szenischen Verstehens
Alfred Lorenzer zum 65. Geburtstag

Herausgegeben von
Jürgen Belgrad, Bernard Görlich, Hans-Dieter König
und Gunzelin Schmid Noerr

Christin Lange, 1987

Fischer Taschenbuch Verlag

Originalausgabe
Veröffentlicht im Fischer Taschenbuch Verlag GmbH,
Frankfurt am Main, August 1987

© 1987 Fischer Taschenbuch Verlag GmbH, Frankfurt am Main
Umschlaggestaltung: Jan Buchholz / Reni Hinsch
Gesamtherstellung: Clausen & Bosse, Leck
Printed in Germany
2980-ISBN-3-596-26788-9

Inhalt

III. Tiefenhermeneutische Kulturanalysen

JÜRGEN BELGRAD / BERNARD GÖRLICH
HANS-DIETER KÖNIG / GUNZELIN SCHMID NOERR

Alfred Lorenzer und die Idee
einer psychoanalytischen Sozialforschung

Eine Einleitung

»Psychoanalyse als kritische Theorie« – wenn Impuls und Intention des Lorenzerschen Werkes auf einen Nenner gebracht werden sollen, dann ist es diese von Lorenzer selbst als Titel seines Horkheimer-Vortrages[1] gewählte Formulierung: Sie markiert ein umfassendes und in mehrfacher Hinsicht provozierendes Programm. Die anklagende These, Psychoanalyse verrate ihre Bestimmung und verkomme zur bloßen Ideologie, wenn sie sich nicht in ihrem Wesen als kritische Theorie begreife, behagt jenen Fraktionen in der traditionellen Psychoanalyse nicht, die sich entweder selbstgenügsam abgekapselt oder aber sich in freundlicher Kooperation mit traditionellen Wissenschaften bequem eingerichtet haben. Doch auch die Theorie der Gesellschaft hat Schwierigkeiten mit dieser Bestimmung der Psychoanalyse als kritischer Theorie. Ist nicht der Bereich des Psychischen überhaupt – so die Frage einer explizit methodologisch verfahrenden Soziologie – abzugrenzen von deren Erkenntnisgegenstand und ergibt sich nicht die Distanz ganz von selber aus der ganz anderen Aufgabenstellung, der Bezogenheit der Psychoanalyse auf Therapie dort, der Kritik an den in objektiven Strukturen verkörperten Formen sozialer Herrschaft hier?

In Auseinandersetzung mit solchen Einwänden hat Lorenzer in dem oben genannten Vortrag die Grundzüge der methodologischen Übereinstimmung zwischen Psychoanalyse und kritischer Gesellschaftstheorie skizziert. Beiden gemeinsam sind:

– der Ansatz an Lebenspraxis, der Ausgang von problematischen Szenen, von konflikthaft durchsetzten dramatischen Figuren der sozialen Auseinandersetzung;

– das Interesse an der Selbstdarstellung des Subjekts, die Bestimmung der Potentiale menschlicher Subjektivität in der Frage nach den Realisierungschancen wie nach der Verhinderung emanzipatorischer Praxis;

– die Aufdeckung von Potentialen der Verzerrung im Verhältnis von

Bewußtsein und Praxis, wie es sich in den Profilen überindividueller Subjektivität darbietet;

– zusammengefaßt geht es beide Male um die Anstrengung, Phänomene zu hinterfragen und zur Ebene der hinter den Erscheinungen wirksamen sozialen Verhältnisse vorzustoßen mit dem Ziel ihrer Veränderung.

Allerdings verdient kritische Theorie ihr Prädikat nur, wenn sie die Kritikperspektive auch auf die eigene Position zurückzubeziehen vermag. Deshalb gehört – nur scheinbar paradox – das »Unbehagen an der Psychoanalyse«[2], wie es neuerdings verstärkt geäußert wird, dieser selbst genuin an. Gefordert wird eine Rückbesinnung auf die kultur- und gesellschaftskritischen Gehalte des Freudschen Erkenntnisanspruchs. Das Projekt einer psychoanalytischen Sozialforschung[3] soll den Tendenzen der Therapeutisierung und Funktionalisierung der Psychoanalyse[4] entgegenwirken. Ein derartiges Programm erfordert eine eingehende Besinnung auf Gegenstand, Verfahren und Erkenntnisziel der Psychoanalyse. Genau darum hat sich Lorenzer in seinem Werk bemüht. Sein Modell einer Metatheorie intendiert beides: das Freudsche Erbe im sozialwissenschaftlichen Begreifen zu bewahren und die psychoanalytische Erkenntnismethode auch dem nicht-therapeutisch arbeitenden Forscher verfügbar zu machen. So wird die Metatheorie zur Selbstreflexion der Psychoanalyse.

Eine Kernthese in Lorenzers metatheoretischer Untersuchung zur »Wahrheit der psychoanalytischen Erkenntnis« kann so zusammengefaßt werden: Der psychoanalytische Forscher muß in der Lage sein, Mißtrauen gegen sich selbst zu entwickeln; er ist notwendig in den analysierten Lebensformen befangen, ist also nicht a priori im Besitz einer – normativ begründeten – Wahrheit, sondern kann lediglich in der Teilnahme am Leiden eine Perspektive der Wahrheits-Suche einnehmen. An die Stelle einer positiv formulierbaren Wahrheitsformel muß die Anstrengung treten, sich gegen die lebenspraktischen Bedrängnisse zu wenden, die sich zur Leidensthematik an inneren und äußeren Verhältnissen verdichtet haben.

Versuchen wir einen Überblick über die einzelnen Etappen der Lorenzerschen Auseinandersetzung zu gewinnen und uns vor Augen zu führen, wie aus ihnen die Struktur einer Metatheorie erwachsen ist.

Eigentlich sind es zwei, auf den ersten Blick kaum zu vereinbarende Elemente, die sich zur treibenden Kraft der Lorenzerschen Auseinandersetzung gebündelt haben. Das eine ist die Eigenart des Querdenkens, durchaus wörtlich zu nehmen. Lorenzer respektiert, bei aller Strenge der kategorialen, metatheoretischen Differenzierungen in seinen Arbeiten, gleichwohl nicht die eingebürgerten Fachgrenzen, läßt sich von Fragen anderer Forschungsbereiche anregen und greift in deren Diskussionen ein. Zugleich aber weist die Entwicklung seines Ansatzes – und das ist das andere Element – von den ersten Anfängen praktischer und theoretischer Arbeit an ein hohes Maß an Konstanz und Konsequenz auf. Ein Beispiel, das uns zugleich aufs Gleis einer detaillierteren Rekonstruktion bringt: Lorenzers seit Anfang der 70er Jahre entwickelte Sozialisationstheorie hat einen frühen, unbekannten Vorläufer, die Dissertation nämlich (bei Ernst Kretschmer an der medizinischen Fakultät in Tübingen 1954). In ihr wird bereits ein entscheidendes Kapitel der »Sozialisationsproblematik« bearbeitet; freilich im Rahmen der damals diskutierten Konstitutionspsychologie und -biologie, in einem Bereich also, in dem die Frage nach dem Zusammenhang von Anlage und Umwelteinfluß, von »Körperbau und Charakter« (Kretschmer) im Blickpunkt der Reflexion stand.

Überhaupt, schon in den psychiatrischen Aufsätzen der 50er Jahre – Lorenzer arbeitete von 1954 bis 1960 an der Universitätsnervenklinik in Tübingen, absolvierte aber bereits während dieser Zeit seine Psychoanalyse-Ausbildung bei Felix Schottlaender in Stuttgart – findet sich die mit den Begriffsfeldern Szene – Subjekt – Unbewußtes bezeichnete Untersuchungsperspektive vorgezeichnet: In Schriften zur Problematik des sensitiven Beziehungswahnes, zur Verlustdepression, zur Paranoia-Frage und schließlich in Aufsätzen zur Problematik der »Neurose im psychologischen Feld« thematisiert Lorenzer wiederholt den Zusammenhang von Lebenssituation, Charakter und subjektiver Erlebnisreaktion im Krankheitsgeschehen.

Ein sozialpsychologisches Thema beschäftigt ihn auch in der darauffolgenden Auseinandersetzung. Dabei geht es um eine Fragestellung, die seit den 50er Jahren einige Beunruhigung ausgelöst hatte und die ihn von der älteren Psychiatrie weg und zur Psychoanalyse hingeführt hatte: die Frage nach der Zerstörung der menschlichen Persönlichkeitsstruktur unter dem Einfluß von äußeren Eingriffen im Erwachsenenalter (KZ-Neurosen). Lorenzer hat im Nachruf auf seinen Freund Klaus Horn diesen wichtigen Einschnitt der Entwicklung selbst kommentiert: »Ich hatte eine Reihe von Jahren der Psychiatriearbeit hinter mir, hatte die Psychiatrie aber verlassen und die psychoanalytische Ausbildung durchlaufen, weil jene Wissenschaft den großen Träumen der Zeit so gänzlich ratlos gegenüberstand. Begierig, das Rätsel der ›traumatischen Neurose‹ in der Psychoanalyse gelöst zu finden, stieß ich auch da bald auf eine Grenze, an der mir klar wurde, nur in der Öffnung der Psychoanalyse zur ›kritischen Theorie‹ kann die Lösung gefunden werden.«[5]

1963 – Lorenzer blickt auf drei Jahre Praxis an der psychosomatischen

Klinik der Universität Heidelberg zurück und beginnt seine Arbeit am Sigmund-Freud-Institut in Frankfurt – plant er, das Problemfeld der traumatischen Neurose als Habilitationsthema zu bearbeiten, doch dann entwickelt er ein Arbeitsprogramm, das über den eingegrenzten Gegenstandsbereich rasch hinausgehen sollte: Nicht im Aufgreifen, Sammeln und Durchforsten bisher vorliegenden fachspezifischer Ansätze zu diesem Thema sucht er die Auseinandersetzung, sondern im hartnäckigen Bemühen, die Eigenart der Psychoanalyse als Wissenschaft genau zu bestimmen. Für den gestandenen Psychiater gilt es zu klären, wie sich die Struktur des psychoanalytischen Verstehens von den psychiatrischen Erkundungen unterscheidet und weshalb vom psychoanalytischen Konzept her der Zusammenhang von körperlicher und sozialer Bestimmtheit der Persönlichkeitsstruktur angemessener verstanden werden kann als im Rahmen traditionell-naturwissenschaftlicher Erklärungsmodelle.

Diese Grundfrage nach der Eigentümlichkeit von Verfahren und Gegenstand der Freudschen Wissenschaft vom Unbewußten läßt Lorenzer nun nicht mehr los. Sie ist Kernpunkt einer intensiven Forschungsarbeit, die er – von 1971 bis 1974 Sozialpsychologie-Professor an der Universität Bremen, von da an in Frankfurt als einziger Psychoanalytiker in der Bundesrepublik auf einem Lehrstuhl für Soziologie – engagiert vorantreibt und die sich in einer Reihe von Monographien und zahlreichen Aufsätzen dokumentiert findet.[6]

Der Überblick über das Werk verrät ein weiteres Charakteristikum des Lorenzerschen Denkens: Es ist das Aufspüren von Widersprüchen und Ungeklärtem, mitunter beiseite geschobenen Problemstellungen, das Aufgreifen von Diskussionslinien, die bis zu jenen Grenzen der Erkenntnisreichweite hin verfolgt werden, die mit der jeweiligen Aufgabenstellung und mit den überkommenen Möglichkeiten der Betrachtung zusammenhängen. Die Diskussion der Trauma-Frage war ein erstes Beispiel; das Unternehmen einer »Kritik des psychoanalytischen Symbolbegriffs« läßt die Eigenart des Lorenzerschen Eingriffs in die Diskussion noch deutlicher hervortreten. Dem während seiner Forschungs- und Lehrtätigkeit auch immer als Therapeut arbeitenden Wissenschaftler, dessen theoretische Reflexionen nie abgekoppelt sind von der eigenen Praxiserfahrung, kommt es darauf an, die esoterische Einigelung psychoanalytischer Zirkel aufzubrechen. An den aufgewiesenen Grenzen der Reichweite psychoanalytischer Erkenntnis sucht er einen Wechsel der Betrachtungsweisen in Gang zu bringen. So entwickelt sich die Programmatik einer metatheoretischen Formulierung psychoanalytischer Erfahrung in der Perspektive kritischer Sozialwissenschaft.

Wie der Auseinandersetzung mit der psychoanalytischen Traumalehre, so liegt auch der Klärung des Symbolbegriffs ein Impuls zugrunde, der sich der Konfrontation mit einer sozial-kulturell brisanten Problematik verdankt: War es in der Traumafrage das Rätsel des Persönlichkeitseinrisses erwachsener Individuen, so bildet hier die sozialpsychologische Bedeutung von Architektur als Symbolsystem ein gewichtiges Motiv der Auseinandersetzung. Die Analyse der kulturellen Symbolprozesse behauptet also ihren Platz schon früh neben der metatheoretischen Arbeit am Begriff.

Überblickt man die Entwicklung aus der Distanz, dann gewinnt man den Eindruck, daß es in den Auseinandersetzungen der frühen 70er Jahre in einer konzentrierten Diskussion auf hoher Abstraktionsebene gleichsam ums Ganze ging. Die Materialismus-Frage war noch ein heißes Eisen, und Zug um Zug begannen Sprachphilosophie und sprachtheoretische Reflexionen alle Disziplinen zu beeinflussen. Das Interesse an der Psychoanalyse wuchs in dem Maße, in dem sich die Marx-Debatten akademistisch vergeistigten oder objektivistisch erstarrten. Erkenntnistheoretisch-methodologische Fragen wurden intensiv diskutiert. So stand auch die Eigenart der Wissenschaft Psychoanalyse zur Debatte; die Frage, was in der psychoanalytischen Situation eigentlich geschieht, verlangte eine Antwort und, nicht zuletzt, das Rätsel des Unbewußten harrte einer Lösung, mit der die bisherigen Schranken des Begreifens – Biologismus hier, Kulturismus dort – in der Herausarbeitung der Eigentümlichkeit des psychoanalytischen Erkenntnisgegenstandes zu überwinden waren.

Lorenzer kämpft in dieser Zeit an mehreren Fronten zugleich. In seiner Auffassung vom Symbol als Produkt eines Erkenntnisvorgangs und zugleich »Abkömmling unbewußter Inhalte« hatte er die Richtung der eigenen Psychoanalyse-Interpretation angelegt: Sie weist die von der älteren Psychoanalyse betriebene Ontologisierung des Unbewußten ebenso ab wie die Lösungsversuche der modernen psychoanalytischen Ich-Psychologie, die kulturistischen und positivistischen Tendenzen in die Hand arbeitet. Mit »Sprachzerstörung und Rekonstruktion« (1970) legt Lorenzer eine Untersuchung dessen vor, »was der Psychoanalytiker macht«. Die hier getroffene Bestimmung der Psychoanalyse als einer von nomothetischen Einschlüssen freien hermeneutischen Erfahrungswissenschaft wird in der »Wahrheit der psychoanalytischen Erkenntnis« (1974) mit Blick auf die psychoanalytische Theoriebildung weiter verfolgt. Diese ist, Lorenzer zufolge, streng auf die Dimension des Erlebens, der Formbildung subjektiver Struktur, einzugrenzen; ihre darüber hinaus zielenden Ansprüche kausaler Erklärung sind als begriffliche Usurpationen zurückzuweisen. Das dadurch entstehende

Desiderat einer symbol- und interaktionstheoretischen Reformulierung des Freudschen Erkenntnisgegenstandes und der Vermittlung der Analyse subjektiver und objektiver gesellschaftlicher Struktur führt zur »Begründung einer materialistischen Sozialisationstheorie« (1972).

Es ist aufschlußreich zu sehen, wie Lorenzer im Verlauf dieser Arbeiten auf verschiedene wissenschaftliche Paradigmen Bezug nimmt und wie sich in dieser Abfolge eine eigenartige Gegenbewegung zur Entwicklung in anderen Wissenschaftsgebieten ausdrückt. Motiviert ist diese von der Anstrengung, bei aller Öffnung zu anderen Disziplinen das Widerspruchsmoment der Freudschen Erkenntnis festzuhalten und die Eigenständigkeit der Wissenschaft vom Unbewußten zu entfalten. Die Anknüpfung an die Diskussion sprachtheoretischer Modelle steht deshalb zentral nur in der ersten Phase der metatheoretischen Arbeiten, in denen es darum ging, die Eigenart der psychoanalytischen Situation von innen her aufzuhellen. Das Konzept des »szenischen Verstehens«, des Kerns der Lorenzerschen Psychoanalyse-Rekonstruktion, erlebt in diesem Zusammenhang seine Geburtsstunde. Die Kennzeichnung der Neurosenformel als Zerfallsprodukte des sprachlichen Symbolbildungsprozesses (Symbol versus »Klischee« und »Zeichen«) verdankt sich der Konfrontation mit dem Sprachspielmodell Wittgensteinscher Prägung. Damit war es Lorenzer gelungen, eine Grundforderung der metatheoretischen Auseinandersetzung zu erfüllen, Verfahren und Gegenstand mit nicht-psychoanalytischen Begriffen transparent zu machen. Zudem war der Anschluß an die aktuelle symboltheoretische Diskussion in den Humanwissenschaften hergestellt.

Lorenzer entschließt sich aber zu einer – wie er selbst sagt – »zweiten Runde der Auseinandersetzung«, wohl weil er bereits jetzt jene Entwicklung erahnt, die in der Folgezeit tatsächlich eintreten sollte: daß mit der Begeisterung, Psychoanalyse als sinnverstehende Wissenschaft entdeckt zu haben und die hermeneutisch-soziologischen Qualitäten dem naturwissenschaftlichen Selbstverständnis des Psychoanalyse-Begründers entgegensetzen zu können, eine entscheidende Speerspitze der Freudschen Erkenntnis, die aus dem Triebbegriff zu gewinnen ist, abgebrochen zu werden droht. Der Triebbegriff war subjektanalytisch und gesellschaftswissenschaftlich noch weitgehend unerschlossen. Die moderne innerpsychoanalytische Diskussion hatte nicht verstanden, dieses von Freud stets behauptete Zentrum der psychoanalytischen Theorie zu bewahren, weil sie im Tribut an positivistische Wissenschaftsideale wie in der Hilflosigkeit dem »Torso Metapsychologie« gegenüber und nicht zuletzt in der Abstinenz von kulturtheoretischen Reflexionen selber orientierungslos geworden war. Den Freudschen

Triebbegriff als Angelpunkt der Persönlichkeitstheorie festzuhalten, seine Inhalte wieder radikal zur Geltung zu bringen – dieses von Lorenzer initiierte Programm besagt, den inneren Kern der psychoanalytischen Erfahrung begrifflich zu erhellen, die These von der »Bewußtlosigkeit des Unbewußten«[7].

An dieser Stelle trennen sich die Wege von Psychoanalyse, Sprachphilosophie und Phänomenologie. Lorenzer markiert die Grenzen des Wittgensteinschen Sprachspielmodells und signalisiert damit – so in einem späteren Rückblick –, »daß die metatheoretische Position, von der her die Kritik der Psychoanalyse geführt worden war, sich verändert hatte. Anstelle einer sprach- und handlungstheoretischen Begründung von Psychoanalyse trat eine kritische Vermittlung psychoanalytischer Erfahrungen mit den Erfahrungen einer – aus der Kritik der politischen Ökonomie erwachsenen – Analyse der gesellschaftlichen Wirklichkeit.«[8] Die Orientierung an der Materialismus-Idee, einer praktischen Dialektik zwischen innerer Natur und sozial-kulturellen Eingriffen, erlaubte es, das Problem der menschlichen Triebnatur in die Perspektive der Spannung von Individuum und Gesellschaft zu rücken. Dabei kam es Lorenzer entscheidend darauf an, am Kern des Widerständigen im Unbewußten festzuhalten, ohne den Problemzusammenhang aus den gesellschaftlich-kulturellen Vermittlungen herauszuhalten. In der »Theorie der Interaktionsformen« wird die Lösung dieses Problems vorgestellt: Der Trieb wird als sozial hergestellt, als innerer Niederschlag von Interaktionen und daher als Gefüge von Interaktionsentwürfen oder – auf die Freudsche Begrifflichkeit zurückgewendet – als Gefüge von »Erinnerungsspuren«, die nun in ihrer Abkunft aus leiblichem Interagieren gesehen werden können. Fortan hält das Konzept der Interaktionsformen dazu an, in der »Triebsphäre« des Menschen die zentralen Figuren leiblich-sozialer Prozesse zu entdecken und im Detail aufzuweisen, wie in einzelnen Sozialisationsschritten und in unterschiedlichen Sozialisationsinstitutionen subjektive Strukturen hergestellt werden. In seiner Vortrags- und Aufsatzsammlung »Sprachspiel und Interaktionsformen« verdeutlicht Lorenzer die Konsequenzen, die in dieser »Etappe der Überwindung der Grenzen des Sprachspielkonzepts und d. h.: der Entfaltung der Theorie der Interaktionsformen«[9] liegen. Am Schluß der Einleitung zu diesem Band skizziert er die Erkenntnisperspektive im Rückblick auf die Entwicklung der eigenen Perspektive so: »Die Verankerung des Problems der Auseinandersetzung von Psychoanalyse und historischem Materialismus am Punkte der Unterscheidung von symbolischen und desymbolisierten Interaktionsformen heißt angesichts der Geschichte des hier vorgestellten Konzeptes: gingen die Überlegungen von einer Kritik des psychoanaly-

tischen Symbolbegriffs aus, so kehren sie nun wieder zur Ausgangsproblematik zurück, zur Unterscheidung zwischen bewußtseinsfähigen und nichtbewußtseinsfähigen Strukturanteilen. Die Überlegungen werden nun aber angeleitet von dem Interesse, mit Hilfe dieses Unterschiedes die gesellschaftliche Beschädigung der Subjektivität (die eine bestimmte gesellschaftliche Situation kennzeichnet) mit den Profilen individuellen Subjektverlustes (der in aktuellen Analysen erscheint) vermitteln zu können. Ziel jeder materialistischen Sozialisationstheorie muß sein: Die Beschädigung der Individuen in ihrer konkreten Unmittelbarkeit zu verstehen und den Weg der Vermittlung zu begreifen.«[10]
Lorenzer begnügt sich also nicht mit einer Kritik psychoanalytischer Begriffsmystifikationen. Seine Theorie der Interaktionsformen zielt darüber hinaus auf eine dialektische Vermittlung der Analysen von subjektiver und objektiver Struktur. Dabei geht es darum, ein Erkenntnisinstrument zu entwickeln, das den einen Bereich im Zentrum des anderen, ihm scheinbar gegensätzlichen aufzuweisen verhilft. Psychoanalytische Erfahrung zur Individuation und sozialwissenschaftliche Theoreme zur Sozialisation sollen weder unkontrolliert vermischt noch überkontrolliert voneinander ferngehalten, sondern kategorial vermittelt werden. Dieser Ansatz greift ein seit den freudo-marxistischen Debatten der 20er und 30er Jahre uneingelöstes Desiderat wieder auf, das auch in den Diskussionen der 70er Jahre nur scheinbar erfüllt wurde: in gewissen modisch-vorschnellen Versuchen, Psychoanalyse und Gesellschaftstheorie eklektizistisch miteinander zu verschmelzen oder über analogische Hilfskontruktionen miteinander zu harmonisieren. Lorenzers Ansatz verlängert nicht eindimensional den individuell orientierten Zugang der Psychoanalyse auf soziale Gegenstandsbereiche, sondern sucht die sozialen Figuren im unbewußten Kern des Subjekts und die subjektiven Lebensentwürfe im intersubjektiven Spiel der Kultur zu entdecken.
Zur Realisierung dieses Programmes hat Lorenzer selber ein Beispiel gegeben: in der Studie »Das Konzil der Buchhalter«, in der er die Folgen der Symbolzerstörung in einer nachfamilialen Sozialisationsinstanz – Beispiel war die Liturgiereform der katholischen Kirche – diskutierte. Prägnant tritt hier die Bedeutung eines Bereichs hervor, der sich dem traditionell-psychoanalytischen Begreifen entzieht und die Perspektive einer Kulturanalyse »modo psychoanalytico« auf den Plan ruft: das Feld der »sinnlichen Symbole«.
Vielleicht muß hier von einer dritten Runde der Lorenzerschen Auseinandersetzung gesprochen werden, die nun zwar nicht auf einem Paradigmenwechsel in der metatheoretischen Orientierung basiert, aber doch eine neue Etappe der Forschungsarbeiten ankündigt: Die Dring-

lichkeit rückt ins Bewußtsein, das psychoanalytische Erkenntnisinstrument zu schärfen und zuzuschneiden auf das Feld der Analyse kultureller Erlebnisfiguren. In der Auslegung der Interaktionsformen als »Lebensentwürfe« findet diese Linie ihren begrifflichen Ausdruck. Es geht nicht mehr nur um die Analyse der Beschädigung subjektiver Strukturen – natürlich wird dieses Feld nicht einfach übersprungen; es bleibt weiterhin im Zentrum der Analyse –, sondern um das Aufspüren von Entwurfsmodellen, die in überindividuellen Figuren sinnlicher Symbolik zur Realisierung drängen. Tatsächlich steht ja jene szenisch bildhafte Sphäre zur Debatte, die die Psychoanalyse in den Traumbildern von Anfang an zum Gegenstand ihres tiefenhermeneutischen Verfahrens gemacht hatte, deren persönlichkeitsbildende und zugleich kulturstiftende Bedeutung von ihr aber nicht angemessen begriffen werden konnte. Sensibel zu machen für diese Vermittlungsfiguren ist die Aufgabe des psychoanalytischen Sozialforschers, der damit nicht nur zu einem neuen Verständnis vom Gegenstandsbereich analytischer Sozialpsychologie beiträgt, sondern so den Anschluß zur unmittelbar lebenspraktischen Argumentation wiederherstellt. Denn vom Schicksal dieses Bereichs, dem der Kultur im Individuum, hängen alle Chancen emanzipatorischer Subjektivität ab.

»Die Bilder stehen für eine szenisch-sinnliche Erlebnisfülle« – gibt Lorenzer in einem Vortrag zu bedenken –, »die von der Sprache gar nicht angemessen erfaßt werden kann, weshalb die Sphäre der bildhaften Symbole niemals abgeschafft werden kann – es sei denn der Mensch würde zum reinen Zeichenwesen reduziert. Aber dann wäre auch der Zusammenhang der Sprache zur emotionalen Erfahrung zerstört.« [11] Die aus der Diskussion um Verfahren und Gegenstand der Psychoanalyse entwickelte Methode der Tiefenhermeneutik zielt darauf ab, gerade diesen Zusammenhang von Erkenntnis und emotional affektiver Betroffenheit produktiv zu machen. So am Beispiel der psychoanalytisch-tiefenhermeneutischen Literaturinterpretation: Im szenischen Verstehen und im Spiel von Erlebnisirritationen geht es darum, der Inwendigkeit subjektiver Lebensentwürfe in der Spannung des Text-Leser-Verhältnisses auf die Spur zu kommen. Die Suche nach den verborgenen Figuren der Lebenspraxis verlangt den Einsatz und die Reflexion der eigenen lebenspraktischen Vorannahmen des Interpreten und die Bereitschaft, sie mit anderen Sinndimensionen zu konfrontieren.

Über den Bereich der Literaturinterpretation hinaus erschließt sich die psychoanalytisch orientierte Tiefenhermeneutik überall dort neue Felder, wo die Subjekt-Objekt-Verschränkung auf ihren szenisch-lebenspraktischen Untergrund hin erforscht werden soll, um einen dem vorgeführten Sinnzusammenhang in die Quere kommenden anderen, einen latenten Sinn freizulegen. Dabei stellt sich auf allen diesen Gebieten gewiß das Problem, die Übertragung des psychoanalytischen Erkenntnisinstruments von der therapeutischen Aufgabenstellung auf das nicht-therapeutische Feld der Kultur- und Sozialisationsprozesse methodologisch reflektiert zu vollziehen. Das Zentrum der psychoanalytischen Aufklärungsarbeit muß gewahrt bleiben – Figuren der Subjektivität als innerer Lebenswelt, als Verhältnis von Natur und Kultur im Individuum –, ebenso wie die Eigenständigkeit des Aufklärungsinstruments, das auf die Dechiffrierung unbewußter Inhalte der Lebenspraxis ausgerichtet ist. Deshalb ist psychoanalytische Tiefenhermeneutik zentriert um den Transfer der Erkenntnismethode, dem Sog entgegenwirkend, der sie ableiten ließe ins Fahrwasser einer bloß angewandten Psychoanalyse, die umstandslos Theoriefiguren auf anderes Terrain überträgt, neue Einsicht so aber nicht gewinnen kann.

Die Idee der Tiefenhermeneutik ist aus der metatheoretischen Diskussion entstanden und hat das Konzept der Sozialisationstheorie zu ihrem Fundament. Sie verbietet es sich, die eigenen Begriffe erneut zu verdinglichen. Tiefenhermeneutische Erforschung kultureller Bereiche darf sich nicht von vornherein an eine ihr gegenüber heterogene Theorie anklammern, sondern verlangt eine eigne, dem Erlebnis- und Verstehensprozeß anschmiegsam folgende Begriffsarbeit.

An dieser Forderung zeigt sich Lorenzers Nicht-Konformität nicht weniger als an seiner Verweigerung gegenüber bloß ideologiekritischen Attitüden dort, wo sie zu bequemen Klischees erstarrt sind. Von seinem Querdenken gegen den emanzipatorischen common sense hat er in seinen Beiträgen zur Freud-Interpretation Kostproben gegeben: Den Physiologen Freud zu rehabilitieren gehört zu seinem Programm, das im Nachzeichen der Freudschen Anfänge und Erkenntnisfortschritte, in einer »Archäologie der Psychoanalyse«[12], erste Schritte der Realisierung gefunden hat und der weitere Arbeiten zur Metapsychologie folgen werden – in einer Zeit, in der die Bestimmung des hermeneutischen und psychologischen Charakters der Psychoanalyse zwar Mode geworden ist, den »Schlaf der Welt« aber längst nicht mehr zu stören vermag.

Lorenzer kann sich die neuerliche Provokation erlauben, denn seine Interpretation sitzt auf dem Fundament eines durchdachten Materialismus. Der Freudsche Biologismus – so die These – hat sogar in seiner allseits verpönten Gestalt der phylogenetischen Konstruktionen sein Recht, weil er, wenn auch in mystifizierter Form, Einsichten zutage fördert, an welche die methodologisch aufgeputzten Instrumente von Soziologie und Psychologie nie und nimmer heranreichen: Einsichten in die Tiefendimension des Verhältnisses von Naturalem und Sozialem im Aufbau der Persönlichkeitsstruktur wie im Prozeß der kulturellen Auseinandersetzung.

Man sieht, es ist eine ironische, eine lebendige Wissenschaft, für die Lorenzer einsteht, ein kämpferisches Denken, radikal um der begrifflichen Klärung willen und zutiefst einer kritischen Theorie des Subjekts verpflichtet, der Psychoanalyse, die ihre Identität nur behält – so Freud unmißverständlich – »in der Opposition gegen alles konventionell Eingeschränkte, Festgelegte, allgemein Anerkannte.«[13]

Die hier anläßlich von Lorenzers 65. Geburtstag zusammengestellten Aufsätze spiegeln die Wirkung seines Ansatzes in seiner ganzen Breite wider – wenn auch gewiß nur in einigen wenigen Ausschnitten. Sie sind um drei, dem Lorenzerschen Werk entsprechende Schwerpunkte gruppiert:
– Theorie und Geschichte der Psychoanalyse,
– Sozialisation und Subjektivität und
– Tiefenhermeneutische Kulturanalysen.

Der erste Teil präsentiert Beiträge zur *Theorie und Geschichte der Psychoanalyse*. Bernard Görlichs metatheoretische Überlegungen zur »Hexe Metapsychologie«, Hans-Dieter Königs historisch motivierte Erörterung zum Symbolbegriff und Franz Wellendorfs tiefenhermeneutische Reflexionen zu Übertragung-Gegenübertragung greifen exemplarisch Probleme der Psychoanalyse auf. Alfred Krovoza/Christian Schneider aktualisieren die Idee einer psychoanalytisch fundierten Sozialwissenschaft aus der Fragestellung heraus, unter welchen Voraussetzungen das psychoanalytische Instrumentarium auch für andere (Sozial)Wissenschaften fruchtbar gemacht werden könnte.

Im Kontext einer metatheoretischen Neubestimmung der Psychoanalyse setzt sich Görlich mit der Erkenntnisfunktion der Freudschen Metapsychologie auseinander; er verteidigt sie gegen neuerdings wieder verstärkt auftretende Angriffe und arbeitet dabei Lorenzers Vorschlag in die Diskussion ein, Metapsychologie, d. h. Freuds Wissenschaft vom Unbewußten, als Doppelmetaphorik zu lesen, in der die Spannung von Natur und Sozialität einen angemessenen Ausdruck findet. Analog zu Lorenzers Rekonstruktion der Vor- und Frühgeschichte der Psychoanalyse zeichnet König Groddecks Weg vom praktischen Arzt zum Psychoanalytiker nach. Wie bei Freud revolutioniert sich auch bei Groddeck das Arzt-Patient-Verhältnis mit dem Übergang vom medizinischen Erklären zum szenischen Verstehen auf eine dramatische Weise. Wie einschneidend diese Wende war, dokumentiert das Wort des Begründers der Psychosomatik, er sei mit der Entdeckung des Es vom strengen Vater zur einfühlsamen Mutter seiner Patientinnen geworden. Der »Fall Dora« (»Bruchstücke einer Hysterieanalyse«) dient Wellendorf dazu, Spuren der Entwicklung der Psychoanalyse zu rekonstruieren, die Freud mit der Niederschrift dieses Falles gelegt hat. Mit Hilfe des szenischen Verstehens, wie es von Lorenzer vorgeführt und auch in den Beiträgen des III. Teiles dieses Bandes zum Ausdruck gebracht wird, zeigt Wellendorf eine eigentümliche skandalöse Beziehung auf: Der Prozeß von Übertragung und Gegenübertragung schafft als Beziehung *und* Methode die notwendige »mésalliance«, um zu den geheimen Wünschen des Patienten vorzustoßen.

Da Freuds Individualpsychologie »von Anfang an auch Sozialpsychologie«[14] gewesen ist, bliebe der Blick auf die Theorie und Geschichte der Psychoanalyse unvollständig, würde nicht jene Idee der Grenzüberschreitung detaillierter zur Sprache kommen, die eine kulturtheoretische Reflexion der Psychoanalyse und die Perspektive einer psychoanalytischen Sozialpsychologie aus sich hervortreiben.

Im Anschluß an Lorenzers Forderung, daß auch die psychoanalytisch-tiefenhermeneutische Kulturanalyse »eines eigenen von vornherein nicht therapeutisch ausgerichteten Ausbildungsganges«[15] bedarf, setzen sich Krovoza und Schneider mit Freuds Kulturtheorie und seiner Einschätzung der Laienanalyse auseinander, um auf dieser Grundlage das Problem der psychoanalytischen Qualifikation von Sozialwissenschaftlern zu erörtern. Der Laie als »gebildeter Analytiker« ist die Voraussetzung für die Verbreitung und Übertragung der Psychoanalyse auf andere Wissenschaften, da er einmal die dafür notwendige Doppelqualifikation und so zugleich die unerläßliche kritische Distanz besitzt.

Auch die Beiträge zum zweiten Themenkomplex *Sozialisation und Subjektivität* versuchen, entlang der Lorenzerschen Intention psychoanalytische Erkenntnisse auf den sozialwissenschaftlichen Begriff zu bringen. Hans-Joachim Busch, Jürgen Belgrad und Siegfried Zepf gehen der Bildung von Subjektivität auf der Folie des Konzepts der Interaktionsformen nach. Beschädigungen subjektivitätsbildender Prozesse werden von Mario Erdheim, Thomas Leithäuser, Birgit Volmerg, Annelinde Eggert, Klaus Hoppe in den Mittelpunkt gerückt. Kritische Theorie des Subjekts als Einbeziehung psychoanalytischer Erkenntnisse in ein sozialwissenschaftlich fundiertes Konzept der Bildung, Ausdifferenzierung und Verzerrung von Interaktionsformen bildet also gleichsam die Basis dieser Aufsätze, auf der aufbauend Bedingungen und Möglichkeiten der Bildung bzw. Beschädigung von Subjektivität in der jeweiligen Sozialisation formuliert werden. Fragestellungen des Lorenzerschen Konzepts einer Theorie der Interaktionsformen dienen dabei entweder als Ausgangspunkt der Argumentation oder es werden von anderen Arbeitsgebieten Verbindungslinien zu Lorenzer gesucht: Busch setzt sich mit verschiedenen sozial- und psychohistorischen Ansätzen auseinander und versucht den geschichtlichen Ort der Psychoanalyse im Gefolge der Entstehung bürgerlicher Individualität zu bestimmen; Subjektgeschichte wird so als Sozialisationsgeschichte lesbar. Belgrad geht es um ein verändertes Subjektverständnis; Lorenzers Konzept der Interaktionsformen bietet ihm zufolge den sozialwissenschaftlichen Rahmen, den philosophisch formulierten Hegelschen Ansatz des Subjekts als »Verhältnis« angemessen begrifflich zu reformulieren. Zepfs Erörterung will auf der Basis einer als tiefenhermeneutische Erfahrungswissenschaft sich verstehenden Psychoanalyse die strukturtheoretischen Begriffe – hier vor allem das Konzept der Ich-Funktion (Wahrnehmung, Bewußtsein etc.) – neu entfalten. Erdheim begreift die Hexenprozesse als eine von der katholischen Kirche organisierte Kulturzerstörung. In den Hexenprozessen sieht er Inszenierungen, um die Aggression gegen den absoluten Herrscher unbewußt zu machen, wobei in den Phantasmagorien von Teufel und Hexe sowohl die Wiederkehr der unbewußt gemachten Aggression als auch die tabuisierte Wahrnehmung der Machtakkumulation zum Vorschein kommt. Leithäuser entfaltet auf der Basis der Lorenzerschen Persönlichkeitstheorie dessen Konzept von Massenpsychologie als Verknüpfung von Psychopathologie und Weltanschauung. Volmerg und Eggert, deren Beiträge thematisch um den Bereich der Arbeitswelt kreisen, stützen sich sowohl auf die Theorie der Interaktionsformen als auch auf die Verfahrensweise tiefenhermeneutischer Interpretation als Kulturanalyse. Volmerg begreift Interaktionsprozesse der Arbeitswelt als Widerspruch zwischen Interaktionsformen und Verkehrsformen. Eggert interpretiert ein Diskussionsprotokoll einer Gruppe von Arbeitslosen und zeigt dabei, wie die traditionellen Geschlechtsrollen unter der Bedingung der Sinnleere zu einer Art Refugium werden. Hoppe schließlich interessiert sich für die Möglichkeiten einer Versöhnung der persönlichen Bedürfnisse von Geistlichen mit ihren jeweiligen Erwartungen, die sich projektiv in der Gestalt Gottes niederschlagen.

Der dritte Abschnitt versammelt eine Reihe von Versuchen zur *tiefenhermeneutischen Kulturanalyse*. Darin sind sowohl methodologische und propädeutische Überlegungen als auch Interpretationen einzelner kultureller Phänomene enthalten. Achim Würker, Sigrid Scheifele und Ulrike Prokop analysieren literarische Texte; Gunzelin Schmid Noerr interpretiert ein Kunstlied als literarisches und zugleich musikalisches Gebilde; die übrigen Autoren befassen sich mit außerliterarischen Gegenständen: Maya Nadig mit kulturspezifischen Verhaltensformen,

Søren Nagbøl mit Architektur und Martin Karlson mit bildender Kunst.

Seit Freuds ersten Bemerkungen zu den Dramen von Ödipus und Hamlet im Zusammenhang seiner Traumdeutungen war das psychoanalytische Verfahren als Interpretation sprachlicher Gebilde aufs engste mit dem Verstehen von Literatur verknüpft. Dem trägt die besonders innige Anbindung des tiefenhermeneutischen Verfahrens an Interpretationen dichterischer Texte Rechnung, wie Würker es methodologisch reflektiert. Wie aber das szenische Verstehen der therapeutischen Psychoanalyse von Anfang an nicht nur sprachliche Äußerungen umfaßte, sondern sich mit ihnen zugleich die ganze Fülle der Lebenspraxis erschloß, so greift auch die tiefenhermeneutische Kulturanalyse notwendig auf andere Bereiche über. Welchen Modifikationen sich die Tiefenhermeneutik zu unterziehen hat, wenn sie sich ihr bislang unbekannten Feldern zuwendet, untersuchen in methodologischer Absicht Karlson für die bildende Kunst und Schmid Noerr für die Musik.

Die Überlegungen zur Methode resultieren aus der Erprobung am Untersuchungsgegenstand und sind deshalb auch in ihrer Darstellung von der durchgeführten Analyse solchen Materials nicht strikt zu trennen. So rekurriert etwa – was die tiefenhermeneutische Interpretation von Literatur angeht – Würker exemplarisch auf eine Szene aus Canettis Autobiographie »Die gerettete Zunge«, um daran die Eigenart des Verstehens der unbewußten Wirkungsdynamik anschaulich zu machen. Dasselbe literarische Werk wird im Beitrag Scheifeles ebenfalls anhand einer ausgewählten Passage, aber ausführlicher in seiner Wirkung auf das Erleben des Lesers interpretiert. Die Autorin nimmt Irritationen des Leseerlebnisses zum Ausgangspunkt, um die verborgenen Lebensentwürfe ausfindig zu machen, die der im Text Canettis aufgebauten Unruhe und Angst zugrunde liegen. Im Unterschied dazu verknüpft Prokop jenes Verfahren mit dem von Psychohistorie und Ideologiekritik. Sie zeigt am Briefwechsel zwischen Herder und Caroline Flachsland, seiner späteren Frau, die im 18. Jahrhundert organisierte geschlechtsspezifische Auseinandersetzung mit Literatur: Während die Männer sich in dieser Zeit untereinander verständigen, indem sie über Literatur und die literarisch vorgeführten Lebensentwürfe gleichberechtigt »reden«, erwarten sie von den Frauen, daß diese sich unmittelbar mit den Romanheldinnen identifizieren, die die »Herren der Schöpfung« literarisch entworfen haben.

In seinem Beitrag über das Lied ›Gute Nacht‹ aus dem Zyklus ›Winterreise‹ von Franz Schubert und Wilhelm Müller versucht Schmid Noerr, jene Abgründigkeit der literarischen und musikalischen Figuren aufzuhellen, die in der Rezeptionsgeschichte des Zyklus oft bemerkt, aber bisher kaum zureichend verstanden worden ist. Er interpretiert das Zusammenspiel von Sprache und Musik als Darstellung verschiedener Situationen und Stimmungen, denen ein einheitlicher »unbewußter« Lebensentwurf zugrunde liegt: Zerstörung und Verklärung einer Liebe. Ausschließlich nicht-literarischen Gegenständen sind die weiteren Beiträge gewidmet. Wie Prokop greift auch Nadig auf einen Ansatz zurück, der in anderen Bereichen der Sozialwissenschaften entwickelt wurde, und zwar hier auf den der Ethnopsychoanalyse. Sie setzt ihn in Verbindung mit dem tiefenhermeneutischen Verfahren ein, um die Einsozialisierung des Geschlechterverhältnisses in einer mexikanischen bäuerlichen Kultur zu untersuchen. Auch Nagbøl befaßt sich mit einer Art Sozialisationsagentur, und zwar mit der als Architektur vergegenständlichten. Anhand eines Ganges durch das Deutsche Architekturmuseum in Frankfurt am Main erörtert er die Wirkung einer architektonischen Inszenierung auf das Erleben. Er zeigt, wie der durch Architektur konstituierte Raum den einzelnen in der Erfahrung dieses Raumes bestimmten Normen der Lebenspraxis unterwirft. Dabei bedient er sich des Kunstgriffs einer »Vision«, in der das Museum durch eine kontrastierende Punk-Inszenierung bevölkert wird. Wie auch im Bereich bildlicher Darstellungen Normen, Regelsysteme zur Geltung kommen, verfolgt Karlson anhand der Entwicklung der Kinderzeichnungen. Er untersucht die Spannungen zwischen Regelbeachtung und -überschreitung und stellt dann diese charakteristischen Momente der Erlebnisbedeutung an einem Bild J.-B. Chardins dar.

Anmerkungen

[1] A. Lorenzer, Psychoanalyse als kritische Theorie. In: A. Schmidt, N. Altwicker (Hg.), Max Horkheimer heute: Werk und Wirkung. Frankfurt am Main 1986, S. 259–278.

[2] Vgl. zuletzt: H.-M. Lohmann (Hg.), Das Unbehagen in der Psychoanalyse. Eine Streitschrift. Frankfurt am Main 1983 (Fischer Taschenbuch 6782) und: Die Psychoanalyse auf der Couch, Frankfurt am Main 1984 (Fischer Taschenbuch 3834). Dazu auch: Institutsgruppe Psychologie der Universität Salzburg (Hg.) Jenseits der Couch. Psychoanalyse und Sozialkritik. Frankfurt am Main 1984 (Fischer Taschenbuch 42264).

[3] Vgl. dazu die Arbeiten von H. Dahmer, zuletzt: Die eingeschüchterte Psychoanalyse. Aufgaben eines psychoanalytischen Forschungsinstituts heute. In: H.-M. Lohmann (Hg.) Das Unbehagen in der Psychoanalyse. a. a. O., S. 24–39; und: Plädoyer für eine analytische Sozialpsychologie. In: Jenseits der Couch, a. a. O., S. 129–144.

[4] Vgl. etwa K. Horn, Wer überliefert Psychoanalyse wozu, politische Fragen. In: S. Drews o. a. (Hg.), Provokation und Toleranz. Festschrift für Alexan-

der Mitscherlich zum siebzigsten Geburtstag. Frankfurt am Main 1978, S. 341–360; und P. Parin, Warum die Psychoanalytiker so ungern zu brennenden Zeitproblemen Stellung nehmen? in: Psyche 32, 1978, S. 385–399.

[5] A. Lorenzer, Mitten in der Auseinandersetzung. In: H. J. Busch und H. Deserno (Hg.), Sozialforschung und Psychoanalyse als repolitisierende Praxis. Klaus Horn zum Gedenken. Materialien aus dem Sigmund-Freud-Institut Frankfurt am Main Nr. 2, 1985, S. 53.

[6] Vgl. die von H.-D. König erstellte Bibliographie am Schluß dieses Bandes.

[7] A. Lorenzer, Sprachspiel und Interaktionsformen. Vorträge und Aufsätze zur Psychoanalyse, Sprache und Praxis. Frankfurt am Main 1977, S. 8.

[8] Ebd., S. 9.

[9] Ebd., S. 10.

[10] Ebd., S. 11.

[11] A. Lorenzer, Die Bedeutung der Gegenstandserfahrung für die Persönlichkeitsbildung (unveröffentlichtes Vortragsmanuskript).

[12] A. Lorenzer, Intimität und soziales Leid. Archeologie der Psychoanalyse. S. Fischer, Frankfurt am Main 1984.

[13] S. Freud, Psychoanalyse und Telepathie. In: Gesammelte Werke (G. W.), XVII, S. Fischer, Frankfurt am Main, S. 28.

[14] S. Freud, Massenpsychologie und Ich-Analyse, in: G. W., XIII, S. 73.

[15] A. Lorenzer, Tiefenhermeneutische Kulturanalyse. In: Kultur-Analysen, Fischer Taschenbuch 7334, Frankfurt am Main 1986.

I. Theorie und Geschichte der Psychoanalyse

BERNARD GÖRLICH

»So muß denn doch die Hexe dran«

Über die Erkenntnisfunktion der Freudschen
Metapsychologie

Mit dem psychoanalytischen Begriff, vor allem mit dem metapsychologisch entwickelten, ist es eine merkwürdige Sache: Es sieht so aus, als sei die therapeutische Praxis nicht notwendig auf ihn angewiesen, denn ihre Ausgangslage, die Orientierung in der analytischen Situation, hat alle Streitgefechte um die angemessene Begriffsfassung überdauert, und die Grundzüge der klinischen Theorie, Abwehr- und Neurosenlehre, waren und sind – so scheint es – formulierbar, auch ohne die feste Anbindung an die Theoreme der Metapsychologie.
Metapsychologie? – Mit diesem Terminus sind zunächst einmal schlicht alle die Arbeiten bezeichnet, in denen Freud Grundfragen psychoanalytischer Erkenntnis bearbeitet und Antworten in begrifflicher Konstruktion sucht. Die Darstellung zu den Schlüsselbegriffen der Psychoanalyse – Verdrängung, Trieb, Unbewußtes – bilden zwar den Schwerpunkt, aber überall dort ist von Metapsychologie zu reden, wo Psychoanalyse sich in ihrer »ausschließlich theoretischen Dimension«[1] präsentiert. Der frühe, von Freud verworfene »Entwurf einer Psychologie« aus dem Jahre 1895 zählt deshalb ebenso dazu wie das berühmte VII. Kapitel der »Traumdeutung«, in dem das Modell des »psychischen Apparates« eine erste Gestalt gewinnt, der viele Anbauten und Umbauten folgen sollten.
»Metapsychologie« allerdings ist mehr als eine Sammelbezeichnung, die thematisch unterschiedlich orientierte Schriften auf eine gemeinsame Zielperspektive verpflichtet; sie ist Anleitung zur Begriffsarbeit, Anweisung, wie die Theorieebene auf der letzten, tatsächlich oberhalb der klinischen Psychologie liegenden, Ebene der Abstraktion organisiert werden soll; und d. h.: An ihr muß die Eigenart der »Erfahrungswissenschaft« Psychoanalyse ablesbar sein.
Daß Freud Grund hatte, für die Darstellung seines Erkenntniszentrums eine eigene Begriffsebene einzurichten, und daß er nur auf dem Wege des metapsychologischen Konstruierens Reflexionen über Grundprobleme der psychoanalytischen Erfahrung voranzutreiben

vermochte, davon gibt die Rede von der »Hexe Metapsychologie«[2] ein anschauliches Beispiel. Die Notiz ist in der späten Schrift »Die endliche und die unendliche Analyse« enthalten. Zur Debatte steht tatsächlich eine brisante Frage der psychoanalytischen Persönlichkeitstheorie: Wie ist die Spannung zwischen Triebanspruch und Möglichkeiten einer »Bändigung« durch das Ich begrifflich vorstellbar? – Freud führt zunächst an,

»was man ungefähr als die ›Bändigung‹ des Triebes bezeichnen kann: das will heißen, daß der Trieb ganz in die Harmonie des Ichs aufgenommen, allen Beeinflussungen durch die anderen Strebungen im Ich zugänglich ist, nicht mehr seine eigenen Wege zur Befriedigung geht. Fragt man, auf welchen Wegen und mit welchen Mitteln das geschieht, so hat man's nicht leicht mit der Beantwortung. Man muß sich sagen: ›So muß denn doch die Hexe dran‹. Die Hexe Metapsychologie nämlich. Ohne metapsychologisches Spekulieren und Theoretisieren – beinahe hätte ich gesagt: Phantasieren – kommt man hier keinen Schritt weiter. Leider sind die Auskünfte der Hexe auch diesmal weder sehr klar noch sehr ausführlich. Wir haben nur einen Anhaltspunkt – der allerdings unschätzbar – an dem Gegensatz zwischen Primär- und Sekundärvorgang und auf den will ich auch hier verweisen« (GW XVI, S. 69).

Man sieht hier Freud, den verbissenen Forscher, am Werk. Für ihn ist Metapsychologie eine lebenslange Herausforderung, in der Aufgabenstellung der »Klärung und Vertiefung der theoretischen Annahmen, die man einem psychoanalytischen System zu Grunde legen könnte« (GW X, S. 412, FN). Metapsychologische Darstellung, das ist, so Freud an anderer Stelle, »Vollendung der psychoanalytischen Forschung« (GW X, S. 280) und, wieder an anderem Ort notiert: »das äußerste Ziel, das der Psychologie erreichbar ist« (GW XIV, S. 85). Die Bilanz allerdings, die Freud 1925, nach über drei Jahrzehnten psychoanalytischer Forschung also, zieht, ist ernüchternd. Freud gesteht ein, daß der metapsychologische Versuch »Torso« (ebd.) geblieben ist. Stärker noch als diese Selbsteinschätzung fällt in der Beurteilung der Gesamtsituation ins Gewicht, daß Freud ganze bereits zusammengebaute Theoriestücke, die als metapsychologische Beiträge angesagt waren und doch die höchste Stufe des psychoanalytischen Begriffs hätten repräsentieren sollen, verworfen, bzw. vernichtet hat.

Gibt Freud mit diesem Schluß nicht all jenen Recht, vorab gleichsam, die heute metapsychologische Theoreme zur Disposition stellen? Jedenfalls ist der Streit um Sinn und Unsinn der alten Metapsychologie in vollem Gange, vor allem innerhalb der psychoanalytischen Diskussion selber; und es ist nicht zu übersehen: Jene Konzepte gewinnen zusehends an Boden, die sich dafür stark machen, Metapsychologie als unzeitgemäß-veraltet abzutun und sie mitsamt ihrem Kernstück, der Triebtheorie, überhaupt aus dem Zentrum der Psychoanalyse herauszurücken.[3]

Die Angriffe werden dabei von ganz unterschiedlichen Positionen her lanciert: es gibt auf der einen Seite die Phalanx von Sozial- und Geisteswissenschaftlern, Psychologen, Phänomenologen und Hermeneutikern, die breit darin übereinstimmen, daß die Grundausrichtung der Metapsychologie an naturwissenschaftlichen Bezugsgrößen die Einsicht in die Qualität der psychischen Prozesse verbaut; wir werden uns mit einem Exempel dieser Kritikfigur noch konkreter auseinandersetzen. Auf der anderen Seite gibt es die naturwissenschaftlich aufgeschlossenen Psychoanalyse-Interessenten, aber auch bei ihnen findet die alte Metapsychologie keine Gegenliebe. Das »Energie-Modell« – so heißt es etwa in einer neueren Stellungnahme – sei »Flickwerk«, und »bar jeden Erklärungswertes«[4]. Die Anpassung an neuere naturwissenschaftliche Paradigmen sei überfällig und müsse schleunigst nachgeholt werden.

Ein merkwürdiges Gebilde, das da fast armselig-allein zwischen alle Fronten geraten ist und – gerade deshalb unsere Neugier auf sich zieht. Was hat es mit diesem begrifflichen Vermächtnis Freuds auf sich? Was ist die Metapsychologie noch wert? Ist das psychoanalytische Theoretisieren nicht tatsächlich auf dem Holzweg, wenn es sich so eng an die alten Stützmauern anzulehnen versucht? Ist für den Tanz der »Hexe Metapsychologie« nicht das Raritätenkabinett aus dem 19. Jahrhundert, das Stelldichein biologisch-evolutionistischer Spekulationen, ein angemesseneres Forum als die Galaveranstaltung eines interdisziplinären Austauschs zwischen den hochentwickelten Spezialdisziplinen unserer Tage?

Ich möchte diesen Fragen nachgehen und hoffe, Antworten zu gewinnen in der folgenden Reflexion über die Erkenntnisfunktion der Metapsychologie.

1. Ein Angriff auf die Metapsychologie

Natürlich können uns die Einwände gegen die Metapsychologie nicht kaltlassen. Im Gegensatz aber zum dogmatischen Verdikt, für das sogar die Frage der Wissenschaftlichkeit der Psychoanalyse – negativ – entschieden ist, interessieren uns jene Positionen, die in ihren Angriffen eine beunruhigende Frage transportieren. Ich führe ein Beispiel ins Feld, ein frühes Dokument der Kritik, formuliert lange vor der Habermasschen These vom Freudschen »szientistischen Selbstmißverständnis«, mit der für viele an der Diskussion Interessierte das methodologische Problem der Psychoanalyse bereits eine elegant anmutende Lösung, die Diskussion aber ein – wie ich meine, allzu frühes – Ende gefunden hat.[5] Unser Beispiellieferant Paul Helwig, in einem Psychologie-Grundriß aus dem Jahre 1961, unterscheidet sich in Grundintention und Stoßrichtung des Angriffs kaum von heute so taufrisch-modern sich gebenden Positionen der Metapsychologie-Kritik und weiß dazu noch die Frage unumwunden-direkt und anschaulich zu placieren:

»Welchen Erkenntniswert soll es haben, wenn man unter das Begehren und Tun der Menschen eine ›Energie‹ legt, die sich in verschiedene Formen umsetzt – die sich verlagert und hin und her strömt? Welches psychische Phänomen wird durch diese Hinzufügung klarer? Welche Beziehungen bestehen überhaupt zwischen einem solchen Hin- und Herströmen einer objektiven Energiemenge und dem Sachverhalt, daß z. B. jemand seinen Mitmenschen liebt oder haßt? Was wird mit der Hinzufügung dieser Libido anderes erreicht, als daß man der schweren Aufgabe ausweicht, das Begehren, Lieben, Hassen und das Tun der Menschen *direkt* zu beschreiben? Die Bewegungen einer Energie in dem ›geschlossenen Energiehaushalt der Psyche‹, der ›Umsatz‹ dieser Energien und die ›Besetzung‹ von ›Instanzen und Provinzen‹ des Seelischen mit dieser Energie – das alles sind physikalische Vorstellungen, die völlig beziehungslos zu dem stehen, was wir erleben. Es sind so glatte Zutaten, daß man mit ihnen nicht ein einziges Lebensphänomen besser versteht als ohne sie. Es ist ein Spiel mit einem physikalischen Modell, das die Wirklichkeit nicht trifft.«[6]

Die Herausforderung, die in diesen Zeilen liegt, animiert zur direkten Entgegnung, wobei zunächst gar nicht bestritten werden soll, daß die Kritik in ganz bestimmter Hinsicht berechtigt ist; dort nämlich, wo sie die Gefahr beschreibt, die physikalistische Begriffskonstruktion könne sich allzu rasch von den konkreten Inhalten wegbewegen und eine Form falscher Abstraktheit annehmen, mit der Erlebnisinhalte nur noch schematisiert, verrechnet und Phänomene der Lebenswirklichkeit in Begriffsrastern erstickt werden. Insofern die Kritik also ein Warnschild errichtet vor der »subsumtionslogischen« Theoriefalle, ist ihr Zustimmung nicht zu versagen.

In einer anderen Hinsicht fällt die Naivität dieses selbstbewußt vorgetragenen Einwurfs auf: Er weicht jenem Problem einfach aus, das sich für jedes Theorie begründende wissenschaftliche Projekt zwangsläufig stellt, der Spannung zwischen Verstehen und Begreifen, zwischen interpretativem Ansatz, der dem Gegenstand angemessen ist, Systematisierung der Erfahrung, die im Verlauf der Auseinandersetzung mit dem Interpretandum gewonnen wird, und der Anstrengung des

Begriffs, die den Wesenskern des Erfahrungszusammenhangs zu fassen sucht. Die Forderung, die psychischen Vorgänge direkt zu beschreiben, bleibt auf der ersten Ebene stehen; sie verharrt beim Untersuchungsgegenstand selber und entwickelt nicht den für Freud charakteristischen Erkenntnisdrang, der eine eigenständige Erkenntnisform und übrigens auch eine eigenständige Technik aus sich hervorgetrieben hat. Der Psychologe denunziert hier – nicht zufällig – das Instrument der Theoriebildung, und er verkennt zudem den eigentlichen Anspruch psychoanalytischer Metapsychologie schon auf der Ebene der Organisation von Erkenntnis: Metapsychologie kann die Erlebnissphäre nirgendwo direkt abbilden; sie ist auf »begriffene« Struktur aus und zielt ab auf die Begründung einer eigenen Wissenschaft in der Einheit von Verfahren und Gegenstand – ohne sich dabei abzukoppeln von der Auseinandersetzung in konkreter Praxis. Wir stoßen hier auf ein grundsätzliches Problem, das es sogleich zu beachten gilt.

2. Schwierigkeit einer interpretierenden Erfahrungswissenschaft

Es ist das – unvermeidliche – Schicksal einer jeden Erfahrungswissenschaft, die ihre Kernsätze nicht in den hohen Gefilden einer Theorie-Theorie-Auseinandersetzung entwickelt, die Begriffsebene vielmehr sehr unmittelbar von der neuerschlossenen Praxis her zu organisieren hat: Sie muß eintauchen in den Äther der geschichtlich entwickelten und aktuell geführten Diskussion und sich orientieren und einbinden in den bestehenden wissenschaftlichen Diskurs, um überhaupt wahrgenommen und diskutiert zu werden. Darauf konzentriert, die Eigenart, das Neue der Praxiserfahrung im Begriff zur Geltung zu bringen, ist sie allerdings ungeschützt vor ideologischen Figuren, von denen die zur Begriffsbildung herangezogenen Orientierungsmittel unweigerlich durchsetzt sind.

Diese Orientierungsmittel – auch das ist typisch für jede in diesem Sinn entwickelte Erfahrungswissenschaft und gerade am Beispiel Freud zu studieren – werden ganz unterschiedlichen Bereichen entnommen: Das Gebäude »Metapsychologie« ist nicht nur aus Theoriestücken der Biologie, Physiologie und Anatomie gemauert. Nicht geringe Anteile bestehen schlichtweg aus Erfahrungen unmittelbarer Alltagspraxis, die von Freud verallgemeinert und ins Begriffsgerüst eingefügt wurden. Nicht zu vergessen sind schließlich jene Inhalte, die dem breit entwickelten Interesse des Metapsychologie-Begründers an Dichtung und

Mythos zu verdanken sind; auch aus diesem Fundus werden Orientierungsmerkmale gebildet, die mitunter (man denke nur an das Gebiet des Narzißmus) ganze Zentren psychoanalytischer Erfahrung auf abstrakter Ebene zu kennzeichnen haben.

Schon hier ist festzuhalten, daß der metapsychologische Begriff seine Bedeutung nur entfalten und seine Funktion nur erfüllen kann, wenn es gelingt, diese naturwüchsig zusammengeklaubten Stücke miteinander zu verbinden, sie zur Gestalt, zur systematischen Ganzheit zu formen. Für die Erfahrungswissenschaft Psychoanalyse ist das unabdingbar; einmal weil sie aus sich heraus – ohne mit der Schützenhilfe aus anderen Disziplinen rechnen zu dürfen, wie die zahlreichen Schattierungen der Metapsychologie-Kritik schnell klarmachen – dem Neuen der Erfahrung Geltung verschaffen muß, zum anderen, weil offenbar dem Erkenntnisgegenstand nicht anders beizukommen ist: Psychoanalyse kann sich in der Begriffsbildung nicht an jene Art deskriptiver Wissenschaft anlehnen, die – wie z. B. die Anatomie – Sichtbares, Vorhandenes erfaßt, einordnet und katalogisiert. Dem metapsychologischen Begriff ist es von vornherein verwehrt, sich zu orientieren an greifbaren Einteilungen und klaren Unterscheidungen wie die von äußerer Muskulatur und inneren Organen. Er ist von vornherein anders angelegt; salopp formuliert, er hat »weder Hand noch Fuß«. Das heißt aber, das in ihm zu fassende Terrain liegt hinter den Erscheinungen.

Freud hatte von dieser besonderen Ausgangssituation ein deutliches Bewußtsein; er respektierte den Interpretationsgegenstand und ließ keinen Zweifel daran, daß die der Physiologie entlehnten Begriffe im psychoanalytischen Erkenntnisraum einen gründlichen Umbau erfahren müssen, um für die eigentliche Aufgabe der Metapsychologie, eine »Verbildlichung für das Unbekannte« zu suchen, tauglich zu werden. Am Beispiel seiner Verwendung des Begriffs »Besetzung« stellt Freud an einer eher entlegenen Stelle klar:

»Die Erfahrungen über die Verschiebbarkeit der psychischen Energie längs gewisser Assoziationsbahnen und über die fast unverwüstliche Erhaltung der Spuren psychischer Vorgänge haben es mir in der Tat nahegelegt, eine solche Verbildlichung für das Unbekannte zu versuchen. Um dem Mißverständnis auszuweichen, muß ich hinzufügen, daß ich keinen Versuch mache, Zellen und Fasern oder die heute ihre Stelle einnehmenden Neuronsysteme als diese psychischen Wege zu proklamieren, wenngleich solche Wege in noch nicht angebbarer Weise durch organische Elemente des Nervensystems darstellbar sein müßten« (G. W. VI, S. 165).

3. Metapsychologische Postulate

Ist bereits der metapsychologische Begriff, nicht nur die psychoanalytische Praxis, nach dem Muster hermeneutischer Erkenntnis gebildet?

Mindestens zwei Gründe sprechen dafür. Der eine ist nur recht abstrakt formulierbar und wird einsichtig erst im Vergleich mit der Erkenntnisfunktion einer mathematisch-physikalisch gefaßten Formel. Man mache sich klar: Die mathematische Formel bildet ihren Gegenstand gerade auf der abstraktesten Stufe inhaltlich exakt ab; sie wird ihm nur so gerecht, denn nur in der Abstraktheit von allen akzidentellen Umständen kann die Formel zur Gesetzesaussage – Ziel und Vollendung dieser Wissenschaftsform – avancieren.

Der metapsychologische Begriff wäre dagegen um seine Aussagekraft gebracht, würde er sich derart abstrakt verselbständigen. Gewiß, er ist inhaltsleer geworden, unvermeidlich im Aufsteigen vom Konkreten zum Abstrakten, in der Entfernung von den szenischen Inhalten des Interpretandums. Aber aus eben diesem Grunde muß der metapsychologische Begriff rückbeziehbar sein auf den konkreten Inhalt; seine Existenzberechtigung muß er im Wechselspiel mit dem Material stets neu erwerben. Freud hat dieses Merkmal der Begriffsarbeit deutlich angezeichnet, als Zusammenspiel von »Beschreibung« und »abstrakten Ideen« sowie im Hinweis auf die Abhängigkeit der neu ins Spiel gebrachten Begriffe vom »empirischen Stoffe«. Es lohnt sich, diesen Zusammenhang in Freuds einleitender Bemerkung zu »Triebe und Triebschicksale« nachzulesen, denn in wenigen Zeilen ist dort eine Art methodologisches Brevier für die gesamte Metapsychologie entwickelt. (Vgl. GW X, S. 210) Die These vom umkehrbaren Wechselverhältnis zwischen den Anschauungsformen der Phänomene und der Strukturierungskraft der Begriffe repräsentiert also den einen, allgemeintheoretischen Begründungszusammenhang, mit dem sich die Eigenart psychoanalytischer Erkenntnisbildung, ihr Ausgangs- und Bezugspunkt in der Interpretation von Lebenspraxis, verrät.

Nun hat Freud ja bekanntlich noch konkreter die inhaltlichen Kriterien benannt, die einer metapsychologischen Konstruktion zugrunde liegen sollen. Ich erinnere an die wohl berühmteste Metapsychologie-Formulierung, zu finden in der Studie »Das Unbewußte«:

»Ich schlage vor, daß es eine metapsychologische Darstellung genannt werden soll, wenn es uns gelingt, einen psychischen Vorgang nach seinen dynamischen, topischen und ökonomischen Beziehungen zu beschreiben« (GW X, S. 281).

Eine gerade für die Bestimmung der Erkenntnisfunktion der Metapsychologie entscheidende Stelle. Bei der Metapsychologie – das wird hier nämlich schlaglichtartig deutlich – handelt es sich um eine Anleitung zum Interpretieren; alle Versuche, Metapsychologie unmittelbar empirisch nachzuprüfen, sind schon deshalb auf dem Holzweg, weil sie diesen Stellenwert von vornherein verkennen.

Metapsychologie ist eine Anweisung zum Interpretieren, die darauf drängt, einen Problemzusammenhang in der Verschränkung unterschiedlicher Ebenen des Begreifens zu bearbeiten. Der Problemzusammenhang, das ist das aus der Praxisbearbeitung stammende Interpretandum, ein vielschichtig determiniertes Material, weil hier Inhalte basaler Konfliktstrukturen zur Debatte stehen. In einer unablässigen Wendung in den Perspektiven folgt das Begreifen dieser Eigenart des Gegenstandes: der topische Aspekt verweist auf die unterschiedlichen Schichten in der Persönlichkeitsstruktur, der dynamische rückt die Konfliktkonstellation als Spiel von widerstreitenden Kräften in den Blickpunkt. Der ökonomische thematisiert die Eigenart der an eben diesem Konflikt beteiligten psycho-physischen Energie- und Kraftquellen des Erlebens.

Das metapsychologische Postulat schlägt also vor, wie die Theorieebene organisiert werden soll, nachdem ein fülliges Profil der Phänomene vorliegt. Konkreter: Die metapsychologische Betrachtung soll garantieren, daß der verstandene und nun zu begreifende Konflikt nicht nur ein Beziehungsproblem darstellt, wie es jede Psychologie recht unmittelbar formulieren kann. Hier soll der Beziehungskonflikt als Triebschicksal erkannt werden, er soll transparent werden als ein Prozeß, in dessen dramatischem Verlauf der Beziehungskonflikt den Betroffenen buchstäblich auf den Leib gerückt ist. Beziehung, Körper, leibliches Erleben stehen in einem Zusammenhang. Wenn andererseits die Körperthematik nach vorne rückt, die Rede von den »erogenen Zonen« den Körper also sehr direkt bezeichnet, dann hat die metapsychologische Betrachtungsweise darauf hinzuweisen, daß es nicht um isolierte Körperfunktionen geht, sondern körperliche Wünsche in Beziehungen realisiert, und d. h. dynamisch organisiert und bedeutungsvoll strukturiert werden.

Zusammengefaßt, die metapsychologische Grundauffassung trägt den vielschichtigen Determinanten der Erlebnisproblematik Rechnung und fordert dazu auf, das Topische dynamisch, das Dynamische topisch und ökonomisch zu wenden, und an jedem Punkt des zu begreifenden Zusammenhangs einsichtig zu machen, daß alle Seiten in ständigem Wechselspiel stehen.

Kein psychoanalytischer Begriff im eigentlichen Sinne kann deshalb unbeeinflußt bleiben vom System der metapsychologischen Formulierungen. Es ist diese Auffassung, die die Ebene der deskriptiven Bewußtseins- und Beziehungspsychologie zu überwinden erlaubt und letzten Endes dazu führt, auch die Bornierungen, mit denen der bloße Augenschein die Problemsicht behindert, aufzulösen, um das in den Erscheinungen Wesentliche herauszuarbeiten. Das Erkenntniszentrum der Psychoanalyse ist billiger nicht zu haben.

4. Die Wissenschaft vom Unbewußten

Die Tragweite des Unternehmens Metapsychologie wird nur deutlich, wenn man sich klarmacht, daß Freud mit dieser Bezeichnung nichts anderes und nichts weniger kennzeichnet als die Substanz seiner Wissenschaft vom Unbewußten.

Bereits eine Stelle aus dem Fließ-Briefwechsel gibt einen wichtigen Hinweis, und es ist spannend zu sehen, wie schon zu diesem frühen Zeitpunkt die Rede von der Metapsychologie, die Orientierungssuche in der Biologie und die Vorstellung von der »hinter das Bewußtsein führenden Psychologie«, die Idee des Unbewußten also, sich in einen Zusammenhang fügen. Der Brief datiert vom 10.3.1898. Freud arbeitet an seinem »Traumbuch« und sucht offensichtlich Orientierung in der Frage nach der Bedeutung des Wunsches:

»Es scheint mir, als ob mit der Theorie der Wunscherfüllung nur die psychologische Lösung gegeben wäre, nicht die biologische, oder besser, metapsychische. (Ich werde Dich übrigens ernsthaft fragen, ob ich für meine hinter das Bewußtsein führende Psychologie den Namen Metapsychologie gebrauchen darf.)«[7]

Ohne die Aussagekraft der kurzen Briefnotiz zu überdehnen, wenn nicht alles täuscht, stehen die erkenntnistheoretische Dimension, die in der »Traumdeutung« ja nach vorne gerückt ist, und die Reflexion des Gegenstandes – was ist der Inhalt des Unbewußten – mit dem Seitenblick auf das Biologische hier bereits in Berührung. Die beiden Seiten, die gewiß einen Zusammenhang begründen, gilt es auch in den später explizit »metapsychologisch« genannten Arbeiten zu unterscheiden. Die Erkenntnisperspektive scheint auf in der folgenden beeindruckenden Feststellung aus der klassischen Studie »Das Unbewußte« aus dem Jahre 1915:

»In dem Maße, als wir uns zu einer metapsychologischen Betrachtung des Seelenlebens durchringen wollen, müssen wir lernen, uns von der Bedeutung des Symptoms ›Bewußtheit‹ zu emanzipieren« (G. W. X, S. 291).

Um die Bestimmung des Erkenntnisgegenstandes geht es, wenn die Inhalte des Unbewußten ausgewiesen werden als Grundfiguren aus der biologischen Welt der Triebe und der »Triebrepräsentanzen«. »Der Kern des Unbewußten«, heißt es in der zitierten Schrift aus dem Jahre 1915 auf dem Abstraktionsniveau metapsychologischer Konstruktion, »besteht aus Triebrepräsentanzen, die ihre Besetzung abführen wollen, also aus Wunschregungen« (ebd., S. 285).

Übrigens auch dort, wo Metapsychologie Anschluß an das Paradigma der Naturwissenschaften sucht, gilt diese Differenzierung: die These, daß die realen Prozesse, mit denen es die Erfahrungswissenschaft Psychoanalyse zu tun hat, sich präsentieren als »an sich ebenso unerkennbar wie die anderer Wissenschaften, der chemischen oder physikalischen« (G. W. XVIII, S. 80), bezeichnet die erkenntnistheoretische Problematik; gleichzeitig aber hält der unerschütterte Materialist – »die Analytiker sind im Grunde unverbesserliche Mechanisten und Materialisten«, schreibt Freud in »Psychoanalyse und Telepathie«, »auch wenn sie sich hüten wollen, das Seelische und Geistige seiner noch unerkannten Eigentümlichkeit zu berauben« (G. W. XVII, S. 29) – natürlich daran fest, daß der Erkenntnisgegenstand sein *fundamentum in re* hat: Für Freud liegt es letzten Endes (natürlich werden wir dem noch genauer nachgehen) in der Sphäre der Biologie.

Der Eindruck verdichtet sich: Die Orientierung an der Naturwissenschaft hat, hier wie dort, vor allem die Funktion, den entscheidenden Fund der Psychoanalyse, die Entdeckung des Unbewußten, zu sichern und provokativ zu verteidigen. Und zwar einerseits gegen die wissenschaftlich dominante Tradition der Psychologie. Es ist nämlich die gegenüber der »Bewußtseins-Psychologie« – so Freud im späten Abriß der Psychoanalyse – »andere Auffassung, das Psychische sei an sich unbewußt«, das es der Psychoanalyse »gestattet, die Psychologie zu einer Naturwissenschaft wie jede andere auszugestalten« (G. W. XVII, S. 80). Andererseits aber gilt es, die neue Erkenntnis vom Kräftefeld des Unbewußten vor dem Verfall ans Alltagsbewußtsein, wofür die spöttische Rede vom »Amateurpsychologen« in der folgenden, ebenfalls dem »Abriß« entnommenen Notiz steht, zu bewahren. Denn:

»Die Psychologie ist eine Naturwissenschaft. Was sollte sie denn sonst sein, aber ihr Fall liegt anders. Nicht jedermann getraut sich eines Urteils über physikalische Dinge, aber jeder – der Philosoph wie der Mann von der Straße – hat seine Meinung über psychologische Fragen, benimmt sich, als wäre er wenigstens ein Amateurpsychologe. Und nun ereignet sich das merkwürdige, daß Alle – fast Alle – darin einig sind, das Psychische habe wirklich einen gemeinsamen Charakter, in dem sein Wesen ausgedrückt ist. Es ist dies der einzigartige, unbeschreibliche, aber auch einer Beschreibung nicht bedürftige Charakter der

Bewußtheit. Alles Bewußte sei psychisch, umgekehrt auch alles Psychische bewußt. Das sei selbstverständlich, Widerspruch dagegen unsinnig. Nun kann man nicht behaupten, daß mit dieser Entscheidung viel Licht auf das Wesen des Psychischen gefallen wäre, denn vor der Bewußtheit, einer der Grundtatsachen unseres Lebens, steht die Forschung wie vor einer Mauer. Sie findet keinen Weg, der irgendwo hin weiterführt« (ebd., S. 143).

Offenbar ist das die zentrale Freudsche Aufgabenstellung, die mit dem Hilfsmittel »Metapsychologie« angegangen werden soll: gegen die Tradition der Normalpsychologie und gegen den Verblendungszusammenhang des gesunden Menschenverstandes die Sprengkraft des Unbewußten anzusetzen. Ein neues Bild vom Menschen soll die bisherige Weltsicht verändern, denn dieses Unbewußte ist nicht nur Merkmal psychopathologischer Prozesse, sondern wird als eigenständiges, verhaltensanweisendes Wirkungsgefüge neben und unterhalb des Bewußtseins auf dem Grund einer jeden Subjektstruktur entdeckt. Die – gewiß in der Therapie aufgespürte – Spannung zwischen bewußten und unbewußten Lebensentwürfen ist Wirkkraft einer jeden Lebensgeschichte. Dabei ist die Erkenntnis, die mit der Entdeckung des Unbewußten zu gewinnen ist, in einem bestimmten Sinne lebenswichtig. Vor allem die ungemein folgenreiche Tatsache, »daß die psychischen Phänomene in hohem Grad von körperlichen Einflüssen abhängig sind, und ihrerseits die stärksten Wirkungen auf somatische Prozesse üben« (G. W. XVII, S. 143). Deshalb urteilt Freud über die Ignoranz diesem Sachverhalt gegenüber im Anschluß an diesen Satz ganz scharf: »Wenn menschliches Denken jemals in eine Sackgasse geführt hat, so war es hier geschehen.«

5. Orientierungstafel Biologie – und das Problem der Übertragung von Sinn auf Natur

Für Freud also ist klar, es muß eine unterirdische Kraft am Werk sein, eine Natur-Kraft, die in den psychischen Beziehungen Wirksamkeit entfaltet und einen eigenen Anteil an der Organisation der Lebenspraxis hat.

»Für das Psychische«, stellt Freud in der Schrift »Die endliche und die unendliche Analyse« fest, »spielt das Biologische wirklich die Rolle des unterliegenden gewachsenen Felsens« (G. W. XVI, S. 99).

Und an anderer Stelle, in der gleichen Perspektive, aber darauf hinweisend, daß Psychoanalyse sich der Biologie nicht einfach unterordnet, sondern auf eigene Weise biologische Forschung betreibt:

»Die Phänomene, die wir bearbeiteten, gehören nicht nur der Psychologie an, sie haben auch eine organisch-biologische Seite und dementsprechend haben wir in unseren Bemühungen um den Aufbau der Psychoanalyse auch bedeutsame biologische Funde gemacht und neue biologische Annahmen nicht vermeiden können« (G. W. XVII, S. 125).

Die Orientierungstafeln aus der Biologie, die ins metapsychologische System eingearbeitet werden, haben also nicht nur zu tun mit Freuds naturwissenschaftlichem Werdegang, seiner Ausbildung in Anatomie und Neurophysiologie, auch nicht nur mit dem vorherrschenden Diskussionsparadigma der Evolutionstheorie, in das er gewiß einbezogen war; sie sind sehr wohl auf den besonderen Erkenntnisgegenstand der Psychoanalyse zugeschnitten und müssen in ihm auf ganz bestimmte Weise eine innere Entsprechung gefunden haben.
Bedenken wir stets, worum es geht: Das unentdeckte Terrain der lebenspraktischen Wirksamkeit des Unbewußten ist begrifflich zu fassen, ohne den bewußtseins- und ichpsychologischen Übersetzungsversuchen Tribut zu zollen.
Ich möchte deshalb den Zusammenhang einmal von einer anderen Perspektive her beleuchten und dabei einen Gedanken von Sandor Ferenczi aufgreifen. Ferenczi, einer der markantesten Köpfe in der Geschichte der psychoanalytischen Bewegung, hat in einer Reflexion auf Freuds Sexualtheorie das Neue und Unverwechselbare der psychoanalytischen Erkenntnisperspektive herauszuarbeiten versucht.
Ferenczi gelangt zur starken These, das von Freud umrissene Programm bedeute, »genau betrachtet, den Umsturz alles Hergebrachten«, noch »nie hat man bisher an die Möglichkeit gedacht, daß eine psychologische, und zwar eine ›introspektive‹ Methode ein biologisches Problem erklären helfen könnte.«
Ferenczis weitere Ausführungen verdienen gerade in unserem Zusammenhang höchste Aufmerksamkeit. Zunächst werden geschichtliche Etappen der vorwissenschaftlichen und wissenschaftlichen Erkenntnisbildung in Erinnerung gerufen. Ferenczi zieht die Linie von der anthropozentrisch-animistischen Phase – »der Mensch nahm seine eigenen seelischen Funktionen zum Maßstab des ganzen Weltgeschehens« – bis zur im engeren Sinne »›naturwissenschaftlichen‹ – man könnte sagen: kopernikanischen – Auffassung, (…) die dem Menschen die maßgebende Bedeutsamkeit benahm und ihm die bescheidene Stellung eines Mechanismus unter unendlich vielen anderen zuwies«. Die Fortsetzung des Arguments, mit dem schließlich die These vom revolutionierenden Beitrag psychoanalytischer Forschung bekräftigt wird, soll im Zusammenhang vorgestellt werden:

»Diese Ansicht schloß stillschweigend auch die Annahme in sich, daß nicht nur die leiblichen, sondern auch die seelischen Funktionen des Menschen Leistungen von Mechanismen sind. Stillschweigend – sage ich –, weil sich die Naturwissenschaft bis auf den heutigen Tag mit dieser ganz allgemeinen Annahme begnügte, ohne uns den geringsten Einblick in die Natur der psychischen Mechanismen zu gewähren; ja, sie leugnete dieses Nicht-Wissen vor sich selbst ab, indem sie diese Lücke in der Erkenntnis mit phrasenhaften physiologischen und physikalischen Scheinerklärungen zudeckte.«

Und nun zur besonderen Leistung Freuds:

»Indem Freud mittels der psychoanalytischen Erfahrung Probleme der Biologie, zunächst der Sexualtätigkeit, zu erraten versucht, kehrt er gewissermaßen zur Methode der alten, animistischen Wissenschaft zurück. Es ist aber dafür gesorgt, daß der Psychoanalytiker nicht auch in die Fehler jenes naiven Animismus verfällt. Der naive Animismus übertrug nämlich ›en bloc‹, ohne Analyse die Charaktere des menschlichen Seelenlebens auf die Objekte der Natur; die Psychoanalyse dagegen zergliedert zuvor die menschliche Seelentätigkeit, verfolgt sie bis zur Grenze, wo Psychisches und Physisches sich berühren: bis zu den Trieben, – befreit so die Psychologie vom Anthropozentrismus und erst dann getraut sie sich den so gereinigten Animismus biologisch zu verwerten. Diesen Versuch zum erstenmal gemacht zu haben, ist die wissenschaftliche Tat Freuds in diesen Abhandlungen.«[8]

Eine Argumentationsfigur, die unschwer in die Linie unserer Darstellung einzupassen ist. Die Erinnerung an die Betrachtungsweise des Animismus ist tatsächlich beziehungsreich. Sie stattet – wie wir vernahmen – das »ganze Weltgeschehen« nach den – unbegriffenen – Mustern der eigenen psychischen Aktionen und Reaktionen aus.
Der »moderne Animismus« der Psychoanalyse hat demgegenüber schon einen eingegrenzten Bereich. Es ist die Biologie, die des Menschen, und auch dieser Bezirk wird noch enger gefaßt: im Blickpunkt der Forschung steht das menschliche Sexualleben, und zwar zunächst nur insofern, (wir können eine weitere Konkretisierung anbringen) als es als problematische, konflikthaft ungelöste Figur leiblich organisierter Lebenspraxis den Grund psychischen Leidens bildet.
Was hier sofort ins Auge fällt, ist eine gewichtige Differenz zwischen der doch immer auf den Ausweis der Naturwissenschaftlichkeit bedachten Freudschen Psychoanalyse und anderen naturwissenschaftlichen Disziplinen, eine Differenz, die von Freud selber durchaus vermerkt und an anderer Stelle hellsichtig erklärt worden ist »durch ein dem Gegenstand anhaftendes besonderes Moment, da es sich in der Psychologie nicht immer wie in der Physik um Dinge handelt, die nur ein kühles wissenschaftliches Interesse erwecken können« (G. W. XVII, S. 127).

In der Tat, aus keinem anderen Grund kommen in der Psychoanalyse Animismus und Anthropozentrismus – kommt die lebenspraktische Dimension, die Subjektivität des psychoanalytischen Interpreten – ins Spiel. Freud hat die Konsequenz dieser Praxisausrichtung durchaus bedacht, und zwar gerade dort, wo Fragen der Erkenntnisbildung und Erkenntnissicherung zur Debatte stehen.

»Mit welchem Recht und mit welchem Grad von Sicherheit wir solche Schlüsse und Interpolationen vornehmen«, bemerkt er, auf das Problem der Enträtselung des Unbewußten anspielend, »das bleibt natürlich in jedem Einzelfall der Kritik unterworfen, und es ist nicht zu leugnen, daß die Entscheidung oft große Schwierigkeiten hat, die im Mangel an Übereinstimmung unter den Analytikern zum Ausdruck kommen. Die Neuheit der Aufgabe ist dafür verantwortlich zu machen, also der Mangel an Schulung.«

Freud ist sogleich mit einem Beispiel zur Hand, das am Eingebundensein des Forschersubjekts im Erkenntnisbildungsprozeß keinen Zweifel mehr läßt:

»So wird man sich nicht so sehr verwundern, wenn eine Analytikerin, die von der Intensität ihres eigenen Peniswunsches nicht genug überzeugt worden ist, dies Moment auch bei ihren Patienten nicht gehörig würdigt.«

Die Tatsache, daß die analytische Erkenntnis im Einzelfall nicht tiefer reichen kann, als die im Forschersubjekt erlebte und ergründete Tiefe der Erfahrung reicht, ist für Freud kein Grund zur Beunruhigung. Man erfährt, liest man den folgenden Kommentar, einmal mehr, wie die aufrechterhaltene Grundorientierung am naturwissenschaftlichen Forschungsideal Freud davor schützt, gerade an dieser Stelle die Flinte ins Korn zu werfen.

»Aber solche Fehlerquellen aus der persönlichen Gleichung haben am Ende nicht viel zu bedeuten. Liest man alte Handbücher der Mikroskopie, so erfährt man mit Erstaunen, welch außerordentliche Anforderung an die Persönlichkeit des Beobachters am Instrument damals erhoben wurden, als es noch eine junge Technik war, während heute von alledem nicht mehr die Rede ist« (G. W. XVII, S. 127 f.).

Gewiß, man kann einwenden, ein weiter zu bedenkendes Erkenntnisproblem werde mit dem Verweis auf die Notwendigkeit der Verfeinerung von Technik allzuschnell abgetan; aber man kann den Hinweis auch anders lesen, weniger konkretistisch in Unterstützung der These, daß es die widerspruchsvolle Entwicklung der Praxisauseinandersetzung ist, die den psychoanalytischen Erkenntnisprozeß vorantreibt. Was diese Fragen anbetrifft, kann ich nicht weiter ins Detail gehen und möchte das eben Andiskutierte zurückbeziehen auf unsere Ausgangs-überlegung zur althergebrachten Betrachtungsweise des Animismus. Der Vergleich mit dieser der naturwissenschaftlichen Grundausrichtung vorausgehenden Natur-Betrachtung verweist uns recht anschaulich darauf: Nicht ein mechanistisch-quantitativ orientiertes Modell der Naturwissenschaften, sondern die Idee einer qualitativen Natur-Auffassung muß ins Spiel treten, wenn es darum geht, psychoanalytische Erfahrung auf den Begriff zu bringen. Denn tatsächlich findet die Rede vom Animismus, die organische und nichtorganische Prozesse mit geistigen Qualitäten ausstattet, in der Situation psychoanalytischer Erkenntnis eine innige Entsprechung: wie im alten Animismus geht es auch hier um die Übertragung von Sinn auf Natur. In der analytischen Praxis allemal, allein schon, weil die Leidensstruktur des Patienten Ausgangspunkt der Auseinandersetzung ist, und dieses Leiden als leiblich-körperlich-zentrierter Konflikt der Lebenspraxis Anerkennung zu finden verlangt; weiterhin, weil die subjektiv-konkrete Bedeutung des Konflikts im Gesamt der sinnlich-unbewußten und bewußten Lebensentwürfe, der immer auch kulturell vermittelte »Sinn der Symptome« enträtselt werden muß, und das Medium dieser Auseinandersetzung nichts anderes ist als die affektiv strukturierte Verhältnisfigur, in der sich zwei Menschen, Analytiker und Analysand, zusammenfinden, um, tatsächlich in einer Art Liebesbeziehung, nun nicht einfach miteinander zu kommunizieren, sondern gemeinsam den Versuch zu starten, die Distanz zwischen sinnlicher Lebenspraxis und repressiv eingreifenden Bewußtseinsfiguren an einzelnen Konfliktfiguren abzutragen und dem lebenspraktisch bedrängenden Widerspruch im Subjekt konkret ins Auge zu sehen.

Daß diese Figur, in der Sinnfrage und Natur-, Körperthematik unentwirrbar ineinander verschränkt sind, nicht unmittelbar wiedererkannt wird im metapsychologischen Begriff – das letzten Endes hat die scharfen Verurteilungen und Abwendungen provoziert.

Es gibt aber keinen Grund, sich von der alten Metapsychologie abzuwenden. Im Gegenteil, es gibt, gerade nachdem wir Einblick in wichtige Elemente ihrer Erkenntnisfunktion gewinnen konnten, allen Grund, sie interpretativ zu erschließen. Und zwar in jener Linie, die Ferenczi vorgezeichnet hat und in der die andere Seite des biologischen Materialismus in den Blick kommt. Dieser wird stets dann bemüht, wenn es darum geht, das Ideelle, das Geistige fundiert zu sehen im materiellen Stoffwechsel zwischen Natur und menschlicher Praxis. Hier gewinnen wir die weitergehende Einsicht: mitten in den naturalen Figuren menschlicher Entwicklung, mitten in der Biologie des Menschen, sind die Grundelemente der »Geistigen«, soziale und kulturelle

Inhalte aufzufinden. Die Rede vom Animismus ist, so gesehen, die mentalistisch gefaßte, und d. h. noch unbegriffene Vorwegnahme jenes großen Themas, das eine interpretierte Metapsychologie zum Vorschein bringt, und das, befreit vom psychologistischen Diktum, zur dialektischen Auffassung von der »Sozialität der Natur« gewendet werden kann.

6. Eine Zwischenetappe: Metapsychologie ist nicht gleich Metatheorie

Es ist an der Zeit, eine Zwischenetappe einzulegen, denn gerade die zuletzt angestellten Reflexionen verlangen wohl Klarstellung über die Ebenen unserer Auseinandersetzung.

Vor allem gilt es dem Eindruck entgegenzuarbeiten, die bisherige Erörterung porträtiere die Erkenntnisfunktion der Metapsychologie so, wie ihr Begründer sich dies vorgestellt hat. Natürlich entspricht dieser Eindruck, hervorgerufen womöglich durch die nicht geringe Anzahl der als Argumentationsstützen verwandten Freud-Zitate, nicht dem wirklichen Sachverhalt. Freud wäre der eingangs zitierten Kritik (Abschnitt 1) gewiß nicht mit den hier versuchten Antwortmustern entgegengetreten. Ein ausgebildetes Bewußtsein von den Grundschwierigkeiten materialistischer Erfahrungswissenschaft (2) ist aus dem Freudschen Reflexionszusammenhang ebensowenig zu erschließen wie eine methodologisch präzise Bestimmung über Ansätze hermeneutischer Grundorientierung in der Begriffsbildung (3). Auch die These von der das Erkenntniszentrum der Psychoanalyse, das Unbewußte, absichernden Funktion der Hinwendung zur Naturwissenschaft (4) findet im Begründungszusammenhang des alten Meisters nicht in der hier vorgestellten Form Entsprechung; sie ist nur aus der geschichtlichen Distanz heraus formulierbar. Schließlich, zum Betreten der zuletzt diskutierten Ebene einer Verbindung von Sinn und Naturthematik hat uns ohnehin nicht Freud, sondern in erster Linie der phantasievoll vorgetragene Versuch von Sandor Ferenczi angeregt. Hier nun, an diesem Versuch, können wir einsetzen, um die Ebene auch unseres Einsatzes präziser zu bestimmen. Indem Ferenczi die Geschichte der vorwissenschaftlichen und wissenschaftlichen Erkenntnisbildung nachzeichnet und im Vergleich dazu das Wesen der Freudschen Wissenschaft vom Unbewußten, die psychoanalytische Erkenntniseigenart also, zu fassen bestrebt ist, ist eine Perspektive ins Spiel gekommen, mit der es möglich wird, das Unternehmen Metapsychologie von oben, gleichsam aus der Vogelperspektive, zu betrachten und einer –

hier historisch begründeten – Reflexion zu unterziehen. Exakt aus dieser Position, aus dem Reden über Metapsychologie, sind auch unsere Thesen geflochten. Um auch hier im Bild zu argumentieren: die Thesen sind konstruktive Teile einer das alte Gemäuer Metapsychologie neu überdachenden Architektur. Der Architektur zugrunde liegt ein interpretativer Entwurf, der, weil seinerseits Theorie in Anspruch nehmend, »Metatheorie« genannt werden darf. Daß das alte Gemäuer selber aus so unterschiedlichen Materialien zusammengebaut ist und sich in »gemischter Rede« präsentiert, das macht die Arbeit mit ihm nicht gerade leicht, zumal im alten Gemäuer selber Renovierungsarbeiten unerläßlich sind.

Worauf ich hinaus will: Metapsychologie ist nicht gleich Metatheorie. Wäre das der Fall, dann hätten wir es mit einer bloßen Verdoppelung theoretischer Aussagen zu tun, würden aber keine neuen Erkenntnisse erzielen. Metatheorie erwächst aus der Kritik der Metapsychologie, hat aber die folgenden Voraussetzungen zu beachten:

1. Auch die metatheoretische Reflexion muß das Praxisfundament teilen, auf dem die Erkenntnisbildung insgesamt, von der klinischen Theorie bis hin zur Metapsychologie, aufbaut. Vom Erfahrungsgrund ist auszugehen; von ihm aus gilt es, in spiralförmiger Bewegung Untersuchungsgegenstand und Verfahren, Erkenntnisgegenstand und Methodologie in einen konsistenten Zusammenhang zu bringen. Eine nicht gerade bescheidene Aufgabe, mit der die Anstrengung des Begriffs, der sich die Metapsychologie selber bereits unterworfen hat, unterstrichen wird. Die Metapsychologie überschreitet ja ganz bewußt das eigene Arbeitsgebiet; ihre Bezugnahmen auf Biologie, Physiologie und Evolutionstheorie haben wir bereits zur Sprache gebracht. Sie muß dies tun, wenn sie sich über das Wesen der eigenen Funde klarwerden und im Konzert der Wissenschaften Gehör finden will. Metatheorie hat deshalb zu respektieren, daß bereits die Metapsychologie den – Theorie konstituierenden – Wechsel der Betrachtungsebenen vollzogen hat und von der Erscheinung zur Formulierung des Wesens vorgedrungen ist. Das Rätsel über den Grund der vielerorts so anstößig wirkenden Unangemessenheit von Interpretationsgegenstand und metapsychologischer Sprache ist in der Perspektive metatheoretischer Erörterung so verstehbar: indem die Rede der Metapsychologie sich sowohl von der Umgangssprache entfernt, als auch von der bereits terminologisierten Sprache der klinischen Theorie deutlich abhebt, liefert sie das Signal für den notwendig werdenden Wechsel von der Erscheinungsebene zur Erfassung der Struktur und präsentiert sich dabei selbst als Sprache des »Wesens«. Die Anlehnung an Physiologie und Biologie, die in dieser Sprache zu spüren ist, bildet nur dann eine unhintergehbare Barriere

für die Einsicht in den eigentlichen Zusammenhang, wenn man für sie keine angemessene, interpretativ zu gewinnende, Übersetzung findet. Von einem Vorschlag für eine solche Übersetzung ist nun noch zu reden.

7. Die Rede von der Doppelmetaphorik

Natürlich sind die Begriffsfiguren der Metapsychologie kritikbedürftig. Von der metatheoretischen Reflexion wäre nicht zu sagen, wofür sie tauglich sein soll; sie hätte gar keine Einsatzstelle, wäre die Theoriebasis, auf die sie sich bezieht, widerspruchslos konsistent und bereits aus einem Guß gefertigt. Wir wissen, daß es anders ist und die Metapsychologie Widersprüche und Lücken aufweist, die angemessene Erkenntnis behindern, zumindest aber erschweren können. Wir wissen auch, daß diese Widersprüche im Prozeß der Übersetzung vom Verstehen zum Begreifen entstanden sind, geschichtlich bedingt und Konsequenz einer hartnäckig festgehaltenen Grundorientierung. Die Geschichtlichkeit der in Auseinandersetzung mit subjektiver Lebenspraxis gewonnenen Erfahrung, die mit der Metapsychologie präsentiert wird, macht das Kritik-Würdige aus. Metatheorie will diese Erfahrung festhalten und, ohne eine neue Theorie zu liefern, das so-und-nicht-anders Begriffene mit anderswoher erschlossenen Möglichkeiten des Begreifens konfrontieren.

Anderswoher erschlossene Möglichkeiten? Die theoretische Grundorientierung ist kein Geheimnis:

Es geht um Lorenzers Metatheorie der Psychoanalyse, von dem in den letzten beiden Jahrzehnten erarbeiteten Grundriß sozialwissenschaftlicher Psychoanalyse, die auf den Grundpfeilern kritischer Theorie das Projekt einer nicht-revisionistischen Freud-Interpretation vorangetrieben hat. Der in Auseinandersetzung mit geschichtsmaterialistischen Annahmen konzipierte Entwurf[9], in dem wir die hier entwickelten Kriterien der Metatheorie eingelöst finden, gibt die Einsatzstelle der Kritik an der Metapsychologie präzise an: Überall dort gilt es, den alten metapsychologischen Begriff von innen her neu zu erschließen, wo dieser sich entweder biologistisch vor der Einsicht in die Geschichtlichkeit der Sozialität seines Inhalts abgeschirmt hat oder aber psychologistisch, individualistisch oder auch familialistisch sich so gebärdet, als sei der transportierte Inhalt isolierbarer Ausgangs- oder Endpunkt. Metatheoretische Reflexion drängt an dieser Stelle darauf, gerade die begrifflich zu fassenden Kernelemente, die basalen Muster, die in den metapsychologischen Zentren der Triebtheorie und des Unbewußten anvisiert sind, als Verhältnisfiguren zu betrachten. Jene Betrachtungsweise, die das Individuell-Konkrete und die Unaustauschbarkeit der Erlebnisprofile in den Vordergrund rückt, ist zu kreuzen mit der Einsicht, daß genau diese Erlebnisfiguren zugleich aus einem überindividuellen Zusammenspiel hervorgegangen sind und deshalb gar nicht herausfallen können aus dem Gesamt kulturell-sozialer Prozesse. Das bedeutet das von Innen-her-Erschließen. Denn machen wir uns klar, die Kritik der Metapsychologie schützt ja gerade nicht vor anderen – falschen – Lösungswegen; es ist an der Zeit, die richtigen Schlußfolgerungen aus der Erfahrung zu ziehen, daß die anderen Extremfiguren – der dem Biologismus korrespondierende Kulturismus auf der einen Seite, der dem Psychologismus kontrastierende Objektivismus auf der anderen – sich zwangsläufig dort einstellen, wo die Ebenen unzulässig gewechselt werden, Positionen bezogen sind außerhalb des zu reflektierenden Theoriezusammenhangs und letzten Endes der Gegenstand selber auf der Strecke bleibt.

Das Interpretandum muß ernst genommen werden, und Lorenzers Freud-Rekonstruktion gewinnt ihr Profil vor allem dadurch, daß sie die heißen Eisen anfaßt, und die Hexe Metapsychologie nicht einfach unbeachtet-isoliert verkommen läßt. Hier, in der Auseinandersetzung mit der alten Metapsychologie, nicht in der Flucht vor ihr, und ebenso im Aufgreifen der in den Freudschen Mythen transportierten Inhalte, die mit der Metapsychologie gewiß in Berührung stehen, ist die Stimmigkeit des metatheoretischen Entwurfs darzulegen.[10] Hic Rhodos, hic salta! Der Intrepretationsvorschlag, die metapsychologischen Begriffe als Doppelmetaphorik zu erschließen, ist im Verfolgen dieser Perspektive entstanden.[11]

Ich möchte abschließend die Interpretationsperspektive wenigstens andeuten und dabei ausgehen vom eigentlichen Herzstück der Metapsychologie, der Triebtheorie. Mit ihr ist ausgesagt: Das Problem des menschlichen Leidens hat zu tun mit der Organisation organisch-biologischer Prozesse. Der Konflikt – tagtäglich steht er der psychoanalytischen Praxis vor Augen; jetzt gilt es, ihn in seiner Grundstruktur zu begreifen – spielt sich nicht auf der Ebene der Bewußtseinsauseinandersetzung ab. Er reicht bis in eine Sphäre hinein, die weit unterhalb der Möglichkeit bewußter Steuerung liegt; er hat einen sinnlich-körperlichen Kern zum Gegenstand, der offenbar ganz unmittelbar angegriffen, in Mit-Leidenschaft gezogen ist. Der unentwegte Rekurs auf das Terrain des Biologisch-Organischen ist, betrachtet man diese Konfliktdimension, so sinnlos, so ohne Bezug, also nicht.

Zugegeben, in der Freudschen Perspektive sieht es so aus, als stünde die ungezähmte, die unzähmbare Biologie im Menschen auf, im Augenblick der Beeinträchtigung, des repressiven Angegriffenseins, und als wehre sich die Natur selber gegen repressive Zumutungen und gegen jene Lebensanweisungen, die allzu rational, allzu normativ sinnliche Bedürfnisse in die Zange nehmen.

Die Phänomene scheinen dieser Betrachtungsweise zu entsprechen: es sieht so aus, als rebelliere die Triebnatur unmittelbar im Körpersymptom, als finde sie, vermittelter, in irrational wirkenden neurotischen Erlebnis- und Verhaltensweisen einen – zwanghaften – Ausdruck. Diese Grundansicht führt nun in der Metapsychologie zur Physiologisierung des Sozialen, und d. h., die Wesensaussage ist in einer Mystifikation gefaßt, die Wahrheit verschafft sich Luft – in der Verdinglichung des Begriffs.

Klar, daß sich die Rede von der Doppelmetaphorik genau an dieser Stelle einmischt. Sie drängt darauf, die beiden Seiten, Natur und Sozialität, gleichursprünglich zur Geltung zu bringen, und sie erhellt den Zusammenhang in sozialisationstheoretischer Perspektive: der Begriff der »Interaktionsform« steht für die Einheit von körperlichem Drang und sozial profilierter Erlebnisszene. Er betont in genetischer Linie die grundlegende Angewiesenheit des Subjekts auf ein Wechselspiel, in dem die innere Natur des Kindes und kulturell-soziale, im ersten Schritt vom mütterlichen Verhalten realisierte Muster einer bedürfnisbefriedigenden und / oder versagenden Praxis die beiden aufeinanderstoßenden Pole bilden. Die Niederschläge dieses leiblichen Interagierens bilden zugleich den Ansatz der Verhaltens-Entwürfe, die als immer spezifischer werdende Bedürfnis- und Wunschprofile die Eigenart der Individualität begründen. »Interaktionsformen« bleiben die Grundbausteine auch der entwickelten Erlebnisstruktur, als lebenslange Repräsentanten eines eigenständigen Sinns, der unterhalb des Bewußtseins jenen Praxisanspruch aufrechterhält, mit dem Normen, Reglementierungen und Repressionen der Kampf angesagt ist.

Die These von der Doppelmetaphorik bleibt Interpretationsanweisung. Sie ist Wegweiser für die Arbeit an einzelnen metapsychologischen Theoriefiguren, verlangt in deren Interpretation nach Konkretion. In bezug auf die Triebtheorie wäre die folgende Linie auszubauen: Das, was Freud als inner-psychischen Antagonismus in der biologisch gefaßten Erfahrungs- und Erlebnistiefe der Subjekte (wenn nicht in der Ontogenese, so in der Gattungsgeschichte) verankert sah, das ist zu übersetzen und im Begriff kenntlich zu machen als Grundmuster eines Subjekt-Objekt-Verhältnisses, das sinnlich körperlich organisiert und von Anfang an durchsetzt ist von den Spannungspolen zwischen einem libidinösen, auf Zuwendung gerichteten Streben auf der einen und ebenso körperlich strukturierten Abwehrversuchen gegen traumatische Eingriffe auf der anderen Seite. Und unabhängig von der Konfliktdimension, auf die sich die Psychoanalyse ausrichtet: immer sind, die menschliche Situation betrachtet, soziale Figuren als physische, physische Figuren als soziale im Spiel.

Mit der Auffassung vom Naturgrund der Triebsphäre, die unabhängig von gesellschaftlich-kulturellen Zusammenhängen wirksam sein soll, hat Freud diese Doppelstrukturiertheit des Gegenstandes verfehlt. Aber diese Vereinseitigung hat ihren Grund. Sie verrät, wie intensiv Psychoanalyse das Problem der inneren Natur bearbeitet, und zwar gerade im Blick auf die im kulturellen Formungsprozeß nicht ohne Widerstand aufgehenden, wirksamen Anteile innerer Natur, und dabei ein Terrain erschließt, das von keiner anderen Wissenschaft betreten und in vergleichbarer Weise angegangen werden kann; weder von der Biologie, der die Sinn- und Konfliktdimension lebenspraktischer Auseinandersetzung fremd bleiben muß, noch von der Soziologie, die das Problem der Natur im Subjekt verfehlt, und erst recht nicht von einer Psychologie, die selber, wenn sie nicht feste Anbindung an naturwissenschaftliche Paradigmen sucht, eine eigene, in der Verschränkung von Gegenstand und Methode begründete Erkenntnisform nicht ausbilden kann.

Noch einmal wird deutlich, warum die »Hexe Metapsychologie« so allein dasteht. Sie paßt nirgendwo so richtig ins Konzept. Aber sie macht es den anderen Disziplinen auch nicht leicht, weil sie sich sperrt, wenn sie nur an bestimmten Stellen Gefallen, mit diesen oder jenen aus dem Gesamtbild ausgewählten Begriffsanteilen Tolerierung findet. Sie besteht, gerade weil sie zwischen alle Fronten geraten ist, auf die Geschlossenheit im Inneren, den Zusammenhang der Begriffe, die systematische Gestalt. Sie will als Ganze angenommen werden – oder gar nicht.

Die Rede von der Doppelmetaphorik respektiert diese Eigenwilligkeit: sie ist breit genug angelegt, um die Metapsychologie in ein Gewand zu hüllen, das ihre Figur stabilisiert; der Interpretationsvorschlag respektiert dabei das offenbar irritierende Zwischenmaß, in dem sich die Metapsychologie präsentiert, das einen besonderen Zuschnitt des neuen Begriffskleides verlangt, und das immerhin vor dem Ausverkauf an andere Disziplinen schützt.

Natürlich müssen die Kernaussagen der Metapsychologie – gerade die interpretativ neu erschlossenen – zur konsistenten Theoriegestalt zusammengeführt werden. Auf abstrakter Ebene liefert ein noch älteres Modell hierzu die Mittel: geschichtsmaterialistisches Begreifen, das den Zusammenhang von Natur und gesellschaftlichem Prozeß als ein praktisch-dialektisches Verhältnis vorstellbar macht, als ein Verhältnis, in dem äußere wie innere Natur in den Formen ihrer gesellschaftlichen Bearbeitung eben nie und nimmer aufgeht. Diese Perspektive bietet genügend Rückhalt, um die von Freud so vehement verfochtene Dimension des Biologischen nicht nur gelten zu lassen, sondern weiter zu radikalisieren: Freuds festgehaltene ökonomisch-energetische Auffassungen der Metapsychologie wie auch die gewagtesten phylogenetischen Phantasien transportieren, gerade weil sie nicht losgelöst sind von sozialen Erfahrungs-Inhalten, erkenntnispraktischen Sinn, der zur Neuinterpretation auffordert.

Die »Hexe Metapsychologie« weist dabei den Weg, denn sie hält sich im Zwischenbereich von Biologie und Sozialem auf und spiegelt damit den psychoanalytischen Erkenntnisgegenstand wider, der aus eben diesem Stoff gemacht ist: »Gewiß ist das Ubw« – so Freud in einem Brief an Groddeck – »die richtige Vermittlung zwischen dem Körperlichen und dem Seelischen, vielleicht das langentbehrte ›missing link‹«.[12] Zugegeben, ohne die Vermittlung mit kritischer Gesellschafts-Theorie bliebe die Metapsychologie Torso, würde die »Hexe« blind. Aber der Satz gilt auch umgekehrt: Metatheorie in der Perspektive psychoanalytisch orientierter Sozialisationstheorie bliebe stumm, hätte sie nicht die Chance, sich, immer aufs neue, einzulassen auf das Interpretandum der alten Metapsychologie und zu spielen mit den Bausteinen dieses ersten und einzigartigen mutigen Versuchs, das Nichtsprachliche in eine Sprache des Begriffs zu bringen.

Freud war bekanntlich unzufrieden mit dem Erreichten. Sein Grund zur Klage muß uns Ansporn sein:

»Das was man selbst gemacht hat, ist so unabgeschlossen, fragmentarisch-vorläufig; man brauchte ein zweites Menschenleben, um es besser zu machen.«[13]

Anmerkungen

[1] So auch in der Definition von J. Laplanche, J. B. Pontalis, Das Vokabular der Psychoanalyse, Frankfurt am Main 1973, S. 304.

[2] Freud spielt hier mit einem Goethe-Zitat; zu finden in »Faust«, I. Teil, 6. Szene.

[3] Für eine weitgehende Revision der Metapsychologie hat sich im psychoanalytischen Lager in den letzten Jahren vor allem der Amerikaner Roy Schafer stark gemacht. Vgl. eine Auswahl seiner Schriften in: Eine neue Sprache für die Psychoanalyse, Stuttgart 1982. – Martin Ehlert hat jüngst in einem »Psyche«-Aufsatz (Psyche, 11/1985) eine überzeugende Kritik des Schaferschen Unternehmens vorgelegt und dabei übrigens eine ausgezeichnete Übersicht über den aktuellen Diskussionsstand gleich mitgeliefert. Ehlerts Reflexionen zur »Bedeutung der Metapsychologie« (S. 1009ff.), vor allem auch das Plädoyer »Für eine andere Kritik der Metapsychologie«, sind mit der hier formulierten Position sehr gut vereinbar.

⁴ W. H. König, Zur Neuformulierung der psychoanalytischen Metapsychologie: vom Energie-Modell zum Informations-Konzept. In: W. Mertens, Neue Perspektiven in der Psychoanalyse, Stuttgart 1981, S. 83.

⁵ Unbestritten war die von J. Habermas in »Erkenntnis und Interesse« formulierte These vom »Szientistischen Selbstmißverständnis der Metapsychologie« (J. Habermas, Erkenntnis und Interesse, Frankfurt am Main 1968; 73, S. 300) eine wichtige Orientierungsmarke – was die methodologische Seite des Problems anbetrifft. Wichtige andere Ebenen aber liegen außerhalb der Reichweite dieser These: der wissenschaftshistorische Zusammenhang, Gründe für die Erkenntnis befördernde Funktion der naturwissenschaftlichen Grundorientierung, vor allem aber, der Voraussetzungszusammenhang, der eine metatheoretische Neuinterpretation des in metapsychologischen Begriffen gefaßten Gegenstandes ermöglicht.

⁶ P. Helwig, Psychologie ohne Magie. Der Mensch im Spannungsgefüge der Lebensdramatik, München 1961, S. 282.

⁷ S. Freud, Aus den Anfängen der Psychoanalyse. Briefe an W. Fließ. Abhandlungen und Notizen aus den Jahren 1887–1902, S. Fischer, Frankfurt am Main 1962, S. 211.

⁸ S. Ferenczi, Die wissenschaftliche Bedeutung von Freuds »Drei Abhandlungen zur Sexualtheorie«. In: Schriften zur Psychoanalyse, S. Fischer, Frankfurt am Main 1970; 82, S. 208 f.

⁹ Vgl. für unseren Zusammenhang vor allem: A. Lorenzer, Die Wahrheit der psychoanalytischen Erkenntnis. Ein historisch-materialistischer Entwurf, Frankfurt am Main 1974. Explizit zum Umkreis unseres Themas vgl. Kap. V »Psychoanalytische Hermeneutik und die Funktionen der Metapsychologie«, S. 153 ff.

¹⁰ Vgl. hierzu auch das um Fragen der Interpretation des Freudschen Triebbegriffs zentrierte Gespräch, das ich mit Lorenzer geführt habe; abgedruckt in: B. Görlich, A. Lorenzer, A. Schmidt, Der Stachel Freud. Beiträge und Dokumente zur Kulturismus-Kritik, Frankfurt 1980. Zur Diskussion Freudscher Mythen hier: S. 309 f. Lorenzer hat ganz aktuell seine Auffassung in der Interpretation Freudscher Mythologeme konkretisiert, in Auseinandersetzung mit dem weitgehend unbegriffenen Freudschen »Lamarckismus«, (»Die Geschichtlichkeit menschlicher Lebensentwürfe«, Manuskript eines Vortrags am »Hamburger Institut für Sozialforschung« im Jan. 1986.) Als kleiner Vorläufer in die Richtung dieser Interpretation kann vielleicht unsere gemeinsame Skizze gelten: »Sigmund Freud«. In: Pipers Handbuch der politischen Ideen, Bd. 5, S. 168–180. (Im Druck)

¹¹ Lorenzer unterbreitet diesen Interpretationsvorschlag am Ende seiner »Archäologie der Psychoanalyse«. Er fordert dazu auf, den Freudschen »Entwurf einer Psychologie« »das Projekt von 1895 zu erneuern, allerdings nicht in dem Sinne, in dem es begonnen wurde – als Skizze eines erklärungswissenschaftlichen Modells innerhalb der Physiologie –, sondern so, wie es endet: als Netzwerk von Metaphern, die oberhalb von ›Physiologie‹ und ›Lebensweltanalyse‹ nach beiden Seiten den Anspruch einer Erfahrungswissenschaft festhalten und das verläßliche Fundament einer – nicht mystifizierenden – Hermeneutik des Leibes bilden.« (A. Lorenzer, Intimität und soziales Leid.

Archäologie der Psychoanalyse, S. Fischer, Frankfurt am Main 1984, S. 214.

[12] Georg Groddeck, Sigmund Freud, Briefe über das Es, hrsg. v. M. Honnegger, München 1974, S. 15 (Fischer Taschenbuch 42 117).

[13] ebd., S. 42.

HANS-DIETER KÖNIG

Die Entdeckung des Symbols

Groddecks Weg zur Psychoanalyse

I.

Das auf dem Symposium zum 50. Todestag von Groddeck in Baden-Baden aufgeworfene Problem, was das Wesen seines psychoanalytischen Konzeptes ausmacht, läßt sich am ehesten aufgrund der Fragestellung erhellen, von der her er die psychosomatische Medizin begründet hat. Wenn ich auf den folgenden Seiten Groddecks Weg zur Psychoanalyse nachzuzeichnen versuche, dann doch nicht, um den Leser mit neuen Tatsachen zu konfrontieren, sondern um ihm eine neue Interpretation dieser Zusammenhänge vorzustellen. Den folgenden Erörterungen liegt der methodische Ansatz Lorenzers (1984) zugrunde, dem es in seiner »Archäologie der Psychoanalyse« darum geht, die »Struktur der Psychoanalyse (...) aus ihrer Problemstellung heraus« zu begreifen, »was die Rekonstruktion der Vor- und Frühgeschichte der Psychoanalyse voraussetzt« (S. 7). Diesem Vorgehen Lorenzers entsprechend, der ausdrücklich auf den schon von Freud (1923) gegebenen Ratschlag hinweist, daß man »die Psychoanalyse immer noch am besten« versteht, »wenn man ihre Entwicklung verfolgt« (S. 211), möchte ich über die Analyse des Groddeckschen Weges vom praktischen Arzt zum Psychoanalytiker das Wesen seines psychotherapeutischen Neuansatzes auf den Begriff bringen.

Nun werden wir beim Verfolgen dieses Weges immer wieder auf den Begriff des Symbols stoßen, dessen Bedeutung für Groddeck ich an anderer Stelle einer systematischen Untersuchung unterzogen habe (König, 1986). Im Rahmen dieser Arbeit kann ich mich jedoch auf die Erörterung der Frage beschränken, welchen Stellenwert das Symbol in den Anfängen der psychoanalytischen Arbeit Groddecks gewonnen hat.

Welche Bedeutung Groddeck dem Symbol auf seinem Weg zur Psychoanalyse in der Tat einräumt, hat er sehr deutlich ausgesprochen:

»Das Symbol war das erste, was ich von aller analytischen Weisheit lernte, und es hat mich nicht wieder losgelassen« (Groddeck, 1923, S. 269). Zu diesem Schluß gelangte Groddeck bei der Erörterung der Fallgeschichte des Fräulein G., jener schwerkranken Patientin, die er 1909 kennengelernt hatte und die ihm von ihrem letzten Arzt als Todeskandidatin vorgestellt worden war. Das Besondere im Falle ihrer Behandlung lag darin, daß sich Groddeck ihr gegenüber, weil sie derart schwach und kraftlos war, so einfühlsam und freundlich verhielt, daß er selbst überrascht war. Denn er war es sonst immer gewohnt gewesen, seinen Patienten gegenüber als ein starker und strenger Vater aufzutreten. Die »Beobachtung« des Fräulein G. habe ihn also, so erzählt Groddeck, »auf denselben Weg gezwungen, den ich später als den der Psychoanalyse kennenlernte« (Groddeck, Freud, 1974a, S. 7).

II.

Wie war es aber Groddeck möglich, auf eigene Faust noch einmal die Entdeckungen zu machen, die Freud zur Begründung der Psychoanalyse geführt hatten? Auf diese Frage läßt sich heute die folgende Antwort geben: Überblickt man Groddecks Weg als Arzt, so fällt es sogleich auf, daß er – worauf zuletzt Will (1984) hingewiesen hat – den Übergang von seinen frühen Therapieformen zu seiner späteren psychoanalytischen Behandlung »nie als einen abrupten Bruch« empfunden hat (S. 39). Schon in seiner voranalytischen Praxis übte er eine Therapie aus, die wichtige Elemente der das Arzt-Patient-Verhältnis bestimmenden Praxis der psychoanalytischen Kur vorwegnahm.
Galt es nämlich am Ende des vergangenen Jahrhunderts »als höchste Kunst der medizinischen Wissenschaft, fachgerecht zu diagnostizieren« und »dem Kranken eine Krankheit zuzuschreiben«, so lernte Groddeck als Schüler Schweningers demgegenüber, »daß der Arzt es nie mit Krankheiten, sondern immer mit Kranken zu tun habe« (ebd., S. 18f.). Halten wir also die wichtigsten Momente des von Schweninger und Groddeck verwandten Therapiekonzeptes fest, das sich als eine physikalische Medizin vor allem auf Diäten, heiße Bäder und Massagen stützte:
1. Nicht durch die »Diagnose« und die Anwendung »allgemeiner Therapieschemata« glaubte man dem Kranken helfen zu können, sondern allein durch eine »individualisierende, auf den einzelnen Kranken zugeschnittene Behandlung« (ebd., S. 19).
2. Nicht der Arzt heile den Patienten durch den Einsatz einer spezifischen Behandlung. Vielmehr heile der Patient sich selbst unter dem

Einfluß unspezifischer Therapiefaktoren. Denn wie Groddeck es in seiner ersten These zu seiner Doktorarbeit formuliert hat:

»Viele Krankheiten sind das Produkt der Lebensweise des Menschen. Will man sie heilen, so muß man die Lebensweise des Patienten ändern, da man die Krankheit selbst nur in den wenigsten Fällen durch sogenannte Specifica angreifen kann« (Groddeck, 1889, zitiert nach Will, 1984, S. 22).

Beide Punkte heben Momente hervor, die konstitutiv für das Arzt-Patient-Verhältnis in der psychoanalytischen Kur sind. Daß die Medizin nicht die Krankheit, sondern der Kranke als Individuum in den Mittelpunkt der ärztlichen Aufmerksamkeit zu stellen ist, gilt für die Psychoanalyse in derselben Weise wie der Satz, daß der Patient den eigentlich aktiven Teil der Arzt-Patient-Beziehung darstellt, der sich verändern muß, will er die Krankheit überwinden, die das Resultat einer ganz bestimmten Lebenspraxis ist.
Die Differenz zwischen der diätetischen und physikalischen Medizin Schweningers und der Therapie der Psychoanalyse in der Bestimmung des Arzt-Patient-Verhältnisses wird jedoch offensichtlich am folgenden Punkt:
3. Weil seine Behandlungsmethode Schweninger zufolge nur Aussicht auf Erfolg hatte, wenn man zusammen mit dem Körper auch die Seele des Kranken behandelte, ergänzte er seine physikalische Therapie durch den Einsatz suggestiver Techniken. Wie sich Groddeck dementsprechend auch der Suggestion bediente, um von seinen Patienten in der Zeit ihrer Behandlung ganz Besitz zu ergreifen, hat Grotjahn (1971) geschildert:

»Seine Patienten zu beherrschen, gewissermaßen körperlich und geistig Besitz von ihnen zu ergreifen, war ihm ein ausgesprochenes Vergnügen. Von dem Augenblick an, da sie sein Sanatorium betraten, bis zu dem Augenblick, da sie es wieder verließen, bestimmte er ihr Leben. Er massierte sie, verschrieb ihnen Diäten und hielt sie zu besonderen Lebensweisen an. (...) Das ganze Sanatorium wurde eingespannt, um seinen Einfluß zu vermehren, alles drehte sich um die Visiten des Doktors. Viele Massagen gab er selbst, wobei er sich rittlings auf die bettlägerigen Patienten setzte, egal ob es Männer oder Frauen, ob sie zwanzig oder siebzig Jahre alt waren« (S. 183).

Groddeck selbst berichtet, daß es seine Gewohnheit gewesen sei, seine Anordnungen »mit absoluter Strenge und (...) Unerschrockenheit durchzusetzen«:

»Ich gebrauchte die Redewendung: ›Sie müssen eher sterben als irgendeine Verordnung übertreten‹, und ich machte damit ernst. Ich habe Magenkranke, die nach bestimmten Speisen Schmerzen oder Erbrechen bekamen, so lange ausschließlich gerade mit diesen Speisen genährt, bis sie es gelernt hatten, sie zu vertragen, ich habe andere, die wegen irgendeiner Gelenks- oder Venenentzündung unbeweglich zu Bett lagen, gezwungen, aufzustehen und zu gehen, ich habe Apoplektiker damit behandelt, daß ich sie sich täglich bücken ließ, und habe Menschen, von denen ich wußte, daß sie in wenigen Stunden sterben würden, angekleidet und bin mit ihnen spazierengegangen, habe es erlebt, daß einer von ihnen vor der Haustür tot zusammenbrach« (Groddeck, 1923, S. 266).

Wie es das letzte Beispiel zeigt, herrschte Groddeck buchstäblich über Leben und Tod seiner Patienten. Aber seine unbedingte Autorität erschien als notwendiges Moment des Heilungsprozesses. Diese Autorität setzte sich aus viererlei Momenten zusammen:

1. Durch die dem Patienten vorgeschriebene Diät herrschte Groddeck so über die Ernährung des Patienten, wie er über ihn durch die Massage des Unterleibes – Puffen, Kneifen und Bauchbeknien – handgreiflich verfügte und seinen Körper recht gewaltsam und schmerzhaft bearbeitete.

2. Durch sein Auftreten als »kraftvoller, gütiger Vater« betrieb Groddeck eine »autoritative, unfehlbare, väterliche Suggestion« (ebd.), die bei seinen Patienten eine intensive Vaterübertragung zur Folge hatte. Groddeck erweiterte seine Herrschaft über die Kranken somit über den Zugriff auf ihr Unbewußtes. Im Banne der von ihm praktizierten Hypnose verwandelten sich seine Patienten nämlich in sich seinen Befehlen fügsam unterwerfende Kinder, die wie diese aus Puppengläsern tranken und von Puppentellern aßen (vgl. Will, 1984, S. 28).

3. Als Leiter eines Sanatoriums verfügte Groddeck in besonderer Weise über die Autorität des Arztes, die ihm infolge der Medizinalisierung der Krankheit als die Macht der staatlichen Administration zugefallen war, die einst über die Leidenden in Zuchthäusern, Irrenhäusern und Armenhäusern herrschte.

4. Und schließlich nahm Groddeck die Autorität des Arztes in Anspruch, der im Glanze der Szientifizierung der Medizin einen ungeheuren Wissensvorsprung gewonnen hatte, aufgrund dessen die Kranken zu unwissenden und hilflosen Objekten eines naturwissenschaftlich gebildeten Mediziners wurden.*

---

* Zu den Problemen der Medizinalisierung der Krankheit und der Szientifizierung des ärztlichen Wissens vergleiche wiederum Lorenzer, 1984, S. 37 ff.

III.

Es ist schon erstaunlich, wie Groddeck aus dieser festgefügten und autoritär durchreglementierten therapeutischen Praxis heraus, die sich über Jahrzehnte darin bewährt hatte, von der Schulmedizin aufgegebene Fälle erfolgreich zu behandeln, den Weg zur Psychoanalyse fand. Daß er trotz seines großen Erfolges in ganz Europa – die Klientel seines Sanatoriums in Baden-Baden war international, und zu seinen Patienten gehörten so illustre Gäste wie König Gustav von Schweden, Alfred Krupp, Baron von Rothschild und Richard Wagner – noch für ganz neue Entdeckungen offen war, ist sicherlich drei besonderen Umständen zu verdanken:

1. Wie wir schon gesehen haben, beruhte sein von Schweninger begründetes Therapiekonzept auf einer individualisierenden Behandlung seiner Patienten. Erfolgreich konnte diesem Konzept zufolge ein praktischer Arzt nur dann sein, wenn er einerseits »sich einfühlend in das Wesen dieser individuellen Erkrankung, in ihre Ursachen und Begleitumstände« vertiefte, um sodann »mit seinem medizinischen Wissen jene therapeutischen Maßnahmen« auszuwählen, »die dem Kranken angemessen sind« (Will, 1984, S. 30).

»Diese Mischung von Empathie und Fachwissen begleitet die gesamte Therapie und ermöglicht eine ständige Überprüfung und Korrektur der eingesetzten therapeutischen Maßnahmen, indem sie sich allein an dem Verlauf der Behandlung orientiert« (ebd.).

Mit den Worten Groddecks und Schweningers:

»Wir binden uns (...) insoweit an wissenschaftliche Grundsätze und Hypothesen, als sie sich mit dem individuellen Zweck vertragen. Wir wollen nicht mit der Wissenschaft behandeln, sondern mit der Kunst. Denn der praktische Arzt ist und soll ein humaner Künstler bleiben« (Groddeck, Schweninger, 1896, zitiert nach Will, 1984, S. 31).

Das Besondere des von Schweninger und Groddeck angewandten Verfahrens liegt also gerade darin, sich das medizinische Wissen nutzbar zu machen, es aber nicht einfach schematisch in therapeutische Maßnahmen umzusetzen, sondern vielmehr den Patienten ernst zu nehmen und ein seiner Individualität angemessenes Therapiekonzept zu finden. Denn da die Krankheit Ausdruck einer falschen Lebensweise ist, erweist sich als die Voraussetzung einer angemessenen Behandlung das persönliche Kennenlernen des Patienten, dessen individuelles Leiden erst erkannt werden muß. Aufgrund dieser individualisierten Therapieform, die in den Mittelpunkt der Behandlung nicht die Krankheit, sondern den einzelnen Patienten rückt, war Groddeck darauf vorbereitet, sich auf die neuen Beobachtungen einzulassen, mit denen ihn das Fräulein G. konfrontieren sollte.

2. Aber man darf über diesem Gesichtspunkt nicht den anderen Umstand übersehen, aufgrund dessen Groddeck zu jener Zeit für die Wahrnehmung neuer Erfahrungen besonders sensibilisiert war. Denn wie er in *Das Buch vom Es* freimütig bekennt, befand er sich vor der Übernahme des Falles von Fräulein G. in einer schweren Krise. Seinen eigenen Worten zufolge hatte er damals »abgewirtschaftet«:

»Ich kam mir alt vor, hatte keine Lust mehr am Weib oder am Mann, meiner Liebhabereien war ich überdrüssig geworden, und vor allem, meine ärztliche Tätigkeit war mir verleidet. Ich betrieb sie nur noch zum Gelderwerb. Ich war krank, daran zweifelte ich selbst nicht, wußte nur nicht, was mit mir los war« (Groddeck, 1923, S. 264).

Und ausgerechnet in dieser seelischen Verfassung, die Groddeck im nachhinein mit den Worten umschreibt, daß er »hysterisch« gewesen sei (ebd.), habe er die Behandlung jener »schwerkranken Dame« übernommen, die ihn dazu »gezwungen« habe, »Analytiker zu werden« (ebd.).

Die Schwierigkeiten im Umgang mit Fräulein G. begannen damit, daß sie so schwach und zerbrechlich war, daß Groddeck die ihm zur Selbstverständlichkeit gewordene Rolle des strengen Vaters nicht einnehmen konnte, ein Auftreten, das es ihm seines Erachtens erst ermöglichte, die Macht über den Patienten zu gewinnen, indem er seine medizinische Therapie durch Suggestion ergänzte. Statt dessen mußte er entdecken, daß er in »irgendeine geheimnisvolle Beziehung« mit der Patientin verstrickt war (ebd., S. 265), die sie dazu veranlaßte, von sich aus Vertrauen zu ihm zu fassen.

Es sollte sich später zeigen, daß »ihre Einstellung mir gegenüber als Kind – und zwar (...) als dreijähriges Kind – (...) mir die Rolle der Mutter« aufzwang (ebd., S. 266). »Bestimmte schlummernde Mutterkräfte meines Es wurden von dieser Kranken geweckt und gaben meinem Verfahren ihre Richtung« (ebd.). Groddeck, der dieser Patientin gegenüber kein sie führender und leitender Vater mehr sein konnte, jedoch spürte, daß er mit ihr durch eine Mutterübertragung verbunden war, die sie einging, ohne daß er sie zu jedem Zeitpunkt verstand, bemühte sich in seiner Ratlosigkeit, ihren Erwartungen zu entsprechen:

»Nachdem mich Fräulein G. zu ihrem Mutter-Arzt ernannt hatte, wurde sie zutraulicher. Sie ließ sich alle möglichen Hantierungen, wie sie mein Gewerbe als Masseur mit sich brachte, ruhig gefallen, aber die Schwierigkeiten der Unterhaltung blieben. Nach und nach gewöhnte ich mir – aus Spielerei, wie mir schien – ihre umschreibende Ausdrucksweise an, und siehe da, nach einiger Zeit bemerkte ich zu meiner höchsten Verwunderung, daß ich Dinge sah, die ich früher nicht gesehen hatte. Ich lernte das Symbol kennen. Es muß sehr allmählich gegangen sein, denn ich besinne mich nicht, bei welcher Gelegenheit ich zuerst begriff, daß ein Stuhl nicht nur ein Stuhl, sondern eine ganze Welt ist, daß der Daumen der Vater ist, daß er (…) als ausgestreckter Zeigefinger Erektionssymbol wird (…).

Was soll ich weiter davon sprechen? Ein Rausch kam über mich, wie ich ihn nie vorher noch nachher erlebt habe« (ebd., S. 269).

Weil der Umgang mit der Patientin so schwierig war und er sich anders nicht zu helfen wußte, fing Groddeck an – »aus Spielerei«, wie es ihm damals erschien –, auf ihre »umschreibende Ausdrucksweise« zu achten und sie sich selbst zu eigen zu machen. Und als er sich derart auf das Sprechen seiner Patientin eingestellt hatte und selbst deren Sprache zu sprechen begann, da erschloß sich ihm auf einmal ein verborgener Sinn in ihrer Rede, die ihm zuvor sinnlos und bedeutungsarm erschienen war. Auf einmal verstand er nämlich, weshalb die Patientin ein Wort wie Ofenrohr nicht aussprechen konnte, sondern es umständlich mit den Worten »die Einrichtung für den Rauch« umschrieb (ebd., S. 265). Er wurde darauf aufmerksam, daß das Ofenrohr für die Patientin nicht nur ein Ofenrohr darstellte. Er entdeckte, daß für sie der Ofen die Bedeutung einer »heißblütigen Frau« hatte, daß das Ofenrohr einen Mann symbolisierte, der, wie es die schwarze Farbe des Rohres signalisierte, gestorben war. Der Ofen war also für seine Patientin zum Symbol für »den Geschlechtsverkehr eines abgeschiedenen Mannes mit einer lebendigen Frau« geworden (ebd., S. 269).

Die Worte der Patientin wurden von dem Augenblick an verstehbar, wo Groddeck sich darüber klar wurde, daß sie Symbole für Zusammenhänge waren, deren Bedeutung ihm und der Patientin verborgen blieben, sich jedoch für das Verständnis ihres Leidens als von besonderer Bedeutung erwiesen. Und über die Rede der Patientin, über ihre Selbstdarstellung im Gespräch konnte man den Sinn dieser Symbole entziffern. Daß Groddeck angesichts dieser Entdeckung »ein Rausch« überkam, wie er ihn »nie vorher noch nachher erlebt habe«, erscheint angesichts der Bedeutung dieser Erkenntnis durchaus verständlich.

Leider hat uns Groddeck nichts Näheres darüber mitgeteilt, wie sich das Gespräch zwischen ihm und seiner Patientin entwickelte, so daß wir auch nicht nachvollziehen können, wieso das von ihm erwähnte Ofenrohr bei dieser Patientin den Geschlechtsverkehr symbolisierte. Denn – wie Groddeck einmal bemerkt hat – es kommt nicht auf die

allgemeine, sondern auf die individuelle Bedeutung der Symbole an.*
Nehmen wir also, bevor wir den Fall des Fräulein G. weiter analysieren, ein anderes kurzes Beispiel hinzu, das uns vor Augen führt, wie sich aus der Rede der Patientin der symbolische Sinn ihrer Krankheit erschließen läßt. So berichtet Groddeck in seiner Arbeit *Symbole und Krankheit* von einer Patientin, die unter anderem an Schwindelanfällen litt:

»Sie war schön und wollte nicht alt werden und tat alles, um dies zu verbergen (...). Also mich besuchte sie nun wegen eines heftigen Schwindelanfalls (...). Ich fragte sie, wann sie den Anfall genau gehabt hätte. Sie erzählte mir, sie hätte vor dem Tisch gesessen, und als ich sie dann weiter fragte, was sie da genau gesehen hätte, erwiderte sie mir: ›Blumen‹. Nun fragte ich weiter, was ihr bei den Blumen eingefallen sei, und sie sagte: ›Die Blumen sind schon alt und welk‹, und als sie dies sagte, meinte sie: ›Halbwelk bin ich auch.‹ Die Anfälle hörten dann auf und wiederholten sich auch nicht mehr« (Groddeck, 1925b, S. 113).

Der Arzt bemüht sich, den Schwindelanfall seiner Patientin zu verstehen, indem er sich aufmerksam auf ihre Rede einstellt. Er fordert sie auf zu sprechen, indem er sie fragt, in welcher Situation dieser Schwindelanfall aufgetreten sei. In dem Maße, wie sie sich das szenische Arrangement dieser Situation in Erinnerung ruft, fallen ihr die Blumen auf dem Tisch ein. Weil der Arzt sie drängt, in ihrer Schilderung dieser Szene fortzufahren, und die Frage aufwirft, was ihr denn zu den Blumen einfalle, vermag sie sich darauf zu besinnen, daß diese Pflanzen welk sind, so welk, wie sie selbst sich fühle, die, wie Groddeck es schon eingangs geschildert hat, in ihrem Auftreten darum bemüht ist zu verheimlichen, daß sie älter wird.
Das Beispiel der Patientin mit dem Schwindelanfall macht deutlich, was die Entdeckung des Symbols für Groddeck real bedeutet hat. Zuvor hatte er die Krankheit als ein körperliches Phänomen betrachtet, das man angehen könnte, wenn man die falsche Lebensweise des Patienten begreift und ihm eine seiner besonderen Individualität entsprechende Therapie verschreibt, die eine diätetische und physikalische Behandlung bedeutet. Konkret heißt das zum Beispiel, daß der Arzt bei der Anwendung einer Diät

---

* »Es gibt wohl *allgemeine Symbole*, z. B. die Kirche. Aber jeder Mensch legt in die Symbole noch eine *persönliche Symbolisierung*, die der Arzt nicht kennt, die aber sehr wichtig bei der Erkrankung ist. Es nutzt nichts, dem Kranken auseinanderzusetzen, dies bedeutet das und das. Der Kranke muß im Laufe der Zeit selber eine Art der Symbolisierung mitteilen« (Groddeck, 1925a, S. 127).

»für jedes *Individuum* Zufuhr, Verbrauch, Abfuhr, Nutzen und Schaden, allgemeine und spezielle (locale) Ernährung, Circulation, Blutvertheilung und tausenderlei andere Dinge vorurteilsfrei und immer wieder prüfen und das Beste behalten (sollte), das aber doch immer nur relativ ist und sein kann und wieder nach Zeit, Verhältnissen und Umständen wechseln wird« (Groddeck, Schweninger, 1896, zitiert nach Will, 1984, S. 19).

Aber wie individualisierend diese Therapie auch sein mag, es bleibt doch dabei, daß der Arzt sich unter Zuhilfenahme seines medizinischen Fachwissens und seiner klinischen Erfahrung das Krankheitsbild des Patienten *erklärt* und ihm eine Therapie für seinen Körper vorschreibt, der seiner Einschätzung zufolge aufgrund einer falschen Lebensweise erkrankt ist und nun unter dem Einfluß der Ruhe des Sanatoriums, der ihm dort zuteil werdenden Bäder, Massagen und der Diät wieder gesunden soll.

Ganz anders verhält sich Groddeck dagegen im Umgang mit der Patientin, deren Schwindelanfälle er als einen »symbolischen Vorgang« betrachtet (Groddeck, 1925b, S. 114). An die Stelle des individualisierenden *Erklärens* der Krankheit des Patienten im Rahmen der diätetischen und physikalischen Medizin Schweningers tritt nun ein *Verstehen*, das den Schwindelanfall als Ausdruck eines Lebensdramas enträtselt, das die Kranke in ihrem Alltag in Szene setzt. Ein Gespräch mit der Patientin erweist sich in diesem Fall nicht mehr als ein Hilfsmittel, das dazu dient, den Kranken unter Zuhilfenahme suggestiver Techniken gefügig zu machen, auf daß er den Befehlen des Arztes nachkommt und an die ihm verschriebene Medizin glaubt. Vielmehr fordern die Fragen des Arztes den Patienten fortan zu einem Gespräch heraus, das heilsam wirkt, weil es ihm die Möglichkeit erschließt, sich selbst in der Intimität der Zweierbeziehung mit dem Arzt darzustellen. Die Heilung setzt somit nicht mehr auf die Bäder, die Diät und die Massage, sondern vielmehr auf das Gespräch, in dessen Verlauf sich der Patientin und dem ihr zuhörenden Arzt ein Verständnis der Szene erschließt, die dem Schwindelanfall zugrunde liegt. Über die Vergegenwärtigung des szenischen Arrangements dieser Situation, in der ihr schwindelig geworden ist, vermag die Kranke sich auf die Erlebnisinhalte zu besinnen, die sie in jener Lage bewegten und die Ausdruck eines Lebensdramas sind, das nicht zuletzt in ihrer Angst vor dem Altern und der Angst vor dem Tod zum Ausdruck kommt.

Das Beispiel zeigt, wie sich ein Verständnis für den Patienten nur in dem Maße gewinnen läßt, wie der Kranke die Möglichkeit zur szenischen Darstellung seiner Lebenssituation gewinnt, über die allein er sich seines Erlebens bewußt werden kann, Erlebnisfiguren, die seinem

Leiden zugrunde liegen. Nicht auf ein logisches Verstehen der Sätze des Kranken oder auch auf ein psychologisches Verstehen der Person kommt es an, die dem Arzt gegenübersteht, sondern auf das von Lorenzer (1970) so bezeichnete »szenische Verstehen«, dessen Aufmerksamkeit sich auf die Darstellung der Szenen richtet, die der Patient vor dem Analytiker ausbreitet und in denen er sein persönliches Leiden, seine Ängste und seine Wünsche zur Darstellung bringt und die verstanden und so lange vervollständigt werden müssen, bis das sinnvolle Drama durchsichtig wird, in das sich das Individuum im Verlaufe seiner Lebensgeschichte verstrickt hat und das ihm mit der Erkrankung zum Verhängnis geworden ist.

Von daher wird verständlich, wie Groddeck im Fall des Fräulein G. der Durchbruch zum Verständnis ihrer symbolischen Sprache gelang. Denn daß er anfängt, sich ihrer »umschreibenden Ausdrucksweise« anzupassen und sich ihrer zu bedienen, heißt doch nichts anderes, als daß seine Sprache selbst so lebenspraktisch und szenisch wird wie die der Kranken. Weil er sich in seinem eigenen Sprechen der alltagssprachlichen Selbstdarstellung der Patientin anpaßt, vermag er mit den Szenen, die ihm die Patientin mitteilt, vertraut zu werden und ihren symbolischen Sinn zu verstehen. Das Ofenrohr ist nicht bloß ein Ofenrohr, sondern es verweist aufgrund der Szenen, die die Kranke im Gespräch vorstellt, auf die sie ängstigende Szenerie des Geschlechtsverkehrs mit einem Toten.

3. Auf diese Weise werden wir aber auf den dritten Umstand aufmerksam, aufgrund dessen sich Groddeck der Zugang zur Psychoanalyse erschloß. Denn nicht nur durch seinen persönlichen Umgang mit seinen Patienten, den er durch die individualisierende Therapieform Schweningers erlernt hatte, und durch seine eigene schwere Lebenskrise war er für den Fall des Fräulein G. sensibilisiert. Vielmehr kam ihm bei seiner Entdeckung des Symbols auch sein Umgang mit Literatur zugute. Denn je mehr er im Schatten seiner Existenzkrise seine ärztliche Tätigkeit als Mittel zum Gelderwerb betrachtete, desto mehr entdeckte er auch in seinen literarischen Neigungen seine eigentliche Berufung und verfaßte eine ganze Reihe essayistischer und literarischer Arbeiten. Es ist bedeutsam, daß Groddeck sich gerade in dieser Zeit, bevor er die Psychoanalyse für sich entdeckte, intensiv mit den Schriften Ibsens beschäftigte und in Baden-Baden Vorträge über den Dramatiker hielt, der seines Erachtens »manche psychoanalytische Erkenntnis vorweggenommen« hat (Siefert, 1978 a, S. 39). Wichtig ist dieser Hinweis deshalb, weil Groddeck – wie Grotjahn (1971) berichtet – davon erzählt hat,

»(...) wie er anfangs seinen Patienten zugehört habe, ohne sie zu verstehen, dann aber dazu übergegangen sei, sich vorzustellen, daß sie literarische Figuren wären, Gestalten Ibsens etwa, der ihm durch sie eine Botschaft übermittle. Auf diese Weise wurde er sich der Kraft des Symbols bewußt und kam allmählich zu der Auffassung, daß nicht Menschen ihr Leben leben, sondern daß sie von unbekannten Kräften, ihrem ›Es‹ gelebt werden. Sie drückten sich mit Hilfe von Symbolen aus; ihre Krankheitssymptome waren ein symbolischer Ausdruck unbekannter Lebenskräfte« (S. 184f.).

In der Auseinandersetzung mit Literatur geht es um das Verstehen und Interpretieren von Sinnzusammenhängen. Wenn Groddeck (1927) später Wagners Ring des Nibelungen, Ibsens Peer Gynt, Goethes Faust und den Struwwelpeter des Psychiaters Hoffmann als »vier Lehrbücher der Psychoanalyse« bezeichnet, um derart, wie Robert Fliess es in der Vossischen Zeitung genannt hat, »aus der Dichtung die Analyse« zu lehren (zitiert nach Siefert, 1978 b, S. 120), dann stellt er das Interpretationsverfahren vor, über das er für sich selbst die Psychoanalyse entdeckt hat.

Groddecks Entdeckung des Symbols steht daher für die Einsicht, daß der Patient dem Arzt den Sinn seiner Krankheit selbst erschließen kann, wenn man nur zu verstehen lernt, die Mitteilungen des Kranken als Darstellungen einer Lebenssituation und Lebensgeschichte zu begreifen, die dieser vor dem Analytiker szenisch so entfaltet, wie der Leser eines literarischen Textes das innere Drama der dort agierenden Akteure über die Folge der Vielzahl von Szenen erschließt, deren Zusammenhang den Sinn des Textes ausmachen. An die Stelle des naturwissenschaftlichen *Erklärens* der Krankheit im Rahmen einer medizinischen Wissenschaftsbildung tritt damit das *Verstehen* der organischen Krankheit als einer psychosomatischen Erkrankung, deren seelischer Anteil der Arzt aus der Selbstdarstellung des Patienten so im Gespräch zu entziffern lernt, wie der Leser über die Sprache des Textes die Lebenspraxis der im Drama oder im Roman miteinander Interagierenden zu verstehen anfängt.[*]

---

[*] Wenn hier und auf den folgenden Seiten davon die Rede ist, daß der Weg zur Psychoanalyse den Übergang vom Erklären der Krankheit im Kontext der Rubriken einer naturwissenschaftlich verstandenen Medizin zum Verstehen von Sinnzusammenhängen darstellt, die der Patient vor dem Analytiker szenisch ausbreitet, so handelt es sich hierbei doch um eine methodologische Bestimmung der Psychoanalyse als einer hermeneutischen Wissenschaft, die schon Freud als Naturwissenschaft mißverstanden hat. Jedoch darf man über diesem von Habermas (1968) so bezeichneten »szientistischen Selbstmißverständnis der Psychoanalyse« (S. 300ff.) nicht übersehen, daß sich ohne die erklärungswissenschaftliche Position von Freud die Psychoanalyse gar nicht hätte entwickeln können. Wie die Überlegungen am Ende dieses Beitrages deutlich machen, konnte das verstehende Sich-Einlassen auf die Selbstdarstellungen des Patienten nur deshalb zur Begründung einer neuen Wissenschaft führen, weil Freud die durch die Analyse gewonnenen lebenspraktischen Erfahrungen mit einer naturwissenschaftlichen Theoriebildung zu verknüpfen vermochte, die es ihm erlaubte, sich auf die Erlebnisfiguren des Analysanden einzulassen, ohne sich in der Fülle der Eindrücke zu verlieren, mit der ihn die psychotherapeutische Praxis konfrontierte.

IV.

Wie radikal die Umkehrung des Arzt-Patient-Verhältnisses durch den Übergang vom Erklären des durch die naturwissenschaftliche Medizin geschulten praktischen Arztes zum Verstehen des zu einem interpretierenden Zuhörer gewordenen Mediziners war, hat Groddeck in aller Deutlichkeit erläutert:

Als praktischer Arzt habe er immer geglaubt, ein Mediziner müsse über seine Patienten als »Freund« und »Vater« »herrschen« (Groddeck, 1923, S. 267). Doch aufgrund der Fallgeschichte des Fräulein G. stand er »nun auf einmal vor der seltsamen Tatsache, daß nicht ich den Kranken, sondern daß der Kranke mich behandelt« (ebd.). Seinen eigenen Worten zufolge wurde Groddecks Verhältnis zu seinen Patienten durch seine neue Klientin »gänzlich umgekehrt« (ebd.):

»Es kam nun nicht mehr darauf an, ihm Vorschriften zu geben, ihm das zu verordnen, was ich für richtig, sondern so zu werden, wie der Kranke micht brauchte« (ebd.).

Aus »einem aktiv eingreifenden Arzt« wurde Groddeck unter dem Einfluß des Fräulein G. zu einem »passiven Werkzeug« (ebd.). Weil Groddeck das Symbol entdeckte und daher den symbolischen Sinn ihrer Worte zu verstehen anfing, weil er sich also auf ein Gespräch mit seiner Patientin einzulassen vermochte, dessen Verlauf er ganz ihr überließ, um die vor ihm ausgebreiteten Szenen als Bestandteil des inneren Dramas zu interpretieren, in das sich die Kranke verfangen hatte, kehrte sich die Arzt-Patient-Beziehung auf einmal radikal um. War der Patient das Objekt einer Behandlung gewesen, dessen Leiden der praktische Arzt unter Zuhilfenahme seines medizinischen Wissens und seiner klinischen Erfahrung zu erklären vermochte, so wurde der Kranke wie im Falle des Fräulein G. nun zum Subjekt der Arzt-Patient-Beziehung. Nicht mehr band Groddeck vermittels der Suggestionsmethode den Patienten an sich, vielmehr machte die Patientin ihn spontan zu ihrer Mutter. Nicht mehr interviewte er den Kranken bezüglich seines Leidens, um eine seiner individuellen Erkrankung entsprechende Therapie zu verordnen. Vielmehr stellte Fräulein G. sich selbst in der ihr zur Verfügung stehenden Sprache dar, die Groddeck sich zu eigen zu machen gelernt hatte. Fortan ist daher nicht mehr der Arzt aktiv, der den Kranken zum Objekt einer Be-Handlung macht, sondern die Patientin, die selbst so aktiv handelt, daß Groddeck davon sprechen kann, Fräulein G. habe ihn dazu »gezwungen«, Analytiker zu werden (ebd., S. 264).

Für die radikale Umkehrung des Arzt-Patient-Verhältnisses, die Groddecks Entdeckung des Symbols im Falle des Fräulein G. zur Folge hatte, gibt es nur ein Vorbild: Die Fallgeschichte der von Breuer behandelten Anna O., die das Verfahren der Heilung durch das Gespräch selbst erfand, indem sie ihrem Hausarzt alles Unangenehme, das ihr im Verlaufe des Tages zustieß, einschließlich der Halluzinationen mitteilte.

»Bei einer solchen Gelegenheit schilderte sie ihm einmal das erste Auftreten eines bestimmten Symptoms in allen Einzelheiten, und zu Breuers großer Verwunderung hatte dies zur Folge, daß das Symptom vollständig verschwand. Die Patientin erkannte den Wert dieses Vorgehens und fuhr fort, Breuer ein Symptom nach dem anderen zu beschreiben« (Jones, 1954–1957, Bd. 1, S. 267).

Das von Bertha Pappenheim so benannte Verfahren »the talking cure«, von dem sie auch als »chimney sweeping« sprach (ebd.), bezeichnete Breuer als die kathartische Methode der Psychotherapie, derer sich dann Freud annahm, um das auf die Hypnose verzichtende psychoanalytische Verfahren zu entwickeln. Welche Bedeutung der Fall der Anna O. für die Entwicklung der Psychoanalyse hat, hat erst kürzlich Lorenzer (1984) auf den Begriff gebracht:

»Hatte bislang stets der Arzt die Anamnese erhoben, Fragen an den Patienten gestellt, hatte er ehedem irgendwelche Erläuterungen examiniert, stillschweigend untersucht, beäugt und begutachtet, und hatte der Patient die Antwort auf die ärztliche Fragen zu geben, so ergreift nun der Patient die Initiative (...). Der Patient erhält das Recht, in freier Themenwahl sein Leiden selbst darzustellen« (S. 117f.).

Zwar durfte der Patient mit seinem Leiden »in seiner Körperdarstellung (...) an den Arzt frei appellieren« (ebd., S. 118).

»Sprachliche Äußerungen dagegen waren eingeregelt in eine Rede mit ausgewählten Themen, Wendungen und festgelegten Bedeutungen. Sobald sich der Patient redend der Erlebnisseite seines Leidens näherte, mußte er sich fester Schablonen bedienen, während der Arzt, korrespondierend dazu mehr und mehr formal zu registrieren begann. Jetzt aber wurde dem diagnostizierenden Arzt zugemutet, sich in einen interpretierenden Zuhörer zu verwandeln« (ebd.):

Diese revolutionäre Umkehrung der Arzt-Patient-Beziehung hat Freud »als das Zusammenspiel von ›freier Assoziation des Patienten und gleich schwebender Aufmerksamkeit des Arztes‹« institutionalisiert (ebd.). Was Breuer und Freud in der Analyse mit hysterischen

Patienten gelang, der mit der radikalen Umkehrung des Arzt-Patient-Verhältnisses sich verbindende Übergang vom *Erklären* zum *Verstehen,* leistete Groddeck in der Arbeit mit organisch erkrankten Patienten.

Wieviel sowohl Groddeck als auch Freud ihrem Sich-Einlassen auf das Gespräch mit ihren Patientinnen verdanken, dokumentiert der Blick auf eine der inhaltlich bedeutsamen Differenzen, zu denen sie aufgrund ihrer unterschiedlichen Klientel gelangten: Das Problem der Anna O. bestand in ihrer unbewältigten Beziehung zu ihrem Vater, ein Konflikt, der in der Übertragungssituation manifest wurde, als sie sich in Breuer verliebte und den Wehen einer hysterischen Geburt unterlag. Der Vaterkonflikt der Anna O. erwies sich als der erste Fall unter der Vielzahl der neurotischen Patienten, die Freud in seiner Praxis kennenlernte und aufgrund deren Analyse er in seiner Theorie der beschädigten Lebenspraxis zu dem Schluß gelangte, daß den Kernkomplex der Neurose der Ödipuskomplex darstelle, jenes Drama der Konfrontation mit dem Vater, der dem sich nach der Mutter sehnenden Sohn den Inzest verbietet und ihm mit der Kastration droht. Für Groddeck wurde hingegen Fräulein G. zum ersten Fallbeispiel für all die psychosomatisch erkrankten Patienten, denen er in der Folgezeit in seinem Sanatorium begegnete und die ihn davon überzeugten, daß diese Kranken in der Arzt-Patient-Beziehung eine Mutterübertragung herstellen. Anders als bei Freud rückte für Groddeck die konfliktbelastete Mutterbeziehung seiner Patienten und daher deren präödipale Konfliktkonfigurationen in den Vordergrund.

Aber vergegenwärtigen wir uns noch einmal, was es heißt, daß Groddeck uns mitteilt, den Fall des Fräulein G. habe er in der Zeit einer schweren persönlichen Krise übernommen. Dadurch daß er durch seine Patientin gelernt habe, einer Kranken zuzuhören und den symbolischen Sinn ihrer Rede zu interpretieren, habe er auch sich selbst zu befreien vermocht und sei »selbst gesund geworden« (Groddeck, 1923, S. 267). Sehr viel offener noch als Freud, der die Ergebnisse seiner Selbstanalyse in der *Traumdeutung* verarbeitete, analysierte Groddeck seine klinischen Einsichten in psychosomatische Erkrankungen auf der Grundlage von Beispielen aus seiner Selbstanalyse.

So analysiert er zum Beispiel in einer seiner programmatischen Arbeiten (1917) das Symptom einer Halsentzündung, an der er erkrankt war, weil sein Unbewußtes, wie er durch die Analyse eines Traumes erkannte, die Einsicht nicht schlucken wollte, daß Freud schon vor ihm die Tätigkeit des Unbewußten untersucht hatte.

Demonstrieren wollte Groddeck mit Hilfe derartiger Beispiele aus seiner Selbstanalyse auf eine anschauliche Weise, daß man mit Hilfe der Psychoanalyse »die zunächst unverständlichen körperlichen Symptome in einen sinnvollen Zusammenhang zu bringen« vermag, so daß sich das körperliche Symptom, das »als Abwehr einer unverträglichen psychischen Vorstellung« erscheint, in dem Maße auflöst, wie das unbewußte Material der Analyse zugänglich wird (Will, 1984, S. 50f.).

Indem Groddeck derart offen eigene psychosomatische Erkrankungen analysierte und diskutierte, signalisiert er wie Freud, daß sich auch die Subjektivität des Arztes als eine behandlungsbedürftige erweist, da auch der Mediziner von den Beschädigungen seiner Persönlichkeit nicht ausgenommen ist. Sowohl bei Freud als auch bei Groddeck gipfelt die Umkehr der Arzt-Patient-Beziehung daher in der Selbstanalyse, mit der – um ein Wort Lorenzers zu gebrauchen – »der Psychiater (...) von dem Piedestal der Allmacht und Allwissenheit« herabsteigt, »um Patient zu sein« (Lorenzer, 1984, S. 142). Denn durch die Selbstanalyse, die der eine durch die Traumdeutung, und der andere dann, wie Lewinter (1980) meint, vor allem durch seine psychoanalytischen Vorträge der Öffentlichkeit vorlegte, wird die letzte Schranke zwischen Arzt und Patient aufgehoben.[*]

V.

Mit dem Übergang vom naturwissenschaftlichen Erklären der Erkrankung seiner Patienten zum verstehenden Sich-Einlassen auf das innere Lebensdrama, das der Kranke vor seinem Arzt szenisch entfaltet, fand auch Groddecks Unzufriedenheit mit seiner medizinischen Tätigkeit ein Ende. Hatte er seinem Bedürfnis zu verstehen und zu interpretieren zuvor in seiner von der ärztlichen Praxis abgetrennten literarischen Arbeit nachgegeben, so konnte er die ars interpretandi nun zur methodischen Grundlage seiner therapeutischen Praxis machen. Seine medizinische Arbeit, die ihn gelangweilt hatte und derer er überdrüssig geworden war, fesselte ihn von dem Augenblick an erneut, wo er sich als

---

[*] Wie sich diese Umkehrung des Arzt-Patient-Verhältnisses, die durch das von Freud begründete Verfahren der psychoanalytischen Kur initiiert wurde, bei Groddeck dadurch fortsetzte, daß er seine Patienten durch wöchentliche Vorträge über Psychoanalyse aufklärte und ihnen mit der Zeitschrift des Sanatoriums eine Publikationsmöglichkeit erschloß, über die sie die durch die Analyse freigesetzten Phantasien und Erlebniskomplexe in eine literarische Gestalt zu fassen und mit anderen zu diskutieren lernten, habe ich an anderer Stelle (König 1986) untersucht.

Arzt vor die Aufgabe gestellt sah, das Seelendrama seiner Klienten zu verstehen, ein Begreifen, das es ihm ermöglichte, zugleich sich selbst besser zu verstehen. Als Psychoanalytiker gelang es ihm auch, »seine neue medizinische Orientierung und deren Reflexion mit seinen literarischen Ambitionen zu verbinden« (Will, 1984, S. 190). Sein psychoanalytischer Roman (Groddeck, 1921) und seine psychoanalytischen Briefe an eine Freundin (Groddeck, 1923) sind die gelungensten Beispiele dafür.

So wie er in seiner therapeutischen Praxis den Patienten zu verstehen gelernt hatte, weil er sich dessen Alltagssprache anzueignen lernte, so achtete er auch darauf, daß sein Schreibstil lebenspraktisch war, weil er auch in seinen Schriften dem Umstand Rechnung tragen wollte, wie im Umgang mit dem Kranken auch im Umgang mit dem Leser dessen Widerstände zu umgehen, die dieser theoriebelasteten Texten gegenüber allzu leicht mobilisiert. Zugleich befürchtete Groddeck,

»(...) durch Worte einen Gedanken zu töten; er gelobte, kein Wissenschaftler zu werden, sondern sich eine reale, kreative Phantasie zu bewahren und seine Bücher in einer frei assoziativen Weise zu schreiben« (Grotjahn, 1971, S. 191).

Groddeck (1920) verteidigte das »menschliche Recht unklarer Ausdrucksweise« (S. 49), weil es darauf ankäme, das Unbewußte zur Sprache zu bringen, eine Aufgabe, die nur gelingen könne, wenn die Begriffe und Worte ihre Eindeutigkeit verlieren und man zu »stammeln« anfängt, also mit den Worten – wie Groddeck es an anderer Stelle ausgedrückt hat (1926, S. 104) – zu »spielen« beginnt, weil sich nur so die in der Sprache enthaltenen Symbole aufdecken lassen.

Anders als Freud, den es doch »eigentümlich« berührte, »daß die Krankengeschichten, die ich schreibe, wie Novellen zu lesen sind, und daß sie sozusagen des ernsten Gepräges der Wissenschaftlichkeit entbehren« (Freud, 1895, S. 227) – war Groddeck in seiner Sprache bewußt literarisch, weil er nicht wie jener das Vorbild für das psychoanalytische Verstehen in der ihm verleideten Naturwissenschaft, sondern in der kunstvollen Interpretation literarischer Texte sah, ein Gegenstandsbereich, von dem aus er selbst zur Entdeckung des Symbols gelangt war.

Wir werden damit darauf aufmerksam, daß Groddeck – wie es schon Grotjahn (1945, S. 22 f.; 1971, S. 162 f.) herausgearbeitet hat – einen ganz anderen Typus des Analytikers verkörpert als Freud. Während dieser sich als ein Wissenschaftler verstand, der »kategorisch und mit seiner ganzen Autorität auf dem grundsätzlich wissenschaftlichen Charakter der Psychoanalyse (...) bestand« (Grotjahn, 1971, S. 163), betrachtete Groddeck den Wissenschaftler als einen »Symbolmörder« und »Symbolvergewaltiger« (ebd., S. 161), gegen dessen falsches Denken er als ein »Symbolsucher« das Reich des Unbewußten zu verteidigen suchte (ebd.). Denn seines Erachtens lassen sich die symbolischen Ausdrucksformen des Es nur erschließen, wenn man sich der »Sprache von Kindern und Künstlern« bedient, die allein »frei von Abwehrhaltungen« sei (ebd., S. 163).

Wie Grotjahn einräumt, liegt in der Methode Groddecks, »direkt mit dem Unbewußten zu arbeiten und sich mit seinen Patienten auf der Ebene des Primärprozesses zu verständigen« (ebd., S. 162), sicherlich die Gefahr, sich in »wilden Phantasien« zu verlieren. Dieser Gefahr des Rückfalls in eine Mythologisierung unbewußter Erlebniskomplexe kann man jedoch seines Erachtens durch permanente »logische und rationale« Beobachtung der »klinischen Tatsachen« begegnen (Grotjahn, 1945, S. 23). Da Groddeck, wie Grotjahn ebenfalls bemerkt, »ein sorgfältiger klinischer Beobachter« war (Grotjahn, 1971, S. 162), war er selbst sicherlich gegen diese Gefahr gefeit.

Jedoch macht die Bemerkung Grotjahns uns auf ein Phänomen aufmerksam, dessen Bedeutung man nicht vernachlässigen darf, wie sehr man auch mit der Einschätzung übereinstimmen mag, daß Freud sich seinen Zugang zum Unbewußten wissenschaftlich analysierend erschloß, während Groddeck das Es künstlerisch interpretierend zu entschlüsseln sich bemühte: Es handelt sich hierbei nämlich um den Sachverhalt, daß das Sich-Einlassen auf die Selbstoffenbarung des Patienten, das mit dem Fall der von Breuer behandelten Anna O. einsetzte, nur deshalb zur Entwicklung der Psychoanalyse führen konnte, weil Freud es mit einer strikt naturwissenschaftlichen Theorieanstrengung verknüpfte, die es ihm erst ermöglichte, die durch die Analyse erschlossenen szenischen Erfahrungen »zu einer Theorie der sozialen Verhältnisse im Individuum fortzubilden« (Lorenzer, 1984, S. 205). Daß Groddeck sich bei aller Differenz zu Freud als dessen Schüler verstand, bringt doch auch zum Ausdruck, daß er als Begründer der Psychosomatik mit der Psychoanalyse in den Besitz eines Theoriewissens gelangt war, das es ihm erst erlaubte, den Weg eines »wilden Analytikers« einzuschlagen, ohne befürchten zu müssen, sich durch das uneingeschränkte Sich-Einlassen auf das Unbewußte seines Patienten »dem Mahlstrom des vorurteilsbestimmten Alltagsbewußtseins (des Arztes und des Patienten), also dem Ungefähren auszuliefern« (ebd., S. 126).

Freud, S. (1895): Studien über Hysterie. GW I.

– (1923): ›Psychoanalyse‹ und ›Libidotheorie‹. GW XIII.

Groddeck, G. (1917): Psychische Bedingtheit und psychoanalytische Behandlung organischer Leiden. In: Groddeck 1983, 62–90.

– (1920): Über das Es. In: Groddeck 1966, 46–76.

– (1921): Der Seelensucher. Ein psychoanalytischer Roman. Wiesbaden und München (Limes) 1983.

– (1923): Das Buch vom Es. Psychoanalytische Briefe an eine Freundin. München (Kindler) 1975.

– (1925 a): Der Arzt und die Symbole in der Behandlung. In: Groddeck 1983, 122–128.

– (1925 b): Symbole und Krankheit: In: Groddeck 1983, 113–122.

– (1926): Unbewußtes und Sprache. In: Groddeck 1978, 97–104.

– (1927): Vier Lehrbücher der Psychoanalyse. Der Ring des Nibelungen. Peer Gynt. Faust. Der Struwwelpeter. In: Groddeck 1978, 120–219.

– (1966): Psychoanalytische Schriften zur Psychosomatik. Ausgewählt und herausgegeben von G. Clauser. Wiesbaden (Limes) 1976.

–, S. Freud (1974): Briefe über das Es. Herausgegeben von Margaretha Honegger. Fischer Taschenbuch 42117.

– (1978): Psychoanalytische Schriften zur Literatur und Kunst. Neu ausgewählt und herausgegeben von H. Siefert. Frankfurt am Main (Fischer Taschenbuch Verlag).

– (1983): Krankheit als Symbol. Schriften zur Psychosomatik. Herausgegeben und mit einer Einleitung versehen von H. Siefert. Frankfurt am Main, Fischer Taschenbuch 6367.

Grotjahn, M. (1945): Georg Groddeck and his Teachings about Man's Innate Need for Symbolization. A Contribution to the History of Early Psychoanalytic Psychosomatic Medicine. The Psychoanalytic Review, 32, 9–24.

– (1971): Die Sprache des Symbols. Der Zugang zum Unbewußten. München (Kindler) 1977.

Habermas, J. (1968): Erkenntnis und Interesse. Frankfurt am Main (Suhrkamp) 1973.

Jones, E. (1954–57): Das Leben und Werk von Sigmund Freud. Bd. I–III. Bern (Huber) 1960–62.

König, H.-D. (1986): Groddeck und das Symbol. H. Siefert, F. Kern, B. Schuh, H. Grosch (Hg.): Groddeck Almanach. Basel, Frankfurt am Main (Stroemfeld / Roter Stern), 209–221.

Lewinter, R. (1980): L'apparat de l'âme. L'expérience de Groddeck. Paris (Mazarine).

Lorenzer, A. (1970): Sprachzerstörung und Rekonstruktion. Vorarbeiten zu einer Metatheorie der Psychoanalyse. Frankfurt am Main (Suhrkamp) 1973.

– (1984): Intimität und soziales Leid. Archäologie der Psychoanalyse. S. Fischer, Frankfurt am Main.

Siefert, H. (1978 a): Editorische Vorbemerkung zu Nora. In: Groddeck 1978, 38 f.

– (1978 b): Editorische Vorbemerkung zu *Vier Lehrbücher der Psychoanalyse.* In: Groddeck 1978, 120 f.

Will, H. (1984): Die Geburt der Psychosomatik. Georg Groddeck, der Mensch und Wissenschaftler. München, Wien, Baltimore (Urban & Schwarzenberg).

FRANZ WELLENDORF

Der Fall Dora: eine Mésalliance

Überlegungen zu Liebe
und Erkenntnis in der Psychoanalyse

In den ersten Tagen des Jahres 1901 unterbricht Freud die Abschlußar-
beiten an dem Manuskript »Zur Psychopathologie des Alltagslebens«,
um eine Geschichte zu Papier zu bringen, die für ihn am 31.12. des
alten Jahres überraschend und verwirrend zu Ende gegangen war.[1] Es
ist die Geschichte seiner Begegnung mit der 18jährigen Ida Bauer, die
unter dem Namen Dora in die Annalen der Psychoanalyse eingegangen
ist – einem »reifen, im Urteil sehr selbständigen« und »blühenden Mädchen von intelligenten und gefälligen Gesichtszügen« (S. 180/181)[2],
das Freud im Oktober 1900 auf Bitten des Vaters in psychoanalytische
Behandlung genommen hatte. Der Text, den Freud niederschreibt und
den er 1905 unter dem Titel »Bruchstück einer Hysterie-Analyse« erscheinen läßt, legt Zeugnis von der heftigen inneren Bewegung ab, in
die ihn die Begegnung mit Dora versetzt hat – eine Begegnung, die
Dora »in so unvermuteter Weise, als meine Erwartungen auf glückliche
Beendigung der Kur den höchsten Stand einnahmen, abbrach« (S. 272).
Der Text ist Dokument einer Überflutung und ihrer Bewältigung im
Schreiben. Freud wird vom Erlebten heimgesucht, von einer Masse des
Erlebten, die in einer Art ursprünglicher Unordnung ist. Von allen
Stellen strömen ihm die Erinnerungen, die Einfälle, die Theoriefrag-
mente und -anspielungen und die Argumente zu. In seinen »Unreinhei-
ten« und Unvollkommenheiten läßt dieser Text, der zugleich vollkommen klar ist,[3] etwas von der heftigen Bewegung erkennen, die die
Beziehung zwischen Freud und Dora ausgezeichnet hat – eine Bewegung, die sich in der des Schreibens und des psychoanalytischen Erkennens fortsetzt.
Der Text ist Ort vielfacher Irritation. Er gibt uns Einblick in die ganz
besondere Beziehung, die zwischen Freud und der jungen Frau entsteht, und verbirgt sie zugleich. Wir sind aus ihr ausgeschlossen. So ist
es der Text, an den wir uns halten müssen, ein Text, der befremdet.
Freud rechnet mit dem Befremden des Lesers: »Er wird nur Befremden
anstatt der gesuchten Aufklärung in ihr finden und gewiß geneigt sein,

die Ursache dieses Befremdens auf den für phantastisch erklärten Autor zu projizieren. In Wirklichkeit haftet solches Befremden an den Erscheinungen der Neurose selbst« (S. 168). In dem Befremden des Lesers am Text kehrt jenes wieder, das die Erscheinungen der Neurose im anderen auslösen – das Befremden, daß ein Mensch, eine junge Frau, einem anderen, dem Mann, so erscheinen kann: als eine Fremde. Freuds Text zeichnet den Weg nach, auf dem er das Fremde zu verstehen sucht.

Sich auf diese Bewegung des Suchens einlassen heißt: sich als Leser auf den fremden Text einlassen. Die Irritationen, die er auslöst, sind – analog der Gegenübertragung in der analytischen Beziehung – ein wichtiges Instrument des Verständnisses.[4]

Am Anfang steht auch hier ein Befremden: ein Befremden vor einem Freud, der im »Vorwort« seinen Lesern gegenüber vorsichtig und zugleich entwertend verfährt. Warum überhaupt scheren ihn mögliche Vorwürfe seiner Gegner? Bei allem Verständnis für die Besonderheiten der historischen Situation finde ich es ärgerlich, kränkend und enttäuschend, daß ein großer revolutionärer Mann wie Freud nicht unabhängiger von Meinung und Urteil anderer ist. Auch beginne ich, an Freud herumzunörgeln; z. B. gefällt mir nicht, daß er die Patientin vor der Veröffentlichung nicht um Zustimmung gefragt hat (S. 164 f.). Also will ich nicht, daß eine Idealisierung zusammenbricht. Diese aber gehört, wie Freud später in »Massenpsychologie und Ich-Analyse« schreibt,[5] zum Zustand der Verliebtheit.

Verliebte sind hellsichtig. Und so stoße ich hinter dem Befremden am Text und dem an der Neurose auf eine dritte Art des Befremdens – das Befremden darüber, daß ein 45jähriger Mann und eine junge Frau von 18 Jahren in intimer Zweisamkeit so miteinander reden: »In dieser Krankengeschichte ... werden nun sexuelle Beziehungen mit aller Freimütigkeit erörtert, die Organe und Funktionen des Geschlechtslebens bei ihrem richtigen Namen genannt und der keusche Leser kann sich aus meiner Darstellung die Überzeugung holen, daß ich mich nicht gescheut habe, mit einer jugendlichen weiblichen Person über solche Themata in solcher Sprache zu verhandeln« (S. 165 f.). Freuds prophylaktische Aggressivität gegenüber dem Leser als einem Dritten, der befremdlich und als Verstoß gegen kulturelle Tabus empfinden könnte, was da hinter der Tür zum Behandlungszimmer passiert, zeigt, daß nicht möglich ist, was er emphatisch behauptet: mit einer jungen Frau ungestraft über sexuelle Dinge reden. Wie Michel Neyraut vermerkt: »Von sexuellen Dingen reden, ist eine Realität; diese Realität ist eine Verführung ...«[6] Indem Freud über die Behandlung Doras schreibt, legt er Zeugnis davon ab, wie er und die junge Frau sich auf einen offenen Prozeß miteinander eingelassen und sich sprechend berührt haben. Das Gefühl der Bedrohung durch einen Dritten, den Leser, zeigt, daß Freud spürt, wie sehr er gegen die Konventionen und Tabus verstößt, die zu seiner Zeit das Geschlechterverhältnis unter Kontrolle halten. Freud selbst benennt einige der Strategien, mit deren Hilfe wir gewohnt sind, auf beunruhigende Irritationen zu reagieren: der Andere, Befremdliche sei, so sagen wir, nicht normal; die Gewöhnung, zumal die professionelle, werde die Irritation abklingen lassen; wir können versuchen, das Befremdliche auf Bekanntes zurückzuführen (S. 168). Er selbst neigt zu der Vorstellung restloser Aufklärung, wenn er meint: »... die Fortsetzung der Arbeit (wäre) gewiß an allen Punkten bis zur letzten möglichen Aufklärung vorgedrungen« (S. 169); oder – in einem Brief an Wilhelm Fließ vom 14.10.1900 – zu einer Einordnung des ganzen dramatischen Geschehens zwischen ihm und Dora in seine Sammlung interessanter Fälle: »Die Zeit war belebt, hat auch wieder einen neuen und für die vorhandene Sammlung von Dietrichen glatt aufgehenden Fall eines 18jährigen Mädchens gebracht«.[7]

Freud hebt seinen Lesern gegenüber die Freimütigkeit seiner Darstellung hervor. In der Tat wird uns vieles mitgeteilt: Fakten aus Doras Leben, die – ginge es nach dem Willen der Protagonisten – im dunkeln bleiben sollten, wie die Liaison des Vaters mit Frau K.; die sexuellerotischen Annäherungen des Herrn K. an das halbwüchsige Mädchen; die Tatsache, daß sie eine »Lutscherin« war; die homoerotische Bindung zwischen Dora und Frau K. Über die Fakten hinaus schildert und analysiert Freud für seine Leser die mannigfaltigen geheimen Wünsche und Phantasien seiner Patientin: ihr sexuelles Begehren, das sich hinter aggressiver Abwehr verbirgt; ihre Schwangerschaftsphantasie; geheime Phantasien wie die vom Saugen am Gliede, die in ihrem nervösen Husten zum Ausdruck kommt; die verborgene »symbolische Sexualgeographie« (S. 262) ihrer Träume. Doch diese Fülle intimster Informationen über Dora kann nicht darüber hinwegtäuschen, daß wir nichts, aber auch gar nichts über das erfahren, was in der Beziehung zwischen dem Arzt und seiner jugendlichen Patientin geschehen ist. Freud hat diese Unvollständigkeit der Darstellung bewußt herbeigeführt: »Ich habe nämlich die Deutungsarbeit, die an den Einfällen und Mitteilungen der Kranken zu vollziehen war, im allgemeinen nicht dargestellt, sondern bloß die Ergebnisse derselben. Die Technik der analytischen Arbeit ist also, abgesehen von den Träumen, nur an einigen wenigen Stellen enthüllt worden. Es lag mir ... daran, die Determinierung der Symptome und den intimen Aufbau der neurotischen Erkrankung aufzuzeigen; es hätte nur unauflösbare Verwirrung erzeugt, wenn ich gleichzeitig versucht hätte, auch die andere zu erfüllen« (S. 170). Verwirrung für wen – für den Leser (was Freud hier meint) oder für Freud? So ist es auch verwirrend: ich weiß als Leser nicht, wie Freud die Situation erlebt, was er getan, wie er die Patientin mit seiner Sprache berührt hat. Der Text bezeugt eine große Intimität mit ihr, an der der Autor den Leser teilnehmen läßt, zugleich hält Freud den Leser auf Distanz, schließt ihn aus der Beziehung zwischen sich und Dora aus und lenkt seine Aufmerksamkeit auf »den intimen Aufbau der neurotischen Erkrankung«.

Es geht um Liebe, aus der wir ausgeschlossen sind – ein Ausschluß, der unser Liebesbegehren in ein Verlangen nach Erkenntnis, in Wißbegierde verwandelt. Mit einer Klarheit, die nichts zu wünschen übrigläßt, hat Freud in zwei Briefen an C. G. Jung die Liebe als innersten Motor des psychoanalytischen Prozesses benannt, mit klarem Blick für das Risiko, an dieser Flamme zu verbrennen. »Es ist eigentlich eine Heilung durch Liebe«, schreibt er am 6. 12. 1906; und zwei Jahre später antwortet er Jung, der sich in seine Patientin Sabina Spielrein verliebt und Freud vorsichtig sein schlechtes Gewissen und seine Angst vor einem Skandal gestanden hat: »Verleumdet und von der Liebe, mit der wir operieren, versengt zu werden, das sind unsere Berufsgefahren, derentwegen wir den Beruf wirklich nicht aufgeben werden.«[8] Aus der Sicht der gesellschaftlichen Institutionen ist die Liebe, wie Francesco Alberoni sagt, »eine exemplarische Zuwiderhandlung«, die »trennt, was vereint war, und vereint, was getrennt bleiben sollte«. Sie »zwingt uns, alles neu zu organisieren, alles zu überdenken, vor allem unsere Vergangenheit. In Wirklichkeit ist es kein Überdenken, sondern ein Neumachen. Es ist tatsächlich eine Wiedergeburt.« Für die soziale Umwelt aber, die weiterhin in den alten Institutionen und Strukturen organisiert und aus der Bewegung, die die Liebe ist, ausgeschlossen ist, ist dies ein Verlust: »Sie reagiert (und dies ist eine Reaktion, die jede Bewegung begleitet), indem sie Nein sagt und sich dagegenstellt.«[9]

Freud rechnet mit Lesern, die nein sagen und sich dagegenstellen, deren Interesse eine Einmischung ist – eine Einmischung, die die beunruhigende und revolutionäre Bewegung in die vertrauten und verlogenen Konventionen zu kanalisieren trachtet: »Ich weiß, daß es – in dieser Stadt wenigstens – viele Ärzte gibt, die – ekelhaft genug – eine solche Krankengeschichte nicht als einen Beitrag zur Psychopathologie der Neurose, sondern als einen zu ihrer Belustigung bestimmten Schlüsselroman lesen wollen« (S. 165). Die ärztliche Diskretion, die das, was zwischen Freud und Dora geschieht, vor den Zugriffen aus der beunruhigend und sich bedroht fühlenden sozialen Umwelt schützt, verhindert, daß die Geschichte als ein »Schlüsselroman« gelesen werden kann – was ja heißen würde: sie in die herrschenden sozialen Strukturen zu reintegrieren. Jedoch: auch wenn wir Freuds Ekel vor der Schlüssel-loch-Mentalität teilen, so kommen wir als Leser um die irritierende Erfahrung, aus der Beziehung, die Freud und Dora miteinander verbindet, ausgeschlossen zu sein, nicht herum. (Wir können sie freilich verleugnen.) Denn sie ist strukturell bedingt wie das Ausgeschlossensein des Kindes aus der Urszene. So habe ich den Impuls, mittels der Vertiefung in den Text hinter dies Geheimnis zu kommen – ein Impuls, der sowohl in dem Ärger zum Ausdruck kommt, nichts über Freuds Deutungen, d. h. über das, was er mit Dora macht, zu erfahren, als auch in dem – mit anderen Interpreten geteilten [10] – Interesse an seiner »Gegenübertragung«. So wie Freud davon spricht, Dora ihr »Geheimnis« entrissen zu haben (S. 241), möchte ich dem Text das seine entreißen. Der Text jedoch zwingt mich, mich mit einem Einblick in den »intimen Aufbau der neurotischen Erkrankung« zufriedenzugeben. Psychoanalytisches Wissen tritt an die Stelle unmittelbarer Teilnahme an der Beziehung. Der Text erweist sich – und das ließe sich für alle Texte Freuds zeigen – als Intervention. [11] Indem Freud den Leser an seiner Beziehung zu Dora zugleich teilnehmen läßt und ihn von ihr radikal ausschließt, verweist er ihn aus der Dyade Text/Leser heraus auf seine Fähigkeit, sich auf den Weg *eigener* psychoanalytischer Erkenntnis zu machen: »Auch wird, wer bisher nicht an die allgemeine und ausnahmslose Gültigkeit der psychosexuellen Ätiologie für die Hysterie glauben wollte, diese Überzeugung durch die Kenntnisnahme einer Kranken*geschichte* kaum gewinnen, sondern am besten sein Urteil aufschieben, bis er sich *durch eigene Arbeit ein Anrecht auf eine Überzeugung erworben* hat« (S. 170 f. – Hervorhebung von mir).

Freud erzählt eine ganz besondere Liebesgeschichte. Sie ist vom Thema des Opfers wie von einem roten Faden durchzogen. Im Netz der sozialen Beziehungen, in dem sie gefangen ist, ist Dora immer wieder Spielball fremder Interessen. Sie ist im Gefüge dieser Beziehungen so etwas wie die Verfügungs- und Verschiebungsmasse; die Münze, mit der gezahlt wird. Die Welt, in der sie lebt, scheint durch einen unbewußten Mythos bestimmt zu sein, der besagt: wenn zwei in Liebe miteinander lebendig sind, muß ein anderes Lebendiges geopfert werden. Dora bezeugt diesen Mythos an den Knotenpunkten des sozialen Netzes, in das sie eingefügt ist. Die »systematische Reduktion der Frau auf Emotionalität, Einfühlung und Sexualität« (von der Maya Nadig sagt, sie zerstöre »den Zusammenhang zwischen Frau und Arbeit, zwischen Frau und Kultur« [12]) macht Dora zur emotionalen Verfügungsmasse im Beziehungstausch. Bevor sich in der analytischen Situation ihrer Übertragung auf Freud einstellt, ist sie selbst immer schon diejenige, die gemäß den Gesetzen, die die Liebesspiele ihrer Gesellschaft bestimmen, hier-

oder dorthin übertragen wird, ohne einen eigenen Ort und eine eigene Identität zu haben. Ihre Übertragung bringt zum Ausdruck, was ihr als Frau geschieht: verschoben zu werden.

Schon am Anfang ihrer Beziehung zu Freud steht ihre Verwandlung in ein Objekt, über das andere verfügen. Der Vater treibt sie, die sich sträubt, einen Arzt zu konsultieren, durch sein »Machtwort« zu Freud (S. 180). Er hofft, dieser »würde Dora ›ausreden‹, daß zwischen ihm und Frau K. etwas anderes als Freundschaft bestehe« (S. 272). In der Folge enthüllt sich eine Kette der Opferungen und Instrumentalisierungen: Die Gouvernante liebt sie nicht um ihrer selbst, sondern um des Vaters willen. Derart fallengelassen läßt Dora ihrerseits die Frau fallen (S. 195f.). Die gleiche Entdeckung macht Dora bei Frau K.: sie ist dieser in Liebe und »größter Vertraulichkeit« verbunden, schwärmt vom »entzückend weißen Körper« der Geliebten, bis sie entdeckt, daß Frau K. sie bei ihrem Mann »verraten und angeschwärzt«, ihm etwas mitgeteilt hatte, was seinen Platz nur in der Intimität zwischen den beiden Frauen hatte: »Es ist wieder derselbe Fall wie mit der Gouvernante; auch Frau K. hatte sie nicht um ihrer eigenen Person willen geliebt, sondern wegen des Vaters. Frau K. hatte sie unbedenklich geopfert, um in ihrem Verhältnis mit dem Vater nicht gestört zu werden« (S. 222f.). Der Vater aber gibt sie seinerseits für seine Beziehung zu Frau K. preis, indem er sie Herrn K. ausliefert »als Preis für seine Duldung der Beziehungen zwischen Doras Vater und seiner Frau« – eine Art Frauentausch, der Dora erbittert und wütend macht (S. 193). Freud übersieht auch nicht, daß die Instrumentalisierung des anderen längst ein Stück der inneren Realität Doras geworden ist: »So wie das Fräulein zeitweise gegen Dora, so war Dora gegen die Kinder des Herrn K. gewesen... Das gemeinsame Interesse an den Kindern war von Anfang an ein Bindemittel des Verkehrs zwischen Herrn K. und Dora gewesen. Die Beschäftigung mit den Kindern war für Dora offenbar der Deckmantel, der ihr selbst und Fremden etwas anderes verbergen sollte« (S. 196). Das Kind und die Frau sind in der bürgerlichen Gesellschaft gleichermaßen Verschiebungs- und Verfügungsmasse.

Das verwirrende Spiel der Verschiebung des Opfers ist zugleich das verwirrende Spiel der Liebe – sowohl auf der hetero- als auch auf der homosexuellen Ebene. So schreibt Freud, die Thematik der Liebe in beiden Registern mit der des Opfers verbindend: »Ich glaube... mit der Annahme nicht irre zu gehen, daß der überwertige Gedankenzug Doras, der sich mit dem Verhältnis des Vaters zur Frau K. beschäftigte, bestimmt war nicht nur zur Unterdrückung der einst bewußt gewesenen Liebe zu Herrn K., sondern auch die in tieferem Sinn unbewußte Liebe zu Frau K. zu verdecken hatte. Zu letzterer Strömung stand er im

Verhältnis des direkten Gegensatzes. Sie sagte sich unablässig vor, daß der Papa sie dieser Frau geopfert habe, demonstrierte geräuschvoll, daß sie ihr den Besitz des Papa nicht gönne, und verbarg sich so das Gegenteil, daß sie dem Papa die Liebe dieser Frau nicht gönnen konnte und der geliebten Frau die Enttäuschung an ihrem Verrat nicht vergeben konnte« (S. 223).

In den Liebesszenen einer Gesellschaft, in der das Verhältnis der Geschlechter ein Machtverhältnis ist, als emotionale und sexuelle Verschiebungsmasse – der eigenen Sprache außer der des hysterischen Körpers beraubt – zu dienen: das verbindet Dora mit ihrer Mutter und Frau K., die auch eine Mutter ist. Sie sind Opfer ohne Fürsprecher. Ganz selbstverständlich übernimmt auch Freud die abwertenden und vernichtenden Urteile von Vater und Tochter über die Mutter. Sie wird auf ihre »Hausfrauenpsychose« und die hysterischen Symptome – Stimmlosigkeit, Atembeschwerden und ein Katarrh, der sich vom Hals auf den Unterleib verlagert – reduziert. Die Frau als Mutter ist der Ort, an dem die Liebe als lebendige Bewegung zum Tode verurteilt wird. In der Mutterschaft wird die Ideologie des Opfers Realität. »Ich habe nichts an meiner Frau« (S. 269) – das ist die Formel, mit der Herr K. und Doras Vater in den Machtspielen ihres Begehrens die Frau, die zugleich Mutter ist, dazu verurteilen, »nichts« zu bedeuten. Wenn Freud und Dora im Ineinanderspielen von »Übertragung« und »Gegenübertragung« sich auf eine gemeinsame Liebesgeschichte einlassen, so rollen sie den Prozeß, der der Liebe immer schon gemacht worden ist, wieder auf. Freuds Text legt öffentlich Zeugnis ab von seinem Plädoyer, der als Umkehrung jenes Satzes von Herrn K. und Doras Vater erscheint: »Seht, wie viel ich an dieser Frau habe!« Das »vorliegende Bruchstück aus der Behandlungsgeschichte eines hysterischen Mädchens«, soll ihm, so schreibt Freud, Anlaß bieten, von seinen Ansichten der Hysterie »zum ersten Male in nicht mehr mißverständlicher Breite einen Anteil *öffentlich zu vertreten.* Der Breite wegen brauche ich mich wohl nicht mehr zu entschuldigen, seitdem es zugegeben wird, daß man nur durch *liebevollste Vertiefung* den großen Ansprüchen nachkommen kann, welche die Hysterie an den Arzt und Forscher stellt«. (S. 1739; Hervorhebung von mir.) Freud bezeugt öffentlich, daß er sich in die Lebensgeschichte einer jungen Frau voll Liebe vertieft hat. »Liebevolle Vertiefung«: was ist das anderes als eine Form des Versinkens, des Verzichts auf konventionelle Abgrenzung? Ein Liebender vertieft sich in jede Einzelheit der Geliebten: jedes ihrer Worte, ihre Gesten, Bewegungen, ihr Körper, ihre Phantasien und ihr Verhalten – alles zieht seine Aufmerksamkeit und sein Interesse auf sich, bekommt eine neue und einmalige Bedeutung. Freud ist ein Liebender. Das macht verständlich, daß die Sexualität für ihn von zentraler Bedeutung ist und er an dieser Stelle mit hämischen Kommentaren seiner Kritiker rechnet. Wie alle anderen Bedürfnisse ist Sexualität immer da; in Zeiten der Liebe aber bekommt sie eine außergewöhnliche Intensität. Das Gespräch mit Dora ist ein einziges langes Gespräch über Liebe, Sexualität und ihre Schicksale. (Im gleichen Jahr, in dem Freud sein »Bruchstück« erscheinen läßt, 1905, veröffentlicht er auch die »Drei Abhandlungen zur Sexualtheorie«[13], die bezeugen, zu welchen kreativen Spielen gegen den Zwang gesellschaftlicher Normen und kultureller Ideologien die Liebe in der Lage ist.)

Zu den Irritationen, die der Freudsche Text hervorzurufen vermag, gehört, daß auch er sich nur liebevoller Vertiefung erschließt – einer Vertiefung, die ihn öffnet und zum Fließen bringt, nicht aber in ein fertiges Begriffssystem einschließt. So lege ich als Interpret des Textes Zeugnis ab von einer Liebe – der Liebe zu Freud? Ich bin nicht sicher. Kann man einen Toten, dem man nur in seinen Texten begegnet, lieben? Ich liebe nicht Freud, so wenig wie seine Gedanken; die finde ich klug, ungewöhnlich, aufregend und spannend, aber ich liebe sie nicht. Was ich liebe, ist seine Sprache – die Sprache, die im Text Gestalt angenommen hat. In der Liebe zur Sprache aber lebt die Erinnerung an die Mutter als die Person fort, die als erste in Liebe mit uns gesprochen hat. Mit seiner Sprache, in der er Dora für den Leser erscheinen läßt, tritt er an die Stelle jener Person, die in der Fallgeschichte fast verschwindet: die der Mutter. Das Spiel zwischen ihm und Dora läuft auf die homosexuelle Liebe zu. Die darin liegende Entgrenzung und Verschmelzung scheint Freud, der die Gegenübertragung als Instrument der Erkenntnis noch nicht erkannt hatte, Angst gemacht zu haben. Erst nachträglich bekommt er in den Blick, wovor er geflohen ist: »Ich habe es versäumt, rechtzeitig zu erraten und der Kranken mitzuteilen, daß die homosexuelle (gynäkophile) Liebesregung für Frau K. die stärkste der unbewußten Strömungen ihres Seelenlebens war... Ehe ich die Bedeutung der homosexuellen Strömung bei den Psychoneurotikern erkannt hatte, bin ich oftmals in der Behandlung von Fällen stecken geblieben oder in völlige Verwirrung geraten« (S. 284, Anm. 1). Flieht Freud in der Beziehung zu Dora aus der Position der Mutter, so kehrt er als Schreibender in der Beziehung zum Leser wieder in sie zurück. Es ist das Wiederfinden der Mutter als Sprache in dem Augenblick, als er Dora – unfähig, sie sprechend zu erreichen – verloren hat.

Die Psychoanalyse ist der Ort, an dem das verstummte Subjekt seine Sprache wiederfindet. Auch Freuds Text ist Zeugnis wiedergefundener Sprache: Produktion von Erkenntnis aus einer elementaren Sprachlosigkeit heraus, in der für ihn die Beziehung zu Dora zu enden drohte. In diesem Punkt gibt es eine tiefe Verbindung zwischen Dora und Freud. Dora opfert ihre Sprache zugunsten des Schreibens: »In den ersten Tagen ihrer Aphonie war ihr ›das Schreiben immer besonders leicht von der Hand gegangen‹... Die Aphonie Doras ließ also folgende symbolische Deutung zu: Wenn der Geliebte ferne war, verzichtete sie auf das Sprechen; es hatte seinen Wert verloren, da sie mit *ihm* nicht sprechen konnte. Dafür bekam das Schreiben Bedeutung als das einzige Mittel, sich mit dem Abwesenden in Verkehr zu setzen« (S. 199). Durch Doras Abbruch der Beziehung hat Freud die Möglichkeit verloren, mit ihr zu sprechen. So muß er schreiben. Dora ist unerreichbar. So muß er seinen Fall der Öffentlichkeit vortragen.

Sprache und Erkenntnis erwachsen aus dem Anerkennen von Abhängigkeit unter der Bedingung von Trennung. Dies, ein »Zustand intimer Trennung« zu sein, [14] kennzeichnet die psychoanalytische Situation, in der Freud und Dora sich begegnen. Die Liebesgeschichte, die sich im Spiel von »Übertragung« und »Gegenübertragung« zwischen ihnen entwickelt, steht unter der Bedingung des Getrenntseins, wie es das Verhältnis zwischen Arzt und Patientin erfordert. Unter dieser Bedingung wird Liebe zum Motor von Erkenntnis, die trennt, was verbunden, und verbindet, was getrennt ist.

Hier fügt sich Freuds Schreiben ein: es stellt den »Zustand intimer Trennung« wieder her, der durch Doras abrupten Abbruch der Behandlung zerstört und in absolutes Getrenntsein umgeschlagen war. Mit dem Verlust der Spannung aber verrinnt die Produktionskraft für Erkenntnis.

Ich meine, daß jener Abbruch seine innere Logik als Gegenbewegung gegen einen fortschreitenden Prozeß der Auflösung des anderen als Gegenüber hat. Zwar ist es Dora, die die Beziehung plötzlich beendet. Und doch gibt es Gründe anzunehmen, daß hier ein geheimes Einverständnis herrscht. Versteckt und wie von ungefähr heißt es einmal: »Infolge der eigentümlichen... Umstände, unter denen *wir* abbrachen, ist nicht alles geklärt worden...« (S. 257 – Hervorhebung von mir.) Dann also hätte Freud Dora unbewußt den Auftrag gegeben, sich von ihm zu trennen. Das aber müßte bedeuten: Er hat in der Beziehung zu Dora ein unbewußtes Verlangen nach Einheit und Entdifferenzierung verspürt, das ihn geängstigt hat und ihm Erkenntnis unmöglich zu machen drohte. Dieser Zusammenbruch der Differenzierung könnte in der Erfahrung begründet liegen, daß angesichts des furor interpretandi dieses leidenschaftlich Liebenden Dora sich ganz in seinen analytischen Deutungen auflöst – daß Freud also sein Objekt zu verlieren droht. Freuds Deutungen haben etwas Zerstörerisches und Überwältigendes. Sie laufen auf einen Punkt zu, an dem Doras Selbstbehauptung zusammenbricht: »Sie widersprach dem auch nicht mehr« (S. 267).[15] Genau an dieser Stelle bricht Dora die Analyse ab. Ich meine, Freud hat den Abbruch der Beziehung durch Dora gebraucht: sein Deutungsfuror, durch den Dora als die andere aufgehoben und zum Spielball seiner wissenschaftlichen Phantasie, wie sie durch die »Traumdeutung« und durch die »Drei Abhandlungen« abgesteckt ist, zu werden droht, braucht ihren Widerstand, um sie und sich in den Turbulenzen ihrer Beziehung als real zu erfahren. Er ist in Gefahr, sie seinem wissenschaftlichen Ehrgeiz zu opfern. Er lockt ihre Sperrigkeit, ihre andere Sicht hervor, um sie zugleich negieren zu können und *seine* Sicht als andere, als Erkenntnis über den »intimen Aufbau der neurotischen Erkrankung« zu etablieren. Als Leser aber nimmt es mir in der Identifikation mit Dora den Atem: ich fühle mich eingeengt, eigener Sprache beraubt: vor diesem anderen, der immer schon weiß, was mit mir ist, der Sprache und Logik ganz auf seiner Seite hat, der das Innerste erfaßt, bevor es in mir lebendig spürbar ist, fühle ich Angst, Wut, Trotz, den Wunsch, aus dem Felde zu gehen. Für Doras Wut gibt es in der Beziehung zu Freud so wenig einen Ort und eine Sprache wie in ihren anderen Beziehungen. Das einzige, wiederum von außen gesetzte Deutungsmuster ist das der Rache: »Es war ein unbezweifelbarer Racheakt, daß sie in so unvermuteter Weise, als meine Erwartungen auf glückliche Beendigung der Kur den höchsten Stand einnahmen, abbrach und diese Hoffnungen vernichtete« (S. 272).

Durch seinen furor interpretandi gerät Freud in eine Reihe mit dem Vater, Herrn K. und allen, die Dora als andere zerstören, um *ihre* Liebesbedingungen herzustellen. Durch ihren Abbruch entdeckt er, daß sie außerhalb seines Kopfes wirklich existiert, nicht Verlängerung seines Selbst ist. So gehen ihm die Augen auf und er kann schreiben. Deshalb macht Freud auch keinerlei Versuch, den Abbruch zu verhindern. Seine Reaktion auf ihre Ankündigung enthält deutlich einen Anteil von Gefühlsverleugnung: »Sie wissen, daß Sie die Freiheit auszutreten immer haben. Heute wollen wir aber noch arbeiten« (S. 268). Der Versuch, Dora zum Bleiben zu bewegen, hätte die Gefahr bedeutet, sie erneut in seinen Bann zu ziehen und in ihren zu geraten. So erscheint ihm »ein warmes Interesse« an ihr als »Übertreibung« ihrer Bedeutung für ihn. Wenn er schreibt, ein solches »warmes Interesse« wäre doch bloß »wie ein Ersatz für die von ihr ersehnte Zärtlichkeit ausgefallen« (S. 272 f.), so meint er Doras Sehnsucht. Jedoch: dies »von ihr ersehnt« ist eines jener zweideutigen Worte, die Freud einen »Wechsel« für den Assoziationsverlauf nennt: »Stellt man den Wechsel anders, so kommt man wohl auf das Geleise, auf dem sich die gesuchten und noch verborgenen Gedanken hinter dem Traum bewegen« (S. 226,

Anm. 2). Anders gestellt aber läßt sich die Stelle auch so lesen: »die Zärtlichkeit, die ich, Freud, von ihre ersehne«.

In der Trennung, im Durchgang durch Zerstörungsphantasien, die notwendig sind, um die wirkliche Existenz der anderen zu erfahren, anerkennen Freud und Dora sich als je andere. Sie überleben: Dora als Frau, Freud als derjenige, der auf dem Wege zu einer Methode ist, durch die die Kräfte der Liebe unter den herrschenden kulturellen und gesellschaftlichen Bedingungen nicht abgetötet werden, sondern als Motor für die Erkenntnis verborgener Subjektivität dienen. Die Beziehung zwischen einem reifen Mann und einer Adoleszenten; die Verbindung zwischen einem Arzt und seiner jugendlichen Patientin, in der ohne Einschränkung über Sexualität und Liebe geredet wird: das sind, aus der Perspektive der Gesellschaft, Mésalliancen, »falsche Verknüpfungen«, die sich der Kraft der Liebe verdanken. Freud macht aus der Mésalliance ein Medium der Erkenntnis verborgener Wünsche. Der Ausdruck »Mésalliance«, »falsche Verknüpfung« findet sich zuerst in den »Studien über Hysterie«.[16] Er markiert dort die Stelle, wo später der Begriff der Übertragung seinen Platz hat. Freud fragt sich, was das Verhältnis der Patientin zum Arzt so stört, daß »die Klärung erotischer Gedankengänge« unmöglich wird. Er nennt drei Gründe:

»1. Bei persönlicher Entfremdung, wenn die Kranke sich zurückgesetzt, geringgeschätzt, beleidigt glaubt oder Ungünstiges über den Arzt und die Behandlungsmethode gehört hat...

2. Wenn die Kranke von der Furcht ergriffen wird, sie gewöhne sich zu sehr an die Person des Arztes, verliere ihre Selbständigkeit ihm gegenüber, könne gar in sexuelle Abhängigkeit von ihm geraten...

3. Wenn die Kranke sich davor erschreckt, daß sie aus dem Inhalte der Analyse auftauchende peinliche Vorstellungen auf die Person des Arztes überträgt... Die Übertragung auf den Arzt geschieht durch *falsche Verknüpfung*...«

Als Beispiel erzählt Freud, wie der aus einer anderen Situation stammende Wunsch einer Patientin, von einem Mann, mit dem sie im Gespräch gewesen war, herzhaft geküßt zu werden, in der Behandlung ihm gegenüber wieder auftaucht, was zu einer ernsthaften Störung in der Beziehung führt.

Freud fährt fort: »Es war zuerst der Inhalt des Wunsches im Bewußtsein der Kranken aufgetreten, ohne die Erinnerungen an die Nebenumstände, die diesen Wunsch in die Vergangenheit verlegen konnten; der nun vorhandene Wunsch wurde durch den im Bewußtsein herrschenden Assoziationszwang mit meiner Person verknüpft, welche ja die Kranke beschäftigen darf, und bei *dieser Mésalliance – die ich falsche Verknüpfung heiße* – wacht derselbe Affekt auf, der seinerzeit die

Kranke zur Verweisung dieses unerlaubten Wunsches gedrängt hat«.
So beginnt zwischen Arzt und Patientin ein Spiel falscher Verknüpfungen von Liebeswünschen – sowohl hinsichtlich der Zeit als auch hinsichtlich der Person. Die Verknüpfungen sind »falsch« unter dem Diktat kultureller Ideologien und der gesellschaftlichen Institutionen, wie der bürgerlichen Ehe und der traditionellen Arzt-Patient-Beziehung.

Auch der »Fall Dora« ist ein Spiel der falschen Verknüpfungen. In der Beziehung zwischen Freud und Dora entsteht dies Spiel der Verliebtheit, ein Spiel von Verführung, Aggression, Kontaktaufnahme und -verweigerung, in dem der erotische Wunsch von seinen »Nebenumständen« abgelöst, das kulturell und gesellschaftlich Getrennte verknüpft, das Verbundene getrennt wird. So mobilisiert die Psychoanalyse das revolutionäre Potential von Mésalliancen. Sie ist eine Methode, mit der ein Spiel der Mésalliancen in Gang gesetzt wird, um die geheimen Wünsche ans Licht zu bringen, die in ihnen zum Ausdruck kommen.

Wenn Freud von Mésalliancen und falscher Verknüpfung spricht, so hat dies durchaus »die ›heikle‹, ja schlüpfrige Bedeutung einer falschen Verbindung, einer ›falschen Liaison‹ im Wien zur Zeit Freuds«.[17] Das, was die Liebe in der Beziehung zwischen Freud und Dora lebendig werden läßt, ist, gemessen am Maßstab der gesellschaftlichen Konvention, deplaziert. Im Spiel von »Übertragung« und »Gegenübertragung« vollzieht sich eine »Verschiebung heikler Elemente«, in den Augen der Gesellschaft ein Skandal. Das gesellschaftliche Modell, an dem sich seit Jahrhunderten Verliebtheit als Kraft des Trennens des Verbundenen und des Verbindens des Getrennten erweist, ist der Einbruch in die Institution der Ehe. »Liaison« ist der Begriff, durch den dies ineins anerkannt und entwertet wird, ein Begriff, mit dem im Namen der Normalität Einspruch gegen die nicht reglementierte Liebe erhoben wird. Denn von den Institutionen her gesehen ist sie das Unerwartete, eine ernste Bedrohung. So ist die immer neue Opferung Doras, ihre Verschiebung als Verfügungsmasse, ihre Transformation in eine gängige emotionale Münze der Versuch, das in ihr schlummernde revolutionäre Potential des Begehrens und der Liebe zu neutralisieren und als Fremdes auszuscheiden. Der Vater, Herr K., die Gouvernante und Frau K. – sie alle versuchen, die auf beunruhigende Weise Liebende loszuwerden. Sprachlos gemacht ist sie eine Fremde in der kulturellen und sozialen Welt ihrer Zeit. Doras Erfahrung als Liebende wird von der offiziellen Kultur zu etwas gemacht, wofür es keine Worte gibt – zu etwas, das völlig privat und nicht allgemeingültig zu sein scheint. Mit Freuds Begriff der »Mésalliance«, der »falschen Verbindung«, rückt das in die Sprachlosigkeit gedrängte, kulturell entwertete und unterdrückte Triebhafte ins Zentrum der analytischen Beziehung und erhält seine Sprache zurück. In diesem Zentrum kommt der Prozeß der Verschiebung, dem Dora unterliegt, zur Ruhe und sein inneres Gesetz tritt ans Licht. So mündet die Bewegung der Beziehung zwischen Freud und Dora in ein gemeinsames Projekt: das Projekt der Erkenntnis des »Triebschicksals«, des Schicksals des Begehrens und der Liebe unter den Bedingungen der »gesellschaftlichen Produktion von Unbewußtheit«.[18]

Daß es um dieses Projekt geht, drückt die Psychoanalyse mit dem nüchternen Begriff des »Arbeitsbündnisses« aus. Der Begriff läßt vergessen, daß es dabei um die Mobilisierung außergewöhnlicher Energien geht, um das Beängstigende und Fremde zu bewältigen. Am Ende weicht auch Freud zurück, da er noch nicht zu akzeptieren und für den Erkenntnisprozeß fruchtbar zu machen versteht, daß in der »Gegenübertragung« die Bewegung der emotionalen Beziehung auch ihn erfaßt: er läßt Dora gehen. Er beendet die analytische Mésalliance, an der sich die pathologische Normalität des Subjekts und der Institutionen, die als psychische Struktur in sein Innerstes einwandern, bricht und ihre Wahrheit preisgibt, und entläßt Dora mit dem Bild der Rückkehr in eben jene Normalität, an der sie erkrankt ist. Er verabschiedet sie, indem er ihr vor Augen führt, wie sie, hätte sie sich nur anders verhalten, Herrn K. durchaus für sich hätte gewinnen können: »Sie wollten also auch auf ihn warten und nahmen an, daß er nur warte, bis Sie reif genug seien, seine Frau zu werden. Ich stelle mir vor, daß es ein ganz ernsthafter Lebensplan bei Ihnen war... Nebstbei wäre der Plan gar nicht so unmöglich auszuführen gewesen. Die Beziehungen des Papa zu Frau K., die Sie wahrscheinlich nur darum so lange unterstützt haben, boten Ihnen die Sicherheit, daß die Einwilligung der Frau zur Scheidung zu erreichen wäre, und beim Papa setzen Sie durch, was Sie wollten. Ja, wenn die Versuchung in L. einen anderen Ausgang genommen hätte, wäre dies für alle Teile die einzig mögliche Lösung gewesen« (S. 271). Am Horizont erscheint die Möglichkeit einer Reintegration der Verliebtheit in die etablierten und vertrauten gesellschaftlichen Institutionen.

An Freuds »Bruchstück einer Hysterie-Analyse« lernen wir, daß es der Charakter der Mésalliance ist, der die analytische Beziehung zum Katalysator der Erkenntnis des Unbewußten macht. Als Mésalliance gibt sie dem Triebhaften in einer Beziehung, wie es sich in der Dialektik von Übertragung und Gegenübertragung äußert, unter der Bedingung des Verbots, das daran geknüpft ist, Raum – einen Raum, der zugleich Sprachraum ist. Es ist ein Raum, in dem zwei Menschen – ein reifer

Mann und eine junge Frau – zum Zwecke der Erkenntnis eine verbotene Sprache führen. Denn wie könnte unter dem Diktat der herrschenden Kultur und dem Druck gesellschaftlicher Institutionen von Liebe und Begehren anders gesprochen werden als auf eine verbotene Weise. Die Entwicklung der psychoanalytischen Methode, in der der »Fall Dora« eine entscheidende Etappe ist, insofern er den Ausblick auf die zentrale Bedeutung von Übertragung und Gegenübertragung eröffnet, ist der Prozeß, in dem der verbotenen Sprache immer weitere Felder eröffnet werden. Denn nur dort, wo die Liebe gegen das Verbot revoltiert, gibt es Erkenntnis.

Anmerkungen

[1] Als Freud über zwanzig Jahre später auf diese alte Geschichte zurückblickt, irrt er sowohl in der Datierung als auch in der Dauer der Niederschrift: die Behandlung endete am 31. 12. 1900, nicht 1899; und die Niederschrift fand nicht »in den nächstfolgenden zwei Wochen« statt (V, S. 171, Anm. 1), sondern wurde erst am 24. 1. 1901 abgeschlossen. – Für die »objektiven« Daten des Falles Dora siehe die Arbeiten von F. Deutsch (1957) und A. A. Roger (1978 u. 1979).

[2] Für Zitate aus dem Text »Bruchstück einer Hysterie-Analyse« (G. W., Bd. V, S. 163–186) gebe ich die Seitenzahl unmittelbar hinter dem Zitat an.

[3] Vgl. M. Neyraut (1976), S. 159

[4] Der Begriff der »Irritation« spielt in A. Lorenzers psychoanalytisch-tiefenhermeneutischer Methode der Literaturinterpretation eine wichtige Rolle. Er schreibt: »... die Fruchtbarkeit der Interpretation bei der Literaturanalyse (wird) gesichert durch das Gegenspiel zwischen dem spürbaren Widerstand des Textes und der gleichschwebenden Aufmerksamkeit des Interpreten. Den Punkt, an dem sich beide treffen, will ich die ›Irritation‹ nennen. In der ›Irritation durch den Text‹ macht sich ebenso die Eigenart des Textes bemerkbar, wie die Offenheit d. h. Sensibilität des Analytikers« (1982, S. 10f.).

[5] G. W., XIII, S. 124

[6] M. Neyraut (1976), S. 149

[7] »Aus den Anfängen der Psychoanalyse« (1962), S. 279

[8] S. Freud / C. G. Jung (1974) S. 13 und 233

[9] F. Alberoni (1983), S. 23–24, 31 und 35

[10] J. Cremerius (1981), M. Neyraut (1976), M. A. Scharfman (1980) und andere.

[11] In der Einleitung zu den 1915–1917 gehaltenen »Vorlesungen zur Einführung in die Psychoanalyse« spricht Freud dies offen aus: »Seien Sie nur nicht böse, wenn ich Sie zunächst ähnlich behandle wie diese neurotischen Kranken« (G. W., XI, S. 8).

[12] M. Nadig (1984), S. 102

[13] G. W., V, S. 29–145

[14] L. Stone (1973), S. 104
[15] Vgl. auch S. 219: »... sie erinnerte sich plötzlich, daß heute ja auch Herr K. Geburtstag habe, was ich nicht versäumte, gegen sie zu verwerten«.; S. 241: »... ich halte den Indizienbeweis für die kindliche Masturbation für lückenlos hergestellt... Sie leugnete auch nicht mehr, obwohl sie noch nichts erinnerte.«
[16] G. W., I, S. 308 f. – Hervorhebung von mir
[17] M. Neyraut (1976), S. 141
[18] M. Erdheim (1982)

Literatur

Alberoni, F.: Verliebt sein und Lieben – Revolution zu zweit. Stuttgart 1983.
Cremerius, J.: Die Konstruktion der biographischen Wirklichkeit. 1981. In: Vom Handwerk des Psychoanalytikers: Das Werkzeug der psychoanalytischen Technik, Bd. 2, Stuttgart-Bad Cannstatt 1984, S. 398–425
Deutsch, F.: A footnote to Freud's »Fragment of an analysis of a case of hysteria«. Psychoan. Quarterly 26 (1957), S. 159–167
Erdheim, M.: Die gesellschaftliche Produktion von Unbewußtheit. Eine Einführung in den ethnopsychoanalytischen Prozeß. Frankfurt am Main 1982.
Freud, S.: Studien über Hysterie. G. W., I., S. 77–312.
Freud, S.: Drei Abhandlungen zur Sexualtheorie. G. W., V, S. 29–145.
Freud, S.: Bruchstück einer Hysterie-Analyse. G. W., V, S. 163–286.
Freud, S.: Vorlesungen zur Einführung in die Psychoanalyse. G. W., XI.
Freud, S.: Massenpsychologie und Ich-Analyse, G. W., XIII, S. 73–161.
Freud, S.: Aus den Anfängen der Psychoanalyse. Frankfurt am Main. 1962.
Freud, S./Jung, C. G.: Briefwechsel. Frankfurt am Main 1974.
Lorenzer, A.: Verführung zur Selbstpreisgabe – psychoanalytisch-tiefenhermeneutische Analyse eines Gedichtes von Rudolf Alexander Schröder. Unveröffentl. Manuskript 1982.
Nadig, M.: Frauen in der Kultur – Macht und Ohnmacht. In: Konkursbuch 12, 1984, S. 97–105.
Neyraut, M.: Die Übertragung. Frankfurt am Main 1976.
Roger, A. A.: A further footnote to Freud's »Fragment of an analysis of a case of hysteria«. In: J. of the American psychoanal. Ass. 26 1978, S. 331–356.
Roger, A. A.: Dora's brother. In: Internat. Review of Psycho-Analysis 6 1979, S. 239–259.
Scharfman, M. A.: Further reflections on Dora. In: Mark Kanzer/Jules Glenn (Hrsg.), Freud and his patients, New York 1980, S. 48–57.
Stone, L.: Die psychoanalytische Situation. S. Fischer, Frankfurt am Main 1973.

ALFRED KROVOZA / CHRISTIAN SCHNEIDER

Freuds Kulturtheorie und die Frage der Laienanalyse

Befragt man ein Lexikon zur Bedeutung des Wortes »Laie«, so wird man meist nach dem ethymologischen Verweis auf das althochdeutsche »Leigo« = Nichtgeistlicher, Nichtgelehrter, das wiederum auf das griechische λαικόσ = zum Volke gehörend zurückgeht, zunächst mit seinem kirchengeschichtlichen Sinn vertraut gemacht: Der Laie sei ein nicht zum Klerus gehöriges Kirchenmitglied, das gleichwohl dazu berufen ist, am kirchlichen Apostolat teilzunehmen. Erst nach einer erschöpfenden Klärung der damit verbundenen Implikationen wird die »übertragene« Bedeutung des Worts sehr allgemein und lapidar als »Nichtsachverständiger, Nichtfachmann« erläutert.

Offenkundig hat die kirchliche Bindung des Begriffs, die zumeist, wenn auch sachlich zu Unrecht, mit dem Gedanken einer Hierarchie verknüpft wird, auch seinen weltlichen Sinn folgenreich prädisponiert. Freuds Redeweise vom Laien ist sich, so scheint es, dieser Tradition bewußt. Die Einleitung zur Schrift »Die Frage der Laienanalyse« beginnt mit einer Begriffsklärung: »Der Titel dieser kleinen Schrift ist nicht ohne weiteres verständlich. Ich werde ihn also erläutern: Laien = Nichtärzte, und die Frage ist, ob es auch Nichtärzten erlaubt sein soll, die Analyse auszuüben« (Freud 1926: 275).

Die Frage, ob Personen ohne die höheren Weihen der Medizin zu einer Behandlung von Kranken berechtigt seien, legte sich Freud aus einem praktischen Anlaß vor. Gegen Theodor Reik, ein Mitglied der Wiener Psychoanalytischen Vereinigung, war 1926 ein Gerichtsverfahren wegen »Kurpfuscherei« eingeleitet worden, weil er ohne ärztliche Ausbildung Analysen durchführte. Das damalige österreichische Recht aber untersagte jegliche Art der Krankenbehandlung durch Nichtärzte. Reiks nicht-medizinische Qualifikation war zweifelsfrei. Es mußte bei der Verteidigung des Anspruchs, daß auch Nichtärzte analytisch tätig werden dürfen, also um eine Bestimmung des Begriffs der Krankheit gehen. Der Wortlaut des betreffenden österreichischen Gesetzes kodifiziert ihn eindeutig. Freud gibt ihn zusammengefaßt folgendermaßen wieder: »Nervöse sind Kranke, Laien sind Nichtärzte, die Psychoanalyse ist ein Verfahren zur Heilung oder Besserung der nervösen Leiden, alle solche Behandlungen sind den Ärzten vorbehalten; folglich ist es nicht gestattet, daß Laien die Analyse an Nervösen üben, und strafbar, wenn es doch geschieht.« »Bei so einfacher Sachlage«, fährt Freud fort, »wagt man es kaum, sich mit der Frage der Laienanalyse zu beschäftigen. Indes liegen einige Komplikationen vor, um die sich das Gesetz nicht kümmert, die aber darum doch Berücksichtigung verlangen. Es wird sich vielleicht ergeben, daß die Kranken in diesem Falle nicht sind wie andere Kranke, die Laien nicht eigentlich Laien und die Ärzte nicht gerade das, was man von Ärzten erwarten darf und worauf sie ihre Ansprüche gründen dürfen« (ebd.). Die letzte Wendung weist darauf hin, daß auf dem Boden des psychoanalytischen Krankheitsbegriffs der ärztliche Klerus zu versagen droht, der Laie dagegen als Statthalter einer anderen Weltsicht zum Überlegenen wird.

Es ist interessant, daß Freud »Die Frage der Laienanalyse« als Dialog konzipiert hat. Ein »Unparteiischer« ist nötig, um die Legitimität des Laienstandpunkts gegen die Vorstellungen der ärztlichen Amtskirche und ihre juristische Kodifikation zu beweisen. Die Form des Dialogs besitzt im Zusammenhang der Konfrontation eines gelehrten Standpunkts mit dem des Laien eine alte Tradition. Ihr bedeutendstes Dokument dürften die 1450 von Nicolaus Cusanus verfaßten Idiota-Dialoge sein, in denen der Laie (»Idiota«) gegenüber dem Philosophen einen neuen, gegen die Scholastik und den rhetorisierenden Humanismus gerichteten Typus des Selbstbewußtseins repräsentiert. Hier ist es so, daß der Laie den Philosophen belehren kann, weil er in keinerlei dogmatische Systeme und Beschränktheiten verstrickt, aus einer »natürlichen«, vom Boden seines handwerklichen Könnens gewonnenen Einstellung zur Welt, sich mit ihr vorurteils- und autoritätsfrei auseinandersetzen kann. So läßt Cusanus etwa seinen Laien auf die Frage des Philosophen, ob er ein Anhänger des Pythagoras sei, antworten: »Ich weiß nicht, ob ich ein Anhänger des Pythagoras oder eines anderen bin. Das aber weiß ich, daß ich mich durch die Autorität keines Menschen, auch wenn sie mich zu beeinflussen sucht, bestimmen lasse.«

Die Freudschen »Unterredungen mit einem Unparteiischen« – so der Untertitel der Schrift zur Laienanalyse – erscheinen in mehrfacher Hinsicht wie ein ironisches Vexierspiel der Idiota-Dialoge: Wohl spielt hier Freud insofern die Rolle des Gelehrten, als er sein Gegenüber in die Erkenntnisse der psychoanalytischen Theorie einführt. Umgekehrt aber repräsentiert dieser den Horizont des wissenschaftlichen Gemeindenkens seiner Zeit: die Form einer dogmatisch verfaßten Organmedizin etwa, für die die Psychoanalyse nichts anderes als eine Provokation darstellte. Vom Standpunkt des ärztlichen Klerus aus gesehen, ist ohne Zweifel Freud der Idiota. Mit diesem teilt er den Vorzug, sein Wissen nicht aus einer akademisch überlieferten und beliebig reproduzierbaren Theorie, sondern primär aus der (Selbst-)Erfahrung eines »Handwerks« schöpfen zu können.

»Ich weiß«, hält Freud dem Unparteiischen entgegen, »daß ich Sie nicht überzeugen kann. Es liegt außerhalb jeder Möglichkeit und darum auch außerhalb meiner Absicht. Wenn wir unseren Schülern theoretischen Unterricht in der Psychoanalyse geben, so können wir beobachten, wie wenig Eindruck wir ihnen zunächst machen. Sie nehmen die analytischen Lehren mit derselben Kühle hin wie andere Abstraktionen, mit denen sie genährt wurden. Einige wollen vielleicht überzeugt werden, aber keine Spur davon, daß sie es sind. Nun verlangen wir auch, daß jeder, der die Analyse an anderen ausüben will, sich vorher selbst einer Analyse unterwerfe. Erst im Verlauf dieser ›Selbstanalyse‹ (wie sie mißverständlich genannt wird), wenn sie die von der Analyse behaupteten Vorgänge am eigenen Leib – richtiger: an der eigenen Seele – tatsächlich erleben, erwerben sie sich die Überzeugungen, von denen sie später als Analytiker geleitet werden« (ebd. 290).

Die Betonung der praktischen Dimension gegenüber der theoretischen Aneignung des psychoanalytischen Wissens hat einen dezidiert kritischen Sinn. Sie bedeutet nicht weniger als eine Rekapitulierung der Geschichte der Psychoanalyse als einer – durch das Mittel der ins Extrem gesteigerten Selbstreflexion gewonnenen – Kritik des akademisch tradierten Denkens und Wissens. In diesem Sinne erfüllt der Freudsche Laie tatsächlich die Funktion, die Cusanus ihm als Kritikfigur der überkommenen Philosophie zuschreibt. Mit Sicherheit lag es nicht nur an der Erinnerung daran, daß es vom Anbeginn der psychoanalytischen Bewegung keineswegs in erster Linie die Ärzte waren, die das neue Denken der Psychoanalyse aufnahmen, wenn Freud in der Frage der Laienanalyse einen intransigenten Standpunkt bezog. Tatsächlich bedeutete die Anklage gegen Reik – und die dazu folgende Freudsche Stellungnahme – ja nur den Auftakt einer Debatte, die sich vor allem im Rahmen der psychoanalytischen Vereinigung selber abspielte. Bereits ein Jahr vor der Anklage aufgrund des Kurpfuschereigesetzes hatte A. A. Brill, einer der Pioniere der Psychoanalyse in den Vereinigten Staaten, in einer New Yorker Zeitung einen Artikel veröffentlicht, in dem er gegen die Laienanalyse Stellung nahm. Noch im selben Jahr kündigte er an, die Beziehungen zu Freud abzubrechen, wenn dieser an seiner Option für die Laien festhalte. Seit diesem Zeitpunkt war das Laienproblem ein heißumstrittener Punkt innerhalb der Psychoanalytischen Bewegung. An den alsbald sehr entschieden für den ärztlichen Standpunkt votierenden Eitingon schreibt Freud am 16.7.1926: »Die

Bewegung gegen die Laienanalyse scheint mir nur ein Ableger des alten Widerstands gegen die Analyse im allgemeinen zu sein. Unglücklicherweise sind viele unserer Mitglieder so kurzsichtig oder durch ihre Berufsinteressen so verblendet, daß sie sich dem anschließen« (Jones 1962: 345). Noch schärfer formuliert Freud, als er drei Jahre später am 27. 2. 1929 im selben Zusammenhang an Ferenczi schreibt, daß »die letzte Maske des Widerstandes gegen die Analyse, die ärztlich-professionelle ... die für die Zukunft gefährlichste« sei (ebd. 351). Der Hinweis auf die »Berufsinteressen« ist interpretationsbedürftig. Zum einen nimmt er Bezug auf den – von Freud verabscheuten – Hang eines großen Teils der Analytiker, die psychoanalytische Forschungsweise in eine schlichte Profession aufzulösen und damit das Ende ihrer kritischen Funktion einzuleiten. Zum anderen steht dieses Interesse und die daraus resultierende Haltung zur Laienanalyse in einer spezifischen Beziehung zu der Position, die Freud damals in der psychoanalytischen Bewegung innehatte. Längst war zu diesem Zeitpunkt die Scheidung einer kritischen Würdigung der Forscherpersönlichkeit Freuds und der fortgesetzten Schmähung der Psychoanalyse eingetreten. In der von ihm gegründeten Organisation war Freud in die Rolle eines deus absconditus gedrängt, der wohl in entscheidenden Fragen der Theorie seine gottväterliche Funktion ausüben durfte, darüber hinaus aber den berufsständischen Interessen seiner Jünger eher im Wege stand. Auch ohne Tendenz zur Überinterpretation läßt sich daher der direkte Anschlußsatz an die oben zitierte Bemerkung, die explizit das Gros der Analytiker der Bewegung gegen die Laienanalyse zurechnet, ebenfalls auf die psychoanalytische Bewegung beziehen: »Ich sehe die ganze Bewegung (gegen die Laienanalyse, Verf.) als Ausdruck des Ärgers über das wohlwollende Interesse an, das mein 70. Geburtstag in der Außenwelt erregte, und fühle mich darum zum Teil dafür verantwortlich.«

Freuds Eintreten für die Laienanalyse ist in der Tat sowohl ein Indiz für seine Einschätzung des psychoanalytischen Auftrags als auch für sein Unbehagen an der Entwicklung der von ihm ins Leben gerufenen Bewegung. Die weitere Diskussion in ihren Reihen trägt Züge einer Machtprobe zwischen Freud und seinen Anhängern. Nachdem im Herbst 1926 – wahrscheinlich auf Betreiben Brills – in New York ein Gesetz erlassen wurde, das die Laienanalyse für illegal erklärte, wurde sie ein zentrales Thema des psychoanalytischen Kongresses, der im darauffolgenden Jahr in Salzburg stattfand. Freud sah sich in seiner Haltung relativ isoliert. Im März des Jahres schreibt er an Eitingon: »Ich möchte, daß sich die Vereinigung in ihrer ganzen Masse auf den von mir vertretenen Standpunkt stelle. Aber das werden wir gewiß nicht erreichen. Vielleicht sprengen wir sogar die bisherige Gemeinschaft, wenn wir auf unserer Forderung beharren. Was sollen wir also tun?...Um eine einheitliche Gesinnung herzustellen, bedürfte es einer Macht, die nicht verfügbar ist« (ebd. 347). Diese Macht wäre noch wenige Jahre zuvor niemand anders als Freud selber gewesen. Es paßt ins Bild, daß zum selben Zeitpunkt die ersten, noch versteckten, aber in ihrer Intention eindeutigen Kritiken am Gründer der Psychoanalyse durch ihre Vertreter beginnen: »1927 greifen Jones und Melanie Klein Anna Freuds Kinderanalyse an. Freud versteht, daß man den Sack schlägt, aber den Esel meint« (Cremerius 1986). Bereits im folgenden Jahr wird mit der Selbstauflösung der von Ferenczi in New York gegründeten Gruppe nichtärztlicher Analytiker ein weiterer Schritt in Richtung auf eine medizinische Professionalisierung der Psychoanalyse vollzogen. Freud kommentiert in einem Brief an ihren Gründer seine Enttäuschung und Isolation: »Die innere Entwicklung der Psychoanalyse läuft überall meinen Absichten entgegen, von der Laienanalyse weg zur rein medizinischen Spezialität, was ich als verhängnisvoll für die Zukunft der Analyse empfinde. Eigentlich bin ich *nur* noch von Ihnen sicher, daß Sie ohne Einschränkung meinen Standpunkt teilen« (Jones 1962: 350). Dem Widerpart in der Laienfrage, Eitingon, bekennt Freud, in diesem entscheidenden Punkt als »Feldherr ohne Armee« auftreten zu müssen. Für wie essentiell Freud ihn hielt, zeigt die Tatsache, daß er dem Eintreten für die Laienanalyse die Einheit seiner Organisation zu opfern bereit war. 1929 votiert Freud in einem Schreiben an Eitingon für eine »friedliche Spaltung der Internationalen Psychoanalytischen Vereinigung« mit dem etwas resignierten Argument: »Zum Nachgeben in der Laienfrage habe ich keine Lust, und überwinden wird sich der Zwiespalt nicht lassen« (ebd. 351).

Wir wollen den historischen Aufriß abkürzen und zum Abschluß die Stellungnahme Freuds zitieren, die er ein Jahr vor seinem Tode auf das Gerücht hin, er habe seine Position revidiert, abgab:

»Lieber Mr. Schnier, Ich kann mir nicht vorstellen, woher dieses dumme Gerücht, ich habe meine Ansichten über das Problem der Laienanalyse geändert, stammen könne. Tatsache ist, daß ich von diesen Ansichten niemals abgegangen bin und sogar noch mehr als früher auf ihnen bestehe angesichts der deutlichen Tendenz der Amerikaner, aus der Psychoanalyse nur eine Dienstmagd der Psychiatrie zu machen« (ebd. 354).

Die Frage der Laienanalyse, das wird aus diesem kurzen historischen Exkurs hinlänglich deutlich, berührt also weitaus mehr, als man aus der lapidaren Begriffsklärung des Laien als Nichtarzt entnehmen kann. Der Laie als Kritikfigur einer bestimmten wissenschaftlichen und weltanschaulichen Kultur ist vielmehr eine Gestalt der Aufklärung in eben dem Sinne, der die Freudsche Theorie legitim an die Seite der großen entmythologisierenden Systeme stellt. Für Freud ist dieser Impetus der Aufklärung stets mit der Vorstellung der »Parteilosigkeit«, d. h. einer durch Affekte, Vorurteile oder Autoritätsgläubigkeit nicht getrübten Aufmerksamkeit gegenüber der Welt, verbunden gewesen. In dieser Perspektive gewinnt eine Passage aus einem der frühesten, aus dem Jahre 1909 datierten Brief an O. Pfister einen besonderen Sinn. Sie wirft nebenbei ein neues Licht auf die Bedeutung des Laienbegriffs: »An sich«, führt Freud hier aus, »ist die Psychoanalyse weder religiös noch das Gegenteil, sondern ein unparteiisches Instrument, dessen sich der Geistliche wie der Laie bedienen kann, wenn es nur im Dienste der Befreiung Leidender geschieht« (Freud, Pfister 1963: 13). Diese Äußerung ist auf dem Hintergrund der Tatsache zu verstehen, daß Pfister ein Geistlicher war, der das Mittel der Psychoanalyse für die Seelsorge fruchtbar machen wollte. Freuds Äußerung steht im Zusammenhang seiner Würdigung der Pfisterschen Schrift über »Wahnvorstellung und Schülerselbstmord«, die seelsorgerisch-pädagogische Interessen mit psychoanalytischen zu verbinden suchte. Interessant ist die Fortsetzung der Freudschen Einlassung: »Ich bin sehr frappiert, daß ich selbst nicht daran gedacht habe, welche außerordentliche Hilfe die psychoanalytische Methodik der Seelsorge leisten kann, aber das geschah wohl, weil mir als bösem Ketzer der ganze Vorstellungskreis so fern lag« (ebd.).

Offensichtlich ist der »böse Ketzer« hier so mit dem »Laien« identifiziert wie der Seelsorger Pfister mit dem »Geistlichen« – im übrigen eine polare rhetorische Figur, die die ganze Korrespondenz zwischen Freud und Pfister durchzieht. Der geistliche Stand Pfisters hat Freud nie darin gestört, seinem Freunde die notwendige geistige Unabhängigkeit zuzutrauen, die für ihn mit dem Aufklärungsinstrument Psychoanalyse unabdingbar verknüpft ist.

In die Zeit der innerpsychoanalytischen Auseinandersetzung um die Laienanalyse fällt nun die Abfassung von Freuds Schrift »Die Zukunft einer Illusion«, die den Grundlagen der Religion und ihrer Wirkung nachgeht. In ihr, 1927 geschrieben, treten Motive zutage, die auch in der Diskussion um die Laienfrage eine Rolle spielten. Zuallererst scheint es nicht unbedeutsam, daß Freud hier die vor zwei Jahrzehnten an Pfister gerichtete Bestimmung der Psychoanalyse fast wortgetreu wiederholt. Im Zusammenhang der Frage, ob eine psychoanalytische Untersuchung der Religion nicht die Psychoanalyse als ganze in den Mißkredit eines Parteistandpunkts bringen könne, schreibt Freud: »In Wirklichkeit ist die Psychoanalyse eine Forschungsmethode, ein parteiloses Instrument, wie etwa die Infinitesimalrechnung« (Freud

1927c: 170f.). Ihre Ergebnisse stünden also über dem Verdacht einer interessengebunden-tendenziösen Anschauungsweise. Trotzdem erwägt Freud gründlich die Frage des möglichen Schadens, den eine solche Publikation anrichten könnte. Seine Reflexion ergibt einen neuen, überraschenden Sinn, wenn wir sie auf Freuds oben thematisierte Stellung in der psychoanalytischen Bewegung beziehen: »Es tauchte dann bei mir die Frage auf, ob die Veröffentlichung dieser Schrift nicht doch jemand Unheil bringen könnte. Zwar keiner Person, aber einer Sache, der Sache der Psychoanalyse. Es ist ja nicht zu leugnen, daß sie meine Schöpfung ist, man hat ihr reichlich Mißtrauen und Übelwollen bezeugt; wenn ich jetzt mit so unliebsamen Äußerungen hervortrete, wird man für die Verschiebung von meiner Person auf die Psychoanalyse nur allzu bereit sein... Dieser Lärm wird mir wirklich unangenehm sein, meiner vielen Mitarbeiter wegen, von denen manche meine Einstellung zu den religiösen Problemen überhaupt nicht teilen« (ebd.). Der »böse Ketzer« auch in dieser Frage betont im Laufe der Studie mehr als einmal, daß er hier in erster Person argumentiere, nicht als die Personifikation der Psychoanalyse. Freud möchte also keine psychoanalytische Lehrmeinung verbreiten, sondern die, wiederum mit dem Standpunkt des Laien identifizierte, Rolle des Kritikers übernehmen. Erneut hat das für die Gestaltung des Textes eine, mittlerweile schon bekannte stilistische Folge: »Eine Untersuchung, die ungestört fortschreitet wie ein Monolog, ist nicht ganz ungefährlich... Ich stelle mir also einen Gegner vor, der meine Ausführung mit Mißtrauen verfolgt, und lasse ihn von Stelle zu Stelle zu Wort kommen« (ebd. 155). Es wiederholt sich das Spiel der Laienschrift. Einmal mehr ist der »Gegner« der Verteidiger des common sense, diesmal allerdings explizit der christlich-kirchlichen Vorstellungen; einmal mehr übernimmt Freud das kritische Laienamt.

Ein weiterer Punkt ist in diesem Zusammenhang zu beachten: Die mit dem religionskritischen Text von 1927 erst so recht begonnene Phase der Freudschen Kulturkritik (wenn wir hierunter einmal verkürzt die explizite Zuwendung zu allgemeinen Fragen der Kultur verstehen), die im ebenfalls 1927 verfaßten Nachwort zur »Frage der Laienanalyse« z. B. Ausdruck in den Forderungen an eine gute analytische Ausbildung findet, die den »geisteswissenschaftlichen Stoff« gleichberechtigt und wie selbstverständlich im »Unterrichtsplan« einer »analytischen Hochschule« muß aufnehmen können (Freud 1927a: 343), *ermöglicht* Freud die Rolle des – im weiteren Sinne verstandenen – Laien in einem ganz anderen Maße, als es seine bisherige Position zuließ. Es wäre eine fruchtbare Fragestellung, dem Zusammenhang zwischen dem – eben an der Laienfrage greifbaren – Autoritätsverlust Freuds in der psychoanalytischen Bewegung und seinem zunehmenden kulturtheoretischen Interesse nachzugehen. Zumindest ist auffällig, daß die Redeweise in der ersten Person, d. h. die ein Stück weit vollzogene Abkoppelung des Freudschen Denkens vom Interessenstandpunkt der psychoanalytischen Bewegung* mit einer tiefgreifenden Enttäuschung Freuds über deren Entwicklung koinzidiert. Es ist, als habe der – wechselseitige – Entmischungsprozeß von psychoanalytischer Vereinigung und ihrem Gründer für diesen noch einmal die Möglichkeit eröffnet, sich – eben weil er nicht mehr zur Verteidigung seines wissenschaftlichen Lebenswerks genötigt ist – um so entschiedener auf die Position des Skeptikers und der Kritik zu besinnen, die nach seinem eigenen Zeugnis den Duktus seines Denkens von Jugend an bestimmt hat. In der Nachschrift zu seiner »Selbstdarstellung« von 1935 stellt Freud diesen Zusammenhang selber her. Er führt aus, daß er nach 1923 »keine entscheidenden Beiträge mehr zur Psychoanalyse geliefert« hätte: »Und was ich später geschrieben habe, hätte schadlos wegbleiben können oder wäre bald von anderer Seite beigebracht worden. Dies hing mit einer Wandlung bei mir zusammen, mit einem Stück regressiver Entwicklung, wenn man es so nennen will. Nach dem lebenslangen *Umweg* (Hervorhebung Verf.) über die Naturwissenschaften, Medizin und Psychotherapie war mein Interesse zu jenen kulturellen Problemen zurückgekehrt, die dereinst den kaum zum Denken erwachten Jüngling gefesselt hatten« (Freud 1935: 98). In diesem Lichte läßt sich die Freudsche Kulturkritik enger an die Position des »Laien« binden, als es die Debatte über die therapeutische Kompetenz von »Nichtärzten« vermuten läßt. Ein weiteres wäre es, den leidenschaftslosen Ton zu interpretieren, in dem Freud am Ende der zitierten »Nachschrift« sich zum Schicksal der psychoanalytischen Bewegung äußert, die doch so gerne als das sichtbare äußere Zeichen seines Lebenswerks verstanden wird. Auch wenn in den Augen ihres Gründers »das Ganze...den erfreulichen Eindruck von ernsthafter wissenschaftlicher Arbeit auf hohem Niveau« (Freud 1935: 100) macht, so ist doch unverkennbar, daß Freud in seinem letzten Lebensjahrzehnt die wahre Produktivität des durch Psychoanalyse gewonnenen Blickwinkels nicht mehr an die therapeutische Besserung der Individuen binden mochte. Auch hierin stellt die Schrift, die dem Problem der Laienfrage explizit gewidmet ist, einen Kulminationspunkt dar. Wie heißt es dort:

---

* »Alles, was ich hier gegen den Wahrheitswert der Religionen gesagt habe, brauchte die Psychoanalyse nicht, ist lange vor ihrem Bestand von anderen gesagt worden. Kann man aus der Anwendung der psychoanalytischen Methode ein neues Argument gegen den Wahrheitsgehalt der Religion gewinnen, *tant pis* für die Religion, aber Verteidiger der Religion werden sich mit demselben Recht der Psychoanalyse bedienen, um die affektive Bedeutung der religiösen Lehre voll zu würdigen« (Freud 1927c: 171).

»Der Gebrauch der Analyse zur Therapie der Neurosen ist nur eine ihrer Anwendungen; vielleicht wird die Zukunft zeigen, daß sie nicht die wichtigste ist... Wenn die Vertreter der verschiedenen Geisteswissenschaften die Psychoanalyse erlernen sollen, um deren Methoden und Gesichtspunkte auf ihr Material anzuwenden, so reicht es nicht aus, daß sie sich an die Ergebnisse halten, die in der analytischen Literatur niedergelegt sind. Sie werden die Analyse verstehen lernen müssen auf dem einzigen Weg, der dazu offensteht, indem sie sich selbst einer Analyse unterziehen. Zu den Neurotikern, die der Analyse bedürfen, käme so eine zweite Klasse von Personen hinzu, die die Analyse aus intellektuellen Motiven annehmen, die nebenbei erzielte Erhöhung ihrer Leistungsfähigkeit aber gewiß gerne begrüßen werden« (Freud 1926: 339).

Jede Überlegung zu einer psychoanalytisch inspirierten Kultur- und Sozialwissenschaft hat nach wie vor an dieses Diktum anzuknüpfen. Praktische Konsequenzen allerdings haben die Ausbildungsinstitute der psychoanalytischen Vereinigung im Hinblick auf diese »zweite Klasse von Personen« bis heute nicht gezogen. Und es entlastet sie nur geringfügig, wenn man zugesteht, daß sie noch nicht dem Druck einer entsprechenden Nachfrage ausgesetzt waren. Noch immer stellt die Psychoanalyse ein weitgehend unausgeschöpftes Theorien- und Methodenpotential für kultur- und sozialwissenschaftliche Forschung dar, das von der institutionalisierten Psychoanalyse selber wegen des einseitigen Engagements für ihren therapeutischen Auftrag nicht genutzt wird und von seiten der Kultur- und Sozialwissenschaften aufgrund von Qualifikationsproblemen nicht genutzt werden kann. Der von Freud auf diesem Gebiet repräsentierte Standard ist nur selten als Anspruchsniveau und noch seltener tatsächlich erreicht worden. Gegenüber dem therapeutischen weist es seit Freud einen krassen Entwicklungsrückstand auf. Noch immer herrscht im Bereich der psychoanalytischen Kulturwissenschaft und Sozialforschung wie in allen anderen Bereichen nichttherapeutischer wissenschaftlicher »Anwendung« der Psychoanalyse ein Zustand, den H. Dahmer zutreffend als Vorherrschen des Virtuosentums gekennzeichnet hat, d. h. es kam und kommt immer nur dann zu fruchtbaren Studien, wenn sich bestimmte Bedingungen in einer einzelnen Person glücklich, aber mehr oder weniger zufällig vereinigen. Ansätze zu einer breiteren, von solchen »Virtuosen« unabhängigen Forschung gibt es kaum. Das hängt aus der Sicht der Kultur- und Sozialwissenschaften mit Qualifikationsbedingungen zusammen, die sich unmittelbar aus den herrschenden Ausbildungsbedingungen in der Psychoanalyse und den Möglichkeiten ihrer Finanzierung ergeben. Dabei ist davon auszugehen, daß die Forschungsmöglichkeiten, die die Psychoanalyse in nichtärztlichen Bereichen bietet, nur angemessen nutzbar sind, wenn eine professionelle Doppelqualifikation vorliegt. Die psychoanalytische Qualifikation ist nach wie vor unabweisbar mit der Notwendigkeit, »sich selbst einer Analyse (zu) unterziehen«, verbunden. Darüber hinaus aber – und das berührt den Kern der Frage der Laienanalyse, jedenfalls den wissenschaftlichen, weniger den berufsständischen und gesundheitspolitischen – gehört auch ein Stück eigener therapeutischer Erfahrung, deren Umfang sicherlich diskutiert werden kann, zu dieser Qualifikation, wie Freud im Nachwort zur »Frage der Laienanalyse« von 1927 hervorhebt:

»Die Analyse aber hat kein anderes Material als die seelischen Vorgänge des Menschen, kann nur an Menschen studiert werden; infolge besonderer, leicht begreiflicher Verhältnisse ist der neurotische Mensch weit lehrreicheres und zugänglicheres Material als der Normale, und wenn man einem, der die Analyse erlernen und anwenden will, dies Material entzieht, hat man ihn um die gute Hälfte seiner Bildungsmöglichkeiten verkürzt« (Freud 1927a: 345).

Im Anschluß an diese Erkenntnis weist Jones auf die Konsequenzen hin, die ein eigentümliches Merkmal der psychoanalytischen Qualifikation, nämlich ihre prinzipielle Unabgeschlossenheit und Unabschließbarkeit, haben muß, wenn er sagt, »daß die psychoanalytische Einsicht in die tiefen Schichten der Seele nicht etwas ist, was man ein für allemal in einer bestimmten Studienzeit erwirbt, sondern immer wieder der Erneuerung bedarf und durch ständigen Kontakt mit dem Rohmaterial der Beobachtung, das heißt der Analyse von Kranken, erweitert werden muß« (Jones 1962: 340). Damit entsteht das Dilemma, daß das Qualifikationsmerkmal »eigene therapeutische Erfahrung« für jene, die an einer nichttherapeutischen Anwendung der Psychoanalyse interessiert sind, möglicherweise unrealistisch angehoben wird. Jones nennt auch die Einsicht in jenen von ihm so eindringlich geschilderten Sachverhalt als einen Grund dafür, daß die, »die von anderen Gebieten, sei es der Pädagogik, der Anthropologie, der Kunst oder der Literatur, zum Studium der Psychoanalyse kommen, immer wieder bis zum Ende ihrer Tage eine psychoanalytische Praxis ausüben, was notwendigerweise den Nutzen ihrer neuerworbenen Kenntnisse für die Anwendung auf ihre früheren Arbeitsgebiete beschränkt« (ebd.). Welche Komplikationen die Anforderung »Doppelqualifikation« auch immer mit sich bringen mag: Die Überwindung des Virtuosentums und die Bereitstellung von entsprechender Forschungskapazität steht und fällt u. E. mit der Möglichkeit, Kultur- und Sozialwissenschaftler psychoanalytisch auszubilden. Die psychoanalytischen Ausbildungsinstitutionen sind bisher nie in einem Ausmaße mit diesem Problem konfrontiert worden, daß Vorstellungen darüber existieren, wie man den besonderen Anforderungen, die diese Gruppe, Freuds »zweite Klasse von Personen«, an eine Ausbildung stellen müßte, gerecht werden könnte.

In der Figur des Laien bündeln sich, wie wir gesehen haben, für Freud sehr unterschiedliche Funktionen, die aber alle in näher zu qualifizierender Weise mit dem weiteren Schicksal der »neuen« Wissenschaft der Psychoanalyse, mit ihrer »Tradierung« zu tun haben. Vordergründig tritt Freud in der Betonung ihrer Bedeutung für die Psychoanalyse einer Entwicklung entgegen, die neuerdings als »Medizinalisierung« bezeichnet wird. Er trägt damit der eigenen ebenso einfachen wie unbestreitbaren Feststellung Rechnung, daß »die Psychoanalyse kein Spezialfach der Medizin« sei (Freud 1927a: 343). In den Briefen, die er im Zuge der heftigen Auseinandersetzung schreibt, wird er noch deutlicher, wenn er, wie bereits angeführt, an Ferenczi schreibt, daß er die »Entwicklung... von der Laienanalyse weg zur rein medizinischen Spezialität... als verhängnisvoll für die Zukunft der Analyse empfinde« und daß sie eine »düstere Zukunft« haben werde, »wenn sie sich nicht eine Stätte außerhalb der Medizin zu schaffen weiß« (Jones 1962: 350f.). Auch deswegen soll der Laie – ein etwas anderer Aspekt desselben Komplexes – in der psychoanalytischen Bewegung erhalten bleiben, weil er eine Art Korrektiv gegen eine durchgängige Professionalisierung bildet, die in ihren Folgen unabsehbare berufsständische und gesundheitspolitische Zwänge etabliert. Was es letzten Endes zu verhüten gelte, sei, daß »die Therapie die Wissenschaft erschlägt« (Freud 1927a: 345). Darüber hinaus ist der Laie eine unverzichtbare Gestalt für die Ausweitung wie Sicherung des Geltungs- und Anwendungsbereichs der Psychoanalyse als Wissenschaft. Er verfügt über jene Doppelqualifikation, die es überhaupt erst erlaubt, der Psychoanalyse in anderen Gebieten als dem ihrer ursprünglichen Entwicklung Geltung zu verschaffen. Von dieser Geltung ist ihr Schöpfer sowohl in erkenntnistheoretisch-methodologischer wie forschungspraktischer Hinsicht zutiefst überzeugt. Er stellt klar, daß die Unterscheidung der »ärztliche(n) Analyse von den Anwendungen der Analyse« eine ungenaue façon de parler sei und korrigiert dahingehend, daß »in Wirklichkeit... die Scheidungsgrenze zwischen der wissenschaftlichen Psychoanalyse und ihren Anwendungen auf medizinischem und nichtmedizinischem Gebiet« verlaufe (ebd. 348). Sicherlich zeigt Freud sich in dieser Formulierung einem konventionellen, zeitgenössischen Verständnis des Verhältnisses von der Wissenschaft zu ihren Anwendungen verpflichtet, das der Psychoanalyse, die ja nicht zuletzt in diesem Punkt eine differentia spezifica zu den Normalwissenschaften aufweist, wissenschaftstheoretisch in letzter Instanz nicht gerecht wird. Wenige Sätze vorher ist er dieser Differenz viel näher, wenn er vom »Junktim zwischen Heilen und Forschen« spricht und in diesem die Eigen-, ja Einzigartigkeit der Psychoanalyse als Wissenschaft erblickt: »Unser analytisches Verfahren ist das einzige, bei dem dies kostbare Zusammentreffen gewahrt bleibt« (ebd. 347). Wichtiger an jener Korrektur einer façon de parler ist die Tendenz, anderen »Anwendungs«-Gebieten als dem therapeutischen gleichen Rang einzuräumen. Möglicherweise ließe sich, fügen wir in Parenthese, weil an diesem Ort nicht weiter begründbar, hinzu, ein analoges Junktim ja auch in einzelnen dieser anderen, wenn vielleicht auch nicht allen Anwendungsgebieten herstellen. Damit wüchse dem Laien für die Emanzipation der Psychoanalyse von der Medizin eine Bedeutung zu, die die Freud in dieser Frage widersprechende Fraktion instinktiv geahnt haben muß. Aber mit dieser Freud oft als imperiales Wissenschafts- und Methodenverständnis angekreideten Gebietsausweitung sind wir noch nicht zum Kern der Frage der Laienanalyse vorgedrungen. Eine weitere Konnotation zum Begriff des Laien schloß an die theologische und philosophische Tradition an, insofern er die Stimme des skeptischen Zweifels und der Kritik repräsentiert, die durch vorherrschende wissenschaftliche Denkinhalte und -stile nicht fixiert und an einen abweichenden, nämlich praktischen Erfahrungsmodus gebunden ist. In dieser Hinsicht wird der Laie zur Methodenfigur, die für das Desillusionierungs- und Selbstbestimmungspotential der Psychoanalyse einsteht.

In der Bereitschaft Freuds, in der Kontroverse um die Laienanalyse eine Spaltung der internationalen Bewegung in Kauf zu nehmen und – in der Sprache der Politik gesagt – zentristische Positionen zu räumen, die das Selbsterhaltungsinteresse der organisierten Psychoanalyse repräsentierten, wird gleichzeitig eine offenbar tiefreichende Angst spürbar, daß die neue Wissenschaft sich von vitalen Erkenntnis- und Energiequellen abschneiden könnte. Diese Verlustangst vielleicht enthält den Hinweis auf das verborgenste Motiv, die Figur des Laien in den Mittelpunkt einer Kontroverse zu rücken. Was durch die Person Freuds selber zwanglos sich der neuen Wissenschaft mitteilte und für sie konstitutiv wurde, nämlich der Bildungshorizont der Zeit und ein bestimmtes Verhältnis zur kulturellen Überlieferung, mußte auch für den Fall, daß ihr Schöpfer nicht mehr das organisierende Zentrum der analytischen Bewegung sein würde, wirksam und lebendig bleiben, wenn auch in je veränderter und aktualisierter Gestalt. Hierfür letzten Endes hatte die Figur des Laien einzustehen. Sie ist nicht nur Korrektiv einer als problematisch empfundenen institutionellen Entwicklung, Propagandist des wissenschaftlichen Erklärungsanspruchs der Psychoanalyse auf anderem als therapeutischem Gebiet und Verdichtung einer der Psychoanalyse eigentümlichen methodischen Einstellung, sondern darüber hinaus der nicht spezialisierte und disziplinär trainierte »Gebildete«, der in intensiver intellektueller Wechselwirkung mit seiner Zeit steht, ein citoyen gleichsam in der Republik der Wissenschaften, die ansonsten von bourgeois bevölkert wird. Um Mißverständnissen vorzubeugen: Nicht daß der einzelne Nichtmediziner, der an die Pforten der Psychoanalyse klopft, diese Funktion als empirische Person übernehmen könnte! Es geht vielmehr um die Dimensionen der Kontroverse um die Laienanalyse.

Den bereits erwähnten »Unterrichtsplan« von »analytische(n) Hochschulen« spezifiziert Freud folgendermaßen: »Er muß geisteswissenschaftlichen Stoff, psychologischen, kulturhistorischen, soziologischen ebenso umfassen wie anatomischen, biologischen und entwicklungsgeschichtlichen. Es gibt dabei soviel zu lehren, daß man gerechtfertigt ist, aus dem Unterricht wegzulassen, was keine Beziehung zur analytischen Tätigkeit hat...« (Freud 1927a: 343). Es sei daran erinnert, daß das Berliner Institut zur Zeit der Diskussion um die Laienanalyse bereits ein Curriculum praktizierte, das noch heute als vorbildlich gilt. Kurz vorher hat Freud die ärztliche Ausbildung als »beschwerlichen Umweg zum analytischen Beruf« bezeichnet: »Sie gibt dem Analytiker zwar vieles, was ihm unentbehrlich ist, lädt ihm aber außerdem zuviel auf, was er nie verwerten kann, und bringt die Gefahr mit sich, daß sein Interesse wie seine Denkweise von der Erfassung der psychischen Phänomene abgelenkt wird.« (ebd.) Und später gesteht er der ärztlichen Ausbildung nur den Rang einer »Vorbildung« zu, die nicht an die »Stelle der (psychoanalytischen, Verf.) Ausbildung« treten dürfe. Die ärztlich Vorgebildeten müßten vor allem »die Einseitigkeit überwinden, die durch den Unterricht an der medizinischen Schule begünstigt wird« (ebd. 348). Dann fährt er fort, »daß wir für deren (gemeint ist die Psychoanalyse, Verf.) andere Seite die Mitarbeit von Personen, die in den Geisteswissenschaften vorgebildet sind, nie entbehren können« (ebd.). Die Beziehung zum Bildungshorizont der Zeit und zur kulturellen Überlieferung wird nicht in der »Anwendung« der Psychoanalyse oder in einer speziellen analytischen Kulturtheorie allererst hergestellt, sie gehört vielmehr zum innersten Kern der Psychoanalyse als Wissenschaft.

Als Indiz dafür gilt uns die Rolle, die eine Gestalt der kulturellen Überlieferung, der Mythos, genauer: der Ödipus-Mythos, in der Psychoanalyse spielt. In diesem Rahmen wollen wir weder die Frage des zutreffenden Freudschen Mythenverständnisses klären (vgl. Schmid Noerr 1982 und Vogt 1986), noch die Stellung der Psychoanalyse im Kontext von Mythos und Aufklärung diskutieren (vgl. Blumenberg 1981, S. 98 ff. und Vogt 1986), noch gar entscheiden, ob der Preis ihres Aufklärungsimpulses die Schaffung eines neuen Mythos sei (Blumenberg a. a. O.). Vielmehr wollen wir nur auf einen Punkt hinweisen, der als solcher kaum beachtet wird: daß nämlich mit dem Ödipus-Mythos ein Mythologem den Funktionswert eines zentralen Theorems erhält, wodurch gleichsam ein Indifferenzpunkt von Mythos und Wissenschaft entsteht. Das ist nur möglich unter der Voraussetzung, daß in der Wissenschaft der Psychoanalyse selber eine Bewegung vorhanden ist, die a limine in der Auflösung des mythischen Rätsels zu terminieren verspricht. Es war der gebildete Laie Freud, der ein Mythologem in einen theoretischen Funktionszusammenhang einfügte, wie der berühmte Brief vom 15. 10. 1897 an Fließ besonders deutlich zeigt (Freud 1887: 191 ff.), der im Bericht eines Teilstücks seiner Selbstanalyse den Ödipuskomplex der Sache nach zum ersten Mal erwähnt. In diesem Brief grenzt er die Tragödie des König Ödipus gegen Grillparzers »Ahnfrau« ab, ein Drama, das nur einen banalen Schicksalszwang zum Ausdruck bringe, den man nicht nachempfinden könne, während er im Hamlet die bewegende Darstellung einer ödipalen Verstrickung sieht, die zwar nicht in der »bewußten Absicht« seines Autors gelegen habe, sondern so zustande gekommen sei, daß »das Unbewußte in ihm das Unbewußte im Helden verstand«. Diese rezeptionsästhetischen Beobachtungen an literarischen Kunstwerken mögen Freud neben den Ergebnissen seiner Selbstanalyse von der Allgemeingültigkeit des Ödipuskomplexes überzeugt haben. Es ist zudem bezeichnend, daß Freud immer die sophokleische Version des Mythos vor Augen hatte, eine späte und ästhetisch durchgearbeitete also, deren Rezeption, wie wir aus der »Selbstdarstellung« von 1925 wissen, bis in die Gymnasialzeit zurückreicht. Freud ist mit der Herstellung eines Indifferenzpunktes von Mythos und Wissenschaft gleich weit entfernt von der rationalitätsgeleiteten Distanzierung des Mythos zum passageren menschheitsgeschichtlichen Phänomen wie von der strukturalistischen Methode seiner Interpretation, der jede beliebige Version eines Mythos zum Beleg für unwandelbare Strukturen des menschlichen Geistes wird. Momentanisierte Hegel den Mythos im Namen einer entwicklungsgeschichtlichen Theorie des absoluten Geistes, war er für Comte das Stadium eines Stadiums, des theologischen nämlich, auf dem Wege zum »positiven« oder wissenschaftlichen. Nicht nur in den »Gesellschaftslehren« Comtes und Hegels gibt es »Strukturbeziehungen« (vgl. Negt 1964). Für Lévi-Strauss wiederum existiert keine »›wahre‹ Fassung« des Mythos, »im Verhältnis zu der alle anderen Kopien oder deformierte Echos wären«, so daß sogar »Freuds Kommentare zum Ödipuskomplex einen... integrierenden Teil des Ödipusmythos bilden«: »Alle Fassungen gehören zum Mythos.« (Lévi-Strauss 1967: 241). »Man wird nicht zögern, Freud nach Sophokles zu unseren Quellen des Ödipusmythos zu zählen. Ihre Versionen verdienen dieselbe Glaubwürdigkeit wie andere, ältere und dem Anschein nach ›authentischere‹« (ebd. 239). Dieser methodische Ausgangspunkt führt zu der Auffassung, daß die »Logik des mythischen Denkens... ebenso anspruchsvoll (sei) wie die, auf der positives Denken beruht, und im Grunde kaum anders« (ebd. 253 f.). Bei Freud dagegen behält der Mythos seine zwingende affektive Qualität, indem er die je einzelne Bildungsgeschichte formiert. Allerdings behält er sie in eigentümlich gebrochener, jedenfalls brechbarer Form, wenn man die Psychoanalyse als eine Methode begreift, den mythischen Bann lebensgeschichtlich zu lösen, ihn wenn schon nicht außer Geltung, so doch außer Anwendung zu setzen.

Das Bewußtsein davon zu erhalten, »daß die klinische Theorie und Praxis der Psychoanalyse nicht unabhängig von ihrem kulturellen Kontext konzipiert wurde« (Vogt 1986: 153), und diesen Zusammenhang selber als wissenschaftliche Produktivkraft zu retten, muß das letzte Ziel der Schrift zur Laienanalyse gewesen sein. Der Laie als Regulativ und Bildung als regulative Idee, die ein natürliches und uneingeschränktes Verhältnis zur kulturellen Überlieferung und ihren zeitgenössischen Gestalten sichern, schienen dem Gründer der Psychoanalyse in einer bestimmten Phase ihrer Entwicklung als Wissenschaft und als Institution unabweisbare Forderungen zu sein, durch die abweichende Bildungsgeschichten und Qualifikationsprofile in ihr erhalten, aber auch allererst eingeführt werden sollten. Die Dimensionen im Freudschen Laienbegriff sind, wie wir zu zeigen versucht haben, vielfältig und mögen je nach historischem und soziokulturellem Kontext wie internem Entwicklungsstand der Psychoanalyse in unterschiedlicher Rangfolge hervortreten. Wir möchten unseren Beitrag als Plädoyer für den gebildeten Analytiker verstanden wissen.

Literatur

Blumenberg, H. (1981) Arbeit am Mythos, 2. Aufl., Frankfurt am Main (Suhrkamp).

Cremerius, J. (1986) Unterdrückung von Wahrheit, persönlicher Freiheit und wissenschaftlichem Denken in der psychoanalytischen Bewegung, unveröff. Vortragsms. (inzwischen u. d. T. »Spurensicherung«. Die ›Psychoanalytische Bewegung‹ und das Elend der psychoanalytischen Institution« wesentlich erw. erschienen in Psyche 12/1986 (40): 1063–1091.

Freud, S. (1887) Aus den Anfängen der Psychoanalyse. Briefe an Wilhelm Fließ, Abhandlungen und Notizen aus den Jahren 1887–1902, Frankfurt am Main (S. Fischer) 1962.

Freud, S. (1926) Die Frage der Laienanalyse. Unterredungen mit einem Unparteiischen, Studienausgabe Ergänzungsbd.: Schriften zur Behandlungstechnik, S. 271–341.

Freud, S. (1927a) Nachwort zur ›Frage der Laienanalyse‹, Studienausgabe Ergänzungsbd.: Schriften zur Behandlungstechnik, S. 342–349.

Freud, S. (1927c) Die Zukunft einer Illusion, Studienausgabe, Bd. 9: Fragen der Gesellschaft, Ursprünge der Religion, S. 135–189.

Freud, S. (1935) Nachschrift 1935 (zu: Selbstdarstellung 1925), in: »Selbstdarstellungen«. Schriften zur Geschichte der Psychoanalyse, ed. I. Grubrich-Simitis, Frankfurt am Main (Fischer), 1971, S. 97–100.

Freud, S., Pfister, O. (1963) Briefe 1909–1939, ed. E. L. Freud u. H. Meng, Frankfurt am Main (Fischer).

Jones, E. (1962) Das Leben und Werk von Sigmund Freud. Bd. III: Die letzte Phase 1919–1939, Bern/Stuttgart (Huber).

Lévi-Strauss, C. (1967) Strukturale Anthropologie I, Frankfurt am Main (Suhrkamp).

Negt, O. (1964) Strukturbeziehungen zwischen den Gesellschaftslehren Comtes und Hegels, Frankfurter Beiträge zur Soziologie Bd. 14, Frankfurt am Main (EVA).

Schmid Noerr, G. (1982) Mythologie des Imaginären oder imaginäre Mythologie? Zur Geschichte und Kritik der psychoanalytischen Mythendeutung, Psyche 7/1982 (36): S. 577–608.

Vogt, R. (1986) Psychoanalyse zwischen Mythos und Aufklärung oder Das Rätsel der Sphinx, Frankfurt am Main (Campus).

II. Sozialisation und Subjektivität

HANS-JOACHIM BUSCH

Subjektgeschichte als Sozialisationsgeschichte

Notizen zur Genese der »Institution« Individuum und ihrer Psychoanalyse

»Auf demselben Boden wie König Ödipus wurzelt eine andere der großen tragischen Dichterschöpfungen, der Hamlet Shakespeares. Aber in der veränderten Behandlung des nämlichen Stoffes offenbart sich der ganze Unterschied im Seelenleben der beiden weit auseinanderliegenden Kulturperioden, das säkulare Fortschreiten der Verdrängung im Gemütsleben der Menschheit« (Sigmund Freud, GW, Bd. II/III, S. 271).

»So bleibt man immer ein Kind seiner Zeit, auch mit dem, was man für sein Eigenstes hält« (Sigmund Freud, Aus den Anfängen der Psychoanalyse, S. 197).

I.

Die in diesen Textstellen zum Ausdruck kommende Einsicht Freuds in die Geschichtlichkeit seiner Ideen und seines Stoffs bleibt sporadisch. Sie kann zudem nicht darüber hinwegtäuschen, daß er mit dem kühnen Versuch, seine Selbstanalyse in historische Konjunktion mit König Ödipus [1] zu bringen und aus der Analyse der Ontogenese gewonnene Resultate auf phylogenetische Prozesse zu übertragen, den hier avisierten Zusammenhang in ein geschichtsfern-kulturuniversalistisches Dunkel getaucht hat. Freud hinterläßt uns also eine Aufgabe, für deren Lösung wir keinen nennenswerten Beitrag aus seinem Werk erwarten können.

Inzwischen jedoch ist die gesellschaftstheoretische, die geschichtsmaterialistische Auseinandersetzung mit der Konzeption Freuds ihrerseits bereits wieder Geschichte. An ihrem vorläufigen Ende steht das im Umkreis der Frankfurter Schule in erster Linie von Klaus Horn und Alfred Lorenzer in Angriff genommene Unterfangen, Psychoanalyse als Sozialwissenschaft zu begreifen, sie zu einer »Kritischen Theorie des Subjekts« aus- und umzubauen. Alfred Lorenzer hat zuletzt eine Studie vorgelegt, die die Vor- und Frühgeschichte des psychoanalytischen Verfahrens in diesem Sinn rekonstruiert. Gleichwohl hat er in seinem Werk, das er auch als eine historisch-materialistische Sozialwissenschaft des Individuellen überschreibt, neben der Linie der Methode immer auch die des Gegenstands der Psychoanalyse mitgedacht. So gibt er denn auch selbst den Orientierungsrahmen für die hier verfolgte ergänzende Fragestellung vor, indem er auf ein wichtiges, in seiner Untersuchung offen gebliebenes Problem hinweist:

»Wir sind dem Gang der psychoanalytischen Problem- und Wissenschaftsgeschichte gefolgt, ohne einen Blick an die gesellschaftlichen Bedingungen dieser Prozesse zu wenden. Diese Abstinenz war beabsichtigt, nicht nur, um die Aufmerksamkeit voll auf die ›interne‹ Vor- und Frühgeschichte zu richten, sondern mehr noch, weil die ›objektive Geschichte beschädigter Subjektivität‹ nicht en passant abgehandelt werden kann. Selbst eine so begrenzt und in ihrer Reichweite überschaubar scheinende Frage wie die, weshalb die Hysterie am Ende des letzten Jahrhunderts ausgerechnet in Wien ›zu Wort kam‹, läßt sich beiläufig nicht einmal skizzieren. Denn natürlich müßte man zuvor das Herauswachsen von Wahn, Besessenheit, Hysterie und ›Nervenschwäche‹ aus den jeweiligen gesellschaftlichen Krisen in Europa durchsichtig gemacht haben; müßte man die gesellschaftliche Bearbeitung der subjektiven Antworten auf die objektiven Erschütterungen und ihre Spuren in den Individuen präzisiert haben; müßte man eine Geschichte der Subjektivität (zumindest seit Descartes) zur Hand haben...«[2]

Der Forderung nach einer Archäologie der Psychoanalyse wäre mithin erst dann Genüge getan, würde sie auch in der Perspektive einer Sozialisationsgeschichte als Subjektgeschichte durchgespielt. Ich möchte dazu einige vorläufige Überlegungen anstellen.

Am Beginn steht eine kritische Würdigung maßgeblicher theoretischer Ansätze, die sich insbesondere auf die Auseinandersetzung mit Foucault zuspitzt. Es folgt eine knappe Skizze der Entfaltung und zugleich Leidensgeschichte individueller Subjektivität, ausgelöst von der Ersetzung mittelalterlicher durch neuzeitlich-bürgerliche Sozialisationsstrukturen. Besonderes Augenmerk gilt hier dem Problem der zunehmenden sprachlich-normativen, körperabstrahierenden Regulation der Sozialisation. Abschließend wird der Wandel der Persönlichkeitsstrukturen im Hinblick auf die Entwicklung der Psychoanalyse untersucht und die spezifische historische Eignung und Funktion des psychoanalytischen Verfahrens herausgearbeitet.

Wenn wir uns der enorm angewachsenen Zahl von Arbeiten zuwenden, die unter verschiedenen Gesichtspunkten Sozialisationsgeschichte*, zumeist vom Mittelalter aus, aufzurollen versuchen, lassen sich nach der Art, wie das Thema angegangen wird, drei Gruppen unterscheiden: 1. die begriffssystematischen und dabei mehr oder weniger empirisch vorgeführten Entwürfe der Eliasschen Zivilisationstheorie, der Foucaultschen Machtanalyse und der Habermasschen Evolutionstheorie kommunikativen Handelns; 2. die empirischen, explizit kaum theoriegeleiteten Arbeiten zu wichtigen Aspekten der Sozialisationsgeschichte (Familie, Jugend, Kindheit...); 3. die von der psychoanalytischen Entwicklungs- und Persönlichkeitstheorie beeinflußten Arbeiten der psychohistorischen Schule.

Es erscheint auf den ersten Blick sicher naheliegend, unmittelbar an die zuletzt aufgeführte Position anzuknüpfen – steht doch hier wie dort Psychoanalyse im Zentrum. Doch es bedarf nur der Erinnerung an das für unsere Argumentation leitende Projekt einer kritischen Theorie des Subjekts, um sehr rasch die leichtfertig-psychologistische Unbekümmertheit der Psychohistorie gegenüber der gesellschaftlichen Vermittlung von Individualität zu erkennen. Die theoretische Auseinandersetzung, die hier zugunsten der fahrlässig-vorschnellen Entscheidung für die historisch konstitutive Funktion der Psychegeschichte und für das psychoanalytische Paradigma unterbleibt, wäre erst noch zu führen. Doch auch die großen theoretischen Modelle können – wenngleich sie der Psychoanalyse offenbar keineswegs entraten – aus verschiedenen Gründen nicht überzeugen. Der zivilisationstheoretische Ansatz bedient sich psychoanalytischer Aussagen eher naiv. Das macht sicher einen Teil seiner Überzeugungskraft aus, führt aber nicht zu der methodologischen Absicherung, die erst am Ende einer von ihm ausgelassenen Reflexion auf Psychoanalyse als Sozialwissenschaft stehen kann. Während jedoch mit der Zivilisationstheorie, was die geschichtliche Analyse und die Resultate der Moderne angeht, unschwer Übereinstimmung zu erzielen wäre, verhält es sich mit den beiden anderen Denkrichtungen etwas anders. Und hier liegt auch die interessantere Kontroverse. Beansprucht Lorenzer, kritische Theorie des Subjekts müsse ihren Maßstab finden in der Bestimmung der Differenz gesellschaftlich zugelassener Symbolik und davon ausgesperrter, den Individuen verwehrter oder erheblich verzerrter Ausdrucksmöglichkeit ihrer

---

* Dieser, wie ich meine, sehr nützliche Terminus taucht, soviel ich weiß, zuerst auf bei Preuss-Lausitz u. a.[3]

unmittelbaren sinnlich-leiblichen Bedürfnisse, so läßt sich weder die kommunikations- noch die machtuniversalistische Version eines Konzepts der Moderne auf die Spannung von Sinnlichkeit und Bewußtsein, Schlüsselbegriffen eines materialistischen Sozialisationskonzepts, ein. Für Habermas ist dies an anderer Stelle[4] bereits ausführlich gezeigt worden. Aber wie steht es bei Foucault?

Mit seinem Werk verübt er einen sehr originellen, theoretischen, aber auch empirischen, Anschlag auf die im Titel dieses Aufsatzes verkündete Intention. Sein Ansatz ist in vielerlei Hinsicht sozialisationsgeschichtlich bedeutsam. Vor allem deshalb, weil er eine theoretische Gesamtperspektive auf Geschichte in Form einer Machttheorie formuliert und diese mit der materialen Analyse der Konstitution von (bürgertum-spezifischen) Sozialisationsinstanzen wie Klinik, Gefängnis oder sozialisationsrelevantem Wissen (»Sexualität und Wahrheit«[5]) verknüpft. Foucaults Schlüsselbegriff der Macht scheint überdies zumindest nicht in Gefahr, Sprache und Praxis unter der Überschrift verständigungsorientierten Handelns zusammenzuziehen. Körperliches, Sinnliches tritt vielmehr ins Zentrum seiner Machttheorie: Die Diskursivierung des Sexes führt nicht zu seiner Befreiung, sondern unterstellt ihn einer anonymen Biomacht, vertieft und perpetuiert seine Unfreiheit. Foucault läßt es jedoch bei diesem pessimistischen Befund bewenden, ist nicht daran interessiert, Bedingungen sinnlich-körperlicher Emanzipation aufzuspüren. Genauer: die Diagnose der Moderne ist so vernichtend, daß ein Ausweg nicht mehr möglich scheint. Das zeigt sich an der Einschätzung der Psychoanalyse. Foucault erkennt ihr die Rolle eines Motors der Diskursivierung des Sexes zu, der jedoch in den Netzen des verwandtschaftsregulierenden Normensystems, des »Allianzdispositivs« verfangen bleibt. Ist sie am Ende, worauf er verschiedentlich anspielt, doch nur Kontroll-Wissenschaft, die bezahlte Aufseher für die Überwachung von Intimität beauftragt? Bei Foucault bleibt dies zumindest offen.

Zweifellos wäre es euphemistisch, die neuzeitliche Entwicklung leichthin auf der Seite des Fortschritts zu verbuchen. Die Bilanz der Sozialisationsgeschichte des bürgerlichen Individuums mutet erschreckend an, und die Folgerung Foucaults, seine Nominierung sei nicht Emanzipation oder zumindest deren Auftakt, sondern Preisgabe an eine Macht, läßt sich nicht so ohne weiteres abweisen: »Tatsächlich ist das, was bewirkt, daß ein Körper, daß Gesten, Diskurse, Wünsche als Individuen identifiziert und konstituiert werden, bereits eine erste Wirkung der Macht. Das Individuum ist also nicht das Gegenüber der Macht, es ist, wie ich glaube, eine seiner ersten Wirkungen.«[6] In der Tat etabliert sich eine gezielte Praxis der Bearbeitung innerer Natur*, die in der Geschichte ohne Beispiel ist. Der Prozeß der Individuierung ist verknüpft mit der Ausbildung eines umfangreichen Kontroll- und Disziplinarregimes, mit Überwachung, mit Messung und institutionalisierter Körperdressur[8]. »Hysterisierung des weiblichen Körpers«, »Pädagogisierung des kindlichen Sexes«, »Sozialisierung des Fortpflanzungsverhaltens« im Sinne der Bevölkerungsregulation und »Psychiatrisierung der perversen Lust«[9] sind ab dem 19. Jahrhundert die hauptsächlichen Strategien dieser Machtergreifung. So sehr Foucaults diesbezügliche Analyse beeindruckt, so wenig überzeugend ist seine Konsequenz, die aufgewiesene Machtstruktur annulliere Subjektivität gleichsam vorweg. Würde man sie akzeptieren, wäre nicht mehr zu erkennen, daß die Verluste, die diesen Zivilisationsprozeß begleiten (sie sind gewiß nicht allein und nicht zuerst von Foucault aufgedeckt worden), diesen in einem stabilisieren und labilisieren.

<h2 style="text-align:center">3.</h2>

Wenn wir also anders als Foucault am Postulat einer – unabgeschlossenen – Subjektgeschichte festhalten, stellt sich folgerichtig die Frage der Sozialisationsbedingungen, die die Entfaltung individueller Subjektivität möglich und zugleich zu einer »Leidenschronik«[10] werden lassen, die die Herausbildung des psychoanalytischen Verfahrens erlauben, also den »Riß« »durch die Gesellschaft wie durch die Individuen« legen, der therapeutisch orientierte Psychologie erst produziert[11]. Eine allererste Antwort ist trivial: Es sind die Sozialisationsstrukturen der bürgerlichen Gesellschaft! Sie ist es ja, die nicht nur die Säkularisierung des Wahns vollendet und seine Szientifizierung ins Werk setzt, sondern die überhaupt erst das »Problemgelände« Individuum und »Sozialisation«[12] menschheitsgeschichtlich in den Blick rückt.**

---

* Ohne es je sein zu können, beansprucht diese doch immer auch den Status einer ökonomischen Produktion. Erziehung ist dann nicht einfach persönlichkeitsstruktur-, sondern kapitalbildend, und trägt folglich – z. B. als Prügelstrafe – Zinsen. In einem um die letzte Jahrhundertwende verbreiteten Erziehungsratgeber wird das Handeln der Mutter einer kleinen Tochter so kommentiert, daß erst mit einer gewissen Anzahl von Schlägen die »Prügel« zu einem »Kapital« werden, welches »reiche Zinsen« trägt[7].

** De Mause[13] spricht aus diesem Grund von Sozialisation bezogen aufs 19. Jahrhundert und meint damit das Interesse an und die Praxis der Anpassung an gesellschaftliche Strukturen. Doch er läßt dabei eine für materialistische Geschichtsbetrachtung kardinale Reflexion aus: daß das Phänomen Sozialisation – wie das der Individuation und Produktion (Arbeit) – erst erkennbar, begreifbar wird zum Zeitpunkt seiner weitgehenden Geltung, nicht seiner Genesis. Genauer: Sozialisation ist sicher nicht ein an das Auftreten der bürgerlichen Gesellschaft gebundener Tatbestand, sondern ist eine Universalie, ist überhistorisch – anders als z. B. die Erziehungsinstitution Schule.

Die gesellschaftlichen Verhältnisse im Kapitalismus komplizieren, differenzieren sich. Die Biographie, das Alltagsleben werden aufgesplittert in institutionalisierte Bereiche des Arbeitens, Lernens, »Lebens«. Staat und Fabrik, Schule und Gefängnis, Kirche, Klinik und Familie sind in erster Linie die Stationen, zwischen denen der Alltag hin- und herpendelt und aus deren Rollenbindungen sich, in einer gleichzeitigen Absetzbewegung von ihnen, Ich-Identität bildet. Die veränderten sozialen Bedingungen nötigen den Individuen eine Strukturierung ihres Innenbaus ab [14]. In eine, wenn nicht als »tabula rasa«, so doch als gesellschaftlich bearbeitungsfähig aufgefaßte Kindheit versuchen die Institutionen, die Erzieher, die neuen Normen und Werte einzutragen. Die Formung innerer Natur des Kindes als eines ursprünglich ungeformten (oder bösen) Geschöpfs mit Hilfe von Erziehung, Schreiben, Lesen, von Selbstzwang und Körperkontrolle ist nun angesagt. Sozialisation ist Zivilisationsproduktion. Die Bedeutung der Familie als Sozialisationsagentur dieser Verhältnisse ist bekannt. Durch sie verlaufen die vier großen, von Foucault aufgewiesenen Machtstrategien hindurch [15]. Und in ihr wächst das ›Freudsche Individuum‹ heran: »Die unterschiedliche Erziehung von Knaben und Mädchen, verbunden mit einer stärkeren Bedeutung der Eltern während des Erziehungsprozesses im emotionalisierten familialen Binnenraum sowie der räumlichen Distanzierung von Eltern und Kindern innerhalb der Wohnung, entspricht genau jener Konstellation, die Freuds Strukturmodell der Psyche zugrundeliegt. Die immer wieder als Erziehungsziel hervorgehobenen abstrakten Normen, wie Tugend, Wahrheitsliebe, Gebrauch der Vernunft werden im Prozeß von frühkindlicher Objektwahl, Identifizierung und Bewältigung der ödipalen Situation verinnerlicht und bewirken jene Ich-Veränderung, die Freud als Ich-Ideal oder Über-Ich bezeichnet hat. Hier, in der bürgerlichen Familie, entstanden zuerst das Erziehungsmilieu und die Erziehungsziele, deren Ergebnis der ›innengeleitete‹ Mensch der bürgerlichen Gesellschaft war.« [16]

Die zunehmend zweckrationale, auf Eigeninteresse orientierte Praxis erforderte mehr als zuvor Akteure, die über ein differenziertes inneres Regulativ, einen »psychischen Apparat« verfügen. Die einzelnen assimilieren sich der geänderten sozialen Realität, bilden deren Umbau ab und treiben ihn weiter voran. Die »gesellschaftlichen Leiden und das Leiden an der Gesellschaft« (Dreitzel [17]) treten auseinander, ohne daß sich ihr objektiver Zusammenhang lösen würde. Im Gegenteil – er bleibt so stark, daß der Prozeß der Individuierung unmittelbar als Vergesellschaftung zu begreifen ist. Die Bildungsgeschichte der sich differenzierenden Institutionen ist zugleich die von zunehmender Individualität. Auf dem Wege hereingenommener, internalisierter Institutionalisierung, die es in Form innerer Instanzen gleichsam spiegelt und deren Ensemble es – laut Marx – ist, wird das Individuum gewissermaßen selbst Institution.

Die Differenzierung der Sozialstruktur läßt – neben Geld und Arbeit – ein soziales Medium immer wichtiger werden, das ihre Durchsystematisierung zu tragen, zu gestalten und zu vermitteln hilft: Sprache. Gewiß war Sprache – als Humanpotential – seit je Bestandteil soziokultureller Prozesse; aber sie blieb doch stets eingebunden in einen sinnlich-unmittelbaren Praxiskontext, hatte vor allem bildhaft-szenischen, sinnlich-symbolischen Charakter.* Die Sozialisationsstrukturen des Mittelalters sind durch das fast durchgehende Fehlen sekundärer Sozialisationsinstitutionen – die Unterscheidung spielte geschichtlich überhaupt keine Rolle – und die geringere Bedeutung sprachlicher Sozialisation gekennzeichnet. Es ist daher wenig verwunderlich, daß ein Problem-Bewußtsein von Sozialisation gar nicht aufkommen konnte. Spätestens mit der Einführung des Buchdrucks – einem wichtigen Motor der ›protestantischen Ethik und des Geistes des Kapitalismus‹ – begann sich die soziokulturelle Funktion von Sprache grundlegend zu wandeln. Im Zuge der Ausweitung des Handels, der sprunghaften Szientifizierung des Wissens ... stiftete sie universelle Beziehungen als Informations- und Kommunikationsmedium zweckrationaler Weltbezüge. Wolfgang Ruppert umreißt sehr gut den sozialgeschichtlichen Kontext und die Funktion dieser Entwicklung:

»Mindestens seit 1720 stabilisieren sich kulturelle Wandlungstendenzen langfristiger Dauer: Als Verkehrssprache des neuen Bürgertums entstand die moderne nationale Hochsprache. Die Formen der begrifflichen und symbolischen Kultur differenzierten sich und übernahmen zunehmend Integrationsfunktionen für die Nation. Alltagswelt, Arbeitstechnik und -methodik wurden der Reflexion mit dem Ziel unterworfen, effektivierende Möglichkeiten einer innovativen Neugestaltung zu finden. Als Folge des Entstehens dieser reflexiven Kultur setzte die Säkularisierung und Entzauberung der altständischen Gesellschaft und traditionellen Kultur ein.«[19]

Die bürgerliche Revolution, die viele Lebensbereiche umwälzte, tat dies also auch mit der Sprache. Sie ließ aber damit auch die Spanne zwischen Intimität und Sozialität weiter aufklaffen. Das Sprechen – auch wenn es, vor allem in der Psychiatrie und in der Erziehung, um den Sex kreiste (Foucault) – entfernte sich von den Körperbedürfnissen, unterwarf sie den Vernunftmächten. Der Übergang vom Mittelal-

---

* So spricht Huizinga[18] vom »symbolischen Denken« des Mittelalters, für das die Dinge Bestandteil eines Systems von Bedeutungen sind.

ter zur Neuzeit ist historisch verbunden mit dem Anwachsen sprachlicher Strukturen in sozialem Handeln, durch das Sinnlichkeit oberflächlich an sozialem Einfluß verliert. Der universelle Konflikt menschlicher Sozialisation: »intime Sinnlichkeit versus sozial-regulative Sprache« bricht – in dieser geschichtlichen Zuspitzung – sichtbar hervor.

Schon zeitig hat Aufklärungskritik diese vom Fortschritt gerissene Wunde erkannt und offengelegt. »Lesen ist die Geißel der Kindheit...«[20] formuliert in gleichsam maschinenstürmerischem Eifer Rousseau sein Aufbegehren gegen den zunehmenden erzieherischen Einfluß der Schriftkultur. Schriftbeherrschung, Bildung, Verstand, Selbstbeherrschung töten die ursprüngliche kindliche Aufrichtigkeit, seine Neugier und Spontaneität. Nicht das ungeformte Kind ist das Problem, sondern der deformierte Erwachsene. Postman, dessen Buch »Das Verschwinden der Kindheit« neben anregenden zahlreiche zweifelhafte Thesen enthält, macht den sozialisationshistorischen Zwiespalt klar, den dieser Zivilisationsschritt entstehen läßt. Er folgert – an den von Ariés aufgewiesenen Zusammenhang anknüpfend –, »daß das Lesen der *permanenten* Kindheit ein Ende macht und daß es die Psychologie ebenso wie die Soziologie der Mündlichkeit untergräbt. Weil das Lesen Zutritt zu einer (...) abstrakten Welt des Wissens verschafft, trennt es jene, die lesen können, von denen, die nicht lesen können. Das Lesen ist die ›Geißel der Kindheit‹, weil es in gewissem Sinne die Erwachsenheit hervorbringt«.[21]

Betreibt die von Ariés bestimmte Denkrichtung eine in diesem Punkt Rousseau-nahe Aufklärungskritik, so frönt dagegen de Mause, wie nicht wenige, einem evolutionistischen Aufklärungsoptimismus, welcher deren Tendenz, menschliche Sinnlichkeit auszubeuten, nicht wahrzunehmen vermag. Will man sich dagegen nicht damit begnügen, in solchen hinlänglich durchgespielten Stufen der Reflexion zu argumentieren, muß man einen anderen Denkweg einschlagen. Kritischer Theorie, begriffen als Kritik der Aufklärung, die deren emanzipativen Absichten zum Durchbruch verhelfen will, geht es darum, Vernunft und ihr Anderes, Bewußtes und Unbewußtes, Sprache und Sinnlichkeit sozialisationstheoretisch und sozialisationspraktisch zu versöhnen. Darin liegt – denke ich – die Bedeutung der Theorie der Interaktionsformen auch für eine sozialisationshistorische Betrachtung.

Aus dieser Perspektive möchte ich einige sozialstrukturelle Unterschiede zwischen mittelalterlicher und neuzeitlicher Gesellschaft grob skizzieren. Überflüssig zu vermerken, daß Intimität und Individualität schlechthin nicht von der bürgerlichen Gesellschaft kreierte Qualitäten sind. Wohl aber hat sie sie zur zentralen Lebensform erhoben. Intimität und Sozietät waren davor gewiß weniger getrennt. Das Schicksal kindlicher Intimität im Mittelalter ist, wie wir wissen, ein anderes, und es ist Leiden an der Gesellschaft. Aber es gibt ein solches Schicksal. Wurden die Kinder nach der Geburt abrupt einer Säugamme überlassen, so war das sicher ein viel zentralerer lebensgeschichtlicher Einbruch als ein »ödipales« Konflikterleben (was es ja ohnehin so nicht gab). In einem zynischen Sinn wurde solch ein Kind schon früh sozialisiert (unter die Leute gebracht) bzw. de-sozialisiert (entindividualisiert). Eine Individualität, eine spezifische Gestalt weisen menschliche Lebensgeschichten dennoch gewiß schon damals und wohl immer auf – aber eine Individualität mehr auf der Ebene unmittelbar körperlich-sinnlicher Erinnerungsspuren und sinnlich-symbolischer Interaktionsformen, nicht so sehr auf der Ebene diskursiver Sprachprozesse. Es ist wohl nicht nur Spekulation, wenn wir für die vorindustrielle Gesellschaft das häufigere Vorkommen des einen von der Theorie der Interaktionsformen ausgemachten Störungstyps primärer Sozialisation vermuten, der im vorsprachlichen Bereich verbleibt: es ist gravierend, denn vorsprachliche Widersprüche wie gute Mutter / böse Amme lassen sich sprachlich nicht mehr regulieren, geschweige denn aufheben.* Es ließe sich also die Hypothese wagen, daß mittelalterliche Sozialisationsstrukturen eher psychotische Persönlichkeitsprofile produzieren. Das würde jedenfalls übereinstimmen mit den Darstellungen der unaufgelösten Widersprüchlichkeit des mittelalterlichen Alltagslebens, dem Aufeinanderprallen ungezügelter Leidenschaften, dem abrupten Wechsel zwischen Liebe und Grausamkeit, Eros und Aggression [22], die nicht nur im Umgang mit den Kindern zum Vorschein kam.

Sobald Sprache im Zuge kapitalistischer Umwälzung eine Vormachtstellung im Sozialisationsprozeß einzunehmen beginnt, erhalten die Individuierungsschritte ihre neue, bürgerliche Qualität. Die Differenzie-

---

* Heute, da das »Veralten der Psychoanalyse« Freuds, der Untergang der »bürgerlichen Form des Subjekts«[23] angesagt ist, ist das Zentrum der Sozialisationsstörungen wieder auf den alten, vorsprachlichen Schauplatz zurückgekehrt. Allerdings in einer vergleichsweise undramatischen, bilder-/praxisarmen, doch nicht weniger tiefgreifenden Form wie in der vorindustriellen Gesellschaft. Die Sozialisationsstrukturen nach- und vorindustrieller Gesellschaft nähern sich insofern ein Stück weit wieder einander an.

rung der Normen und Rollen, ohne die die Moderne nicht zu denken ist, hätte ohne Sprache, ihr entscheidendes Medium, nicht geschehen können. Die Symbolschichten kommunikativen Handelns, die ständig anwachsen, legen sich auf die intim-sinnlichen Erlebnisfiguren. Nun ist dies sicher ein doppelgesichtiger Vorgang. Die Lust an der Benennung von Intimität, die im 18. Jahrhundert entfacht wurde, ist aufs engste verzahnt mit der Last der Diskursivierung. In diesem Schnittpunkt von frei verfügender Selbstdarstellung und synchron wachsendem individuellen Legitimations- und Leidensdruck liegt die Geburtsstätte der neuzeitlich-europäischen Neurose.

Zum Gegenstand psychoanalytischer Erkenntnis wird sie aber erst in einem weiteren Schritt. Dessen Voraussetzung ist, daß der euphorischen Feier bürgerlicher Rationalität bereits Ernüchterung gefolgt ist – eine Ernüchterung, die nicht in Irrationalismus mündet, sondern zu beharrlicher wissenschaftlicher Erforschung der Zusammenhänge auffordert, die nicht resigniert angesichts der Einsicht, daß die neuzeitliche Entbindung von Sprache, Vernunft gewiß nicht die erhofften emanzipativen Folgen gehabt hat. Diese Einsicht in den dialektischen Verlauf der Aufklärung [24] macht Subjektwissenschaft überhaupt erst möglich und: begründet zugleich ihre *grundsätzliche* Möglichkeit – Reflexion der gescheiterten Reflexion.

So wie die Moderne bürgerliche Individualität als Leidensgeschichte von Intimität erschafft, so hält sie auch die reflexiven Mittel des Selbstbewußtseins dieses Leids bereit. Anders ist das Zustandekommen der Entdeckerkoalition Pappenheim / Breuer / Freud nicht zu begreifen. Sprache drängt Intimität ab, erzeugt individuelles Leid; als von Sprache Ausgeschlossenes sucht dieses doch den Weg in sie, unumgängliches Medium bürgerlicher / menschlicher Sozialität, zurück: als Sprache, befreiendes Sprechen – »talking cure«. Die bürgerliche Gesellschaft hat mit dem Erzeugen des Individuums gleichzeitig auch intimes Leid geweckt und es in der Folge dann entdeckt.* Die psychoanalytische Therapeutik markiert »eine neue historische Stufe«, nachdem weltbürgerliche Vernunft in Gestalt der »geschichtsphilosophischen Konstruktionen des bürgerlichen Zeitalters« gescheitert war. [26]

---

* Seinen Ausdruck fand es vor allem – zumindest in für uns nachvollziehbarer Form – in den literarischen Produktionen der frühbürgerlichen Periode, die sich viel stärker auf die Zusammenhänge und Probleme bürgerlicher Innerlichkeit einließen als die der Freudschen Theorie und Therapeutik voraufgehenden wissenschaftlichen Traditionen. Nicht umsonst war Freud ein intensiver, interessierter Leser. Auch wenn ihm nicht bekannt sein konnte, daß etwa Coleridge den Terminus »Psycho-Analyse« bereits – eher flüchtig – einstreute [25], hat er die Nähe der von ihm entdeckten Erkenntnisweise zum dichterischen Vorgehen immer wieder hervorgehoben.

Fassen wir noch einmal die Momente zusammen, aus denen diese Stufe erwächst: Einmal mußte die Schere zwischen Sprache und Praxis, Bewußtsein und Sinnlichkeit, Vernunft und ihrem Anderen soweit geöffnet sein, daß Intimität zum drängenden Thema werden konnte; zum zweiten bedurfte es bestimmter Verständigungsverhältnisse, nämlich bürgerlicher, um eine elaborierte Sprache organisierter, damit die privilegierte Sprechsituation der Psychoanalyse, die Gesprächskur, sich ausbilden konnte. Die Hintergründe des menschenwissenschaftlichen Paradigmenwechsels lassen sich mit Hilfe einer Überlegung Lorenzers weiter aufhellen. Sie ist historisch verstehend zentriert um die Revolutionierung der Arzt-Patient-Konstellation durch Pappenheim / Breuer: »Berta Pappenheim gehörte nicht zu dem (...) Volk (...) Ihr Selbstbewußtsein war sozial verbürgt; sie verständigte sich mit ihrem Arzt in einer den Dienstboten fremden Sprache und in einer Weise, die anderswo als in einer bürgerlichen Privatpraxis des 19. Jahrhunderts keinen Platz gefunden hätte.«[27] Die für uns relevanten Folgerungen lassen sich unschwer ablesen; ich wiederhole sie: Die Klientel der Psychoanalyse entstammt dem gehobenen Bürgertum; sie ist ausgestattet mit einem Selbstbewußtsein, das sich auch in einer elaborierten, dem »Volk« (»Dienstboten«) fremden Sprache niederschlägt. Die notwendige Entstehungsbedingung, der Rahmen der neuen therapeutischen Interaktionsstruktur ist die bürgerliche Privatpraxis des 19. Jahrhunderts.[*]

5.

Wenden wir noch einmal den Blick zurück auf die zuvor skizzierte entscheidende gesellschaftliche Umgestaltung, die der Psychoanalyse vorausging und sie ermöglichte: Als erstes muß dann der Tendenz zur Verherrlichung mittelalterlicher Sozialisationsverhältnisse, wie sie manche Geschichtsbetrachtungen und daran anschließende (anti-)pädagogische Arbeiten erkennen lassen, eine nüchterne Auffassung gegenübergestellt werden. Erhebliche Sozialisationskonflikte hat es sicher auch im Mittelalter gegeben, sie hatten nur ein anderes Gesicht und lagen auf einer anderen Ebene. Charakteristisch waren weniger argumentative als körperlich-konfrontative Lösungsformen. Intensive Eltern-Kind-Beziehungen waren nicht die Regel. Die Gesellschaft ver-

---

[*] Die nicht zu leugnende »Verdichtung der empirischen Basis Freuds in der Zone des Privilegs«[28] läßt Fragen offen, die hier nur genannt werden können. Zu klären wäre, inwiefern Psychoanalyse nicht Herrschaftswissenschaft, sondern emanzipative Theorie und Therapeutik auch für Nicht-Privilegierte sein kann.

langte weniger individuelle Leistungen als das Einhalten von Traditionen. Mit der Freisetzung von kapitalistischer Ökonomie und unter dem Einfluß von protestantischer Ethik und Aufklärung wurden der Erwerb und das Anwachsen von Wissen, Kapital und Arbeit gesellschaftlich zentral. Kumulative, instrumentelle und rationale Handlungsorientierungen traten in den Vordergrund. Ein wichtiger Motor dieser Entwicklung waren vereinheitlichende Sprachprozesse. Sie eröffneten Wissenshorizonte, schufen aber eine Vielzahl von Vorschriften, die den Körper weniger als Ausdrucksmittel denn als Instrument rationaler Weltbeherrschung zur Geltung kommen ließen. Gegen dessen die sprachlich-rationale Zurichtung gezieltes somatisches wie psychisches Aufbegehren der Individuen markiert den entscheidenden Sozialisationskonflikt von Gesellschaften neuzeitlichen Typs bis in unsere Tage.

Die neue Qualität, die sich mit dem Übergang zur bürgerlichen Gesellschaftsformation zudem einstellte, war, daß sich Sozialisation schlechthin zu einem vorrangigen gesellschaftlichen Problem herausbildete. Nachdem die Individuation freigegeben war, bedurfte es auf der anderen Seite verstärkter sozialer Kontrolle und Steuerung, um den sozialen Zusammenhalt zu garantieren. Beide Vorgänge, Individuation und Sozialisation, schufen sich in ihrer Neuartigkeit gegenseitig und waren miteinander verschränkt. Der von den neuen Bedingungen aufgenötigte sozialisatorische Durchgang durch die Institutionen hinterläßt in den Individuen selbst eine institutionelle Struktur. Insofern kann das Individuum der bürgerlichen Gesellschaft auch als Institution aufgefaßt werden, als Einrichtung persönlichkeitsstruktureller Vorkehrungen, um den gewandelten soziokulturellen Anforderungen zu entsprechen. Dieser Denkschritt ist aber unzulässig, wird er nicht durch den Gedanken ergänzt, das Individuum sei immer auch Gegen-Institution. Natur im Individuum, die zwar immer schon sozialisiert erscheint, aber sich als Gegenpol des Sozialen stets zu behaupten weiß, ist der Garant dafür.

Damit sind wir ausgerüstet, eine Frage zu beantworten, die sich erneut auf den Zusammenhang solcher Individualität mit der Entstehung der Psychoanalyse bezieht. Sie wird von Lorenzer aufgeworfen in Form der Paradoxie, »daß ausgerechnet auf dem Höhepunkt des Trends zur Individualisierung und angesichts der zunehmenden Trennung von Öffentlichkeit und Privatheit die Vereinzelung der Leidenden in einem sozialen Zusammenspiel aufgehoben werden konnte und das Leiden der Patienten als soziales Elend zur Sprache kam«[29].

Wir können diese Frage sehr lapidar beantworten: Sie konnte aufgehoben werden, weil sie aufgehoben werden mußte. Weil die Zuspitzung individuellen Leidens an der neuen Gesellschaft Formen annahm, die nicht verborgen bleiben konnten, die interagiert und kommuniziert werden mußten und sich auf diese Weise mehr und mehr szientifische und medizinische Aufmerksamkeit sicherten. Zugleich fand dieses intime Leid in der bürgerlichen Arztpraxis einen seiner Darstellung sehr entgegenkommenden sozialen Ort vor. Dieser Ort war wie geschaffen, um das Eigentümliche zuzulassen, was Psychoanalyse – im Kontext dieser Überlegungen – ausmacht. Ich möchte es unter der vorläufigen Überschrift »Refamilialisierung sozialen Leids« formulieren. Von Horkheimer stammt ursprünglich die nach wie vor plausible Auffassung von der Familie als gleichzeitigem Indiz und Motor bürgerlich-kapitalistischer Gesellschaftsstrukturen, wie auch eines Horts des Widerstandes gegenüber ihnen.[30] Wenn auch nicht das Wahre im Falschen ist sie doch ein traditionen-bewahrender emotionaler Rückzugsraum vor Ausbeutung und betriebsam-kalter Zweckrationalität. Für unser Thema vor allem wichtig ist Horkheimers Beurteilung, die Familie sei ein Ort, an dem soziales Leid frei zur Sprache kommen könne. Genau da liegt ihr Berührungspunkt mit der Interaktionskonstellation der Psychoanalyse. Das psychoanalytische Setting ist in vielen Zügen dieser Familie als Gegenstruktur nachgebildet, nachempfunden. Es garantiert Privatheit, läßt Intimität zu, ja fördert geradezu das assoziativ-szenische Wiederbeleben infantiler, familialer Erinnerungen, Affekte, Bilder.

Nun haben sich aber – so kann man einwenden – die Sozialisationsbedingungen gewandelt, und der Einfluß der Familie ist zurückgegangen. Das »Veralten der Psychoanalyse« führt jedoch, wie bereits Marcuse zeigte, nicht zur Minderung, sondern zur Erhöhung ihrer gesellschaftlichen Aktualität.[31] Gerade weil sich die Familienstruktur der gesellschaftlichen Entwicklung immer weniger gewachsen zeigt und die Fähigkeit zur Bewältigung der von Horkheimer ausgemachten Aufgabe mehr und mehr einbüßt, gerade weil Handlungsorientierungen nach dem kumulativen Prozeßtyp usurpatorisch in immer mehr Lebensbereiche eindringen, muß das psychoanalytische Verfahren für den Widerstand dagegen eingesetzt und dafür weiter geschärft werden. Es hilft, sich den sozialen Traumen, dem die Moderne prägenden »Angriff der Gegenwart auf die übrige Zeit« zu widersetzen, den »Kampf um die Erinnerung« aufzunehmen und zu bestehen. Es ist damit Teil eines unermüdlichen emanzipativen Bemühens, das unabdingbar ist, soll Adornos bedrückende Ansicht vom Lauf der Psyche-Geschichte sich nicht bewahrheiten: »Die vorbürgerliche Welt kennt Psychologie noch nicht, die total vergesellschaftete nicht mehr.«[32]

[1] Steven Marcus, Erneute Betrachtung der Anfänge der Psychoanalyse: Gedanken und Folgerungen (in: Provokation und Toleranz, Festschrift für Alexander Mitscherlich zum 70. Geburtstag, hrsg. v. Sibylle Drews, Rolf Klüwer u. a.), Frankfurt am Main 1978, S. 21–41, S. 23, 37.

[2] Alfred Lorenzer, Intimität und soziales Leid, Frankfurt am Main 1984, S. 199.

[3] Vgl. Ulf Preuss-Lausitz u. a., Kriegskinder, Konsumkinder, Krisenkinder. Zur Sozialisationsgeschichte seit dem Zweiten Weltkrieg, Weinheim u. Basel 1983.

[4] Vgl. Hans-Joachim Busch, Interaktion und innere Natur. Sozialisationstheoretische Reflexionen (mit einem Vorwort v. Klaus Horn u. Alfred Lorenzer), Frankfurt am Main 1985.

[5] Michel Foucault, Sexualität und Wahrheit. Der Wille zum Wissen. Frankfurt am Main 1977.

[6] Michel Foucault, Dispositive der Macht, Berlin 1978, S. 83 (zit. nach Gerd Vorwallner / Ansgar Klein, Seminarpapier, Sommersemester 1985).

[7] Vgl. Aurel Ende, Historische Gruppenphantasien und Geschichte der Kindheit (in: Kindheit und Familie, hrsg. v. Aloys Leber, Hans-Georg Trescher u. Christian Büttner), 1985, S. 11–19.

[8] Vgl. Honneth, Axel / Joas, Hans, Soziales Handeln und menschliche Natur, Frankfurt am Main 1980, S. 136.

[9] Michel Foucault, 1977, S. 125–27.

[10] Alfred Lorenzer a. a. O., Klappentext.

[11] Alfred Krovoza, Produktion und Sozialisation, Frankfurt am Main 1976, S. 82 / 83.

[12] Ebd., S. 44.

[13] Lloyd De Mause, Evolution der Kindheit (in: ders. Hrsg., Hört ihr die Kinder weinen, Frankfurt am Main 1980, S. 12–111) S. 84 / 85; vgl. u. a. auch Herrmann, Ulrich, Probleme und Aspekte historischer Ansätze in der Sozialisationsforschung (in: Handbuch der Sozialisationsforschung, hrsg. v. Klaus Hurrelmann u. Dieter Ulich, Weinheim / Basel 1980, S. 227–252).

[14] Alfred Krovoza, a. a. O., S. 46.

[15] Vgl. Michel Foucault, a. a. O., S. 137.

[16] Heidi Rosenbaum, Formen der Familie, Frankfurt am Main 1982, S. 300–301.

[17] Hans-Peter Dreitzel, Die gesellschaftlichen Leiden und das Leiden an der Gesellschaft, Taschenbuch Neuausgabe, Stuttgart 1972.

[18] Johan Huizinga, Herbst des Mittelalters, Stuttgart 1961 (8. Auflage), z. B. S. 291–93; mit Huizingas Auffassungen machte mich Hans Jürgen Niemann vertraut.

[19] Wolfgang Ruppert, Bürgerlicher Wandel. Studien zur Herausbildung einer nationalen deutschen Kultur im 18. Jahrhundert, Frankfurt am Main 1981, S. 9.

[20] Zit. nach Neil Postman, Das Verschwinden der Kindheit, S. Fischer, Frankfurt am Main 1983, S. 23.

21 Ebd.

22 Vgl. etwa Huizinga, a. a. O.

23 Klaus Horn, Die theoretische Abschaffung des Subjekts in Form seiner selbstzerstörerischen Wiederkehr. Schwierigkeiten linker bürgerlicher Intellektueller im organisierten Kapitalismus. (in: Dahmer/Horn/Leithäuser/Lorenzer/Sonnemann, Das Elend der Psychoanalysekritik, Beispiel Kursbuch, Frankfurt am Main 1973, S. 77–117) S. 77.

24 Helmut König stellt die Konvergenz zwischen Freud und Marx heraus, Aufklärungskritiker im Dienste der Aufklärung zu sein. Vgl. Helmut König, Marx und Freud und die Aufklärung, Leviathan, Jg. 13, Heft 4, 1985, S. 453–75.

25 Diesen Hinweis verdanke ich einer Arbeit von Erling Eng: Coleridge's ›psycho-analytical understanding‹ and Freud's ›psychoanalysis‹ (in: The International Review of Psycho-Analysis, 1984, S. 463–466).

26 Klaus Horn, Die gesellschaftliche Funktion der Psychoanalyse (in: Ewald H. Englert, Hrsg.: Die Verarmung der Psyche, Frankfurt am Main 1979, S. 47–78) S. 53.

27 Lorenzer, a. a. O., S. 202.

28 Peter Brückner, Marx, Freud (in: Marxismus, Psychoanalyse, Sexpol, hrsg. v. Hans-Peter Gente, Frankfurt am Main 1972, S. 360–95), S. 371.

29 Lorenzer, a. a. O., S. 204.

30 Max Horkheimer, Kritische Theorie, Bd. 1, Frankurt am Main 1968, S. 345.

31 Herbert Marcuse, Das Veralten der Psychoanalyse (in: ders., Kultur und Gesellschaft II, Frankfurt am Main 1965, S. 85–106).

32 Theodor W. Adorno, Zum Verhältnis von Soziologie und Psychologie (in: Sociologica Bd. 1, Frankfurt am Main 1955, S. 11–55), S. 43.

JÜRGEN BELGRAD

Das Subjekt als Verhältnis

Einige Überlegungen zur Subjektkonstitution bei Hegel und Lorenzer

Aus dem Schwäbischen stammend, teilen beide die dort ansässige Beharrlichkeit nicht bloß im Denken.

Eine wohl wichtigere Gemeinsamkeit liegt in der Traditionslinie der Moderne. Angefangen bei Kant, Hegel, über Marx, bis hin zur Kritischen Theorie und ihren je spezifischen Ausläufern finden wir hier wie dort Gedankengebäude kritischer Reflexionen, die die Gesellschaft und das darin verstrickte Subjekt entweder mit philosophischen Mitteln (Hegel) oder eher mit sozialwissenschaftlich-psychoanalytischen (Lorenzer) untersuchen. Beide versuchen die gesellschaftliche Geburt des Subjekts *innerhalb* der Verflochtenheit von Beziehungen auf den philosophischen bzw. wissenschaftlichen Begriff zu bringen, und zwar in der Gleichursprünglichkeit als Natur- *und* Gesellschaftswesen.

Diese Traditionslinie markiert gleichzeitig die Differenz zwischen Hegel und Lorenzer.

Den alten Kalauer, Hegel habe seine Dialektik, die »These« und »Antithese« in der »Synthese« »aufhebt«, nur deshalb entwickelt, weil der Schwabe nichts wegwerfe, alles »aufhebe«, da man nie wisse, wann man es noch brauchen könne, erzählen sich die Stuttgarter bei Viertele und Brezeln zumindest anläßlich der dort gewohnten Hegelfeiern und Preisverleihungen immer wieder. Lorenzers »Konzept der Interaktionsformen« könnte von solcher Häme nicht so schnell erreicht werden, hat es doch den Vorzug, sich auf einer so allgemeinen Ebene als wenig popularisierbar anzubieten. Die Abstraktheit seiner Überlegungen, die einer Revision der Psychoanalyse verpflichtet ist, um diese aus dem Gefängnis der Begriffsmythen zu befreien, führt zu einer gewissen Sperrigkeit seiner Theorie. Angesiedelt zwischen Psychoanalyse und Soziologie, ist sie den allzu sicher sich gebärdenden Vertretern von Persönlichkeitstheorien *beider* Disziplinen eher ein Dorn im Auge.

Befragte man Hegel und Lorenzer bei einer Talkshow auf ihre gemeinsame schwäbische Wurzel hin, pochte Hegel sicher darauf, zunächst einmal Stuttgarter, zumindest Tübinger zu sein und Lorenzer fühlte sich selbstverständlich zuallererst als Oberschwabe. Genauso wenig möchte ich weder den idealistischen Philosophen mit dem materialistisch orientierten Psychoanalytiker vermählen, noch über die trennende geschichtliche und inhaltliche Distanz hinweg, ähnliche oder auch bloß verwandte Ansätze suggerieren.

Mir geht es nicht um den differentiellen und systematischen Nachweis von Parallelitäten, Gleichheiten und Verschiedenartigkeiten, ja unüberwindbaren Gegensätzen zwischen beiden höchstens unter einem Blick*punkt* zu vergleichenden Theorien. Ich möchte *ein* Element aus beiden Reflexionsgebäuden, *eine* Erkenntnis über die Konstitution des Subjekts herausgreifen, die zwar beide unterschiedlich begrifflich fassen, wobei die je spezifischen Denkfiguren aber doch eine Nähe aufweisen, der nachzugehen sich lohnt: die Konstitution des Subjekts als Verhältnis.

Beide gehen damit über das rein interaktionistische Verständnis hinaus. Dieses zeichnet sich durch die Erkenntnis der Subjektivitätsbildung in der Inter-Aktion aus. Die Formung des Subjekts erfolgt intersubjektiv. Die Interaktionisten fallen aber deshalb hinter ihre eigene Einsicht zurück, weil sie das Subjekt letztendlich doch am Individuum festmachen. Der interaktionistische Ansatz ist so ein versteckt individualistischer. Hegel und Lorenzer haben die immer betonte, aber konzeptionell nie eingelöste Einsicht der interaktionistischen Modelle fast erreicht. Sie begreifen die Bildung von Subjektivität nicht in einer wie immer auch gearteten Wechselseitigkeit individueller und kollektiver Beziehungsgeflechte, sondern versuchen, das Subjekt als Verhältnis zu fassen. Beide untersuchen nicht nur das Verhältnis zwischen Individuen und die Bildung der Subjektivität *im* Individuum. Das Subjekt – und das wäre zu interpolieren – realisiert sich nicht nur *im* Verhältnis, das Subjekt *ist* das Verhältnis.

Diese an wenigen exemplarischen Textstellen von Hegel und Lorenzer zu belegende These möchte ich im folgenden schrittweise entwickeln.

Sowohl in Hegels philosophischem Entwurf der Konstitution von Subjektivität im »Verhältnis«, das sich als »Mitte« des Bewußtseins realisiert, als auch in Lorenzers sozialisationstheoretischer Materialisierung des »Subjekts als Verhältnis« in der Mutter-Kind-Dyade sehe ich die Möglichkeit, die bei beiden angelegte, aber so nicht ausgeführte Inter-Subjektivität herauszuarbeiten – als der darin eingebetteten Bildung und Realisierung des »Triebs« (Hegel) bzw. der »Interaktionsformen« (Lorenzer). Darüber hinaus erlaubt der Ansatz von Lorenzer, die psychoanalytische Erkenntnis einzuflechten, das Individuum [1] nicht nur als ein bewußtseinsfähig handelndes, sondern ebenso als ein unbewußt erlebendes zu begreifen.

Hegel: Selbstbewußtsein durch den anderen als »Mitte« im intersubjektiven »Verhältnis«

Immer wieder, am besten in der Jenenser Realphilosophie, wenn auch dort sehr apokryph formuliert, entwickelt Hegel sein Verständnis der Subjektkonstitution aus dem Beziehungsgefüge der Individuen untereinander, das er von Anfang an als ein Verhältnis begreift. Dieses äußere sich im individuellen Bewußtsein:

>»Das Wissen ist eben jener Doppelsinn: jedes ist darin dem anderen gleich, worin es sich ihm entgegengesetzt [hat]. Sein Sichunterscheiden vom Anderen ist daher sein Sichgleichsetzen mit ihm und es ist *Erkennen* ebendarin, daß es selbst dies Wissen ist, daß ihm für es selbst seine *Entgegensetzung in die Gleichheit umschlägt* oder dies, wie es im Anderen sich anschaut, als sich selbst weiß.«[2]

Die fundamentale Einsicht Hegels besteht darin, daß das Gewahrwerden der Individuen als unterschiedliche zum *Erkennen* des anderen als ebensolches *Individuum* führt. Und das macht sie zu *gleichen*. Oder aus einer anderen Perspektive formuliert: dadurch, daß ich den anderen als Individuum erfahre, bewirkt es, daß *ich mich* damit als Individuum erfahre. Die Erfahrung des anderen als Individuum ermöglicht erst die Erfahrung und das Bewußtsein von mir als Individuum. Erst dann kann ich *meine* Subjektivität und ebenso kann dann erst der andere *seine* Subjektivität als solche erfahren. Dies wäre aber erst der Anfang eines Verhältnisses und deshalb noch keines. Hegel argumentiert weiter:

>»... denn Jedes weiß unmittelbar sich im Andern und die Bewegung ist nur die Verkehrung, wodurch Jedes erfährt, daß das Andre sich ebenso in seinem Andern weiß. Diese Umkehrung liegt darin, daß eben Jedes dadurch, daß es sich *im Andern* weiß, sich *aufhebt*, als fürsichseiend, als verschieden, seine Selbständigkeit aufgibt;...«[3]

Ich weiß mich als Individuum durch das fremde Individuum, das gleichzeitig sich durch mich als solches erfährt: die erste Stufe zur Überwindung der Fremdheit und zur Überwindung meines Zustandes als bloß *meinem*. Die Erfahrung, daß erst der andere es mir ermöglicht, meine Subjektivität zu sehen, hebt das Individuum als Einzelnes, als bloß »fürsichseiend« auf. Das nennt Hegel die absolute Rettung der

Einzelheit, *nur so* ist sie zu erhalten, nur im *Verhältnisse* und nicht an und für sich.«[4]
Die einzelne Totalität rettet sich, indem sie sich aufhebt.

»In jedem anderen Bewußtsein ist sie (die »einzelne Totalität«, J. B.), was sie unmittelbar für sich selbst ist, indem sie in einem anderen ist, [ist sie] eine aufgehobene [Totalität]; dadurch ist die Einzelheit absolut gerettet.«[5]

Als »Einzelheit«, als bloßes Subjekt für sich, wäre das Subjekt keines, es wäre bloßes Individuum und ermöglichte nicht Bildung und schon gar nicht Selbsterfahrung der Subjektivität. Deshalb muß die »Einzelheit« im *Verhältnis* »gerettet« werden. Das Ich von Ego und das von Alter – und damit das Bewußtsein – konstituieren sich gleichursprünglich in jenem Verhältnis. Sie sind »dasselbe«:

»... aber beide Ich, das in mir, und das aufgehobne im Andern, sind dasselbe.«[6]

Rekapitulieren wir kurz: Die Entgegensetzung der Individuen schafft ihre Gleichsetzung und ermöglicht erst dadurch ihr Erkennen als Individuen. Das heißt, erst durch den anderen kann ich zum Subjekt werden. Die Individuen bilden so eine Einheit, eine »Totalität« im Verhältnis, indem der einzelne als partikulares Individuum aufgehoben ist, denn das Partikulare wäre noch kein Subjekt. Die Entgegensetzung verschwindet aber nicht – sie ist ja die Voraussetzung für die Schaffung der Gleichsetzung und der eben skizzierten Folgen –, sondern bildet *dadurch* etwas Neues, etwas, wie Hegel es nennt, »Drittes« oder die »Mitte«:

»Ihre Einheit ist a) selbst ein Anderes als die beiden Extreme, denn sie sind Entgegengesetzte; aber b) ist ihre Entgegensetzung *so beschaffen* ... (... daß ihre *Entgegensetzung etwas* Anderes ist *als sie,* als ihre *Sichselbstgleichheit*). Aber gerade in ihrer Einheit und ihrer Entgegensetzung sind sie aufeinander bezogen und indem beides ein Anderes ist als sie, ist es ihre Mitte, die sie bezieht.«[7]

Die Subjektivität *und* ihr Bewußtsein davon – und darin sehe ich Hegels nun wirklich radikale, gegen die bloße Partikularität gesetzte Einsicht – realisiert sich als »Mitte« im Verhältnis, ist nur da anzusiedeln und zu erhalten. Hegel erläutert diesen Gedanken und weitet ihn auf das (Selbst-)Bewußtsein aus:

»In diesem lebendigen Einssein beider, in [dem] das Bewußtsein eines Jeden sich ausgetauscht hat und es als sein [eigenes] und das Bewußtsein des Andern [ist], ist das Bewußtsein ebenso notwendig die Mitte, an der sich beide abscheiden und in der sie eins sind, ihre existierende Einheit. *Diese Mitte,* worin sie sich für Eins – als Aufgehobene ihres Gegensatzes – erkennen und [in] welchem sie sich ebendarum wieder entgegengesetzt sind, [sind sie] als Fürsichseiende.«[8]

Diese »Mitte« als die gemeinsame, *subjektivitäts*bildende Formation, die das Individuum erst zum Subjekt macht, kann nicht mehr als eine *im* Individuum begriffen werden, sondern realisiert sich *im Verhältnis* der Individuen zueinander, bleibt an dieses gebunden, auch wenn der Formungs- und Bewußtseinsprozeß sich individuell *manifestiert,* sich individuell niederschlägt. Für diesen individuellen Niederschlag der Subjektivitätsbildung werden wir den Argumentationsgang von A. Lorenzer heranziehen. Zwar beginnt spätestens hier, die Linie von Hegel eine andere Richtung einzuschlagen,[9] aber verfolgen wir noch *einen* Strang seiner Schlußfolgerungen.

Auch Hegel versucht eine Materialisierung des »Bewußtseins als Mitte«. Er konzipiert eine doppelte Konstellation der »Mitte«: Einmal als ihre äußere Erscheinungsform, als »Mittel« in den, wie er es nennt, »Potenzen«, die, wenn man so will, gleichzeitig nur als intersubjektive zu denken sind: Sprache, Werkzeug, Familien(Gut)[10]. Alle drei Formationen können sich nur inter-subjektiv bilden und sind gleichzeitig das Mittel der Auseinandersetzung, der Unterscheidung:

»... *in der Sprache* von Andren, zu denen er spricht, in dem Werkzeug von dem, gegen das er mit dem Werkzeug tätig ist, durch das Familiengut von den Mitgliedern seiner Familie. Er ist als Tätiges. Diese Mitten sind nicht das, wogegen er tätig [ist], *nicht gegen Sprache, Werkzeug* als solches, Familiengut als solches, sondern die Mitte, oder wie es genannt wird, das Mittel, wodurch, *durch welches* er gegen ein Anderes tätig ist.«[11]

Zum anderen, als deren zugehörigen Gegensatz, sieht Hegel, gleichsam als Formation des Bewußtseins, d. h. auch als individueller Ausdruck, die Kategorien Gedächtnis, Arbeit und Familie an.

»Das Gedächtnis erscheint auf der Seite dessen, das sich bewußt ist, die Sprache auf der anderen Seite, so Arbeit auf jener Seite, Werkzeug auf dieser, ebenso Familie auf jener, Familiengut auf dieser.«[12]

Die Formen der Materialisierung sind – so könnte man »Sprache«, »Werkzeug«, »Gut (Besitz)« nennen – Interaktionsfiguren, die wiederum, wenn sie zu Bewußtsein kommen, zu »Gedächtnis«, »Arbeit«, »Familie« werden.

Wir brauchen uns hier nicht weiter um diese Konstruktion Hegels zu bemühen. Wichtig dabei scheint mir der Versuch, das Bewußtsein als Mitte, die Bildung des Subjekts im Verhältnis auch zu *materialisieren.*

Hier denkt Hegel das Individuum primär aus dem Verhältnis heraus, das *dort* und nicht als einzelnes zum Subjekt wird.

Die Verletzlichkeit des Verhältnisses und die Rettung der Einzelheit erfordert darüber hinaus das *Bewußtsein* des Erkennens des Anderen, d. h. ein Anerkennen dieses Prozeßzustandes: »Jenes Erkennen wird Anerkennen.«[13]

Erst die Anerkennung des Verhältnisses, aus dem heraus sich die Subjektivität bilden kann, läßt die Formulierung gerechtfertigt erscheinen: Das Subjekt *ist* das Verhältnis. Dabei erfährt der »Trieb«[14], der zunächst als »animalischer« sich äußert, einen Formungsprozeß in der Entwicklung des Verhältnisses. Der Trieb ist zunächst einmal »leer«, d. h. unbestimmt, ungeformt. Die Formung erfolgt erst durch die Beziehungen der Subjekte untereinander:

> »Welcher der *bestimmte Inhalt* des Triebes ist, kann hier noch nicht angegeben werden, denn er ist noch nicht bestimmt. Er hat noch keinen; ... Welche Triebe Ich hat, dies ergibt sich erst aus dem Inhalte seiner Welt; diese sind seine Triebe.«[15]

Die Ausbildung des Verhältnisses der Subjekte *produziert* den sich *spezifisch* ausformenden Trieb.

Im Prozeß des schließlich zur Anerkennung führenden Verhältnisses wird der Trieb zur »Liebe«: »Sie ist, befriedigt, die Einheit der Extreme, die vorher der Trieb war.«[16]

Analog zum Verhältnis der Subjekte konstituiert sich in diesem Formungsprozeß durch die Aufhebung des Triebs in der Liebe das Bewußtsein von sich selbst:

> »Liebe heißt überhaupt das Bewußtsein meiner Einheit mit einem anderen, so daß ich für mich nicht isoliert bin, sondern mein Selbstbewußtsein nur als Aufhebung meines Fürsichseins gewinne und durch das Mich-Wissen, als der Einheit meiner mit dem anderen und des anderen mit mir.«[17]

Hegel verknüpft seinen Entwurf der Konstitution von Subjektivität aus dem Verhältnis mit einer Transformation des »Triebs« zur »Liebe«: Im Prozeß der Ausformung des Verhältnisses wird der Trieb nicht nur mit »Inhalt« gefüllt, nämlich mit spezifischen und konkreten Beziehungsfiguren der miteinander verstrickten Individuen, sondern er wird auch ver-wandelt. Die ursprünglich animalische Begierde verschwindet, die Dynamik bleibt jedoch in dem Umformungsprozeß vom »Trieb« zur »Liebe« erhalten. Aus dem rein naturhaften und egoistischen »Trieb« ist die sozial geformte und auf Gegenseitigkeit im Verhältnis beruhende Beziehungsfigur »Liebe« geworden.

Ohne die weiteren Schlußfolgerungen mit Hegel zu teilen, heißt das etwas moderner und zugleich radikaler formuliert: Die Prozesse der interaktiven Bildung von Subjektivität und die der Triebbildung sind ein *gleichursprünglicher* Prozeß. Beide formen sich zusammen aus und sind daher nicht voneinander zu trennen. Aus dieser doppelten prozessualen Struktur geht das Bewußtsein hervor. Bewußtsein ist damit kein aus der Interaktion (allein) gebildetes »Produkt«, sondern verankert im Trieb, bzw. in den Interaktionsformen und bleibt von dort *auch* bestimmt. Gleichzeitig ermöglicht die doppelte Folie von Trieb und Interaktion – die damit weder nur »Trieb« noch bloß »Interaktion« sind, sondern ein unaufhebbares Amalgam davon – die Erfahrung von sich selbst als Subjekt. Der Ort der Entstehung der Subjektivität, das Verhältnis, generiert nicht nur das Subjekt, sondern macht seine Bildung von der Aufrechterhatung *und* Struktur des Verhältnisses abhängig – bei Strafe des Rückfalls in die Partikularität, in die »Entzweiung«. Bewußtsein und Erfahrung meiner Subjektivität würden auf Stufen des ›Vor-Verhältnisses‹ zurückfallen. Die Regression höbe beide, wenn nicht praktisch, so doch zumindest tendenziell wieder auf.

Auf diesem durch Hegel gelegten Fundament möchte ich nun versuchen, zum einen die »Mitte« näher zu bestimmen, um damit die Formulierung »Das Subjekt als Verhältnis« inhaltlich aufzufüllen als auch die Seite des individuellen Niederschlags, der Materialisierung von Subjektivität im Verhältnis zu fassen.

Lorenzers »Konzept der Interaktionsformen« scheint mir hierfür den passenden Schlüssel zu liefern, der es erlaubt, *die* Tür aufzustoßen, die zu einer Auffächerung der eben entwickelten Gedanken führt.

Lorenzer: Die sozialisationstheoretische Materialisierung des Subjekts als Verhältnis

Wenn wir die Hegelsche Einsicht übernehmen, daß wir erst durch den anderen zum Subjekt werden, erst *mit* dem anderen Subjekt *sind* – Individuen als einmalige sind wir allemal –, daß wir erst durch die Erfahrung der anderen Subjektivität die eigene erkennen können und im gegenseitigen Akt der Anerkennung jenes Bewußtsein als »Mitte« – noch haben wir keinen besseren Begriff – sich herausbildet, dann müssen wir eine konstitutionstheoretische Lösung suchen, die es erlaubt, den Bildungsprozeß der Inter-Subjektivität in der Inter-Aktion zu finden. Der Bildungsprozeß dürfte nicht mehr, wie bei Hegel, nur philosophisch formuliert oder, wie bei den Interaktionisten bzw. Rollentheoretikern, nur postuliert werden,[18] sondern er hätte die Entwicklung des Individuums mit der Genese des *Subjekts* gleichursprünglich zu erklären, als Formation *eines* Bildungsprozesses möglicher zunehmender Subjektivität aus der Perspektive des Verhältnisses der Individuen untereinander – und nicht aus der des einzelnen. Alfred Lorenzer hat hierfür ein überzeugendes Modell entwickelt, das es erlaubt, an die radikale Hegelsche Perspektive anzuknüpfen, d. h. es in diese Richtung umzulesen bzw. weiterzuentwickeln[19].

Lorenzer begreift den Bildungsprozeß des Subjekts als einen Formungsprozeß *zwischen* Individuen, als ein *Verhältnis, aus dem* erst Subjektivität entstehen kann.

Prototyp dafür – und sozialisationswirksam die erste Stufe – ist die zunächst prä-, dann postnatale Form der Mutter-Kind-Dyade.

»Die Aktionen und Reaktionsweisen der Mutter gehen bestimmend in das Zusammenspiel zwischen Embryo und mütterlichem Organismus ein, und dieses Zusammenspiel schlägt sich in seinen konkreten Einzelschritten nieder in sensomotorischen, organismischen Formeln. Jede ablaufende Interaktion prägt die Form der zukünftigen Interaktionen.« ... »Die Interaktion schlägt sich nieder in einer Interaktionsform. Die Interaktionen bilden die Erfahrungsstruktur des Embryos von allem Anfang an: zu einem Gefüge von lebensbestimmenden Interaktionsformen.«[20]

Das »Zusammenspiel« hinterläßt »Spuren«, die ein Abdruck, eine Art »Erinnerungsspur« vorangegangener Interaktionen darstellen: eine »Interaktionsform« schlägt sich in frühesten Bildungsprozessen primär organismisch nieder, in späteren tritt die organismische Bestimmung hinter die über die gegenständliche und sprachliche Umwelt vermittelten, d. h. *symbolischen* Interaktionsfiguren zurück.[21]
Was Hegel als »Mitte« beschreibt, das aus dem Verhältnis der Subjekte untereinander als etwas »Drittem« entsteht, hat im Begriff der »Interaktionsformen« seinen materialistischen Niederschlag gefunden. Lorenzers Konzept erlaubt, den großartigen Hegelschen Entwurf der Ausbildung von Subjektivität im Verhältnis, die sich – und das wäre unsere erste Übertragung – über »Interaktionsformen« prägt und weiterentwickelt, zwar beizubehalten, ihn aber weder nur philosophisch noch rein interaktionistisch zu begreifen, sondern ihn sozialwissenschaftlich zu fassen. Das »Verhältnis« – so könnte man Hegel präzisieren – prägt und entwickelt sich durch ein Gefüge von Interaktionsformen, die sich zwar *im* Individuum niederschlagen, in ihrem Inhalte jedoch als Erlebnis die vorangegangene *Szene* festhalten.[22] Die Hegelsche »Mitte« läßt sich so einerseits soziologisch präzisieren als auch naturwissenschaftlich fundieren. Soziale und biologische Vorgänge

sind als Amalgam und nicht als Addition bzw. als bloße Wechselwirkung gedacht.[23] Das Zusammenspiel als *ein zugleich* ablaufendes Prozeßgefüge läßt sich auch retrospektiv nicht mehr auflösen.

Nun könnte man einwenden, daß Lorenzer die Mutter-Kind-Dyade als Bildungsprozeß wesentlich unter der Perspektive des Kindes beschreibt – mit der Mutter geschieht eigentlich nichts – und nicht unter dem Gesichtspunkt der Ausbildung von Subjektivität z. B. unter adoleszenten oder erwachsenen Individuen.

Dieses Argument übersieht, daß ich in Lorenzers Konzept eher ein auf die Hegelsche Konstruktion *übertragbares Modell* sehe und eben nicht versuche, beide Ansätze kurzzuschließen. Außerdem läßt sich der Formungsprozeß beim Kleinkind unter veränderten Bedingungen auch auf sozialisatorisch später ablaufende Vorgänge übertragen (s. u.), d. h. auch die Mutter unterliegt einem Formungsprozeß, wenn auch einem weniger *so* direkt organismisch geprägten. Ihr Gefüge von Interaktionsformen ist schon weiter ausdifferenziert, ja überhaupt auch quantitativ viel weiter entwickelt. Ihre Formungsprozesse verlaufen auf der Basis von entwickelten (sinnlich-symbolischen und sprachsymbolischen) Interaktionsformen (s. u.), die zwar aufgrund ihres Sozialisationsprozesses schon strukturell festgelegt sind, sich aber im Laufe ihrer Biographie in den Beziehungsgefügen entsprechend modifizieren. Das Modell erlaubt jedoch aus der sozialisatorischen Perspektive heraus, *jede* Interaktion als strukturell so ablaufend zu begreifen, d. h. die entwicklungsdynamische und die beziehungstheoretische Betrachtung verzahnen sich.

Knüpfen wir weiter an den Gedankengang Lorenzers an:

»Das Erleben baut auf dem sinnlichen Wechselspiel des Interagierens auf, ist Resultat eines realen Interaktionsspiels, wobei die sinnliche Erfahrung der Interaktionssituation Schritt für Schritt das sensomotorisch-organismisch organisierte Substrat des Erlebens verändert. Daraus folgt, daß jede abgelaufene Interaktion in die Struktur der Interaktionsformen eingeht, die als *Erwartungsmodelle* künftigen Interagierens fungieren. Der embryonale und frühkindliche *Bedarf* wird auf diese Weise zum spezifischen *Bedürfnis* geformt.«[24]

Lorenzer konkretisiert nicht nur die Dynamik der Interaktionsformen, sondern Hegels philosophische Konstruktion der Transformation des ›leeren‹ Triebs zur »Liebe« hat hier die Möglichkeit eines sozialwissenschaftlichen Pendants gefunden. Der »Trieb« wird durch den Formungsprozeß des interaktiven Wechselspiels mit »Inhalt« (Hegel) gefüllt, als Niederschlag einer Struktur von Interaktionsformen[25]. Was Hegel mit »leer« meint, also noch nicht mit »Inhalte« gefüllt, ist die naturhafte »Begierde«, die im Verhältnis zu einem »Bedarf« geformt wird, in Interaktionsformen sich niederschlägt. »Leer« kann aber nach Lorenzer nicht heißen, daß hier in ein gleichsam biologisches Triebpotential die Niederschläge aus sozialen Prozessen bloß eingeschrieben werden, sondern,

»Das konkrete ›Es‹ ist als reale Triebpotenz ein Komplex hergestellter Interaktionsformen. Wirksame Natur ist im Individuum immer schon strukturiert in bestimmten Interaktionsformen...« »Da Interaktionsformen ihre Formbestimmung immer im praktisch-dialektischen Prozeß der Sozialisation erhalten, ist der Trieb selbst geschichtlich.«[26]

Der Prozeß der Subjektwerdung ist ein sowohl sozialisatorischer als auch einer der Entwicklung von Beziehungen in einem langsam sich ausformenden »Verhältnis«, das *zugleich* Subjektivität schafft. Jede Interaktion – als biologischer *und* sozialer Vorgang – formt das »Verhältnis« schrittweise aus und prägt zukünftige Interaktionen und damit Möglichkeiten zukünftiger Subjektivitätsbildung, die *aus* diesem Verhältnis heraus entstehen.
Konkreter: In diesem Verhältnis geht es um die »...Bildung von *Erlebnisfiguren* als Niederschlag real erlebter *Szenen*«.[27]
Mit Hegel an Lorenzer anknüpfend könnten unsere Überlegungen dann so präzisiert werden: Im »Verhältnis« ist jene Erfahrung der eigenen Subjektivität durch die andere in kumulativ sich ergänzenden (oder auch widersprechenden) »Erlebnisfiguren« festgehalten, die das Verhältnis der Individuen zueinander weiter bestimmen und die mögliche Erfahrung der Subjektivität davon abhängig machen. Die Interaktionen werden als »Szenen« festgehalten, finden im Individuum ihren Niederschlag. Das gemeinsam erlebte Szenario bestimmt die Erlebnisfiguren der Individuen und *damit* ihre Subjektivität. »Subjekt« kann nur das Verhältnis der Individuen untereinander sein – das Subjekt ist das Verhältnis –, denn aus dieser »Mitte«, aus den erlebten Szenen heraus, bilden sich die lebensbestimmenden und subjektivitätsbildenden Interaktionsformen. ›Erlebte Szenen‹ sind nicht konkretistisch als erlebte Situationen mißzuverstehen, sondern als aus der Interaktionssituation gebildete konkrete Erlebnisfiguren. Die daraus entstandenen Interaktionsformen sind das Produkt miteinander interagierender Individuen, die nicht nur miteinander ›kommunizieren‹, sondern ihre bewußten und unbewußten Erlebnisse mit einbringen. Die zuvor schon gebildeten Interaktionsformen modellieren diesen Prozeß und sind, als erneuter Niederschlag, als Spuren der Interaktionen, die »Mitte« – zwar *im* einzelnen Individuum zu finden, aber im *Verhältnis* geformt. Die spezifische Konstellation dieses und nicht jenes Verhältnisses und die gebildeten Erlebnisfiguren als Interaktionsformen sind das

Subjekt. Denn die im Verhältnis erlebten Szenen haben zuallererst einen besonderen, spezifisch bestimmten, d. h. subjektiven Charakter. Die Erfahrung der Subjektivität bleibt darum an das Verhältnis gebunden. Dort entstanden die Interaktionsformen und von dort her werden sie verändert.[28] Deshalb ist der Ausdruck, daß das Subjekt das Verhältnis sei, gerechtfertigt. Dieser Verhältnischarakter ist nur anfänglich dyadisch strukturiert. Durch andere Individuen werden andere, ebenso besondere Erlebnisfiguren gebildet. Durch den gemeinsamen kulturellen Hintergrund der Lebenswelt bekommen diese *auch* einen partiell allgemeineren, ›intersubjektiveren‹ Charakter; z. B. vermitteln sich im Medium der Sprache ebenso allgemeine wie besondere Inhalte und Strukturen der Lebensgestaltung. Das Verhältnis ist somit keine Dyade, sondern eine Konstellation, die über allgemeinere, überindividuelle, d. h. kollektive Formen der Lebenswelt immer seinen besonderen Charakter findet. Erst die besondere Eintarierung, die Verschränkung der konkreten Erlebnisfiguren macht Subjektivität erfahrbar – aber immer nur durch den anderen: im Verhältnis ist das Individuum Subjekt.

Lorenzer erweitert sein Konzept der Interaktionsformen, die ein Geflecht, eine Struktur sich aufstaffelnder Niederschläge von Erlebnisfiguren bilden: Im Fortlauf der Sozialisation bilden sich auf der Grundlage der »bestimmten Interaktionsformen« über die Auseinandersetzung mit der gegenständlichen Umwelt die »sinnlich-symbolischen Interaktionsformen« und über die »gestischen Figuren« der Mutter und die damit gekoppelte »Spracheinführung« die »sprachsymbolischen Interaktionsformen«.[29]

Das Subjekt ist das Verhältnis

Ehe ich versuche, das »Subjekt als Verhältnis«, bzw. die Hegelsche »Mitte« noch weiter zu präzisieren, möchte ich noch einen Gedanken von Lorenzer an Hegel anbinden.

Bei Hegel war die Ausbildung der »Mitte«, das gelungene Verhältnis als Aufhebung und damit »Rettung« der »Einzelheit« an die Aufhebung des »Fürsichseins« gebunden. Dies realisiert sich über die Erfahrung des Eigenen im anderen und dessen damit verbundene Anerkennung in einem Prozeß, bei dem die Subjekte zuerst noch keine sind, aber von Anfang an auf diesem Verhältnis basieren, erst aus diesem Verhältnis als *Subjekte* entstehen.

In Lorenzers Überlegungen findet sich eine strukturanaloge, wenn auch von ihm nicht so gemeinte Konstruktion. Seine Anstrengung, das Subjekt nicht individualistisch zu begreifen[30], rückt ihn über Marx sehr dicht an Hegel heran.

Da das Kind noch kein Subjekt ist, die Mutter-Kind-Dyade die bestimmten Interaktionsformen produziert und damit die Voraussetzungen für die Subjektivitätsbildung beim Kind schafft, bezeichnet Lorenzer die »Mutter-Kind-Dyade als Subjekt«.[31] Die Dyade, das Verhältnis ist das *Subjekt,* da erst diese die Subjektivitätsgrundlage ermöglicht.

Wenn wir nun Hegel auf dieser Folie betrachten, die Subjekte seien noch keine, weil sie erst im Verhältnis gebildet werden und daran gebunden bleiben, dann läßt sich daraus die Übertragung ableiten: Das Subjekt ist das *Verhältnis* und nicht das Individuum.

In diesem Verhältnis, in der Erfahrung der Subjekte als Subjekte, in der Bildung von Erlebnisfiguren, die der Niederschlag real erlebter Szenen sind als Voraussetzung für die kumulative Erfahrung ihrer Subjektivität, wird das Individuum zum Subjekt – jenseits einer sich zur Totalität aufspreizenden Partikularität und jenseits eines nur individualistisch begriffenen Subjektverständnisses.

Das Subjekt ist das Verhältnis, die Interaktionsformen sind als »Mitte« jenes Verhältnisses die materialisierten Strukturen, gleichsam eine Art ›Logbuch‹ des Subjekts.

In einem schrittweise sich ausbildenden »Bewußtsein als Mitte« vermitteln sich die Individuen – so könnte man Lorenzers Gedanken hier weiter anführen – in einer Einheit von Inhalten und Strukturen nicht nur des Bewußtseins, sondern auch des Erlebens, ihre je spezifischen »lebenspraktischen Entwürfe«[32] in Szenen. Diese Szenen sind nicht direkt vermittelbar, sondern in Symbole eingelagert, in präsentative und diskursive Symbole.

»Symbole sind also nicht nur die diskursiv geordneten Zeichen der Sprache *und* die präsentativen Symbole der Kunst[33], sondern *alle* Produkte menschlicher Praxis, insoweit sie ›Bedeutungen‹ vermitteln.«[34]

Das Symbol als inter-subjektiver Bedeutungsträger ist der äquivoke Ausdruck für die gleichsam ›*sichtbare*‹ Hegelsche »Mitte«. Die Ausbildung und Erhaltung der Symbolisierungsmöglichkeit und -fähigkeit realisiert das Subjekt als Verhältnis auf der Grundlage der entwickelten sinnlich-symbolischen Interaktionsformen als Träger der Emotionen und als »Basisschicht der Persönlichkeit« (entsprechen der präsentativen Symbolik) und den entwickelten sprachsymbolischen Interaktionsformen als Träger von Bewußtsein (entsprechen den sprachlichen Zeichen), um ihre Lebenswelt praktisch und im Entwurf auch fiktiv zu gestalten, zu verarbeiten und zu verändern.

»Eins ist den sinnlich-symbolischen und den sprachsymbolischen Interaktionsformen gemeinsam: Beide Male steht eine Erlebnisfigur für eine andere, und zwar zu dem Zweck, eine *spielerische Verfügung* über die Situationen zu erlangen.«[35]

Die »Mitte« hat damit eine doppelte Repräsentanz:

1. Die präsentativen und diskursiven Symbole als Interaktionsfiguren. Die Hegelsche Kategorie »Sprache wäre als diskursives Symbol zu verstehen« und »Werkzeug« als Bedeutungsträger der präsentativen Symbole. Setzt man statt »Werkzeug« »Welt der Gegenstände«, so hat man den direkten Anschluß an die Lorenzersche Terminologie.

Die 3. Kategorie »Besitz« ist nicht so leicht aufzulösen. Sie wäre höchstens in die beiden anderen Kategorien als Form der »Machtkonstellation« zu integrieren, d. h. als spezifisch gesellschaftliche Formung von »Sprache« und »Werkzeug« zu begreifen: Welchen überindividuellen, gesellschaftlichen, d. h. *vorgängigen* (De)Formationen, bzw. Ausprägungen unterliegt die Sprache, d. h. die diskursive Symbolverwendung in dieser Gesellschaft, in dieser Lebenswelt? Welche Machtkonstellationen drücken sich in ihr aus? Und: Welchen gesellschaftlichen (De)Formationen unterliegt die »Welt der Gegenstände«?

Thematisiert wird also in beiden Fällen eine Sozialstruktur.

2. Die aus dem Verhältnis entstandenen und sich im Individuum niederschlagenden Interaktionsformen. Bei Hegel wäre dies – in gelungenen Verhältnissen – die Transformation des Triebs zur Liebe.

Lorenzer sähe ein gelungenes Verhältnis in einer zweifachen Struktur. Einmal als Versöhnung von Triebanspruch (bestimmte Interaktionsformen) und sozialer Norm (Sprachsymbol), die subjektive Selbstverfügung ermöglicht[36]: sprachsymbolische Interaktionsformen. Zum anderen, gleichsam als Verbindungsglied zwischen den bestimmten und den sprachsymbolischen Interaktionsformen vermitteln die sinnlich-symbolischen Interaktionsformen als »…*erste symbolische* Organisation einsozialisierter Entwürfe sinnlicher Bedürfnisse…«[37] die Triebmatrix mit dem Sprachsystem.

»Verknüpft sich die individuelle Erfahrung in den gegenständlichen Symbolen mit dem weiten Feld der Objekte in der Welt draußen und vermittelt sich Anschauung vor allem in der textuell-präsentativen sinnlichen Symbolik mit dem System der Namen – dem Wechselspiel mit den diskursiv-sprachsymbolischen Interaktionsformen –, so binden die personalen Bedeutungsträger die individuelle Leiblichkeit in die Auseinandersetzung ein. Menschliche Praxis hat hier ihr Zentrum: in der Vermittlung von vorsymbolisch einsozialisierten Praxisfiguren (Interaktionsformen) mit bewußtem Handeln.« …»Die sinnlich-symbolischen Interaktionsformen verknüpfen die unbewußten Verhaltensmuster mit den sprachsymbolischen Interaktionsformen. Sie *vermitteln* den sinnlich-praktischen Weltumgang auf seiner fundamentalen Entfaltungsstufe (nämlich den Interaktionsformen der Mutter-Kind-Dyade) mit dem System der Sprache. Die Rolle als *Schaltstelle* der Persönlichkeitsbildung ist die hervorragende Auszeichnung der sinnlich-symbolischen Interaktionsformen – weshalb sie eine zentrale Bedeutung für die Konstitution der Persönlichkeit, für die Identitätsbildung haben...«[38]

Die Doppelverankerung durch sinnlich-symbolische und sprachsymbolische Interaktionsformen könnte man bei Hegel in den Kategorien »Gedächtnis« (sprachsymbolische Interaktionsformen) und »Arbeit« (sinnlich-symbolische Interaktionsformen) sehen. Auch hier ist die Hegelsche Kategorie der »Familie« nicht so ohne weiteres integrierbar. Was oben die Thematisierung der Sozialstruktur war, könnte hier die spezifische Struktur des Verhältnisses bzw. als Niederschlag dieses die Struktur der (sinnlich-symbolischen und sprachsymbolischen) Interaktionsformen sein. Welchen (auch typischen) (De)Formationen unterliegen die Bildungsprozesse der Interaktionsformen z. B. in dieser oder jener Familie?

Ein gemeinsames Moment liegt jedoch in der Betonung dieser Kategorien für das Bewußtsein. Was Hegel »Gedächtnis«, »Arbeit«, »Familie« als Formen des Bewußtseins zuschrieb, identifiziert Lorenzer als die Leistung der sprachsymbolischen Interaktionsformen: eine subjektive und bewußte Selbstverfügung zu erreichen.[39]

»Verhältnis« bezieht sich nicht bloß auf dieses oder jenes konkrete Verhältnis von Individuen, sondern auf die konkrete Erfahrungs- und Erlebniswelt der Individuen in ihren ineinander verschränkten Lebenswelten mit den je spezifisch sich gestaltenden und daraus sich verändernden Beziehungen. »Subjekt« ist darin nicht das einzelne Individuum, sondern eine je strukturell festgelegte, aber im Idealfall auch situativ sich anpassende oder gar völlig sich verändernde Konstellation von Individuen, die in ihrem lebendigen Zusammenspiel den anderen, sich und die eigene Subjektivität erfahren und erleben, die sie wieder in diese Konstellation oder auch in andere einbringen können. Dieses prekäre Gebilde »Subjekt« als intersubjektives Verhältnis hängt natürlich von repressionsarmen und entfaltungsgünstigen (zumindest sozialen) Bedingungen ab. Mit Hegel könnte man dies die gelungene Transformation des Triebs zur Liebe nennen; Lorenzer würde es als Erhaltung von Symbolisierungen in den sinnlich-symbolischen und den sprachsymbolischen Interaktionsformen begreifen.

Deformierte Subjektstrukturen sind prinzipiell in zwei Entwicklungsrichtungen denkbar:

Einmal als Aufsprengung, Zerstörung, »Entzweiung« (Hegel) des Ver-

hältnisses. Das Subjekt zerfiele wieder in (atomisierte, vereinzelte) Individuen (»Individuum als (Schein)Subjekt«); das Verhältnis könnte sich wegen erfolgter Privatisierungsstrukturen nicht ausbilden. Der Erfahrung der eigenen Subjektivität durch den anderen würde die Grundlage entzogen, d. h. im Stadium des bloßen, wenn auch vergesellschafteten Individuums, ist als Folge der Entzweiung auch der Zugang zu sich selbst versperrt. Die andere Deformierung zeigte sich in der Verdinglichung des Verhältnisses, indem die Individuen durch Vermassung, tendenzielle Gleichschaltung ihres *Verhältnisses* beraubt werden (»Gruppe als (Schein)Subjekt«). Was dort die Aufhebung der »Mitte« durch Ausschluß des anderen und damit die *Privatisierung der Sprachfiguren* war, ist hier die Aufhebung der Mitte durch die *Schablonisierung der Erlebnisse*, d. h. die Besonderheit der Interaktionsformen, ihre Nichtidentität würde strukturell rückgängig gemacht. Im ersten Fall führt die Privatisierung der Sprachfiguren – durch die Vereinzelungstendenz – zu einer *Verkürzung der Erlebnisse*. Im zweiten Fall führt die Schablonisierung der Erlebnisse zu einer *Verdinglichung der Sprache.*
Beide Male handelt es sich – so könnte man Lorenzers Begrifflichkeit einflechten – um Prozesse der Desymbolisierung als Aufhebung der Mitte und des Verhältnisses. Beide Male erlitten sowohl die sinnlich-symbolischen als auch die sprachsymbolischen Interaktionsformen erhebliche Frakturen.

»Läuft bei der ›Sprachzerstörung‹ durch Desymbolisierung sprachsymbolischer Interaktionsformen die Persönlichkeitsdeformation aber als Trennung von sinnlicher Erfahrung (einsozialisierten Interaktionsformen) und Bewußtsein (Sprachfiguren) ab, so ist die Defizienz der Bildung sinnlich-symbolischer Interaktionsformen durch eine *Verkürzung von Erlebnisbereichen* gekennzeichnet.«[40]

Alle drei, hier nur sehr grob skizzierten Entwicklungsrichtungen möglicher entfalteter oder deformierter Subjektivität sind in der Realität als vielfältig vermischte sich vorzustellen. Geht aber Hegel von der ganzen Einlösbarkeit des Verhältnisses aus – bei ihm ist es das zur »Sittlichkeit« gekommene Verhältnis[41] –, so sieht Lorenzer die »gelungene Einigung« nur als prinzipiell möglich an. Im »Trieb« verbleibt ein nicht einholbarer Rest an Widerständigem, an Nichtidentischem, das sich trotz aller gelungenen Einigungsformen *sein* Recht zu verschaffen versucht.[42]
Das »Subjekt als Verhältnis« erscheint in dieser konkretisierten und materialisierten Perspektive nun nicht mehr als bloß metaphorische Formulierung, sondern als eine konstitutionstheoretische Fassung von

Subjektivität, die Hegel abermals vom bewußtseinsphilosophischen Kopf auf sozialwissenschaftlich begründbare Füße zu stellen erlaubt – dank Lorenzer.

Anmerkungen

1 Ich gebrauche hier den Begriff des Individuums nicht in dem emphatischen und damit normativen Sinn als individuiertes Subjekt, sondern deskriptiv, als einzelne Person; den Terminus »Subjekt« dagegen verwende ich in eben jenem normativen Sinn.

2 G. W. F. Hegel, Jenenser Realphilosophie, II, 201

3 ebd. 201/202

4 vgl. ebd. 191

5 Jenenser Realphilosophie, I, 231

6 Realphilosophie, II, 210

7 ebd., 191/192, hervorgehoben v. mir, J. B.

8 Realphilosophie, I, 222/223

9 vgl. dazu die Entfaltung der Anerkennungsdialektik mit ihrer Einmündung ins »absolute Bewußtsein« oder die »absolute Sittlichkeit« durch »Kampf«, in: Realphilosophie, I, 225–232

10 oder auch »Besitz«; vgl. zu den folgenden Ausführungen Jenenser Realphilosophie, I, 205–232

11 ebd. 205

12 ebd.

13 Realphilosophie, II, 212

14 Ich kann hier verständlicherweise nur sehr grob auf die diffizile Triebkonstruktion Hegels eingehen und auch nur unter dem Gesichtspunkt der Bildung des Subjekts als Verhältnis und als Beleg für die konstitutionstheoretische Nähe zu Lorenzer; eine genauere Darstellung findet sich z. B. bei Rudolf zur Lippe, Bürgerliche Subjektivität. Autonomie als Selbstzerstörung, 1975, 156 ff; vgl. auch die dort angegebenen Textstellen bei Hegel (vgl. z. B. Jenenser Realphilosophie, II, 194 ff und Grundlinien der Philosophie des Rechts, 1970, § 11 ff (62 ff); zur späteren triebtheoretischen Entwicklung Hegels vgl. z. B. Marotzki, Winfried, Subjektivität und Negativität als Bildungsproblem, Frankfurt 1984, 111 ff

15 Hegel, Jenenser Realphilosophie, II, 194

16 ebd. 202

17 Hegel, Grundlinien der Philosophie des Rechts, § 158, Zusatz, 307

18 vgl. z. B. R. Dahrendorf, homo sociologicus, Köln 1974 und G. H. Mead, Geist, Identität, Gesellschaft, Frankfurt 1975 (Mead hat wenigstens in seinem Entwurf die wechselseitige Perspektivenverschränkung in der Figur des »generalized other« aufgenommen.)

19 Selbstverständlich kann ich hier Lorenzers Konzept nicht mal wenigstens in groben Umrissen angemessen darstellen. Ich werde mich daher auf die wenigen Gesichtspunkte beschränken, die für die Herausarbeitung des »Subjekts als Verhältnis« nötig erscheinen; zur detaillierteren Darstellung seines Ansatzes vgl. z. B. Lorenzer, die Wahrheit der psychoanalytischen Erkenntnis,

Frankfurt 1976, z. B. 116–138; ders., Sprachspiel und Interaktionsformen, Frankfurt 1977, z. B. 42 ff und 116 ff; und am deutlichsten in: Das Konzil der Buchhalter, Frankfurt 1981, 85 ff, 109 ff, 155 ff; vgl. auch die ausgezeichnete Zusammenfassung von Lorenzers Konzept bei H. J. Busch, Interaktion und innere Natur, Frankfurt 1985, 223–260

[20] Lorenzer, Das Konzil der Buchhalter, 1981, 85/86

[21] vgl. ebd.

[22] vgl. ebd., 86/87 und ff

[23] vgl. ebd., 88

[24] ebd., 86

[25] »bestimmte Interaktionsformen« als »Matrix unbewußter Interaktionsformen; Lorenzer bezeichnet sie auch als »unbewußtseinsozialisierte(s) System der Interaktionsformen«; vgl. ebd. 88 ff, 94, 110

[26] Lorenzer, 1976, 120

[27] Lorenzer, 1981, 86/87 und ff

[28] Was natürlich nicht heißt, daß solche Erlebnisfiguren nicht auch ohne die ursprünglich beteiligten Subjekte erlebnisbestimmend werden könnten

[29] Vorläufig braucht uns die Konstruktion und die von Lorenzer beschriebene Entwicklung der Interaktionsformen nicht weiter zu interessieren, da es mir weniger um den konkreten *Ansatz* als um das konstitutionstheoretische *Modell* geht.

[30] vgl. dazu 1976, z. B. 249

[31] vgl. dazu und zu den folgenden Ausführungen 1976, 117 ff und 249 ff

[32] vgl. 1981, 27

[33] »Kunstwerke sind Sonderfälle aus dem Gesamt präsentativer Symbole der ›Dinge‹ dieser Welt als Bedeutungsträger« (Lorenzer, 1981, 30).

[34] ebd.

[35] Lorenzer, 1981, 161

[36] vgl. ebd. 90, 94, 111, 115

[37] ebd. 167

[38] ebd. 166

[39] vgl. ebd. 94, 115

[40] Lorenzer, 1981, 168

[41] vgl. Jenenser Realphilosophie, I, 232 und ff

[42] vgl. Lorenzer z. B. 1976, 120, Zur Begründung einer materialistischen Sozialisationstheorie, 1972, 33 (»point de résistance«) und in: J. Belgrad / H. J. Busch / B. Görlich / H. J. Kalck / A. Lorenzer, Sinnlichkeit als soziale Inszenierung, Frankfurt 1987, Einleitung

Literatur

Busch, Hans-Joachim, Interaktion und innere Natur, Sozialisationstheoretische Reflexionen, Campus Verlag, Frankfurt am Main 1985.

Dahrendorf, Ralf, Homo Sociologicus, Köln 1974.

G. W. F. Hegel, Jenenser Realphilosophie I, Die Vorlesungen von 1803/1804, herausgegeben von Hoffmeister, Johannes, Felix Meiner Verlag, Leipzig 1932.

ders.: Jenenser Realphilosophie II, Die Vorlesungen von 1805 / 1806, herausgegeben von Hoffmeister, Johannes, Felix Meiner Verlag, Leipzig 1931.

ders.: Grundlinien der Philosophie des Rechts, Werke Bd. 7, Suhrkamp Verlag, Frankfurt am Main 1970.

zur Lippe, Rudolf, Bürgerliche Subjektivität, Autonomie als Selbstzerstörung, Suhrkamp Verlag, Frankfurt am Main 1975.

Lorenzer, Alfred, Die Wahrheit der psychoanalytischen Erkenntnis, Suhrkamp Verlag, Frankfurt am Main 1976.

ders., Sprachspiel und Interaktionsformen, Suhrkamp Verlag, Frankfurt am Main 1977.

ders., Das Konzil der Buchhalter, Europäische Verlagsanstalt, Frankfurt am Main 1981.

Marotzki, Winfried, Subjektivität und Negativität als Bildungsproblem. Tiefenpsychologische, struktur- und interaktionstheoretische Perspektiven moderner Subjektivität, Europäische Hochschulschriften Reihe XX, Bd. 138, Peter Lang, Frankfurt am Main 1984, 111 ff.

Mead, George Herbert, Geist, Identität, Gesellschaft, Suhrkamp Verlag, Frankfurt am Main 1975.

SIEGFRIED ZEPF

Ich-Funktionen und Interaktionsformen

Seit den Schriften von Anna Freud (1936) und insbesondere von Heinz Hartmann (1939) rückte der Ich-Begriff zunehmend ins Interesse der Psychoanalytiker. Hartmann differenzierte in sorgfältiger Analyse den Freudschen Ich-Begriff auf in den der Person, des Selbst bzw. der Selbstrepräsentanz, in welcher die eigene Person zur Darstellung kommt, und in den der Ich-Funktionen. Das Ich, schrieb Hartmann (1964/13), ist in psychoanalytischer Sicht »ein Teilgebiet der Persönlichkeit und durch seine Funktionen bestimmt«. Obwohl es keine vollständige Liste der Ich-Funktionen gibt, so werden heute doch mehrheitlich die Funktionen des Bewußtseins, der Realitätsprüfung und Synthese, des Gedächtnisses und der Sprache (Arlow u. Brenner 1964/42), der motorischen Kontrolle, der Abwehr, der Wahrnehmung, des Phantasierens (Sandler u. Nagera 1966) sowie des prälogischen, vorstellungsmäßigen und des logischen, begrifflichen Denkens (Fenichel 1946/72–79; Sandler u. Nagera 1966) diesem Teilgebiet zugerechnet (s. a. Freud 1911/234; 1923/243/253/285; 1926/122/125 f.; 1933/82 f.; 1937/80; 1938/68/129–131).

Vor allem im Gefolge der Arbeiten von Hartmann galt nun die psychische, sich aus Selbst- und Objektrepräsentanzen aufbauende Realität eines Individuums auch als Produkt seiner Ich-Funktionen. Es zeigte sich freilich bald – und insbesondere bei der Diskussion des Narzißmus (siehe z. B. Balint 1960; Joffe u. Sandler 1967; Pulver 1972; Zepf 1985) –, daß sich der Zusammenhang zwischen einem als Funktionskomplex verstandenen »Ich« und dem Konzept der Repräsentanzen im Rahmen der psychoanalytischen Metapsychologie nicht konsistent entfalten ließ. Sandler und Joffe (1969) führten dies vor allem darauf zurück, daß in den theoretischen Überlegungen ein fundamentaler Unterschied vernachlässigt würde, der faktisch zwischen zwei seelischen Bereichen bestünde, dem »erlebnishaften« und dem »nicht-erlebnishaften«. Bewußte und unbewußte Selbst- und Objektrepräsentanzen würden in den erlebnishaften, die Ich-Funktionen aber – wie überhaupt die durch die strukturtheoretischen Begriffe (»Kräfte«, »Energien«, »Mechanismen«, »Apparate«, »Strukturen« etc.) bezeichneten Elemente des psychischen Apparates – in den nicht-erlebnishaften Bereich gehören, auf den auch das Gegensatzpaar Bewußt-Unbewußt nicht bezogen werden könne. So würden etwa die Ich-Funktionen des Phantasierens »gänzlich in den nicht-erlebnishaften Bereich« fallen, während »die Produkte des Phantasierens (Bildvorstellungen und Gefühle) (...) in den (bewußten oder unbewußten) Erlebnisbereich« gehören würden.

Freilich, diese, mit einer Ontologisierung der einer physikalischen Begriffssprache entnommenen theoretischen Konzepten einhergehende Kartographie der Ich-Funktionen wies in eine Sackgasse, in welcher allenfalls die Problemlage, aber nicht eine Problemlösung deutlichere Kontur gewinnen konnte. Wie sollte es beispielsweise bei dieser Zuordnung noch möglich sein, daß Ich-Funktionen zum eigenen Gegenstand oder zum Gegenstand einer anderen Ich-Funktion gemacht werden konnten? Die Individuen waren ja auch nach diesen falschen Konkretionen noch in der Lage, etwa darüber nachzudenken, wie sie denken, phantasieren oder wie sie wahrnehmen und sie waren auch imstande, im Zuge intentionaler Akte Ich-Funktionen in Abwehroperationen einzubeziehen, wie etwa die hysterische Blindheit zeigt. Ich-Funktionen waren fraglos dem subjektiven Erleben zugänglich, bewegten sich ebenfalls auf der Dimension bewußt-unbewußt und mußten somit auch in jenem psychischen Bereich repräsentiert sein, aus dem sie von Sandler und Joffe (1969) exkommuniziert wurden.

Erinnert man sich daran, daß der Gegenstand der psychoanalytischen Metapsychologie die »psychische Realität« (Freud 1917/383) ist, die subjektiv erfahrene Lebensgeschichte, deren Genese mit der hermeneutischen Methode der Psychoanalyse verstehend einzuholen und – auf der Grundlage des Verstandenen – in metapsychologischen Begriffen theoretisch zu begreifen ist, dann ist der Lösungsvorschlag von Sandler und Joffe (1969) ohnehin obsolet. Die psychische Realität, die Subjektivität des Individuums wird hierin mit Kategorien erklärt, die auf etwas Bezug nehmen, das dem subjektiven Erleben gerade nicht zugänglich ist und das damit auch im hermeneutischen Verfahren der Psychoanalyse nicht eingeholt werden kann. In diesem Verfahren läßt sich dann nurmehr das Explanandum, aber nicht mehr des Explanans datenmäßig erfassen. Erklärungen der erhobenen Befunde sind somit vom Datenmaterial abgekoppelt und ins Belieben gestellt.

Soll die für wissenschaftliche Erkenntnisse notwendige Einheit von Theorie, Methode und Gegenstand gewahrt bleiben, dann sind die Inhalte von Begriffen wie »bewußt«, »unbewußt«, »Es« oder »Ich« konsequent als Abstraktionen aus der Repräsentanzwelt eines Individuums zu lesen. Sie gliedern die im psychoanalytischen Verfahren erfaßbare Repräsentanz analytisch auf, bringen einige ihrer Aspekte auf abstrakte Begriffe mit dem Ziel, ihre Struktur im Vorgang einer theoretischen, synthetischen Rekonstruktion als Gedankenkonkretum durchsichtig zu machen. Von daher kann es natürlich auch nicht genügen, etwa die kategorialen Inhalte von Es und Ich unter Vernachlässigung der subjektiven Perspektive eines Individuums ausschließlich durch Kriterien von Außen zu differenzieren und beispielsweise mit Arlow und Brenner (1964/36) das Es als Ort der seelischen Triebrepräsentanzen sowie als Quelle der psychischen Energie und das Ich als den ausführenden Teil der Seele zu bestimmen, das Antrieb und Energie vom Es erhält. Wenn kategoriale Inhalte, die außerhalb des subjektiven Erlebens angesiedelt sind, sich dem psychoanalytischen Verfahren entziehen, dann ist die Psychoanalyse fraglos aufgefordert, die Inhalte von Es und Ich gerade in subjektiver Perspektive zu verfolgen und die Kriterien anzugeben, durch die sie sich im subjektiven Erleben voneinander unterscheiden.

Von der psychoanalytischen Ich-Psychologie wurden bisher weder das Ich in der psychischen Realität verortet noch seine sonstigen Beziehungen zur Repräsentanzwelt theoretisch zureichend geklärt. Einige Lükken lassen sich freilich schließen, wenn man die Problemlage in einer Perspektive aufnimmt, die mit der »Theorie der Interaktionsformen« von Alfred Lorenzer eröffnet wurde und in der die psychische Realität eines Individuums in ein strukturiertes Gefüge von Interaktionsformen aufgelöst wird, das sich als Resultat realen Interagierens im Individuum gebildet hat und in welchem seine Subjektivität gründet. Bei genauem Blick nämlich erweist sich, daß dem psychoanalytischen Begriff der »Ich-Funktionen« auf empirischer Ebene kein isolierter Gegenstand entspricht. In Wirklichkeit existieren diese Funktionen immer als Einheit von Funktion und Inhalt (vgl. Rubinstein 1971/227f.). Wahrnehmung, Realitätsprüfung und Bewußtsein etwa sind ebenso immer Wahrnehmung, Prüfung und Bewußtsein von etwas wie auch die innerpsychisch operierenden »Ich-Funktionen« – wie Denken, Synthese, Vorstellung oder Abwehr – immer ein Denken über etwas bzw. eine Synthese, Vorstellung oder Abwehr von etwas sind. Nicht nur die »Ich-Funktionen«, die das Individuum in Beziehung zur Außenwelt setzen, sondern auch jene, die innerpsychisch ablaufen, haben die formale Struktur dessen, was Lorenzer als Interaktion, rsp. als Interaktionsform – dem aus Interaktionsprozessen entstandenen Modell – beschreibt. Der Wahrnehmungsprozeß z. B. ist eine besondere, reale Interaktion zwischen wahrnehmendem Subjekt und wahrzunehmendem Gegenstand, der zu einem besonderen Produkt, dem Wahrnehmungsperzept, führt und das die subjektive Ausgangslage verändert. Die Interaktionsform der Wahrnehmung kennzeichnet hier die subjektiven Invarianzen, das Modell wahrnehmender Interaktionen, die aus ihnen in der und durch die Lebenspraxis herausabstrahiert werden und ohne welche diese Prozesse nicht zum Ziel, zu Wahrnehmungen führen würden.

Auch die innerpsychisch arbeitenden »Ich-Funktionen« gewinnen in Interaktionsprozessen ihre Form. Über das Denken z. B. schreibt Rubinstein (1968/77): »In der Wahrnehmung ist uns die konkrete Wirklichkeit an der sinnlichen Oberfläche der Erscheinungen noch ungegliedert als mehr oder weniger summarischer Effekt verschiedener Wechselwirkungen gegeben. Aufgabe des Denkens ist es, die heterogenen Wechselwirkungen aufzugliedern, die jeweils wesentlichen Momente auszusondern und dann (...) das Bild der Wirklichkeit in ihrer Konkretheit ideell zu reproduzieren.« Der Denkprozeß ist mithin als eine reale Interaktion des Subjekts mit seinen sinnlichen Erkenntnisprodukten zu verstehen, der dort seine Form gewinnt, welche die Essentials dieser besonderen Form des Interagierens in subjektiver Gestalt zusammenfaßt: »Der Denkprozeß ist vor allem ein Analysieren und Synthetisieren dessen, was die Analyse ergeben hat; er ist ferner Abstraktion und Verallgemeinerung, die sich aus Analyse und Synthese ableiten« (Rubinstein 1969/76). Das gleiche gilt auch für die Abwehrmechanismen. Mit ihnen setzt sich das Subjekt zu seinen psychischen Repräsentanzen – Interaktionsformen – in eine bestimmte Beziehung, tritt mit ihnen in eine besondere, innerpsychische Interaktion, welche die Interaktionsformen und damit die subjektive Struktur in spezifischer Weise verändern. Die Verdrängung z. B., die Desymbolisierung symbolischer Interaktionsformen (Lorenzer 1970/72–103), führt zu »Klischees«, die Projektion verschiebt Anteile der Selbstrepräsentanz in Interaktionsformen auf Objektrepräsentanzen, die anderen Interaktionsformen zugehören.

Damit wird freilich zur Frage, wie diese von der Psychoanalyse unter das »Ich« subsumierten Interaktionsformen sich von jenen unterscheiden, die den Triebbereich, das Es, in konkrete Triebbedürfnisse strukturieren. Lorenzer (1972) beschreibt die den Triebbereich strukturierenden Interaktionsformen als Resultat von Einigungssituationen zwischen kindlichem Körperbedarf und mütterlichen Interaktionsangeboten. Durch die Art und Weise, in der die Mutter auf die noch undifferenzierten Körperspannungen des Neugeborenen reagiert, durch das Eingehen des Kindes auf die mütterlichen Interaktionsangebote, gewinnt dessen noch undifferenzierter Triebbedarf ein inhaltliches

Profil. Trieb wird zu einem besonderen Triebbedürfnis durch die zwischen Mutter und Kind sich abspielenden Interaktionen. Aus vielfältigen realen Interaktionen bildet sich im Kind ein inneres Modell, die Freudsche (1900/543) Erinnerungsspur, das jene Bedingungen speichert, die in verschiedenen Interaktionen gemeinsam auftreten und die unbedingt vorhanden sein müssen, wenn die im Modell antizipierte Lust auch erreicht werden soll. Als ein inneres Modell ist die Interaktionsform die gemeinsame Form verschiedener Interaktionen, welche aus ihnen in einem aktiven, praktischen Findungsprozeß real herausabstrahiert wird. Sie ist nicht nur das Produkt abgelaufener, sondern zugleich auch das Muster künftiger Interaktionen, in denen sie bestätigt oder entsprechend neuer Bedingungen modifiziert werden kann.

In diesem Entwicklungs- und Modifikationsprozeß verändern sich nun nicht nur diese Interaktionsformen, sondern auch die subjektiven Kriterien einer gelungenen Einigung. Wir haben diese Entwicklung, die Ausbildung des subjektiven Erlebens auf der Grundlage subjektiver Strukturbildung in Abhängigkeit von der Lebenspraxis, an anderer Stelle detailliert dargestellt (Zepf 1985) und werden uns hier auf das Wesentliche beschränken. Das erste Kriterium beschrieb Freud unter dem Titel der »Wahrnehmungsidentität« im Zuge der halluzinatorischen Wunscherfüllung, der bloßen Aktualisierung – libidotheoretisch: Besetzung – einer hergestellten Interaktionsform. Freuds Argument sieht so aus: Anfänglich wird die »Brust (…) gewiß nicht vom eigenen Körper unterschieden« (Freud 1938/115). Tritt nun bei dieser Lage ein Wunsch auf – in unserem Kontext die Aktualisierung einer Interaktionsform –, dann genügt in subjektiver Sicht und unter der Bedingung, daß die Mutter zeit- und formgerecht antwortet, bereits die gesteigerte Besetzung der Erinnerungsspur (Freud 1895/376), die bloße Vorstellung, die innerpsychische Wiederholung »jener Wahrnehmung, welche mit der Befriedigung des Bedürfnisses verknüpft« (Freud 1900/571) war, zur Wunscherfüllung und d. h. zur Triebbefriedigung.

Im Sozialisationsprozeß werden nun aber nicht immer jene Antworten zeitgerecht bereitgestellt, die den aktualisierten Interaktionsformen entsprechen. Die dann auftretenden unlustvollen Körperspannungen signalisieren dem Kind auch die Insuffizienz seines bisherigen Kriteriums. Die Halluzination, die bloße Vorstellung der Interaktion, erweist sich als »untüchtig, das Auftreten des Bedürfnisses, also die mit der Befriedigung verbundene Lust, herbeizuführen« (Freud 1900/604). Anfänglich, so Freud (1911/231f.), wurde »der psychische Ruhezustand (…) durch die gebieterischen Forderungen der inneren Bedürfnisse gestört (…) In diesem Fall wurde das Gedachte (Gewünschte) einfach halluzinatorisch gesetzt (…) Erst das Ausbleiben der erwarteten Befriedigung, die Enttäuschung, hatte zur Folge, daß dieser Versuch der Befriedigung auf halluzinatorischem Wege aufgegeben wurde. Anstatt seiner mußte sich der psychische Apparat entschließen, die realen Verhältnisse der Außenwelt vorzustellen und die realen Veränderungen anzustreben.« Die Triebbefriedigung verläuft nun inner-psychisch »von der als Zielvorstellung genommenen Befriedigungserinnerung bis zur identischen Besetzung derselben Erinnerung, die auf dem Wege über die motorischen Erfahrungen wieder erreicht werden soll« (Freud 1900/607).

Aber auch dieses subjektive Kriterium einer Einigung – die Interaktion entsprechend der aktualisierten Interaktionsform – wird in der weiteren Entwicklung in Frage gestellt – etwa wenn in der Herstellung neuer Interaktionsformen den aktualisierten antizipierten formgerechten Abläufen zunächst nur partiell entsprochen wird.

Ein Beispiel mag dies illustrieren. Nehmen wir an, daß zwar die Interaktionsform »Aus-dem-Bettchen-an-die-Brust-nuckeln« aktualisiert ist und das Kind aus dem Bettchen, aber nicht an die Brust gelegt wird und nuckeln kann, sondern daß es statt dessen auf die Wickelkommode gelegt, gewickelt und gestreichelt wird. Bei diesem Verhalten entspricht zwar der sensomotorische Ablauf beim »Aus-dem-Bettchen-nehmen« einem Teil des aktualisierten Programmes. Da jedoch die mütterliche Antwort nicht ganz formgerecht ist, kann der weitere, in Entspannung führende und deshalb auch als lustvoll empfundene sensomotorische Ablauf des »Nuckelns« nicht realisiert werden. Statt in Entspannung zu führen, wandelt sich so die körperliche Spannung in eine unlustvolle. Zugleich aber wird der sensomotorische Ablauf bei dem »Aus-dem-Bettchen-nehmen« in die Herstellung einer neuen Interaktionsform – hier einer »Windeln-wechselnden, streichelnden« – einbezogen. Des weiteren wird die Mutter zu anderen Zeiten auch der aktualisierten Interaktionsform in Gänze entsprechen, gelegentlich auch nicht-entsprechen oder aber auch nur den ersten Teil des Programms – das »Aus-dem-Bettchen-an-die-Brust-nehmen« – dadurch problematisieren, daß sie das Nuckeln zu anderen sensomotorischen Abläufen in Beziehung setzt – beispielsweise wenn sie sich über das Kind beugt, seinen Kopf hebt und ihm einen Schnuller zwischen die Lippen schiebt.

Das Zusammenspiel von formgerechten und nicht-formgerechten Antworten der Mutter, von Befriedigung und Versagung, differenziert so im sich bildenden Subjekt die Interaktionsformen auf in solche, die nicht allein zur Entspannung führen (im Beispiel Aus-dem-Bettchennehmen), und in jene (im Beispiel nuckeln), welche die in diesen Interaktionsformen registrierten sensomotorischen Abläufe als Bedingung dafür benötigen, daß sie in eine lustvolle Entspannung einmünden. Die Folge solcher punktueller Frustrationen ist eine differenzierende Entwicklung der Interaktionsformen in solche, die der Triebbefriedigung näher stehen und in jene, die ihr ferner sind. Diese letzteren Interaktionsformen haben wir als »instrumentell« bezeichnet. Sie qualifizieren sich als eine notwendige, aber keineswegs hinreichende Bedingung für die ersteren, die als triebbestimmte Interaktionsformen charakterisiert werden können. Laufen die instrumentellen sensomotorischen Programme ab, dann heißt dies noch nicht, daß auch die antizipierte triebbestimmte Interaktionsform realisiert werden kann. Laufen sie jedoch nicht ab, dann wird auch die triebbestimmte Interaktionsform nicht realisiert werden können.

Dem Kenner psychoanalytischer Literatur wird nun kaum entgehen können, daß diese Charakterisierung der als »instrumentell« bezeichneten Interaktionsformen mit derjenigen korrespondiert, mit der die Psychoanalyse das frühkindliche Ich beschreibt. Arlow und Brenner (1964/36f.) beschreiben dieses Ich so: »Zu Beginn des Lebens funktioniert der gesamte seelische Apparat in (...) für das Es charakteristischer Weise. Die Seele des Kindes ist lediglich mit der Aufgabe beschäftigt, möglichst rasch die beweglichen, triebgebundenen Besetzungsenergien abzuführen. Zur Durchführung dieser Aufgabe sind bestimmte Teile der Seele von besonderer Bedeutung, jene Teile nämlich, die den Funktionen der Wahrnehmung und der Motorik dienen. Mit anderen Worten, das Kind verschafft seinen Triebbedürfnissen Befriedigung mit Hilfe seiner Fähigkeit, (1) die in seiner Umgebung vorhandenen Möglichkeiten der Befriedigung wahrzunehmen, z. B. ein Objekt, an dem es saugen kann und (2) jene Möglichkeiten auszuschöpfen oder seine Umgebung aktiv zu verändern, das heißt, um bei dem so eben gebliebenen Beispiel zu bleiben, das wahrgenommene Objekt zum Munde zu führen. Diese wahrnehmenden und ausführenden Teile der Seele bilden den Kern des im heranwachsenden Kind sich entwickelnden Ich«. Diese »sensorischen und motorischen Mechanismen des Körpers (lassen sich, S.Z.) ebenso wie die seelischen Funktionen der Wahrnehmung und Motorik, aus dem sich später das Ich entwickelt, sogar schon zu Beginn des Lebens von den Trieben und ihrer Tätigkeit unterscheiden (...), ebenso wie sich das Ich später vom Es unterscheiden läßt«. Wie innerhalb der psychoanalytischen Metapsychologie, so lassen sich auch auf der Ebene der Interaktionsformen Ich und Es schon auf frühem Entwicklungszustand voneinander abgrenzen. Während dort allerdings unter objektivistischer Verkürzung ihres genuinen Gegenstandes – der menschlichen Subjektivität – Es und Ich bloß von außen gegeneinander abgegrenzt werden, erlaubt die »Theorie der Interaktionsformen« das diese Teilgebiete der Seele differenzierende Kriterium auch in der Perspektive des subjektiven Erlebens kenntlich zu machen.

Wir wollen uns davon am Beispiel der Wahrnehmung überzeugen. Wir haben uns einsichtig gemacht, daß die aus Gründen unlustvoller Erfahrungen erzwungene Trennung von Innen und Außen sowohl die Vorstellungs- wie auch die Wahrnehmungstätigkeit als instrumentell qualifiziert. Die in der Vorstellungstätigkeit aktualisierte Interaktionsform erweist sich zwar noch als notwendige, aber keineswegs mehr als hinreichende Bedingung lustvoller Entspannung. In gleichem Maße gilt dies für die Wahrnehmung der Interaktion. Zweifelsohne macht das kindliche Individuum auch die Erfahrung, daß nicht nur bei einem Wahrnehmungsverlust, sondern auch bei einer Wahrnehmung, z. B. der Mutter – subjektiv bloß eine bestimmte äußere Reizkonfiguration – die Interaktion nicht immer der aktualisierten Interaktionsform in Gänze entspricht und so unlustvolle Situationen auftreten können. Die Wahrnehmung der Mutter garantiert nicht allein die lustvolle Entspannung; sie ist hierfür nur eine notwendige, aber ebenfalls keine hinreichende Bedingung, so daß sich auch die zunächst in triebbestimmte, körperliche Interaktionsprozesse einbezogenen visuellen Interaktionen als instrumentelle qualifizieren.

In erster Lesung scheint mithin kein Unterschied zu bestehen zwischen den objektiv und subjektiv differenzierenden Kriterien. Die Trennung von Wahrnehmung und motorischen Interaktionen scheint selbstevident, so daß es in der Tat den Anschein hat, als ob sich bereits auf dem hier diskutierten Entwicklungsstand nicht nur die Differenz von triebbestimmten und instrumentellen Aktivitäten, sondern auch die objektiven Voraussetzungen einer Trennung von Innen und Außen – die Unterscheidung von Interaktion, wahrgenommener und vorgestellter Interaktion – bereits auch in kindlicher Sicht so präsentieren, wie wir sie uns unter Vernachlässigung dieser Perspektive bereits kenntlich gemacht haben. Eingedenk der psychoanalytischen Einsicht allerdings, daß der psychische Apparat auf diesem Entwicklungsstand doch weitgehend auf der Ebene des »Primärvorganges« operiert, wird die umstandslose Reduzierung der subjektiven Perspektive des Kindes auf die objektive Perspektive des Untersuchers mehr als fragwürdig. Mit Primärvorgang kennzeichnet Freud (1938/86) bekanntlich die nach dem Lustprinzip arbeitenden »Gesetze in ihrer Gesamtheit«, denen unbewußte Vorgänge unterliegen. Er präzisiert sie dahingehend, daß es dort keine Negation, keinen Zweifel, keine Grade von Sicherheit, sondern nur mehr oder weniger stark besetzte Inhalte gibt, deren Besetzungen wieder abgezogen und auf andere Inhalte verschoben werden können. Auf der Ebene des Primärvorganges haben »die entscheidenden Regeln in der Logik (...) keine Geltung« und Gegensätze werden »nicht auseinandergehalten, sondern wie identisch behandelt« (Freud 1938/91).

In erkenntnispsychologischer Wendung der Annahme, daß im Primärvorgang die Besetzungen frei verschieblich sind, hebt auch Rapaport (1967/317) das Moment der subjektiven Identität von objektiv Verschiedenem hervor. Denk- und d. h. Erkenntnisvorgänge werden auf dieser Ebene automatisch durch die Lust-Unlust-Entbindung reguliert, so daß das Kind zwar zwischen unlustvollen und lustvollen, aber noch nicht zwischen verschiedenen lustvollen und verschiedenen unlustvollen Abläufen subjektiv unterscheiden kann.

Das Kind vermag also Erfahrungen allenfalls unter zwei Aspekten aufzugliedern: Es kann innere, psychische von äußeren, extrapsychischen und unlustvolle von lustvollen Abläufen unterscheiden. Es ist somit zwar in der Lage, motorische instrumentelle von triebbestimmten und von innerpsychisch stattfindenden Interaktionen zu sondern; es kann jedoch objektiv verschiedene, motorische instrumentelle Interaktionen subjektiv ebensowenig gegeneinander abgrenzen wie verschiedene triebbestimmte und verschiedene innerpsychisch ablaufende instrumentelle Aktivitäten. Die objektiven Voraussetzungen einer Trennung von Innen und Außen – die Interaktionsform der Vorstellungstätigkeit und die Interaktionsform der Wahrnehmungstätigkeit – liegen mithin zwar im Subjekt vor. Im Subjekt kann somit auch eine Unterscheidung zwischen Vorstellung und Wahrnehmung stattfinden. Aber auch wenn das Kind Innen von Außen trennen kann, so ist die objektive Voraussetzung dieser Trennung – die Unterscheidung von Vorstellung und Wahrnehmung – dennoch noch kein subjektiver Tatbestand. In seinem Erleben ist die Vorstellungstätigkeit noch nicht von anderen innerpsychischen Abläufen geschieden und die Wahrnehmungstätigkeit noch identisch mit anderen extrapsychischen, motorischen Interaktionen. Das Kind weiß somit auch nicht, daß es zwischen Vorstellungen und Wahrnehmungen unterscheidet. Es stellt sich etwas vor und nimmt etwas wahr, aber es weiß weder, daß es sich etwas vorstellt, noch daß es etwas wahrnimmt.

Interaktionsformen sind mithin das Resultat registrierter körperbestimmter Interaktionen. Auch die Registrierung erfolgt in praktischer Interaktion mit den dabei ablaufenden Prozessen, in denen auch die registrierenden Interaktionen ihre Form gewinnen. Sie sind zunächst in den registrierten triebbestimmten Interaktionsformen enthalten und differenzieren sich daraus über unlustvolle Erfahrungen als instrumentelle Interaktionsformen, die zwar objektiv verschieden sind, subjektiv aber nur in innerpsychische und extrapsychische aufgegliedert werden können.

Eine weitere subjektive Aufgliederung der Interaktionsformen setzt Sprache voraus. Damit etwa die Vorstellungs- und Wahrnehmungstätigkeit als das, was sie sind, subjektiv bestimmt und von anderen Abläufen abgehoben werden können, muß das Kind in der Lage sein, in einem Schluß vom Allgemeinen zum Besonderen ihre »Zugehörigkeit« (Rapaport et al. 1968/189ff.) zu bestimmen. Diese Fähigkeit ist im allgemeinen an intensional ausgewiesene und extensional eingegrenzte, sprachliche Gebilde, an symbolische Interaktionsformen (Lorenzer 1972) gebunden.

Mit diesem Begriff nimmt Lorenzer Bezug auf die Verbindung von Sprache und, sich in Interaktionsformen im Individuum sedimentierender Lebenspraxis, durch die das Kind die Operationsweise des Primärvorganges übersteigt und Bewußtsein gewinnt. Andernorts haben wir (z. B. Zepf 1976) die von Lorenzer (z. B. 1972) vorgetragene Bildung symbolischer Interaktionsformen als einen Prozeß der Begriffsbildung präzisiert, in welchem im Vorgang analytischer Abstraktionen die invarianten Merkmale verschiedener Interaktionsformen, ihre identischen Momente, in vollem Wortsinn »auf Begriffe« gebracht werden. Ihre Extension bildet sich über die von Lorenzer (1972) beschriebenen Operationen der »Prädikation« und »Regulation«, dem Zu- und Absprechen von Namen. Am Ende dieses Prozesses stehen so ein Begriff zu verschiedenen Interaktionsformen und eine Interaktionsform zu verschiedenen Begriffen in Beziehung, so daß nun mit der »Zugehörigkeit« in absteigender Konkretion ihres abstrakten Kerns die Interaktionsform zugleich auch als eine jeweils besondere und von anderen abgrenzbare bestimmt werden kann.

Interaktionsformen können freilich nur im idealtypischen Fall den Status von symbolischen, bewußt verfügbaren erreichen und behalten. Mit dem Konzept der »Desymbolisierung« nimmt Lorenzer (1970; 1972) Bezug auf die systematische Brechung der sich im Sozialisationsprozeß bildenden subjektiven Strukturen. Im Vorgang der Desymbolisierung werden einerseits bereits hergestellte und in Sprache zu Wort kommende Interaktionsformen wieder aus der Sprache exkommuniziert und andererseits – und hinter dem Rücken des Subjekts – wieder unter falschem Namen in die Sprache eingebunden.

Lorenzer (1970/93–103) erläutert diese Bedeutungsverzerrung als eine semantische Verschiebung am Beispiel der Pferdephobie des kleinen Hans. Im Gefolge eines neurotogenen Konfliktes wird hier eine bestimmte Beziehungslage von Hans und seinem Vater, eine bestimmte Interaktionsform, aus dem Insgesamt des für Hans bewußten und widersprüchlich gewordenen Beziehungsgefüges zum Vater ausgegliedert. Die verpönte Interaktionsform wird »desymbolisiert«. Durch den Verlust ihres Sprachsymbols entzieht sie sich von nun an der bewußten Reflexion. Zum »Klischee« geworden wird die desymbolisierte Interaktionsform nun jenen symbolischen Interaktionsformen hinzuaddiert, die das bisherige Beziehungsgefüge von Hans und Pferd kennzeichnen. In das bewußt verfügbare Symbol »Pferd« wird ein unbewußter Bedeutungsanteil aufgenommen, der früher als bewußte Bedeutung dem Symbol »Vater« angehört hat. Die verpönte Interaktionsform wird zwar symbolisiert, bleibt aber verhaltenswirksam und kann nicht mehr als das, was es ist, reflektiert werden.

Auf sprachlich-begrifflicher Ebene gelesen führt die Desymbolisierung zu einer extensionalen Verkürzung bestimmter Begriffe – der Begriff nimmt nicht mehr auf die ausgestanzte Interaktionsform Bezug –, der eine extensionale Bedeutungserweiterung an anderer Stelle korrespondiert, die dort freilich nurmehr »falsch« reflektierbar ist. Das Subjekt subsumiert nun die ausgestanzte Interaktionsform unter die Intension, den kategorialen Inhalt des Begriffes, der durch sie extensional erweitert wurde.

Sieht man von den Desymbolisierungsprozessen ab, dann gliedern symbolische Interaktionsformen die Interaktionsformen auf in symbolische Subjekt-, symbolische Objekt- und in die symbolischen Repräsentanzen der Art und Weise der jeweiligen Beziehung zwischen beiden. Das Individuum vermag sich nun auch subjektiv als das Identische in verschiedenen Interaktionen zu unterscheidbaren Objekten zu bestimmen. Eine einzelne Interaktion wird bestimmbar als Exemplar »dieses« Subjekts, »dieser« Qualitäten und »dieses« Objektes.

Mit der an den Erwerb von Sprache gebundenen Bildung symbolischer Interaktionsformen wird mithin die objektive Differenzierung einer subjektiven Struktur subjektiv eingeholt. Durch die Verkoppelung mit Sprache gewinnen auch die von der Psychoanalyse als »Ich-Funktionen« beschriebenen instrumentellen Interaktionsformen die Höhe von symbolischen. Sie existieren nun auch subjektiv als abgegrenzter und in sich differenzierter Teil im Gefüge symbolischer Interaktionsformen. Die sprachvermittelte, symbolische Fassung erlaubt nun, eine bestimmte instrumentelle Interaktionsform als einzelnen »Fall« dieser besonderen Interaktionsform positiv und in negativer Abgrenzung von anderen zu bestimmen und ist damit auch Voraussetzung dafür, daß instrumentelle Interaktionsformen intentional zum eigenen oder zum Gegenstand einer anderen gemacht werden können. Erst das sprachfähige Individuum kann z. B. darüber nachdenken, wie es denkt oder wahrnimmt, kann eine instrumentelle Interaktionsform nicht nur von anderen, sondern auch vom Inhalt abstrahieren, der in ihrem Vollzug hergestellt wird.

Die Einsicht, daß es sich bei den »Ich-Funktionen« auch um symbolische Interaktionsformen handelt, legitimiert allerdings nicht nur den hermeneutischen Zugriff auf die Intentionen, die etwa einem Nachdenken über andere »Ich-Funktionen« zugrunde liegen können, sondern auch dem tiefenhermeneutischen und genuin psychoanalytischen Zugriff auf diejenigen unbewußten Intentionen, aufgrund derer »Ich-Funktionen« in Abwehroperationen einbezogen werden können. Bekanntlich beschrieb Freud zwei Arten der Störung. Bei den motorischen Hemmungen findet eine wirkliche Hemmung bestimmter Abläufe statt: »Wenn das Schreiben, das darin besteht, aus einem Rohr Flüssigkeit auf ein Stück weißes Papier fließen zu lassen, die symbolische Bedeutung des Koitus angenommen hat, oder wenn das Gehen zum symbolischen Ersatz des Stampfens auf dem Leib der Mutter Erde geworden ist, dann wird beides, Schreiben und Gehen unterlassen, weil es so ist, als ob man die verbotene sexuelle Handlung ausführen würde. Das Ich verzichtet auf diese ihm zustehenden Funktionen, um nicht eine neuerliche Verdrängung vornehmen zu müssen (...)« (Freud 1926/116). Analog der Phobie, wo das phobische Objekt eine unbewußte Bedeutung angenommen hat, und man es meidet, weil sonst aus diesem Grunde Angst auftreten würde, wird bei dieser Art einer »Ich-Funktionsstörung« die Ausübung einer Funktion unterlassen, weil sie aufgrund einer Verschiebung einer verpönten und deshalb desymbolisierten, triebbestimmten Interaktionsform eine extensionale Bedeutungserweiterung erfahren hat, die inhaltlich jedoch nicht mehr reflektierbar ist.

Bei den rezeptiven Funktionshemmungen ist die Sachlage anders. Bei der hysterischen Blindheit etwa wird zwar auch die »Seh-Funktion« gehemmt, weil sie sexualisiert wurde, weil das »Organ, welches sonst der Sinneswahrnehmung dient, sich bei Erhöhung seiner erogenen Rolle geradezu wie ein Genitale gebärdet« (Freud 1910/101). Die »Seh-Funktion« wird jedoch nicht wirklich gehemmt: »Die hysterisch Blinden sind (...) nur fürs Bewußtsein blind, im Unbewußten sind sie sehend« (Freud 1910/95). Die »Seh-Funktion« ist noch vorhanden, jedoch bewußt, d. h. symbolisch nicht mehr verfügbar. Da der hysterisch Blinde nicht mehr weiß, daß er wahrnimmt, weiß er auch nicht mehr, was er wahrnimmt. Während im ersten Fall sich das Individuum ein »Nachdrängen« auf Kosten einer wirklichen Hemmung erspart, wird hier das »Sehen«, weil es extentional um eine verbotene sexuelle Handlung erweitert wurde, einer weiteren Desymbolisierung unterzogen. Wahrnehmungsperzepte können dann nicht mehr bewußt als Wahrnehmungsperzepte registriert werden.

Den Vorgängen bei der hysterischen Blindheit kann ferner noch ein Hinweis auf die Bedingungen entnommen werden, unter denen im späteren Leben Halluzinationen auftreten können. Der hysterisch Blinde weiß nicht mehr, daß er wahrnimmt. Infolge dessen werden für ihn Vorstellungen auch nicht den Charakter von Wahrnehmungen haben können. Er wird also nicht halluzinieren. Auch wenn etwa die Vorstellungstätigkeit bei erhaltenem Sprachsymbol der »Seh-Funktion« allein desymbolisiert wäre, würde der Betroffene nicht halluzinieren können. In seinem Selbstverständnis hätte er bloß keine Vorstellungen mehr. Halluzinationen setzen nicht nur die Desymbolisierung der Vorstellungstätigkeit voraus. Erforderlich ist darüber hinaus, daß diese desymbolisierte instrumentelle Interaktionsform in Richtung auf das Sprachsymbol der »Seh-Funktion« verschoben wird und dort zu einer extensionalen Bedeutungserweiterung führt. So wie im Bewußtsein des kleinen Hans der Vater als Pferd registriert wird, so werden unter dieser Bedingung fürs Bewußtsein des Betroffenen Vorstellungen zu Wahrnehmungen.*

Der Zusammenhang von Sprache und »Ich-Funktionsstörungen« läßt sich noch genauer einstellen. Im Beispiel Freuds ist nur die Schreibtätigkeit gehemmt, andere Tätigkeiten – wie Fahren oder Laufen – können durchaus noch ausgeübt werden. Nicht die Arbeit im allgemeinen, sondern eine bestimmte, ein bestimmter »Fall von Arbeit« – hier Schreiben mit einem Füllfederhalter – erhielt einen unbewußten Bedeutungszuwachs. Dies setzt voraus, daß Arbeit auf der Gegenstandsebene auch subjektiv in verschiedene Arbeiten aufgegliedert ist. Genau diese Sachlage ist auf dem Niveau symbolischer Interaktionsformen gegeben. Hier korrespondiert einem differenzierten Gegenstandsbereich – den Interaktionsformen – ein ebenso gegliedertes Sprachsystem, dessen hierarchische Struktur sich den unterschiedlichsten analytischen Abstraktionen aus dem Gegenstandsbereich verdankt. Je nach Abstraktionsniveau steht ein sprachlicher Ausdruck zu anderen in einer gleichrangigen, unter- oder übergeordneten Beziehung. Und d. h.: Aufgrund der sich über Abstraktionen und Konkretionen vermittelnden hierarchischen Struktur der menschlichen Sprache werden Unterschiede in Polarität zum Identischen subjektiv erkennbar. »Schreiben« und »Gehen« beispielsweise sind zwar einander gleichrangig dem Begriff der (Arbeits-)Tätigkeit subordiniert; sie können jedoch dadurch, daß sie noch in den Bedeutungsräumen anderer Begriffe liegen, voneinander ebenso unterschieden werden wie etwa »Schreiben mit einer Füllfeder« von »Gehen mit Schuhen«, die wiederum »Schreiben« und »Gehen« untergeordnet sind. Mithin gilt: je differenzierter das System

---

* In meiner Schrift »Trieb, Narzißmus und die Produktion von Subjektivität« (1985) habe ich diesen Zusammenhang noch in einer Weise angedeutet, die zu Mißverständnissen führen kann. Dies lag auch daran, daß eine subjektive Differenzierung von Vorstellungs- und Wahrnehmungstätigkeit bereits auf vorsprachlicher Ebene angenommen wurde. Dieser Irrtum wird hier korrigiert.

symbolischer Interaktionsformen ist, desto »tiefer« in der Hierarchie kann eine Hemmung bzw. Desymbolisierung eintreten, und desto eingegrenzter kann diese Störung auch ausfallen. Wenn »Ich-Funktionen« unter dem Aspekt gehemmt oder desymbolisiert werden, daß Szenen nicht mehr agiert oder nicht mehr in einem vollen kognitiven und affektiven Spektrum bewußt werden sollen, dann wird eine Hemmung oder eine Desymbolisierung um so partieller bleiben, je mehr diese »Ich-Funktionen« in sich differenziert sind, je mehr ihr Einsatz in einen bestimmten szenischen Zusammenhang von dem in anderen Szenen subjektiv unterschieden werden kann.

Faßt man zum Schluß kurz zusammen, dann sind »Ich-Funktionsstörungen« letzten Endes immer Folge einer gestörten Lebenspraxis. Sie sind Werkzeuge der Subjektbildung und haben zugleich in der »psychischen Realität« einen Stellenwert, der von der Psychoanalyse einzuholen ist und eingeholt werden kann. Dazu ist es freilich nötig, die kategorialen Inhalte zentraler strukturtheoretischer Begriffe in Radikalisierung der Psychoanalyse als einer tiefen-hermeneutisch operierenden Erfahrungswissenschaft (Lorenzer 1974/194–217) zu entfalten – als besondere Interaktionsformen und d. h. als Produkt lebenspraktisch bestimmter besonderer Interaktionen.

Literatur

Arlow, J., Brenner, Ch. (1964) Grundbegriffe der Psychoanalyse. Reinbek (Rowohlt) 1976.

Balint, M. (1960) Primärer Narzißmus und primäre Liebe. Jb Psa 1:3

Fenichel, O. (1946) Psychoanalytische Neurosenlehre, Bd. 1. Freiburg (Walter) 1974.

Freud, A. (1936) Das Ich und die Abwehrmechanismen. Fischer Taschenbuch 42001.

Freud, S. (1895) Entwurf einer Psychologie. In: Bonaparte Mv, Freud A., Kris E. (Hrsg.) Sigmund Freud – Aus den Anfängen der Psychoanalyse 1887–1902, S. 297. Frankfurt am Main (Fischer) 1975.

Freud, S. (1900) Die Traumdeutung. In: G.W. II/III, Frankfurt am Main (Fischer)

Freud, S. (1910) Die psychogene Sehstörung in psychoanalytischer Auffassung. In: G.W., VIII, 93–102. Frankfurt am Main (Fischer).

Freud, S. (1911) Formulierungen über zwei Prinzipien des psychischen Geschehens. In: G.W. VIII, 229–238. Frankfurt am Main (Fischer).

Freud, S. (1917), Vorlesungen zur Einführung in die Psychoanalyse. In: G.W. XI. Frankfurt am Main (Fischer).

Freud, S. (1923) Das Ich und das Es. In G. W., XIII, 234–289. Frankfurt am Main (Fischer).

Freud, S. (1926) Hemmung, Symptom und Angst. In: G.W. XIV, 111–205. Frankfurt am Main (Fischer).

Freud, S. (1933) Neue Folge der Vorlesungen zur Einführung in die Psychoanalyse. In: G.W. XV. Frankfurt am Main (Fischer).

Freud, S. (1937) Die endliche und die unendliche Analyse. In: G.W. XVI, 57–99. Frankfurt am Main (Fischer).

Freud, S. (1938) Abriß der Psychoanalyse. In: G.W. XVII, 63–138. Frankfurt am Main (Fischer).

Hartmann, H. (1939) Ego Psychology and the Problem of Adaptation. New York (Int. Univ. Press) 1958.

Hartmann, H. (1964) Zur psychoanalytischen Theorie des Ichs. Stuttgart (Klett).

Joffe, W. G., Sandler, J. (1967) Über einige Probleme im Zusammenhang mit dem Studium narzißtischer Störungen. Psyche 21:152.

Lorenzer, A. (1970) Sprachstörung und Rekonstruktion. Frankfurt am Main (Suhrkamp).

Lorenzer, A. (1972) Zur Begründung einer materialistischen Sozialisationstheorie. Frankfurt am Main (Suhrkamp).

Lorenzer, A. (1974) Die Wahrheit der psychoanalytischen Erkenntnis. Frankfurt am Main (Suhrkamp).

Pulver, S. E. (1972) Narzißmus: Begriff und metapsychologische Konzeption. Psyche 26:34

Rapaport, D. (1967) The collected Papers of David Rapaport (Hrsg. v. Gill, M. M.) New York (Basic Books).

Rapaport, D., Gill, M. M., Shafer, R. (1968) Diagnostic Psychological Testing (Hrsg. v. Holt, R. R.). New York (Int. Univ. Press).

Rubinstein, S. (1969) Das Wesen des Denkens und seine Komponenten. In: Graumann, C. F. (Hrsg.) Denken, S. 75. Köln (Kiepenheuer & Witsch).

Rubinstein, S. (1971) Grundlagen der allgemeinen Psychologie. Berlin (DDR) (Volk und Wissen).

Sandler, J., Joffe, W. G. (1969) Auf dem Wege zu einem Grundmodell der Psychoanalyse. Psyche 23:461.

Sandler, J., Nagera, H. (1966) Einige Aspekte der Metapsychologie der Phantasie. Psyche 20:188.

Zepf, S. (1976) Grundlinien einer materialistischen Theorie psychosomatischer Erkrankung. Frankfurt am Main (Campus).

Zepf, S. (1985) Narzißmus, Trieb und Produktion von Subjektivität – Stationen auf der Suche nach dem verlorenen Paradies. Heidelberg (Springer)

Hexenwahn, Kulturzerstörung und gesellschaftliche Produktion von Unbewußtheit

1. Der Teufel und die Zerstörung von Kultur und Geschichte

In seinen Tischreden erzählte Luther von der Begegnung mit einem Schwachsinnigen: »Vor acht Jahren war zu Dessau eines, das ich, Doktor Martinus Luther, gesehen und angegriffen hab, welches zwölf Jahre alt war, seine Augen und alle Sinne hatte, daß man meinete, es wäre ein recht Kind. Dasselbige that nichts, denn daß es nur fraß und zwar soviel als irgends vier Bauern oder Drescher. Es fraß, schiß und seichte, und wenn mans angriff, so schrie es. Wenns übel im Hause zuging, daß Schaden geschah, so lachete es und war fröhlich, gings aber wohl zu, so weinete es. Diese zwo Tugend hatte es an sich. Da sagte ich zu dem Fürsten von Anhalt: Wenn ich da Fürst oder Herr wäre, so wollte ich mit diesem Kinde in das Wasser, in die Molda, so bei Dessau fleußt und wollte das homicidium dran wagen! Aber der Kurfürst zu Sachsen, so mit zu Dessau war, und die Fürsten zu Anhalt wollten mir nicht folgen. Da sprach ich: So sollten sie in der Kirchen die Christen ein Vater Unser beten lassen, daß der liebe Gott den Teufel wegnehme« (zit. n. Kirchhof 1890:69).

Luthers Meinung können wir abgekürzt so zusammenfassen: Wer nicht arbeiten, aber trotzdem essen und trinken will, dazu noch »inadäquate Reaktionen« zeigt, ist vom Teufel besessen. Dabei dient der Begriff des Teufels der Umwertung des uralten Wunsches essen und trinken zu können ohne arbeiten zu müssen. Mittels des Teufels wird er zum verwerflichen Wunsch gemacht, und Individuen, die diese Utopie gleichsam vorleben, sollten umgebracht werden. Was für den armen Schwachsinnigen galt, mußte auch für die fremden Völker gelten, die mit ihren traditionellen Lebensformen die sich mühsam in Europa neu etablierten Werte der Askese und Arbeit infrage stellten. Diese Durchsetzung neuer Werte wird als ein Zug des neuzeitlichen Zivilisationsprozesses, so wie es N. Elias beschrieben hat, verstanden. Die Kultur werde komplexer, differenzierter, und diese Prozesse würden auch das Individuum verwandeln, das neue Formen des Selbstzwanges entwikkeln müsse. »Das Verhalten von immer mehr Menschen muß aufeinander abgestimmt, das Gewebe der Aktionen immer genauer und straffer durchorganisiert sein, damit die einzelne Handlung ihre gesellschaftliche Funktion erfüllt. Der einzelne wird gezwungen, sein Verhalten immer differenzierter, immer gleichmäßiger und stabiler zu regulieren« (Elias 1969, 2:317). Aber Elias erkannte nicht, daß mit diesen zivilisatorischen Prozessen andere, weniger gut sichtbare Entdifferenzierungsprozesse einhergehen. Der Zivilisationsprozeß macht eine Kultur nicht nur komplexer, sondern baut auch vorhandene Strukturen ab, läßt sie also verarmen. Das Individuum muß demnach nicht nur lernen, mit der höheren Komplexität fertig zu werden, sondern auch mit der Verkümmerung von Kultur. Alfred Lorenzer ist einer der ersten, der der Frage, wie das Individuum auf Kulturzerstörung reagiert, nachging. Ich nehme seine Gedanken aus dem »Konzil der Buchhalter. Die Zerstörung der Sinnlichkeit. Eine Religionskritik« (1981) auf. Am Beispiel der Hexenverfolgungen möchte ich aufzeigen, daß eine sich auf den Teufel beziehende Religion Produkt ist der aus dem Bewußtsein ausgeschlossenen und ins Unbewußte verwiesenen Wahrnehmungen kultureller Entdifferenzierung.

Der Glaube an Dämonen ist bekanntlich sehr alt. Bei Becker et al. findet sich eine Übersicht über das Auftauchen der verschiedenen Elemente des Hexenwahns und deren allmähliches Zusammenwachsen zu jenem Komplex, der schließlich im Zeitraum zwischen dem 15. und 17. Jahrhundert zur massenhaften Vernichtung vorwiegend von Frauen führte (1977: 315–323). Aber weshalb kam es gerade damals zum Ausbruch des Hexenwahns? Die Erklärungen, die für die Ausbreitung der Hexenprozesse gegeben werden, sind vielfältig; Soldan – Heppe nennen drei: 1. den herrschaftlichen Teufels- und Dämonenglauben, der eine plausible Erklärung für die damaligen unsicheren Verhältnisse bot. »Täglich höret man von greulichen Taten, die alle der Teufel hat zugericht: da werden etliche Tausend erschlagen, da geht ein Schiff mit Leuten unter auf dem Meer, da versinkt ein Land, eine Stadt, ein Dorf, da erstickt sich einer selbst, da erhängt sich einer, da ertränkt sich einer, (…) diese Morde alle richtet der leidige Teufel an. (…) Nicht ermordet er allein die Menschen, sondern auch das Vieh, und verderbt dazu alles, was zu des Menschen Notdurft dient, mit Hagel, Teuerung, Pestilenz, Krieg, Verräterei, Aufruhr und so weiter« schrieb 1532 A. Althammer in »Eyn Predigt von dem Teuffel, das er alles Unglück in der Welt anrichte« (zit. n. Soldan – Heppe 1912: 445). Als zweiten Grund erwähnen Soldan – Heppe die gegen Ende des 15. Jahrhunderts erfolgte Änderung im prozessualischen Beweisverfahren durch Einführung der Folter; und 3. den Umstand, daß im Hexenprozeß der Richter ohne

Einschränkungen die Tortur verwenden konnte. Auch wenn der Angeklagte seine Schuld eingestand, so mußte der Richter mit der Folter nicht aufhören, und zwar bis der Gefolterte beliebig andere Personen als Hexen genannt hatte. Auf diese Weise führte jeder einzelne Hexenprozeß zu immer neuen Verfolgungen (a. a. O.: 444–447).

Was den ersten Grund angeht, den Teufels- und Dämonenglauben, der auch in neueren Publikationen auftaucht (Ziegeler 1973: 8), so ist er selbst erklärungsbedürftig. Wie Freud schrieb: »Weder die Angst noch die Dämonen können in der Psychologie als letzte Dinge gewertet werden, die jeder weiterer Zurückführung trotzen. Es wäre anders, wenn die Dämonen wirklich existierten; aber wir wissen ja, sie sind selbst, wie die Götter, Schöpfungen der Seelenkräfte des Menschen; sie sind von etwas und aus etwas geschaffen worden« (1913: 34). Von Wichtigkeit sind aber der zweite und der dritte Grund, denn sie bestimmen den Hexenprozeß als ein Verfahren, durch den man die Zustimmung zu jeder Aussage, und sei sie noch so unsinnig, erlangen konnte. Hier scheint mir der entscheidende Ansatz zum Verständnis der Funktion der Hexenverfolgung zu liegen: es war der geradezu ideale Ort, um jedem ideologischen Inhalt den Schein der Wahrheit zu vermitteln.

2. Über die Herstellung der Glaubwürdigkeit absurder Begriffe

Der Hexenwahn stellt den Ethnologen vor ähnliche Probleme des Verstehens wie die aztekischen Menschenopfer. Die Azteken begründeten sie mit der Notwendigkeit, die Sonne mit Menschenblut zu ernähren; würde man mit diesen Opfern aufhören, so bliebe die Sonne stehen und die Welt ginge unter. Die kulturrelativistische Schule neigte dazu, diese Erklärung als eine von ›den‹ Azteken geglaubte Wahrheit zu akzeptieren und konnte deshalb nicht deren gesellschaftlichen Stellenwert erkennen (Devereux 1973: 112 u. f.). Mit Freud ließe sich aber sagen: Wir wissen ja, daß die Sonne kein Blut braucht, um ihre Kreise zu ziehen – was mag also die Azteken zu diesem absonderlichen Glauben geführt haben? Erst diese Frage ermöglicht es, den riesigen Aufwand zu erkennen, den die Azteken benötigten, um diese absurde Annahme als wahr erscheinen zu lassen. Die Hypothese drängt sich auf, die religiösen Feste der Mexikaner seien die Inszenierung gewesen, wo »bewiesen« wurde, die Sonne braucht Blut. Zu dieser Hypothese führte mich zuerst eine Beobachtung Nietzsches; in »Menschliches Allzumenschliches« schrieb er: »Keine Macht läßt sich behaupten, wenn lauter Heuchler sie vertreten; die katholische Kirche mag noch so viele ›weltliche‹ Elemente besitzen, ihre Kraft beruht auf jenen auch jetzt noch zahlreichen priesterlichen Naturen, welche sich das Leben schwer und bedeutungstief machen, und deren Blick und abgehärmter Leib von Nachtwachen, Hungern und glühenden Gebeten, vielleicht selbst noch von Geiselhieben redeten; diese erschütterten die Menschen und machten ihnen Angst: Wie wenn es nötig wäre so zu leben? – dies ist die schauderhafte Frage, welche ihr Anblick auf die Zunge legt. Indem sie diesen Zweifel säen, gründen sie immer wieder von neuem den Pfeiler ihrer Macht« (1886: 66–67). Aus diesem Blickwinkel könnte man die aztektischen Opferfeste als solche Zweifel säende Veranstaltungen interpretieren. Sie liefen ja genau nach den ideologischen Prinzipien ab; der Umstand, daß die Menschen tatsächlich getötet wurden, oft auch freiwillig in deshalb besonders zelebrierten Zeremonien den Tod auf sich nahmen, die Priester ihnen das Herz herausrissen und den Leib zur kannibalistischen Kommunion freigaben – das alles mußte ja einen Sinn haben, denn es fand ja in Wirklichkeit statt. Auf diese Weise konnte »bewiesen« werden, daß Menschenopfer notwendig waren, und daß der Krieg einem kosmischen Gesetz entsprach.

3. Der »Hexenhammer«: die Phantasmagorie, die durch Gewalt zur experimentell bewiesenen Theorie wurde

1487 erschien das Buch von J. Sprenger u. H. Institoris »Malleus Malleficarum« (»Hexenhammer«). Sein Aufbau gab sich streng logisch und ist gerade in Zusammenhang mit unserer Fragestellung interessant. Die meisten Kapitel des ersten Teiles sind nämlich mit Fragen überschrieft: »Ob es Zauberei gebe« (I), »Ob durch Inkubi und Sukkubi Menschen gezeugt werden können« (III), »Ob die Zulassung Gottes zur Hexerei nötig sei« (XII) etc. Es schien also, als ob sich das Werk an die Zweifelnden wenden würde, in Wirklichkeit ging es aber nur darum, zuerst einmal den Zweifel, auf dem der Teufelsglaube beruht, zu säen. Anfangs stießen die beiden Inquisitoren auf heftigen Widerstand (Soldan – Heppe I: 246). Ihre Vorstellungen verstanden sich keineswegs von selbst, und wegen deren Absurdität ist das ja auch nicht weiter verwunderlich. Michelet hat das Vorgehen dieser Hexenjäger zutreffend charakterisiert. Von Sprenger sagt er: »Er ist ein Dummkopf, aber ein furchtloser, er stellt kühn die unhaltbarsten Hypothesen auf (...). Von der ersten Seite an stellt er die natürlichen, die offenbaren Gründe einen nach dem anderen klar vor Augen, warum man nicht an die Wunder des Teufels zu glauben hat; nachher fügt er kaltblütig hinzu: ebenso ist es mit den ketzerischen Irrtümern, und ohne die Gründe zu widerlegen, kopiert er die konträren Texte, den heiligen Thomas, die Bibel, die kanonischen Heiligenlegenden und Glossatoren; er zeigt zuerst den gesunden Menschenverstand und vernichtet ihn dann durch die Autorität« (1974:122). Aber so leicht läßt sich der gesunde Menschenverstand durch die Autorität auch nicht vernichten. Dazu brauchte es die Folter. Erst sie und die öffentlichen Hinrichtungen wirkten überzeugend genug, um den Glauben an die Hexen und ihre Werke glaubhaft machen zu können. Die Einleitung zur Publikation eines Verbrennungsurteils lautete 1662 in Esslingen: »Es sollen billig erschrecken und mit stillschweigender Verwunderung alle Zuschauer auf diesem traurigen Schauplatz (der Hinrichtung, M. E.) anhören und zu Gemüte ziehen, was der von Gott verstoßene Mord- und Lügengeist in den Kindern des Unglaubens wirkt und zu was für einem harten, grausamen Mord und andere Untaten er sie zum Verderben ihrer Seelen anführt. Welchergestalt die erschrecklichen, himmelschreienden Sünden der Zauberei und Sodomiterei überhand genommen und wie der Krebs hochschändlicherweise um sich gefressen, das bezeugt die tägliche höchst traurige Erfahrung. Daher muß von einer christlichen Obrigkeit auch beizeiten durch harte und exemplarische Bestrafungen solchen seelenverderblichen Unheil- und Greueltaten vorgebeugt werden. – Unter denjenigen Tugenden, die den Regenten und Obrigkeiten wohl anstehen, die Schärfe, die sie gegen die Bösen und Lasterhaften anwenden will...« (Soldan–Heppe I:390). Die Hinrichtungen, die oft mit großem Pomp durchgeführt wurden, »bewiesen« die Richtigkeit der Beschuldigungen und damit die Macht des Teufels. Die anwesende geistliche und weltliche Obrigkeit verlieh dem ganzen Akt auch noch den nötigen offiziellen Charakter. Nur auf diese Weise ist es erklärlich, weshalb die Inhalte des Hexenhammers schließlich eine so weite Verbreitung finden konnten.

4. Der Hexenglaube und die Produktion von Unbewußtheit

Vor dem Hintergrund dieser Gewalttätigkeit kann auch der verborgene Zweck der von Sprenger und Institoris vertretenen Meinungen entdeckt werden. Der Dämonenglaube zum Beispiel sollte ein Interpretationsschema liefern, das die sozialen Verhältnisse erklären konnte unter Ausklammerung – wir könnten auch sagen: im Dienst der Unbewußtmachung – des damals in Form des Absolutismus stattfindenden Machtzuwachses der herrschenden Klasse. Die Verknüpfung zwischen Absolutismus und Hexenverfolgung ist augenfällig. Der Teufel mußte dafür herhalten, Gottes Wirksamkeit zu beweisen, und auf dem Gottesgnadentum beruhte die absolutistische Herrschaft. Als Jacob I. 1609 in einer Rede vor dem Parlament von England den unumschränkten Herrschaftsanspruch erhob, sagte er: »Könige sind in Wahrheit Götter, dieweil sie auf Erden eine Art göttlicher Macht üben. Sie schaffen und vernichten ihre Untertanen, erhöhen und erniedrigen, gebieten über Leben und Tod, richten in allen Sachen, selber niemandem verantwortlich denn allein Gott; sie können mit ihren Untertanen handeln als mit Schachpuppen« (zit. n. Aretin 1974: 14). Gewiß war die Idee des Gottesgnadentums uralt; neu dagegen war, daß sie, zusammen mit den sozio-ökonomischen Wandlungen dazu benützt wurde, die staatliche Souveränität zu begründen. J. Bodin (1530–1596) gilt als einer der Theoretiker der Souveränität; sie ist »die höchste, von jeder anderen Macht unabhängige, dauernde, auf keinem Auftrage beruhende, sondern eigene, von den Gesetzen entbundene Gewalt über die Untertanen« (Meinecke 1924: 72). »Wenn die Könige durch Gesetze von Versammlungen und Volksbeschlüsse gebunden würden, so würde ihre Macht und ihr Königsname in Zukunft leer sein« (Bodin, zit. n. Meinecke 1924: 73). Nur Gott setzt der Macht des Souveräns Grenzen: »Der Fürst darf die Schranken verrücken, die Gott selbst, dessen lebendes und atmendes Abbild er ist, durch die dauernden Gesetze der Natur aufgerichtet hat« (ebenda: 78). Meinecke vergißt jedoch bei seiner Darstellung Bodins zu erwähnen, daß er auch Verfasser eines Buches war, das den Titel trug: »Vom ausgelassenen wütigen Teufelsheer der besessenen irrsinnigen Hexen und Hexenmeister, Unholden, Teufelsbeschwörer, Wahrsager, Schwarzkünstler, Vergifter, Nestverknüpfer, Veruntreuer, Nachtschädiger, Augenverblender und aller anderen Zauberer Geschlecht, samt ihren ungeheuren Händeln: wie sie vermöge des Recht erkannt, eingetrieben, gehindert, erkundigt, erforscht, peinlich ersucht und gestraft sollen werden« (zit. n. Soldan–Heppe 1912: 463–464). Und auch der vorhin zitierte Jacob I. hat sich mit einem Buch über Dämonologie hervorgetan, in welchem er Bodins Werk aufs höchste lobt (ebenda: 475). Beide begnügten sich leider nicht mit theoretischen Erwägungen, sondern gingen zur Praxis über, Bodin als Richter, Jacob I. durch Einführung neuer Foltermethoden (a. a. O.: 347). Daß Meinecke die Hexenjagd Bodins übersah – ebenso wie Dilthey (1957: 145 f.) –, hängt in erster Linie wohl damit zusammen, daß beide die Geistesgeschichte als selbständige Sphäre betrachteten ohne zu fragen, wie sich die Ideen in der Gesellschaft durchsetzen. Die Idee der Souveränität des Staates erscheint bei Meinecke als an sich überzeugend, sie liegt im »Zeitgeist«. Dilthey deutet zwar Bodins »metaphysische Vorurteile« verharmlosend an: »Er ist von dem Glauben des

16. Jahrhunderts an diese Wunder, Orakel und Mittelwesen erfüllt«
(1957: 152), erwähnt aber das Hexenbuch nicht. Die Idee der Souveränität des Staates und der absoluten Macht des Monarchen waren jedoch nicht »an sich« überzeugend – sie mußten überzeugend gemacht werden. Und dabei spielten die Hexenprozesse eine entscheidende Rolle.
Sie waren es, die den »Zeitgeist« produzierten, dank welchem der absolute Monarch glaubhaft seine Legitimation von Gott ableiten konnte.
Als der Herrscher im aufgeklärten Absolutismus seine Macht von seiner Nützlichkeit für das Volk abzuleiten versuchte (»Alles für das Volk, nichts durch das Volk«), da waren auch die Hexenprozesse verschwunden: man brauchte den Teufel nicht mehr, um Gott zu beweisen.

Um den neuzeitlichen absolutistischen Rechtsanspruch durchzusetzen, mußte das mittelalterliche Legitimationssystem zerschlagen werden. Dieses baute auf regionalen Traditionen auf, und in diesen spielten Frauen eine entscheidende Rolle. Schon Michelet hatte 1860 in seinem Buch »Die Hexe« (1974) auf ihre Funktion im psycho-physischen Haushalt des mittelalterlichen Gemeinwesens hingewiesen. Neuere Untersuchungen haben diese These bestätigt (etwa Ehrenreich and Englisch 1974; Becker et al. 1977). Ein englischer Hexenjäger forderte: »Deshalb muß man zum Schluß immer daran denken, daß wir unter Hexen nicht nur die verstehen, die quälen und töten, sondern auch alle Wahrsager, Zauberer, Gaukler, alle Hexenmeister, die man im Volksmund weise Männer und weise Frauen nennt (...) und ebenso zählen wir dazu die guten Hexen, die nicht Schmerzen zufügen, sondern Gutes tun, die nicht schaden und zerstören, sondern heilen und erleichtern (...) Es wäre tausend Mal besser für das Land, wenn alle Hexen, besonders aber die wohltätigen, den Tod erleiden müßten« (zit. n. Ehrenreich a. English 1974: 11). Den Tätigkeitsbereich der »weisen Frauen« beschreibt Christina Hole folgendermaßen: »Ähnlich den Schwarzkünstlern verließen sie sich auf die Magie, benutzten sie aber hauptsächlich zu wohltätigen Zwecken, zum Heilen von Krankheiten, zum Brechen von Zaubersprüchen, zum Entlarven von Dieben (...) sowie dazu, den Nachbarn vor allen Übeln zu bewahren. (...) In einer Zeit, da es nur wenige, und unter diesen kaum geschickte, Ärzte gab, kurierten sie einfach Leiden oft mit Kräutern und unter Zuhilfenahme des gesunden Menschenverstandes, garniert mit allerlei Zauberformeln. (...) Die weise Frau versah die Aufgaben der Hebamme. (...) Ihr Wert beruhte darauf, daß man sie kannte, für vertrauenswürdig hielt und deshalb in Not- und Krankheitsfällen rufen konnte, wenn man einen Fremden, so gelehrt er auch sein konnte, niemals hinzugezogen hätte« (zit. n. Becker et al. 1977:84). In diesen »weisen Frauen« erkennen wir einen offenbar spezifischen Zug der Frauenkultur, und zwar eingebettet in Lebensformen, die dem Ethnologen aus agrarischen Kulturen wohlbekannt sind. Tatsächlich herrschten ja im Europa des 15. und 16. Jahrhunderts ähnliche Verhältnisse wie in manchen der eroberten überseeischen Gebiete. Dieser Vergleich legt es aber nahe, in den »weisen Frauen« mehr zu sehen als Individuen, die sich in Medizinen auskannten und deshalb nützlich waren. Mauss (1902–1903) und später Lévi-Strauss (1967: 183–203) haben Heilkunst und Magie als soziale Phänomene im Dienste der Kohäsion der Gruppe begriffen. Könnten die Verurteilung und Verfolgung der »weisen Frauen« nicht vor allem auch den Zweck gehabt haben, diese Kohäsion der Gruppen gründlich zu zerstören? Der Angriff auf die alten Kulturformen ging ja auf verschiedenen Ebenen vor sich: z. B. durch die Umwandlung der Agrarwirtschaft in Viehzucht, wodurch Hunderttausende von Bauern gezwungen wurden, ihr Land zu verlassen, oder durch die Einführung der Geldwirtschaft etc. Die Hexenverfolgung wäre dann ein Mittel im ideologischen Kampf gewesen, das besonders gegen die Frauen eingesetzt wurde, da sie eine zentrale Bedeutung für die Wahrung des traditionellen Symbolsystems hatten. In diesen Zusammenhang gehört das 16. Kapitel des Hexenhammers, in welchem »Gaukelei, Weissagung aus Träumen, Nigromantie, pythonische Weissagung, Hydromantie, Aesomantie, Chiromantie und Verehrung der Ariolen« (1923: I, 137) aufs schärfste verurteilt werden und zu deren vollständiger Ausmerzung aufgerufen wird. Im davorliegenden Kapitel bringen Sprenger u. Institoris das Beispiel einer »Wahrsagerin und Zauberin«, die, obgleich schon eine Zeitlang tot, die Pest ins Dorf brachte, und zwar weil die Oberen des Dorfes sie nicht der Inquisition angezeigt hatten. »Das liegt vor«, fassen sie zusammen, »wenn die Oberen die Sünden nicht zurückweisen: dann werden oft die Guten mit den Bösen gestraft…« (a. a. O.: I, 133). Hier wird offenbar auf einen Fall angespielt, in welchem eine Gemeinde nicht bereit war, »ihre« Hexe auszuliefern. Bei solchen Verfolgungen ging es offenbar darum, das Heilmonopol der Staatskirche durchzusetzen und die Partikularität der regionalen Eigenrechte zu brechen.

Warum aber mußten der neuzeitliche Absolutismus ebenso wie die jeweiligen Staatskirchen auf anachrone, zu vergangenen Gesellschaftsformationen gehörende Glaubensformen greifen? Eine Antwort auf diese Frage bekommen wir, wenn wir den Doppelcharakter des Absolutismus berücksichtigen. Einerseits wandte er sich, um die nationale Einheit zu schaffen, gegen den immer schon partikularistische Tendenzen vertretenden Adel; insofern befand sich der Absolutismus in Einklang mit dem Kapitalismus. Andererseits mußte sich der Absolutismus – um seine Macht aufrechtzuerhalten – gegen das Bürgertum wenden, das zwar der wichtigste Verbündete im Kampf der Krone gegen den Adel war, zugleich aber eben dadurch auch zu einem potentiellen Feind wurde. Der Absolutismus konnte dieses Dilemma nur lösen, indem er dem Bürgertum den Feudalismus aufzwang. Er ließ den Bürger zwar aufsteigen, verwandelte ihn jedoch in einen Aristokraten (Moore 1969: 83). Das Mittel dazu war der Ämterverkauf; der Preis dafür war die Erhaltung des Feudalismus, der schließlich in Frankreich nur durch die Revolution gebrochen werden konnte. In dieser Perspektive erscheint der Absolutismus als eine Epoche, in der – etwa im Gegensatz zu England, aber ebenso wie im Heiligen Römischen Reich Deutscher Nation – die Geschichte eingefroren wurde.

Wenn diese These richtig ist, so erscheint der Rückgriff des Absolutismus auf den Hexenwahn, also auf ideologische Formen früherer Gesellschaftsformationen, durchaus verständlich: sie stehen im Dienste eines Aufhaltens der Geschichte. Begreiflich wird auch, weshalb dies mit so viel Gewalt geschehen mußte: es ist mühsam und nicht möglich ohne einen sehr beträchtlichen Aufwand an Gewalt, die Geschichte auch nur für zweihundert Jahre einzufrieren.

Die Opposition gegen den Hexenwahn mußte sich folglich aus den Quellen speisen, die in Richtung auf die bürgerlich-demokratische Gesellschaft drängten. Moore hat sie durch drei Merkmale charakterisiert: 1. sie tritt Willkürherrschern entgegen, versucht 2. Willkürherrschaften durch gerechte und rationale Herrschaftsformen zu ersetzen und 3. den Regierten eine Beteiligung am Zustandekommen der Gesetze und Vorschriften zu verschaffen (1969: 476). Alle Argumente gegen den Hexenwahn lassen sich auf diese drei Prinzipien zurückführen, ebenso wie dessen Rechtfertigungen auf ihre Außerkraftsetzung. Das gilt auch für die verschiedenen Transformationen des Hexenwahns (Antisemitismus, Antikommunismus, Antiterrorismus) bis in neuere Gegenwart hinein. Es mag deshalb aufschlußreich sein, der damaligen Kritik am Hexenwahn zu gedenken. Auch damals ließen sich nicht alle vom »Zeitgeist« packen. Montaigne zum Beispiel, ein Zeitgenosse Bodins, setzte sich in den 1588 erschienenen »Essais« mit dem Hexenwahn auseinander. Er klagt darüber, daß die Menschen über die Tatsachen hinweggehen und begierig nach den Folgen suchen: »Gewöhnlich fangen die Leute damit an: Wie kommt es, daß das geschieht? – Aber geschieht es denn? (...) Zufolge dieser Gewohnheit kennen wir die Gründe und Ursachen von tausend Dingen, die es gar nicht gegeben hat, und schlägt sich die Welt mit tausend Fragen herum, bei denen das Für und Wider gleich falsch sind« (1953: 807–808). Montaigne erkannte deutlich, wie die Menschen ihre Überzeugungen durchsetzen: »Wo die gewöhnlichen Mittel versagen, da nehmen wir Zuflucht zum Zwang, zur Gewalt, zu Feuer und Schwert« (ebenda: 809). Die Geschichten, die man ihm von Hexen erzählte, glaubte er nicht, und fand, daß man den Wert der eigenen Vermutungen allzu hoch veranschlagt, »wenn man um ihretwillen einen Menschen verbrennen läßt« (ebenda: 816). Als ihm einmal ein reichsfreier Fürst Hexen vorführte, um ihn zu überzeugen, daß es sie tatsächlich gäbe, dachte er an Livius' Satz: »Und die Sache sah eher nach Verrücktheit als nach Verruchtheit aus« (ebenda). Damit griff Montaigne eine Einstellung auf, die J. Weyer, ein rheinischer Arzt (1515–1588), in seinem schon 1560 erschienenen Werk »De daemonum praestigiis« vertreten hatte. Bodin, Sprenger und Institoris waren seine heftigsten Gegner (Leibbrand u. Wettley 1961: 205). Die Opposition gegen den Hexenwahn war keineswegs so geringfügig, daß sie nur auf die Weitsichtigkeit einzelner »genialer« Individuen zurückgeführt werden könnte. 1584 deckte der Engländer R. Skot in seiner »Diskovery of witchcraft« den Trug des Hexenglaubens auf (Soldan–Heppe 1912: I, 467). W. Ziegeler hat in seinem Buch »Möglichkeiten der Kritik am Hexen- und Zauberwesen im ausgehenden Mittelalter« (1973) aufgezeigt, daß man sich durchaus dem Hexenwahn entgegenstellen konnte, so wie z. B. der Bischof von Brixen G. Golser 1485 anläßlich eines Hexenprozesses in Innsbruck, der von einem der Verfasser des »Hexenhammers«, Institoris, geführt wurde. Golser erreichte schließlich, daß der Prozeß annulliert und den fünfzig Angeklagten die Freiheit zurückgegeben wurde (ebenda: 82–110).

5. Gewalt und Unbewußtheit

Der Absolutismus als eine Phase der neueren europäischen Geschichte verweist ebenfalls darauf, daß die Evolution der Gesellschaft, das heißt die Entwicklung komplexer Formen sozialen Zusammenlebens nicht nur mit der Produktion neuer Formen von Bewußtsein einherging, sondern auch mit der Produktion von Unbewußtsein. Soziale Evolution vollzog sich bisher immer unter dem Vorzeichen von Herrschaft, und da die Aufrichtung von Herrschaft nicht unter dem Druck von Einsichten, sondern von Gewalt stattfand, war das, was unbewußt gemacht werden mußte, die Aggression, die sich gegen die ihre Macht ausdehnende Herrschaft richtete. Durch die Unbewußtmachung sollte verhindert werden, daß das durch die Machtträger hervorgerufene Anwachsen des Aggressionspotentials der Beherrschten in Kritik und aktiven Widerstand umschlagen könnte. Was unbewußt gemacht wurde, verschwindet jedoch nicht. In den Phantasmagorien von Teufel und Hexe kam es zur Wiederkehr sowohl der unbewußt gemachten Aggression als auch der tabuisierten Wahrnehmung der Machtakkumulation.

Die Gestalt des Teufels, dessen Macht sich angeblich immer mehr aus-
dehnte, spiegelt die durch den Primärprozeß verzerrten Züge des absoluten Fürsten wider, der tatsächlich daran war, die staatliche Macht bis
ins letzte Dorf auszuweiten. Da man aber den Teufel statt des Königs
bekämpfte, nicht den Adel, sondern die Hexen jagte, konnte dank
diesen Ersatzbildungen die Macht der neuen Staatsform durchgesetzt
werden. Wie aber die Kultur aussehen würde, wenn sie sich nicht als
höfische entwickelt hätte, und welche Tendenzen sich in der Wissenschaftsgeschichte durchgesetzt hätten, wenn sie nicht an die könig-
lichen Akademien gebunden worden wären – darüber möchte man
noch lang mit Alfred Lorenzer diskutieren können.

Literatur

Aretin, K. O. v. (Hg.) (1974), Der aufgeklärte Absolutismus, Köln.
Becker, G. et al. (1977), Aus der Zeit der Verzweiflung, Zur Genese und Aktua-
litiät des Hexenbildes. Frankfurt am Main.
Devereux, G. (1973): Angst und Methode in den Verhaltenswissenschaften,
München.
Dilthey, W. (1957⁵): Weltanschauung und Analyse des Menschen seit Renais-
sance und Reformation, Stuttgart u. Göttingen.
Ehrenreich, B. and English, D. (1974): Witches, Midwives and Nurses, A Hi-
story of Women Healers. Old Wertbury, N. Y.
Elias, N. (1938): Über den Prozeß der Zivilisation. Soziogenetische und
psychogenetische Untersuchungen. Bern u. München 1969.
Freud, S. (1913): Totem und Tabu, Einige Übereinstimmungen im Seelenleben
der Wilden und Neurotiker. In: G.W., IX.
Kirchhoff, Th. (1890): Grundriß einer Geschichte der deutschen Irrenpflege.
Berlin.
Leibbrand, W. und Wettley, A. (1961): Der Wahnsinn, Geschichte der abend-
ländischen Psychopathologie, Freiburg, München.
Lévi-Strauss, C. (1967): Strukturale Anthropologie. Frankfurt am Main
1969.
Lorenzer, A. (1981): Konzil der Buchhalter. Die Zerstörung der Sinnlichkeit.
Eine Religionskritik. Fischer Taschenbuch 7340.
Mauss, M. (1902–03): Entwurf einer allgemeinen Theorie der Magie. In: Sozio-
logie und Anthropologie, S. 43–179, München 1974.
Meinecke, F. (1924): Die Idee der Staatsräson in der neueren Geschichte. Mün-
chen u. Berlin.
Michelet, J. (1974): Die Hexe, München.
Montaigne, M. de (1953), Essais, Auswahl u. Übersetzung von H. Lüthy, Zü-
rich.
Moore, B. (1969): Soziale Ursprünge von Diktatur und Demokratie, Frankfurt
am Main.
Nietzsche, F. (1878): Menschliches Allzumenschliches, Kröner-Ausgabe Bd.
72, Stuttgart 1964.

Soldan, W. G. u. Heppe, H. (1912³): Geschichte der Hexenprozesse, Neu bearbeitet und herausgegeben von M. Bauer, Darmstadt, 1969.

Sprenger, J. u. Institoris, H. (1923³): Der Hexenhammer. Berlin.

Ziegeler (1973): Möglichkeiten der Kritik am Hexen- und Zauberwesen im ausgehenden Mittelalter. Zeitgenössische Stimmen und ihre soziale Zugehörigkeit. Köln, Wien.

THOMAS LEITHÄUSER

Individuum und Weltanschauung

Ein Beitrag zur psychoanalytischen Massenpsychologie

I.

Psychoanalyse ist eine unbequeme Wissenschaft. Sie ist das nicht nur als langwieriges therapeutisches Verfahren mit einem zuweilen zweifelhaften Ausgang, ein Verfahren, das nicht nur Leiden heilt, sondern auch Leiden zufügt. Psychoanalyse ist ebenso unbequem als eine Wissenschaft von der Gesellschaft. So war und ist sie offiziell verboten in manchem Land, in dem Aufklärung der jeweils dort herrschenden Verhältnisse gefürchtet wurde und wird. In Ländern, in denen sie unbescholten praktiziert werden darf, fehlt es nicht an mannigfachen Versuchen, sie zu beschränken und ihr jenen Stachel zu ziehen, der immer wieder Unannehmlichkeiten bereiten könnte. In diesem Sinne aktiv sind viele psychoanalytisch arbeitende Therapeuten, die Psychoanalyse allein auf die therapeutische Praxis und Klinische Psychologie festgelegt sehen möchten. Die Psychoanalyse soll aus den unruhigen Wassern der Gesellschaftskritik gesteuert werden.

Aber auch vielen, die sich grundsätzlich um die psychoanalytische Theorie bemühen, ist der »Stachel Freuds«[1] unbehaglich. Da wird unversehens aus einer Wissenschaft des Einsichtig-werdens, des Einsichtig-machens, des Heilens und Veränderns eine Wissenschaft der Geheimniskrämerei. Da reiht die Signifikantenkette ein Geheimnis an das andere, und dieses erfährt statt seiner Aufhellung seine Grablegung in der Pyramide von französischer Sprachphilosophie, deutscher Existenzphilosophie und Kybernetik – ein sehr komplexes Unternehmen also. Das ist die Variante der Psychoanalyse von Jacques Lacan.

Solchen praktischen wie theoretischen Bemühungen der Entschärfung der Psychoanalyse sperrt sich die Aufarbeitung der Psychoanalyse als materialistische Theorie, wie sie Alfred Lorenzer vorgenommen hat. Das Motiv der Aufklärung in der Freudschen Psychoanalyse, das Bewußtmachen von unbewußten Prozessen, die Suche nach ihren Namen, ihre Kultivierung in der menschlichen Praxis und Sprache ist in der

materialistischen Perspektive Lorenzers das die theoretische Explikation bewegende Moment. Es geht um Erkenntnis und nicht um Selbstberuhigung. Solche Erkenntnis ist nicht nur die Durchdringung der intellektuellen Landschaft, die Bildung und Aggregation von den Menschen und Dingen angemessenen Begriffen. Die Erkenntnis der Psychoanalyse wird als praktische verstanden. Sie zielt auf die Befreiung der hinter der Verdrängungsschranke des Unbewußten gebannten Triebregungen, Bedürfnissen und den Wünschen nach einem erfüllteren Leben. Lorenzer beschreibt die psychoanalytische Methode der Erkenntnis als ein »kritisch-hermeneutisches und praktisch-änderndes« Verfahren.[2]
Diese Verdrängungsschranke, an der die Exkommunikation vielfältiger Lebensentwürfe festgehalten wird, durch die so viel ungelebtes Leben eingesponnen bleibt, ist nicht nur Bedingung und Resultat individueller Entwicklung, ein maßgebliches Moment der Struktur des Individuums; sie ist zugleich ihrer ganzen Beschaffenheit nach gesellschaftlich vermittelt: denn diese Verdrängungsschranke des Unbewußten markiert das, was ungesellschaftlich bleiben soll. Sie ist befestigt durch Tabus, Normen und Sanktionsbereitschaften, die das Unbewußte erst zum »inneren Ausland« machen, als das es Freud bezeichnete.

2.

Der Umgang, den die Menschen mit ihren Verdrängungen und dem Verdrängten pflegen oder nicht pflegen können, sagt nicht nur jeweils etwas über einen einzelnen Menschen aus, sondern gleichermaßen etwas über die psychologische Kultur der Gesellschaft, in der sie leben. Die Verdrängungsschranke, die Art ihrer Wahrnehmung: ob überhaupt und wie die aus dem Unbekannten drängenden Impulse gespürt, die Existenz des »inneren Auslandes« anerkannt wird, ist Resultat der frühen Sozialisation. Lorenzer beschreibt diese als Praxis der »Mutter-Kind-Dyade«, als einen »besonderen Praxisbereich« der Gesellschaft.[3]
Es wäre eine verkürzte Sichtweise, wollte man allein den Aufbau und die Befestigung der Verdrängungsschranke als Zielsetzung der frühen Sozialisation der Mutter-Kind-Dyade sehen. Sie ist zwar ein zentrales psychisches Strukturelement, dessen Genese aber in die komplexen Interaktionen zwischen Mutter und Kind eingebettet ist. Diese Interaktionen bilden im Verlauf der Sozialisation eigentümliche Formen aus, die die spezifische Einigung und den Dissens abbilden, die die Beziehungen in der Mutter-Kind-Dyade regulieren. Viele solcher Interaktionsformen werden in der Einführung der Sprache durch ihre Ver-

bindung mit Worten und Namen weiter ausgebildet und befestigt. Sie verschmelzen mit einem »Prädikator« und werden so zum Bestandteil der tradierten Sprech- und Handlungsgrammatik. Andere Interaktionsformen finden keinen Eingang in die Sprache oder werden aus ihr wieder ausgeschlossen. Auf solche Weise der Differenzierung der Interaktionen zwischen Mutter und Kind bildet sich dessen psychische Struktur, die sich nach Ablösung von der Mutter, der Auflösung der diadischen Beziehung aus vielfältigen Interaktionsformen, komponiert, sprachfähigen, weil in die Sprache eingeführt und zugelassen und sprachunfähigen und daher stummen und blinden. Letztere sind zum Unbewußten exkommuniziert.

Diese gewiß zu einfache Skizze mag genügen, um Lorenzers besondere Leistung, die psychische Entwicklung interaktionstheoretisch auszuformulieren, anzudeuten. Ein Gewinn dieser interaktionstheoretischen Explikation der Psychoanalyse liegt nun darin, die Vermittlungen zwischen Individuum und Gesellschaft genauer untersuchen und analysieren zu können. So lassen sich die gesellschaftlichen Komponenten der von uns schon teilweise charakterisierten Verdrängungsschranke im Individuum deutlicher bestimmen. Durch die mütterliche Interaktionspraxis und der mit ihr verbundenen Einführung der Sprache werden gesellschaftliche Normen in die Verdrängungsarbeit des Individuums eingefädelt. Zugleich erhalten damit Triebregungen, Bedürfnisse und Wünsche des Individuums ihre Zielsetzungen und Regelungen ihrer Befriedigung und Versagung. Die Verdrängungsschranke wäre danach keine festgefügte Barriere, sondern eher ein subtiles Netz von Gesetzen, Normen und Regeln, nach welchen der Verkehr zwischen den individuellen psychischen Impulsen und der Gesellschaft geregelt wird. Die Aufgaben der Sprache sind dabei multifunktional. Sie haben sich während der fortschreitenden kindlichen Sozialisation ausdifferenziert. Neben den »Prädikatoren«, die Menschen und ihre Eigenschaften (zunächst die Mutter als »Mama«), Dinge und ihre Merkmale, Beziehungen und Verhältnisse als benennbar und begreifbar für das Bewußtsein befestigen, hat sich eine Vorstellungs-, Bilder- und Wortwelt gebildet, die zwar bewußtseinsfähig und bewußtseinsnah, dem Bewußtsein aber nicht jederzeit, an jedem Ort und in jeder Situation präsent und greifbar ist.

Diese Zwischenwelt – Freud bezeichnet sie als das Vorbewußte –, in der die sprachlichen Artikulationen, die Worte mit ihren regelhaften Bezügen, ihrer Grammatik, noch nicht völlig ihre Verbindung zur Chaotik des Unbewußten gekappt haben, durchsetzt um ein weiteres die Grenzziehungen, die Verdrängungsschranke zwischen Bewußtsein und Unbewußtem. In dieser Zwischenwelt von Bildern und Worten entfaltet die Phantasie ihren Bedeutungszauber. Worte sind also nicht immer – und beim näheren Hinsehen eher weniger als mehr – »Prädikatoren«, d. h. Namen, strenge Begriffe und klare Grenzlinien ziehende Bezeichnungen. Demgegenüber gewinnen Worte in der Grammatik und dem Sprachgebrauch dieser Zwischenwelt des Vorbewußten bildhafte Bedeutungen. Wie in einem Aquarell die Farben schwimmen hier häufig die Wortbedeutungen ineinander. Worte sind, wie Lorenzer es ausdrückt, von einem »Halo von Protosymbolen« umringt, die zur Symbolisierung, d. h. zur Sprache drängen.

Bevor wir unser Thema »Individuum und Weltanschauung« direkt aufgreifen, ist es notwendig, eine weitere Differenzierung, die Lorenzer mit seinem interaktionstheoretischen Ansatz in die Psychoanalyse einführt, zu erörtern. »Prädikatoren«, die begriffliche Befestigung von Wortbedeutungen und die »Protosymbole«, die sich mit Worten verbinden, sind nicht zwei voneinander streng zu scheidende Bedeutungsschichten der Worte. Vielmehr sind sie in einem komplexen Wechselspiel miteinander verwoben, indem, je nach Art der Verwendung der Worte in einem Sprachzusammenhang oder »Sprachspiel« (Lorenzer adaptiert einen Grundgedanken und Terminus der Wittgensteinschen »Philosophischen Untersuchungen«), die eine oder andere Bedeutungsschicht dominant ist. Dieses Wechselspiel von Prädikator und Protosymbolen verdichtet sich im Wort zum Symbol. Den gelungenen Sprachgebrauch, d. h. den gelungenen Wortgebrauch nach den Regeln der Sprachspiele unserer Umgangssprache beschreibt Lorenzer als »symbolisch vermittelte Interaktion«, in der die Bedeutung der Worte, die Sprachsymbole in Sprechen und Handeln der an der Interaktion, am Sprachspiel beteiligten Individuen in Übereinstimmung gebracht werden bzw. gebracht werden können. Die Individuen können dann das Wechselspiel von Prädikator und Protosymbolen im Wortsymbol sich gegenseitig auslegen und interpretieren.

Von dieser symbolisch vermittelten Interaktion unterscheidet Lorenzer zwei Interaktionsformen, die im klinischen Falle der Neurose zur besonderen Ausbildung gelangen und sich als sozialisatorische Beschädigung in der psychischen Struktur des neurotischen Individuums festsetzen können. Das sind die Formen der klischeebestimmten Interaktion und die der zeichenregulierten Interaktion. In der klischeebestimmten Interaktion wird das komplexe Wechselspiel von Prädikator und Protosymbolen im sprachlichen Symbol durch ein Klischee stillgestellt und damit die Erlebnis-, Erfahrungs- und Erkenntnisfähigkeit eines Individuums punktuell blockiert. So mag – um ein Beispiel zu nennen – ein Angestellter Konflikte, die er mit seinem Vorgesetzten hat, immer wieder nach dem gleichen, zu einem Klischee verfestigten Muster, nach einer klischeebestimmten Interaktion vollziehen, die aus einem ungelösten ins Unbewußte abgedrängten ödipalen Konflikt mit seinem Vater resultiert. Dieser unbewußte Konflikt bleibt unbegriffen und unbenennbar (also ohne Prädikator) und bestimmt in fortdauernden Wiederholungen die Interaktion mit dem Vorgesetzten, der auf der unbewußten Ebene in die Position des Vaters eingesetzt wird. Die Interaktion mit dem Vorgesetzten verläuft nach dem Klischee des Sohn-Vater-Konflikts. Dieses Klischee wird dann von jenem Angestellten seinem Vorgesetzten gegenüber zwanghaft ausagiert.

Während in der klischeebestimmten Interaktion der »Prädikator« gekappt ist und die Interaktionsform als nicht benennbare und bestimmbare in einem Klischee lagert, gibt es in der zeichenregulierten Interaktion für den »Prädikator« keine Interaktionsform, die er zum Ausdruck und Begriff bringen könnte. Der »Prädikator« wird zu einem bloßen Zeichen, dem willkürlich etwas zugeordnet und subsumiert wird. Der »Prädikator« als Zeichen erfüllt nur mehr eine Ordnungsfunktion. Der emotionale Bezug wird in der Interaktion mit anderen Menschen stark eingeschränkt. Ihre Eigenschaften, die als individualisierte differenziert zu erleben und zu erkennen wären, werden auf Merkmale von Dingen reduziert. Die Verschiedenheit dieser verdinglichten Merkmale wird hauptsächlich zu Ordnungskriterien herangezogen. Bürokratisches Denken und Handeln sind Beispiele dafür, die sich im Falle der neurotischen Erkrankung zu einem Symptom ausgestalten können. In der zeichenregulierten Interaktion handelt es sich meist um eine zwangsneurotische Symptomatik.

3.

Wir wollen nun den Gewinn, den der Lorenzersche Entwurf der Psychoanalyse zur Beschreibung der neurotischen Symptombildungen erbringt, nicht weiter verfolgen, sondern es mit den bisherigen Hinweisen bewenden lassen. Die hier vorgenommene Aufnahme der Lorenzerschen Kategorien wäre für eine solche Unternehmung noch zu verkürzt. Sehen wir vielmehr, welcher Beitrag sich aus den bisherigen Überlegungen für eine psychoanalytische Massenpsychologie ziehen läßt.

In der Psychoanalyse waren von Anfang an die strengen Unterscheidungen von krank und gesund, pathologisch und normal problematisch. Jeder Mensch schlägt sich mehr oder weniger mit eigenen neurotischen Problemen herum, ob er das nun wahrhaben will oder nicht. Kerngesund ist niemand. Es stellt sich vielmehr die Frage nach der Krankheit einer ganzen Gesellschaft, wie sie z. B. Alexander Mitscherlich gestellt hat.[4] Vielleicht hat eine Gesellschaft in großem Umfang Mittel zur Verfügung, die es ihren Mitgliedern ermöglicht, mit ihren psychischen Beschädigungen gut zurechtzukommen, sich mit solchen Beschädigungen sogar wohl und geehrt zu fühlen, weil sie offensichtlich belobigt und belohnt werden? Der Wunsch nach dem »aufrechten Gang«, nach Spontaneität und Freiheit mag einen in einer Gesellschaft, in der der »Ausgang aus der Unmündigkeit« wenig oder gar nichts gilt, zum Außenseiter machen. Diejenigen, die die Wünsche nach Autonomie und Freiheit und dem damit verbundenen Lebensglück kaum oder gar nicht kennen, nicht gierig danach sind, mögen sich mit dem Schicksal, das sie mit vielen teilen, ausgesöhnt und wohl fühlen. Sie fühlen sich sicher und machen nicht die Erfahrungen der Ausgestoßenen. Dort, wo die psychische Beschädigung der Unmündigkeit, der »Wille zum Gehorsam« zur Tugend erhoben wird, kann der Mangel an Spontaneität und die Abwesenheit eines Wunsches nach erfülltem und befriedigendem Leben kaum als psychischer Defekt gespürt, geschweige denn bewußt erlebt werden. Erich Fromm rechnet solche Phänomene der »Pathologie der Normalität«[5] zu.

Welche pathologischen Mittel sind es, die eine Gesellschaft bereitstellt und damit eine große Zahl ihrer Mitglieder in einen psychischen Zustand versetzt, in dem sie ihre Bedürfnisse befriedigt wähnen? Versuchen wir mit Lorenzer diese Frage zu beantworten und mit seinen Kategorien in das Gestrüpp der »Pathologie der Normalität« einzudringen. Wir hatten gesehen, daß eine befriedigende Beziehung zwischen den Menschen sich allein in symbolvermittelnder Interaktion herstellen kann, denn allein in Symbolen, den Verdichtungen des komplexen Wechselspiels von Prädikatoren und Protosymbolen können Triebregungen, unbewußte Bedürfnisse und Wünsche – unbewußte Interaktionsformen – angemessen repräsentiert und dem Erlebnis, der Erfahrung und der Erkenntnis zugänglich gemacht werden. Die symbolische Interaktion leistet solche Vermittlung unbewußter Strebungen nicht jederzeit; sie enthält aber die Potentialität zu solcher Vermittlung. In den klischeebestimmten und zeichenregulierten Interaktionen ist das Symbol dieser Potentialität beraubt; es ist auf ein Klischee eingeschränkt bzw. zu einem Zeichen verdünnt, die kein lebendiges Wechselspiel zwischen Prädikatoren und Protosymbolen zulassen und die Beziehungen zwischen Unbewußtem und Bewußtem in die Einbahnstraßen der Determination und Regulation zwängen. Intraindividuell ist so das Verhältnis von unbewußten Interaktionsformen zu ihren potentiellen Prädikatoren gestört und die interindividuelle Interaktion beschädigt. Die Sprache und Symbole können ihre Funktion nicht länger adäquat erfüllen.

Für diese psychischen Störungen und Beschädigungen hat die Gesellschaft eine falsche Medizin bereit, die wie eine umgekehrte Psychoanalyse wirkt: statt solche Störungen, das psychische Leiden, zu heilen, schreibt sie es fest und funktionalisiert es als soziales Bindemittel. Die psychischen Defekte der Menschen werden zum Mittel ihrer Vergesellschaftung. An die Stelle des Symbols, das tendenziell auf die Funktionen von Klischees und Zeichen reduziert ist und seinen Vermittlungsaufgaben nicht mehr gerecht werden kann, tritt eine »Schablone«, die Klischeedetermination und Zeichenregulation jeweils in sich integriert. Mit dem Begriff der »Schablone« bezeichnet Lorenzer den Symbolersatz, der nunmehr die Beziehungen von intraindividuellen Triebregungen, Bedürfnisansprüchen und gesellschaftlichen Normen steuert. Das im Symbolisierungsprozeß vermittelte komplexe Spiel von Triebbefriedigung und Triebversagung wird durch »Schablonen« in Ersatzbefriedigungen und Triebverschiebungen umgeleitet. Die »Schablone« ist die manipulierte Antwort auf die Triebe, Bedürfnisse und Wünsche der Menschen.

Die Wirkungsweise der »Schablone« demonstriert Lorenzer an der Massenpsychologie des Faschismus. Mit der »Schablone« des Antisemitismus bannt der Nationalsozialismus große Teile der deutschen Bevölkerung psychologisch. Mit dem Antisemitismus konnten psychologische Ziele formuliert werden, die sich nahtlos an die größeren und kleineren Störungen und Beschädigungen der Persönlichkeit von vielen Menschen anschließen ließen und sie in den Bann des Rassenwahns schlugen, sie gegen die Irrationalität der nationalsozialistischen Weltanschauung blind machten, und zwar so weitgehend, daß selbst weite Teile der doch an die Rationalität des Denkens und der Forschungsmethoden gebundenen Wissenschaft sich scheinbar problemlos mit dem dubiosen Fundament des Nationalsozialismus arrangieren konnten.

Lorenzer macht den psychischen Mechanismus, mit dem die »Schablone« des Antisemitismus die Persönlichkeitsstörungen binden konnte, am Syndrom der »autoritätsgebundenen Persönlichkeit« deutlich, wie es Adorno u. a. in ihrer großen Studie empirisch herausgearbeitet haben.[6] Der in der Persönlichkeitsentwicklung des Individuums unerledigte infantile Konflikt mit der Autorität wird aktiviert und festgestanzt. Die Autorität bedeutet Unterdrückung und Versagung infantiler Triebimpulse, die Verdrängung von bisher beglückenden und befriedigenden Interaktionsformen ins Unbewußte. Das erzeugt aggressive Spannungen, die sich aber nicht gegen ihre Quelle, die Autorität selbst, entladen können, sondern nach außen verschoben werden, ein Außen, dessen Bild als »Schablone« wie der des Antisemitismus, fabriziert ist. Dieser Mechanismus der »Verschiebung« ist zugleich von dem

Mechanismus der »Verkehrung ins Gegenteil« begleitet. Die unter-drückende und versagende Autorität wird nicht gehaßt, sie wird im Gegenteil geliebt und verehrt; es wird ein Idealbild von ihr entworfen.

Lorenzer beschreibt diesen Prozeß der Autoritätsbildung:

»Der ursprüngliche Triebimpuls, der allemal libidinös ist in der Sehnsucht, geglückte Interaktionsformen in befriedigende Interaktionen umzusetzen, geht in die Ersatzbefriedigung ein. Die Verschiebung der Befriedigung spaltet diese dabei merkwürdig auf. Der libidinöse Anteil bewirkt jene Massenbindung, die Freud ausführlich beschrieben hat: die ›Bruderhorde‹, deren Bezugspunkt die idealisierte Autorität ist. Ersatzbefriedigung ist aber das Symptomziel: die autoritätsgefügige Vernichtung Fremder, Verfremdeter, Ausgegrenzter. Dabei kommt die eigene aggressive Reaktion gegen die zugemutete Versagung zur Geltung. Die Rechtfertigung der Aggression aber leistet die in der nachinfantilen Vergesellschaftung dem Individuum angebotene Weltanschauung: Die Symptomschablone wird weltanschaulich gefüllt. Der Feind wird benannt: Der Jude darf (muß) vernichtet werden, weil er schuld ist an unserem/meinem Unglück.«[7]

Die schon klassisch zu nennende Persönlichkeitsstörung, an der der Faschismus die Individuen massenpsychologisch abgeholt und organisiert hat, war ihre Autoritätsbindung. Diese ist als klischeebestimmte Interaktion zu analysieren, wie wir sie auch am Beispiel des ödipalen Konflikts zwischen Angestelltem und Vorgesetztem angedeutet haben. Es gibt gewiß eine ganze Reihe weiterer psychischer Störungen, die sich in klischeebestimmter und zeichenregulierter Interaktion artikulieren und sich für eine regressive, eine das Ich und seine Autonomiebestrebungen einschränkende Einbindung der Individuen in die Masse anbieten. Zu denken wäre z. B. an die Vielfalt narzißtischer Störungen, deren sozialisatorisches und d. h. auch massenbildendes Potential vor Jahren als »neuer Sozialisationstyp«[8] diskutiert wurde. Es stellt sich die Frage, inwieweit psychologische Massenbildungen generell als eine gesellschaftliche Antwort auf psychische Störungen gesehen werden müssen: Massenpsychologie ist ein hochwirksames Mittel gesellschaftlichen Zusammenhalts. In »Massenpsychologie und Ich-Analyse« hatte Freud[9] dieses Phänomen an der Massenbindung durch Kirche und Heer herausgearbeitet. Bedenkt man, daß psychischen Störungen, sie sind ja Interaktionsstörungen, grundsätzlich eine asoziale Tendenz zukommt, so verkehrt sie Massenpsychologie mit den Mitteln der Triebverschiebung und der Ersatzbefriedigung unter Umgehung des Ichs und der Autonomie des Indidividuums in sozialen Zwang und Abhängigkeit. Der antisemitische Rassenwahn, Goebbels' Fanatisierung der Massen im Berliner Sportpalast – eine Art massenpsychologisches happening – die Aufmärsche von SA, SS und Militär, das ästhetizistische Brimborium und nicht zuletzt die gesamte nationalsozialistische Weltanschauung boten ein weites Feld zum Ausagieren vielfältiger infantiler Störungen unter maßgeblicher Schwächung des Ichs jedes einzelnen wenn nicht gar seiner Ausschaltung. Im Gegenzug zur Psychoanalyse, die durch die therapeutische Stärkung des Ichs die Individuen darin unterstützt, zu einem differenzierten und eben individuellen sozialen Verhalten zu finden, eliminiert die faschistische Massenpsychologie die individuelle Lösungsmöglichkeit psychischer Störungen, indem sie die pathologischen Praxen klischeebestimmter und zeichenregulierter Interaktionen zur Normalität erhebt. Der Nationalsozialismus war das Resultat der Pathologie des Normalen.

Der Symbolisierungsprozeß der Sprache wird in die »Schablone« der Weltanschauung gezwängt, die das Spiel zwischen »Prädikatoren« und »Protosymbolen« in den Bahnen des Verschiebungsmechanismus und der Ersatzbefriedigung an die Leine nimmt. Der Phantasietätigkeit wird so ihre Freiheit genommen und auf die totalitäre Ordnung verpflichtet. Ein anderes, fremdes und zukünftiges, der faschistischen Ordnung entgegengesetztes darf es nicht geben. Was Polizei, Militär und paramilitärische Organisationen in der Praxis tun, das leistet die Weltanschauung im Geiste. Die Phantasie soll schwelgen in den Bildern der verehrenden und liebenden Unterwerfung unter die unerbittliche Autorität; sie soll schwelgen in den Bildern der Zerstörung und Ausrottung des Feindes und fremden Rassen. In der Phantasie vom Endsieg assoziiert sich das unermeßliche Blutbad mit der Gloriole der Reinheit. Die menschlichen Gefühle des Grauens und der Abscheu vor Vernichtung und Ausrottung werden ins Unmenschliche verkehrt; sie werden auf das fremde und sogenannte Unreine umgepolt, auf die andere Rasse, der die Vernichtung und Ausrottung zu gelten hat. Solche Enthumanisierung des Bewußtseins der breiten Massen ist der nationalsozialistischen Weltanschauung nicht vollständig gelungen. Sie verzichtete darauf, den Genozid an den Juden und die Todesindustrie in den Konzentrationslagern öffentlich zu verherrlichen. Gleichwohl hat sie das Bewußtsein neutralisiert und mit dahin gewirkt, daß die meisten Deutschen teilnahmslos mit ansahen, wie man ihre jüdischen Mitbürger zunächst beschimpfte und verhöhnte, dann boykottierte und ausgrenzte, um sie schließlich in die Konzentrationslager zu transportieren und zu ermorden. Die Schablone der Weltanschauung spannte sich als eiserner Ring um das Bewußtsein und machte die meisten unfähig zur Einfühlung mit all jenen, die der Nationalsozialismus sich als Opfer bestimmte. Der Prädikator der Menschlichkeit sollte selbst als zum ohnmächtig herabgesetzten Protosymbol der Phantasie nicht überdauern. Die Weltanschauung hatte die Aufgabe der Ausrottung des Bewußtseins, des Ichs, des selbständigen Denkens und Handelns. Die Selbstdisziplinierung war so tendenziell als Selbstdestruktion angelegt, wiederum verkehrt in dem nationalsozialistischen Kult des Heldengedenkens, seiner Opfer- und Todesmystik. Vergöttert wurde das Leben als totes.

4.

Das Wort und der Begriff »Weltanschauung« wurde nicht zuletzt durch den Nationalsozialismus desavouiert. Mehr denn je versteht man unter Weltanschauung ein zurechtgestutztes Bild von der Welt, eine fixe Idee, aus der man ohne viel Federlesens aus dem Bauche der Überzeugung heraus sagt, wie Menschen und Dinge zu sein haben. In der Weltanschauung sind Widersprüche abgeschafft; sie erscheint rational, und was in sie hineingepackt wird, wird in harmonische Verhältnisse gezwungen. Was partout nicht in sie hineinpassen will, wird aufgeräumt, ist aus der Ordnung der Welt zu entfernen. Die Nationalsozialisten haben aus diesem Ordnungswahn die Vernichtung und Ausrottung des Fremden und Anderen abgeleitet: den Völkermord an den Juden. Sie haben damit den latenten und unbewußten Sinn der Weltanschauung in ihrer Tötungspraxis zu Ende buchstabiert.

Weltanschauungen sind in Schablonen gepreßte inhaltliche Ausformulierungen von Figuren des Alltagsbewußtseins [10], die auf einen verführerisch falschen Frieden mit der gesellschaftlichen Wirklichkeit hinauswollen, einen faulen Frieden, der durch die Eliminierung des kritischen Denkens erzwungen werden soll. Weltanschauungen erfüllen so eine Integrationsfunktion der Gesellschaft, die wir mit Lorenzer noch einmal zusammenfassen wollen:

»Indem die Symptomschablone inhaltlich gefüllt wird, ›greift‹ die Weltanschauung die Persönlichkeitsdefekte auf, die von den objektiven Verhältnissen in sozialen Konflikten hergestellt wurden – in sozialen, aber verschleierten Konflikten, die weiterhin verschleiert bleiben sollen«, denn die Weltanschauung hat eine ›objektive‹ Funktion: ein ›sozialer Konflikt‹ soll dadurch stillgestellt und reaktionär umgekehrt werden, daß an die Stelle einer emanzipatorischen Frage die Antwort dagegengesetzt wird. Objektive Verblendung und individuelle Pathologie treten zueinander zu einem stabilen Kurzschluß: die falsche Antwort aufs soziale Problem wird mit dem falschen Namen für den Triebkonflikt verbunden in Schablonen als dem Kern eines falschen Ich.« [11]

Weltanschauung ist ein in sich verschlossener Begriff. Die Blickweise auf die Welt, die mit ihr beschrieben wird, läßt kaum Korrekturen zu, geschweige denn ein Infragestellen ihrer Ganzheit. Bestenfalls erlaubt der Sprachgebrauch eine Relativierung im Sinne der Gegenüberstellung von Weltanschauungen: ihr habt eure und wir haben unsere; ein Relativismus, der die Selbstüberzeugung nicht ins Wanken bringt. Weltanschauungen haben etwas Starres – die Starrheit der Schablone; sie sind in sich nicht reflexiv. Nach ihrer möglichen Wahrheit kann in ihr und mit ihr nicht gefragt werden. Darin unterscheidet sich der Begriff der Weltanschauung vom Ideologiebegriff, den Marx in seiner Kritik an den großen Religionen entwickelte. Ideologien sind nicht nur notwendiges falsches Bewußtsein; sie haben in und von den beschränkten gesellschaftlichen Verhältnissen, die sie im Bewußtsein zum Ausdruck bringen, immer auch ein potentiell wahres Moment, das auf seine kritische Entfaltung drängt. Ideologien implizieren die Ideologiekritik, die die Aufhebung des Moments der Falschheit des Bewußtseins betreibt. Die Menschen sind so grundsätzlich in der Lage, durch Kritik und Reflexion ein angemessenes Bewußtsein von ihrer gesellschaftlichen Wirklichkeit zu entwickeln. Die borniertеn ökonomischen Bedingungen, die Zwänge des Wirtschaftslebens und die Klassenlage beschränken zwar objektiv die Erkenntnis. Diese objektive Beschränktheit ist aber zugleich der kritische Ausgangspunkt der Erkenntnisfindung.[12] Anders die Weltanschauungen; wenn sich in ihnen und für sie überhaupt Wahrheitsfragen oder auch Fragen nach der Wahrhaftigkeit der mit ihnen formulierten Überzeugungen stellen, so behandeln sie sie bestenfalls zynisch. In der Weltanschauung gibt es keinen Widerspruch zwischen Wirklichkeit und Idee. Die Idee ist immer schon Wirklichkeit. Wer und was sich nicht fügen will, dem wird Gewalt angetan. Das geschieht nach den bewährten Schritten: entstellen (fremdmachen), ausgrenzen, boykottieren und ausrotten, mit gleitenden Übergängen von einem Schritt zum nächsten, aber nur selten mit der Rigorosität und Konsequenz, mit der die Nationalsozialisten ihre Rassenpolitik betrieben.

Weltanschauung ist eine Exekution von Macht. Das gilt für die religiösen Weltanschauungen gleichermaßen und auch die großen Religionen, die wie immer auch entfremdet die Vorstellung von einem humanen Leben in sich bergen, haben von der Intoleranz weltanschaulichen Denkens weidlich Gebrauch gemacht, wie die Inquisitoren und die Konquistadoren es gelehrt haben.[13] Sie waren nie zimperlich bei der Durchsetzung des Glaubens, der für sie nur in der Schablone der Weltanschauung Überzeugungskraft erlangen konnte.

In der Gestalt der Weltanschauung ist Religion nicht länger Ideologie.

Für die Aufhellung jener Gebilde des Bewußtseins – zu jenen rechnen eine ganze Reihe der Figuren unseres Alltagsbewußtseins[14] –, in denen keine Unterscheidung zwischen wahr und unwahr getroffen werden kann, ist Ideologiekritik ein untaugliches Verfahren. Zur Aufklärung von Weltanschauungen bedarf es daher einer psychoanalytisch orientierten, kritisch-hermeneutischen Rekonstruktion[15]. Denn in der Weltanschauung wird keine Welt konstituiert, in der sich etwa Übereinstimmung und Differenz von Dingen und Begriffen, die die Menschen von ihnen entwickeln und die raumzeitlichen Vorstellungen, die sie von den Beziehungen der Dinge haben, erproben und prüfen lassen. Eine Weltanschauung ist sehr viel weniger ein rationaler Diskurs als eine wahnhaft ausgelegte Projektion, die die Beziehungen zwischen Menschen und Dingen unter ihren Bann reißt. Insofern ist sie ein genuiner Forschungsgegenstand der psychoanalytischen Massenpsychologie. In der nationalsozialistischen Weltanschauung, dem Antisemitismus, hat sich das Wahnhafte gegenüber dem Rationalen völlig durchgesetzt. Das letztere steht ganz im Dienste des ersteren. Horkheimer und Adorno charakterisieren diese Pathologie des Antisemitismus auf die folgende Weise:

»Das Pathische am Antisemitismus ist nicht das projektive Verhalten als solches, sondern der Ausfall der Reflexion darin. Indem das Subjekt nicht mehr vermag, dem Objekt zurückzugeben, was es von ihm empfangen hat, wird es selbst nicht reicher sondern ärmer. Es verliert die Reflexion nach beiden Richtungen: da es nicht mehr den Gegenstand reflektiert, reflektiert es nicht mehr auf sich und verliert die Fähigkeit zur Differenz. Anstatt der Stimme des Gewissens hört es Stimmen; anstatt in sich zu gehen, um das Protokoll der eigenen Machtgier aufzunehmen, schreibt es die Protokolle der Weisen von Zion den anderen zu. Es schwillt über und verkümmert zugleich. Grenzenlos belehnt es die Außenwelt mit dem, was in ihm ist; aber womit es sie belehnt, ist das vollkommen Nichtige, das aufgebauschte bloße Mittel, Beziehungen, Machenschaften, die finstere Praxis ohne den Ausblick des Gedankens.«[16]

5.

In den großen Religionen war bisher ein entfremdetes uneingelöstes Versprechen auf die volle Entfaltung der menschlichen Sinnlichkeit aufgehoben, das es zu retten gälte und dem die Weltanschauung den Garaus zu machen sucht, wenn sie es nicht in ihrem Dienst entstellen kann. Dieses Versprechen vermag eine psychoanalytische Religionspsychologie zu entziffern.
In seiner Kritik an dem Zweiten Vatikanischen Konzil, das er als entscheidende Etappe der Zerstörung der Sinnlichkeit in der Religion

sieht[17], differenziert Lorenzer die symbolisch vermittelte Interaktion in sinnlich-symbolische und sprachsymbolische Interaktionsformen. Die ersteren finden ihren Ausdruck in den Protosymbolen, von denen schon wiederholt die Rede war. Sie haben ihre Quelle in den vorsprachlichen Interaktionen der Mutter-Kind-Dyade und dem Umgang mit Gegenständen, wie ihn Lorenzer in seiner Interpretation der Freudschen Analyse vom Garnrollenspiel expliziert[18]. Der spielerische Umgang des Kindes mit einem Gegenstand – im Freudschen Beispiel: die Garnrolle – symbolisiert eine Beziehung (zur Mutter). Er ist ein sinnlich wahrnehmbares und greifbares Symbol und als solches eingebaut in einen der sich viele Male wiederholenden spielerischen Umgang. So bilden sich die sinnlich-symbolischen Interaktionsformen und werden zur ersten Schicht der Subjektivität und damit zur Grundlage der Persönlichkeitsbildung überhaupt. Es konstituiert sich die den leiblichen Vorgängen ganz nahe erste »Ich-Struktur«: »Die sichtbaren, hörbaren, tastbaren, schmeckbaren Eindrücke der sinnlich-symbolischen Interaktionsformen sind leibhaftige Szenen – das Soziale rückt uns hier näher auf den Leib. Sie bilden nicht von ungefähr das Terrain des Gestisch-Atmosphärischen, das die Basis sowohl menschlichen Zusammenlebens als auch der Arbeit – zumal kreativ-produktiver – ist. In der Liebe wie in der Arbeit umlagert das benennbare Handeln mit ausweisbaren strategischen Operationen ein ungleich größeres Feld von Gesten und szenischen Figuren, ohne die die intentionale Handlung dürr und leblos verliefe«[19], wenn sie denn entblößt von jeglichen Gesten überhaupt ausgeführt werden könnte.

Als leibnahe, weil im leiblichen Interagieren gebildet, gewähren die sinnlich-symbolischen Interaktionsformen weit intensivere Befriedigungen als der sonstige Symbolisierungsprozeß. Das dokumentieren die schier endlosen lustvollen Wiederholungen des sinnlich-symbolischen Spiels. Daher drängen viele Abkömmlinge, der sinnlich-symbolischen Interaktionsformen, die Gesten und Protosymbole auf einen befriedigenderen Lebensentwurf. Sie bewahren eine frühe Erfahrung als Utopie auf. Sie verweisen auf ein unbenanntes und zum Teil vielleicht auch gar nicht benennbares Mehr an Lust und möglicher Befriedigung, als sie in der symbolischen Interaktion im Alltag der Menschen bisher realisiert werden können. Im Unbewußten bilden die sinnlich-symbolischen Interaktionsformen ein Reservoir eines »Noch-nicht«, das doch einmal sein könnte. So kann Lorenzer mit seiner Ausarbeitung des Begriffs der sinnlich-symbolischen Interaktionsformen – das sei hier am Rande vermerkt – die alte in der Psychoanalyse nie recht ausgetragene Kontroverse zwischen Bloch und Freud versöhnen[20]. Um die Blochschen Begriffe zu gebrauchen: Das Unbewußte, mit dem alles Gegenwärtige beladen ist, ist nicht allein ein »Keller des Nicht-mehr-Bewußten«, der Vergangenheit, wie es Freud auffaßte, sondern es gibt im Unbewußten »ein Brüten und eine Vorwegnahme von Noch-nicht-gewordenem«[21].

Dieses »Noch-nicht-gewordene« des Unbewußten, die sinnlich-symbolischen Interaktionsformen drängen in die »präsentativen Symbole« – ein Begriff, den Lorenzer wie überhaupt den Symbolbegriff von Susanne Langer[22] aufnimmt und weiterentwickelt – der bildenden Kunst, Musik, Literatur und Religion. Hier gewinnen sie, wenn vielfach auch nur als schemenhafte Bilder und als Schatten, Gestalt im Spiel der Symbole und Protosymbole, im Ritual und im Mythos. Das sind empfindliche Gestalten, Traumbilder und Bilder, und ihre Austreibung aus dem religiösen Ritual, wie sie Lorenzer am Zweiten Vatikanischen Konzil kritisiert, gleicht einem Vandalismus, dessen Plünderung der Rituale und Mythen das beste opfert, für das die großen Religionen einstanden: ein nicht eingelöstes, gewiß entfremdetes und ins Unbewußte gedrängtes, gleichwohl noch zu gewinnendes, utopisches Versprechen auf Glück in der Gestalt der sinnlich-symbolischen Interaktionsformen.

Solche säkularisierte Teufelsaustreibung hat ihren folgenschweren Preis. Sei es – wie es heute geschieht –, daß die labilen Figuren der sinnlich-symbolischen Interaktionen ihrer psychischen Kolonialisierung durch Werbung und Warenästhetik preisgegeben werden; sei es, daß die Zerstörung ihrer Sinnlichkeit der Schablone der faschistischen Weltanschauung anheimgefallen ist, wie es in Deutschland geschah, mit den auch für das Unbewußte der nachfolgenden Generation noch kaum bekannten Wirkungen.

6.

Nach all dem, was wir bisher erörtert haben, wird es schwierig, überhaupt auch nur die Frage zu stellen, ob eine Massenpsychologie denkbar wäre, die die Menschen nicht entmächtigt, sie nicht ihrer Autonomie beraubt und nicht ihr Ich einschränkt. Sind Organisationsformen von Menschenmassen und Kollektiven überhaupt vorstellbar, die die Menschen nicht unter die Knute des Gehorsams zwingen und ihre Lebensentwürfe zerstören? Der französische Sozialpsychologe Serge Moscovici kommt in seiner umfangreichen Studie über die Massenpsychologie zu dem Schluß, daß sich die Tendenzen zur weltanschaulichen Massenbildung, die den Menschen eher den Verzicht auf ihre mögliche Autonomie abzwingt, auf der ganzen Welt totalisieren, daß wir im »planetarischen Zeitalter der Massen« leben, die bloße Gefolgschaften für einzelne Führer sind. Die Alternative dazu, die »schlichte Demokratie« hat, – so scheint es – vergleichsweise geringe Chancen. Gleichwohl ist die Vorstellung von einem »kollektiven Leben«, »das die Massen verloren haben, das aber noch immer in ihrer Erinnerung spukt«[23], latent vorhanden. Gilt es nicht, die Vorstellung von einem »kollektiven Leben«, das die Autonomie der Individuen fördert, ihr Ich stärkt, genau auszudenken? Läge hier nicht ein wichtiger politischer Beitrag für die Psychoanalyse, Sozialpsychologie und Massenpsychologie?

Lorenzer versucht das Gegenbild zur weltanschaulichen Massenbildung wenigstens anzudeuten: »Das Kollektivbewußtsein einer Solidargemeinschaft. Dieses Kollektivbewußtsein setzt nicht am fatal schlechten Kompromiß der Symptome an, sondern an der Vermittlung individueller Wünsche und kollektiver Normen in den symbolischen Interaktionsformen. Eine Solidargemeinschaft vereinigt die Einzelnen nicht an den Punkten ihrer versteinerten Angepaßtheit über Symptome, sondern an jenen Punkten, in denen die Liebesfähigkeit und die Reflexion unangetastet blieben. Solche Einigung vermag bei politischem Zusammenschluß die Selbstbetroffenheit zur fruchtbaren Irritation zu wenden – in Bewußtseinsmehrung.«[24] Welche Chancen bestehen für eine solche Bewußtseinsmehrung?

Es gibt empirische Hinweise auf die Ambivalenz des psychischen Impulses zu einem besseren und befriedigenderen Leben und seiner gleichzeitigen Verbannung ins Unbewußte. In einer empirischen Studie[25] sind Birgit Volmerg, Ute Volmerg und ich auf Formen einer Lebenspraxis gestoßen, die auf Bedürfnisbefriedigung, Liebe, Lebenslust, Vertrauen, Hilfsbereitschaft und Solidarität zielt. Auf sie richtet sich die ganze kollektive, bewußte und unbewußte Abwehr. Man traut dieser Lebenspraxis keinen Bestand in den harten, konfliktreichen Auseinandersetzungen in der alltäglichen Wirklichkeit zu. Weil – so die Figur der unbewußten Abwehr – die Versuche, ein wirklich befriedigendes Leben einzurichten, bisher immer gescheitert sind, soll es ein solches erst gar nicht geben; es wird als schlechte Utopie mit Haßgefühlen verfolgt und ausgeschlossen. Die Abwehr richtet sich gegen ein kollektives psychisches Syndrom vom guten Leben, das sich aus vielfältig gescheiterten historischen, ökonomischen, politischen und lebensgeschichtlichen Erfahrungen verdichtet hat. Dieses Syndrom ist offensichtlich nicht vollständig zu verdrängen: es bleibt unruhig und beunruhigend zugleich. Um es in Schach zu halten, müssen die Menschen immer wieder ein gerüttelt Maß an Intelligenz für seine Verschleierung aufbringen. Solcher Verschleierung dienen die Schablonen der Weltanschauung und die unerbittliche Selbstzensur. Dort, wo utopische Lebensentwürfe zu Bewußtsein kommen, meldet sich sogleich eine ganze Schar kollektiver und individueller Abwehrmechanismen. Aber der utopische Entwurf, das »Noch-nicht-gewordene« läßt sich nicht ein für allemal unterdrücken.

Den durch das Studium der Massenpsychologie skeptisch Gestimmten mögen die großen Demonstrationen und die vielen kleinen Aktivitäten der Friedensbewegung im Jahre 1983 überrascht haben. Hier hat sich plötzlich der politische Eros nach langen Jahren des Zerfalls der Studentenbewegung freie Bahn geschaffen: Gewaltlosigkeit, Spontaneität, Einfallsreichtum gepaart mit Umsicht, Witz und Trotz. Was bedeutete die Heiterkeit von Hunderttausenden auf einem Platz zwanglos sich versammelnder Menschen? Das war ein bemerkenswerter Eindruck einer ganz anderen Massenbildung, ein Gegenstück zu Aggressionsgeladenheit und Panikbereitschaft in den samstäglichen Fußballstadien, ein Gegenstück auch zu den uniformiert aufmarschierenden, in die Schablone der Weltanschauung gepreßten faschistischen Massen. War die Friedensbewegung als eine nicht nur für das Überleben demonstrierende, sondern ein besseres Leben einklagende Massenbewegung nur ein kurzer politischer, bisher kaum erlebter Augenblick? So scheint es. Die Einsichten der Massenpsychologie stimmen skeptisch. Die Praxis hat gleichwohl ihre Überraschungen: Die sinnlich-symbolischen Interaktionsformen, das »Noch-nicht-gewordene« an ihnen drängen zwar nicht immer, aber doch von Zeit zu Zeit – heraustretend aus ihren Reservaten der Kunst, Philosophie und vielleicht auch der Religion – zu einem praktisch-politischen Bewußtsein.

Literatur

[1] Görlich, B.; Lorenzer, A.; Schmidt, A.: Der Stachel Freud, Frankfurt am Main 1980.

[2] Lorenzer, A.: Die Wahrheit der psychoanalytischen Erkenntnis, ein historisch-materialistischer Entwurf, Frankfurt am Main 1974.

[3] Lorenzer, A.: Zur Begründung einer materialistischen Sozialisationstheorie, Frankfurt am Main 1972.

[4] Mitscherlich, A.: Krankheit als Konflikt I, Frankfurt am Main 1966, S. 14.

[5] Fromm, E.: Wege aus einer kranken Gesellschaft, Berlin 1981, S. 23.

[6] Adorno, Th. W.: Studien zum autoritären Charakter, Frankfurt am Main 1973.

[7] Lorenzer, A.: Das Konzil der Buchhalter. Die Zerstörung der Sinnlichkeit. Eine Religionskritik, Frankfurt am Main 1981, S. 121. Fischer Taschenbuch 7340.

[8] Ziehe, Th.: Pubertät und Narzißmus, Frankfurt am Main 1975.

⁹ Freud, S.: Massenpsychologie und Ich-Analyse, in: Freud, S. Studienausgabe, Bd. IX, S. 61 f.

¹⁰ Leithäuser, Th.: Formen des Alltagsbewußtseins, Frankfurt am Main 1976/79.

¹¹ Lorenzer, A.: Das Konzil der Buchhalter, a. a. O., S. 122.

¹² Leithäuser, Th.: Ideologie, Alltagsbewußtsein und Friedenspolitik, in: Dialog 3, Beiträge zur Friedensforschung, Österreichisches Institut für Friedensforschung und Friedenserziehung (Hrsg.), 1985, S. 100.

¹³ Lorenzer, A.: Das Konzil der Buchhalter, a. a. O., S. 219 f.

¹⁴ Volmerg, B.; Volmerg, U.; Leithäuser, Th.: Kriegsängste und Sicherheitsbedürfnis. Zur Sozialpsychologie des Ost-West-Konflikts im Alltag, Frankfurt am Main 1983, S. 343 f., Fischer Taschenbuch 6772.

¹⁵ Leithäuser, Th.; Volmerg, B.: Anleitung zur empirischen Hermeneutik. Psychoanalytische Textinterpretation als sozialwissenschaftliches Verfahren, Frankfurt am Main 1979, S. 31 f.

¹⁶ Horkheimer, M.; Adorno, Th. W.: Dialektik der Aufklärung, Amsterdam 1947, S. 223.

¹⁷ Lorenzer, A.: Das Konzil der Buchhalter, a. a. O., S. 179 f.

¹⁸ Lorenzer, A.: Das Konzil der Buchhalter, a. a. O., S. 158 f.

¹⁹ Lorenzer, A.: Das Konzil der Buchhalter, a. a. O., S. 162.

²⁰ Lorenzer, A.: Die Kontroverse Bloch–Freud. Eine versäumte Auseinandersetzung zwischen Psychoanalyse und historischem Materialismus. In: Lohmann, H. M. (Hrsg.), Die Psychoanalyse auf der Couch, Frankfurt am Main 1984, S. 60 f.

²¹ Bloch, E.: Das Prinzip Hoffnung, Frankfurt am Main 1959, Bd. 1, S. 10.

²² Langer, S.: Philosophie auf neuem Weg. Das Symbol im Denken, im Ritus und in der Kunst, Frankfurt am Main 1965, Fischer Taschenbuch 7344.

²³ Moscovici, S.: Das Zeitalter der Massen, München 1984, S. 482.

²⁴ Lorenzer, A.: Das Konzil der Buchhalter, a. a. O., S. 129.

²⁵ Volmerg, B.; Volmerg, U.; Leithäuser, Th.: Kriegsängste und Sicherheitsbedürfnis, a. a. O., S. 338.

BIRGIT VOLMERG

Verkehrsformen und Interaktionsformen – ein sozialpsychologischer Ansatz zur Vermittlung von Arbeit und Sozialisation

Die Diskussion um das Verhältnis von Marxismus und Psychoanalyse hat mit Alfred Lorenzers theoretischer Arbeit wesentliche Anstöße und Perspektiven gewonnen, verhärtete Positionen in der gesellschafts- und bewußtseinskritischen Auseinandersetzung zu überdenken. Die 1972 erschienene Arbeit »Entwurf zu einer materialistischen Sozialisationstheorie« hat hier bei jenen, die sich – aufgrund ihrer Erfahrungen in der Studentenbewegung – weder von Freud noch von Marx theoretisch verabschieden wollten, viel bewirkt. Mit der Entmystifizierung der Begriffe der Psychoanalyse und ihrer Begründung als Sozialisationstheorie entwickelt Alfred Lorenzer einen theoretischen Rahmen, in dem das Verhältnis von Individuum und Gesellschaft neu diskutiert werden kann. Im Unterschied zu eher soziologisch orientierten Theorien dieses Verhältnisses betont Alfred Lorenzer jedoch nachdrücklich den relativ eigenständigen Konstitutionsbereich individueller Subjektivität. Die materialistische Sozialisationstheorie hat in dieser Hinsicht eine doppelte Aufgabe zu erfüllen: die jeweilige Besonderheit der Bildung individueller Strukturen theoretisch zu rekonstruieren und sie zugleich als gesellschaftlich hergestellte begreifbar zu machen.
In dieser Absicht wird – wie zuweilen von psychoanalytischer Seite mißverstanden – die Freudsche Theorie und Metapsychologie nicht preisgegeben, im Gegenteil. Ihr wird im Rahmen der Sozialisationstheorie ein besonderer Stellenwert zugewiesen, insofern es mit Hilfe ihrer Verfahren gelingt, die Besonderheit und Bedeutung des Individuellen in Abweichung und in Widerspruch zur gesellschaftlichen Realität zu bewahren. In dieser Perspektive werden die familialistische Einengung der Psychoanalyse und die Dominanz infantiler Triebkonflikte bei der Rekonstruktion psychischer Strukturbildung und in der therapeutischen Arbeit als notwendig betrachtet. Im Gebäude der kritischen Theorie der Gesellschaft nimmt die Psychoanalyse den Platz der Torhüterin zu den sinnlich-konkreten Erlebniswelten der Individuen ein. Die individuellen Erlebniswelten erschließen sich nur, wenn

man den theoretisch und methodologisch angemessenen Zugang zu ihnen findet.

Psychoanalyse und materialistische Sozialisationstheorie repräsentieren in der Konzeption Lorenzers einander ergänzende Erkenntnisdimensionen des Individuums im Verhältnis zu seiner engeren familialen und seiner weiteren gesellschaftlichen Umgebung. In der Dimension der gesellschaftlichen Formbestimmtheit individueller Subjektivität sind die psychoanalytischen Begriffe zu eng, bedürfen sie der Reformulierung. Ausgehend vom Geschehen in der Mutter-Kind-Dyade, analysiert Lorenzer psychische Strukturbildung als Niederschlag der durch die mütterlichen Interaktionen vermittelten gesellschaftlichen Praxis in den Interaktionsformen. Mit der Theorie der Interaktionsformen läßt sich der Prozeß der Individuierung als Prozeß der Sozialisation fassen.

Die einzelnen Stufen und Entwicklungslinien dieses Prozesses hat Lorenzer theoretisch ausgearbeitet. Seine analytische Perspektive konzentriert sich dabei auf die sozialen und zeitlichen Räume, in denen Sozialisation als Individuierung, das heißt als Bildung der Persönlichkeit stattfindet: das sind die Familie und die Phase der primären Sozialisation. Das, was gemeinhin als sekundäre Sozialisation bezeichnet wird, die Prozesse, in denen individuelle Eigenschaften und Fähigkeiten in den Zusammenhang mit gesellschaftlichen Normen und Funktionen außerhalb der Familie gestellt werden, bleibt zunächst unberücksichtigt. Das hat systematische Gründe, die sich sowohl aus der inneren Logik psychischer Strukturbildung als auch aus der Logik gesellschaftlicher Entwicklungsprozesse selbst erklären lassen.

Die durch die industrielle Produktionsweise vorangetriebene Teilung der Arbeit hat die Familie ihrer historisch-gesellschaftlichen Bedeutung als einen Ort, in dem Lebensproduktion und Produktion zum Lebensunterhalt *integriert* waren, beraubt. Familie wird – so formuliert es Marx in der Deutschen Ideologie – zu einem untergeordneten, von der vorherrschenden industriellen Produktionsweise abgewandten Bereich. Vom Standpunkt der Entwicklung der Produktivkräfte bewahrt die Familie überkommene, gesellschaftlich funktionslos gewordene Reste einer naturwüchsigen Produktionsweise auf. Und in den durch diese Produktionsweise bedingten familialen Verkehrsformen werden Fähigkeiten und Kräfte der Individuen entwickelt, die in den durchrationalisierten und funktionalisierten Systemen der Gesellschaft – im Industriesystem – nicht gebraucht werden. Aus der Marxschen Perspektive ist das Individuum im bloß seine Arbeitskraft verwertenden kapitalistischen Produktionsprozeß zu etwas Zufälligem geworden. Die durch die Teilung der Arbeit bedingte Ausdifferenzierung der Gesellschaft hat, was das Verhältnis von Individuum und Gesellschaft betrifft, jedoch ihre eigentümliche Dialektik, insofern durch Ausdifferenzierung der Sozialisationsprozeß als ein Individuierungsprozeß erst möglich wird. Die Entlastung des Binnenraums der Familie vom unmittelbaren Zwang kapitalistischer Produktionsrationalität, die Trennung von Familie und Fabrik, ließ – objektiv – erst Zeit und Raum für eine an der Logik der Bedürfnisbefriedigung orientierte Arbeit am Subjekt.

Aus der Subjektperspektive wird Individualität als eine historisch-gesellschaftliche Formbestimmung des Psychischen überhaupt erst durch das Auseinanderfallen und die Ungleichzeitigkeit der familialen Arbeits- und Lebensformen und der industriellen Organisation des Arbeitslebens möglich. Aus der Perspektive des Kapitals, die Marx theoretisch reflektiert, konstituiert die Verselbständigung der gesellschaftlichen Verhältnisse gerade die Abstraktheit und Bedeutungslosigkeit des persönlichen Lebens des Individuums.

Kapitalperspektive und Subjektperspektive bezeichnen unterschiedliche analytische Positionen, das Verhältnis von Individuum und Gesellschaft kritisch zu betrachten. In beiden Perspektiven erweist sich der Widerspruch zwischen Individuum und Gesellschaft jedoch als notwendig. Und in beiden Perspektiven wird die Möglichkeit der Wiederaneignung der in destruktiver Eigendynamik entfesselten Produktivkräfte am konstitutiven Widerspruch zwischen Individuum und Gesellschaft festgemacht. Marx hat sich theoretisch mit den objektiven Voraussetzungen solcher Aneignung auseinandergesetzt; daß es dazu auch eines subjektiven Vermögens bedarf, das in den die Individualität als psychische Struktur konstituierenden Aneignungsmöglichkeiten familialer Sozialisation wurzelt, blieb aus Gründen seiner analytischen Perspektive unberücksichtigt. Alfred Lorenzer hat auf dieses, in Bedürfnisbefriedigungen der Kindheit aufbewahrte Potential utopischer Aneignungsformen, aus denen sich Kräfte für die Vorstellung des humanen Lebens speisen, immer wieder verwiesen. Der Familialismus der Psychoanalyse, in dem sich die relative Eigendynamik primärer Sozialisationsprozesse spiegelt, gilt ihm daher – aus Emanzipationsgründen – als ein theoretisch zwar aufzuklärender, nicht aber aufzugebender Bereich.

Individuierung als Sozialisation und Sozialisation der Individuen in gesellschaftlichen Funktions- und Arbeitszusammenhängen, »die Subsumtion der Individuen unter die Teilung der Arbeit« (Marx), sind somit nicht allein zeitlich nachgeordnete Phasen der Sozialisation. Sie sind auch – idealtypisch betrachtet – bezogen auf die sozialen Orte und auf die bereits ausgebildeten individuellen Strukturen in ihren sozialisatorischen Wirkungen qualitativ unterschieden. In den Prozessen sekundärer Sozialisation, bei der Eingliederung der Menschen in den beruflichen Alltag, stellt sich das Verhältnis von Individuum und Gesellschaft noch einmal neu.

Aus der Subjektperspektive ist die Verwertung der Arbeitskraft nach Gesetzen kapitalistischer Warenproduktion kein den Individuen bloß äußerliches Geschehen. Die von Marx beschriebene objektive Gleichgültigkeit des Kapitals der Persönlichkeit des einzelnen Proletariers gegenüber reflektiert sich nicht – wie Marx fälschlicherweise annahm – auch in der subjektiven Gleichgültigkeit der ihre Arbeitskraft für Lohn verkaufenden Arbeitenden. Dieses Mißverständnis eines reziproken Gleichgültigkeitsverhältnisses zwischen Kapital und Arbeitenden hat zu Irrtümern in jenen Theorien und Ansätzen geführt, die, von Marx ausgehend, den Zusammenhang von Industriearbeit und Arbeitsbewußtsein untersuchen. In industriesoziologischen Untersuchungen (Kern, Schumann 1970; Goldthorpe, Lockwood 1970/71) galt die Annahme der instrumentalistischen Einstellung des Arbeiters seiner Arbeit und seiner Arbeitskraft gegenüber lange Zeit als die adäquate Bewußtseinsform, von der als einer Grundbeschaffenheit des Arbeitsbewußtseins moderner Industriearbeit auszugehen sei. Dieses Gleichgültigkeitstheorem wurde in den letzten Jahren in der industriesoziologischen Diskussion in Frage gestellt (Knapp 1981; Schumann u. a. 1982), und zwar in dem Maße, wie mit den Rationalisierungsschüben einer zunehmend automatisierten Produktion die subjektive Bedeutung der Arbeit sichtbar wird. In negativer Form des Verlusts der Lohnarbeit und des Leidens an der Arbeitslosigkeit zeigen sich jene Eigenschaften der Lohnarbeit, die über das bloße Interesse der Lebenserhaltung hinausgehen. Die von Marx an der Produktionsweise des mittelalterlichen Handwerkers aufgezeigte Erfahrung der Arbeit als eine Form der Selbstbetätigung, einer Form, in der das Subjekt über den dinglichen Bezug zum Arbeitsmittel und zum Arbeitsgegenstand einen Bezug zu sich selbst herstellt, hat als subjektiver Anspruch nichts von seiner Bedeutung verloren.

Das Interesse der Lebenserhaltung läßt sich von dem Bedürfnis nach Herstellung und Erhaltung der Identität gerade unter den entfremdenden Bedingungen industrieller Arbeit nicht trennen. Wenn solche Identitätsbedürfnisse aber als bloß falsches Bewußtsein kritisiert werden, geht eine wesentliche Dimension in der Erkenntnis der Dialektik von Individuum und Gesellschaft verloren. Man beraubt sich dann der Möglichkeit, den Mechanismus der Verwertung der Arbeitskraft von seiner Innen-, dem Subjekt zugewandten Seite her, zu begreifen. Antworten auf die Frage, warum Menschen in den gesellschaftlich vorgegebenen Rollen funktionieren, selbst wenn die abverlangten Tätigkeiten den Lebensbedürfnissen extrem widersprechen, müssen dann genauso offenbleiben, wie Fragen nach den Chancen der Subjekte, sich von inhumanen gewaltförmigen Arbeits- und Lebensbedingungen zu emanzipieren.

Das Einbeziehen der Subjektperspektive bei der Analyse der Verwertungsprozesse stellt jenen Automatismus in Frage, der in der Folge von Marx als Voraussetzung für revolutionäres bzw. für gewerkschaftliches Bewußtsein in Anspruch genommen wurde: daß nämlich die völlige Enteignung der Fähigkeiten, die Auflösung subjektiver Bindungen an die Formen der Arbeit nicht nur im Gesellschaftsprozeß, sondern auch bei den einzelnen selbst die Voraussetzung für ein universelles Aneignungsbedürfnis schafft. Daß solche Politisierungschancen des Bewußtseins bei zunehmender Verelendung eher abnehmen, bis hin zu Apathie, Verzweiflung und Krankheit, ist seit der Ende der 20er Jahre durchgeführten Untersuchung »Die Arbeitslosen von Marienthal« (Jahoda u. a. 1978) empirisch nachgewiesen. – Allerdings gilt auch kein umgekehrter Automatismus eines steigenden Politisierungsgrades des Bewußtseins bei zunehmender subjektiver Bindung an die Arbeit.

Analysen des Lohnarbeitsverhältnisses mit dem Anspruch der Bewußtseinsanalyse brauchen ein differenzierteres Erkenntnisinstrumentarium, das auch die subjektive Seite dieses Verhältnisses angemessen begreifbar macht. Dann mag sich am konkreten Fall herausstellen, daß an die Arbeit gestellte Sinn- und Identitätsansprüche als Chance und als Hemmnis zugleich wirken, den arbeitsteiligen Herrschafts- und Entfremdungszusammenhang in Frage zu stellen. Die Wirkungsweise solcher ambivalenter Konstellationen im Subjekt wie in seinem Verhältnis zu der ihm zugewiesenen gesellschaftlichen Funktion erschließt sich einer soziologisch orientierten Außenperspektive kaum. Verkürzte Schlußfolgerungen vom Zustand der Gesellschaft auf den Zustand des Bewußtseins sind nur dann vermeidbar, wenn systematisch berücksichtigt wird, daß Menschen, bevor sie in das herrschende Produktionssystem als Arbeitende eingegliedert werden, immer schon als Individuen sozialisiert sind.

Die Bedingungen solcher Individuierung – dies wurde bereits ausgeführt – sind aus historisch-gesellschaftlichen wie aus Gründen der Eigenlogik psychobiologischer Entwicklung – sehr verschieden von den Bedingungen der Vergesellschaftung der Individuen im Produktionsprozeß. Sozialisation als Individuierung und Sozialisation als Vergesellschaftung bauen aufeinander auf und konstituieren ein je eigenes Feld des Zusammenwirkens subjektiver und objektiver Strukturen. Wie wichtig für zukünftige Forschungen die angemessene und unverkürzte Untersuchung dieses Zusammenwirkens der verschiedenen Sozialisationsagenturen und Vermittlungsebenen zwischen Individuum und Gesellschaft ist, hat Lorenzer in seinen beiden Aufsätzen »Zur Dialektik von Individuum und Gesellschaft« (1976) und »Zum Verhältnis von objektiver und subjektiver Struktur« (1977) deutlich gemacht.

Unter dem Aspekt der Verwertung menschlicher Fähigkeiten im Arbeitsprozeß tritt der Geltungsbereich der Familie zwar zurück, dennoch läßt sich nicht davon abstrahieren, daß das menschliche Arbeitsvermögen selbst, sozusagen als psychische Grundausstattung, primär in der Familie und darauf aufbauend in anderen Sozialisationsbereichen entwickelt wurde. Dieser Sachverhalt stattet das Arbeitsverhältnis und die arbeitsteiligen Verkehrsformen auch in den Bereichen mit einem Schein von Naturwüchsigkeit aus, in denen aufgrund fortgeschrittenster Rationalisierung und Technisierung – objektiv – jegliche Naturwüchsigkeit der Tätigkeit verschwunden ist.

Die in der Familie als individuelle Struktur ausgebildeten Interaktionsformen treten in Widerspruch zu den Verkehrsformen der Arbeit. Jene konnten sich in einer von den Gesetzen industrieller Produktion zwar beeinflußten, aber nicht unmittelbar unterworfenen Sphäre entwickeln. Die Verkehrsformen der Industriearbeit, ihre tayloristische Organisation, die Zerstückelung der Tätigkeit in die endlose Wiederholung nur weniger, inhaltsleerer Handgriffe, stellen den Extremfall dieses Widerspruchs zu den identitätsstiftenden Interaktionsformen dar. Die Unverträglichkeit von Interaktionsformen und Verkehrsformen zwischen Familie und Fabrik relativiert sich jedoch gerade durch jenen von Marx so bezeichneten Schein der Naturwüchsigkeit, der insofern ein sehr realer ist, als die Menschen sich ihre arbeitsteiligen Aufgaben und Funktionen nach Maßgabe ihrer subjektiven Fähigkeiten, Interessen und Bedürfnisse aneignen.

Im Industriebetrieb entsteht auf diese Weise eine zweite informelle Wirklichkeit, eine »verborgene Situation« (Thomas 1964), oder wie wir dies in der empirischen Untersuchung eines Industriebetriebs gezeigt haben, eine »betriebliche Lebenswelt« (Volmerg, Senghaas-Knobloch, Leithäuser 1986). In der betrieblichen Lebenswelt stellen sich ein Stück weit gegen die offizielle Weisungsstruktur, neben und im Arbeitssystem jene Formen lebendigen produktiven Zusammenwirkens der Menschen her, die ein Funktionieren dieses Systems erst möglich machen. Die von der wissenschaftlichen Betriebsführung noch nicht planmäßig erfaßten subversiven Reste menschlichen Arbeitsvermögens spielen dabei eine eigentümlich zwiespältige Rolle. Einerseits sind sie eine Voraussetzung dafür, daß sich in den herrschafts- und hierarchiemäßig organisierten betrieblichen Gruppen überhaupt Vorstellungen und Interessen für humane Arbeitsbedingungen entwickeln und erhalten können. Andererseits verhindert das für die Arbeitenden typische Bedürfnis, sich in der Tätigkeit als Subjekt zu erhalten, ein einmal selbst geschaffenes Gleichgewicht zwischen den persönlichen Sinnansprüchen und den gegebenen Befriedigungs- und / oder Kompensationschancen der Arbeit aufzugeben.

Um zu erkennen, *wie* solche psychoökonomischen Kompromißbildungen den sozioökonomischen Herrschaftszusammenhang untermauern, bedarf es eines tieferen Verständnisses des Verhältnisses von Verkehrsformen und Interaktionsformen. Die Psychodynamik von Aneignung und Verwertung impliziert dabei verschiedene Untersuchungsperspektiven der Vorgänge im Subjekt. Aus der Perspektive individueller Sozialisation lassen sich die Herstellungsprozesse und Zurichtungsweisen studieren, die die Persönlichkeit für die Übernahme bestimmter Rollen und Funktionen vorbereiten. Hierbei spielen die Prozesse der Sublimierung und der Abwehr von Triebbedürfnissen in der Arbeit eine wesentliche Rolle (Rohrlich 1980, Menninger 1985). In der Bedeutung eines Symptomersatzes bzw. eines Auslösers neurotischer Regression wird Arbeit auch zum Gegenstand in der psychoanalytischen Behandlung. In dieser Perspektive wird das Arbeitserleben als Folie aufgefaßt, an der sich frühkindliche Konflikterfahrungen und Traumatisierungen aktualisieren.

In der psychoanalytischen Behandlung der Neurosen wird erkennbar, daß der Individuierungsprozeß keineswegs so idealtypisch verläuft, wie er hier aus dem Interesse der Abgrenzung von den Verwertungsprozessen anderer Produktionsbereiche dargestellt wurde. Daß die gesellschaftlichen Widersprüche bereits in der familialen Sozialisation zu systematischen Verzerrungen in der Persönlichkeitsstruktur führen, ist die theoretische Ausgangsbasis der materialistischen Sozialisationstheorie Alfred Lorenzers. Dennoch gibt es – aus den ausgeführten Gründen – keine einfache Symmetrie oder Komplementarität zwischen den Deformationen der Subjekte und den deformierenden Verhältnissen. Wie subjektive Beschädigungen durch den Zwang der Verhältnisse verstärkt, aber auch (man denke an die psychoanalytische Arbeitstherapie Maud Mannonis, 1978) gemildert werden können, ist eine Frage, die von der Sozialisationstheorie her beantwortet werden kann und die auch immer schon in der psychoanalytischen Kulturtheorie und Sozialpsychologie eine Rolle gespielt hat.

Die umgekehrte Perspektive, welche systematischen Verzerrungen der Vergesellschaftungsprozeß in den Subjekten erzeugt, welche psychischen Verhältnisse durch Verwertung geschaffen werden, läßt sich mit

Sozialisationstheorie allein nicht beantworten. Die Funktionalisierung der Interaktionsformen durch die Verkehrsformen führt zu einer Bewußtlosigkeit nicht – wie in der Neurose – primär der Subjektivität, sondern ebenso in Beziehung zur Objektivität: die Menschen werden unfähig, den eigenen Anteil an der Aufrechterhaltung objektiver Herrschaft zu erkennen. Was mit dem klassischen Verfahren der Ideologiekritik jedoch in diesem Zusammenhang nicht erfaßt werden kann, ist der sozialpsychologische Sachverhalt, daß Blindheit gegenüber objektiver Herrschaft ebenso auf Veränderungen im Subjekt selbst verweist. Ergänzend wird deshalb das Wissen einer sozialpsychologisch orientierten Psychoanalyse benötigt, wie sie in Ansätzen neben Alfred Lorenzer von Alexander Mitscherlich (1963), Paul Parin (1978), George Devereux (1974) und Mario Erdheim (1982) entwickelt wurde.

Es geschieht etwas mit den in der Persönlichkeit aufgebauten Instanzen und Repräsentanzen, sollen die einzelnen die ihnen im System zugewiesenen Funktionen auch erfüllen können. Der von Marx verwendete Begriff »Charaktermaske« bleibt ebenso wie der soziologische Rollenbegriff dem Verständnis der inneren Umbauprozesse infolge arbeitsteiliger Rollenübernahme äußerlich. Welches psychische Drama hier inszeniert wird, ist mit der konkret individuellen Struktur zwar vermittelt, wird aber unmittelbar von den in den Rollen gegebenen Handlungsmustern bestimmt. Diese definieren typische Dramen und typische Konflikte vor, die von den einzelnen – bleiben sie in diesen gesellschaftlichen Funktionen – in einer funktionsspezifischen Weise psychisch verarbeitet werden. Die sozialisatorische Ausstattung liefert sozusagen dabei die Energie und die Bühne, um die sozioökonomischen Bedingungen, das nach der industriellen Produktionsweise organisierte Gefüge der Arbeit, in ein zwischenmenschliches Drama – in eine Lebenswelt – umzuwandeln.

Dieser Prozeß soll nun an einem empirischen Beispiel genauer verfolgt werden. Ich entnehme dieses Beispiel aus einer sozialpsychologisch angelegten Untersuchung eines Industriebetriebs, die ich zusammen mit Eva Senghaas-Knobloch und Thomas Leithäuser im Rahmen der Forschung zur Humanisierung des Arbeitslebens unternommen habe. In Forschungsseminaren mit Beschäftigtengruppen des Betriebs und durch die Erkundung der Arbeitsplätze untersuchten wir, wie die arbeitenden Frauen und Männer ihre Arbeit erfahren, was sie ihnen persönlich bedeutet, welche Konflikte und Belastungen sie erleben und wie sie sich eine Arbeit vorstellen, die ihren eigenen Ansprüchen gemäßer ist. Ergebnisse, Methoden und praktische Empfehlungen dieser Forschung liegen in Veröffentlichungen vor (Volmerg, Senghaas-Knobloch, Leithäuser 1985 und 1986). Deshalb möchte ich mich auf die für unser Beispiel ausgewählte Gruppe der Arbeitsvorbereiter konzentrieren und deren Arbeitsleben im Konflikt von Verkehrsformen und Interaktionsformen – soweit es der begrenzte Platz gestattet – skizzieren. Es sei daher nur kurz erwähnt, daß der Gegenstand unserer Analyse die sprachliche Verständigung in dieser Gruppe ist, die wir als Tonbandprotokoll in einer nachträglichen Auswertung tiefenhermeneutisch rekonstruieren (von Alfred Lorenzers sprachtheoretischer und erkenntnistheoretischer Diskussion des psychoanalytischen Verfahrens haben wir dabei viel gelernt; Lorenzer 1974; Leithäuser, Volmerg 1979).

Arbeitsvorbereiter haben im Betrieb eine wichtige Position inne. In ihrer Abteilung werden die unternehmerischen Entscheidungen in Planungsanweisungen für die Produktion umgesetzt. Menschen, Maschinen und Material bedürfen als Produktionsfaktoren der Steuerung durch Vorgaben, damit möglichst wirtschaftlich, rationell und effektiv produziert werden kann. Zu den wesentlichen Aufgaben der Arbeitsvorbereitung gehört daher die Berechnung der Arbeitszeit, die für die Fertigung eines Teils – sei es am Band oder an Einzelplätzen – benötigt wird, die Festlegung von Arbeitsinhalt und Arbeitslohn sowie die Einrichtung der Arbeitsplätze selbst nach arbeitswissenschaftlichen Kriterien. Als Steuerungs- und Planungszentrum der Produktion ist die Arbeitsvorbereitung mit allen Abteilungen des Betriebs verbunden, eindeutig untergeordnet ist jedoch die Fertigung, die die Vorgaben der AV auszuführen hat. Die Abteilungsleiter, Meister und Vorarbeiter der Fertigung haben ihrerseits die Vorgaben in Arbeitsanweisungen für die an den Bändern und Maschinen beschäftigten Frauen und Männer umzusetzen und dafür zu sorgen, daß am Ende eines Arbeitstages Stückzahlen und Qualität »stimmen«.

Diese sehr knappe und sicher lückenhafte Beschreibung der Aufgaben in der Arbeitsvorbereitung mag verdeutlichen, daß die als Beispiel ausgewählte Gruppe, insofern sie die Arbeit nach Kosten- und Effektivitätskriterien permanent zu teilen und nach Maßgabe der technischen Entwicklung neu zu strukturieren hat, die Rationalität der kapitalistischen Produktionsweise geradezu verkörpert. In der Auswertung der Gespräche mit Arbeitsvorbereitern galt unser Interesse der psychischen Bewältigung der in der Ausübung einer solchen Funktion zusammentreffenden Widersprüche. Erste Anhaltspunkte gewinnen wir über den eigentümlich kämpferischen Sprachgebrauch der Arbeitsvorbereiter, in dem die Sache, über die gesprochen wird, fast gänzlich hinter den energetisch aufgeladenen Worten zurücktritt. Zur besseren Nachvollziehbarkeit unserer verkürzten Interpretation sei eine Diskussionspassage zitiert, in der die Auseinandersetzung mit einem nicht näher bezeichneten, wohl leitenden Kollegen und mit anderen Kollegen geschildert wird.

Kurt: »Die jüngeren, die flachsen viel härter, so ist der Harken.
Frank: Au, da mußt du so manches Loch einstecken.
Dirk: Und wenn ich mit ihm geflachst hab, der hat mir die Wahrheit gesagt, die saß, mein Junge. Die Wahrheiten, die der sagt, die sitzen noch härter und das kannste, wenn de älter wirst, die flachsen nicht mehr so hart. Gut mal so, aber das, das Kernige ist da so'n bißchen weg.
Frank: Was du eben sagtest, bei ihm mußt du so manches Loch zurückstecken.
Dirk: Nö, gar nicht, och, da hat man sich doch schnell dran gewöhnt, Mensch.
Frank: Ja, ich sagte ja, er kann austeilen.
Dirk: Ja, er sagt dir das.
Frank: Er muß aber auch damit rechnen, daß zurückgefeuert wird, und das ist gut.
Dirk: So ist das.
Frank: So ist das.«

Für Arbeitsvorbereiter scheint ein kriegerischer Ausnahmezustand zu gelten. Man nimmt Aufstellung an Linien, die Rückzug, Verteidigung und Angriff markieren. In der Auseinandersetzung mit dem Gegner hat der, der Stärke demonstriert, immer schon die bessere Ausgangsposition. Diese Position in der informellen Hierarchie der Stärke entscheidet darüber, welchen Rang und welche Anerkennung man in der eigenen wie in der gegnerischen Gruppe besitzt. Es schwingt etwas von unverhohlener Bewunderung über denjenigen mit, der es versteht, Wahrheiten so zu sagen, daß sie ›sitzen‹, als ob es Ohrfeigen, Handkantenschläge oder Boxhiebe seien: ›Er kann austeilen‹, stellt ein Arbeitsvorbereiter anerkennend fest. Das körperliche Gerangel scheint eine angemessene dramatische und bildliche Ebene zu sein, auf der sich die untereinander diskutierenden Arbeitsvorbereiter über ihre Kämpfe im Betrieb verständigen. Lautmalerisch wird das Plazieren der Hiebe an den richtigen Stellen kommentiert: ›au, da mußt du so manches Loch einstecken‹, oder auch: ›die saß, mein Junge‹. ›Hart‹, ›noch härter‹, ›kernig‹ und ›treffsicher‹, das sind persönliche Eigenschaften, die in der Auseinandersetzung gefragt sind, auch wenn sie Niederlagen beinhalten mögen. Bei Niederlagen heißt es, sich nichts anmerken zu lassen, Haltung bewahren und auf den Moment warten, wo man selbst am Drücker ist. Zwischen den Zeilen läßt sich etwas von der Befriedigung ausmachen, die das kämpferische Interagieren vermittelt: ›Wer austeilt, muß damit rechnen, daß zurückgefeuert wird, und das ist gut.‹ Neben dem Bild des sportlichen Mannes, der hart im Nehmen ist, legt der

Sprachgebrauch noch ein anderes Bild nahe, an dem sich Arbeitsvorbereiter gefühlsmäßig orientieren: es ist das Bild des soldatischen Mannes, seine Eigenschaften und seine Interaktionsformen werden für die Berufsidentität benötigt, um in den betrieblichen Kämpfen um Stückzahlen, Zeitvorgaben, Personaleinsparungen und Kostenreduktion bestehen zu können.

Hüter und Vertreter der Produktionsrationalität zu sein, kann man im Betrieb offenbar leichter schaffen, wenn man in seinem Auftreten jene weiche Seite des Verständnisses für die Probleme der anderen Seite, das sind vor allem die Arbeitenden in der Fertigung, von sich fernhält, wenn man in der Lage ist – wie es ein Arbeitsvorbereiter ausdrückt – ›Persönliches und Dienstliches zu trennen‹. Worüber sich Arbeitsvorbereiter aus verständlichen Gründen allerdings täuschen, was sie vor sich selbst verdrängen müssen, ist die Form ihrer subjektiven Aneignung. Der emotional aufgeladene Sprachgebrauch verrät, daß sich die Tätigkeit der AV in der bloßen Ausführung von Vorschriften keineswegs erschöpft.

Die Identifikation mit Interaktionsformen, wie sie typischerweise in Kampf und Krieg aktualisiert werden, die Tugenden eines Kämpfers an der Front, helfen, die subjektiven Aneignungsbedürfnisse und die beruflichen Rollenanforderungen in Einklang zu bringen. Zugleich dient der subjektive Aneignungsentwurf als ein psychischer Abwehrmechanismus gegen Konflikte, die die Ausübung der Funktion in der Person sonst erzeugen könnte.

Anhaltspunkte für die Realitätshaltigkeit dieser Interpretation geben in der Diskussion auftauchende Aspekte, die weniger die Außenbeziehungen der Arbeitsvorbereiter zu anderen betrieblichen Gruppen als deren Beziehungen im eigenen Kollegenkreis zum Gegenstand haben. Über die Qualität der Innenbeziehungen in verschiedenen AV-Abteilungen, aus denen die Diskussionsteilnehmer kommen, wird folgendes besprochen.

Gerd: »Wir sind ja in zwei verschiedenen Abteilungen zu Hause und da spreche ich schon von ziemlichen Unterschieden zwischen uns. Wenn ich so in unseren Kollegenkreis sehe, wie wir uns geben, das geht alles recht munter und fröhlich gelöst vonstatten... Und diese Eindrücke, die hab' ich nicht so gewonnen drüben, wo also gleiche Tätigkeiten ausgeführt werden, diese AV-Tätigkeit... Für mich bestehen da so'n bißchen Spannungen, wenn ich da rüberkomme...

Dirk: Vorher war ich auch nur drüben in der AV-Fertigungsvorbereitung, da ist, da liegt was drin...

Gerd: Aber wir sind noch so'ne Art Nebenstelle geblieben, wir sind intern noch getrennt, nich. Und da hat sich unser Frohsinn...

Frank: Gott sei Dank noch erhalten.

Hans:	Das hängt auch damit zusammen, daß wir etwas von den laufenden Bändern weg sind, höchstwahrscheinlich, wir haben ja keine laufenden Bänder zu betreuen...
Dirk:	Wenn man die Unterschiede wirklich sieht, da is' nicht viel, denn genauso, wenn jetzt irgendwas passiert und du was hast, dann gehst du auch und sprichst... bloß, du hast eben dieses Mal fünf Minuten blödeln... Vielleicht das Entspannen durch dieses Blödeln, das war mehr.
Gerd:	Man wird wieder motiviert, 'n paar Stunden zu arbeiten, nich.
Dirk:	Ja, genau und über den Tag gesehen sind das fünf Minuten.
Frank:	Is' wie 'ne Tankstelle...
Heinrich:	Das is' aber auch, wenn ein Außenstehender von einem anderen Büro in ein nächstes Büro reinkommt, der sieht die da alle arbeiten, dann meint er, die blödeln nie. Aber die da drin sind in dem Büro, die müssen's ja machen, der Ausgleich muß ja da sein, sonst dreht man ja durch...«

Die von den Arbeitsvorbereitern in der Diskussion hergestellte Beziehung zwischen drinnen und draußen, zwischen dem Ort, an dem man unter sich ist, und dem Ort, an dem man sich mit anderen auseinanderzusetzen hat, zeigt, wie eng die Ausübung der AV-Tätigkeit subjektiv von einem bestimmten Klima innerhalb der eigenen Gruppe abhängt. Dieses Klima ist mit ›en privates Wort sprechen‹ noch nicht angemessen beschrieben. Den Teilnehmern kommt es auf eine besondere Form des Sprechens an, auf die sie in der Diskussion immer wieder zurückkommen: ›das Entspannen durch dieses Blödeln‹. Unsinn verzapfen, Witze reißen, Grimassen schneiden, in Gelächter ausbrechen, andere aufs Korn nehmen und nachäffen, sich dumm und blöd stellen, frotzeln und was man sich noch alles unter ›blödeln‹ vorstellen kann, es mag deutlich werden, wie wenig diese Art der Kommunikation mit der kontrollierten und sachlichen Sprache erwachsener AV-Männer zu tun hat. Es wirkt wie ein Kontrastprogramm, das man ab und zu mal einschalten muß, um das vorgeschriebene Programm zu schaffen. So sagt es ein Arbeitsvorbereiter: ›der Ausgleich muß ja da sein, sonst dreht man ja durch.‹ Das spielerische ›Durchdrehen‹ in Form von ›blödeln‹ schützt davor, daß die ›Spannungen‹ und ›gewissen Disharmonien‹, die mit der AV-Tätigkeit verbunden sind, überhandnehmen. Die aus der permanenten Gegnerschaft zu anderen betrieblichen Gruppen aufgestauten Aggressionen entladen sich in der Regression.
Aggression und Regression scheinen komplementäre Bewältigungsmuster, die zwischen den Rollenanforderungen – den Verkehrsformen – und den persönlichen Interaktionsformen einen Ausgleich schaffen. In dem Maße, wie man sich – gestützt durch den kameradschaftlichen

Geist in der eigenen Truppe – nach innen gehenlassen kann, ist man um so eher in der Lage, nach außen als hartgesottener AV-Mann aufzutreten. Die Regression nach innen, die Flucht in Verhaltensmuster der eigenen Kindheit ermöglicht, den Kampf im Interesse der Durchsetzung von Produktionsnormen aufzunehmen.

Eine Antwort darauf, welchen tieferen Grund Arbeitsvorbereiter haben könnten, an den beschriebenen Bewältigungsformen festzuhalten, geben Äußerungen, in denen sich die an der Diskussion Beteiligten mit ihren Aufgaben in der Produktion auseinandersetzen.

Detlef: »Ja, Arbeit für mich ist also, daß ich den Menschen sehe, aus dem wir ja eine Aufgabe haben in der Arbeitsvorbereitung, wo wir manchmal ein bißchen härter vorzugehen haben, was man inhaltlich also gar nicht will. Aber daß es eben doch in der Arbeit nun mal drinliegt, aber vom Gewissen her manchmal sagt: Mensch, das ist doch 'n bißchen hart. Und dem Menschen, dem man jetzt sagen muß, dem man's schriftlich niederlegen muß, er muß das jetzt ausführen – im stillen aber sagt: ›Mensch, ich möchte das nicht machen.‹ Aber man gibt es dem anderen und sagt: ›du mußt es machen.‹ Und das ist also, was mich – man kann dann sagen, man wäre falsch in der Arbeitsvorbereitung – aber im großen und ganzen ist es doch so.«

Was mit dem ›Gewissen‹ nicht ohne weiteres zu vereinbaren ist, hat man dennoch zu tun, weil ›es eben doch in der Arbeit nun mal drin liegt‹. So beschreibt ein Arbeitsvorbereiter sein moralisches Dilemma. In der Arbeitsvorschrift ›muß man's dem Menschen schriftlich niederlegen‹, was man selbst ›nicht machen möchte‹. Der dienstliche Auftrag verlangt eine Trennung von individuellen Vorstellungen der Ethik und der Moral. Wollte man beides miteinander vereinbaren, ›man wäre falsch in der Arbeitsvorbereitung‹. So sind Wege zu finden, auf denen man – ohne Gewissenskonflikte im eigenen Ich wachzurufen – dennoch seine Aufgabe bewältigen kann.

Von solchen Kompromißhandlungen zeugen Äußerungen der Arbeitsvorbereiter zu von ihnen eingerichteten besonders restriktiven und monotonen Arbeitsplätzen.

Fred: »Für mich ist das die eintönigste Arbeit, die ich mir vorstellen kann. Wenn ich da 'nen ganzen Tag oder sagen wir ein Jahr lang sitzen soll und immer die gleichen Bauteile reinproppen muß. Ich hab da mal 'ne Person beobachtet, die hat, man meinte, die war nicht dabei und hat geträumt oder geschlafen. Aber die hat eine unwahrscheinliche Intensität an den Tag gelegt. Wenn man da mal richtig länger bei gestanden hat und geguckt, da hat sie das mit einer Sicherheit da in die Löcher reingesteckt, das war unwahrscheinlich. Aber da war nicht ein Handgriff verkehrt. Absolut nicht. Die braucht nicht nachdenken, nichts, die saß so da. Sie denken vielleicht darüber nach, was sie Papa zu Abendbrot machen, aber nicht, daß sie immer wieder –, das macht denen nichts aus, immer wieder die gleichen Teile reinzusetzen.«

Bandarbeit ist zwar – da ist man sich einig – für einen selbst unzumutbar, aber der Frau können solche Arbeiten wohl zugetraut werden. Mit Bewunderung und Hochachtung wird von der Mühelosigkeit gesprochen, mit der die Frau die Teile in die vorbeilaufende Leiterplatte steckt: ›man meinte, die war nicht dabei und hat geträumt oder geschlafen‹. Mit dem Bewußtsein der Tätigkeit – so stellen es sich die diskutierenden Arbeitsvorbereiter vor – schwindet auch das Bewußtsein über die Tätigkeit, und deshalb ›macht es denen nichts aus, immer wieder die gleichen Teile reinzusetzen‹. Hier scheint der eigene Wunsch, die Unzumutbarkeit der Vorgaben zu verdrängen, an der Theorie der Habitualisierung mitzuwirken.

Annahmen über die besondere Eignung der Frau für eintönige, sinnentleerte Arbeiten sind angesichts einer Zukunft, in der ein Großteil der Arbeiten aus dem Bedienen von Automaten bestehen wird, eher beruhigend und mit den eigenen Gewissensansprüchen durchaus vereinbar. Denn sich Illusionen und falsche Hoffnungen über die Zukunft der Arbeit zu machen, liegt den Arbeitsvorbereitern fern. Sie sehen, ›wenn das Verhältnis zwischen Aufwand und Nutzen geklärt ist‹, wird die durch Automation bedingte Arbeitsplatzvernichtung und Entwertung der Arbeit ›unweigerlich‹ kommen. Da hilft persönliches Bedauern nicht weiter, ist man nun einmal in der unangenehmen Lage, die objektiven Gesetzmäßigkeiten der Produktions- und Technikentwicklung in Rationalisierungsmaßnahmen umzusetzen.

Eine solche Stellung im Produktionsprozeß, wie sie Arbeitsvorbereiter einnehmen, setzt daher nicht nur Härte gegen andere, sondern ebenso Härte gegen sich selbst voraus. Weder nach innen noch nach außen darf die Front gegen den Ansturm der Beschuldigungen (etwa aufgrund zu knapper Zeitvorgaben oder unzumutbarer Arbeitsbedingungen) bzw. der Schuldgefühle und Gewissensbisse wanken. Wer sich auf solche Weise praktisch von zwei Seiten angegriffen sieht, kann zu seiner Verteidigung Interaktionsformen des soldatischen Mannes gut gebrauchen. Läßt sich doch durch den Kampf an der Außenfront etwas von jenen Gewissensbissen und Schuldgefühlen unterbringen, die einen im eigenen Inneren bedrohen und die berufliche Kompetenz des Arbeitsvorbereiters in Frage stellen. Die Vermutung liegt nahe, daß in der Art und Weise, wie man als AV-Mann auftritt, der moralische Konflikt des Individuums nach außen gewendet und in der aggressiven Auseinandersetzung mit den vermeintlichen Feinden der Arbeitsvorbereitung (das sind die Arbeitenden in der Produktion) projektiv abgewehrt wird. Kampf und Flucht sind nicht nur charakteristisch für das zwischen den betrieblichen Gruppen inszenierte Drama in der betrieblichen Lebenswelt; sie bestimmen ebenso den Umgang mit den innerpsychischen *Gegnern*, den in der familialen Sozialisation aufgebauten individuellen Interaktionsformen als Niederschlag einer anderen, bedürfnisorientierten Rationalität. Die in der subjektiven Aneignung der Rolle akut werdende Widersprüchlichkeit zwischen der Rationalität der Warenproduktion und der Rationalität menschlicher Selbstverwirklichung wird durch Regression, das heißt durch Indienstnahme psychischer Abwehrmechanismen gelöst. Sozialisatorisch entwickelte emanzipative Kräfte – die Vorstellung von und das Bedürfnis nach einer humanen Gesellschaft – kommen nicht zum Tragen. Aus ihrer Unterdrückung wird vielmehr projektive Kraft gewonnen, die aus dem Konflikt von Verkehrsformen und Interaktionsformen resultierenden Schuldgefühle in den harten AV-Standpunkt umzusetzen.

Literatur

Erdheim, Mario: Die gesellschaftliche Produktion von Unbewußtheit. Eine Einführung in den ethnopsychoanalytischen Prozeß, Frankfurt am Main 1982.

Devereux, George: Normal und Anormal, Frankfurt am Main 1974.

Goldthorpe, Lockwood; Bechofer, Platt: Der »wohlhabende« Arbeiter in England, München 1970/71.

Jahoda, Marie; Lazarsfeld, Paul F.; Zeisel, Hans: Die Arbeitslosen von Marienthal, Leipzig 1933, Neuausgabe Frankfurt am Main 1978.

Kern, Horst; Schumann, Michael: Industriearbeit und Arbeiterbewußtsein, Frankfurt am Main 1970.

Kern, Horst; Schumann, Michael: Das Ende der Arbeitsteilung? Rationalisierung in der industriellen Produktion, München 1984.

Knapp, Gudrun-Axeli: Industriearbeit und Instrumentalismus. Zur Geschichte eines Vor-Urteils, Bonn 1981.

Leithäuser, Thomas; Volmerg, Birgit: Anleitung zur empirischen Hermeneutik. Psychoanalytische Textinterpretation als sozialwissenschaftliches Verfahren, Frankfurt am Main 1979.

Lorenzer, Alfred: Zur Begründung einer materialistischen Sozialisationstheorie, Frankfurt am Main 1972.

Lorenzer, Alfred: Die Wahrheit der psychoanalytischen Erkenntnis. Ein historisch-materialistischer Entwurf, Frankfurt am Main 1974.

Lorenzer, Alfred: Zur Dialektik von Individuum und Gesellschaft, in: Leithäuser, Thomas; Heinz, Walter R. (Hg.): Produktion, Arbeit, Sozialisation, Frankfurt am Main 1976.

Lorenzer, Alfred: Zum Verhältnis von objektiver und subjektiver Struktur, in: Lorenzer, Alfred: Sprachspiel und Interaktionsformen, Frankfurt am Main 1977.

Marx, Karl; Engels, Friedrich: Die Deutsche Ideologie, Marx, Engels Werke Bd. 3, Berlin 1969.

Mannoni, Maud: Ein Ort zum Leben. Die Kinder von Bonneuil, Frankfurt am Main 1978.

Menninger, Karl: Liebe und Haß. Gedanken zur Zivilisation unserer Zeit, New York 1942, Stuttgart 1985.

Mitscherlich, Alexander: Auf dem Weg zur vaterlosen Gesellschaft. Ideen zur Sozialpsychologie, München 1963.

Parin, Paul: Der Widerspruch im Subjekt. Ethnopsychoanalytische Studien, Frankfurt am Main 1978.

Rohrlich, Jay D.: Arbeit und Liebe. Auf der Suche nach dem Gleichgewicht, München 1982, Fischer Taschenbuch 3845.

Schumann, Michael; Einemann, Edgar; Siebel-Rebell, Christa; Wittemann, Klaus Peter: Rationalisierung, Krise, Arbeiter – Eine empirische Untersuchung der Industrialisierung auf der Werft, Frankfurt am Main 1982.

Thomas, Konrad: Die betriebliche Situation der Arbeiter, Stuttgart 1964.

Volmerg, Birgit; Senghaas-Knobloch, Eva; Leithäuser, Thomas: Erlebnisperspektiven und Humanisierungsbarrieren im Industriebetrieb. Empfehlungen und Anleitungen für die Praxis, Frankfurt am Main 1985.

Volmerg, Birgit; Senghaas-Knobloch, Eva; Leithäuser, Thomas: Betriebliche Lebenswelt. Eine Sozialpsychologie industrieller Arbeitsverhältnisse, Opladen 1986.

ANNELINDE EGGERT

Das Refugium der Geschlechtsrollen

Interpretation des Protokolls einer Arbeitslosengruppe

1. Arbeitslosigkeit als Krise der Geschlechtsidentität
Methodologische Vorbemerkungen

Die traditionelle bürgerliche Familie war gekennzeichnet durch eine klare Aufteilung der Rollen des verdienenden Ehemannes, der Hausfrau und der Kinder. Die Norm, nach der der Mann im Beruf tüchtig zu sein hat und die Frau im Haus fleißig, hat in dem Maß, in dem sich die Funktion der Familie verändert hat und die Frauen sich den Zugang zur Arbeitswelt der Männer verschafft haben, zwar ihre Basis verloren, aber als inneres Bild hat sie dennoch überlebt. Das zeigt sich unter den Bedingungen einer ökonomischen Krise, die etwa zu einer erhöhten Arbeitslosenrate führt.

Man könnte annehmen, daß die Verbannung von Männern und Frauen in den häuslichen Bereich das Verständnis der Geschlechter füreinander erhöht und die Auflösung der starren Geschlechtsrollenaufteilung ermöglicht. Aber das Gegenteil ist der Fall. Der ›Narzißmus der kleinen Differenzen‹ verhindert eine derartige Annäherung. Indem Männern und Frauen der Zugang zur Arbeitswelt verwehrt wird, werden die traditionellen Geschlechtsrollen nicht weniger massiv als durch Arbeit, aber auf andere Weise in Frage gestellt, ohne doch wirklich aufgehoben werden zu können. In der Krise bieten diese Geschlechtsrollen eine Instanz scheinbarer Sicherheit.

Die psychologischen Schwierigkeiten, denen arbeitslose Frauen ausgesetzt sind, beruhen zu einem nicht geringen Teil darauf, daß sie sich als Arbeitende den männlichen Lebensformen angepaßt hatten und daß dieser Anpassungsprozeß sich nun als ergebnislos erweist. Denn wie benachteiligt sie auch immer in der männlichen Arbeitswelt waren, so konnten sie doch dort ihr eigenes Geld verdienen und nicht bloß das der Männer ausgeben. Nun sind sie wieder in die Rolle der abhängigen Frau gedrängt und erneut einer ›passiven Weiblichkeit‹ verpflichtet. Die arbeitslosen Männer sind gleichfalls in die Familiensphäre zurückgedrängt, doch ist diese ihnen fremd, und sie werden in ihr von den Frauen als lästig empfunden. Sie müssen wie die Frauen leben, ohne doch dazu berechtigt zu sein. Der Neid auf das andere Geschlecht, das seinen Lebensentwurf durch die Aufzucht der Kinder noch legitimieren kann, wird dadurch geschürt. Die Versorgung der Familie wird nun von staatlichen Institutionen übernommen, die so gleichsam als ein anderer Vater fungieren.

In der Arbeitslosigkeit verlieren also die Frauen ihre mühsam erkämpfte Unabhängigkeit und die Männer ihre Funktion als Ernährer der Familie. Das führt zu einer Diffusion der Geschlechtsrollen und zu einer Infantilisierung beider. Als Gegenkraft gegen eine derartig erzwungene Regression baut sich die strenge Zweiteilung zwischen Männlichkeit und Weiblichkeit sowie das Tabu, sich einen psychologischen Übergang zwischen beiden als harmonisch vorzustellen, in voller und unangemessener Größe wieder auf. So wird etwa Arbeitslosigkeit häufig von beiden Geschlechtern als erzwungene Subsumtion unter die negativ bewertete Identität traditioneller Weiblichkeit erlebt. Das vergebliche Bemühen um Reintegration in den Arbeitsmarkt macht häufig für Vorurteile äußerst anfällig. Sie erfüllen die Funktion, die gegen die eigene Person gerichtete Wut, Ohnmacht und Versagensgefühle auf andere Individuen oder Gruppen zu verschieben. Das Auffinden von Schuldigen ermöglicht zwar, die Last eines sonst unerträglichen Selbstbildes zu reduzieren, doch können derartige Mechanismen den einzelnen nicht völlig davon befreien.

Dies ist das Resultat von Gruppendiskussionen verschiedener Arbeitslosengruppen[1], das im folgenden beispielhaft anhand eines kurzen Ausschnitts rekonstruiert werden soll. Die Frage, die mich dabei besonders interessierte, war, ob unverändert gilt, daß »... die hohe Bedeutung der Arbeit und das von ihr abgeleitete Prestige Arbeitslose und unqualifizierte Arbeitskräfte leicht zu diskriminierten Randgruppen werden (lassen), denen aus eigener Kraft kein Ausbruch aus der Randsituation gelingt«.[2] Scheint nicht in der Industriegesellschaft derzeit die lebensgeschichtliche Bedeutung der Berufsarbeit zurückzugehen, so daß sich veränderte subjektive Verarbeitungsformen von Arbeitsplatzverlusten zeigen und stabile Gegenidentitäten unabhängig von den durch die Leistungsnorm diktierten herausbilden können?[3]

Die vorliegende Interpretation befaßt sich mit den ersten zehn Minuten eines ½stündigen Gesprächs einer Arbeitslosengruppe. Als Erleichterung zum Einstieg in die Diskussion wurde ein Text mit dem Titel »Inwiefern arbeiten Menschen heute entfremdet?« verwendet. Dort wird anhand von vier Fallbeispielen auf die ›krankmachende‹ Wirkung der Arbeit verwiesen. Der Autor schlägt als gesellschaftliche Lösung eine allgemein verkürzte Arbeitszeit vor.[4] Der Text enthält außerdem ein Zitat von Max Horkheimer.[5]

Die Diskussion, die sich vor dem Hintergrund der gemeinsamen Lektüre dieses Textes entspann, wird im folgenden mit dem Ziel interpretiert, Aufschluß über verdeckte und nicht besprechbare Gefühle der Gruppenmitglieder zu erhalten. Wie erleben sie ihre Arbeitslosigkeit? Welche inneren Bilder bestimmen die Dynamik des Verlaufs der Gruppendiskussion? Ich stütze mich dabei auf die Gruppenanalyse, derzufolge unter den Bedingungen einer »freien Gruppenassoziation« durch die Selektion feinster Wahrnehmungen und Reaktionen eine gemeinsame Gruppeninszenierung entsteht.[6] Der Gruppenprozeß, der sich zu einer Szene verdichtet, ist ein Gewebe von individuellen und kollektiven Beziehungsfiguren (die »Gruppenmatrix«). Er entfaltet sich durch die spezifische »Resonanz« der Gruppenmitglieder auf die jeweiligen Beiträge, denn es werden nur bestimmte Äußerungen aufgegriffen, andere werden umgedeutet, wieder andere werden fallengelassen. Obwohl es natürlich immer einzelne sind, die fühlen oder phantasieren, entsteht durch das Netz der Interaktionen auch ein gemeinsames Ganzes, das mehr ist als die Summe der einzelnen Beiträge. Es ergeben sich thematische und gefühlsmäßige Vereinheitlichungen, die durchaus unbewußt bleiben können, so daß es erlaubt erscheint, von ›der Gruppe‹ wie von einer einzelnen Person zu sprechen.

Beim Versuch, diese Gruppenmatrix und ihre Dynamik zu verstehen, lasse ich mich von der Wirkung leiten, die das Protokoll in mir als Leserin hervorruft. Ich lehne mich dabei an die in der klassischen Psychoanalyse entwickelte und neuerdings an Hand der tiefenhermeneutischen Interpretation literarischer Texte rekonstruierte Methode des »szenischen Verstehens« an, das hier wie dort als Medium zum Aufspüren latenter Sinngehalte und verborgener Lebensentwürfe dient.[7] Dennoch ergeben sich gewisse Differenzen daraus, daß die Gruppendiskussion, anders als das klassische analytische Gespräch, nicht die besondere Leidensgeschichte und subjektive Struktur zum Gegenstand hat, anders aber auch als ein literarischer Text nicht »soziale Problemformeln (vorführt), um sie einer allgemeinen Auseinandersetzung zugänglich zu machen«. Die Gruppendiskussion vollzieht sich auf einer von *beiden* zu unterscheidenden Ebene des unmittelbar-subjektiven Ausdrucks gruppenspezifisch relevanter Probleme. Eine weitere Differenz scheint aus der Verwobenheit der Interpretin zu resultieren: diese war zugleich die Leiterin der Gruppe und damit an der Erstellung des Materials beteiligt[7]. Jedoch scheint mir die für die Interpretation benötigte Distanz durch den zeitlichen Abstand von 2 Jahren und durch die ›Objektivität‹ des mittels einer Videoaufnahme entstandenen Protokolls gegeben.

Schließlich besteht auch eine Differenz hinsichtlich der Zugänglichkeit des interpretierten Materials für den Leser. Während ein literarischer Text von vornherein unabhängig von der begrifflichen Rekonstruktion rezipiert werden und günstigenfalls bereits aufgrund seiner poetischen Qualität Interesse beanspruchen kann, muß ein Gruppendiskussionsprotokoll auf einen solchen Bonus verzichten. Dem Leser und Interpreten wird zugemutet, sich durch ein unübersichtliches Terrain des Alltagsbewußt- und -unbewußtseins führen zu lassen oder hindurchzuarbeiten, das kaum gleichsam malerische Lauben oder grandiose Ausblicke bietet. Aber auf dem steinigen Weg der Analyse von Wortprotokollen scheint es aussichtsreicher, die Verflechtungen des alltäglichen Erlebens aufzudecken, als etwa durch Erinnerungsprotokolle, die den Sitzungsverlauf und seine Höhepunkte in gedrängter Form zusammenfassen.

2. Protokoll

Leiterin: Haben Sie den Text durchgelesen oder wollen wir noch weiter eine Lesepause einlegen?
Mehrere: Nein, nein.
Leiterin: Dann können wir ja anfangen. Stimmt denn Ihrer Meinung nach die These, die da vertreten wird?
Wolfgang A.:   Es ist schwierig, erst mal herauszufinden, welche These gemeint ist, wenn sie sagen, die Menschen arbeiten in einer entfremdeten Situation. Die Beispiele behandeln ja ganz unterschiedliche Situationen. Dann müßte man sich die Frage stellen, was ist Entfremdung? Beispiel eins: die Tante hat zu wenig Zeit für ihren Mann. Weil sie nach der Nachtschicht überarbeitet ist. Die zweite hat körperliche Schäden, Kopfschmerzen und ist müde bis zur Erschöpfung. Der dritte fühlt sich psychisch gestreßt und hat keine Lust und kein Interesse an gar nichts mehr. Und der vierte ist frustriert, weil er nur ein kleines Rädchen ist, ein Spielball, ein Ping-Pong-Ball, bei ihm gehen die Kompetenzstreitigkeiten hin und her. Also, das sind vier Geschichten, und keinem macht die Arbeit Spaß, aber ob man das mit dem hochtrabenden Wort Entfremdung benennen kann? Selbst der gute Herr Horkheimer, der in Frankfurt vor Jahren selig seine Pizza aß, der... (unverständlich)
Leiterin: Und wie sieht die eigene Erfahrung aus?
Wolfgang A.:   Wenn man immer etwas tut, was einen ablenkt, dann hat man gar keine Zeit, sich irgendwie tot zu fühlen. Wenn man natürlich eine Arbeit tut, die einem Zeit zum Nachdenken läßt. (Pause) Okay, Straßenbahnschaffner hab ich mal ge-

macht, da ist man mit Schichtdienst einigermaßen ausgefüllt, okay, da merkt man, jetzt kommt schon wieder dieselbe Endstation und dann noch drei Runden, okay. Oder Lose verkauft auf dem Rummelplatz in Baumholder, da muß man überlegen, wenn ein baumlanger Amerikaner mit Zwanzig-Dollar-Scheinen kam. Weiß er, daß es zwanzig sind, nicht zwei? Wie reagiert er? Oder mit denen habe ich gestern ein Bier getrunken, das sind Weiße, die kennen sich aus. Das sind tausend Überlegungen, da kommt man sich auch nicht entfremdet vor.

Leiterin: Ich meine, ob man nicht auch oft das Gefühl hat, daß man etwas genommen bekommt?

Wolfgang A.: Ich kann mir keine Beschäftigung im Sinne von Erwerbstätigkeit vorstellen, wo diese Komponente nicht dabei ist. Es ist natürlich ein Unterschied, ob ich den ganzen Tag Steine trage oder ob ich es mit Papier zu tun habe. Da ist man körperlich kaputt, aber man ist mit sich zufrieden, wenn man ein paar Kubikmeter Steine geschlagen hat, als wenn man sagt, ich habe Papier von Zimmer dreizehn nach Zimmer siebzehn getragen, und es war eh unwichtig. Und das andere Problem natürlich, die kleinen Geschichten da, das heißt so frei übersetzt, ein bißchen zynisch, die meisten Leute jammern über ihre Arbeit, es macht ihnen keinen Spaß, sie gukken auf die Uhr, wollen nach Hause. Vielleicht sitzen sie da vor dem einen Bildschirm, dem grünen, und später sitzen sie vor dem anderen, in Farbe, und statt an der einen Stelle als Geschirrspüler zu arbeiten, kommt man nach Hause und muß es da der Ehefrau abnehmen. Wo bleibt da der Unterschied, meint Herr Horkheimer, und äh, äh...

Rüdiger B.: Naja, die Entfremdung, die bezieht sich ja zwischen diesen Eheleuten. Die Frau, die bringt das ja zum Ausdruck, auf die Dauer entfremde ich mich von meinem Mann. Ich habe das ja damals laut genug getönt, daß ich nie zugelassen habe, daß meine Ehefrau arbeiten geht. Weil ich, wenn ich von der Arbeit nach Hause komme... äh, gekommen bin, da wollte ich nicht noch, daß meine Frau auch gerade zur Tür hereinkommt und kaputt ist und sagt, wenn du was zu essen haben willst, dann koch dir mal selber was oder was weiß ich. Und was die Bettgeschichten anbelangt, die fallen dann sowieso unter den Tisch, weil sie zu müde ist und schlafen muß. Also, das habe ich nicht haben wollen, und das ist mir auch nie passiert, bisher jedenfalls nicht. Weil der Mann, wenn er ja dann von der Arbeit nach Hause kommt, kann er ja zumindest erwarten, daß die Frau zu Hause ist und nicht, daß die gerade aus dem Haus geht, wenn er kommt. Ich meine, das gibt's natürlich auch.

Wolfgang A.:	Da mag ich dir bitte widersprechen. Die Frau sitzt zu Hause, macht wenig, langweilt sich zu Tode, hat ein aufgespeichertes Redebedürfnis, man selber kommt kaputt…
Rüdiger B.:	(unterbricht) Ach naja, so ist es ja nun auch wieder nicht. Beschäftigung findet die schon, ich mein…
Ingeborg C.:	(unterbricht) Ja also, ich bin der Meinung, wenn der Mann Nachtschicht hat zum Beispiel, und die Frau ist den ganzen Tag zu Hause, da kommt der Mann morgens müde geschafft nach Hause, trinkt vielleicht noch eine Tasse Kaffee und sagt, gute Nacht, ich geh ins Bett. Und dann schläft er gut und gern bis mittags, was weiß ich, zwei, drei Uhr, je nachdem, wann seine Schicht anfängt. Dann ist die Frau ja auch praktisch den ganzen Tag alleine und in dem Moment fängt sie ja dann auch an, unzufrieden zu werden, auch wenn sie sagen könnte, er ist zu Hause, sie hat ja von ihrem Mann auch nichts, denn der schläft ja. Und abends geht er wieder weg.
Wolfgang A.:	Das Beste ist, wenn beide arbeiten. Also ich habe mal mit einer Lehrerin die Probe und die Gegenprobe gemacht. War sie hier zu Besuch, war ich am Arbeiten und sie hatte Ferien. Na gut, dann kam ich aus der Redaktion, wußte nicht, wo mir der Kopf stand, und die Lehrerin saß im Taunus bei anderen in der Sonne und hatte was gekocht, und sie sagte, mein Gott, laß mir meine Ruhe. Die Gegenprobe: dann war ich in Norddeutschland und sie ging morgens in ihre Schule, da war ich auf Juchhe gestimmt. Die kam nachmittags aus der Schule, so ein Stapel Hefte zu korrigieren und erzählte mir erst einmal zwei Stunden, was die Schüler machen. Das interessierte mich genauso wenig wie sie ein halbes Jahr vorher meine Klatschgeschichten aus der Redaktion…
Ingeborg C.:	Ja, das ist doch genauso, man ist unzufrieden dann.
Rüdiger B.:	Naja, aber wenn das soweit ist, dann ist da auch schon etwas anderes faul, nehme ich an.
Ingeborg C.:	Wieso? Ich kann mir nicht vorstellen, also, ich kann mir wirklich nicht vorstellen, wenn mein Mann nach Hause kommen würde und ich habe dann ausgeschlafen, weil ich ja abends um zehn oder elf Uhr ins Bett gehe, und ich stehe dann auf, um ihm wenigstens noch eine Tasse Kaffee oder was zu machen, ja, ich bin dann wach, ne? Ja gut. Im Haushalt kann ich dann auch nicht allzuviel machen.
Rüdiger B.:	Naja, dann gehst du einkaufen in aller Ruhe.
Ingeborg C.:	Naja, ich kann ja nicht den ganzen Morgen einkaufen gehen.
Rüdiger B.:	Was heißt, den ganzen Morgen? Hast keinen Streß, kannst auch mal mit den Nachbarn ein vernünftiges Wort reden oder mit der Verkäuferin, was weiß ich.
Ingeborg C.:	Da seh ich doch gar keinen Sinn.
Rüdiger B.:	Naja, es geht doch darum, zumindest höre ich das da raus,

	du weißt tatsächlich nicht, was du mit deiner Zeit anfangen sollst. Wenn dein Mann alleine arbeitet, dann hast du zuviel Langeweile.
Ingeborg C.:	Das hat mit Langeweile in dem Sinn nichts zu tun. Aber ich hab ja in dem Sinn von meinem Mann auch nichts. Wenn der nämlich mittags aufsteht und es treten Probleme auf oder was weiß ich, ja, dann ist da wenig Zeit da oder muß er dann wieder weg, also häng ich ja auch wieder dann alleine. Also, was soll ich jeden Abend, wenn ich schon verheiratet bin und sitz dann jeden Abend allein da? Gut, ich kann ausgehen oder was, aber das bringt doch auch nichts.
Birgit D.:	Auch abends arbeiten gehn.
Ingeborg C.:	Ich seh da also echt keinen Sinn drin. Wenn ich also auch einen Halbtagsjob hätte oder was, würde also auch arbeiten gehen und käme dann mittags nach Hause, vielleicht, dann wäre ich dann vielleicht zufriedener dann, weil ich irgend etwas getan habe. Aber man ist doch selbst unzufrieden, das sieht man doch schon zum Beispiel jetzt, wo man arbeitslos ist, ne, den ganzen Tag zu Hause, weil, man geht mal weg, aber irgendwo ist man doch auch unzufrieden. Und ich find das, als Frau, nur Haushalt machen, das ergibt für mich gar nichts.
Rüdiger B.:	Das weiß ich nicht. Früher, die alten deutschen Hausfrauen, zu gut deutsch gesagt, die haben ja auch nur Hausfrau gespielt, und es hat niemand geklagt über Freizeitmangel oder was weiß ich.
Mehrere Frauen:	(Stimmengewirr) Die haben ja auch gar nichts anderes gesehen in ihren vier Wänden.
Rüdiger B.:	Ich hab da nicht so viel Palaver gehört wie in der heutigen Zeit. Die waren doch glücklich und zufrieden.
Ingeborg C.:	Früher gab's auch nicht so viele technische Geräte, früher gab's keine Waschmaschine und so. Da hat man die Wäsche so gewaschen. Da gab's montags Waschtag, dienstags Bügeltag oder was weiß ich.
Birgit D.:	Das kann man heute auch machen. Also, ich habe vier Waschmaschinen in der Woche mindestens.
Ingeborg C.:	Naja, ihr seid vier Personen, aber wir sind nur zwei, hör mal. (Durcheinander, Stimmengewirr sehr laut)
Rüdiger B.:	Naja, wo Kinder sind, da liegt das Problem ja nun etwas anders, da entsteht automatisch ein anderer Ablauf.
Ingeborg C.:	Es war ja gar nicht von Kindern die Rede. Ich mein, in einem Zwei-Personen-Haushalt, was soll da die Frau jeden Tag zu Hause machen?
Birgit D.:	Na, das ist wirklich zu wenig.
Christine E.:	Nee, ich kann mich immer aufregen, wenn jemand sagt, so wie der Herr B., ja, früher war das so, früher haben die

	Frauen am Herd gestanden, früher haben sie so. Das war's halt nun so, und heut ist es eben nimmer so.
Mehrere Frauen:	(Stimmengewirr) Früher, Kinder...
Birgit D.:	Da haben sie auch die Kinder intakt gehalten.
Rüdiger B.:	Ja Moment, heute ist es nicht mehr so. Ja warum? Weil ihr euch das eben so schwer gemacht habt.
Mehrere Frauen:	Stimmt nicht. Wir haben es uns nicht schwer gemacht.
Rüdiger B.:	Ihr wolltet ja arbeiten gehn.
Christine E.:	Haben Sie eine Frau, die Ihnen kocht?
Rüdiger B.:	Nee!
Christine B.:	Also und, was machen Sie? Gehn in die Kneipe oder was?
Rüdiger B.:	Nee, ich bin alleinstehend, ich koch mir selbst.
Christine B.:	Alleinstehend! Also machen Sie doch die gleiche Arbeit, die eine Frau auch macht. Also haben Sie sich doch auch geändert.
Rüdiger B.:	Aber das ist doch ein himmelweiter Unterschied, ob ich nur ein Zimmer hab oder 'ne Drei-, Vier-Zimmer-Wohnung. Das ist doch ein bissel mehr.
Christine E.:	So ein Unterschied ist das gar nicht. Eine Drei-Zimmer-Wohnung kann ich oft sauberer halten wie ein Zimmer.
Rüdiger B.:	Oh, doch, doch, doch!
Mehrere:	(Durcheinander) Stimmt, ja, ja sicher!
Rüdiger B.:	Naja!
Christine E.:	Die Thesen, die Sie stellen, die hauen nicht ganz hin. Hinten und vorne nicht.
Rüdiger B.:	Das haut schon hin!
Christine E.:	Nee!
Iris F.:	Oh, der hat 'ne Einstellung! Früher!
Christine C.:	Nee, es ist so, nee, ich könnt' mich aufbauen!
Mehrere:	(Durcheinander) Früher... Kinder...!
Kurt G.:	Also, ich glaube, daß die heutige Familie auf die Kernfamilie zusammengeschrumpft ist, daß sich die Familie nur noch aus Mann und Frau zusammensetzt. Und die Frau, äh... die Familie, wo zwei Kinder sind, da ist die Frau mit den zwei Kindern gut ausgelastet, würde ich sagen, denn sie hat genug zu tun. Wenn aber ein alleinstehendes Ehepaar da ist, würde ich sagen, daß beide arbeiten, dann haben beide eine gewisse Erfüllung und können sich einen gewissen Lebensstandard leisten.
Mehrere:	(Durcheinander) Ja, ja sicher, genau, das ist richtig!
Christine C.:	Dann gibt's ja abends auch noch was zu erzählen, über die Kinder oder dies oder jenes, das ist ganz klar. Aber nicht so, wie er die Thesen stellt!
Rüdiger B.:	Ich bin ja von meiner Warte ausgegangen. Ich hatte ja auch ein Kind.
Christine E.:	Sie *hatten* ein Kind?

Angelika H.:	Haben Sie es jetzt nicht mehr?
Rüdiger B.:	Ja nun, da mußte sich ja schließlich jemand drum kümmern.
Christine E.:	Sie haben sich doch aus der Verantwortung rausgezogen, indem Sie von Ihrer Frau weg sind.
Rüdiger B.:	Das ist doch ein ganz anderes Problem.
Christine E.:	Aber infolgedessen...
Rüdiger B.:	Das ist doch wieder ein ganz anderes Problem. Hier ging's doch darum, ob die Frau ausgelastet ist. Und meine Frau war ausgelastet, also, mehr will ich nicht sagen.
Christine E.:	Mit einem Kind?
Rüdiger B.:	Mit einem Kind!
Christine E.:	Dann müssen Sie aber das zweite gewesen sein! (Lautes, lang anhaltendes Gelächter, beifälliges Klatschen mehrerer Teilnehmer.)
Dieter I.:	Rucki, zucki! Da ist was los![8]

3. Männliche Aktivität

Der im Text protokollierte Dialog ist vor allem durch einen Konflikt zwischen Frauen und Männern bestimmt. Während Rüdiger B., der lautstärkste Vertreter der männlichen Position, Zufriedenheit dadurch gewährleistet sieht, daß er von einer Frau, die zu Hause auf ihn wartet, versorgt wird, scheint für die Frauen der Gruppe ein erfülltes Leben allererst mit einer Berufstätigkeit möglich. Am Ende zeigt sich, daß beide Vorstellungen von Zufriedenheit gegenwärtig nicht einlösbar sind: ebenso, wie die Frauen arbeitslos sind, muß Herr B. sich, entgegen seiner anfänglichen Behauptung, heute selbst versorgen.

Daß in einer Arbeitslosengruppe einzelne Teilnehmer anderen das Recht auf Arbeit bestreiten, muß nicht verwundern, zielen doch öffentlich breit diskutierte Strategien darauf ab, Randgruppen des Arbeitsmarktes, unter anderem die (Haus-)Frauen, aus diesem auszugliedern. Diese Überlegungen könnten zu der Annahme führen, daß es sich bei dem vorgestellten Konflikt lediglich um die Folge einer vereinfachten Weltsicht mit scheinbar leicht handhabbaren Erklärungen für komplexe Zusammenhänge handelt. Die Frauen reagierten nur auf die Zumutung, im Haus bleiben zu sollen, mit dem Zweifel daran, ob dies unter den Bedingungen der Kleinfamilie glücklich machen würde. Jedoch scheint mir eine solche Deutung der vorgestellten Textpassage allein nicht gerecht zu werden.

Befremdend ist zunächst der Eindruck, daß der Text in zwei Hälften zerfällt, die dennoch miteinander verbunden bleiben. Schon dieser Bruch innerhalb der Textpassage läßt eine Dynamik vermuten, die über die bloße Diskussion von Geschlechtsrollen hinausgeht. Zunächst wird versucht, den Begriff der Entfremdung eher abstrakt zu umkreisen, der zweite Teil bewegt sich dann in sinnlicheren Bildern, wobei sich die verschiedenen Lebensentwürfe zum Konflikt zuspitzen. Während der Protagonist des ersten Teils alsbald verstummt, geraten diejenigen, die den zweiten Teil in Szene setzen, miteinander in eine Konfrontation. Trotz dieses Auseinanderfallens gibt es auch eine durchgängige Gemeinsamkeit. Die Klammer, die beide Hälften zusammenhält, ist die Frage nach der sinnvoll verbrachten Zeit.

Aber die Gemeinsamkeit erstreckt sich nicht nur auf den bewußten thematischen Aspekt, sondern – und das ist für die folgende Analyse von größerer Tragweite – auf die Phantasien, die den unbewußten Gehalten des Gruppengeschehens entstammen. Der Sinn des Gruppenprozesses und der in ihm enthaltenen Äußerungen läßt sich nur über eine Rekonstruktion des Geflechts von individuellen und kollektiven Inszenierungen bestimmen.

Wenn man den Text genauer ansieht, fällt zunächst auf, daß Herr A. sich als einziger zu Beginn auf die bei Hummel-Liljegren genannten Beispiele entfremdeter Arbeit und auf das dadurch verursachte Leiden bezieht. Er drängt auf eine differenziertere Betrachtung des Begriffs Entfremdung (»Dann müßte man sich die Frage stellen, was ist Entfremdung?«). Er distanziert sich von der Art und Weise, in der dort Entfremdung aufgeschlüsselt wird (»... ob man das mit dem hochtrabenden Begriff Entfremdung benennen kann?«) und spielt durch abwertende und joviale Formulierungen das Deprimierende der geschilderten Situationen herunter (»Die Tante hat zu wenig Zeit für ihren Mann«). Auf eine Frage der Leiterin hin konfrontiert er seine eigene Situation mit den Thesen des Ausgangstextes und nimmt dabei eine Eingrenzung des Themas vor. Er reduziert Entfremdung auf das Gefühl, »sich irgendwie tot zu fühlen«, auf Zeit, die mit sinnlosem Grübeln verbracht wird, auf ›tote Zeit‹. Gleichzeitig gibt er vor, eine Lösung des Problems der Entfremdung gefunden zu haben: wenn man sich nur ablenkt, »dann hat man gar keine Zeit, sich irgendwie tot zu fühlen«.

Er liefert die vermißte Definition von entfremdeter Arbeit nach und trifft zugleich einen Nervenpunkt im Erleben der Arbeits*losigkeit*. Mit einem Beispiel, in dem er, trotz der Ich-Form, weniger sich selber als die anderen Teilnehmer meint, hebt er die Gleichförmigkeit und Folgenlosigkeit der Arbeit hervor (»...ich habe Papier von Zimmer dreizehn nach Zimmer siebzehn getragen, und es war eh unwichtig«). Da die von ihm benannte Monotonie und mangelnde Strukturierung der Zeit zugleich ein wesentliches Merkmal der Arbeitslosigkeit ist, wird durch seine Definition der Gegensatz von Arbeit und Arbeitslosigkeit eingeebnet. So gelingt es, das Leiden an der Arbeitslosigkeit zunächst zurückzudrängen.

Die Identität von Arbeit und Arbeitslosigkeit wird unterstützt durch die Gleichsetzung von Arbeit und Freizeit (»Vielleicht sitzen sie da vor dem einen Bildschirm, dem grünen, und später sitzen sie vor dem anderen, in Farbe…«). Damit ist das Arbeitsleben vieler kaufmännischer Angestellter treffend beschrieben. Zwar vermeidet es Herr A., jemanden aus der Gruppe direkt anzusprechen; es sind die anderen, die »meisten Leute«, nicht die Anwesenden, von denen er spricht. Aber er benennt, wenn er sich auf Lebensformen bezieht, die von monotonen Arbeiten und TV-Programmen in Regie genommen sind, eine brutale Wahrheit und zugleich eine Ausweglosigkeit. Denn die Tätigkeiten, die den Gruppenteilnehmern zugänglich sind und die sie anstreben, bestehen zumeist aus sinnentleerten Tätigkeiten (»Papier tragen«), die eine entsprechende Freizeitgestaltung nach sich ziehen.

In der Beschreibung von Wolfgang A.s eigener Erfahrung erscheint der Beruf als Rolle, in die man kurzfristig hineinschlüpfen und die man ebenso beliebig wieder verlassen kann (»Straßenbahnschaffner hab ich mal gemacht«, »Lose verkauft«). Arbeit ist ihm zufolge keine Tätigkeit innerhalb eines durch Ausbildung erworbenen Berufs, vielmehr kommt es darauf an, den Arbeitsmarkt als Terrain der Mittel für eigene Zwecke des Überlebens zu nutzen. Was er mit seiner Arbeitskraft anbietet, sind keine fachlichen Qualifikationen, sondern persönliche Fähigkeiten wie schnelles Reaktionsvermögen und Durchhaltekraft. Seine Beispiele beziehen sich auf Tätigkeiten, die einerseits ein hohes Maß an externer Zeitregulierung, andererseits an individueller Reaktionsfähigkeit enthalten. Er ist derart beansprucht, daß er vom »Nachdenken« erlöst ist, und damit ist auch die in seiner Definition enthaltene Auflösung der Entfremdung erfüllt.

Wolfgang A. wertet die körperlichen und seelischen Belastungen in ihr Gegenteil um: in die Fähigkeit, durch Erschöpfung Befriedigung aus der Arbeit zu ziehen. Auffällig ist aber, daß er sich nicht auf seine ursprüngliche Arbeit als Redakteur bezieht. Sein beruflicher Werdegang vom Redakteur zum Gelegenheitsarbeiter dokumentiert gesellschaftlichen Abstieg, den er zugleich idealisiert. Trotz der strukturell pathogenen Gleichheit von Arbeit und Arbeitslosigkeit erweist er sich als pfiffig im Auffinden von Arbeitsmarktnischen. Die von ihm benannten Tätigkeiten sind verhältnismäßig leicht zu bekommen und auch ›schwarz‹ neben der Unterstützung durch das Arbeitsamt auszuführen. Mit der Betonung von Kraft und Männlichkeit, die er in den Vordergrund stellt (»Steine schlagen«, »mit baumlangen Amerikanern verhandeln«), setzt er gesellschaftlichen Lösungsvorschlägen seinen individuellen Vorschlag entgegen und weist damit auch den anderen Teilnehmern ein Moment der Eigenverantwortung für ihr Schicksal zu. Wolfgang A. kann vorgeben, er habe seine Lösung schon gefunden: er ist geschlagen, aber nicht besiegt. Damit bietet er den Gruppenteilnehmern eine Möglichkeit zur Identifikation an. Auch die anderen könnten sich, auch wenn ihnen nur noch die Ränder des Arbeitsmarktes offenstehen, nicht nur als elende Opfer, sondern als handelnde Subjekte sehen.

Herr A. strukturiert weitgehend monologisch den Einstieg in das Gruppengespräch, an dessen Verlauf er später nicht mehr teilnimmt, und signalisiert eine Bereitschaft zur Auseinandersetzung. Doch bleibt sein Beitrag weitgehend abstrakt und verliert sich in Überlegungen, die formal und inhaltlich quer zu dem liegen, was die übrigen Teilnehmer zu hören gewohnt sind oder hören wollen. Seine Gleichsetzung von Arbeit, Arbeitslosigkeit und Freizeit, die einerseits beschwichtigend wirkt, unterstreicht andererseits den Mangel an Sinn in der Arbeit, der letztlich das ganze Leben sinnlos erscheinen läßt. In der Betonung der ausweglosen Monotonie und der Gleichförmigkeit der Beschäftigungen am Arbeitsplatz wie auch zu Hause (»am Bildschirm sitzen«, »Geschirr spülen«) bezieht er sich auf Horkheimer (»meint Herr Horkheimer...«), um zu dokumentieren: es ist hier wie dort derselbe Zwang, derselbe Un-Sinn.

Mit der Referenz Horkheimer fordert Herr A. zu einer Kritik der Verhältnisse heraus, die die Menschen zwingen, auf eine Weise zu existieren, in der sie nicht leben können. Durch die Form aber, in der er diese Referenz anführt (»Der gute Herr Horkheimer, der in Frankfurt vor Jahren selig seine Pizza aß«), läßt er eine gewisse Herablassung gegenüber dem außenstehenden Theoretiker spüren. Er redet von diesem wie von einem in seinen Grenzen wohl einzuschätzenden guten Bekannten, obwohl er weiß, daß niemand in der Gruppe derart lässig mit dem »guten Herrn Horkheimer« steht, sondern daß die meisten diesen nicht einmal dem Namen nach kennen. In dieser Andeutung liegt auch eine Rücknahme seiner Bereitschaft und eine Distanzierung von den übrigen Teilnehmern.

Dieser Distanzierung entspricht eine Nähe zur Leiterin, die den Ausgangstext ausgesucht hat und von der anzunehmen ist, daß sie ebenfalls weiß, wer Horkheimer ist. Wolfgang A. kommt ihr entgegen, schließt einen Pakt mit ihr, der sich aber, wie der Pakt mit der Gruppe, als halbherzig erweist. Seine Gleichsetzung von Arbeit und Arbeitslosigkeit vermindert die Differenz zwischen Gruppenteilnehmern und Leiterin. Denn sie, die als einzige über eine geregelte Arbeit verfügt, wäre damit dem Leiden nicht weniger als die Arbeitslosen ausgesetzt.

Die Gleichsetzung ermöglicht eine Abschwächung der Gefühle von Neid und Wut, die dadurch hervorgerufen werden, daß die Arbeit der Leiterin auf der Arbeitslosigkeit der Teilnehmer beruht. Indem Herr A. die angeführten Thesen ›zynisch‹ auf die Gleichsetzung von Arbeit und Freizeit reduziert und für »hochtrabend« hält, wird auch das Ansinnen der Leiterin, in einer Arbeitslosengruppe über ›Leiden an der Arbeit‹ sprechen zu wollen, als zynisch und der Text als unbrauchbar eingestuft. Auf die Leiterin bezogen bedeutet dies, daß sie ebenso wie der außenstehende Theoretiker die Probleme der Arbeitslosen nicht wirklich versteht.

Mit ihrer Frage nach »eigenen Erfahrungen« betont die Leiterin die Differenz zwischen sich und den Gruppenmitgliedern. Herr A. fügt sich zwar dieser Rollenzuweisung, konkurriert aber weiterhin mit ihr, indem er die Erfolge seiner Männlichkeit herausstreicht. Im Männerkreis der »baumlangen Amerikaner«, nachts, auf dem »Rummelplatz in Baumholder« sind Frauen eher schutzbedürftig. Dort ist die Domäne der Männer. Die Leiterin läßt sich ungewollt auf diese Konkurrenz ein, indem sie seine Darstellung bezweifelt. Ist das denn wirklich so, fragt sie, und ihre Formulierung, ob man »etwas genommen bekommt?« ist sicher kein Zufall. Sie selbst nimmt ihm etwas, indem sie die Überzeugungskraft seiner männlichen Selbstdarstellung in Zweifel zieht. Er pariert geschickt, mit klugen und allgemeinen Überlegungen. Damit entzieht er sich einer Auseinandersetzung und kann das männliche Bild des harten und mit allen Wassern gewaschenen Losverkäufers bewahren.

Doch nicht nur dies. Herr A. reagiert widersprüchlich auf die Gruppe und distanziert sich letztlich auch von dieser. Seine Überlegungen zur sinnlos verbrachten Zeit lassen sich mühelos als Charakterisierung des Erlebens vieler Teilnehmer innerhalb der Gruppe verstehen. Er fordert sie zwar auf, auf die gemeinsam verbrachte Zeit aktiv einzuwirken, doch ist seine Lösung prinzipiell eine einsame, die jede Gemeinsamkeit ausschließt und damit der Gruppe den Boden entzieht. Das spiegelt sich auch darin, daß er die Anfangssituation allein bestreitet. Auch wenn er vorgibt, seine Lösungsformel schon gefunden zu haben, kann doch niemandem entgehen, wie beschwerlich dieser Weg letztlich ist. Die von ihm benannten Tätigkeiten verhindern nicht nur, »sich irgendwie tot zu fühlen«, sie sind selbst schon Grund genug, dieses Gefühl zu erzeugen. »Steine schlagen« ist ja auch eher eine Metapher für Sträflingsarbeit als für einen geglückten Arbeitszusammenhang. Zwar folgt die Gruppe seiner Aufforderung, sich durch Anstrengung abzulenken, später unmittelbar dadurch, daß sie sich auf eine Konfrontation einläßt, aber dabei weigert sie sich doch, Wolfgang A. in seiner Selbstdarstellung des gesellschaftlichen Abstiegs zu folgen. Daß sie gleichwohl in ihren Äußerungen auf ihn bezogen bleibt, entgeht ihr.

Die von Wolfgang A. eingenommene Wertschätzung der Jobs als Ursache der Erschöpfung, die das Denken an die Sinnlosigkeit verhindert, läßt eine emotionale Bindung an die Inhalte der verlorenen Arbeit (Redakteur) und an das ihr zugehörige Umfeld nicht mehr erkennen. Mit der behaupteten oder tatsächlichen Bindungslosigkeit wird die Trauer darüber geleugnet, jedoch nur zum Teil. Denn konträr zu Herrn A.s Selbstbestimmung steht seine Resignation, die sich nur noch an den letzten Notwendigkeiten orientiert, seine Existenz irgendwie zu fristen. Herr A. weist die Gruppe einerseits auf einen Ausweg hin, der sie ermutigen soll, andererseits benennt er eine Wüste der Sinnlosigkeit, in der es nur noch eine Flucht in die Oase des Vergessens gibt. Nicht mehr das Verlorene ist relevant, sondern nur noch der Verlust. Seine Lösungsformel, die keine ist, da durch sie der gesellschaftliche Abstieg auf eine harte Weise bloßgestellt und sanktioniert wird, kann letztlich keiner akzeptieren. Allenfalls in seinem Deutungsmuster körperlicher Verausgabung kann sich ein Teil der Gruppe, und zwar der männliche, wiedererkennen. Damit wird die Spaltung der Gruppe in Männer und Frauen, die im weiteren Verlauf eine entscheidende Rolle spielt, vorbereitet.

4. Männliche Passivität

Bis zu dem Einwurf Rüdiger B.s »Naja, die Entfremdung, die bezieht sich ja zwischen diesen Eheleuten...« bestreitet Wolfgang A., von zwei Fragen der Leiterin abgesehen, die Szene allein. Auf seinen Beitrag geht niemand ein. Sein Bild des Ehemannes, der durch die Pflicht des Geschirrspülens schikaniert wird, gibt Herrn B. lediglich das Stichwort für dessen eigene Ansichten. Herr B. kann sich mit seinem Konzept der traditionellen Rollenaufteilung zunächst ebenfalls als kraftvoll präsentieren. Auch er hat sein Arrangement gefunden, zufrieden zu sein: nicht bei der Arbeit, wohl aber in der Freizeit, wenn die Ehefrau ihn bedient und er es sich gut gehen läßt.

Damit beharrt er auf eben jener kompensatorischen Aufteilung von Arbeit und Freizeit, die vom Ausgangstext und im Anschluß daran noch von Herrn A. in Frage gestellt wurde. Er zeichnet von sich selbst ein Bild, das mit der Realität nicht mehr übereinstimmt. Sein Beharren auf der Vergangenheit und seine Verwechslung von Vergangenheit und Gegenwart (»Wenn ich nach Hause komme... äh, gekommen bin«) zeigen, daß er sich weiterhin in die frühere Lebensform hineinphantasiert. Obwohl er sich damit vom Entwurf Wolfgang A.s inhaltlich absetzt, schließt er doch in anderer Hinsicht positiv an ihn an, indem er die Vermeidung, Trauer und Verlust zu thematisieren, fortführt. Durch die Beiträge von Wolfgang A. und Rüdiger B. wird eine tragende Annahme in das nicht ausdrücklich explizierte Vorverständnis des Gruppengesprächs eingeführt, derzufolge Erschöpfung und Schwäche der Männer nur als ›gesunde Müdigkeit‹ aufgrund körperlicher Verausgabung denkbar, sinnvoll und akzeptabel sind.

Indem Herr B. die eigene Beschädigung abwehrt und auf seine Ehefrau projiziert, die »kaputt« sein könnte, so daß die »Bettgeschichten unter den Tisch fallen«, stellt er sich als männlich dar und spielt auf die eigene Potenz an. Die Selbstdarstellung, die bei Herrn A. noch gebrochen wirkte, wird jetzt unter dem Motto vereinheitlicht: ein wirklicher Mann kann beides, arbeiten und über zusätzliche Kraft verfügen. Nicht nur wird die Ehefrau zu ihrem Vorteil vor dem Arbeitsstreß behütet, vielmehr verheißt das Arrangement Zufriedenheit für beide. Sie können die Zeit, die ihnen gemeinsam verbleibt, miteinander angenehm verbringen.

Die Verschiebung auf die Ebene der Familienbeziehungen beseitigt die Ohnmacht und ermöglicht wieder eigenes Handeln. Nun sind es nicht mehr die Themen Arbeit, Arbeitslosigkeit und sozialer Abstieg, die verhandelt werden müssen, sondern der Umgang mit der eigenen Frau. Zu Hause ist man noch der eigene Herr und kann auf den Lauf der Dinge Einfluß nehmen.

Rüdiger B.s Zeitarrangement ermöglicht ihm sowohl den Einsatz seines Arbeitsvermögens als auch die Befriedigung seiner Versorgungswünsche. Doch bringt seine Sprache an den Tag, daß die Betonung der angeblich befriedigenden Regelung vor allem der Abwehr eines gravierenden Verlustes dient. Auch Herr B. argumentiert, ähnlich wie Herr A., aus einer Position des Mangels heraus. Tatsächlich spricht er nur von dem, was er »nie zugelassen« habe, nicht aber davon, ob das gewählte Arrangement tatsächlich zur Zufriedenheit geführt hat. Das Bild einer gelungenen Lebensführung, die durch eine geregelte Arbeitszeit strukturiert ist, gerät zur bloß fassadenhaften Absicherung auch deshalb, weil Rüdiger B. jetzt ja einen doppelten Verlust zu beklagen hat: den der Ehefrau und den der Arbeit.

Während für Wolfgang A., der sich selbst versorgt, Zufriedenheit durch die körperliche Erschöpfung gewährleistet scheint, bezieht sich Rüdiger B.s Vorstellung davon auf die Versorgung durch seine Ehefrau. Ingeborg C. – und mit ihr melden sich zum ersten Mal die Frauen zu Wort – kommt Herrn B. zunächst darin entgegen, daß sie seine Definition der Entfremdung als Beziehungsstörung aufgreift. Sie schildert eine Szene, von der man nicht erfährt, ob sie sie selbst erlebt oder ob sie

sie erfunden hat. Sie steigert gegenüber der Schilderung Rüdiger B.s die Dramatik der Szenerie und kehrt die geschlechtsspezifische Erlebnisperspektive um: Herrn B.s Bild des Mannes, der abends müde nach Hause kommt, kulminierte in der Möglichkeit, daß gerade dann die Frau das Haus zur Arbeit verläßt, wenn er dorthin zurückkehrt. Bei Frau C. kommt der Mann morgens müde nach Hause und schläft den ganzen Tag über, während die Frau sich langweilt. Durch die Arbeit wird also nicht dem Mann die Frau, sondern der Frau der Mann genommen. Ihre Bedürfnisse bleiben unbefriedigt, sie bleibt ohne Partner, mit dem sie Lust und Leid teilen kann.

Wolfgang A. versucht noch einmal, das Problem der Belastungen für Beziehungen durch Arbeit aufzulösen, indem er die Partner symmetrisch zueinander setzt (»Das Beste ist, wenn beide arbeiten«). Mit dem Beispiel der Lehrerin und des Redakteurs will er zeigen, wie vielfache arbeitsstrukturelle Trennungen eine Kommunikation des Paares unmöglich machen. Die gemeinsame Zeit ist von unterschiedlichen Inhalten bestimmt. Arbeit und Freizeit reiben sich aneinander, so daß Verständigung unmöglich wird.

Damit hat er aber seine These, daß beide Partner arbeiten sollten, keineswegs untermauert. Denn es ist kaum plausibel, daß in diesem Fall die Verständigungsprobleme, die aus der Verschiedenheit der Tätigkeiten resultieren sollten, geringer wären, eher im Gegenteil. Die beiderseitige Erschöpfung nach der Arbeit würde die Bereitschaft, sich auf den anderen einzulassen, eher senken als erhöhen. Verändert würde jedoch in der Tat ein wechselseitiges asymmetrisches Verhältnis von Arbeitendem und Nicht-Arbeitendem, das zuvor jeweils zu Spannungen führte. Das zugrunde liegende Problem scheint also weniger das einer Verständigung als das von Anerkennung und Macht zu sein. Dabei sind zunächst zwei Versionen eines Machtverhältnisses denkbar: der Arbeitende könnte aufgrund seines Status oder der Bedeutung seiner Arbeit ebenso das Übergewicht für sich beanspruchen wie der Nicht-Arbeitende aufgrund seines Privilegs der Freizeit.

Diese Unentschiedenheit löst sich auf, wenn man sich das geschilderte Kommunikationsproblem genauer ansieht. Dann wird nämlich deutlich, daß dessen unterstellte Wechselseitigkeit (»die Gegenprobe«) Schein ist. Als der Redakteur arbeitet und die Lehrerin Ferien hat, ist er es, der nicht aufnahmefähig ist (»Mein Gott, laß mir meine Ruhe«). Als umgekehrt die Lehrerin arbeitet und er offenbar Urlaub hat, ist wiederum er es, der sie zurückweist (»... erzählte mir erst mal 2 Stunden, was die Schüler machen, das interessierte mich genauso wenig...«). Das angehängte »wie sie ein halbes Jahr vorher meine Klatschgeschichten aus der Redaktion« hat in der vorangegangenen Schilderung keine sachliche Entsprechung und wirkt deshalb aufgesetzt, um den Schein der Symmetrie herzustellen.

Nun erweist sich das Verständigungsproblem doch als grundlegend, aber in anderer Weise, als von Wolfgang A. suggeriert. Es ist nämlich von vornherein da. Einseitig verteilte Arbeit macht es als äußerliches angeblich lösbar. Lösbar nämlich durch beiderseitige Arbeit, in der beide Partner durch Erschöpfung stillgestellt sind und sich gegenseitig in Ruhe lassen. Arbeit erweist sich auch hier wieder, wie schon zuvor in dem Beispiel körperlicher Verausgabung, als Mittel der Betäubung von Sinnleere. Dies ist aber in keinem Fall eine Strategie, die zu gemeinsam gestaltetem Glück führen könnte, sondern ein individualistisches Hilfsmittel zur Bewältigung einer unaufhebbaren Beziehungslosigkeit.

Es ist sicher kein Zufall, daß Wolfgang A.s Beispiel von der Beziehung zwischen einer Lehrerin und einem Redakteur handelt. Auch die Gruppenleiterin wird von den Teilnehmern mitunter als Lehrerin eingeordnet. Unter diesem Aspekt betrachtet wird die vorher partiell hergestellte Nähe zur Leiterin (Lehrerin) einerseits dadurch bestätigt, daß Herr A. die Geschichte der Beziehung zwischen einer Lehrerin und einem Redakteur erzählt. Andererseits wird die Unmöglichkeit nicht nur dieser Beziehung, sondern auch die jeder anderen, durch Herrn A.s Beitrag vorgeführt, indem er schnellstmöglich die ursprüngliche Distanz wieder herstellt.

Während Rüdiger B. noch eine in seiner Sicht geglückte Beziehung andeutet, ist das im weiteren Verlauf von Ingeborg C. vorgestellte Paar durch Tag und Nacht, das von Wolfgang A. aber sogar dreifach getrennt: durch die räumliche Entfernung, die zeitliche Ungleichheit und die inhaltliche Differenz der Arbeit. Der Gruppe bleibt dieser Zusammenhang, obwohl sie ihn nicht zu artikulieren weiß, nicht verborgen. Das zeigt sich daran, daß Herr B. spontan zu Herrn A.s Beitrag bemerkt: »Naja, da ist auch schon etwas anderes faul…«, sowie auch daran, daß Frau C. bei ihrem Einstieg in die Diskussion Herrn A.s Beitrag ignoriert. Herr B. läßt keinen Zweifel daran, daß bei ihm nichts »faul« war. Nach diesem Einwurf verstummt Herr A.

Ich habe diese Stelle, an der sich der ›Bruch‹ vollzieht, oben als für die Diskussion bedeutsam bezeichnet. Ich möchte deshalb hier innehalten, um eine vorläufige Bilanz zu ziehen. Wolfgang A. gab die unstrukturierte tote Zeit in der Arbeit, in der Arbeitslosigkeit und in der Freizeit als Thema vor. Mit dem Hinweis auf den mißglückten Versuch einer gemeinschaftlichen Zeitgestaltung zwischen der Lehrerin und dem Redakteur läßt sich erkennen, daß dieses Problem nicht von außen, sondern nur durch Selbstbestimmung lösbar wäre. Es läßt sich weder durch Arbeit noch durch andere Menschen aufheben. Herr A. benennt als Ersatz für diese Lösung, die ihm nicht erreichbar scheint, das Vergessen in der Erschöpfung. Dafür bieten sich bestimmte Tätigkeiten in Nischen des Arbeitsmarktes an, deren Ausnutzung jedoch einem sozialen Abstieg gleichkommt. Obwohl sein Beitrag hilfreich gegenüber der Gruppe gemeint sein mag, entwertet er diese und läßt sie mit dem Bild der sozialen Endstation und dem Gefühl der Ausweglosigkeit allein.

Rüdiger B. wehrt sich gegen dieses in sich geschlossene System und setzt ihm ein nicht minder starres entgegen. Er reagiert auf Herrn A.s zerrissene Biographie seinerseits mit einer Schilderung, durch die Brüche innerhalb seines Lebens deutlich werden. Beide benennen so uneingestandenermaßen ihr Scheitern. Während Herr A. Beziehungen als unzureichend und versagend erlebt, beansprucht Herr B. deren Hilfe und Unterstützung. Was der eine ablehnt, wird vom anderen idealisiert. In diesen komplementären Schwarz-Weiß-Bildern haben die Grautöne zwischen Eigenständigkeit und Angewiesenheit auf andere keinen Platz.

Indem die Gruppe sich allein auf Rüdiger B.s Lebensentwurf einläßt, vollzieht sie eine thematische Verschiebung von entfremdeter Arbeit auf Familienzusammenhänge. Im Themenkreis der familiären Beziehungen scheinen die Unterschiede zwischen Männern und Frauen greifbarer. Doch nicht nur die thematische Bearbeitung der geschlechtsspezifischen Zeiteinteilung hält die Dynamik des Gruppenprozesses in Gang. Wie noch zu zeigen sein wird, wird ›die Zeit‹ einzig als Substitut für Versorgung und Zuwendung, die einem zuteil wird, verwendet.

Auffällig ist, daß sich beide Männer als Arbeitende präsentieren. Insofern er klug ist und sich auf dem Arbeitsmarkt behauptet (Herr A.), die Familie ernähren kann (Herr B.), wird der Mann für autonom gehalten und hält sich selbst dafür. Die Arbeitswelt ist immer noch die Domäne der Männer, sich dort zu bewähren, ist entscheidend für die männliche Identität. Dadurch ist sie auch anfälliger für Kränkungen, die mit dem Verlust des Arbeitsplatzes einhergehen. Schafft ein Mann es nicht, der beruflichen Konkurrenz standzuhalten, verliert er die Selbstachtung und die Achtung der anderen, auch die der Frauen.

Auch die Frauen stellen sich nicht primär als arbeitslos, sondern als Hausfrauen dar. Damit vermeiden sie zum einen, den Männern ihr Herrschaftsgebiet – die Arbeit – vollends streitig zu machen, zum anderen berufen sie sich auf ihre Ausweichrolle, die in der traditionellen männlichen Sozialisation nicht vorgesehen ist. Bei Hausfrauen, Ehefrauen und Müttern, die für den familiären Bereich zuständig sind, berührt die Arbeitslosigkeit nicht den Kern der weiblichen Existenz.

Die Frau, so wie sie zumindest von Herrn B. als Vertreter eines traditionellen Männertyps gesehen wird, soll abhängig und fügsam sein. Indem sie im Haus gehalten wird, wird sie zwar entwertet, aber auch dafür beneidet, daß sie sich der Konkurrenz entziehen kann, ohne in ihrer Identität bedroht zu sein. Der Mann hingegen steht für Verantwortungsbewußtsein, Mut, Kraft, Verstand und berufliche Tüchtigkeit. Die Gruppe inszeniert die Unvereinbarkeit der männlichen und der weiblichen Seite. Sie trägt damit einen individuellen Konflikt in verteilten Rollen vor. Ebensowenig wie weibliche und männliche Aspekte vereinbar sind, können Leiterin und Gruppe in dieser Situation aufeinander eingehen. Dieser Geschlechterkampf spielt sich ohne die Leiterin ab, die außerhalb des Gruppenprozesses bleibt. Das mag damit zusammenhängen, daß sie beide Seiten verkörpert: sie arbeitet und ist eine Frau. Ihre Involviertheit würde die künstliche Eindeutigkeit der Geschlechterrollen, die die Gruppe herstellt, zunichte machen.

Der Abwehraspekt der Thematisierung traditioneller Geschlechtsrollen kann aber nicht dauerhaft verborgen bleiben. Die bewährten Bilder der sich durchboxenden Männlichkeit und der versorgenden Weiblichkeit verleihen zwar Sicherheit, aber das nur kurz. Das Gleichgewicht zwischen autonomen Männern und abhängigen (Haus-)Frauen ist brüchig. Weder durch die harmonisierende Gleichsetzung von Arbeit, Arbeitslosigkeit und Freizeit noch durch die gleichfalls harmonisierende Rollenaufteilung gelingt es, die Verunsicherung durch die Arbeitslosigkeit zu leugnen. Das Gegenteil scheint der Fall zu sein: je mehr sich die Gruppe bemüht, die Diffusion der Geschlechtsrollen durch die Arbeitslosigkeit zu verbergen, desto heftiger bricht sie dann hervor.

5. Weibliche Aktivität

Während Frau C. zunächst in unpersönlicher Form spricht, redet sie später immer mehr von sich selbst. Sie gibt zu, daß sie »unzufrieden« ist, sich »frustriert« fühlt. Da sie ihren Wunsch nach Arbeit aber nicht mit eigenen Interessen, sondern mit der Abwesenheit des Mannes begründet, ist ihre Position bloß reaktiv. Sie will nur deshalb arbeiten, weil sie sich unversorgt und vernachlässigt fühlt, während der Mann arbeitet oder sich schlafend von der Arbeit erholt. Dadurch bestätigt sie zunächst das zuvor von Wolfgang A. und Rüdiger B. eingeführte Bild des kräftigen, bestimmenden Mannes und unterstreicht die Norm der Gruppe, derzufolge Männer keine Schwäche zeigen dürfen.

Merkwürdig erscheint, daß der Mann, von dem sie spricht, von vornherein nicht nur am Tag abwesend ist, sondern auch in der Nacht (»... wenn der Mann Nachtschicht hat zum Beispiel«). Mit der Figur des abgearbeiteten Mannes, der müde von der Nachtschicht kommt, wird die zuvor hochgespielte männliche Potenz gleich wieder demontiert. Nun fallen nicht durch die Frau, sondern durch den Mann die »Bettgeschichten« unter den Tisch, statt dessen wird dort nur noch »eine Tasse Kaffee« getrunken. Der Mangel an Befriedigungsmöglichkeiten wird noch dadurch verschärft, daß ihrer Meinung nach die Tätigkeit einer Hausfrau das Leben nicht ausfüllt. Ihre Vorstellung von Zufriedenheit läuft demgegenüber auf einen Kompromiß zwischen dem Anspruch auf Arbeit und dem auf gemeinsam verbrachte Freizeit (»Wenn ich also auch einen Halbtagsjob hätte...«) hinaus. Herr B. deutet dieses Arrangement als Unfähigkeit von Frau C., es sich im Alltag einzurichten. Damit trifft er die Problematik ihrer ›Glücksvorstellung‹. Denn für sie ist die Strukturierung der Zeit eine wichtige Funktion der Partnerschaft, weil sie sich allein dazu nicht in der Lage fühlt.

Frau Ingeborg C. erinnert die Gruppe wieder an die Arbeitslosigkeit. Sie vergleicht diese mit der Hausfrauenrolle, die sie nicht ausfüllt (»Das sieht man doch schon, zum Beispiel jetzt, wo man arbeitslos ist«). Die Zufriedenheit Wolfgang A.s war die des einsamen Wolfes, der, im Versuch, die Not zu überwinden, diese zur Tugend machte. Die Zufriedenheit Rüdiger B.s beruhte auf der Unterdrückung seiner Ehefrau. Ingeborg C. beklagt statt dessen ihre Unzufriedenheit. Die Formulierungen »das sieht man doch schon jetzt, wo man arbeitslos ist« und »irgendwo ist man doch auch unzufrieden« verweisen zwar auf ihre Distanzierung von ihrer derzeitigen Situation, aber sie sagt auch, daß ihr etwas fehlt. Sie kann dies im Schutz der gesellschaftlich anerkannten Alternativrolle ›Hausfrau‹, über die die Männer nicht verfügen. Die Unzufriedenheit über eine mangelnde Zeitstrukturierung bedeutet zugleich einen Sinnverlust (»ich seh da also echt keinen Sinn drin«). Der Zeitzerfall wird ineins gesetzt mit dem Zerfall der Beziehungen, was in den Bildern der getrennten Paare sehr deutlich wurde.

Danach spitzt sich der Konflikt zu. Man gewinnt den Eindruck, daß sich Frau C. immer mehr an die Stelle von Herrn B.s Ehefrau setzt. Sie will nicht nur arbeiten, sie will es entgegen seinem Verbot. Auch Herr B. spricht im weiteren Verlauf immer mehr von (zu) seiner Ehefrau. Während die Argumentation hin- und herpendelt, entsteht die absurde Situation, daß Ingeborg C. bei Rüdiger B., der doch genauso ohnmächtig ist wie sie, das Recht auf Arbeit einklagen will. Dabei erscheinen beide Positionen bei näherem Hinsehen merkwürdig diffus. Arbeit und

Nicht-Arbeit, Zufriedenheit und Unzufriedenheit geraten verwirrend durcheinander. Durch das immer wieder auftauchende »ich seh da also echt keinen Sinn« gerät der Streit gleichsam zu einer Inszenierung der von Herrn A. propagierten Sinnlosigkeit. Eine gewisse Klärung tritt erst dann ein, als Frau C., einem Einwurf Frau D.s folgend, die noch stärker mit der Hausfrauenrolle identifiziert ist, nur noch um einen »Halbtagsjob« bittet. Damit kommt sie aber auch der Sicherheit bietenden traditionellen Aufteilung zwischen Männern und Frauen entgegen.

Rüdiger B. erkennt die Parallelität von Hausarbeit und Arbeitslosigkeit, die in der Verfügung über die eigene Zeit liegt, und betont die Befriedigung dabei (»Kannst auch mal mit den Nachbarn ein vernünftiges Wort reden«). Mit der Wertschätzung des Hausfrauendaseins (»Hast keinen Streß«) kehrt er implizit auch positive Seiten der Arbeitslosigkeit hervor. Er schwächt die Einwände Frau C.s ab, indem er die Hausfrauenrolle als bloßes Spiel vorführt (»Früher, die alten deutschen Frauen..., die haben ja auch nur Hausfrau gespielt«).

Sein Versprecher, früher habe niemand über »Freizeitmangel« geklagt, offenbart seinen latenten Sinn, wenn man die Bedeutung der Freizeit auf den ihr zuvor gegebenen Inhalt (»Bettgeschichten«) zurückbezieht. Dann bedeutet seine Klage nämlich – ehe er diesen Gedanken in den weniger verfänglichen Zusammenhang der Rollenzuweisung überführt –, daß die Frauen heute, im Gegensatz zu früher, über den Mangel an sexuellen Beziehungen unzufrieden sind, während sie früher, als bloße Hausfrauen, dazu keinen Grund hatten. Damit erhalten auch die Anspielungen von Frau C. auf »Probleme«, die auftreten könnten, und auf ihre »Unzufriedenheit« einen aufschlußreichen Sinn. Der sexuelle Unterton ihrer Klagen über Unzufriedenheit in der Ehe unter den Bedingungen einer divergierenden Zeiteinteilung wird dadurch bestätigt. Mit diesen Anspielungen wird die Demontierung der Männlichkeit fortgesetzt. Der Mann ist nun alles andere als autonom, er ist unfähig zu versorgen, ist in seiner Sexualität eingeschränkt, er ist psychisch kastriert.

6. Weibliche Passivität

Im Folgenden greifen andere Teilnehmerinnen der Gruppe in das Gespräch ein. Die von Herrn A. anfangs unterstellte Gleichheit von Arbeit und Arbeitslosigkeit bricht jetzt endgültig auseinander. Herrn B.s Beharren auf den positiven Seiten der Hausfrauenrolle ruft heftigste Gegenwehr hervor. Die Gruppenteilnehmerinnen sehen in der Hausfrauenrolle heute keine sinnvolle Lebensgestaltung mehr, zumal technische Geräte die Arbeit wesentlich erleichtern und reduzieren. Das Problem der unstrukturierten Zeit wird nun innerhalb der Gruppe in Szene gesetzt, insofern auch die thematische Einheit vorübergehend auseinanderbricht und viel durcheinandergeredet wird. Die Gruppe spaltet sich zunehmend mehr auf in die Frauen auf der einen Seite und Rüdiger B., der jetzt gegen alle Frauen kämpft, auf der anderen. Er spricht die Frauen im Plural an und sieht in ihnen die Verursacherinnen unliebsamer historischer Veränderungen. Warum ist es nicht mehr so wie früher? »Ja warum? Weil ihr euch das eben so schwer gemacht habt.« Und vor allem uns Männern macht ihr es schwer, möchte man hinzufügen. Damit ist die Frage nach der Schuld an der derzeitigen desolaten Situation gestellt und zugleich beantwortet: es sind die Frauen, die diese Situation hervorgerufen haben. Das vorherige Kräfteverhältnis kehrt sich nun endgültig um. Zu Beginn betonten die Männer ihre Potenz, nun werden die Frauen in Rüdiger B.s Sicht zu mächtigen, versagenden und am Unglück schuldigen Wesen.

Die Gegenwehr der Frauen wird durch Christine C. repräsentiert, die ihrerseits den Provokateur angreift. Rüdiger B. wird überführt, entgegen seinen früheren Behauptungen (»Das ist mir nie passiert, bisher jedenfalls nicht«) keineswegs nach dem von ihm entworfenen Bild der Befriedigung zu leben. Dadurch ist zunächst der Beweis erbracht, daß auch er seine Lebensform ändern mußte, während er zuvor alle Übel einer veränderten Einstellung den Frauen angelastet hatte. Herr B. beharrt jedoch auf der Berechtigung seines Bildes einer für ihn als Mann geordneten und befriedigenden Lebensform, auch wenn sie unmöglich geworden ist.

Das bringt die Frauen gegen ihn auf. Sie stellen ihn heftiger bloß, als er sie zuvor (»Palaver«) angegriffen hatte. Sie würdigen die zur Schau gestellte Männlichkeit immer mehr herab. So wendet sich die Macht, die Herr B. den Frauen zuschrieb, nun gegen ihn selbst. Indem sie ihm eine weibliche Tätigkeit nachweisen (»Also machen Sie doch die gleiche Arbeit, die eine Frau auch macht«), werden die geschlechtsspezifischen Unterschiede aufgehoben. Rüdiger B. wird zur ›Frau‹.

Dagegen wehrt er sich, indem er zwar die Belastung der Hausfrauen durch Hausarbeit betont, seine eigene aber herunterspielt. Umgekehrt stellt Frau E. ihre Hausfrauenarbeit als leicht dar, während sie diese Arbeit im Fall von Herrn B. als schwerwiegend ansieht. In dem Streit um die Pflege einer Wohnung sind beider Positionen, gemessen an zuvor geäußerten Ansichten, überraschend verändert. Dieser Wandel wird jedoch verständlich, wenn man die jeweiligen Einschätzungen als Ausdruck der Auseinandersetzung um die Hausfrauenrolle, die jetzt

Herrn B. zugeschrieben wird, versteht. *Er* ist nun die Frau, und in dem Moment, in dem er diese Zuschreibung akzeptieren muß, spielt er ihre Gewichtung, anders als zuvor, herunter. Damit stellt er sich als die bessere ›Frau‹ dar, die mühelos ihre Rolle ausfüllt. Umgekehrt verabsolutiert Frau E. nach der ›Logik‹ einer Berufs-Putzfrau (»Eine Drei-Zimmer-Wohnung kann ich oft sauberer halten wie ein Zimmer«) den Gesichtspunkt des Sauberhaltens der Wohnung, nur um Herrn B. in der Frauenrolle festzuhalten. Er ist nicht nur kein Mann, er ist eine schlechte Hausfrau, eine unfähige Frau.

Nun werden nur noch die eigene Position bekräftigende Ausrufe (»Oh doch, doch, doch«, »Stimmt, ja, ja, sicher«) ausgetauscht. Es entsteht der Eindruck eines blinden Gegeneinander-Anrennens und eines verwirrten Stillstandes. Hier bewegt sich nichts mehr. Auf Rüdiger B.s Starrheit reagieren die Frauen ihrerseits mit Starre. Warum aber werden die inhaltlichen Auseinandersetzungen nicht weitergeführt? Indem Rüdiger B. zur Frau erklärt wird, und er diese Rolle in der Diskussion über die Wohnungspflege auch einnimmt, brechen die starren Geschlechtsrollen auf. Hier bahnt sich tatsächlich eine Veränderung an, die jedoch sogleich durch den völligen Zusammenbruch der Gesprächssituation verhindert wird. Diese Abwehr bedeutet auch eine Schonzeit für Herrn B., bevor er erneut depotenziert wird. Daß es in der Tat die unbewußte Funktion des Zusammenbruchs ist, eine Veränderung der Bilder von Männlichkeit und Weiblichkeit nicht zuzulassen, wird dadurch bestätigt, daß die Gruppe nach Kurt G.s beschwichtigendem Strukturierungsversuch nicht mehr an die Fragwürdigkeit der starren Geschlechtsrollen anknüpft, sondern in der folgenden Sequenz Rüdiger B., und mit ihm die männliche Position, nur noch demaskiert.

In dem Versuch, die Kontrolle über die Gruppensituation zurückzugewinnen, führt Herr G. schlichtend ein Kriterium für »Erfüllung« an. Mit dem Hinweis auf den »gewissen Lebensstandard«, den Ehepartner, die beide arbeiten, sich leisten können, skizziert er ein Gegenbild zu dem der Arbeitslosigkeit. Er setzt außerdem einen Maßstab für die Auslastung der Mutter, die nicht arbeiten gehen sollte. Diesen versucht Herr B. zunächst für sich zu übernehmen. An ihm gemessen wird er aber zur schlechten Mutter. Die Gruppe verweigert ihm nicht nur die Frauenrolle, in die er sich gerade gerettet hatte, sondern auch die des guten Vaters. Er wird als schuldig an seiner Situation befunden, da er sich »aus der Verantwortung rausgezogen« und seine Frau verlassen hat. Damit ist er an der Aufgabe, die er selbst als Pflicht des Mannes angab, die Familie zu ernähren, gescheitert.

Die neuerliche Betonung seiner Potenz (»Und meine Frau war ausgelastet, also mehr will ich nicht sagen«) setzt nochmals eine Steigerung der

Beweisführung gegen ihn in Gang; er wird jetzt gleichsam zum Bruder seines Kindes, wird selbst zum Kind. Damit werden auch seine Versorgungswünsche auf die Kinderebene verwiesen. Sein Bild des ›zufriedenen Arbeitslosen‹ wird als regressiv eingestuft, Arbeitslosigkeit insgesamt wird, da sie ja eine extreme Abhängigkeit von der Versorgung durch andere bedeutet, als Rückkehr in die Kindheit angesehen.

Warum aber kamen überhaupt Kinder ins Spiel, obwohl Frau E. sich anfangs dagegen wehrte (»Es war ja gar nicht von Kindern die Rede«)? »Wo Kinder sind...« sagt Herr B., »entsteht automatisch ein anderer Ablauf«, und man gewinnt den Eindruck, daß das auch innerhalb der Gruppe der Fall ist. Der heftige Beifall am Ende, das anfeuernde »Rucki, Zucki!« und der begeisterte Zuruf von Dieter I. »Da ist was los!« wirken so, als ob die Gruppenmitglieder sich selbst zu einer gelungenen Aufführung gratulierten. Die Starrheit der Gegensätze ist nun dadurch sanktioniert, daß die Gruppe selbst ein Kind hat, das sie erziehen kann. Die Struktur und der Zusammenhalt sind wiederhergestellt. In Herrn B. hat sie sich allerdings ein ›Kind‹ gesucht, das nicht sehr lernwillig, keineswegs veränderungsbereit erscheint. Was ist ihr Gewinn dabei?

7. Die Funktion des Konflikts

Zu Beginn wies ich darauf hin, daß das Thema dieser Arbeitslosengruppe die unterschiedlichen Vorstellungen von Männern und Frauen über Zufriedenheit seien. Dabei kristallisierte sich die Frage nach einer gelungenen Zeitstrukturierung und nach einer erfüllten (Lebens-)Zeit heraus, die unmittelbar mit der Vorstellung von Zufriedenheit zusammenhängt. Indem die Gruppe Herrn A.s Überlegungen ignorierte und sich Herrn B. zuwandte, verschob sie die Frage nach der sinnvoll verbrachten Zeit von der Arbeitswelt auf die Ebene der familiären Beziehungen. Dabei ist jedoch kaum verständlich, warum sie nicht mehr davon abließ, die Position Rüdiger B.s derart hartnäckig in Frage zu stellen, während sie auf die Einlassungen von Wolfgang A. kaum reagierte.

Herr A. verweist darauf, daß eine als sinnvoll erlebte Zeit auch in den meisten Arbeitsverhältnissen nicht gegeben ist und letztlich von außen, durch andere Menschen, auch gar nicht hergestellt werden kann. Er diagnostiziert die Sinnlosigkeit aller Anstrengungen, der Leere der Arbeit wie der Arbeitslosigkeit zu entrinnen. Mit seiner Suche nach Nischen deutet er die Möglichkeit einer vergleichsweise autonomen Lösung an, doch schmuggelt er sich in seiner schillernden Selbstdarstellung als Gelegenheitsarbeiter auch wiederum an dieser vorbei. Er präsentiert sich als Einzelgänger, womit er sein Leiden an der Unbehaustheit verdeckt. Hinter der Autonomie wird der Wunsch nach Intimität spürbar, hinter der Selbständigkeit die Enttäuschung über andere Menschen und die Verzweiflung am eigenen Schicksal. Es selbst spaltet diese Gefühle aber ab, so wie er mit der Demonstration männlicher Körperkraft die Spaltung der Gruppe initiiert.

Die Gruppe wird offenbar seiner Klugheit gewahr, aber sie versagt ihm Beifall und Bewunderung. Denn es ist nicht zu übersehen, daß seine Überlebensstrategie ihn nicht vor dem sozialen Abstieg, von dem alle bedroht sind, bewahren konnte. Im Gegenteil: sein zerrütteter Lebenslauf beweist, daß er gescheitert ist. Sie bestätigt bloß seine Einsamkeit, indem sie ihn in seiner Nische beläßt. Er muß sich innerhalb der Gruppe ›selbst versorgen‹, gibt aber mit seinem Standpunkt, daß Müdigkeit und Erschöpfung einen vieles leichter ertragen lassen, das Thema der Versorgung beziehungsweise der Unversorgtheit vor.

Mit seiner Propagierung männlicher Stärke zeigt er einerseits, daß Not erfinderisch macht, andererseits definiert er die Gruppe als eine Ansammlung von Chancenlosen, denen nur noch die Randzonen des Arbeitsmarktes offenstehen. Das verletzt und gärt unterschwellig weiter. Die Gruppe setzt sich im Folgenden mit der Frage, ob es berechtigt sei, sich in der Arbeitslosigkeit als einer Nische einzurichten, konflikthaft auseinander. In diesem Licht gesehen ist Rüdiger B.s Depotenzierung auch an Wolfgang A. adressiert. Was jenen trifft, gilt mittelbar auch diesem und stellt eine Rache dar an dem von beiden vorgenommenen Ausschluß der Gruppe aus den Feldern öffentlichen Lebens. Dabei wird auch das Thema des Wunsches nach der Erfüllung regressiver Wünsche und der Abwehr dieses Wunsches weiter fortgesponnen.

Die Frauen, die trotz ihrer Ausweichmöglichkeit durch den Verdacht der Chancenlosigkeit am härtesten getroffen sind, bieten sich Rüdiger B. als Widerpart an. In der Konfrontation mit ihnen wird sein männlicher Stolz, der darauf beruhte, daß er Frau und Kind ernährte, gebrochen. Seine Männlichkeit schrumpft zur Abhängigkeit, seine Arbeitslosigkeit wird zum unerlaubten Rückzug aus den Zwängen der Arbeitswelt. Notgedrungen gesellt er sich zur Hausfrauenrunde, doch verfügt er, bei näherem Hinsehen, nicht über die dort vorausgesetzte Qualifikation. Diese beruht auf der ordentlichen Pflege der Wohnung und auf der Existenz eines Ehemannes, sie steigt mit der Zahl der Kinder. Über eine Solidarisierung mit den Frauen kann Rüdiger B. sein Bestreben, sich mit der Arbeitslosigkeit zu arrangieren, nicht legitimieren. Sie zeigen ihm, was von arbeitslosen Männern zu halten ist:

diese werden zu dem Sinnbild einer traditionellen, negativ bewerteten Weiblichkeit.

Der Ärger auf Rüdiger B. gründet darin, daß er sich zwar als pater familias aufspielt, diese Rolle aber gar nicht mehr einnehmen kann. An ihm macht sich auch die Wut darüber fest, daß die Familie als Ort der sozialen Sicherheit, in der die Hausfrau über eine angemessene Rolle verfügte, nicht mehr funktioniert. Denn wenn seine Lebensform als ›feminin‹ entlarvt wird, wirft das auch ein Licht auf die Selbstachtung der Frauen. Ihre Unduldsamkeit mit ihm resultiert aus der identifikatorischen Verteidigung seiner unterdrückten Ehefrau, doch bestätigen und verstärken die Frauen damit auch ihre eigenen Mißerfolge und ihre Unzufriedenheit. Umgekehrt ist der übertriebene Anstrich von Härte, den die Männer sich geben und mit dem sie das andere Geschlecht als schwach und einflußlos ausgrenzen wollen, ein Hinweis auf die Strenge, mit der sie ihre Erfolglosigkeit und ihre Verbannung ins Haus verurteilen. Der interpersonal ausgetragene Konflikt erweist sich als Ausdruck eines intrapsychischen. Beide Seiten werden sich gegenseitig zum Spiegel und mißbilligen das Bild, das sie darin sehen.

Die Frauen, denen die Männer zunächst keinen Platz im öffentlichen Leben gönnten, werden angesichts deren Schwäche immer aktiver. Sie stilisieren Rüdiger B. zu einem abhängigen Kind, einem hilflosen Baby, das auf die Mutter angewiesen ist. Der narzißtische Gewinn dabei besteht offensichtlich darin, daß sie sich in Abgrenzung gegen ihn als erwachsen und verantwortungsbewußt definieren können. Dabei wird das Problem der Versorgung, das zunächst in Gestalt der Strukturierung der Zeit abgehandelt wurde, offenkundig. In der Arbeitswelt ist die Zeit durch Beginn und Ende der Arbeit sowie durch Pausen strukturiert. Diese Regelungen werden nicht nur als Zwang, sondern auch als Zeichen eines geordneten Lebens erfahren. Sie wirken stabilisierend, so wie die geregelte Versorgung der Mutter für das Kind Sicherheit gewährleistet. Insofern hat der Wunsch nach einer Zeitstrukturierung, wie sie in abhängigen Arbeitsverhältnissen dem einzelnen oktroyiert wird, auch einen regressiven Aspekt. Diese Facette des Wunsches nach Arbeit als einer Möglichkeit, sich einer gebotenen Zeitstrukturierung unterzuordnen, wird von den Gruppenmitgliedern als vorrangig thematisiert.

Die bewährten Geschlechtsbilder erweisen sich als Schutzraum vor der Regression, die durch den Verlust der Arbeit droht. Die Frauen verfolgen in Rüdiger B. nur projektiv, was auf sie selbst zutrifft. Daß gerade diese Wünsche als kindlich bekämpft und abgewertet werden müssen, hängt offenbar damit zusammen, daß in der Arbeitslosigkeit Gefühle des Mangels und der Unversorgtheit ausgeprägt sind und Bilder der oralen Befriedigung verpönt bleiben müssen. Dieses Verbot betrifft sogar die befriedigenden Aspekte der Arbeitslosigkeit selbst, die gefährlich erscheinen und deshalb nicht besprochen werden können. Arbeitslosigkeit als kindliche Lebensform zu entlarven, bedeutet aber, daß die Gruppenmitglieder auch diese Definition auf sich selbst anwenden. Sie werden zu Kindern, die als neidische Geschwister um Anerkennung und Zuwendung kämpfen. An die Stelle der Konkurrenz auf dem Arbeitsmarkt ist die Konkurrenz um die Berechtigung von Versorgungswünschen getreten, die mit der jeweiligen Geschlechtsrolle nur noch scheinhaft legitimiert werden können.

Mit der Geringschätzung, die in den Bildern der negativ bewerteten Weiblichkeit und des hilflosen Kindes dem Ausschluß aus der Arbeitswelt zuteil werden, wendet die Gruppe, vergleichbar dem Mechanismus der ›Identifikation mit dem Aggressor‹, diejenigen Kriterien auf sich selbst an, die oft von Arbeitgebern bei der Bewerbung um ein geregeltes Arbeitsverhältnis angelegt werden. Sie formuliert an deren Stelle die Ablehnungsgründe, die viele Teilnehmer oft hören mußten. Hierzu gehören etwa Gesichtspunkte wie Zielstrebigkeit, eine kontinuierlich verlaufende berufliche Entwicklung, Eigeninitiative oder Durchsetzungsfähigkeit. An diesen Eignungskriterien orientiert sich die Gruppe.

Der Konflikt mit Herrn B. hat schließlich auch eine kohäsive Funktion. Indem die Frauen ihm ein eigenes Verschulden an seinem Rückzug aus der Arbeitswelt und somit am Verlust der Arbeit projektiv zuweisen, entlasten sie sich selbst von der Schuld und bewahren sich selbst doch noch eine Chance auf dem Arbeitsmarkt. Denn Rüdiger B. am Zustandekommen seiner Situation als beteiligt anzusehen bedeutet, daß er ihr nicht nur ausgeliefert ist, vielmehr könnte er sie, wenn er nur wollte, verändern. Damit wird die Möglichkeit eines Neuanfangs für die übrigen Gruppenmitglieder betont.

Doch wird die Aufforderung der Veränderung aus eigener Kraft mit der Dynamik des Gruppenprozesses zugleich wieder suspendiert. Denn in Rüdiger B. hat sich die Gruppe einen Teilnehmer ausgesucht, der gegen Kränkungen resistent und wenig bereit wirkt, einmal gefaßte Ansichten aufzugeben. Sie unternimmt Erziehungsversuche an ihm, die doch von vornherein nicht gelingen können, was den Schluß nahelegt, daß sie auch nicht gelingen sollen. Indem die Gruppe passive Strebungen abwälzt und an ihm bekämpft, kann sie ihren Zusammenhang und das ihr vorgeschriebene Ziel der Reintegration in den Arbeitsmarkt als sinnvoll behaupten. Herrn B.s Widerspenstigkeit ermöglicht ihr eine Inszenierung der Schwierigkeit dieser Reintegration und der

Hoffnung, sich aus der Arbeitslosigkeit doch noch befreien zu können.

Es zeichnen sich also mindestens vier Funktionen des dargestellten Konfliktes ab:

– Der von Wolfgang A. geäußerte Sinnlosigkeitsverdacht und der an ihm sichtbare soziale Abstieg werden abgewehrt. Seine Strategie, die Nischen des Arbeitsmarktes als noch verbleibendes Terrain für sich zu nutzen, wird verworfen.

– Die durch die Arbeitslosigkeit erzeugte Diffusion der Geschlechtsrollen wird in jeweils nicht haltbare und sich widersprechende Positionen aufgeteilt und so zugleich ausagiert und bearbeitet, ohne doch zu einer neuen, befriedigenden Identität zu führen.

– Passive Strebungen und Versorgungswünsche werden auf einen Sündenbock projiziert und verfolgt. Sie werden durch das Gegenbild der aktiven Frauen, die noch Ziele haben und sich mit einer Randexistenz nicht zufriedengeben, kontrastiert.

– Als ›Wiederkehr des Verdrängten‹ wird die Einsicht in die geringen Chancen individueller Anstrengungen inszeniert und zugleich abgewehrt, indem die Kohäsion der Gruppe durch die – stimmigerweise vergebliche – Aufgabe der Erziehung eines störrischen Mitglieds gestärkt wird.

Insgesamt zeigt sich, daß sich hinter dem Streit um die Teilnahme der Frauen am Berufsleben eine durch die Arbeitslosigkeit hervorgerufene Krise des um die Geschlechtsidentität zentrierten Selbstbildes, insbesondere der Männer, verbirgt. Zwar wäre es kaum zulässig, aus der Analyse eines kurzen Ausschnitts einer Gruppendiskussion generalisierende Aussagen über das Erleben der Arbeitslosigkeit heute abzuleiten; jedoch deuten vielfältige Erfahrungen mit anderen Arbeitslosengruppen in eine ähnliche Richtung. Unter diesem Vorbehalt ließe sich verallgemeinernd feststellen, daß diejenigen Elemente des Selbstbildes, die mit einer erfolgreichen Teilnahme am Arbeitsleben assoziiert sind, nach wie vor als männlich in einem positiven Sinn gelten. Dementsprechend wird die Arbeitslosigkeit als Verlust von Männlichkeit und damit als Identifikation mit einer negativ bewerteten Weiblichkeit oder gar mit einer auf äußere Versorgung angewiesenen Kindhaftigkeit erlebt. Obwohl in diese äußerlich und innerlich erzwungene ›Weiblichkeit‹ gelegentlich auch positive Elemente eines traditionellen weiblichen Geschlechtsbildes wie Freiheit von Leistungs- und Erfolgszwängen, Privatheit, Verschönerung des Lebens hineinragen, identifizieren sich die Arbeitslosen in der Regel eher mit einer negativ bewerteten weiblichen Lebensform, die von Ohnmacht, Abhängigkeit und Sinnleere geprägt ist. Hinter der immerhin noch lebendigen Lust zur Auseinandersetzung, dem Witz in der Beschreibung der eigenen Situation und der Kritik an den sozialen Verhältnissen wird der Sog eines übermächtigen Schuldgefühls, versagt zu haben, spürbar.

Anmerkungen

[1] Es handelt sich um Gruppen kaufmännischer Angestellter, die unterschiedlich lange arbeitslos sind. Sie nehmen an Maßnahmen nach § 41 a Arbeitsförderungsgesetz teil, die die Verbesserung ihrer Vermittlungsaussichten zum Ziel haben. Diese Seminare dauern 6 Wochen, täglich 8 Stunden. Sie beinhalten neben der Übermittlung von Informationen einen Selbsterfahrungsblock, der thematisch auf Arbeit und Arbeitslosigkeit zentriert bleibt.
Die vorgestellte Gruppe bestand aus 10 Frauen und 9 Männern im Alter von 20 bis 56 Jahren. Die Gruppe war zum Zeitpunkt der Aufnahme 4½ Wochen zusammen.

[2] Gerd Iben, Von den Instrumenten der Zusammenarbeit – Zur Methodenfrage in der Aktions- und Handlungsforschung, in: G. Iben (Hg.), Beraten und Handeln, München 1981, S. 106.

[3] Vgl. etwa W. Bonß, H. Keupp, E. Koenen, Das Ende des Belastungsdiskurses? in: W. Bonß (Hg.) Arbeitslosigkeit in der Arbeitsgesellschaft, Frankfurt am Main 1984.

[4] H. Hummel-Liljegren, Zumutbare Arbeit. Das Grundrecht des Arbeitslosen, Berlin 1981, S. 42 ff. – Ich habe diesen Text in mehreren Arbeitslosengruppen als Anreiz zur Diskussion benutzt. Die Protokolle zeigen einerseits übergreifende und gleichbleibende Strukturen, die auf die Arbeitslosigkeit der Teilnehmer und das Setting dieser Gruppen zurückzuführen sind. Hierzu gehören etwa Ausgrenzungsmechanismen, die die objektiven Chancen auf dem Arbeitsmarkt widerspiegeln. Andererseits ist der Verlauf der Gruppendiskussionen ausgesprochen unterschiedlich. Eine Gruppe kam etwa von der Ungerechtigkeit der Arbeitgeber auf die Abhängigkeit vom Arbeitsamt zu sprechen. Sie verharrte bei dem Thema ›Gerechtigkeit‹ mit dem Ergebnis: Gerechtigkeit gibt es nur für die Wohlhabenden. Eine andere Gruppe verstrickte sich in eine Neidproblematik, wozu der Vorschlag der Arbeitszeitverkürzung als Aufhänger diente. Die Teilnehmer sprachen ausgiebig über Phantasien, den Nachbarn umbringen zu müssen, um sich selbst den Lebensunterhalt zu sichern. Die nächste Gruppe fixierte sich auf das Thema ›Müßiggang‹, wieder eine andere kreiste um die Möglichkeit der Frauen, sich durch Prostitution ein Zubrot zur Unterstützung zu verdienen.

[5] »Heute muß man den Sinn der Arbeit preisen, denn alle sind Angestellte, für die sie in Wahrheit keinen hat... Sie schielen im Büro nach dem Uhrzeiger, der sie für Hausarbeit und TV freigibt... Die Jungen verbinden in der Tat mit der Arbeit keinen ›Sinn‹ mehr als den der Karriere, daneben gibt es die saubere Freizeit. Bei der Trennung des Lebens in Job und Hobbies ist der Sinn unter den Tisch gefallen.« Max Horkheimer, Notizen und Dämmerung, 1974, S. 43/80, zit. nach Hummel-Liljegren, a.a.O., S. 43.

⁶ Vgl. S. H. Foulkes, Gruppenanalytische Psychotherapie, Fischer Taschenbuch 42278.
⁷ Vgl. Alfred Lorenzer, Tiefenhermeneutische Kulturanalyse, in: A. Lorenzer
(Hrsg.), Kultur-Analysen, Fischer Taschenbuch 7334.
⁸ Im weiteren Verlauf bleibt Herr B. im Mittelpunkt der Diskussion. Zwar
wechseln seine Kontrahenten – es sind die jüngeren Männer, die sich gegen
ihn abgrenzen – doch bleibt seine mangelnde Bereitwilligkeit, sich zu verändern, das zentrale Thema. Dabei gerät die Zeitperspektive ins Bodenlose:
Rüdiger B. wird das eine Mal als Greis angesehen, der zu Zeiten Sokrates'
schon lebte, das andere Mal als Baby, das von der Gruppe gehätschelt werden
muß. Herr Kurt G. erweist sich als Gegenpol, als das gute, veränderungswil-
lige, aber auch uninteressante ›Kind‹ der Gruppe. Wolfgang A. beteiligt sich
während des gesamten Gesprächs nicht mehr. Den Abschluß bildet die resigniert und zugleich triumphal vorgebrachte Äußerung über Rüdiger B.: »Sehen Sie, Frau Eggert, er hat sich nicht verändert!« Er ist – wie ein Teilnehmer
bemerkt – der »Brandstifter« in einer Gruppe von »Biedermännern«.

KLAUS D. HOPPE

Der innere Herrscher

Psychoanalytische Erfahrungen aus der Therapie mit Geistlichen

Versuche, die Beziehung zwischen Christentum und Psychoanalyse näher zu bestimmen, sind nicht neu. Dennoch haben sich nur wenige Psychoanalytiker dafür interessiert. Sigmund Freud befaßte sich zwar Jahrzehnte seines Schaffens mit religiösen Themen und Fragen, aber seine Pionierarbeit auf diesem Gebiet wurde nie anerkannt.

Das offensichtlich mangelnde Interesse an der Beziehung zwischen christlicher Religion und Psychoanalyse mag mit Freuds Geringschätzung dieser Beziehung zusammenhängen oder auch mit der Tatsache, daß Jung das Christentum nur vermeintlich akzeptierte. Eine andere Ursache könnte einfach darin liegen, daß es zuwenig praktizierende Analytiker und Patienten gibt, die das Christentum ernst nehmen.

Auf diesem Hintergrund hoffen wir, daß die vorliegende Abhandlung, die sich auf eine Therapieerfahrung mit 25 katholischen Priestern, Nonnen und Mönchen stützt, ein neues Verständnis für die Beziehung zwischen Christentum und Psychoanalyse eröffnet.

Zusammenfassung verschiedener Ansätze

Sigmund Freud

Freuds häufig zitierte Erkenntnisse über Psychoanalyse und Christentum sind seiner »Die Zukunft einer Illusion«[1] entnommen, seiner Beurteilung des Christentums als einzigem ernstzunehmenden Feind der Wissenschaft[2] und seiner Beschreibung der »Neurose als eine individuelle Religiosität« und der »Religion als eine individuelle Zwangsneurose«[3]. Weit weniger bekannt ist Freuds Unterscheidung zwischen Neurosen, die von Sexualtrieben herrühren, und jenen, wie im Fall der Religion, denen Ich-Triebe zugrunde liegen.[4]

Der Dualismus zwischen sexuellen und Ich-Trieben tauchte in Freuds Abhandlung über Narzißmus (1914) nicht mehr auf. Drei Jahre früher machte Freud folgende Feststellung: »Die Psychoanalyse hat uns gezeigt, daß der persönliche Gott psychologisch nichts anderes ist als ein erhöhter Vater…«.[5] Jedoch änderte sich Freuds Vorstellung von Gott im Lauf der Jahre, wie Anna Maria Rizzuto mit großer Genauigkeit herausarbeitete.[6] 1910, 1913 und 1923 sah Freud in Gott die überhöhte Vaterfigur, 1911 eine Transfiguration des Vaters, 1913 eine Ähnlichkeit mit dem Vater, 1918 eine Sublimierung oder ein Vatersurrogat, 1923 einen Vaterersatz und im gleichen Jahr ein Abbild des Vaters. 1933 ist Gott dann wirklich der Vater.

Freud erkannte, daß seine Ansichten über Religion keinen Bestandteil des psychoanalytischen Lehrgebäudes darstellten. Mit bewundernswerter Offenheit räumte er ein, daß Analytiker die unvoreingenommene Methode der Psychoanalyse anwenden könnten, um eine vollkommen andere Ansicht über Religion zu entwickeln.[7] In einem Briefwechsel mit seinem treuen Anhänger und Freund, dem Schweizer Pfarrer Oskar Pfister, prophezeite Freud, daß viele Analytiker seine Meinung nicht teilen würden. Pfister war einer von ihnen. 1927 schrieb er: »Lieber Herr Professor, Ihr Religionsersatz ist im wesentlichen der Aufklärungsgedanke des 18. Jahrhunderts in stolzer, moderner Auffrischung…«[8] Im selben Jahr veröffentlichte ein anderer treuer Anhänger Freuds, Carl Müller Braunschweig, ein Buch über die Beziehung von Psychoanalyse zur Ethik, Religion und Seelsorge. Nach Müller Braunschweig ist das Wissen um die Entdeckungen der Psychoanalyse eine ›conditio sine qua non‹ für jeden Geistlichen, um seine Gemeinde zu verstehen und ihr helfen zu können.

Freuds Kritiker

Nach Freuds Tod äußerten sich einige Psychoanalytiker über seinen atheistischen Positivismus, der von dem Schweizer Psychoanalytiker Gustav Bally als rationalistisches Mißverständnis bezeichnet wurde, das die Bedeutung der Wissenschaft überschätzte.[9] Robert Waelder stellte fest, daß Freuds Gottesbegriff »does not explain why and how a cosmic projection of the father came to pass. Why did the longing for the father of our childhood not remain the longing for the father? And if it had to be displaced for whatever reason, why was this not expressed in attachment to elders, kings or leaders, or in ancestor worship, as has happened so often in history? Why did it have to turn to an infinite, transcending God, and how did it happen that such an idea whas grasped at all? There is, at least, something like an expansiveness of the mind which cannot in turn be explained in terms of the more primitive elements which are being expanded ore transcended.«[10]

Hans Küng und seine Zeitgenossen

Der katholische Wissenschaftler Hans Küng, der Freuds Genie ehrliche Bewunderung entgegenbringt, wirft ähnliche Fragen auf. Einerseits widerlegt Küng Freuds Evolutionstheorie vom Totemismus als den Ursprung von Religion und fragt, warum Wunschdenken allgemein diskreditiert werden müßte. Andererseits stimmt Küng Freuds Kritik am Machtmißbrauch der Kirche zu, die gern die Rolle des strafenden Über-Ichs spielt. Küng unterstreicht die Wichtigkeit der Religion für die Psychotherapie, indem er Erik Eriksons Konzept des Urvertrauens als Ausgangspunkt von Glauben Nachdruck verleiht und schließt mit dem berühmten Brief von Freud an Albert Einstein: »There is no need for psychoanalysis to be ashamed to speak of love in this connection, for religion itself uses the same words: ›Thou shalt love thy neigbor as thyself.‹« [11] Die gleiche Bereitschaft für gegenseitiges Verstehen und Zusammenarbeit findet sich in dem Band »Jesus and Freud« [12], dem ein Symposium von Theologen und Analytikern in München 1972 zugrunde liegt und in dem Buch »Psychoanalysis and Catholicism« [13]. Obgleich es weniger versöhnliche und immer noch gegnerische Stimmen auf beiden Seiten gibt, hat der Dialog zwischen Psychoanalyse und christlicher Religion begonnen.

Die Rolle der Über-Ich Funktionen

Psychoanalytiker haben die Funktionsweise des Über-Ichs oft mit dem christlichen Glauben verglichen. Freuds Vorstellung vom sadistischen Über-Ich und dem von Schuldgefühlen geplagten Ich [14] wurde von Erik Erikson in »Young Man Luther« erläutert. [15] Der Augustinermönch Martin Luther bezeichnete das Gewissen als den inneren Grund, auf dem der Mensch und Gott lernen müßten, wie Mann und Frau miteinander zu leben. Erikson interpretierte »where the ego meets the superego: that is where our self can either live in wedded harmony with a positive conscience or is estranged from a negative one.« [16] Erikson definierte ein negatives äußerliches Gewissen als »negative in that it was based on a sense of sin, and external in that it was defined and re-defined by a punitive agency which alone was aware of the rationale of morality and the consequences of disobedience.« [17]
In Therapiesitzungen versuchte ich, solche theoretischen Vorstellungen als auch eine ebensolche Sprache zu vermeiden. Für den Begriff »strafendes Gewissen« und »wohlwollendes Ich-Ideal« setze ich den Begriff »innerer Herrscher«. Dieser innere Herrscher unterdrückt das

Selbst und projiziert die Merkmale seines strafenden Gewissens oder Ich-Ideals auf eine äußere Autorität. (Diese Autorität oder »äußerer Herrscher« ist primär ein externalisiertes negatives Gewissen, selten ein externalisiertes grenzenlos verherrlichtes Ich-Ideal.) Wenn ein Patient diesen äußeren Herrscher zum Sklaven oder Sündenbock macht, dann übernimmt der Patient die Rolle des Herrschers, in welcher er den äußeren Sklaven unterdrückt. Dieses unterdrückende Verhalten jedoch löst im Patienten Schuldgefühle aus, welche ihn wieder in seine Sklavenrolle zurückversetzen. Solche auf sich selbst bezogene pendelnde Herrscher-Sklaven-Beziehung spiegelt einen psychodynamischen Konflikt zwischen Selbst- und Objektrepräsentanzen wider.[18]
Für die 25 Geistlichen und Ordensleute, die ich behandelte, war das strafende Gewissen ein Produkt introjektierter Eltern-Imagos aus der Kindheit; oft erschien es mit Gottes Stimme gleichgesetzt. Diese Männer und Frauen erlebten das wohlwollende Ich-Ideal als Verkörperung der Gottheit.

Die Gleichsetzung von Gott mit dem Ich-Ideal und dem strafenden Gewissen

Die Abspaltung des Gewissens vom Ich-Ideal führt zu einer »leidenden Helden«-Verhaltensweise, wie man sie oft bei Priestern, Nonnen und Mönchen beobachten kann. Einerseits unterdrückt das strafende innere oder äußere Gewissen das Selbst, andererseits fühlt sich das Selbst in Verbindung mit dem Ich-Ideal überlegen. Um ein Held zu werden, muß man ständig leiden, und man ist nur dann ein Held, wenn man leidet, d. h. sich preisgibt. Innerhalb des katholischen Klerus ist es hilfreich, zwischen der Haltung eines echten Märtyrers und der eines leidenden Helden zu unterscheiden. Wirkliche christliche Märtyrer halten immer noch einen ständigen Kontakt zu Gott aufrecht (d. h. sie unterhalten eine äußerst enge und innige Objektbeziehung zu Gott). Der leidende Held jedoch leidet einzig und allein für seine eigene Selbstüberhöhung.
Ein weiteres Dilemma taucht auf, sobald das strafende Gewissen externalisiert und mit Gott gleichgesetzt wird. Dieser Gott, ein Tyrann, wird von dem unterdrückten Selbst gleichzeitig gefürchtet und grenzenlos verehrt. In diesem Zusammenhang hatte Freud recht, wenn er Gott als die Projektion eines strafenden Vaterbildes außerhalb des Selbst definierte.

Manchmal ist dieser Tyrannengott, dem die christliche Liebe fehlt, neiderfüllt. In einem Gedicht von Friedrich Schiller (1797) zum Beispiel opfert der vom Glück verwöhnte Polykrates seinen teuersten Besitz für die Götter. Aber der Neid der Götter ist unversöhnlich und Polykrates wird gekreuzigt. Dementsprechend wagt es ein Mensch mit einem Polykrates-Komplex nicht, glücklich zu sein, weil er einem neidischen Gott gegenübersteht und deshalb nicht nur seine Besitztümer, sondern auch noch sich selbst opfern muß. Eine Variante des Polykrates-Komplexes zeigt sich bei denjenigen, die ständig eine von Furcht geprägte Demutshaltung einnehmen. Bei diesem Typ hofft das unterdrückte Selbst, in diesem Fall nicht nur den Herrscher (Gott) zu besänftigen, sondern tatsächlich selbst Herrscher zu werden.

Fall 1: Kontrolle über den inneren Herrscher

Der Fall der Ordensschwester A. zeigt nicht nur, wie ein starker, von einem rigiden inneren Gewissen verurteilter Trieb sie unterdrückte und deprimierte, sondern auch wie das Durcharbeiten der überhöhten narzißtischen Erwartungen ihres Ich-Ideals ihre Identität stärkte und ihren Glauben festigte.

Die Schwester A. trat mit 18 Jahren in ihren Orden ein. Einige Jahre später wurde sie von einer älteren Nonne zum ersten Mal in einige Sexualpraktiken eingeführt. Seitdem masturbierte Schwester A. und wurde danach jedesmal von schrecklichen Schuld- und Schamgefühlen geplagt, besonders gegenüber Gott.

Ihre sexuellen Wünsche und Phantasien, ein Baby an ihrer Brust zu stillen, wurden von einem Psychologen unterstützt, den Schwester A. vor der Behandlung bei mir aufsuchte. Dieser Psychologe gab vor, ihre Genitalien sehen zu wollen, ermutigte sie zur Masturbation und legte ihr nahe, den Orden zu verlassen.

Am Anfang meiner Psychotherapie mit ihr berief ich mich auf ein berühmtes Zitat von Blaise Pascal: »The human being is neither an angel nor an animal. The more he tries to be an angel, the more he is in danger to become an animal.«[19] Dieses Zitat sollte das ›Entweder-Oder‹-Prinzip dieser pendelnden Herrscher-Sklaven-Beziehung erläutern. Ihr strafendes Gewissen wurde durch ihre Mutter geprägt, die sie als dominierend und bigott wahrgenommen hatte, während ihr Ich-Ideal auf das frühe Bild eines sanften Engels (ihr Vater) fixiert war. Für eine lange Zeit klammerte sich Schwester A. krampfhaft an das

Ideal eines Geistes, der losgelöst vom Körper existiert. Wiederholt träumte sie, daß sie als Lehrerin versagte, in der Toilette beobachtet wurde, daß sie ihre Kleider nicht fand, während sie halbnackt herumlief, und daß sie von Tigern und Wildschweinen verfolgt wurde. Im Orden fühlte sie sich von allen allein gelassen und ausgestoßen, besonders von der Oberin. Ihre Auflehnung gegen den äußeren Herrscher, der sie an die dominierende Mutter erinnerte, grenzte an Haßsucht.[20] Gleichzeitig war Schwester A. eine leidende Heldin, die sich in einem christlichen Polykrates-Komplex opferte, um für diese tiefe Erniedrigung von Gott erhöht zu werden.

Schwester A. arbeitete mit Hilfe einer idealisierenden und Spiegel-Übertragung[21] langsam ihre narzißtischen Größenideen durch. Ein sehr verständnisvoller Priester, den sie jede zweite Woche in der Beichte sah, half ihr dabei. Bei einer Fahrt in ihre Heimatstadt versöhnte sie sich wieder mit ihrer Mutter und empfand keine Scham dabei, wenn sie mit ihr im selben Bett schlief. Sie hatte auch keine Schuldgefühle, als ihre Mutter einige Jahre später starb. Schwester A. entwickelte eine bessere Beziehung zu ihrer Oberin und freundete sich mit einigen Ordensschwestern an. Veränderungen innerhalb des Ordens beunruhigten sie nicht mehr so stark; sie trug weiterhin ihre Ordenskleidung und ging jeden Morgen zur Messe. Sie merkte, daß sie sich gegenüber restriktiven Maßnahmen von Vorgesetzten behaupten konnte, genauso wie gegen die »institutional neurosis of the Church«[22]. Mit diesen Veränderungen kann Schwester A. glücklich im Orden leben. Der innere Herrscher verfolgt sie zwar immer noch, aber längst nicht mehr im vorherigen Ausmaß. Sie masturbiert nur noch selten. Ihre anfängliche tiefe Depression ist einer milden Traurigkeit, nicht perfekt sein zu können, gewichen. Die Idealisierung des Analytikers und Priesters führte zur Empathie für andere und hat ihren Glauben gefestigt.

Religiöser Glaube und Symbolisierung

Früher beschrieben Psychoanalytiker die christliche Religion entweder als eine Illusion des Es oder als Projektion des Über-Ichs. Eine neuerliche Überarbeitung des psychoanalytischen Symbolbegriffs führte zu dem Verständnis von religiösem Glauben als fortgesetzte Symbolisierung im Bereich des Ich.

Nach Alfred Lorenzer ist nur das Ich dazu in der Lage, Symbole zu bilden.[23] Wenn Symbole unterdrückt (d. h. desymbolisiert) werden, verwandeln sie sich in unbewußte Klischees, in welchen Selbst und Objekt verschmelzen. Vom Wiederholungszwang gesteuert, erscheinen

Klischees in Tagträumen und hysterischen Anfällen. Desymbolisierung liegt auch dann vor, wenn für eine Person Zeichen ihre symbolische Bedeutung verlieren. Diese Art der Desymbolisierung ist typisch für Zwangsneurotiker. Wenn religiöse Symbole rein wörtlich interpretiert und erfahren werden, werden sie zu desymbolisierten Zeichen.[24] Freuds Kritik an der Religion zielte auf desymbolisierte Zeichen und Klischees. Religiöse Symbole jedoch schließen transzendente und metaphysische Vorstellungen ein. Donald Winnicotts[25] Übergangsobjekte (wie Decke und Teddybär) sind die Matrix religiöser Symbolisierung. Die illusionäre Welt der Übergangsphänomene wirkt der Desymbolisierung in Zeichen und Klischees entgegen.

Symbolisierung, Bildvorstellungen und Phantasien, genauso wie die Wahrnehmung der Gesamtgestalt werden hauptsächlich in der rechten Gehirnhälfte wahrgenommen. Eigene Forschungen an zwölf »splitbrain«-Patienten belegten dies.[26] Moderne neuro- und psychophysiologische Erkenntnisse scheinen sich mit Freuds frühem Entwurf von 1895 zu decken.

Die rechte Gehirnhemisphäre, die auf das räumlich-visuelle Erfassen der Gesamtgestalt spezialisiert ist, erfühlt sozusagen den Wald, während die linke Gehirnhemisphäre oft den Wald vor lauter Bäumen nicht sehen kann. Sehr oft dominieren die verbalen, logischen und folgerichtigen Fähigkeiten der linken Gehirnhemisphäre und werden zuweilen fast ausschließlich benutzt, z. B. bei Patienten, die unter Alexithymie[27] leiden. Überwiegt ein Denkstil in einer der beiden Gehirnhemisphären stark, so nannte ich dies »isolierte cerebrale Lateralisierung«, bzw. »isolierte Gehirnhälften-Tätigkeit«.

In einer gesonderten Arbeit beschrieb ich Alfred Lorenzers Konzepte der Sprachzerstörung – Rekonstruktion und Interaktionsformen und ihre Beziehung zur »split-brain«-Forschung.[28] Hier soll nur kurz auf die Bedeutung der von Lorenzer geformten Symbolbegriffe für die Spezialisierung der Gehirnhälften eingegangen werden.

Sowohl meine ursprünglichen Beobachtungen an zwölf »split-brain«-Patienten[29] als auch unsere experimentelle Vergleichsuntersuchung von acht »split-brain«-Patienten mit acht kommensurablen Kontrollpersonen[30] benutzten Lorenzers Symbolauffassung, insbesondere in bezug auf Qualität, Struktur und Kapazität der Symbolik. Die global-qualitative Analyse ergab, daß »split-brain«-Patienten im Gegensatz zu den normalen Kontrollpersonen statistisch signifikant in einer diskursiven, logisch artikulierten Weise symbolisieren, indem sie Strukturen des Sekundär-Prozesses benutzen, im Gegensatz zu einer präsentativen Symbolik als Ausdruck eines in erster Linie primären Prozesses. »Splitbrain«-Patienten zeigten zusätzlich eine Konkretisierung ihrer Symbole, beschreiben eher direkt als mit kreativem Vermögen, ließen eine Gesamterfassung der Gestalt vermissen, wiesen ein verarmtes Phantasieleben auf und schienen unfähig zu sein, die Bedeutung von Symbolen zu verstehen. Mit anderen Worten, die Qualität ihrer Symbolik betonte stereotype Denotationen im Gegensatz zu flexiblen und reichen Symbolen, Bildern, Ideen und Konnotationen.[31]

Das folgende Diagramm verdeutlicht, wie die beiden Großhirnhälften in verschiedenartiger Weise Symbole repräsentieren, wenn sie – wie in unserem Experiment – von einem Film angeregt werden, der voll von Symbolen und Gefühlen ist.

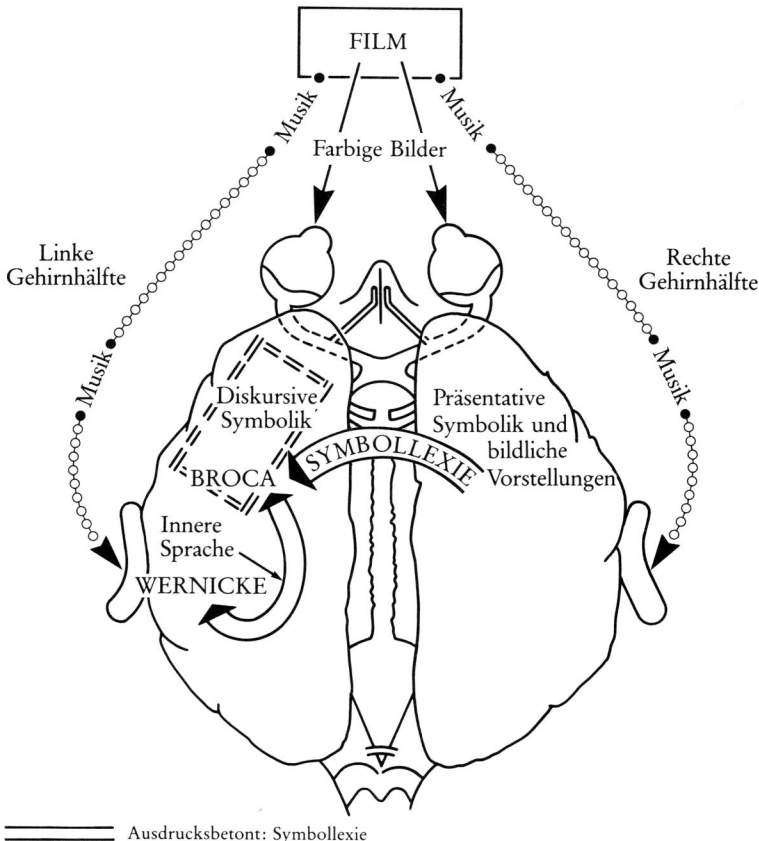

Ausdrucksbetont: Symbollexie
Alexithymisch

233

Susanne K. Langer[32] zufolge ist diskursive Symbolik artikuliert und benutzt Sekundärprozesse (Sigmund Freuds Realitätsprinzip)[33]. Präsentative Symbolik spiegelt die Logik der Gefühle wider, wie sie in der Kunst, in mystischen Erfahrungen oder in der Musik ausgedrückt werden, und weist Kennzeichen des Primär-Prozesses auf, wie z. B. Verdichtung und Verschiebung.

Gemäß den Forschungsergebnissen von Luria[34] werden in dem rechten Frontallappen die bedeutungstragenden Vorstellungen in einer Reihe von Bildern wahrnehmend analysiert, die die einzelnen Phasen einer Geschichte abbilden. Im rechten Frontallappen werden außerdem die Ausdruckselemente dieser Vorstellungen kognitiv repräsentiert. Im rechten Temporallappen wird die Bedeutung von visuellen Bildern und von Musik erfaßt.

Bei ausdrucksbetonten Menschen werden präsentative Symbolik und Vorstellungswelt der rechten Gehirnhälfte über die Brücke (corpus callosum) zur linken Gehirnhälfte geleitet. Diesen Umwandlungsprozeß von präsentativen Symbolen in Worte nenne ich Symbollexie. In der linken Gehirnhälfte werden Bilder und Symbole in dem sensorischen Sprachzentrum (Wernicke) verstanden und in dem motorischen Sprachzentrum (Broca) verbalisiert. Zwischen diesen beiden Sprachzentren ermöglichen Neuronenbündel und Zentren der Sprachchiffrierung (encoding) einen Prozeß innerer Sprache.

Wie wir sehen konnten, weisen gehirngetrennte Patienten einen Mangel an Symbollexie auf. Ihre vorwiegend diskursive Symbolik in der linken Gehirnhälfte entspricht der Alexithymie von Menschen, deren Gehirn nicht operiert wurde, die jedoch in einer ähnlichen Weise reagieren. Ich nannte diesen Mangelzustand »isolierte cerebrale Lateralisierung« bzw. »isolierte Gehirnhälften-Tätigkeit« und fand dies bei Überlebenden schwerer Naziverfolgung[35] und bei manchen katholischen Priestern, wie in dieser Arbeit aufgezeigt wird. Alexithymie wurde außerdem bei psychosomatischen Erkrankungen, bei psychogenem Schmerz und Drogenmißbrauch festgestellt.[36] Ein kürzlich veröffentlichter Artikel in der wissenschaftlichen Zeitschrift »Omni«[37] schätzte, daß 10% der Bevölkerung der USA alexithymische Symptome aufweisen.

Schließlich half uns Lorenzers Konzept der Interaktionsformen bei der Bestimmung einer neurophysiologischen Basis von Alexithymie und psychosomatischen Phänomenen. Aufgrund einer Gottschalk-Gleser-Sprachinhaltanalyse von sieben Angst-(anxiety) und vier Aggressivitäts-(hostility) Skalen konnte bei »split-brain«-Patienten eine psychosomatische Persönlichkeitsstruktur erfaßt werden, die sich aus dem Komplex von »Angst vor Scham und Schande« (shame-anxiety) und totaler Angst in Kombination mit nach innen und außen gerichteter Aggressivität (hostility directed both inward and outward) zusammensetzt.[38] »Split-brain«-Patienten äußerten außerdem signifikant weniger Todesangst, wenn sie mit unserem Film konfrontiert wurden, der den Tod eines Babys und eines Jungen symbolisch darstellt. Die normalen Versuchspersonen reagierten dagegen mit Kastrations- und Trennungsangst sowie Todes- und Trennungsangst, bewiesen also Empathie und gereifte Über-Ich-Funktionen im Gegensatz zu einer »inneren Herrscher-Situation« bei den »split-brain«-Patienten, deren rigides und strafendes Gewissen der Kindheit das Selbst versklavt, das voller Scham an idealen Figuren klebt oder in kurzen Aggressionsausbrüchen gegen sie revoltiert. Somit erhielt die zuvor beschriebene »Herrscher-Sklaven-Wippe« (master-slave-seesaw relationship) durch die Gottschalk-Gleser-Sprachanalyse eine wissenschaftliche Unterstützung.

Dieser kurze Überblick über unsere experimentellen Untersuchungen an »split-brain«-Patienten und normalen Versuchspersonen beleuchtet die Bedeutung der Konzepte Alfred Lorenzers auch für die Praxis, insbesondere von alexithymischen Patienten.

Fall 2: Über das Ausbalancieren rechts- und linkshemisphärischen Denkens

Der Fall von Pater J. soll die Wichtigkeit der Resymbolisierung erläutern. Dieser Patient wurde mir von seinem Bischof überwiesen. Pater J.s rundes Gesicht war gerötet, was weniger auf Schamgefühle als auf den häufigen Zuspruch alkoholischer Getränke zurückzuführen war. Zunächst zögerte Pater J., irgend etwas zuzugeben. Er bestritt die Vorwürfe seiner Vorgesetzten, fühlte sich zu Unrecht beschuldigt und ungerecht behandelt. Mag sein, daß er zu viel getrunken habe, räumte er ein, aber der Streß der vielen Verpflichtungen in der Gemeinde raubte ihm den Schlaf... Vielleicht hätte er den Jungen nicht auf die Hütte in den Bergen einladen sollen.

Pater J. konnte sich an keine Träume erinnern, und er hatte keine Zeit für Phantasien. Von Jugend an hatte er »wie ein Pferd« gearbeitet. Angeblich hatte er niemals rebelliert noch masturbiert. Sein verbohrter Widerstand wuchs, als seine projektiven Tests diskutiert wurden: diese Tests enthüllten einen extremen Mangel an Spontaneität, Kreativität, Phantasie und Symbolen (d. h. an Funktionen der rechten Gehirnhemisphäre).

Wiederholt verteidigte Pater J. seine soziale Isolation, welche nach seiner Meinung Unannehmlichkeiten vermied. Er fuhr fort, sich als hervorragender Organisator und Prediger zu rühmen, den ein protestantischer Therapeut, wie ich es war, weder verstehen noch würdigen könnte.

Wiederholt wurde Pater J. mit seinen Abwehrmechanismen und seiner »isolierten Gehirnhälftentätigkeit« der linken Hemisphäre konfrontiert. Schließlich erzählte er einen Traum, in welchem er ein Polizeibeamter war, und berichtete über seine Vorliebe für ›law and order‹. Befehle und Pistolen wurden dafür als Zeichen interpretiert. Es wurde ihm klar, daß er in seiner Funktion als Priester die Vergebung von Sünden und Leidenschaften akzeptieren und religiöse Symbole verstehen sollte.

Auf der Grundlage einer positiveren Übertragung konnte Pater J. einige Kindheitserinnerungen wachrufen. So erinnerte er sich an eine, ihm immer noch unverständliche panische Angst, von seinem Vater in ein Wasserbecken geworfen zu werden. Er war damals sechs Jahre. Kurz zuvor hatte er vier Monate lang mit seiner Mutter im gleichen Bett geschlafen, während sein Vater in einem anderen Staat arbeitete.

Ödipale Gefühle und Kastrationsängste vor dem »betrogenen« Vater wurden so verständlich. Als er vor kurzem mit dem kleinen Jungen in der Berghütte zusammen geschlafen hatte, wiederholte Pater J. unbewußt die Szene aus seiner Kindheit. Er imitierte dabei seine Mutter und identifizierte sich selbst mit dem kleinen Jungen. Das idealisierte Mutterbild – eine Erfüllung von Kindheitswünschen – war in sein Priestertum mit aufgenommen worden. Aber dieses Bild blieb als grandioses Selbst vertikal abgespalten vom Real-Ich, dem diese mütterlichen Gefühle völlig fremd vorkamen und das die sexuellen Anteile horizontal ins Unbewußte verdrängt hatte.

Indem Pater J. Einsichten gewann und sich den Symbolen und Gefühlen öffnete, wurde er fähig, ein lebendiges Gleichgewicht zwischen dem Denkstil seiner linken und rechten Hemisphäre zu entwickeln. Er genoß seine Freizeit und hatte Freude an der Schönheit der Natur. Er entwickelte ein freundschaftliches Verhältnis zu seinen Kaplanen und Gemeindemitgliedern und führte symbolische Elemente in seine Kirchenliturgie ein.

Religion, Narzißmus und Empathie

Seit einiger Zeit wächst das Interesse an der Beziehung zwischen Symbolisierung, Religion und Narzißmus. Joachim Scharfenberg, ein deutscher Psychoanalytiker und protestantischer Theologe, wies darauf hin, daß »people suffering from narcisstic disorders require a more highly symbolic way of communicating in order to express themselves properly. Higher symbolization means that... appropriate language can only be found in the world of religion or in... the world of fairy tales and fabulous beings.«[39]

Der Jesuit und Psychoanalytiker W. W. Meissner beschäftigte sich gleichfalls mit der Beziehung zwischen Symbolen, Religion und Narzißmus. Er formulierte ein Schema, wie sich Glauben entwickelt, in welchem die erste Form religiöser Erfahrung auf primärem Narzißmus beruht.[40] Dieser wird entweder in pathologischer, gottähnlicher Überhöhung oder in tiefen, mystischen Erfahrungen erlebt. Bei der zweiten Form differenziert der Mensch zwischen seinem grandiosen Selbst und dem idealisierten Elternbild. Gott wird auf animistische und magische Art als allmächtige und allwissende Gottheit begriffen. Die dritte Stufe einer Integration des Selbst bezieht sich auf den streng urteilenden ödipalen Vater. In der nächsten Konsolidierungsphase des Über-Ichs wird eine hierarchische Wertordnung entwickelt. Bei der letzten (fünften) Form begegnen wir religiösen Erfahrungen der Integration und Strukturierung der Empathie und Kreativität, die im Glauben, selbstloser Liebe und dem Akzeptieren des anderen erlebt wird.

Dieses Entwicklungsschema der religiösen Erfahrungen, das auf dem Werk von Erik Erikson und Heinz Kohut beruht, ist auf den ersten Blick sehr einleuchtend. Von meinen geistlichen Patienten erfuhr ich, welche wichtige Rolle Zweifel, Leiden und Kummer im religiösen Leben und seiner Entwicklung spielen. Nur wenn das Dunkel und die Depression des Daseins als Wüste und Leere, das eigene Ich als »verwundeter Heiler« (»wounded healer«)[41] erlebt werden, ergibt sich eine fruchtbare psychologische und gläubige Entwicklung. Kohuts Vorstellungen von Introspektion und Empathie,[42] vom »tragischen Menschen« (»Tragic Man«)[43] tragen viel zum grundlegenden Verständnis religiöser Gefühle bei. Ich habe seine Methoden der idealisierenden und Spiegel-Übertragung in meiner Behandlung von katholischen Klerikern benutzt, als mir klar wurde, daß Narzißmus nicht nur der Ursprung schwerer Persönlichkeitsstörung, sondern auch die Matrix religiöser Erfahrungen sein kann. Ohne Idealisierung des eigenen Selbst und des anderen fehlt die Motivation, sein ganzes Leben einer Pilgerfahrt zu opfern, die Zölibat, Gehorsam und Armut beinhaltet.

Patienten, die dem katholischen Klerus angehören, müssen in besonderem Maße die narzißtische Fixierung an eine »Tristimania« verarbeiten, die ursprünglich von Benjamin Rush 1812 als »Weltschmerz« der romantischen Künstler beschrieben worden war.[44] Diese Manie der Traurigkeit wird als melancholische Lust in der Rolle des leidenden Helden erfahren. Solange das grandiose Selbst vom realen Ich abgespalten bleibt[45], kann keine Umwandlung des Narzißmus via zwischenmenschlicher Empathie zu kosmischer Empathie stattfinden. Und wie Henry Krystal richtig herausstellte, »... the modification of the hedonistic quality of affects in tristimania may be considered one of the basic operations in affect tolerance.«[46]

Ich ziehe den Begriff einer »kosmischen Empathie« dem von Kohut stammenden »kosmischen Narzißmus«[47] vor, der mir in sich widersprüchlich erscheint. Wenn jemand fähig ist, kosmische Empathie wie in Schillers »Lied an die Freude« (1786), in Beethovens Neunter Symphonie zu empfinden, wenn jemand empathisch singen kann: »Brüder überm Sternenzelt, muß ein guter Vater wohnen«, dann kann dieser Mensch nicht narzißtisch sein. Wenn er jedoch narzißtisch ist (d. h. nur sich selbst idealisiert), kann er nicht gleichzeitig ein kosmisches Weltgefühl erleben. Die Idealisierung des eigenen Selbst und des Selbst des anderen erlaubt eine Entwicklung zu zwischenmenschlicher und kosmischer Empathie, die religiös zu einer affektiven Konversion (»affective conversion«)[48] führen kann.

Schlußbetrachtung

Bei allen 25 Behandlungen von katholischen Priestern, Nonnen und Mönchen wurde eine Wandlung von ursprünglichem Narzißmus in kosmische Empathie angestrebt. Die psychoanalytisch orientierte Psychotherapie dauerte von einigen Monaten bis zu acht Jahren, entweder in der klassischen Couchlage oder auch sitzend. Narzißtische Idealisierung und narzißtische Wut aufgrund von Frustration waren oft mit zwanghaftem, depressivem und paranoidem Verhalten verbunden. Isolierte Gehirnhälftentätigkeit war überwiegend durch den Funktionsstil der linken Gehirnhälfte bestimmt. Während und nach der Beendigung ihrer Psychotherapie hatten 14 Priester und Ordensfrauen weniger Zweifel und bekannten sich erneut zu ihrer Verpflichtung als katholische Kleriker. Neun von ihnen akzeptierten ihre Schwächen als »verwundeter Heiler« und verstärkten ihr Streben nach reinem Glauben, obwohl sie das Zölibat oft als schwere Bürde empfanden. Nur zwei Seminarteilnehmer entschlossen sich, ihren Orden zu verlassen, nachdem sie in ihre persönlichen Absichten und Bedürfnisse tiefere Einsicht gewonnen hatten.

Ein Problem in der Behandlung katholischer Geistlicher soll noch erwähnt werden: die schwierige Gegenübertragung der Überidentifikation. Ein behutsamer Analytiker kann die Gefahr leicht vermeiden, einen katholischen Geistlichen nicht als Mensch mit eigenen persönlichen und beruflichen Rechten zu betrachten. Dennoch kann Über-identifikation mit dem Leiden des Patienten den Therapeuten beeinflussen, der von vornherein ein idealisiertes Bild vom Priestertum in sich trägt. So sagte mir ein junger Priester, der sich in eine verheiratete Frau verliebt hatte, auf den Kopf zu, er hätte den Eindruck, ich sei mehr daran interessiert, daß er Priester bliebe, als daß er sich persönlich weiterentwickle. Nachdem mir klargeworden war, daß seine Gefühle zu Recht bestanden, war ich fähig, eine kontrolliertere Identifikation mit dem Patienten herzustellen. Von da an entschloß sich der Patient, seine Liebesbeziehung in eine freundschaftliche umzuwandeln und seine Hinwendung zum Priestertum zu verstärken.

Zusammenfassend kann festgestellt werden, daß therapeutische Erfahrungen mit katholischen Klerikern den Patienten und den Analytiker gleichermaßen bereichern. Ich kann erkennen und akzeptieren, was Albert Einstein einmal so treffend formulierte: »Science without religion is lame, religion without science is blind.«[49]

(Ins Deutsche übertragen von Eva-Maria Michels)

Anmerkungen

[1] Sigmund Freud, »Die Zukunft einer Illusion«, G. W., Bd. 14, S. Fischer, Frankfurt am Main, seit 1960, S. 323

[2] Sigmund Freud, Neue Folge der Vorlesungen zur Einführung in die Psychoanalyse, G. W., Bd. 15, S. 173

[3] Sigmund Freud, »Zwangshandlungen und Religionsausübungen«, G. W., Bd. 7, S. 139

[4] ibd.

[5] Sigmund Freud, »Eine Kindheitserinnerung des Leonardo da Vinci«, G. W., Bd. 8, S. 195

[6] Anna Maria Rizzuto, The Birth of the Living God (Chicago: The University of Chicago Press, 1979)

[7] Sigmund Freud, Oscar Pfister, Briefe 1909 bis 1939 (Frankfurt am Main, Fischer 1963), S. 126

[8] Sigmund Freud, Oscar Pfister, Briefe 1909 bis 1939 (Frankfurt am Main, Fischer 1963), S. 123

[9] Gustav Bally, Einführung in die Psychoanalyse (Hamburg, Rowohlt, 1961)

[10] Robert Waelder, Basic Theory of Psychoanalysis (New York, 1960), S. 60
(»nicht erklärt, warum und wie eine kosmische Projektion des Vaters zustande kam. Warum blieb die Sehnsucht nach dem Vater unserer Kindheit nicht als Sehnsucht nach dem Vater bestehen? Und wenn sie, aus welchem Grund auch immer, ersetzt werden mußte, warum drückte sich dies nicht in einer Zuneigung für Ältere, Könige oder Führer oder einer Verehrung der

Ahnen aus, wie dies so oft in der Geschichte der Fall war? Warum mußte sie sich an einen menschlichen transzendenten Gott wenden und wie konnte es sein, daß eine solche Idee überhaupt begriffen wurde? Immerhin gibt es wenigstens so etwas wie eine Art Ausdehnungsfähigkeit des Geistes, die ihrerseits nicht aus erweiterten oder transzendierten archaischen Elementen heraus erklärt werden kann.«)

11 Hans Küng, Freud and the Problem of God (New Haven, Yale University Press, 1979)
(»Die Psychoanalyse braucht sich nicht zu schämen, wenn sie hier von Liebe spricht, denn die Religion sagt dasselbe. ›Liebe Deinen Nächsten wie Dich selbst‹«)

12 H. Zahrnt, ed., Jesus and Freud (München, Piper, 1972)

13 B. Wolman, ed., »Psychoanalysis and Catholicism« (New York, Gardner Press, 1976)

14 Sigmund Freud, »Massenpsychologie und Ich-Analyse«, G. W., Bd. 13: »Das Ich und das Es«, G. W., Bd. 13: »Das Unbehagen in der Kultur«, G. W., Bd. 14

15 Erik Erikson, Young Man Luther (New York: Norton Library 1958)

16 ibd., S. 195 (»Dort wo das Ich dem Über-Ich begegnet, kann unser Selbst entweder in ehelicher Harmonie mit einem positiven Gewissen leben oder wird von einem negativen entfremdet.«)

17 ibd., S. 193 (»negativ insofern, als es auf einem Bewußtsein der Sünde beruht und äußerlich insofern es von einer strafenden Instanz bestimmt und wiederbestimmt wurde, die sich als einzige über Moralität und die Folgen des Ungehorsams bewußt war.«)

18 Klaus D. Hoppe, »The Master-Slave – Seesaw Relationship in Psychotherapy«, Bulletin of the Reiss Davis Clinic 8 (1971): 117–124; siehe ausführlicher Kapitel IV: »Das gefährliche Gewissen«, in: Klaus D. Hoppe: Gewissen, Gott und Leidenschaft (Stuttgart, Hirzel, 1985)

19 (»Der Mensch ist weder ein Engel noch ein Teufel. Je mehr er versucht, ein Engel zu werden, desto eher läuft er Gefahr, zum Teufel zu werden.«)

20 Klaus D. Hoppe, »Chronic Reactive Aggression in Survivors in Severe Persecution«, Comprehensive Psychiatry 12 (1971): 230–237

21 Heinz Kohut, The Analysis of the Self (New York, International Universities Press, 1971)

22 P. Salignac, The Christian Neurosis (New York: Crossroad Publishing, 1983) (»institutionalisierte Neurose der Kirche«)

23 A. Lorenzer, Kritik des psychoanalytischen Symbolbegriffs (Frankfurt am Main, Suhrkamp, 1970)

24 Müller-Pozzi, Psychologie des Glaubens (München: Kaiser, 1975)

25 Donald Winnicott »Transitional Objects and Transitional Phänomena«, International Journal of Psychoanalysis 34 (1953): 89–97

26 Klaus D. Hoppe, »Split Brains and Psychoanalysis«, Psychoanalytic Quarterly 46 (1977): 220–244; und »Split Brain – Psychoanalytic Findings and Hypotheses«, Journal of the American Academy of Psychoanalysis 6 (1978): 193–213

27 P. Sifneos, The Prevalence of »Alexithymic Characteristics in Psychosomatic

Patients«, Psychotherapy Psychosomatics 22 (1973): 255–262; J. Nemiah, »Alexithymia«, Psychotherapy Psychosomatics 28 (1977): 199–206

[28] Klaus D. Hoppe, »Destruction-Rekonstruction of Language and Forms of Interactions: Clinical Aspects of Lorenzers Concepts«, Contemporary Psychoanalysis 13 (1977): 52–63.

[29] Klaus D. Hoppe, »Die Trennung der Gehirnhälften, ihre Bedeutung für die Psychoanalyse«, Psyche 29 (1975): 919–940; Klaus D. Hoppe, »Split Brains and Psychoanalysis«, Psychoanalytic Quarterly 46 (1977): 220–244 und »Split Brain – Psychoanalytic Findings and Hypotheses«, Journal of the American Academy of Psychoanalysis 6 (1978): 193–213

[30] Warren D. Ten Houten, Klaus D. Hoppe, Josef E. Bogen und Donald O. Walter: »Alexithymia: An Experimental Study of Cerebral Commissurotomy Patients and Normal Control Subjects«, American Journal Psychiatry 143 (1986): 312–316

[31] Warren D. Ten Houten, Klaus D. Hoppe, Josef E. Bogen und Donald O. Walter, »Alexithymia And The Split-Brain III Global-Level-Content, Analysis of Fantasy and Symbolization«, Psychotherapy and Psychosomatics 44 (1985): 89–94

[32] Susanne K. Langer, Philosophy in a New Key (Cambridge, Harvard University Press, 1942)

[33] Sigmund Freud, »Formulierungen über die zwei Prinzipien des psychischen Geschehens«, G. W., Bd. 8, Imago Publishing, London 1943, S. 230–238

[34] Alexander Luria, Higher Cortical Functions in Man (New York, Basic Books, 1967)

[35] Klaus D. Hoppe, »Severed Ties«, in: Psychoanalytic Reflexions on the Holocaust; Selected Essays (New York, Katv Publishing House, 1984: 94–111)

[36] Graeme Taylor, »Alexithymia: Concept, Measurement and Implications for Treatment«, American Journal of Psychiatry 141 (1984): 720–732

[37] Patrick Hoyghe, »Speachless Mind«, Omni, März 1984: 26 und 96

[38] Warren D. Ten Houten, Klaus D. Hoppe, Josef E. Bogen und Donald O. Walter, »Alexithymia and the Split Brain IV Gottschalk-Gleser Content Analysis an Overview«, Psychotherapy Psychosomatic 44 (1985): 113–121

[39] Joachim Scharfenberg, »The Psychology of the Self and Religion«, in: Advances in Self Psychology, ed., A. Goldberg (New York, International University Press, 1980), Seite 427–437
(»Menschen, die an narzißtischen Störungen leiden, benötigen eine höhere symbolistische Kommunikationsweise, um sich richtig ausdrücken zu können. Höhere Symbolisierung bedeutet, daß... eine angemessene Sprache nur in der Welt der Religion oder in... der Welt der Märchen und Fabelwesen gefunden werden kann.«)

[40] W. W. Meissner: »Psychoanalytic Aspects of Religious Experiences«, in: The Annual of Psychoanalysis vol. 6, (International University Press, New York, 1978)

[41] Henri Nouwen, The Wounded Healer (New York, Doubleday, 1972)

[42] Kohut, Analysis of the Self, a. a. O.

[43] Heinz Kohut, The Restauration of the Self (New York, International Universities Press, 1977)

[44] L. Edel, »The Madness of Art«, American Journal of Psychiatry 132 (1975): 1005

[45] Kohut, Analysis of the Self, a. a. O.

[46] H. Krystal, »The Hedonic Element in Affectivity«, The Annual of Psychoanalysis 9 (1981): 93–113
(»... die Umwandlung der hedonistischen Qualität der Affekte in ›Tristimania‹ kann mit als wichtigster Vorgang in der Affekttoleranz betrachtet werden«)

[47] H. Kohut, Die Zukunft der Psychoanalyse (Frankfurt am Main, Suhrkamp, 1975)

[48] P. Robb, »Conversion as a Human Experience«, Studies in the Spirituality of Jesuits 14: 1–50

[49] (»Wissenschaft ohne Religion ist lahm, Religion ohne Wissenschaft ist blind«)

III. Tiefenhermeneutische Kulturanalysen

MAYA NADIG

Der Wahn der Männer – die Arbeit der Frauen

Thesen aus einer ethnopsychoanalytischen Untersuchung

Das Geschlechterverhältnis in einem mexikanischen Bauerndorf

Wer über Frauen spricht, muß auch von den Männern reden. Die neuere Entwicklung der Ethnologie der Frau hat deutlich gemacht, daß die Situation und das Verhalten der Frau nur aus dem gesellschaftlichen Zusammenhang und aus der Beziehung der Geschlechter heraus zu verstehen ist[1].

Es hat mich fasziniert, in meiner Feldforschung in einem Otomi-Dorf in Mexiko zu entdecken, daß der sogenannte »Machismo«, also der Wahn der Männer, seine Entsprechung nicht im sogenannten »Marianismo«, im Weiblichkeitswahn der Frauen findet, sondern in der Arbeit der Frau.

»Machismo« steht für betontes Männlichkeitsgebaren[2], Ehrverteidigung[3] und gleichzeitige Idealisierung und Entwertung der Frau[4]. »Marianismo« wird für die komplementäre Haltung der Frau gesetzt und bezeichnet ihren Versuch, den machistischen Normen gerecht zu werden durch eine Haltung der Unterwürfigkeit, Demut, Reinheit und Arbeitsamkeit[5]. Die Begriffe »Machismo« und »Marianismo« können nur als deskriptive Sammelbezeichnungen für ein komplexes soziales Syndrom, das sich im Feld der Geschlechterbeziehungen und ökonomischer Widersprüche manifestiert, betrachtet werden. In der Literatur werden sie oft als analytische Kategorien verwendet, verbergen aber bei der Darstellung der Geschlechterverhältnisse in den armen Schichten Mexikos nur eine rassistische, sexistische oder kolonialistische Ideologie[6]. Um die Beziehung zwischen den Geschlechtern verstehen zu können, müssen die beiden Begriffe aufgelöst und in Form von dynamischen Prozessen verstanden werden.

Ich möchte die Resultate einer *ethnopsychoanalytischen Untersuchung* zu diesem Thema darstellen und verdeutlichen, wie der geschlechtsspezifische Umgang mit kulturellen Mustern einerseits aus den ökonomischen und sozialen Verhältnissen heraus zu erklären ist und sich andererseits im Verlauf der Sozialisation herausbildet und innerpsychisch verankert[7]. Die sozialen und ideologischen Erscheinungsformen des Machismo und des Marianismo können in diesem Spannungsfeld zur Entlastung und Verdrängung zu heftiger Widersprüche eingesetzt werden.

Das ethnopsychoanalytische Vorgehen war zur Erarbeitung dieser Zusammenhänge besonders geeignet, da es weder von einer vorgefaßten Fragestellung ausgeht, noch aktiv in die Wahl der Gesprächsthemen eingreift. Es wird vielmehr konsequent beachtet, in welchem emotionalen und sozialen Zusammenhang ein bestimmter Inhalt, ein kulturelles Muster auftauchen. Aus dieser Verbindung soll etwas über die subjektive und psychische Bedeutung der Inhalte und kulturellen Muster verstanden werden. So kann auch eine Annäherung an die unbewußten Bedeutungen von subjektiven und sozialen Symbolen und Funktionsweisen stattfinden. Es geht bei dieser Art der Beziehung zwischen der Ethnologin und ihren Gesprächspartnerinnen nicht darum, primär psychoanalytische oder soziologische Kategorien über das Geschehen zu stülpen und damit die Wahrnehmung der Beziehungsdynamik zu verhindern[8]. Vielmehr soll die Einheit von zwischenmenschlicher Beziehung, kulturellen Inhalten und Emotionen erhalten bleiben, denn gerade in dieser Verbindung werden die fremden und für uns teilweise undenkbaren Sinnzusammenhänge erfahrbar. Für die Verarbeitung dieser Gespräche gilt dasselbe Prinzip der Einheit: sie werden unter Berücksichtigung der eigenen subjektiven Irritation, der Gegenübertragung auf den Text immer neu durchgegangen, um so den Zugang zu bisher latent gebliebenen Zusammenhängen zu finden. (Mit der psychoanalytischen Tiefenhermeneutik hat Alfred Lorenzer für die Interpretation von Texten ein der Ethnopsychoanalyse ähnliches Verfahren entwickelt und damit der Sozialforschung eine neue Dimension eröffnet[9].)

Die folgende Darstellung geht nicht auf den Entstehungs- und Interpretationsprozeß der Untersuchung ein, sondern möchte theoretisch und in Thesenform zeigen, wie die Art der Geschlechter-Beziehung und -Ideologie ein Produkt aus dem Zusammenspiel von ökonomischen, kulturellen und psychischen Faktoren ist.

Es entsteht leicht das Bild, daß die Campesino-Frauen in Zentralamerika unterdrückt, entrechtet und von den entscheidenden kulturellen Codes ausgeschlossen seien. Von außen gesehen haben sie tatsächlich keinen Zugang zu einer bedeutenden Position: sie können weder Einfluß durch politische Ämter erwerben, noch Prestige und Achtung durch religiöse Cargos gewinnen, noch können sie durch die Wanderarbeit ihre finanziellen Verhältnisse so verändern, daß sie ökonomischen Einfluß haben. Öffentliche Macht erlangen sie höchstens in indirekter Weise über den Mann oder mit dem Mann zusammen, der als Rollenträger auftritt.

Als ich während mehrerer Monate in einem sehr kleinen Otomi-Bauerndorf in Mexiko lebte, hat sich der anfängliche Eindruck der totalen Ohnmacht der Frau zunehmend verändert. In den ausführlichen ethnopsychoanalytischen Gesprächen, die ich mit einigen Frauen führte, sind mir bestimmte Umgangsweisen immer mehr aufgefallen: die Betonung der Autonomie mir und anderen gegenüber sowie die Bedeutung der Arbeit im Verlauf unserer Beziehung.

Der Bezug auf die Arbeit stellte das zentrale Regulativ im Umgang mit mir dar. Sobald in der Beziehung zwischen meiner Gesprächspartnerin und mir eine abhängige, aggressive oder ambivalente Stimmung auftauchte, wurde das Thema der Arbeit eingesetzt, um Autonomie und Distanz herzustellen.

Angesichts der entschiedenen Durchsetzungsfähigkeit dieser Otomi-Frauen mußte ich annehmen, daß sie »irgendwo« in ihrer Kultur Bereiche haben, in denen sie sich positiv erkennen, ausdrücken und spiegeln können.

Bei den Männern ließ sich dieser innige Bezug zur Arbeit weniger beobachten. Im Gegenteil, die Regulierung der Beziehung zwischen ihnen und mir fand auf der Ebene des Machismo statt: In Erzählungen über den Militärdienst, Abenteuer außerhalb des Dorfes, in den USA und anderen Gegenden, über Probleme mit den Funktionären und der Gesellschaft draußen, sowie in der Aufzählung der Anzahl Kinder und Frauen, die zu ihm gehörten, wurden die Prinzipien der Ehre und der Männlichkeit betont.

Beim Versuch, das Selbstwertgefühl aufrechtzuerhalten, haben Männer und Frauen zu unterschiedlichen kulturellen Mustern gegriffen: Die Männer rekurrieren auf das ideologische System des »Machismo« und die Frauen auf die Arbeit. Für diesen Unterschied gibt es verschiedene Erklärungen:

– die geschlechtsspezifische Arbeitsteilung und die unterschiedliche kulturelle Wertung der Geschlechter
– die verschiedene Sozialisation bei Knaben und Mädchen und die große Differenz im Verlauf der Adoleszenz.

Die geschlechtsspezifische Arbeitsteilung und die kulturelle Wertung der Geschlechter

Die traditionelle geschlechtsspezifische Arbeitsteilung in den Bauern-gesellschaften ist eine partnerschaftliche, auch wenn die sozialen Struk-turen patriarchale Züge aufweisen. Beide Geschlechter sind auf den Beitrag des anderen angewiesen. Erwerbs- und Familienarbeit, beruf-licher und häuslicher Bereich, öffentliche und private Räume sind nicht hierarchisch voneinander getrennt und abgespalten, sondern sie ergän-zen sich in komplementärer Weise[10].

Heute aber haben die Verarmung und der technologische Druck in der Dritten Welt dazu geführt, daß der *Mann* sich in einer sehr anderen Lage befindet als die Frau. Er muß sukzessive die Einheit der Familie, die eine Produktions-, Erwerbs- und Verbrauchs-Gemeinschaft dar-stellt, verlassen, um Bargeld zu erwerben. Lohnarbeit bedeutet aber sporadische Migration in die Fremde, wo man als der andere verachtet und diskriminiert wird, wo Ausbeutung und Entfremdung die Arbeit kennzeichnen. Er ist zum Wanderarbeiter geworden[11].

Die Art der Bodenbearbeitung ist ebenfalls starken Änderungen unter-worfen; sie erfordert neben Bargeld auch neue Einstellungen: der Ein-satz von Traktor, Bewässerung, Dünger und Insektiziden sowie der En-gros-Verkauf der Produkte führen zu Kontakten mit Funktionä-ren, Händlern, Beratern und aller Art von dubiosen »Helfern«. In die-sen Kontakten begegnen sich verschiedene Kulturen, Klassen und Ideologien, die in einem hierarchischen Verhältnis zueinander stehen. Der indianische Bauer befindet sich dabei immer auf der machtlosen Seite.

Der Mann nimmt die Vermittlerrolle zwischen seiner Familie und der kapitalistisch orientierten Umwelt ein. Ein kontinuierliches und in den ethnischen Sinnzusammenhang eingebettetes Verhältnis zur Arbeit ist unter diesen Umständen für ihn nicht möglich. Brüche und Diskonti-nuität charakterisieren seine Arbeitsverhältnisse, die selten einen siche-ren ökonomischen Gewinn versprechen. Im Sinne eines Glücksspiels muß er sich auf sie einlassen, um zu sehen, ob er einen Job findet, ob die amerikanische Polizei ihn übersieht, oder der Arbeitgeber ihn einiger-maßen korrekt behandelt. Das Hin und Her zwischen Subsistenzarbeit und Warenproduktion, die abwechselnde Erfahrung von ethnisch-ver-wandtschaftlicher Sozialorganisation und einer ausbeuterischen und rassistischen Klassengesellschaft, sowie der Wandel der bäuerlichen Anbautechniken verunmöglichen es dem Mann, eine libidinöse Beset-zung der Arbeit vorzunehmen und damit sein Selbstwertgefühl und die Festigkeit seiner Identität zu regulieren.[12]

Der Mann ist durch die Verhältnisse der Kolonisation damals und des Kapitalismus heute immer wieder gezwungen, das Dorf, seine Familie, seine Kultur und Ethnie zu verlassen, um sich fremden und erniedrigenden Umständen auszusetzen. Für ihn wird die Kontinuität der Arbeit und der Beziehungen immer neu unterbrochen; er muß immer neue Verluste hinnehmen. Es kann nun eine Form der Konfliktbewältigung sein, wenn er in Form einer »Abwehr« gegen Verletzlichkeit, Abhängigkeit und Trauer das aktive und wiederholte Unterbrechen von Beziehungen und Verhältnissen, das Verhindern von Kontinuität und libidinöser Besetzung zu einer erwünschten Eigenschaft erhebt und zu seiner positiven Identität macht. Somit werden Mobilität, Verlust und Entfremdung nicht mehr schmerzlich, sondern als ehrenhaft und männlich erlebt; der Austausch von selbstbestimmter und autonomer Arbeit gegen Lohnarbeit wird zum Abenteuer, zum mutigen Glückspiel und zur Initiation in die erwachsene Männerwelt transformiert.

Für den Umgang mit diesen Problemen bietet die Ideologie des Machismo ein kulturelles Verhaltensvorbild. Durch die Anpassung an die Ideologie der Macho-Rolle kann das Ich entlastet und funktionstüchtig erhalten werden [13]. Der Mechanismus erlaubt es, belastende psychische Konflikte – in diesem Falle Abhängigkeits- und Verlustgefühle – zu vermeiden, ohne viel Energie aufzuwenden.

Aufgrund ihrer Position als Wanderarbeiter sind die Männer gezwungen, ihr Selbstwertgefühl vom imaginären System des Machismo abzuleiten, von einer ideologisch vorgeformten Rolle, die ihnen narzißtische Stärke verleiht, sie aber auch schwächt. Denn die Rolle ist rigide und erschwert einen flexiblen Umgang mit den eigenen Bedürfnissen und der Realität.

Die *Frau* befindet sich innerhalb der geschlechtsspezifischen Arbeitsteilung in einer ganz anderen Lage. Indem sie die häusliche Produktion bei der Abwesenheit des Mannes übernimmt, erhält ihre Beziehung zur Arbeit eine sehr große Kontinuität. Sie ist nicht gezwungen, ähnlich totale soziale und kulturelle Brüche zu erleben wie der Mann. Während er aus Ethnie, Familie, Arbeit und Comunidad hinaus muß, wird sie um so unbedingter zum Zentrum dieser Bereiche, zur Hüterin der Existenz ihrer Familienangehörigen überhaupt. Diese zentrale kulturelle und ökonomische Bedeutung der Arbeit der Frau erlaubt es nicht, ihre Arbeit ideologisch unsichtbar zu machen und für irrelevant zu erklären wie im Kapitalismus [14]. Im Gegenteil, sie erlaubt es der Frau, eine meist positive Besetzung ihrer Tätigkeiten vorzunehmen; Tätigkeiten, durch die weder besonders kränkende noch diskriminierende Erfahrungen gemacht werden. Das bedeutet Stabilität, Selbstwert und Durchsetzungsfähigkeit.

Die Arbeit der Otomi-Frauen besteht aus der häuslichen Arbeit, pflegendem Umgang mit Kindern, Tieren und Pflanzen, sowie in der Herstellung von Handarbeiten. All diese Tätigkeiten sind traditioneller Art, also stark vom Ethnischen geprägt. Regeln, Gebote, Symbole und Bedeutungen begleiten und ordnen den Ablauf der meisten Verrichtungen. Die Regeln und Wertungen sind nicht eigentlich funktional, sondern sie betten die Arbeit der Frau in einen weiteren Zusammenhang ein, in welchem sie selber als wichtige Figur vorhanden ist. Die Sexualität, erotische und nachbarschaftliche Beziehungen, die Gebärfunktion und die Eigenart der Frau sind immerwährender Inhalt der Gespräche und bestimmen die Symbolik ihrer Arbeit. Die Ritualisierungen und Stereotypisierungen versehen diese Tätigkeiten mit einer normativen Qualität. Wird der vorgeschriebene Ablauf der Tortillaproduktion, der Pulqueherstellung oder der Heilzeremonien eingehalten, dann ist die Frau gut, intakt und die Welt in Ordnung. Das hat eine entlastende und bestätigende Wirkung. Der Stolz auf die Qualität der eigenen Arbeit ist eine Basis der Selbstachtung.

Die Tortillaproduktion zum Beispiel verläuft nach einem strengen Schema; wird diese nicht eingehalten, so entstehen böse Vorzeichen. em Backblech wird ein Teigkügelchen, ein »Kind« beigelegt, damit es nicht allein ist und verbrennt, wenn keine Tortilla darauf liegt; denn das würde die Geburtsorgane der Frauen und Tiere schädigen. Ist die Tortilla angebrannt, gilt die Frau als schlampig und untreu. Wird der Mahlstein nicht längs auf die Mahlplatte gelegt, so gibt es schwierige Geburten bei Frauen und Tieren.

Dieser kulturelle und symbolische Raum der Frauen, der sich aus materiell konkreten Arbeitsprozessen und Beziehungsmustern, aber auch aus einer dichten dazugehörigen Symbolik zusammensetzt, bedeutet für die Frauen die Möglichkeit, ihr So-Sein, ihre Arbeit und ihre Position in der Gesellschaft täglich neu zu erleben, libidinös zu besetzen und damit die eigene Identität zu festigen. Die Existenz dieses kulturellen Bereiches der Frau gibt der Arbeit der Frauen eine wichtige, für sie wahrnehmbare Bedeutung, einen Sinnzusammenhang, aus dem sie schwierig herausfallen können und der in der nationalen Gesellschaft in dieser Form nicht mehr vorhanden ist.

Die positive und kulturschaffende Bedeutung der Arbeit gibt den Frauen innerhalb der gesellschaftlichen Bedingtheiten einen sozialen Freiraum, der seine Entsprechung im Psychischen findet, in der Autonomie des Denkens und Fühlens. Unter dieser Voraussetzung schaffen sie eigene Werte und Interpretationsmuster ihrer Lebenszusammenhänge ständig neu und erhalten sich so eine sichere, über Symbole und Tätigkeit mit der sozialen Realität verwobene Identität und Solidarität.

Trotz sozialer Einschränkungen und sexistischer Ideologie können sie sich einen Spielraum von individuellen Variationsmöglichkeiten herausnehmen; die Subjektivität findet dort ihr Entfaltungsfeld, die heimliche Inszenierung weiblicher Macht ihren Versuchsraum.

Die Machtstrategien der mexikanischen Bäuerinnen unterscheiden sich nicht wesentlich von denen der europäischen Hausfrauen. Erpressung, Gerüchte, Streitigkeiten, subtile Beeinflussung und Manipulation bilden hier wie dort die Strategien, anhand derer Machtausübung versucht wird[15]. Aber während die Hausfrau in den kapitalistischen Zentren isoliert ist und ihr Machtbereich höchstens die Kleinfamilie betrifft, sind die Kampfstrategien in der Bauerngesellschaft real und effizient, denn sie basieren in der gesellschaftlich anerkannten Bedeutung der Arbeit der Frau und in der gemeinsamen Kultur der Frau. Über Gerüchtebildung können die Frauen einen einschneidenden politischen Einfluß ausüben, indem sie zum Beispiel den Ruf eines Mannes derartig verunglimpfen, daß er nicht in ein öffentliches Amt gewählt werden kann. Ebenso effizient ist die Möglichkeit der Erpressung, indem sie für einige Tage verschwindet: der Betrieb droht zusammenzufallen; ihre Arbeit ist schwer zu ersetzen, denn die bäuerliche geschlechtsspezifische Arbeitsteilung stellt eine gegenseitige Abhängigkeit her. Weil der reale Aspekt der Arbeit der Frauen nicht abgespalten und verleugnet werden kann, können ihre Machtstrategien auch nicht einfach zur »Hysterie« oder zur bloßen weiblichen Wesensart degradiert, aus dem gesellschaftlichen Zusammenhang ausgegrenzt und in die individuelle Sphäre verbannt werden. So bleibt das Handeln der Otomi-Frauen immer auch ökonomisches und politisches Handeln.

Geschlechtsspezifische Sozialisation und Adoleszenz

In der armen und bäuerlichen mexikanischen Familie ist der Vater während längerer Perioden abwesend und die Mutter dauernd anwesend. Dieser Umstand ist von großer Bedeutung: Die Kinder können sich in der Trennungszeit nach der symbiotischen Phase, wenn sie anfangen, eine dritte und neutralere Person wahrzunehmen, selten dem Vater zuwenden. Was sich in unseren Verhältnissen oft verheerend auswirkt, weil das Kind auf die Dualunion mit der Mutter fixiert bleibt[16], ist im indianisch-bäuerlichen Milieu weniger gravierend, denn es sind fast immer noch weitere, vorwiegend weibliche Personen vorhanden. Zwar kann so weder vom Knaben noch vom Mädchen eine reale und konfliktfähige Beziehung zum Vater aufgebaut werden. Er ist vielmehr in Form eines Prinzips, eines Bildes vorhanden, denn als konkrete Person. Die Kinder leben die idealisierte oder enttäuschte Beziehung zu den Schatten, die er über die Mutter wirft.

Für das *Mädchen* ist diese Situation insofern weniger tragisch, als es ungebrochen Ersatz bei den anderen Frauen im Haus oder im Dorf holen kann – sie schützen es vor der inneren »symbiotischen« Mutter. Die Unmöglichkeit, eine gute Beziehung zum Vater zu entwickeln, wirft das Mädchen nicht einfach auf die Mutter zurück, sondern auf einen weiblichen Arbeits- und Kulturbereich, der Ausdruck der realen gesellschaftlichen und ökonomischen Leistung der Frau ist. Hier kann das Mädchen von früh an in spielerischer Weise an den Tätigkeiten, Denk- und Kommunikationsformen der Frauen teilnehmen und an einem kulturellen Raum, der es als weibliches Wesen in positiver Weise bestätigt, teilhaben. Schon Dreijährige stehen neben dem Feuer und hantieren mit der Maismasse herum, machen kleine Tortillas; die Fünfjährigen hüten ihre Geschwister, bringen dies und helfen das, üben sich in Handreichungen und Zusammenarbeit; Achtjährige übernehmen bereits einen beträchtlichen Teil der Hausarbeit. Das Mädchen fühlt sich in der Identifikation mit der weiblichen Rolle gut: es ist aktiv und tätig, und diese Haltung ist mit positiven Zeichen und Symbolen belegt. Nur die Beziehungen zu den Männern bleiben schwierig, unfaßbar, belastet. Diese selbstverständliche Zugehörigkeit zum Arbeitsbereich der Mutter wird in der Adoleszenz aufgebrochen, weil sich jetzt die junge Frau von der Familie trennt. Im weiblichen Raum der Schwiegermutter aber tauchen ganz neue Probleme der Hierarchie und der Macht auf.

Für den *Knaben* stellt sich das Problem anders dar. Es ist schwierig, den abwesenden Vater längerfristig durch die Frauen im Haushalt und die Teilhabe an ihrem Bereich zu ersetzen; er muß das verführerische Angebot der Frauen ablehnen und um eine passende männliche Identität besorgt sein. Die Abwesenheit des Vaters erschwert es dem Knaben, sich mit ihm auseinanderzusetzen und eine genügend sichere Identität zu entwickeln, die es ihm erlaubt, konstante Beziehungen einzugehen. Falls diese Annahme stimmt, würde das heißen, daß es für den Knaben schwerer ist, eine dauerhafte, libidinöse Besetzung eines Liebesobjektes vorzunehmen, weil die eigene Identität unsicher ist.

Sie bleibt unsicher, solange sie sich nur an den kulturellen Bildern von Männlichkeit orientieren kann, an den machistischen Inszenierungen, die der Vater, wenn er von »draußen« zurückkommt, vorlebt. Weil sie unsicher ist, muß sie sich besonders durch die Abgrenzung und Entwertung der frühen Mutter und der fraulichen Bereiche zu stärken versuchen[17]. Die Verbündung mit den anderen Männern in einer gemeinsamen Inszenierung männlicher Stärke stützt diesen Mechanismus.

Der Verlauf der *Adoleszenz* hängt stark mit der geschlechtsspezifischen Arbeitsteilung zusammen. Die jungen Männer versuchen heute fast ausnahmslos außerhalb des Dorfes Arbeit zu finden; neben der ökonomischen Notwendigkeit spielt dabei der Initiations-Charakter der riskanten und illegalen Reise in die USA eine Rolle. Sie verlassen ihren eigenen Kulturraum für längere Zeit und setzen sich fremden Verhältnissen, Arbeitsregeln und einem brutalen Arbeitsmarkt aus. Für die Mädchen ist es weniger üblich, aus dem Dorf wegzugehen. Sie bleiben im gesicherten Bereich der häuslichen Arbeit und des ethnischen Kulturraumes.

Wird die Adoleszenz als jene Phase verstanden, in der die alten Triebfixierungen auf die Eltern aufgegeben und neue adäquatere mit Gleichaltrigen eingegangen werden, aber auch als jene Zeit, in der sich der Jugendliche von der kindlichen Idealisierung der Eltern absetzt und sich eigene Werte, kulturelle Kommunikations-, Denk- und Handlungsmuster aneignet, die nicht mehr unbedingt mit denen der Eltern identisch sind, dann wird klar, daß diese Zeit für das gelungene oder mißlungene Auffinden eines positiven sozialen Raumes und einer entsprechenden Identität von großer Bedeutung ist[18].

Der *junge Mann* setzt sich außerhalb seines Dorfes und seiner Kultur gefährlichen und erniedrigenden Verhältnissen aus. Der radikale Bruch von dörflicher Sozialstruktur und Subsistenzproduktion zur illegalen, ausgebeuteten und verfolgten Lohnarbeit in einem fremden Land muß einen tiefen Schock auslösen. Dieser kann nur mit dem Einsatz von massiven Abwehr- und Schutzmechanismen bewältigt werden. Der Einsatz rigider Schutzmechanismen erhält die psychische Integrität in einer Situation großer Bedrohung, verunmöglicht aber auch eine fruchtbare Verarbeitung der adoleszenten Krise und eine autonome Selbstfindung. Die Distanz von Familie und Kultur kann unter solchen Umständen nicht als bereichernde Erfahrung zur Erarbeitung eigener Werte und Ideale benützt werden. Das Individuum muß vielmehr seine Desintegration verhindern und dazu auf bekannte Mechanismen zurückgreifen. Hier bietet die Ideologie des Machismo ein kulturell vorgeformtes Verhaltensbild; die Identifikation mit dieser Rolle kann eine integrative Funktion haben und identitätsstützend wirken.

Bei der Rückkehr in das Dorf ist es für den Mann sehr wichtig, daß er sich restituiert, wieder auffängt und erholt, um – weil er im Dorf meist keine lohnende Arbeit findet – sein Glück bald wieder in der Ferne zu versuchen. Es ist der häusliche Raum der Frauen, der die Männer bei der Rückkehr aus dieser Situation aufnimmt und trägt. Aber die Männer wissen, daß sie wieder fort müssen. Deswegen ist es naheliegend, die eigene Instabilität über die Entwertung und Verachtung der Frauen und ihrer kulturellen Räume zu stabilisieren. Das Weibliche wird immer neu als verführerische Bedrohung erlebt, die die geschlechtsspezifische Identität zu verwischen droht. Von daher ist die soziale Rolle des Machismo geeignet, das Schmerzlich-Verlorene abzuwerten und das Schmerzlich-Unausweichliche ins Ehrenhaft-Heroische umzuwandeln.

Die *junge Frau* heiratet – das ist der häufigere Fall – aus dem Elternhaus direkt in die Familie der Schwiegereltern hinein und arbeitet dort im Bereich der häuslichen Verrichtungen mit. Hier wird die Fortführung der Identifikation mit der mütterlichen Welt oft zu einer bitteren Erfahrung; der kulturelle Raum der Frauen kann plötzlich sehr bedrohliche, fast terroristische Züge erhalten. In dieser sich stark wandelnden Kultur gilt es nun andere und adäquatere Umgangsformen zu finden, als sie der mütterliche Raum angeboten hatte, neue Einstellungen, die mit den durch den Wandel veränderten Verhältnissen fertig werden.

Jene Frauen, die in ihrer Adoleszenz eine probeweise Distanzierung von ihrer Familie und der Ethnie gemacht haben, sind freier im Umgang mit den sich wandelnden sozialen und ökonomischen Strukturen. Die Auseinandersetzung mit anderen Verhältnissen im Krankenhaus, im Nachbardorf, im Diensthaus, erlaubte eine kritische Verarbeitung ethnischer Regeln und eine selbstbestimmte, der eigenen Subjekthaftigkeit angemessene Wiederannäherung an die traditionelle Kultur. Die adoleszente Absetzung dieser Frauen ist kein radikaler Bruch, der vorwiegend Entwertung, Rechtlosigkeit und Diskriminierung bedeutet; sie nehmen zwar Distanz, bleiben aber im weiteren Lebenszusammenhang ihrer Ethnie drin.

Der Adoleszenzverlauf der jungen Frauen ist weniger von äußeren Einflüssen und Brüchen bestimmt als der des Mannes; die Arbeitsinhalte und die Arbeitsformen bleiben dieselben. Der Bruch besteht eher im Wechsel des Haushaltes. Der Übergang von der Position der Tochter zu derjenigen der Schwiegertochter ist oft mit einem merklichen Verlust an Macht und Freiheit verbunden. Dagegen muß sich die junge Frau schützen. Es kann nun eine Form der Konfliktbewältigung sein, wenn sie in Form einer »Abwehr« gegen Verletzungen und Eingriffe die aktive Arbeit, das Lernen von weiteren Fähigkeiten und die Ausweitung ihres Arbeitsfeldes so einsetzt, daß sie sich dadurch sowohl einen Freiraum gegen die Schwiegermutter als auch eine ökonomische und emotionale Unabhängigkeit an sich sichern kann. Ebenso gehört es in den Versuch der Konfliktbewältigung, wenn sich die junge Frau durch Streitereien, Gerüchte und Ausweitung ihrer sozialen Beziehungen eine Machtposition anzueignen versucht. Genau besehen besteht diese Machtposition einfach darin, daß sie im kulturellen Raum der

Frau aktiv auftritt und ihre eigenen Wertungen, Bedürfnisse und Wünsche dort meinungsbildend einbringt.

Die beiden Geschlechter benützen verschiedene Schutz- und Abwehrmechanismen in der Bewältigung ihrer sozialen und ökonomischen Realität. Diese unterschiedliche Wahl beeinflußt sowohl die Beziehung zwischen den Geschlechtern als auch diejenige zur Realität.

Das Verhältnis der Männer zur Realität wird bestimmt durch das imaginäre System des Machismo, in welchem die Frauen als für die eigene Identität bedrohlich im Zaum gehalten werden müssen. Die Frauen erscheinen ihnen stark, machtgierig und manchmal gefährlich. Deswegen muß der Mann der Heilerin zu einem mächtigen Zauberer reisen, um sich vor der unfaßbaren Macht der Hexen zu schützen; deswegen beklagt sich der Dorfchef empört, nachdem ihn die Frauen wegen des gestohlenen Schulgeldes zur Rede stellten, er befürchte, daß die Frauen die Macht übernehmen; deswegen muß Basilio seine Geliebte, die ihm so wunderbar tüchtig und selbständig vorkommt, mit absurden und brutalen Verboten einschränken. Sie alle sind ständig damit beschäftigt, die unsichtbare Macht der Frau im Zaum zu halten. Der Machismo bietet sowohl die Rationalisierung zu diesem Frauenbild: die Angebetete wird zur abgefeimt Bösen, die einen verrät und betrügt, als auch das Verhaltensrepertoire, um mit solchen Frauen umzugehen: die sinnlich-romantische Galanterie wird durch die Pose des eifersüchtig-drohenden Ehemannes, der seine Frau schlägt und verfolgt, abgelöst.

Im günstigsten Fall gelingt es einem Ehepaar, eine solidarische und arbeitsbezogene Beziehung miteinander zu leben – das kommt aber nur dort vor, wo der Mann als Bauer genügend Boden besitzt und nicht als Wanderarbeiter wegfahren muß. Die Gegenseitigkeit in der bäuerlichen geschlechtsspezifischen Arbeitsteilung trägt die Beziehung und entlastet sie von allzuheftigen Hierarchien und Ungleichheiten.

Das Verhältnis der Frauen zu den Männern und zur Realität wird bestimmt durch ihre Arbeit und den dazugehörigen kulturellen Raum. Der Mann erscheint darin als ein ersehnter, aber unzuverlässiger Partner, der leicht zur Last und zu einem Hemmnis wird, weil er eben »wie ein Kind« den phantasmagorischen Insignien der Macht hinterherjagt: Geld, Ehre, Frauen.

Die Frauen sind gezwungen, sich ständig vor den Übergriffen der Männer zu schützen; sie setzen ihre Arbeit sowohl psychisch als auch ökonomisch ein, um sich einen autonomen Bereich zu retten und sich abzusetzen. Sie fürchten und beklagen seine Unzuverlässigkeit, seine sich ökonomisch auswirkenden Eskapaden und die darauf folgende legitimatorische Brutalität. Das machistische Gebaren wird als kindlich und dumm, aber durchaus auch als ein zum Manne gehöriger Zug angesehen; manchmal weist sie es zurück, und manchmal wird sie zum marianistischen Gegenpart und spielt mit. Im günstigsten Fall gelingt es einer Frau, sich mit ihrem Mann so einzurichten, daß sie die familiären Anliegen und Ziele mit ihm zusammen teilt und ihren Arbeitsraum nicht gegen ihn einzusetzen braucht. Dann schätzen sie gegenseitig ihre Arbeitsfähigkeit und die verläßliche Solidarität.

Der ideologische und symbolische Raum des Machismo ist ein zentrales Bindeglied zwischen den Geschlechtern. Die gemeinsame, periodische Inszenierung der Machismogesetze kann als eine Art zwischenmenschlicher Solidarität angesehen werden: sie kann den in seiner Identität unsicheren und in der Arbeit oft entfremdeten und gekränkten Mann psychisch wieder aufbauen. So helfen die Frauen den Männern über Krisenmomente hinweg und verhelfen sich selber damit eine Zeitlang zu einem etwas stabileren und selbstbewußteren Ehemann. Gerade sehr selbständige Frauen können in dieser Inszenierung spielerisch teilhaben und sich in ihrer Großzügigkeit gut fühlen; sind sie aber belastet und von Selbstwertverlust bedroht, erleben sie die Macho-Allüren wie eine verächtliche Verhöhnung ihres Frau-Seins und ihres Versuches, eine konstante Beziehung aufrechtzuerhalten. Die meisten Frauen bewahren hinter der öffentlich vorgezeigten Unterwürfigkeitshaltung eine relative Autonomie, die man von außen gesehen dem Manne zuschreiben würde. Die Marianismo-Haltung tragen sie in Entsprechung der kulturellen Geschlechter-Rollen wie eine Schutzkleidung zur Schau und erhalten sich in deren Schatten jene heimliche, im kulturellen Raum der Arbeit verankerte Stärke.[19]

Anmerkungen

[1] Ortner und Whitehead 1981; Stacey und Thorne 1985.

[2] vgl. Gilmore und Gilmore 1979.

[3] vgl. Peristiany 1968.

[4] vgl. Ramírez 1959; Maccoby 1966, 1970.

[5] Stevens 1973

[6] Bermudez 1955; Loreto-Hernandez 1961; Alegría 1975.

[7] Für das ausführliche Vorgehen und die Resultate dieser Studie siehe Nadig 1986.

[8] vgl. Nadig 1986a.

[9] Lorenzer 1982, 1986.

[10] Hausen 1978

[11] Meillassoux 1976

[12] Sowohl Marx wie Freud messen der Bedeutung der unentfremdeten Arbeit für die Befindlichkeit des einzelnen großes Gewicht zu. Freud sieht in ihr die

Möglichkeit, verschiedene libidinöse Strebungen mit der Realität und menschlichen Beziehungen zu verbinden und sich darin teilweise zu verwirklichen. »Keine andere Technik der Lebensführung bindet den Einzelnen so fest an die Realität wie die Betonung der Arbeit, ...Die Möglichkeit, ein starkes Ausmaß libidinöser Komponenten, narzistische aggressive und selbst erotische, auf die Berufsarbeit und auf die mit ihr verknüpften menschlichen Beziehungen zu verschieben, leiht ihr einen Wert, der hinter ihrer Unerläßlichkeit zur Behauptung und Rechtfertigung der Existenz in der Gesellschaft nicht zurücksteht« (Freud 1930: 438).

[13] Parin (1977, 1978) beschreibt die Identifikation mit der Rollenideologie als Anpassungsmechanismus und zeigt, wie er durch Identifikation mit ideologischen Rollen für innerpsychische Konflikte ebenso entlastend wirkt wie ein Abwehrmechanismus; auf die Beziehung zur Realität hingegen wirkt er einschränkend und verengend.

[14] Larguía und Dumoulin 1971; Werlhof 1978.

[15] Zu unterschiedlichen Formen der indirekten Machtausübung von Frauen in verschiedenen historischen und politischen Verhältnissen siehe Collier 1974; Baker-Miller 1976; Benard 1981; Honegger und Heintz 1981.

[16] Rotman 1978.

[17] vgl. Chodorow 1978.

[18] Erdheim 1983.

[19] Die heimliche Machtstrategie soll als Versuch verstanden sein, sich innerhalb gegebener Machtverhältnisse ein Minimum an Freiheit und Selbstbestimmung zu erhalten, ohne die Verhältnisse selber zu verändern.

Literatur

Alegría, Juana (1975): Sicología de las mexicanas. México: Diana.

Baker-Miller, Jean (1976): Die Stärke weiblicher Schwäche. Zu einem neuen Verständnis der Frau. Frankfurt am Main: (Fischer) 1979.

Benard, Cheryl (1981): Die geschlossene Gesellschaft und ihre Rebellen. Die internationale Frauenbewegung und die schwarze Bewegung in den USA. Frankfurt am Main (Syndikat).

Bermudez, Maria Elvira (1955): La vida familiar del mexicano. México: Robredo.

Chodorow, Nancy (1978): The reproduction of mothering. Berkeley.

Collier, Jane (1974): Women in politics. In: M. Rosaldo, L. Lamphere (Hg.): Women, culture and society. Stanford: Stanf. U. Pr.

Erdheim, Mario (1983): Adoleszenz zwischen Familie und Kultur. Ethnopsychoanalytische Überlegungen zur Funktion der Jugend in der Kultur. Psychosozial, 17, 104–116.

Freud, Sigmund (1930): Das Unbehagen in der Kultur. In: G. W., XIV: 419–506.

Gilmore, Margaret; Gilmore, David (1979): »Machismo«: a psychodynamic approach (Spain). Journal of psychological anthropology, 2, 3, 281–300.

Hausen, Karin (1978): Die Polarisierung der »Geschlechtscharaktere« – Eine

Spiegelung der Dissoziation von Erwerbs- und Familienleben. In: H. Rosenbaum (Hg.): Familie und Gesellschaftsstruktur, Frankfurt am Main (Suhrkamp), 161–194.

Honegger, Claudia; Heintz, Bettina (1981) (Hg.): Listen der Ohnmacht. Zur Sozialgeschichte weiblicher Widerstandsformen. Frankfurt am Main (EVA).

Larguía, Isabel; Dumoulin, John (1971): Hacia una ciencia de la liberación de la mujer. Casa de las Americas, 65–66, XI, 37–55.

Lorenzer, Alfred (1986): Kultur-Analysen. Frankfurt am Main (Fischer Taschenbuch 7334).

Lorenzer, Alfred (1982): Verführung zur Selbstpreisgabe – Psychoanalytisch-tiefenhermeneutische Analyse eines Gedichtes von R. A. Schröder. Frankfurt am Main (unveröff. Manus.).

Maccoby, Michael (1970): Alcoholism in a mexican village. In: Ders.: Social change and social character in Mexico and the United States. Cuernavaca: CID.

Maccoby, Michael (1966): La guerra entre los sexos en una comunidad campesina mexicana. Revista de psicoanálisis, psiquiatría psicología, 4, 54–76.

Meillassoux, Claude (1976): Die wilden Früchte der Frau. Über häusliche Produktion und kapitalistische Wirtschaft. Frankfurt am Main (Syndikat).

Nadig, Maya (1986): Die verborgene Kultur der Frau. Ethnopsychoanalytische Gespräche mit mexikanischen Bäuerinnen. Frankfurt am Main: Fischer Taschenbuch 42272.

Nadig, Maya (1986a): Zur ethnopsychoanalytischen Erarbeitung des kulturellen Raums der Frau. Psyche, XL, 3, 193–219.

Ortner, Sherry; Whitehead, Harriet (1981) (Hg.): Sexual meanings. The cultural construction of gender and sexuality. Cambridge: Univ. Pr.

Parin, Paul (1978): Das Ich und die Anpassungsmechanismen. In: Ders.: Der Widerspruch im Subjekt. Frankfurt am Main (Syndikat) 78–111.

Parin, Paul (1978): Der Widerspruch im Subjekt. Die Anpassungsmechanismen des Ich und die Psychoanalyse gesellschaftlicher Prozesse. In: Ders.: Der Widerspruch im Subjekt, Frankfurt am Main (Syndikat), 112-133.

Peristiany, J. G. (1968) (Hg.): El concepto del honor en la sociedad mediterranea, Barcelona: Labor.

Ramírez, Santiago (1959): El mexicano. Psicología de sus motivaciones. México: Pax.

Rotman, Michael (1978): Die »Triangulierung« der frühkindlichen Sozialbeziehung. Psyche 12, 1105–1147.

Stacey, Judith; Thorne, Barrie (1985): Feministische Revolution in der Soziologie? Ein Vergleich feministischer Ansätze in der Geschichte, Literaturwissenschaft, Anthropologie und Soziologie in den USA. Feministische Studien 4. Jg, 2, 118–129.

Stevens, Evelyn (1973): Marianismo. The other face of machismo. In: A. Pescatello (Hg.): Female and male in Latin America. Pittsburgh, 89–102.

Werlhof, Claudia (1978): Frauenarbeit. Der blinde Fleck in der Kritik der politischen Ökonomie. Beiträge zur feministischen Theorie und Praxis, I, 18–32.

ULRIKE PROKOP

Liebe und Lektüre
oder: Was bedeuten die Tränen der Leserin?

Aus dem Briefwechsel zwischen Caroline Flachsland
und Johann Gottfried Herder 1770–1773

Um 1770 änderten sich in ganz Westeuropa wesentliche Regeln des Zusammenlebens. Von Autoritäten wurde nun verlangt, daß sie sich vor der Vernunft rechtfertigten, und die Vernunft stand für das Ideal des »allgemeinen Wohls«. In der Familie löste sich die Idee des über Frau und Kinder als Herr erhobenen Vaters auf, der über seine Familienmitglieder nicht anders als über die Dienstboten verfügt hatte; der pater familias verwandelte sich in den Vater, der »die seinen zärtlich liebet«. Gattenliebe und Kindesliebe – die Familie wurde zur Gefühlsrealität, und sie schloß nun alle diejenigen aus, die nicht zum engen Kreis von Eltern und Kindern gehörten.

Wie sieht dieser Prozeß »von innen« aus? Wie haben ihn die Menschen erlebt, die, zugleich Opfer und Täter, ihre Handlungschancen nutzten und damit die neuen Ordnungen schufen? Die Briefe Caroline Flachslands und Johann Gottfried Herders sind ein einzigartiges Dokument für alle, die dieser Frage nachgehen wollen.

1. Das Paar

Die Briefe aus der Zeit vor der Heirat bilden den Gegenstand unserer Untersuchung. Sie umfassen rund 1000 Druckseiten, die fast lückenlos die drei Jahre 1770 bis 1773 dokumentieren (Caroline Flachsland war 1770 zweiundzwanzig, ihr Freund sechsundzwanzig). Es sind Briefe von Verliebten, und das Besondere ist, daß diese Liebe nahezu ausschließlich Liebe in Briefen. Sie sahen sich nur wenige Tage im August 1770. Sie schrieben sich drei Jahre. Am Ende stand die Heirat.[1] Das allein wäre interessant, doch kommt noch etwas hinzu. Dieses Paar repräsentiert in besonderer Weise die Modernität. Beide sind »Einzelne«, bindungslos, ohne Familie.

Herder war der Sohn armer Leute. Seine Herkunft hatte der 26jährige weit hinter sich gelassen, als er sich im Jahr 1770 als Prinzenerzieher mit seinem Zögling, dem Prinzen von Holstein-Gottorp, in Darmstadt aufhielt und dabei Caroline Flachsland kennenlernte. Herder hatte keine Familie, die ihm nützen, die ihm Verbindungen schaffen konnte. Was sie ihm geben konnten, hatten sie dem Sohn gegeben: die harte Ausbildung beim Lehrer Grimm, genannt »der Gerber«. Mit 18 Jahren verließ er das kleine Mohrungen. Ein Feldarzt nahm den Jungen mit, weil er so gut Latein konnte, damit er ihm seine medizinischen Abhandlungen übersetzte. Er verließ seinen Gönner, schlug sich durch. Sein Genie fiel auf. Er fand Unterstützung im bürgerlichen Königsberg; man gab ihm Arbeit; Kant erließ ihm die Kollegkosten. Mit 23 Jahren war er Domprediger in Riga und fand sich in der Rolle eines »Lieblings der Gesellschaft«. Herder hat seine plebejische Herkunft nie verleugnet. In seiner Persönlichkeit und in seiner Lebensführung sind Brüche unübersehbar.[2] Nie wurde er ganz eins mit der Gesellschaft, in die er aufstieg. So hängte er seinen geruhsamen Posten in Riga an den Nagel, ging auf die große Reise ohne Ziel und verfaßte das berühmte Dokument des Sturm und Drang: »Journal meiner Reise im Jahr 1769«. Geldmangel trieb ihn wieder ins Amt, und so begegnete er Caroline – er wurde ein Fürstenbegleiter, der sich weder als Höfling noch als Lehrer fühlte (und eignete). Einer, der scheinbar alles, was die alte Ordnung der ständischen Welt bestimmt hatte, überwand Herkunft, traditionelle Autorität, Demut vor der Macht.

Gerade die Radikalität, das unbändig Utopische in Herder ist für unsere Frage eine Verschärfung: Was war möglich an Veränderung im Verhältnis der Geschlechter – unter dem Titel Liebe?

Herder begegnet Caroline im Umkreis des Hofes. Doch ist sie nicht weniger eine Figur mit »modernem« Hintergrund als er.[3] Niemand hatte über Caroline zu bestimmen. Die Eltern waren tot. Die Brüder? In der Familie Flachsland war die Geschlechterordnung gewissermaßen umgekehrt. Hier lebten die Brüder von den Schwestern, von deren Verbindungen. Die älteste Schwester, Ernestine, war die Mätresse des Landgrafen von Hessen-Darmstadt in Pirmasens gewesen. (Sie hatte von dem Landgrafen einen Sohn, der sinnigerweise Herr von Hessenzweig hieß.) In Pirmasens verbrachte Caroline ihre Kindheit; Pirmasens war das Militärlager des Landgrafen. Der Tod des Vaters hatte die Familie Flachsland ins Elend gestürzt, und sie hatten alle davon gelebt, daß der Landgraf die Familie seiner Mätresse mit unterhielt – die Mutter und die fünf Kinder. Entsprechend war Caroline ohne Vermögen. Nach dem Tod der Mutter lebte sie nun bei ihrer zweiten Schwester Luise von Hesse, der Frau des Darmstädter Intellektuellen und Politikers Peter von Hesse. Er war der zukünftige Minister – der einflußreichste Mann am Hof in Darmstadt.[4] Die Schwester war tief unglücklich.

Caroline Flachsland schreibt im März 1772 an Johann Gottfried Herder:

»Sie können keine getrenntere Ehe finden, keine, wo Mann und Frau so kalt, so fremde sich sind, als diese; und kommt noch der hitzige, aufbrausende Kopf ihres Mannes dazu, die Härte und Wunderlichkeit, mit der er ihr und den Kindern begegnet, daß meine arme Schwester oft in Kummer unterliegt und wir oft zusammen weinen (...) Liebe der Seele hat meine Schwester nie für ihn empfunden. Er verliebte sich in ihr Gesicht und wollte sie heurathen, und sie war arm, hielt es auf Zureden anderer für ein Glück und ward seine Frau aus Dankbarkeit. Ach Gott, was für ein trauriges Schicksal ist das! es reißt mir oft mein Herz entzwei, wenn ichs so im ganzen ansehe, und dann mich – wie glücklich mein Herz ist, ewig glücklich!«[5]

Die ältere Schwester Ernestine, die schöne und leidenschaftliche Mätresse, glitt langsam in den Wahnsinn. Verfolgungsideen quälten sie. Man griff sie auf Landstraßen auf. Sie machte Skandal und verschwand für den Rest ihres Lebens »in einer Pension«, – interniert – zu ihrem Besten, wie Caroline sich glauben machen wollte.

So ist die junge Frau, der Herder begegnet, keineswegs eine bürgerliche Tochter aus patriarchalischem Haus, sondern eine Frau mit einer zweideutigen Biographie aus einem Milieu zwischen Prostitution und höfischem Leben; und dieses Milieu schützte die Frauen durchaus nicht vor dem Zusammenstoß mit der Welt. Aber ganz anders als der Mann, der aufsteigt (im Bewußtsein des Triumphs scheinen alle Leiden des Weges für Herder verschwunden), sind diese Frauen, die aufstiegen, von Selbstzerstörung und Verzweiflung bedroht. Sie sind keine Herscherinnen, die Mätresse und die Ehefrau. Sie hassen sich selbst – und wenn wir das Leitmotiv Carolines von hier bestimmen wollen: die Verachtung vermeiden, den Selbsthaß vermeiden, sich nicht verkaufen – lieben. So ist Caroline nicht weniger auf der Suche nach ihrer Utopie. Alles an Sehnsucht nach Freiheit, nach Anerkennung, nach Unaustauschbarkeit fließt ihr im Bild des Paares zusammen. In dieser Beziehung wird alles aufgehoben sein.

2. Liebe und Lektüre

Um Caroline zu verstehen, ist es gut zu wissen, daß bei diesem Paar eine deutliche Verteilung der Aktivität bestand. Die Initiative in der Liebe ging von Caroline aus. Sie verliebte sich in Herder, und sie zeigte ihm schließlich ihre Bewunderung, nachdem sie ihn in einer Predigt gehört hatte. Sie gewann ihn als Bewunderin. Herder war sie zuvor nicht besonders aufgefallen. Nun aber, da sie ihn auf ihre Art vergöttert – als Produzentin der Rede –, da verliebt er sich. Herder selbst legt Caroline den Verlauf seiner Empfindungen folgendermaßen dar:

»Die beiden ersten Male, da ich Sie sah, gingen vorbei, ohne daß ich was Unterschiednes gegen Sie fühlte: Das folgende Mal, (…) waren Sie mir nur immer noch von Seite Ihres fühlbaren Geschmacks und Ihres muntern, gutherzigen Umgangs merkwürdig; Sie sehen mich also als keinen Toren, der sich bei dem ersten Augenblick erhitzet, und verblendet, um mit einmal wieder kalt zu werden. Selbst das erste Mal, da wir im Walde der Fasanerie waren… war es noch immer mehr muntere Schäkerei… Aber mein kleines Göttliches Mädchen, da wir uns nach der Predigt zusammen fanden, da wir, meine liebe unschuldige Psyche, im Walde sangen und sprachen, und uns die ersten Accente einer Empfindung, die sich ganz ohne unser Bewußtsein meldete einander stammelten: Da ich nicht ruhen konnte, Sie auch den folgenden Tag zu besuchen… da wir… zusammen lasen und fühlten, und uns mit der Hoffnung verließen, uns Morgen wiederzufinden, da –«[6]

So beschreibt Herder den »ersten Augenblick« – sich merkwürdig präzise Rechenschaft ablegend. Das erste gemeinsame Erlebnis? »Da wir zusammen lasen und fühlten.« Die Geschichte ihrer Liebe und die Geschichte ihres Lesens sind seltsam miteinander verwoben. Es ist kein Zufall, daß sich das erste Zettelchen Herders an Caroline auf die Literatur bezieht. (Dieser erste überlieferte Brief wurde von Herder am 20. August 1770 geschrieben. Herder hatte am 19. August in der Schloßkirche gepredigt):

»[Darmstadt den 20. August 1770]
Sie beklagten sich gestern, Mademoiselle, daß Sie ohne den Schlüßel zur Bibliothek des Herrn Geh. Raths (v. Hesse, U. P.) nur Ihren alten Phädon lesen müßten. Weil aber der heutige regnichte Tag mit Ihrem Phädon (einem Roman, U. P.) zu dunkel würde: und ich eben jetzt unter unsren Reisebüchern beiliegenden Roman antreffe, der bei hundert langweiligen auch manche gute, sehr naive Stellen enthält – werden Sie meine Kühnheit entschuldigen, daß ich ihn einer Leserin in die Hände spiele, die vor tausend andern das Herz hat, Natur zu empfinden? Ich bin nach Bezeugung meiner Unterthänigkeit an die Frau Geh. Räthin mit der ergebensten Achtung

Herder«[7]

Herder spricht hier Caroline als Leserin an, der er eine Empfehlung gibt: »Werden Sie meine Kühnheit entschuldigen, daß ich (diesen Roman) einer Leserin in die Hände spiele, die vor tausend anderen das Herz hat, Natur zu empfinden?« In dem gesamten Briefwechsel, der die Beziehung von der ersten Verliebtheit bis zur Eheschließung vor uns ausbreitet, spielt die Literatur die zentrale Rolle. Sie ist das Modell der »natürlichen Empfindung«. Die Selbstbilder, die Caroline und Herder von sich entwerfen, die sie dem Briefpartner als Leser (und zwar als empfindsame Leser) vorführen, sind literarische Formeln, und sie stehen relativ unvermittelt solchen Teilen der Korrespondenz gegenüber, in denen es um reale und unverhüllte Interessen geht.

Die Literatur ist ihnen das Medium der Mitteilung. Oft beschreiben sie sich in Versen. Die Empfindungen nehmen literarische Gestalt an; auch die Gewalt in der Beziehung wird zum Streit über das Lesen. Herder ist in der Lage, einen solchen Satz zu formulieren. »Süßes Mäden, könnte ich jeden Gedanken deiner Brust behorchen, und ihn, wie eine Blume, pflegen und erziehen!«[8] Das ist seine geistige Macht, sein Selbstbewußtsein, seine von aller Welt anerkannte Überlegenheit.[9]

Wie aus dem ersten Zettelchen Herders hervorgeht, fand er die Freundin schon als Leserin vor. Befreundet mit dem vielseitigen, anregenden Nachbarn Merck und seiner Frau Louise, die Bibliothek im Hause Hesse nutzend, hatte sie einen privilegierten Zugang zu Büchern, und sie hörte zugleich von Geschmack und Moden. Sie zählte zu dem neuen Typ von Leserinnen[10], der ersten Generation eines nicht akademisch gebildeten Publikums, das anderes las als religiöse Schriften. Wie ihre Briefe zeigen, sind Carolines Autoren vor allem Klopstock, Jacobi, Gleim und Wieland, dann Rousseau, Richardson, Lessing und Sophie von La Roche.

Über die Wirkung dieser neuen Literatur der bürgerlichen Emanzipation in Deutschland, vor allem Klopstocks, Rousseaus und Richardsons, sind wir aus zahlreichen Quellen der Zeit unterrichtet. Auf die Jugend und die Frauen wirkte sie vor allem. Sie identifizierten sich unmittelbar mit der Dichtung – im nacherlebenden Mitvollziehen und im Einsetzen des eigenen Ich in die grandiosen Perspektiven von Oden, Gesängen und Erzählungen. Erhabenheit, Leidenschaft, Tragik – das Außerordentliche herrscht in dieser Dichtung, und die Wirkung war um so stärker, als Richardson und später Rousseau in ihren Romanen »bürgerliches Leben«, Realität zu beschreiben schienen. Jedenfalls wurden Lebenskonzepte vorgetragen, die als Konfliktbeschreibungen und Wunschbilder auf das eigene Leben übertragbar schienen.

Die Folge solcher Lektüre mochte manchmal eine vom Leben abgespaltene Traumwelt sein, sozusagen nur ein virtuelles Selbst der Lesenden, dem der Alltag äußerlich unberührt blieb.[10] Bei den Jugendlichen aber entstanden Freundschafts-Gruppen, die sich über Lektüre definierten, Erkennungszeichen, wie im »Werther« beschrieben:

»Wir traten ans Fenster. Es donnerte abseitwärts, und der herrliche Regen säuselte auf das Land, und der erquickendste Wohlgeruch stieg in aller Fülle einer warmen Luft zu uns auf. Sie stand auf ihren Ellenbogen gestützt, ihr Blick durchdrang die Gegend, sie sah gen Himmel und auf mich, ich sah ihr Auge tränenvoll, sie legte ihre Hand auf die meinige und sagte: – Klopstock! – Ich erinnerte mich sogleich der herrlichen Ode, die ihr in Gedanken lag, und versank in dem Strome von Empfindungen, den sie in dieser Losung über mich ausgoß. Ich ertrugs nicht, neigte mich auf ihre Hand und küßte sie unter den wonnevollsten Tränen.«[12]

Wie das Zitat zeigt, ist die Verständigung stumm. Nur das Aussprechen des Namens, und sie wissen, sie sind gleiche, sie fühlen dasselbe.
Obgleich Erlebnisweisen des Ich im Zentrum der Rezeption standen, war diese Literatur Ausdruck der Opposition gegen die überkommene Ordnung. Gegen die etablierten sozialen Hierarchien stellte sie das Ideal der wahren menschlichen Größe, des »natural genius«, des schöpferischen, regelsetzenden Individuums. Als dessen Idealbild galt der Dichter – der geistige Produzent, der Welt-Schöpfer. Liebe war diesen Jugendlichen vor allem gesteigerte Freundschaft.[13] Die Legitimation der Revolte hieß »Natur«, eine mythische Kategorie, in welche die Vorstellung von der göttlichen Ordnung übergegangen war. Das alte Motiv vom unerlösten Menschen wurde säkularisiert. Das »menschliche Wesen« bekundete und bewies sich im geschichtlichen Prozeß, in der Tat. »Natur« ist die Verpflichtung zur Selbstverwirklichung.[14] Selbstverwirklichung in der Intimität ist Liebe. So zitiert Caroline in ihrem ersten Brief an Herder Klopstock mit den folgenden Worten: »Dann trennt kein Schicksal mehr die Seele, die Du Natur einander bestimmtest.«
Die Bücher eröffnen neben den imaginären Welten freilich noch eine andere Chance: sich reflektierend, kritisch auf sich selbst zurückzuwenden. Dazu bedarf es entweder skeptischer Bücher und/oder einer kritischen Gemeinschaft von deutenden, sich verständigenden Leserinnen und Lesern – Selbstverständigung durch die Debatte der Literatur. Wir haben Grund, bei Caroline einen solchen Impuls zu vermuten. Sie will verstehen, was um sie herum vorgeht. Als Leserin übersteigt sie ihre unmittelbare Lebenspraxis und sucht Modelle, mit denen sie die Bücher – und das heißt: die Suche nach ihrem Lebensentwurf – teilen kann.[15]

3. Die Spielregel: Unschuld ist Selbst-Verleugnung

Die Lektüre ist in die Beziehung so sehr verflochten, daß ohne die Liebe vom Lesen nicht zu reden ist, und umgekehrt. Was Caroline für Herder sein soll, das ist für ihn enthalten in der Art, »wie sie Empfindungen höret oder lieset«. Von Anfang an wird Caroline durch ihren Freund mit einem Modell konfrontiert: wie zu lesen sei und wie nicht. Das ist ein zentraler Teil seines Bildes von ihr. Die Art, wie eine Frau leben soll, gehört zu seinem Gesamtentwurf des Weiblichen. Dieser Entwurf lautet: Natur – Unschuld – Empfindung.

In dieser Gestalt findet sich Caroline von Herder schon im ersten Brief beschrieben. Vier Tage lang hatten sie sich täglich gesehen, als Herder, zwei Tage vor seiner Abreise, ihr den ersten Brief über Liebe und Freundschaft schreibt. Es war der 25. August, der Morgen vor Herders sechsundzwanzigstem Geburtstag. Der Brief verrät uns die leidenschaftliche Faszination Herders und zugleich, wie er mit dieser Faszination umging:

»[Darmstadt den 25. August 1770] Jetzt, in der Morgenröthe meines Geburtstages, mit wem könnte ich mich in dieser Einsamkeit würdiger unterhalten, als mit der vortrefflichen Gefühlvollen Freundin, die mir der Himmel eben in diesen Tagen auf eine so wunderbare Art gegeben. Ich sage gegeben; denn warum sollten wir uns einander, meine liebste Freundin, unser Herz verhelen, und über eine Art von Empfindungen erröthen wollen, die uns auf eine so sonderbare Weise gleichsam überraschet, und die so sehr auf das heiligste Gefühl der Unschuld und Tugend gewebt sind. Mir wenigstens glauben Sie es, meine Allerliebste! wenn ich mir die Unschuld, die süßeste, reineste, seligste Zärtlichkeit, die ganze Gefühlvolle schöne Natur einer Menschlichen Seele vorstellen will: so wird kein andres als Ihr Bild draus – Ihr Bild mit jedem kleinsten Zuge. Ihr Unschuldiges, einfaches, freies Gesicht, Ihr blaues, stilles, fühlendes Auge, Ihr leichter Körper, in jeder Stellung ganz Natur, ganz Munterkeit, ganz sanfteste Zärtlichkeit und Anmuth: die unschuldige Natur, die mit jedem Worte von Ihren Lippen spricht, und nicht argwohnet, daß Böses in der Welt sey: die muntre, rege Freundschaft, die Sie zu empfinden fähig sind: die Freude, die Sie anwandeln kann, wenn Sie von einer guten That hören: die sanfte Thräne, die sich in Ihr blaues himmlisches Auge stiehlt, wenn Sie Empfindungen lesen oder hören – und o meine süße Unschuldige! das Alles ist noch nichts, wenn ich Sie in Ihrer wirklichen freundschaftlichen Willfährigkeit, in Ihrer ungezwungenen rastlosen Thätigkeit, und Gefälligkeit sehe: wenn ich höre, wie edel und schwesterlich Sie sich Ihrer Familie angenommen, und insonderheit, wie Sie, vortrefliche Seele, auch wissen zu ertragen, und mit Unschuld zu überwinden.«[16]

Wenn wir diese Sätze auf uns wirken lassen, dann fällt zunächst die Eröffnungsfigur auf: die Versicherung, daß das Gefühl, das sie füreinander empfinden, »das heiligste Gefühl der Unschuld und Tugend« sei, daß es sich also weder um Galanterie noch um sinnliche Leidenschaft handle, sondern um die Anbetung eines Ideals – die Freundin ist »Bild der ganzen gefühlvollen schönen Natur einer menschlichen Seele«. Alles an Caroline wird von Herder auf ein Modell bezogen, dessen Zentrum heißt »Unschuld und Empfindung«. Aber was bedeutet das »oh meine süße Unschuldige«? Allein in diesem ersten Abschnitt des Briefes wird die Unschuld sechsmal angeführt. Mit verschiedenen Konnotationen, denen wir genauer nachgehen wollen.

Unschuld bedeutet Offenheit für die Empfindung und zugleich unmittelbaren Ausdruck dieser Empfindung, keine Verstellung. Diese utopische Unschuld will den anderen nicht geheimen Zwecken unterordnen, sie will ihn nicht zum Mittel machen. Sie scheint für beide Geschlechter gleichermaßen zu gelten. Doch wir bemerken bald, daß es für Herder einen wesentlichen Unterschied zwischen männlicher und weiblicher Unschuld gibt. Bei der Frau ist Unschuld Ahnungslosigkeit: »Die unschuldige Natur, die mit jedem Worte von ihren Lippen spricht, und nicht argwohnet, daß Böses in der Welt sey.« Sie kenne – so Herders Entwurf – nur die Empfindungen des Guten. Mit anderen Worten, sie ist frei von aller Aggression. Sie ist nicht gewappnet. Widerfährt ihr Böses, so ist sie enttäuscht, gekränkt, sie leidet; aber sie verändert sich nicht. Sie erwartet immer das Gute und wenn auch mit Undank belohnt – immer aufs neue erwartet sie das Gute. So ist sie beides: ahnungsloses Kind und ewig verzeihende Mutter.

Unschuld, Natur, Frau – das wird eins. Es ist die »unschuldige Natur«, die mit ihren Lippen spricht: »Ihr leichter Körper, in jeder Stellung ganz Natur, ganz Munterkeit, ganz sanfte Zärtlichkeit und Anmuth.« Natur ist hier als Gegensatz zur Künstlichkeit im Sinne von Vortäuschen, Verstellen gedacht. Unnatur meint das strategische Verbergen des inneren Lebens. Aber die »unschuldige Natur« hat noch eine andere Perspektive: das sich ewig Erneuernde, Gewährende, sich immer Gleichbleibende, Spendende – »Mutter Natur«, die tausendfach gekränkte und tausendfach verzeihende, nie fordernde.

Wir haben »Natur« als Kategorie schon kennengelernt: als Legitimation der Bestrebung nach Selbständigkeit und Selbstverwirklichung. Sie ist als imaginäres Gegenüber Ersatz für den verlorenen Gott-Vater. Nun taucht eine andere Facette auf. Die Natur ist nicht nur Abbild der Vater-Imago; sie trägt auch magisch-mütterliche Züge: Natur – Vorsehung – liebende Ordnung.[17] Zugleich dient diese Kategorie ideologisch-inhaltlich dazu, die Frauen in der Wirklichkeit zu unterwerfen.

Denn was ist »das Wesen«, was »die Natur«? Es ist die Projektionsfläche für gesellschaftliche Entwürfe (und das heißt hier: ausschließlich der männlichen Entwürfe. Dem Bürger Herder ist »Natur« die patriarchalische Weltordnung).

Doch kehren wir zum Brief zurück. Die »unschuldige Natur argwohnet nicht, daß Böses in der Welt sey«. Die Unschuld, wie sie hier Caroline zugeschrieben wird (das Unverstellte, Direkte), ist bedroht. Sie ist tendenziell Opfer, und sie wird sich nicht wehren können. Das ihr Mögliche heißt dulden und sterben. Sie ist voraussetzungslos gewährend, und das spiegelt sich in ihrem blauen, stillen, fühlenden, himmlischen Auge, in ihrem Augenspiegel voll Tränen. Schon der Gedanke an Konflikt und Interessengegensatz würde diese Voraussetzungslosigkeit zerstören. Eine einzige Aktivität ist der Frau angemessen: »ertragen und mit Unschuld überwinden«. Unschuld meint hier, ohne Haß und Kampf das Schicksal annehmen, das ihr zufällt: Hingebung und Hinnahme. So wird in dieser Phantasie das erotische Band zwischen Mann und Frau geknüpft – die Hilflosigkeit der Frau ruft den männlichen Retter auf den Plan.

Betrachten wir diesen Entwurf als Beziehungsmodell: Die Frau ist definiert durch die Bereitschaft zur Selbstaufgabe und zur Aufopferung; die Definition des Mannes ist die Errettung der Frau vor der Zerstörung durch die Welt. Voraussetzung der männlichen Rettungsphantasie ist, daß die Frau nichts fordert, daß sie nichts weiß, ja nicht einmal die Gefahr ahnt. Er entscheidet sich in Freiheit, sie zu schützen. Seine Entscheidungsfreiheit wird durch sie nicht berührt. Es ist eine Phantasie, die um die Integrität des männlichen Ich kreist.

4. Disziplinierung.
Über die Herstellung einer empfindsamen Leserin

In jeder Beziehung wird zu Beginn die Formel gesucht, auf die man sich einigt. Am 20. September 1770 schreibt Herder einen Brief an die Freundin, der eine Auseinandersetzung um Literatur einleitet, die für ihr künftiges Verhältnis zueinander von großer Bedeutung sein wird. Es geht zu dieser Zeit bei beiden darum, wie die gegenseitigen Definitionen aussehen werden. Welche Themen tabuiert oder ausgegrenzt werden sollen – und müssen, wenn die Beziehung erhalten bleiben soll. Zu dieser Zeit schreiben sich die beiden erst seit knapp einem Monat.

»[Straßburg] den 20. Sept. [1770]
Drei Briefe habe ich jetzt von Ihnen vor mir, meine liebste Freundin, die alle Antworten auf den Sturm von Briefen sind, womit ich Sie überladen; ich

sammle sie ein, als eine schätzbare Ernte meiner Freundschaftsbezeugungen gegen Sie, und als den süßen Wiederhall der Stimme meines Herzens. Mein Brief wird lang werden, denn ich beantworte sie alle drei auf Einmal.«[18]

Wir sehen Herder regelrecht vor uns, wie er Carolines drei Briefe auf dem Tisch hat und Haltung annimmt, um zu allem Stellung zu nehmen, was ihm beantwortenswert erscheint. Der Ton seines Schreibens unterscheidet sich von den sechs Briefen, die Herder vorher an Caroline geschrieben hat. Diese Briefe waren eher geprägt von Sehnsucht, Unsicherheit, Freude, also sehr gefühlsbetont direkt. Nun nimmt er – plötzlich – die Haltung eines gestrengen Vaters an, der zu einem kleinen Kind spricht. Der Brief ist sehr selbstbewußt, die Komplimente, die er Caroline macht, sind teils eitel, teils gezwungen, teils herablassend. »Die kleinen Anekdoten, meine Geliebteste, die Sie mir aus der Geschichte Ihres Herzens erzählen, sind so reizend, so angenehm für mich!« Seine Antwort auf ihr Geständnis, zuerst geliebt zu haben, dazu fällt ihm nur ein, daß man ihm schon in Riga, in Kiel und in Eutin prophezeit habe, »ich würde mir noch einmal ein schönes Kind erpredigen!« Außerdem geht Herder mit Carolines Wünschen, daß er sich ihr eröffnen möge, daß er um sie werben möge, sehr zurückhaltend um. »*Sehen Sie, sollte es das Schicksal wollen, daß wir uns nie wieder sehen: ist diese Woche, diese acht Tage von himmlischer Harmonie zweier Seelen nicht schon Glück des Lebens?*« Und mit auffordernden Ausrufungszeichen definiert er noch einmal das sexuelle Tabu (das er als *seine* Verantwortung versteht) und erklärt befriedigt: »*O meine Gute, Unschuldige! wie schön ist's, fühlbar und zugleich unschuldig zu denken! man darf sich so wenig für sich selbst schämen! man kann sich mit so vieler Zufriedenheit auch die geheimsten Gedanken seines Herzens zurückerinnern: Sie tönen so rein und so silbern in der Erinnerung wieder.*«[19]

In diesem ganzen Brief definiert sich Herder als der führende in der Beziehung. Er gibt die Leitlinien, er ordnet die Dinge. Im Fortgang des Briefes folgt nun ein Programm für Caroline – wie er sie wünscht, was er von ihr erwartet, was er ihr untersagt. Und wie selbstverständlich schweifen Herders Gedanken zu den Frauen im allgemeinen – zunächst zu denen, die ihm angenehm (empfindend) sind, dann zu denen, die ihm unangenehm sind. Diese nennt er »gelehrte Frauenzimmer«. Der Unterschied zwischen den empfindenden und den gelehrten Frauen besteht nicht darin, daß die einen lesen und die anderen nicht, sondern darin, *wie* sie lesen. Caroline wird prägnant informiert:

»›eine Henne, die da krähet, und ein Weib, das gelehrt ist, sind üble Vorboten: man schneide beiden den Hals ab!‹ Aber will ich damit, böse Auslegerin meiner Worte! sagen, daß ein Frauenzimmer sich nicht auch durch die Lecture bilden,

Geist und Herz verschönern müße? Will ich sagen, daß ein Klopstock ihre Toilette, und eine Zähre über Klopstock geweint, ein schönes Auge entehre?«[20]

Die Tränen in den Augen der Leserin sind mehr als eine Redensart. Aber warum Tränen? Was bedeutet das Weinen der Frau, »wenn sie schöne Empfindungen hört oder liest«? Versuchen wir zu verstehen, worum es geht: um die Polarität Tränen gegen Argumente, also nicht um das Lesen, sondern um die Lesereaktion, genauer um das Privileg der Deutung, der Auslegung. Wer macht den Entwurf? Wer darf »sprechen«? Die empfindende Frau liest, sie interpretiert nicht. Sie betrachtet Klopstock, Rousseau und Richardson nicht als Autoren, die fiktive Texte produzieren, und sie analysiert Romane nicht darauf, wie sie gemacht sind. Die empfindende Frau durchlebt die Texte, und zwar distanzlos. Der Text versetzt sie sozusagen in Zustände und diesen verleiht sie Ausdruck. Das ist dann wiederum das Material des Entzückens des männlichen Beobachters.

Gelehrsamkeit bedeutet in diesem Denken *nicht* das »Sich-Vergraben« in Bibliotheken, es ist nicht das Viel-Lesen gemeint. Gelehrsamkeit bezeichnet eine andere, »männliche« Haltung zu Texten.

Die Gelehrte will sich verständigen, sie tritt dem männlichen Interpreten als Interpretin gegenüber. Herder erlebt die argumentierende Frau als Grenzzieherin, als Unharmonische, als Zerstörerin. Betrachten wir nur die Szene mit der Markgräfin von Baden. Bereits die Tatsache, daß sie das Wort an ihn richtete – und zwar nicht fragend –, versetzte ihn in Wut: »Die Markgräfin hat mir bei der ersten Vorstellung frappante Komplimente gemacht, auch mich nachher den ersten Tag sehr unterscheidend begegnet, das Gespräch an mich gerichtet.«[21] Daß sie die Sprecherinnen-Position einnimmt in einem Dialog zwischen Gleichen, erlebt er als unerträglich. Sie ist nicht von Beginn an mit ihm einig, sondern er muß sie überzeugen – sie behält es sich vor, mit ihm übereinzustimmen oder nicht. Das ist der neuralgische Punkt. Er kann mit einer Frau keine Beziehung herstellen, wenn er nicht von vornherein und unangefochten in der Position des Weltbeurteilers ist. Allein die Möglichkeit, daß sie seine geistige Vorherrschaft ablehnen könnte, ist unerträglich.

Die Polarität von empfindender Frau und gelehrter Frau steht für Herder (und seine Freunde) in direkter Verbindung mit den Bedürfnissen. Betrachten wir die Szene mit der argumentierenden Markgräfin als ganze. Da beschreibt Herder in einem seiner ersten Briefe an die Freundin seinen Besuch im Schloß zu Karlsruhe. Er begegnet dem Markgrafen, und seine Kinderträume werden wahr:

An Caroline

»Ich ward zu Hofe gerufen, und da mit einer Unterscheidung, mit Komplimenten und Anstaunungen empfangen, die ich mir in der Gemüthsfaßung, in der ich dahinging, gewiß nicht träumte. Der Marggraf, mit dem ich die erste Viertheilstunde sprach, ohne ihn zu kennen, sucht mich Mittag und Abend auf eine sehr gute Art recht auf mit seiner Unterhaltung, und da Er der erste Fürst ist, den ich, ganz ohne Fürstenmine, kenne, so fallen unsre langen Gespräche meistens auf Dinge, die zur Einrichtung und Freiheit des Menschlichen Geschlechts gehören, und über die ich mich so frei ausdrücke, als ob ich mit keinem Fürsten spräche.«[22]

Wir sehen Herder, ohne Geld, ohne Einfluß, er ist abhängig von der Gunst der Aristokraten. Aber er pocht auf seine Freiheit. Er will sich nicht verkaufen. Er erhebt den Anspruch, der eigentlich bedeutende Mensch zu sein – von gleich zu gleich, »Fürstenbruder«, nicht Untertan. Aber alle Träume von Freundschaft und Brüderlichkeit hören auf, wenn er der aristokratischen Frau, der gelehrten Markgräfin begegnet. Seine Reaktion ist eine Idiosynkrasie, unpassend und – unbeherrschbar; ein ungezügelter Impuls:

»Die Markgräfin hat mir bei der ersten Vorstellung frappante Complimente gemacht, auch mich nachher den ersten Tag sehr unterscheidend begegnet, das Gespräch an mich gerichtet, u. s. w. weil ich aber durchaus mit ihrer Gelehrsamkeit keine Sympathie fühle, und also natürlicher Weise, statt ihr lautpraßelnden Weihrauch zu streuen, immer, wie ganz aus einer andern Welt rede, so hat das Wiedersprüche und bei einer Dame, wie sie, eine gewiße Kälte geben müssen, die mir recht lieb ist, und die ihr wenigstens zeigen kann, daß die ganze Welt nicht schmeichlen wolle, wie so viele Französische und Deutsche Narren um sie. Überhaupt, da ich für keiner Creatur in der Welt mehr Abscheu habe, als für einem gelehrten Frauenzimmer, und wäre sie der erhabenste Geist, so werden wir uns wohl nie recht begegnen: so sehr ichs gestehe, daß sie ausnehmende Känntniße, Talente, Fähigkeiten, Geschäftigkeit, und rechte Studien habe.«[23]

Herders Redeweise, seine Wortwahl zeigen eine wahre Vernichtungswut. Die Markgräfin Caroline Louise, eine Darmstädter Prinzessin, war damals 47 Jahre alt. »Die gelehrten Bestrebungen dieser tätigen und kunstliebenden Frau lagen auf dem Gebiet der Naturwissenschaften. Sie stand im Briefwechsel mit Linné«[24], und Herder stellt ja auch gar nicht in Abrede, daß sie Verstand, Talent, Fähigkeit und »rechte Studien« habe. Was macht ihn rasend? Die Markgräfin ist nicht von vornherein mit ihm einig. Das ist der neuralgische Punkt. Wie tief das geht, zeigt sich daran, daß Herder im weiteren Verlauf der Korrespondenz die diskussionsfreudige und selbstbewußte Markgräfin nicht mehr mit ihrem Namen bezeichnet und sie zudem in einen Mann verwandelt:

»Mir ist ... (ein Band Gerstenbergscher Lyrik) heut Morgen begegnet (da ich ihn gestern aus der Bibliothek des »gelehrten Gott sey bei uns«! mitnahm) ...«[25]

Mit dem »Gott sey bei uns« ist die Markgräfin gemeint. Ihr wird die Weiblichkeit bestritten.

»Da ich für keiner Creatur in der Welt mehr Abscheu habe, als für einem gelehrten Frauenzimmer, und wäre sie der erhabenste Geist.«

Was ist damit gemeint? Welche Beziehungsformen liegen hinter diesen Worten? Die »gelehrte Frau«, die widersprechende, argumentierende, ist assoziiert mit Kälte, Machtkampf, Gefühllosigkeit. Sie scheint keinen Körper zu haben, eine bedrohliche gepanzerte Kriegerin zu sein. Vernichtungswut ist der männliche Reflex. Herders Freund Johann Wolfgang Goethe hat die Gelehrte als »die Frau, die die Nußbäume abhacken läßt«, beschrieben – eine Zerstörerin der natürlichen Ordnung, des Guten, des Schönen, des Freundlichen. Sie ist die Allerschlimmste. Da heißt es in »Die Leiden des jungen Werther«, 1774:

»Man möchte rasend werden, Wilhelm, daß es Menschen geben soll ohne Sinn und Gefühl an dem Wenigen, was auf Erden noch einen Wert hast. Du kennst die Nußbäume ... Abgehauen! Ich möchte toll werden, ich könnte den Hund ermorden, der den ersten Hieb dran tat ... Was für eine Wunde sie ihrem Orte gegeben hat. Denn *sie* ist es, die Frau des neuen Pfarrers (unser alter ist auch gestorben), ein hageres, kränkliches Geschöpf, das sehr Ursache hat, an der Welt keinen Anteil zu nehmen, denn niemand nimmt Anteil an ihr. Eine Närrin, die sich abgibt, gelehrt zu sein, sich in die Untersuchung des Kanons meliert, ... eine ganz zerrüttete Gesundheit hat und deswegen auf Gottes Erdboden keine Freude. So einer Kreatur war es auch allein möglich, meine Nußbäume abzuhauen. ... Stelle dir vor, die abfallenden Blätter machen ihr den Hof unrein und dumpfig, die Bäume nehmen ihr das Tageslicht, und wenn die Nüsse reif sind, so werfen die Knaben mit Steinen darnach, und das fällt ihr auf die Nerven, das stört sie in ihren tiefen Überlegungen, wenn sie Kennikot, Semler und Michaelis gegen einander abwiegt« (Brief Werthers vom 15. Sept.).

Es ist kein Zufall, daß die Zerstörerin eine Bücher lesende, ja, schlimmer noch, eine räsonnierende Frau ist, die, wie es heißt, die Autoren »Kennicot, Semler und Michaelis gegeneinander abwiegt«. Dieses Weiblichkeitsmodell ist eine kollektive Phantasie der jungen Autoren. Woher stammt dieser Haß? Betrachten wir die Pole genauer: Argumentation gegen Empfindung. Argumentation bedeutet die zerstörerische Frau und der Haß der Männer einerseits; andererseits die hilflose Frau (Unschuld)/die Rettungsphantasien der Männer. Allerdings sehen wir auf beiden Polen die gleiche Distanz zur Frau: einmal als Haß und einmal als Überheblichkeit. Die Grenze gegen das andere Geschlecht wird immer aufrechterhalten.[26]

Die Grenze ist offensichtlich das Wichtige. Und unverkennbar geht es um Angst: Offensichtlich haben Frauen bei diesen Männern keine Chance; sie müssen ihren Platz im festgelegten inneren Szenarium der unbewußten Phantasie einnehmen. Es handelt sich um Angst und Abwehr. Worauf sich die Angst bezieht, sei hier nur skizziert. Sie ist Angst vor der Frau. Das läßt sich hier präzisieren: ganz offenkundig geht es um eine phantasierte Übermacht der Frau, die nur durch eine ritualisierte Betonung der Differenz, die forcierte männliche Überlegenheit, unbewußt gehalten werden kann. Mit den realen Frauen hat diese Angst wenig zu tun. Sie können freundlich sein (wie die Markgräfin), sie mögen begeistert und entzückt sein (wie Caroline). Das gibt nicht den Ausschlag. Entscheidend sind allein *innere* Bilder, Imagines der Männer. Was abgewehrt werden muß, ist die Angst vor der Verschmelzung. Die vielen künstlichen Grenzziehungen, die Rituale der Dominanz sind ebenso viele Versicherungen, daß das männliche Ich der bestimmende Teil ist. Diese Abhängigkeitssehnsucht und die Abhängigkeitsfurcht werden in der Liebe Herders zu Caroline zum zentralen Thema. Aus diesem Konflikt geht die Gewalt hervor, die Caroline angetan wird.

Wir haben festgestellt, daß das Modell der Unschuld die Imago der »selbstlosen Mutter« ist: »Mutter Natur«, die immer gewährende und spendende, die kein Gedächtnis hat und keine Ziele verfolgt. Wir verstehen nun, daß die Metapher »Natur und Unschuld« unverzichtbar ist. Sie steht für die tabuierte Angst vor der Macht der Frau und für das verbotene Verlangen der Männer nach der Regression. Die Kind-Frau ist scheinbar frei von den bedrohlichen Zügen der Mütterlichkeit: dem Verschlingen, Überwältigen, Beherrschen. Zur »selbstlosen«, »willenlosen« Mutter zurückzukehren scheint gefahrlos. Die Kind-Frau steht für den Versuch, die Mutterimago (die eigene Tendenz zur Regression) von der Angst abzutrennen. Daher die Unbeherrschtheit, mit der »Unschuld« gefordert und ausgemalt wird. Es ist triebhaft-unbewußt, was sich hier als vernünftig gebärdet. Die Verknüpfung lautet also »empfindsame Leserin« – Natur, Unschuld, Tränen, das ist die Sehnsuchtsphantasie der »selbstlosen Mutter«. Und die »gelehrte Frau« ist verknüpft mit dem unbewußten Muster der räuberisch, aggressiv, verschlingenden, machtvollen Mutter.[27]

Herders Neigung zu Caroline ist nicht davon zu trennen, daß sie ein Bild ist. Das Bild ist mehr als eine Redeweise. Es ist der angemessene Ausdruck seines Erlebens, das die innere Szenerie schon entworfen hat und das nun auf eine vollkommene Darstellerin trifft, die seismogra-

phisch fühlt, was die Bilder seiner Sehnsucht sind. Als Teil seiner Sehnsucht liebt er sie und beschreibt sie zugleich vergötternd als Ideal.
Caroline hat erreicht, daß sie in sein Phantasieleben eingetreten ist. Und: Caroline ist die werbende, aktive, und sie fühlt von Anbeginn den tiefen Wunsch des Freundes, eine Frau sozusagen noch einmal zu erzeugen – als geistiges Wesen soll sie sein Geschöpf sein. Nur so verstehen wir seinen Satz:

»Süßes Mädchen, könnte ich jedem Gedanken deiner Brust Behorchen, und ihn, wie eine Blume, pflegen und erziehen!«

Carolines Briefe zeigen, wie sie sich ihm als Objekt anbietet. Sie ist bereit, in diesen Traum einzutreten. Sie nimmt seinen Entwurf für sie im ersten Augenblick an – nicht strategisch. Denkbar wäre ja, daß es nur Worte sind, diese Bereitschaft, sich eine Gestalt geben zu lassen. Aber so war es nicht. Was ihr Bewußtsein und ihr Ideal angeht, so hält sie nichts außerhalb des Paares für sich zurück:

»Oh so, sagen Sie mir doch, Ewiggeliebtester! Wie ich Ihnen so ganz nach Ihrem Herzen gefallen, und ewig gefallen kann! es wird ein göttliches Geschäft für mich sein, mich nach Ihrer liebenswürdigen, schönen Seele zu bilden.«

In allen Briefen Carolines spüren wir die unmittelbare Sehnsucht nach Sinnlichkeit. Sie spricht von Liebe, sie will mehr als Seelenfreundschaft. Die sexuelle Weigerung geht nicht von ihr aus, sondern von ihm, und unentwegt beobachten wir, wie sie ihre Begierden zurücknimmt, wie sie sich der Regel beugt, die er ihr auferlegt. Sie versucht zu wollen, was er will. Carolines Begierden werden erzogen. Ihr Bild von sich selbst wird um die Themen entworfen, die er ihr vorgibt: Unschuld und Tugend (d. h. Naivität und Selbstlosigkeit), während zugleich Tabus errichtet werden. Sie ist das vertrauensvolle Kind, spontan, ganz Hingabe, ganz Vertrauen. Von Zwecken, Interessen, die den anderen zum Mittel machen würden – der Lust oder des sozialen Überlebens –, darf sie nichts wissen. Konkret: Ihre Sinnlichkeit darf nur passive Hingabebereitschaft sein, und sie darf nicht an die Heirat als Versorgung denken (auf die sie doch angewiesen ist) – das wäre Verrat am Ideal. Allein der Gedanke versetzt ihn in Panik:

»Sie, die ich als ein Frauenzimmer anbetete, das ich entwertete, wenn ich die geringsten weiblichen Absichten mir bei Ihnen dächte!«

Das heißt, wenn ich mir vorstellte, Sie möchten strategische Absichten auf die Ehe haben und in mir das Mittel zur Verwirklichung dieser Zwecke sehen und, so schreibt er,

»Sie, die ich, wie ich Ihnen so oft bezeugte, als das erste unverheuratete Frauenzimmer gefunden, die ganz edle himmlische Freundin zu sein wüßte, und gegen die ich einen Mord an den geheimsten Tugenden des menschlichen Herzens beginge, wenn ich sie im mindsten (erlauben Sie mir den Ausdruck: er begreift den Gipfel Ihrer Würde) als ein Weib behandelte –«

Also weder soziale Versorgung noch Sinnlichkeit oder das alles erst dann, wenn er es will. Was sieht Caroline in Herder? Welches Bild steht ihr vor Augen? Was bedeutet ihr das Paar? Schon ihr erster Brief an Herder gibt uns einen Hinweis: *»Eben fällt mir Klopstock und seine Meta ein. Glauben Sie, daß ich wie eine Meta Sie liebe?«* Es ist das »Große Paar«, das ihr als Modell vor Augen steht. Die Dichtung und das Leben, der Pathos des Großen Paares und der literarische Entwurf gehen ineinander über. Meta und Klopstock werden als Lebensmodell (Heirat und Erhöhung der Frau als der Geliebten, der Muse des Dichters) ebenso sehr debattiert wie die Verse, die diesem Thema gewidmet sind. Beides verweist aufeinander, scheint eins. Dieses Paar ist als Mythos ebenso Projektionsfläche wie die Gedichte. Hat Klopstock Meta wirklich geliebt? Oder hat er sie nur geheiratet? Herder führt zahlreiche Gründe dafür an, daß er dieses ideale Paar anzweifelt. Nach seiner Auffassung hat Klopstock Meta, die er heiratete, nicht so sehr geliebt wie die Unerreichbare, die Frau, die er in seinen Jugendoden besang – Fanny. Caroline antwortet mit gewisser Heftigkeit: »Er war glücklich – glücklicher als wir.«
Carolines Selbstentwurf ist anders auf das Paar bezogen als Herder. Für sie scheint es keine Alternative zu geben. Für ihn dagegen ist eine solche Verbindung – Heirat, Familie – nicht eindeutig gewollt. Er zögert, er verweigert sich. Und er ist über lange Strecken allein. Caroline aber sieht im Paar die einzige Möglichkeit, das Trauma auszugleichen, das sie bestimmt: ein wertloser Gegenstand zu sein, der mit Gleichgültigkeit behandelt wird. Dieses Trauma ist sozial und psychologisch verankert.
Caroline hat die beiden Alternativen des Frauenlebens vor Augen: auf den kurzen Rausch des Mutes, auch der Lust, folgt die Strafe. Die ungehorsame Schwester, die ungebärdige Ernestine, fällt aus der Ordnung heraus. Sie geht unter; sie wird zur hilflosen Person. Und auch ihre Schwester Friederike, die unglückliche Ehefrau, die sich an die Geschwister klammert, ist »hilflos« auf ihre Art – klagend, bereuend, unfähig, etwas zu ändern. Beide Schwestern haben ihren Körper verkauft. Caroline wird von Herder zur Unterwerfung verführt durch das Angebot der Idealisierung, durch das Angebot, sie zu erhöhen. Sie ist nicht einfach »Weib«, sinnliche Verlockung, sondern mehr: Gegen-

stand der Verehrung. Herder berührt damit Carolines Sehnsucht, ganz zu werden im Spiegel der Anerkennung, ein Bild von sich zu gewinnen, das sie selbst lieben kann.

5. Weibliche Rede- und Schreibweisen

Blicken wir zurück auf den Gang der Auseinandersetzung. Kehren wir zu den Briefen 1771 bis 1773 zurück.
Nicht zufällig ist Carolines innerer Entwurf viel schwerer zu rekonstruieren als der ihres Freundes. Fast könnte es scheinen, sie sei willig, alles zu werden; aber das ist nicht richtig. Er bleibt jedoch halb verschwiegen, undeutlich und widersprüchlich. Gibt sie ein Urteil über eine Sache ab, so besteht kein Zweifel, daß sie bereit ist, auch das Gegenteil zu behaupten, wenn es sein muß. Die typische Redeweise, die sie in Konflikten gebraucht, ist die Ironie. Betrachten wir zum Beispiel die folgende Sequenz. Wir erinnern uns an Herders Ausfälle gegen die gelehrte Markgräfin von Baden. Welche Antwort bekam Herder von Caroline auf diese Suada? Sie schrieb:

»...ich freue mich mit Ihnen über den Fund eines guten Fürsten, verdient das nicht in Carlsruh geweßen zu seyn? aber, die gelehrte Markgräfin (gott sey bey uns) hat Ihr hartes Herz nicht rühren können; sie daurt mich hertzlich! wie viel guts könnte eine empfindsame, gutherzige Fürstin in ihrem Land nicht stiften! und wie viel Vergnügen versagt sie sich durch ihre blose Gelehrsamkeit! mich hat der Himmel in Gnaden davor bewahrt, aber ein wenig zuviel bewahrt! o adieu Gelehrsamkeit! sehn Sie nicht wie geschwind ich davon laufe, wann ich nur von ihr höre, ich muß würcklich von der Natur verwahrloßt seyn; ist diesem Übel nicht mehr abzuhelfen? vielleicht! doch genug.«[28]

Carolines Schreibweise ist sehr charakteristisch. Sie beginnt mit einer fast wörtlichen Wiederholung von Herders Meinungen, wie eine artige Schülerin, um dann mit aller gebührenden Vorsicht, fast unhörbar, einen Zweifel anzumelden. Einen Zweifel?

»Gelehrsamkeit! mich hat der Himmel in Gnaden davor bewahrt, aber ein wenig zuviel bewahrt; o adieu Gelehrsamkeit! sehn Sie nicht wie geschwind ich davon laufe, wann ich nur von ihr höre, ich muß würcklich von der Natur verwahrloßt seyn; ist diesem Übel nicht mehr abzuhelfen? vielleicht! doch genug.«

Caroline knüpft hier ein Knäuel von Motiven. Sie betrachtet sich aus wechselnden und unvereinbaren Perspektiven. Alle diese Sätze haben ein Ausrufungszeichen, so als würde auf sie eingesprochen. Zuerst und ausführlich nimmt sie Herders Rede an, dann taucht ein eigener Anspruch auf: »Gelehrsamkeit! mich hat der Himmel in Gnaden davor bewahrt, aber ein wenig zuviel bewahrt;« sofort folgt der Übergang auf Herders Position (das Gegenteil ihrer eigenen): »o adieu Gelehrsamkeit! sehn Sie nicht wie geschwind ich davon laufe, wann ich nur von ihr höre.« Sie spielt Herder sozusagen sein eigenes Lied als Karikatur vor, um dann noch einmal eine andere Sprecherposition einzunehmen: »Ich muß würcklich von der Natur verwahrloßt seyn.« Das ist die Rede derer, die Gelehrsamkeit schätzen und die Unbildung zur Verwahrlosung erklären. Es folgt eine Frage aus der Ich-Position: »Ist diesem Übel nicht mehr abzuhelfen?« Die Antwort: unbestimmt. Der Schluß: »Vielleicht! Doch genug.«

Deuten wir diese Sequenz als Szene, so vernehmen wir die verschiedenen Stimmen, die Caroline in abruptem Wechsel nachspricht. Dazwischen die eigene Stimme: Ratlosigkeit und Zweifel. Und das Resultat? Eine Zersplitterung, keine Integration.

In dieser Weise verlaufen alle Spannungen, bei denen es um Normen, um Orientierung geht. Es ist Caroline nicht möglich, eine Position zu finden, und zwar nicht einfach aus persönlichem Unvermögen. Es fehlt ja sämtlichen Modellen – der Gelehrten, der Empfindsamen – die angemessene Verbindung zu ihrer wirklichen Lebenspraxis. Und darum geht es bei ihrem Streben nach Wissen: sie will diese Praxis – ihre Wünsche und Tätigkeit – auf einen angemessenen Begriff bringen. Die Angebote »Gelehrte« oder »Empfindsame« sind Pseudo-Identitäten; doch ein anderer Entwurf ist kulturell nicht vorgesehen und im Paar auch nicht zu erarbeiten. Hier dominiert, sprachmächtig, das Interesse des Mannes.

Und jenseits des Paares finden sich keine Chancen? Warum kann die Frau der Tradition keine Entwürfe entnehmen, die geeignet wären, ihre sprachlosen Wünsche und ihre ausgeblendete Tätigkeit zu symbolisieren und zu Selbstbildern zu verdichten (statt sich ausschließlich in der Paarbeziehung des eigenen Selbst versichern zu müssen). Es wundert uns nicht, daß die Auseinandersetzung um die Tradition einen zentralen Konflikt in der Paarbeziehung anzeigt. Doch abermals greift hier der vertraute Mechanismus – ein »sprachloses Unbehagen«, halbe Fragen, halbe Sätze, die Schwierigkeit, Gedanken zu kristallisieren, festzuhalten, zu ordnen, zu verbinden, eine Gestalt zu gewinnen. Ein Beispiel dafür ist die Auseinandersetzung der beiden um einen berühmten Roman der Zeit, den Roman einer Frau, die als Autorin im Genre der Empfindsamkeit schrieb.

6. Männlich: Herstellen / Interpretieren –
Weiblich: Darstellen / Sein: Das Fräulein von Sternheim

Im Frühjahr 1771 erschien der erste Teil des Romans der Sophie von La Roche »Das Fräulein von Sternheim«. Es handelte sich um eine weitere Fassung des Themas der »verfolgten Unschuld«. (Die bemerkenswerten Variationen dieses Motivs wurden erst im zweiten Teil des Romans deutlich – ich übergehe sie an dieser Stelle.) Die Heldin Sophie ist mit allen Insignien der edlen Beute geschmückt: sie ist schön, unschuldig, selbstlos und, vor allem, »ganz Natur« – das Lamm in der Arena der Begierden. Über ihr Leseerlebnis schreibt Caroline, die das Buch zuerst gelesen hatte, an ihren liebsten Freund. Wie immer, wenn sie unbefangen spricht, sind ihre Bemerkungen treffend, intelligent und witzig:

»Ich habe indessen auch die Geschichte der Fräulein von Sternheim gelesen. Mein ganzes Ideal von einem Frauenzimmer! sanft, zärtlich, wohltätig, stolz und tugendhaft. und betrogen. Ich habe köstliche herrliche Stunden beim Durchlesen gehabt. Ach, wie weit bin ich noch von meinem Ideal von mir selbst weg! Welche Berge stehen getürmt vor mir! Ach! Ach, ich werde im Staub und in der Asche bleiben!«[30]

Der Ausruf bezeichnet präzise die Lesewirkung, und nicht nur auf sie. Caroline ist durchaus in der Lage, zu diesem Text und seiner Wirkung eine distanzierte Bemerkung zu machen. Ihr Ton ist ja unnachahmlicher leiser Spott. »Und betrogen!« Dieser eingeschobene Satz führt uns ins Zentrum des Leseerlebnisses – das Thema von Tugend und Zerstörung der Tugend gehört für die Leselust zusammen. Das Witzige ist, daß der Widerspruch von Caroline auf die Spitze getrieben wird. Ist es denn ihr Ideal, »betrogen« zu werden? Unverkennbar ist eine gewisse Distanz zur Opferrolle der Romanheldin und die subtile Wahrnehmung der Doppeldeutigkeit des Romans. Zugleich ist Caroline realistisch genug, das Fiktive des Ideals sehr wohl zu fühlen. Ihre Ausrufe »ich werde im Staub und in der Asche bleiben« sind spielerisch-witzige Versuche, sich von der Rolle der weiblichen Hilflosigkeit abzugrenzen, die im Roman vorgeführt wird. Von alledem fühlt Herder nichts. Er antwortet ihr am 22. Juni:

»So haben Sie die Sternheims gefühlt und eben wie ich gefühlt! O gemeinschaftlicher Schutzgeist unseres Lebens, wenn wir sie einst zusammen lesen werden! Mädchen, wie oft war ich bei und mit Ihnen lesend, und fand Sie, und finde Sie selbst in ihren Klagen, daß Sie keine Sternheim sind! Siehe da, der feierliche Zug, den ich im Gesicht der Seele jener sehe! Liebste, gute Caroline, den Zug, mit der Asche ihrer Eltern (im Armband, U. P.) – oh wie oft haben Sie, sowenig ich Sie kenne, den, nicht so feierlich aber liebreich edler, gewiß weit rührender getan!«[31]

Bringen wir Herders Antwort auf den Punkt, so zeigt sich anstelle der Ambivalenz, die bei Caroline sichtbar wurde (eine Spur Distanz), nun eine klare Definition. Herder nimmt sie energisch beim Wort, sie will sein wie die Romanfigur Sternheim, und sie soll sein wie Sternheim. Und Herder überträgt überaus konkretistisch die literarische Figur auf die Freundin. Er verknüpft von Anfang an die Freundin mit der Geschichte. Er sieht sie vor sich, als Leserin der einzigen sexuellen Szene des Buchs, einer Quasi-Vergewaltigung, als der Verführer Derby seine Rechte als Ehemann geltend machen will. Die Szene, an der Herders Phantasie sich festhakt, handelt von männlicher Gewalt und weiblicher verführerischer Hilflosigkeit.

»Aber sagen Sie doch, haben Sie nicht den Derby als Ehemann nun recht angeschauert? Wie er nun, der das gute Schaafchen immer noch betrogen, gegen den sie noch immer nichts als Ahndung entgegen gehabt, und mit Zittern hoffte, und nun wie er erscheint, und sie ihn nicht empfangen kann, und nach der ersten Umarmung die Fenstervorhänge zitternd und Zwangvoll erhascht, und mit niedergeschlagenem Blick vor ihm singet;... – liebste Freundin, ich habe fast kein schrecklichers Bild des Ehestandes gelesen, als dieses! Ich habe bei jedem Zuge gebebt, und Gott gedankt, wie ich sie endlich vorm Stuhl kniend fand und der Wütrich sie verließ! – Welche Situation aber wieder, als Seymour sich in ihr Kopfstüßen wickelte, und im Bette sich wälzte, auf dem sie geweint –«[32]

Die Szene im Original ist doppeldeutig. Sie enthält sowohl eine Kritik an der Brutalität gegen die Frau als auch eine latente Sexualisierung, die dem kritischen Impuls entgegenläuft.
Herder rezipiert diesen Roman (wie er es immer tut) als eine Abfolge von Szenen, von isolierten Bildern, in die er vernarrt ist. Da gibt es die Szene der Entjungferung, den Liebhaber, der wie ein Kind in rasender Sehnsucht »sich in ihr Kopfkissen wickelte und im Bett sich wälzte, auf dem sie geweint –«, dann Szenen mit Frauenbildern: das kleine Mädchen (die Sternheim), das tapfer versucht, sich in der Welt zurechtzufinden, nachdem es zum Opfer wurde »und sich endlich wieder in der Welt Gottes mit ihrer Madame Leidens-Schürzchen fühlt! und im fremden Haus arbeitet!« (Madame Leidens ist der anspielungsreiche Name der büßenden Romanheldin.)
Herders lange Ausführungen schließen mit einer Anwendung des Romans auf die Freundin und auf sich selbst. Doch ist auch dies nur eine Gelegenheit, dekorative Bilder von sich zu entwerfen: »Ich habe Buße getan auf mein ganzes Leben.« Wie aber leicht zu erkennen ist, kann von Einkehr oder Umkehr keine Rede sein, sondern Herder berauscht sich am Bild von Caroline als Madame Leidens (»die schöne Büßerin«).

Und so geht denn die Phantasie über die Sternheim schließlich in allerlei Erwägungen über, wie er, wenn Caroline sich einem anderen zuwendete, auf ewig ihre Freundschaft erbitten würde. (Es ist eine verrückte Verkehrung der Realität, die er sich und ihr vorspielt: *sie* weigere sich, während die Weigerung allein bei *ihm* liegt.)

»Wählen Sie immer (unter den Männern, U. P.) süße Freundin! meine Seele wird jeden Ihrer Tritte mit der Uebergabe und Selbstentfernung ansehen, mit der ich den freien Schritt eines Engels betrachten müßte; und ich bin hierinn so gefaßt, daß ich auch Ihnen kein Wort oder Mine des Weinerlichen, oder was meine Seele fühlet, je werde fühlen laßen – Das Einzige, was ich mir nur erbitte, und was Sie mir nicht abschlagen können, ehe ich deßen unwürdig werde, ist das Herz Ihrer Freundschaft.«[33]

Natürlich hören wir den falschen Unterton. Es gibt Konflikte, über die Herder nicht sprechen kann, seine Bindungsangst, seine tiefverwurzelte Rebellion gegen die bürgerliche Seßhaftigkeit, die Angst vor der Verantwortung auf immer. Die Rede über die Literatur überdeckt das.

Was entnimmt Caroline diesem Brief? Was sie schon an anderem begriffen hat: Jedes Wort, das nicht gemeinsamer Ausruf ist, ist trennend. So schreibt sie an Herder in entzückter Resignation: »Sie haben in so vollem Überfließen des Herzens das ganze Buch mit seinen rührendsten Auftritten wiederholt, daß mir nichts übrig bleibt, noch etwas davon zu sagen.«[34] Es erübrigt sich fast zu sagen, daß Caroline die Selbstkritik des Freundes zurückweist, um ihre eigene Minderwertigkeit zu betonen:

»Verkennen Sie sich doch nicht. Laßen Sie mich bey unsrer Sternheim Buße thun. wie weit bin ich zurücke!«[35]

In der Auseinandersetzung zwischen Caroline und Herder bemerken wir, daß Herr Herder von Caroline zwar mit den idealen Männerfiguren aus »der Sternheim« verglichen wird – aber Caroline erwartet keineswegs, daß er ihr Lord Rich aufführt, dessen Körperhaltungen nachahmt oder melancholisch dreinblickt wie Lord Seymour. Es ist deutlich, daß die Rezeption nur bei der Frau auf die Körperrepräsentation, auf die Nachahmung der Szenenelemente der Stücke und Romane geht. Damit gewinnt die Frau scheinbar ein autonomes Feld, darum läßt sie sich darauf ein; sie kann sich zum Gegenstand der Idealisierung machen. Bezahlt wird diese Haltung mit dem Verlust der Distanz zum Text. Caroline möchte schließlich all diese Bilder *sein*, die in der Literatur beschrieben werden. Sie nennt sich Sternheim, sie will sein wie Cla-

rissa oder wie Meta. Die Literatur dient ihr zu immer neuen mystifizierten Selbstbildern. Sie ist Spielvorlage. Carolines Botschaft könnte lauten: Was ich bin, findest du in all diesen Werken. Caroline erweitert sich sozusagen ins Unendliche der literarischen Stimmungen, als eine Serie von Bildern tritt sie auf. Sie ist wie aus einem Roman – und Romane sind realistisch, denn sie beschreiben Frauen wie Caroline.
Carolines erste Reaktion auf »die Sternheim« war kritische Distanz – erinnern wir uns an ihren Ausruf »mein Ideal – tugendhaft – und betrogen«. Diese Distanz gibt sie auf. In ihrem zweiten Kommentar zu diesem Roman heißt es bereits:

> »Ach! daß Sie die Fräulein von Sternheim gelesen! ich bin entzückt, daß wirs so zusammen gefühlt. ganz durchaus ist der Roman nach meinem Gefühl, alles alles intereßiert von Anfang bis Ende. ach das süße Dämmernde! es ist ganz die Natur meiner Seele. Kanst Du eine solche Seele lieben? –«[36]

Maskeraden, alle diese Bilder sind, gleichgültig gegen den Inhalt, nur auf eines bezogen, auf die Wirkung der eigenen Person auf andere, eigentlich den anderen, wenn sie mit diesen Zeichen geschmückt ist. Die Gier nach idealisierender Bewunderung bewegt die Frauen schließlich dazu, dem narzißtischen Kreis zu verfallen. Wünscht er sich als Schöpfer idealisiert, so tanzt sie in den Kostümen seiner Entwürfe und zwingt ihn zur Anbetung, da sie ihm nichts zeigt als den Spiegel seiner Entwürfe. »Sie posiert als Götzenbild und betrachtet mich bei der Anbetung« – so bezeichnete der desillusionierte Strindberg den Mechanismus am Ende dieser Epoche.
Wie wir bei Herder sehen können, ist es für die Männer charakteristisch, daß sie spalten. Wie er mit Caroline in die Sternheim eintaucht, so würde er natürlich mit keinem Mann sprechen. Am selben Tag, am 16. November 1770, verfaßte Herder seine Sternheim-Szenerien für Caroline. Er verfaßt er auch einen Brief an seinen Freund Merck in Darmstadt zum gleichen Thema. (Die Bemerkungen über die Sternheim stehen im Rahmen eines Briefes, in dem Herder Johann Heinrich Merck seiner Freundschaft versichert. Merck ist für ihn nicht nur Partner in der Auseinandersetzung um die Literatur, er ist auch der Freund, der den heimlichen Briefwechsel mit Caroline vermittelt.) Auch an Merck schreibt Herder über Klopstock und Ossian, über Jacobi und andere. Zwar ist auch hier von der Wirkung die Rede, die Literatur auf ihn als Leser hat (denn das ist für Herder der wichtigste Zugang zu den Texten), jedoch – und das unterscheidet grundsätzlich die Rede an den Freund von der Rede an die Freundin – wird nicht die Wirkung selbst ausgemalt, vielmehr gehen die langen Erörterungen auf die Frage nach der *Erzeugung* dieser Wirkung. So geht es bei Klopstock vor allem

darum, wie er zu lesen sei. Nicht anders verfährt er mit dem »Fräulein von Sternheim«. Während sein Text an Caroline eine Serie von Ausrufen, ein Hervorrufen der Szene ist mit der Absicht der unmittelbaren Aufforderung an die Leserin, sich so darzustellen, geht die Darstellung an Merck ausschließlich auf den fiktionalen Charakter ein:

>»Und endlich auf meine liebe Sternheim, die ich nur erst noch mit der ersten Begierde überflogen, wie wenn man mit dem ganzen Herzen nur sieht und im Ganzen umfassen will. Es ist glaub' ich natürlich, daß der erste Theil gleichsam als Jugend, als Morgenröthe des Werks, indem er nur erste Bekanntschaft und Ahnungen gibt, die das dem Ausgang Nähere nicht hat, stärker frappire. Der Absicht der Verfasserin aber nach, um zu zeigen wie die wohlthätige Seele sich blos durch Activität aus dem erschrecklichsten Fall erhole, ist, glaub' ich der zweite Theil der schönre, und die Situationen mit Derby als Ehemann, mit Seymour wie er sich ins Kopfküssen wickelt, ... sind außerdem meisterhaft, so wie die Todtenstimme aus den Bleigebirgen mir rührender, als Hiob tönt. – Für mich aber muß ich sagen, hat diese vortreffliche Frau die meisten sonderbaren Würkungen, wenn ihre Personen: Sternheim, Seymour, Rich u.s.w. ihre Lieblingsgedanken, kleine Bemerkungen, Aussichten aufs Leben, süße Blicke der Seele verrathen.«[37]

Wenn wir uns an die emanzipatorische Funktion erinnern, die das Lesen für Caroline hat, an die Suche nach einer kulturellen Repräsentanz ihrer Konflikte und ihrer Ängste, dann sehen wir die Gegentendenz, die auf eine Unbewußtmachung jener Konflikte zielt. Und wir sehen Herders Wünsche im Bund mit den repressiven Tendenzen. Die Selbstbesinnung, das Begreifen, das Reflektieren wird als weibliche Gelehrsamkeit beschimpft und zu dem einfühlenden Nachvollziehen kultureller Stereotypen (bis hin zur physischen Reproduktion dieser Stereotypen als Körperstellung, Ausdruck, Mimik) gegenübergestellt.
Die Auseinandersetzung über Literatur wird Ende des 18. Jahrhunderts geschlechtsspezifisch organisiert. Obschon es für beide Geschlechter um das Programm einer naiven Abbildung des moralisch Richtigen und um die Identifikation der Lesenden mit den Heldinnen und Helden geht, läuft doch die Tendenz unter Männern auf die Debatte über das Herstellen von Literatur, auf Distanzierung von der unmittelbaren Wirkung, auf die Fähigkeit »zu reden über« hinaus. Für die Frauen geht die Verarbeitung in eine andere Richtung. Ihnen wird die unmittelbare Identifikation, zumindest die Inszenierung von deren Haltungen nahegelegt. Zeichenproduktion ist es, die von den Frauen als Publikum, als Rezipierenden verlangt wird. Es ist Zeichenproduktion am eigenen Körper, nicht in der Rede.

7. Die Zuhörende und die Verlangende. Die Spaltung des Bildes der Weiblichkeit

Durch Herders Briefe ziehen die Bilder von Frauen, die wie bleiche sanfte Mütter lieben, aber nicht begehren. Wie Herder erzählt, sagte Mme Busch in Riga zum Abschied, als Herder sie verließ:

»Lieber Herder, ich wünsche Ihnen nichts, als daß Ihre künftige Frau Sie nur halb so liebe, als ich Ihnen gut gewesen bin.«[38]

Sie fordert nichts. Sie wird immer da sein – ohne Qual zu äußern, ohne Konflikt. Sie ist ein inneres Bild und hat die Gestalt der Zuhörerin.
In Herders Leben gab es immer eine solche Gestalt: Mme Busch in Riga, die Herzogin Louise in Weimar, die Malerin Angelica Kauffmann in Rom auf der Italienreise; in der Zeit der Korrespondenz mit Caroline ist es die Gräfin Maria in Bückeburg. Und auch die Beziehung zu Caroline begann nach diesem Muster. Erinnern wir uns, über Caroline sagte er:

»Die beiden ersten Male, da ich Sie sah, gingen vorbei, ohne daß ich was Unterschiedenes gegen Sie fühlte... Aber mein kleines Göttliches Mädchen, da wir uns nach der Predigt zusammenfanden...«[39]

In der Gestalt der Gräfin Maria kommen die Elemente des Bildes der idealen Zuhörerin am vollkommensten zum Ausdruck und werden von Herder am ausführlichsten beschrieben. Er schreibt an Caroline, wie ihm die Gräfin Maria erscheint:

»Die hiesige regierende Gräfin – wollen Sie sich ein Bild der Caritas der Sanftmuth, Liebe und Engelsdemuth in einer Person denken, so denkt Sie sich sie.«[40]

Auch die Gräfin Maria machte auf Herder zunächst keinen Eindruck. Sie hat, ebenso wie Caroline, die Initiative ergriffen und ihre Bewunderung in einem Brief zum Ausdruck gebracht.

»Und einen Brief von solcher Denkart, Vernunft und guten Herzens und süßer Seele... o Gott, Sie können nicht denken, wie ich sie den Abend drauf zum Concert eingeladen, fand. So schüchtern! So unruhig wie sie im Zimmer umherging –... Sie hat die Sternheim (einen empfindsamen Roman, der für Herder bedeutsam war, U. P.) gelesen. Sie bat mich sehr ihr eine Predigt zu geben. Sie bat mich darum, o hätten Sie gesehen mit welcher Art – ihre Anmerkungen über die Sternheim... voll so feinen Gefühls – ihre sanfte holdselige Miene da vor mir – ich habe lange nicht süßere Stunden gehabt, als da ich ihr die Predigt abschrieb.«[41]

Wenn wir die Wahrnehmung Herders deuten: daß die Gräfin sich in bescheidener Bewunderung nähert, daß sie ihn als geistigen Führer will, daß ihr Verstehen jene inszenierte Überwältigung ist und: Nicht zuletzt, daß sie Opfer ist (für diese Welt zu gut) und frei von aller Aggression und allem Fordern.
Herder an Caroline:

»Ihr Bild (der Gräfin Maria, U. P.) steht vor mir: Sie hat gleichsam durchaus die Miene, daß sie für diese Welt zu gut ist: Sie ist zart und schwächlich: Seit ihrem Kindbette liegt eine kleine Blässe auf ihrem Gesicht, die mir wie als himmlischer Schleier erscheint, daß sie schon zu einer schönern Welt eingeweiht ist – so kommt sie mir immer vor, wenn ich sie ansehe. Sie wird nicht lange leben.«[42]

Es entstand zwischen Herder und der Gräfin eine schwebende Liebe, die um so inniger war, als sie heimlich blieb. Der Graf hat von den Briefen der beiden nie erfahren. Diese Form unüberbrückbarer Ferne, in der alles Verstehen möglich scheint, weil es keine Nähe gibt, bedeutete für Herder die ideale Verbindung: Er ist ausgezeichnet durch die Frau, aber sie kommt ihm nicht nahe. Ein Jahr später, im Januar 1773, schreibt er Caroline:

»Könnt ich der himmlischen Seele mit meinem Blute dienen – aber leider! bekomme ich sie ja nur im Briefe und von der Kanzel zu sprechen und zu sehen.«[43]

Herder hat seine eigene Sinnlichkeit ebenso aus dem Bewußtsein gedrängt wie die Vorstellung, daß diese geliebte Imago: Zuhörerin, Briefeschreiberin, Gefangene eines anderen Mannes, Dulderin, eine lebendige Person ist, die ihrerseits Wünsche haben könnte. Es fällt auf, daß er Caroline teilhaben läßt an seiner Verehrung. Er schickt ihr die Briefe der Gräfin, er beginnt sie in seiner Phantasie zu Schwestern zu machen oder Caroline und sich zu Kindern dieser Mutter. Doch die Gräfin ist gleich alt wie Herder und unglücklich verheiratet.
Es gibt eine große Distanz zwischen seinen Phantasien und der Realität. In den Phantasien Herders hat die Gräfin ihren festen vergeistigten Ort, und so geschieht ihm folgendes:

»Am gestrigen Tage empfing ich ein halb Dutzend neue feine Wäsche von einer Unbekannten, die ich auch noch nicht errate. Es steht ein M. darin, aber ohne Zweifel ein falscher Buchstabe: Es ist doch recht traurig, wenn man da nicht weiß, wem? Oder von wem? Auch zweifle ichs herauszukriegen, das schmerzt ordentlich!«[44]

Lassen wir als Interpretin Caroline sprechen. Am 5./6. Februar erfährt er von ihr die Antwort auf dieses Rätsel:

»Ihr Männlein seid doch auch nicht stark im errathen. Die M., die die Wäsche geschickt, heißt gewiß Maria.«[45]

Die Rätsellösung hat allerdings eine Vorbemerkung, die beweist, daß Caroline dieses Verhältnis nicht leicht nimmt:

»– wenn Du nicht in die Gräf[in] verliebt wärest, so wärst Du ein Erdenklos! Du weißt nicht einmal, wie viel Erlaubniß ich Dir schon dazu gegeben; nur Dein Herz entwende mir niemals ganz – was hätte ich denn sonst auf der Welt? Dann wärs gut, in den Mond zu weinen und heim zu gehn. – Ich könnte Dir auch zwei Zettelchen von Goethe zeigen, aber ich thus auch nicht.«

Caroline reagiert mit Ironie, mit dem souveränen Hinweis auf ihre Weiblichkeit (Liebeszettelchen von Goethe), sie erlaubt ihm, »sich zu verlieben«, da das Kollektiv der Frauen den »Männlein« manches gestattet. Caroline – wir kennen ihren klaren Verstand, ihr Talent, ihre lebenspraktischen Interessen zu realisieren – gibt sich gelassen, als sie wahrnimmt, daß sich Johann Gottfried unmittelbar, bevor sie zur Heirat nach Bückeburg kommt, einer anderen idealisierend zuwendet.
Die imaginäre Frau und die Frau, mit der er eine reale Verbindung unterhält, das bezeichnet eine Struktur, die bei Herder immer wiederkehrt. 15 Jahre später, 1789, als er Angelica Kauffmann in Rom begegnete, schreibt er an Caroline:

»Angelica sagte mir oft, daß ihr Glück des Lebens in der Entfernung davon abhängt (von unserer Freundschaft, U. P.), und daß sie am liebsten jetzt gleich sterben möchte, nachdem sie mich, und zwar auf so wenige Zeit, wie einen Traum gesehen hätte. Ich schreibe Dir dies alles hin, weil ich Dir Alles schreibe: Du weißt, daß so etwas mich nicht eitel macht, sondern demütig. Ich sehe es als eine Güte des Himmels an, daß er mir die Bekanntschaft und Freundschaft dieser edlen Frau noch zu guter Letzt verschafft und mich damit von allem abgewandt hat, was irgend auf eine törichte Art die Sinne empören könnte; denn sie reizt nicht die Sinne, sondern besänftigt sie, und ist wie ein zartes, gütiges Wesen. Habe sie also mit mir lieb, liebes Weib, die gute Seele; wir wollen auch in der Zukunft mit unserer armen Existenz alles tun, was die willige Märtyrerin ihrer Kunst erfreuen kann.«[46]

Auch in dieser Beschreibung: die Märtyrerin, die Selbstlosigkeit, die Schwäche, Schatten des Todes und die Spiegelung des Berichtenden als »des Einzigartigen«. Und Caroline in ihrer Antwort erfüllt wieder Herders Traum:

»Deine Briefe, die Du mir während der Reise geschrieben hast, liegen in einer Mappe, mit blauen Bändern zugebunden; dazu legte ich Deinen und meinen Schatten (Schattenriß, U. P.), die ich vorrätig hatte. Die Angelica (ihren Schattenriß) legte ich sogleich neben Dich, und wir haben Dich wie zwei Schwestern, obgleich sehr ungleiche an Geist, nun in unserer Mitte.«[47]

Doch diese Versöhnung der selbstlosen, heiligen Frauengestalt der Phantasie mit der Frau, die zu ihm als Teil des realen Paares gehört (»das Bild der Schwestern, die ihn in die Mitte nehmen«), bezeichnet bereits den Kompromiß.

Caroline brachte Herder dazu, die Beziehung mit ihr, die ebenfalls nach dem Muster der Liebe aus der Ferne begonnen hatte, in eine institutionalisierte Verbindung umzuwandeln. Der ursprüngliche Entwurf Herders, der mit dieser Frauenimago verknüpft ist, mit der Zuhörenden, war jedoch nicht auf ein reales Paar hin angelegt, sondern auf ein stummes und unkörperliches Einverständnis mit einer in der Wirklichkeit unerreichbaren Frau: in Wirklichkeit fern, aber als innere Stimme, als Imago, als Begleiterin in der Phantasie anwesend. Die zuhörende Frau wird für ihn zum inneren Gegenüber, zur Verkörperung der inneren Stimme bewundernd-liebender Anerkennung. Und in dieser Konstellation ist er das Zentrum.

Die Bewunderung, die Idealisierung, nach der es Herder verlangt, ist das eine; die Angst, von der Frau in Besitz genommen zu werden, ist das andere. Wenn sie ihn festhalten will, macht er sich auf die Flucht. Er braucht offene Horizonte. Es gibt in seinen Phantasien ein immerwährendes Weggehen und Wiederkommen, den Traum, frei und gleichwohl nicht verlassen zu sein. In diesem Spiel, das er spielt, haben die Frauen feste Rollen: die der Zuhörerin, der Freundin, der Gesprächspartnerin – Gemeinschaft auf Distanz. Schon die geringste Inanspruchnahme scheint ihn zu überfordern. So verbietet er Caroline die selbstverständlichsten Empfindungen. Daß sie traurig ist nach seiner Abreise, daß sie enttäuscht, traurig leidend ist angesichts seiner Unentschiedenheit, läßt ihn verzweifelt ausrufen:

»[Frankfurt, den 20. April 1771]
Haben Sie meine letzte scheidende Bitte erfüllt, liebstes Mädchen, und sind ruhig und heiter gewesen? O Gott, da ließ ich Sie im Winkel hinter meinem Bette stehen, mit weinenden geschwollnen Augen, wo Sie doch vor meiner Ankunft in eben dem Kämmerchen sich auf meine Ankunft so freueten? Bin ich denn als ein Mörder oder Uebelthäter bei Ihnen gewesen, um Ihnen die Ruhe und Heiterkeit der Seele, in der Sie so leben und weben, zu rauben? Laßen Sie mich den Gedanken nicht denken, sanftes, heitres Mädchen. ich sehe Sie vielmehr in dem Bilde, wie Sie mir immer erscheinen und mit mir gehen, und in dem Sie mir zuerst erschienen sind, wie eine leichte, vergnügte Unschuldsgöttin, die hier auf Erden

sichtbar geworden. Das ist, liebste C[aroline], Ihre Naturgestalt der Seele, und die würdigste der Menschheit: in der wandeln Sie mit mir, mir ungesehen zur Seite, und behüte der Himmel, daß dies Unschuldsbild mir je von der Seite verschwinde! In der denke ich Sie mir auch jetzt, dachte Sie, da ich wegfuhr, einschlief und aufwachte – und, holdes Mädchen, warum sollte ich nicht immer Sie mir so denken können?«[48]

Die Sehnsucht nach Nähe und die Angst vor der Bindung werden in der Phantasie, überall zu Hause sein zu können, überall diese Mütter finden zu können, utopisch versöhnt. Herder war nie wieder so glücklich wie 1769, als er sämtliche Fesseln – berufliche, emotionale – abgestreift hatte und im triumphierenden Selbstgefühl, Liebe zu finden, aufbrach, um ohne Plan in die Welt zu gehen.
Zunächst befand sich Caroline durchaus auf dieser Phantasie-Linie: die Zuhörende, Vergötternde. Er schreibt ihr am 23. April 1771, wie er sie sich als innere Imago denkt – als Anwesende / Abwesende, *als Unsichtbare*:[49]

»Lassen Sie mir, liebste, zarteste Freundin, eine Begeisterung, die mich in der Welt wenigstens nicht allein läßt, *die mir unsichtbar* eine Gesellschafterin gibt, der sich meine Seele eröffnen, das Haupt in ihren Schoß legen, und sie zur Zeugin meiner Empfindungen und innerer Bearbeitung nehmen dürfe.«[50]

Ihm genügt die *Imagination* ihrer Anteilnahme. Einer Stimme in ihm leiht sie die Gestalt. Es ist ein bedürftiges Ich, das phantasiert, wie es verstanden und in seinem welterobernden Gestus zugleich besänftigt wird: den Kopf in ihrem Schoß zur Ruhe kommen, aufhören zu denken, Trost finden. Aber Caroline verläßt die ihr zugedachte Rolle. Sie will Wechselseitigkeit, geistige wie körperliche. Sie will nicht nur die Figur seiner Phantasiewelt sein. Aus ihren Briefen spricht ihr Körper, ihre sinnlichen Wünsche.
Herder war während der drei Jahre des Briefwechsels nur ein einziges Mal nach Darmstadt gekommen. In dem folgenden Brief spricht Caroline von ihrem Versuch, ihn zu verführen; aber er hielt auf Ordnung. Caroline schreibt ihm:

»Sieh, Du hattest mich ganz in Deiner Gewalt; wärest Du nicht beßer als ich geweßen, wo wäre mein Ideal (ach, leider, nur Ideal!) von Tugend geblieben? ach! vergeßen Sie das Andenken davon, vortreflichster Freund! ich fürchte, ich fürchte, es könnte mir den größten Theil Ihrer Freundschaft entziehen! O! die nur entziehn Sie mir nicht! mein Bester! Vergeßen Sie doch Alles, Alles, ich bitte Dich mit Thränen darum. O, wie ist uns unsre romantische Zeit verbittert und bittres Andenken davon übrig geblieben! Es ist hart! – Komm wir wollen uns dafür in unsern Briefen schadlos halten. Komm zu mir – doch nein, ich bin bey Ihnen, in Ihrem Garten, oder Zimmer oder Wald oder unter welchem heiligen Schatten es sey, ich drücke Dich da an meine Brust.«[51]

Besonders deutlich wird hier, wie sie Kränkung und Konflikt verarbeitet – an die Stelle ihrer Aktivität als Verführerin und an die Stelle der Lust, die sie mit ihm suchen will, tritt der Sprachrausch. Caroline versucht was ihr angetan wird als ihren eigenen Wunsch und Willen zu behaupten. Sie nimmt die Zurückweisung an, macht sie sich zu eigen, weil sie den Konflikt nicht durchstehen kann. Sie spricht sogar, mit Herders Worten, von der »sanften, lieblichen Einfalt der Natur«, von »stiller Begeisterung«, doch all das kann nicht darüber hinwegtäuschen, daß da eine lebendige Frau ist, die Wünsche, Bedürfnisse, Ziele hat und die leben will. Der Brief schließt mit den Zeilen:

»daß ich vor der Welt verschwinde / und mit Liebesflügelmacht / bey dir plötzlich sey! Und Stille / heilge Ruhe athme! –« Sie fügt freilich hinzu: »O wenn doch eine Seele sichtbar werden könnte! oder mein Körper so leicht wie meine Seele wäre, Du würdest oft Dein Mädchen sehn.«[52]

Es geht Beunruhigung von ihr aus – auch aus der Ferne, aus ihren Briefen –, bei aller Selbstverleugnung. Wie geht Herder mit dieser Beunruhigung um? Noch hat er ihren Brief nicht erhalten (sie schreibt am 22.4., er am 23.4.), da erinnert er sich an die Szene in Darmstadt, an das sinnliche Begehren Carolines:

»...Ihr Bild ist mit mir gezogen; das müßen Sie mir erlauben, daß, der Wagen mag mich immer von Ihnen führen, meine Seele Sie sich, wie einen begleitenden Schatten, wie einem mit mir wandelnden Gedanken, denken könne, das müßen Sie mir erlauben. Das ist bisher meine Gesellschaft und Unterhaltung gewesen: im Wagen und in der Ruhestäte – o welche süße Gesellschaft! Bald war ich bei Ihnen, begleitete Sie in Ihr heiliges Schlafzimmerchen, stand neben Ihnen bei Ihrem Belindens Bettchen, bei Ihrem Bücheraltarchen, überall, wo ich Sie gesehen und Ihren Kuß und Ihre Seele genoßen. Bald waren Sie mir zur Seite im Wagen, ich theilte mit Ihnen wie manchen Sonnenblick und gute Aussicht, die ich in Hoffnung des aufgrünenden Frühlings genoß, und denn auch wie manchen Augenblick eines düstern Auges und beschwerten Herzens. O Freundin, fast kein Wirthszimmer habe ich verlaßen können, um mich wieder in den Wagen zu werfen, ohne daß ich nicht immer den Zug hatte, wo in einem Winkel thränend niederzuknien, und ich weiß nicht, ob für oder an Sie zu beten. So ward Alles durch Sie geheiligt, und ich sehe den Ort, wo ich eine Zeitlang mich mit Ihnen in meinen Gedanken beschäftigt, gleichsam als einen Tempel an, den ich nicht anders, als betend verlaßen könne! O süße, zarte Seele, es ist Wohllust, auch in der Entfernung zu lieben!«[53]

Und in seinem nächsten Brief wird es heißen:

»nimm Deine Ruhe wieder, bestes, unschuldiges Kind, die Ruhe, die für Dich, oder für keinen Engel geschaffen ist und werde wieder mit dem keimenden Frühlinge, die Blume, die Du warst.«

Das bedeutet: Werde, die Du warst, als hätte es mich nie gegeben. Wäre ich doch ein unsichtbares Gespenst, das Dich nur beobachten dürfte, Deine unendliche Aufführung betrachten.

Als Caroline sich als Subjekt durchstrich, konnte sie seine Angst zwar nicht wirklich beschwichtigen, aber sie band ihn durch Schuldgefühle, um den Preis ihrer eigenen Selbständigkeit, der Abgrenzung von ihm, um den Preis ihrer Selbstbehauptung. (Sie bekam, was sie wollte, doch es war nicht mehr das, was damit gemeint gewesen war, das, was hätte sein können.)

Das Wechselverhältnis, das sich zwischen Herder und Caroline einspielt, mündet in eine extreme Polarisierung. Die Weltauslegung und die Regeln des gemeinsamen Umgangs gibt Herder der Freundin vor. Erinnern wir uns, daß er sie als Leserin vorfand, die sich im Umkreis der neuen Gedanken, im intellektuellen Freundeskreis der bürgerlichen Emanzipation bewegte. Caroline erscheint in den Briefen zwar als »weiblich-passiv«, sie scheint nichts zu wünschen als die Ehe. Aber übersehen wir nicht, daß sie eine ungewöhnlich interessierte, sensible und schreibbegabte junge Frau war. Nüchtern und mit Geschicklichkeit verhielt sie sich in ihrer prekären Familiensituation im Hause Hesse, und mit hohem psychologischen Einfühlungsvermögen nahm sie ihre Umgebung wahr. Kehren wir noch einmal zu der Frage zurück, warum sie sich in Herder verliebte. Ihn zeichnete vor anderen vor allem eins aus: er war ein Autor, ein Repräsentant des Geistes. Das war ein wichtiges Motiv für Carolines Liebe. Dieses Motiv bestimmte die Verbindung. Das bezeugt auch die Geschichte ihrer Ehe.

Caroline wurde als Ehefrau in Weimar die Vertraute und Sekretärin ihres zunehmend einsamen Mannes. Nach seinem Tod veröffentlichte sie seine Lebensgeschichte, nicht ohne zahlreiche Dokumente zu fälschen, die ihr im Rückblick unmoralisch erschienen.[54] Daß sie sich in einen Autor verliebte, war kein Zufall, sondern verrät ein tragendes Motiv – den Wunsch, an der Welt der geistigen Produktion teilzuhaben. Das Tragische ist, daß diese Teilhabe nicht in einer gemeinsamen Kooperation stattfinden konnte, sondern nur, indem Caroline sich zum Spiegel von Herders Größe machte und sich selbst als Teil dieses grandiosen Anderen sah. Daß es so wurde, und wie es so wurde, läßt sich biographisch erhellen. Verstehen müssen wir allerdings, daß diese Einschränkung der Autonomie nicht lediglich aus Herders Zwanghaftigkeit und Carolines narzißtischer Bedürftigkeit herrührte, vielmehr war sie Ausdruck eines Kulturprozesses, der alle Reparaturmöglichkeiten dieser Paarproblematik vernichtet hatte. Das heißt: soziale Beziehungen, die der Regression im Paar entgegenwirken und die Identität, Grenzziehung und den notwendigen Konflikt ermöglichen könnten, eine solche *kritische* Instanz jenseits des Paares fehlt bei beiden.

Herder, Teil des Männerkollektivs, wird immer weiter in den Kampf um Anerkennung, das Leiden an der nie endgültigen Anerkennung getrieben. Sein Größen-Ich kann in diesem Kampf nur vernichtet oder aufgerichtet, nicht jedoch reflektiert werden. Und Caroline? Sie ist ohne autonome Beziehungen, die ihren Impuls zur Selbstverwirklichung formen und aufnehmen könnten. Sie verwirklicht sich als Ehefrau, als Mutter. Aber das war ja nur ein Teil ihres Selbstentwurfs. Sie selbst bezeichnet ihre Mutterschaft als sekundär, als ein Untergehen im Alltag. Für ihr eigentliches Leben hielt sie das Leben als »Mit-Arbeiterin« Herders, wobei dieses Mitarbeiten in Wahrheit ein Spiegeln war, das letztlich unbefriedigend blieb – eine Pseudo-Teilhabe an der Produktion.

Caroline verdrängte ihre aggressiven Impulse gegen Herder, indem sie in klassischer Abwehr, nämlich mit Rationalisierung / Verkehrung ins Gegenteil, auf jede Kritik an Johann Gottfried mit Erbitterung reagierte, so als habe man ihren Gott geschändet.

Herder war äußerst reizbar und verletzlich, und Caroline vergrößerte jede Verletzung ins Unangemessene. Sie verbündeten sich gegen die Außenwelt, und Caroline hatte dabei eine wesentliche Funktion. Schließlich lebte das Ehepaar, mit allen zerfallen, in der Burg seiner imaginären Größe. Herder starb verbittert, in dem Gefühl, gänzlich verkannt zu sein. Caroline hielt auch nach seinem Tod an ihrem entfremdeten Selbstbild fest. Sie hatte keine Alternative. Sie begnügte sich damit, seine Texte zu fälschen – wo er »sinnlich« geschrieben hatte, setzte sie nun »himmlisch«.

Das folgende Zitat Schillers über die Nachbarn Herder in Weimar macht uns lachen und schildert doch eine Lebenskatastrophe:

»Weimar, den 29. August 1787
…Von den hiesigen großen Geistern überhaupt kommen einem immer närrische Dinge zu Ohren. Herder und seine Frau leben in einer egoistischen Einsamkeit und bilden zusammen eine Art von heiliger Zweieinigkeit, von der sie jeden Erdensohn ausschließen. Aber weil beide stolz, beide heftig sind, so stößt diese Gottheit zuweilen unter sich selbst aneinander. Wenn sie also in Unfrieden geraten sind, so wohnen beide abgesondert in ihren Etagen, und Briefe laufen Treppe auf, Treppe nieder, bis sich endlich die Frau entschließt, in eigener Per-

son in ihres Ehegemahls Zimmer zu treten, wo sie eine Stelle aus seinen Schriften rezitiert, mit den Worten: ›Wer das gemacht hat, muß ein Gott sein, und auf den kann niemand zürnen‹ – dann fällt ihr der besiegte Herder um den Hals, und die Fehde hat ein Ende.«[55]

8. Die Interpretation der »Minna von Barnhelm«, geschlechtsspezifisch

Es geht nicht nur um die Rollenverteilung (Interpretieren, Deuten, Entwerfen gegen Empfinden, körperlich Reagieren, körperlich zur Darstellung Bringen), es handelt sich zugleich um den Kanon der Thematiken, die zur Aufführung zugelassen sind. Beliebige Gefühle (etwa Aggression) dürfen nicht zum Ausdruck gebracht werden, nur Muster der Hingabe und des Überwältigtseins. Damit liegen unvermeidlich die Figuren fest, die solche Darstellungen zulassen. So ist etwa die »Minna von Barnhelm« eine unbrauchbare Figur. Im Kern der Lessingschen Komödie taucht die Frau als bewußt handelndes Subjekt, als Strategin, als ein Wesen mit Zügen der Autonomie auf. Alle Frauengestalten der frühen Aufklärung erweisen sich letzlich als unbrauchbar, da hier die Sphären des Männlichen und Weiblichen nicht eindeutig abgegrenzt sind. Um es am Beispiel Lessings zu klären: Seine Frauenfiguren diskutieren und widersprechen.

Um 1770 änderte sich das im Bürgertum verbindliche Frauenmodell ebenso wie die literarischen Modellfiguren. Es verschärft sich der regressive Zug. Aus Frauen »mit Witz« werden sanfte Mädchen, die in Gesellschaft zu schweigen wissen. Figuren wie die Minna von Barnhelm werden von der Jugend des ›Sturm und Drang‹ als unglaubwürdig zurückgewiesen. Eine junge Frau wie Caroline Flachsland nimmt diese Deutung unmittelbar an. Sie vermag nichts dagegenzuhalten, und sie kann ein reflektiertes ambivalentes Frauenmodell nicht auf sich anwenden und für sich nutzbar machen. Betrachten wir die Debatte: Am 28. August empfahl Herder,

»Minna von Barnhelm« zu lesen. »Quälen Sie ihn (Merck, U. P.), daß er ihnen Minna von Barnhelm verschafft: Wir haben davon gesprochen, nur Minna ist doch nicht überall mein Mädchen.«

Mit diesem kleinen Hinweis und einer Andeutung von Herders Geschmacksrichtung machte sich Caroline ans Lesen und schrieb dem Freund folgendes:

»Die Minna von Barnhelm hab ich gelesen, aber heißen Sie mich nur eigensinnig, oder was Sie wollen, auch diese Comedie gefällt mir nicht, und hat mir noch keine gefallen; ob es der Ton ist, oder was es ist das mir nicht gefallt, ich weis es nicht, es ist wahr, es sind einige frappante Handlungen darinn, die ich wünschte gethan zu haben, oder thun zu können, und der Character des Tellheims und Minna ist würckliche Grosmuth, aber im Ganzen und wie die Leute reden, kommt es mir unnatürlich vor, und daß das Kammer-Mädchen, Soldat und Wirth sich in die delicate Situation der Liebe mit einmischen, gefällt mir durchaus nicht, hätte Herr Lesing nicht etliche Freunde oder Freundinnen der Minna und Tellheims darzu nehmen können, und die hin und wieder niedre Ausdrücke ausstreichen können? ich will sie noch einmal lesen, es hält aber schwer mich an den Ton der Comedie zu gewöhnen.«[56]

Auf diese Bemerkung hin wird Caroline von Herder über drei Seiten hin zurechtgewiesen. Die Eröffnung seiner Attacke lautet:

»›Minna gefällt Ihnen nicht, als Komödie, und von Komödien hat Ihnen noch keine gefallen!‹ Gut, meine liebe Freundin, aber warum müßen Sie sie, als Komödie lesen? So mag der Hamburgische Zeitungsschreiber, und der Pariser Witzling auf dem Parterr sie beurtheilen; aber, ich kann Ihnen versichern, mir ist kein Gedanke daran je eingekommen. Zur Beurtheilung einer Komödie, als Komödie, gehören so viel verflochtne Feinheiten: man muß sie nicht lesen, sondern sehen, nicht schlecht, sondern gut, und alles gut vorgestellt sehen, alsdenn alle Gemälde so sehr in Ein Ganzes zu versammeln wißen, daß ich diese Mühe gern den Kunstrichtern überlaße. Ich lese Minna als eine kleine Dialogirte Geschichte, wo ich insonderheit die Andeutung Menschlicher Seelen, Handlungen, Charaktere, Reden, Worte studire; Verwicklung und Entwicklung, Plan und Fabel, untergeordnete und Hauptscenen geht mich Nichts an. …Warten Sie, wenn ich nach D[armstadt] komme, will ich Ihnen das Stück vorlesen und ich trotze Ihrer Critik. In Eutin war jeder dagegen so eingenommen, daß Prinz, und Hofdamen die Nase rümpften; ich las es vor, und ich habe Briefe, daß sie es jetzt spielen. Vermuthlich schlecht; aber sie spielens doch und wünschen mich dazu.«[57]

»Nicht einmal *ich* maße mir hier ein Urteil an…« – das ist um so bedrückender, als Herder seine ganze Kennerschaft vor ihr ausbreitet und sie mit einer Suada überrollt, die nur eins bezwecken will: daß Caroline sich gefälligst aus solchen Sachen heraushalten solle. Er weist Caroline zurecht, und wenn er ihre Auffassung von Literatur kritisiert, bedeutet das keineswegs etwas Nebensächliches, er kritisiert, wie sie sein will, wie sie fühlt und was sie richtig und falsch findet. Und wo ihre Urteile von den seinen abweichen, da wird sie von ihm mit Vehemenz zur Ordnung gerufen:

»»Daß Kammermädchen, Soldat, und Wirth sich in die delikate Situation der
Liebe mit einmischen, gefällt mir durchaus nicht!‹ Das konnte meine so billig
denkende, Menschenfreundliche C[aroline] schreiben? Soll Soldat und Kammermädchen nicht lieben? und Jedes auf seine Art lieben, so delikat und undeli-
kat als ihre Seele gemacht ist?«[58]

Unsere Schwierigkeit besteht darin, daß wir zugeben müssen, daß Herder die großzügigere Auffassung hat, was das Stück angeht, und daß
Carolines Bemerkungen in der Tat borniert sind. Ein Wirt, der sich in
einen Liebeshandel einmischt, ist ihr unerträglich. Was Diener und
Zofe dort zu suchen haben, findet sie unerklärlich. Nein, die feine
Dame möchte nur »Freunde«, d. h. klassengleiche und seelenvoll ge-
stimmte Figuren, kurz, sie revoltiert gegen die ganze Struktur des Lessingschen Stücks. In diesem Punkt müssen wir also Herder recht geben. Es scheint sich in ihm so etwas wie ein »Klasseninstinkt« zu regen,
wenn er Caroline in scharfem Ton zurechtweist, daß das Personal auch
menschliches Leben hat. Aber auch Herder kann mit der Minna nichts
anfangen, denn die Minna ist keine sentimentale Empfindsame, sondern eine Frau, die ihr Interesse nicht verleugnet. Das gefällt Herder
gar nicht. Ganz anders steht es da mit dem Helden der Geschichte.
Bezaubernde Männlichkeit begeistert Herder hier – ein Vorbild:

»Nun sagen Sie mir einmal, kleine eigensinnige Tadlerin! wie hat Ihnen der
Charakter von Tellheim nicht gefallen können! Dieser Mann denkt so edel, so
stark, so gut und zugleich so empfindsam, so Menschlich, gegen Alles, wie es
seyn muß, gegen Minna und Jost, gegen Werner und die Oberstin, gegen den
Pudel und gegen den Wirth, daß er, außer dem kleinen Soldatenlichte, das ich
ihm laße, ganz mein Mann ist! Freilich ist er gegen die Minna kein Petrarca,
gegen den Wirth kein Hernhuter, gegen Josten kein Lammskerl, und gegen
Werner kein weicher Narr; aber er ist überall Major, der edelste, stärkste Charakter, der immer mit einer gewißen Würde und Härte handelt, ohne die keine
Mannsperson seyn sollte. In allem, was er sagt, würde ich kein Wort ändern,
selbst bis auf die Stelle, wo er mit dem bittern ruhigen Lachen den härtesten
Fluch gegen die Vorsehung redet – denn ach! auch dazu gehört, wenn man in die
Situation kommt, Stärke und Mannheit, die freilich unsre gemeine Christliche,
feige, heuchlerische Seelen nicht haben. Die Pistolen hangen nicht vergebens
hinter seinem Bett, und auch selbst den Zug verzeihe ich ihm: er ist überall der
brave Tellheim.«

Wie hier deutlich wird, geht es Herder bei diesem Drama vor allem um
die Charaktere, diese löst er völlig aus dem Sinnzusammenhang des
Ganzen. Er sieht sie ausschließlich als Handelnde in Situationen – und
da ist ihm der Major von Tellheim ganzes Abbild seines eigenen Männ-
lichkeitsideals. Minna, die weibliche Gegenspielerin, aber mißfällt

ihm. Auch sie sieht er immer nur in Situationen, aber es gefallen ihm nur solche Szenen, in denen Minna in bestimmter Weise auftritt:

»Meine Minna ists nicht: was kann ich davor, daß es Leßings seine ist, und daß er von den Weibern so schwache tändelnde und Komödiantenmäßige Begriffe hat? Mir gefällt sie gar nicht, außer in ein paar Stellen, und just eben da, wo das Eine Schwachheit ist und Ueberlaufen des Herzens (wo sie betet und den Armen gibt) und das zweite mal da, wo sie ganz aus ihrem Charakter geht und auf die ernsthafteste Art dem verzweifelnden T[ellheim] zuspricht.«

»Minna von Barnhelm« ist ein Stück, das von der Aktivität einer Frau handelt. Die vom Soldaten Tellheim sitzengelassene Minna reist dem Verschollenen nach Berlin nach und erobert ihn für sich zurück. Das sind für empfindsame Seelen, d. h. für Caroline noch mehr als für Herder, schon genügend peinliche Stellen, denn Minna ist keine tränenselige Erpresserin, sondern eine Frau, die beides beherrscht: das Spiel und die Täuschung, eine bewußte Strategie auf der Grundlage der Liebe und des Begehrens.

Ich skizziere hier kurz die Fabel von Lessings Stück aus dem Jahr 1768: Minna liebt den Major von Tellheim, und sie will ihre Wahl und ihr Glück nicht fahren lassen. Als der Major vom Krieg nicht wiederkehrt, macht sie sich mit ihrer Zofe Franziska auf, den Geliebten zu suchen. Sie findet ihn und er liebt sie auch, aber durch eine heroische Tat ist Tellheim um sein Vermögen gebracht, und da möchte er Minna nun nicht an einen Armen binden. Er übernimmt die Verantwortung für beide: Das heißt Minna von Barnhelm wird nicht gefragt, ob sie ihn dennoch liebt – da Frauen nach Meinung des Majors »nur aus Gefühl handeln«, also unverantwortlich sind. Tellheim läßt ihre Entscheidung nicht zu, sondern erklärt die Verbindung für aufgelöst; er kann von ihrem Geld nichts annehmen. Annehmen darf nur die Frau. Er kann auch vom Geld der Rangniederen, sei es Diener oder Soldat, nichts annehmen, obgleich er mit ihnen Brot und Elend teilt. Denn der Herr darf von jenen, über die er Autorität ausübt, nichts annehmen. Tellheim hat keinen Pfennig bares Geld mehr – da versetzt er seinen Verlobungsring, der ihn mit Minna verband.

In auswegloser Situation ist er doch nicht in der Lage, Grundbedingungen männlicher Dominanz – Unabhängigkeit im Sinn von nichts annehmen – aufzugeben. Minna steht dabei auf der gleichen Stufe wie der Bediente Just und der Soldat Werner. Auch sie ist eine »Untergebene«. Lieber will er verhungern, wenn er sein Recht nicht erhält – das Recht vom König, das ihm zusteht; aber keine Geschenke. Denn wer Geschenke annimmt, ist wie Kind, Frau und Knecht, kann nicht mehr herrschen als Patriarch und Mann.

Da bleibt Minna nichts anderes übrig, als den Geliebten als Retter anzurufen. Sie spielt ihm vor, sie sei hoffnungslos verarmt und aus Familie und Heimat ausgestoßen – und der depressive Tellheim, wieder in der Rolle des starken Retters, wird auf der Stelle in den tatendurstigen Liebhaber zurückverwandelt. Die Verwicklungen lasse ich hier aus, die das Knäuel der Paradoxe immer hoffnungsloser und untentwirrbar machen. Die Starke spielt die Hilflose, nicht aus Tücke, sondern um in seinem Denksystem überhaupt noch vorzukommen. Da ist für sie nur als Schwache Platz, denn Gleichrangigkeit kann es ja nicht sein, wenn sie zwar von ihm gerettet werden darf – er aber nicht von ihr. Ob »dem Manne erlaubt sei, was dem Weibe geziemet« (5. Akt), diese Frage wird in der Komödie schließlich zurückgenommen. Die äußere Ordnung der Dinge wird wieder hergestellt. Tellheim erhält Ehre und Geld zurück, und Minna ist wieder das reiche Fräulein von Barnhelm, und dahinter verschwindet das Problem, daß der Konflikt zwischen Gleichheitsanspruch und den konkreten Gestalten der Geschlechteridentität auf dem Boden dieser Ordnung nicht gelöst werden konnte. Allerdings wird im Stück die Brüchigkeit sichtbar: Die Dominanz, das Identitätsmuster des Mannes als des Herrn, mit den Elementen von Macht, Schutz der Abhängigen, hier Ehre genannt – trifft auf eine Frau, die sich nur ihm zuliebe als Hilflose gibt.

Die Spielformel zwischen den Geschlechtern, insbesondere die, die in der Empfindsamkeit eingeübt wird, taucht in der »Minna« als das auf, was sie ist: Die weibliche Schwäche ist nur ein Teil der Wahrheit. Das Stück enthält eine (fortschrittliche) Kritik der Empfindsamkeit. Daher rühren der Unmut Carolines und die Zurückhaltung Herders angesichts dieser Frauenfigur. Das Stück scheint wie gemacht, Herder und Caroline zum Nachdenken zu bringen, denn es behandelt genau das Geschlechterverhältnis kritisch, das die beiden im Augenblick zwischen sich zu etablieren im Begriff stehen.

Herder erfaßt den demokratisch-plebejischen Impuls, der durch das Stück geht, Caroline nicht. Aber Herder so wenig wie Caroline erfaßt das Geschlechterverhältnis, um das es hier geht. Es ist interessant, daß Herder, was uns wenig wundert, der Figur der Minna mit Ablehnung gegenübersteht. Doch auch die Wahrnehmung seines Vorbildes, des Majors von Tellheim, ist auffallend selektiv. Herder verfehlt hier die kritische Dimension des Stücks. Er entnimmt der Figur allein die positiven Aspekte einer idealisierten männlichen Rolle: daß Tellheim für die Schwachen streitet, daß er Moralist ist, der sich für andere einsetzt, ohne auf den eigenen Vorteil zu achten, daß er ein Herr ist, der dafür durchaus den Preis zahlt.

Herder kann sich mit dem Helden des Stücks eins fühlen. Tellheim erscheint ihm wie ein Teil seines eigenen symbolischen Selbst. Ganz spontan empfindet er diese Figur als symbolische Repräsentanz der Ideale des Männerkollektivs, zu dem er selbst gehört. Nur vor dem Hintergrund der Einübung in dieses Kollektiv der bürgerlichen Intellektuellen, in die allgemeinen Debatten, die hier geführt werden, in die Kenntnis der Positionen und Richtungen und im Vertrauen auf die Bedeutung, die er selbst als Sprecher innerhalb dieser Gemeinschaft hat, wird Herders Redefluß überhaupt verständlich. Diese Sicherheit des Urteils (auch wenn er das Stück mißversteht), diese Selbstgewißheit. Wenn wir dagegen Carolines Urteil betrachten, oder den halben Ansatz zu einem Urteil, denn mehr ist es ja nicht... Ihre Rede besteht vor allem aus Fragen und Selbsteinschränkungen. »Irgendwie« gefällt es ihr nicht. Sie suchte nach Modellen (frappanten Handlungen, die sie wünschte, getan zu haben), findet aber keine, der »Ton der Komödie« gefällt ihr nicht. Caroline – was hat für sie das Stück bedeutet? Sie wehrt nicht weniger ab als er – wie ihre vielen Fragen zeigen, ist sie aber zugleich unsicher auf der Suche, offen. Caroline sucht überhaupt erst den Zusammenhang, in dem sie Meinungen bilden könnte.

Carolines beschränkte Auffassung und ihre Ohnmacht in der Argumentation verweisen darauf, daß sie gesellschaftlich und persönlich gehindert ist, ein Bild von sich zu gewinnen. Sie kann das Bild der Aktivität, das in der »Minna« vorliegt, nicht für sich nutzbar machen. (Obwohl sie mit Minna viele Züge teilt.) Herder ist nur ein Teil im Ganzen, das darauf hinausläuft, weibliche Identität im Sinne der Repräsentanz des wahren Selbst zu paralysieren. Sie kann nicht argumentieren, weil das, wonach sie auf der Suche ist, sozial keine Gestalt hat: die weibliche Erfahrung und die tabuierten rebellischen Bestrebungen nach Unabhängigkeit. Ihre lebensgeschichtlichen Konflikte als Frau sind kulturell unbewußt. Sie erscheinen nur als Trauer, Depression oder als Abwehr der Depression. In der Literatur sucht Caroline auch Selbstverständigung. In der Auseinandersetzung mit Herder gehen ihr nun alle Möglichkeiten verloren, zu ihrem eigenen tabuierten Thema Zugang zu finden. Das Fiktive des liberalen Gleichheitssatzes wird hier sichtbar: der Mann mit seiner ungebrochenen Selbstgewißheit als Intellektueller und als anerkannter Teil einer Diskussionsgemeinschaft auf der einen Seite, eingeübt in Artikulation und Selbstverständigung, mit seinem Selbstverständnis als zur Auslegung der Welt Berufener – auf der anderen Seite die Frau. Dem Männerbund als Diskussionsgemeinschaft steht kein Frauenbund als Interpretationsgemeinschaft gegenüber. So wenig wie es eine Korrespondenz zur kulturellen Repräsentanz der Männlichkeit als des redenden und auslegenden Wesens auf der

Seite der Frauen gibt. (Das ideale Selbst der Frau wird ausschließlich in der Spiegelung durch den Mann erzeugt. Das ideale Selbst der Frau tritt immer nur als Teil eines Paares in Erscheinung.) Die einzelne Frau, hier Caroline, kann eine eigene selbstbewußte Identität ohne weibliche Praxis- und Traditionszusammenhänge nicht gewinnen. So ist von Anfang an Ungleichheit in der Beziehung. Für Caroline scheint die Paarbildung mit Herder der einzige Weg der Selbstbehauptung, der Selbstvergewisserung. Herders Selbstbewußtsein ist, ebensowenig wie seine Lebensgeschichte, nicht an das Paar gebunden.

Wie wir in vielen Szenen gesehen haben, gewinnt Caroline ihr Selbstbewußtsein über ihre Liebesverbindung zu Herder. Die Verbindung mit der Schwester, mit der Nachbarin, ist alltägliche Gemeinschaft. Doch Caroline findet in dieser Gemeinschaft keine Orientierung. Mit den Frauen lebt sie, trauert sie; aber dieser Zusammenhang gewährt ihr nicht das, wonach sie verlangt: sich als freies, ideales, machtvolles Subjekt gespiegelt sehen. Die Frauengemeinschaft erfährt sie als eine Gemeinschaft von Machtlosen, Trauernden.

Betrachten wir Carolines Lebensperspektive im Fluß der Geschichte des weiblichen Lebenszusammenhangs. Versuchen wir sie so zu sehen, wie sie sich selbst nicht sah: in der Kontinuität einer Geschichte der Frauenwelt. Wir entdecken, daß die Bücher und die Liebe für die Männer- und die Frauenkultur sehr Verschiedenes bedeuten. Lektüre, Freundschaft, Liebe – alle drei Ebenen bezeichnen historisch neue Einstellungen. Was bedeuten sie in der Lebenswelt der Frauen?[62]

Lektüre: Sie tritt an die Stelle weiblicher Alltäglichkeiten im Haus: Frauenarbeit und Frauengeschichten, die erzählt werden, Gespenster- und Ammenmärchen, die alle teilten, die im Haus waren – die Köchin, die Zofe, die Hausfrau. (Damit ist es vorbei, die Kultur spaltet sich in die mündliche Überlieferung der Unterklasse und die Lektürekultur des Mittelstandes.) Caroline orientiert sich nicht mehr an einer Frauenkultur, an den selbstverständlichen Praxisabläufen des Haushaltes mit den dazugehörigen Formen von Austausch und Gerede. Der Haushalt hatte die Familienfrauen mit der Nachbarschaft und der Verwandtschaft verknüpft, Caroline und ihre Schwester leben bereits in einer eigenen Welt. (Im Hause Hesse ist die Klassenkultur, die Ausgrenzung des Dienstpersonals aus dem Lebenskreis der Herrschaft, bereits perfekt.) Praktisch: Caroline tut im Haushalt nichts; kulturell: Was Caroline interessiert, steht in Büchern, die nicht die Lektüre des Hauspersonals sind, die Probleme behandeln, die mit deren Lebensauffassung nichts mehr zu tun haben. Auf Herders Bitte, ihr Mädchen nach Bückeburg mitzubringen, antwortet Caroline: »daß sie keine Vertraute habe und auch keine wolle«. Von solcher Vertrautheit zwischen

Zofe und Herrin ging Herder noch wie selbstverständlich aus. Von Caroline wird sie mit Befremden zurückgewiesen. Sie teilt mit einem einfachen Mädchen keine Gemeinsamkeiten; sie will sie nicht. Ihr ist die Lektüre Grundlage von Gemeinsamkeit mit anderen. Aber die Welt dieser Lektüre spiegelt ihr ausschließlich einen männlich bestimmten, von den männlichen Idealvorstellungen geformten Lebensentwurf wider.

Freundschaft hat mit Büchern zu tun. Die Idee der Freundschaft, der sich verstehenden Seelen, tritt an die Stelle vorgegebener naturwüchsiger Lebenszusammenhänge – Haushalt, Nachbarschaft, Verwandtschaft, d. h. an die Stelle der Kommunikation in der Welt der Frauen. Der Lebensrahmen der ständischen Ordnung und der Geschlechterordnung löst sich auf zugunsten »subjektiver Wahlen«. Kommunikationsgemeinschaft der »sympathetischen Seelen« heißt vor allem Spiegelungen des eigenen idealen Selbst in einer Beziehung, die allein diesen idealen Aspekt der Person zum Gegenstand hat. In der Freundschaft stellen die Frauen sich dar und werden so gesehen, wie sie gesehen sein wollen. Es geht hier nicht um die reale, sondern um die ideale Person. Alltag und Praxis sind für die Frauen nicht Teil des Freundschaftsbündnisses. Und wie uns ein Blick auf die Freundschaftsbünde jenes Kreises zeigt, ist die Rolle der Frauen ganz darauf beschränkt, die von kreativen Männern entworfenen Idealgestalten körperlich-unmittelbar darzustellen.

Dabei bleibt praktisch der naturwüchsige Frauenzusammenhang von Familie, Nachbarschaft lebenswichtig. Auch für Caroline. Dieser Aspekt wird jedoch nicht in das Bild des Ideals aufgenommen. Mit ihrer Schwester und der Nachbarin Louise Merck ist Caroline fast den ganzen Tag zusammen. Also doch alltägliche Frauengemeinschaft? Real schon. Aber ideell, und das ist entscheidend, sieht Caroline in dieser Gemeinschaft nichts, was ihre Lebensausrichtung bestimmen könnte. Diese Frauengemeinschaft hat nicht das Selbstbewußtsein einer Praxisgemeinschaft, die das Leben organisiert und über klare Arbeitsbereiche und Zuständigkeiten verfügt. Diese Frauen sind in der Situation von Wartenden. Sie warten auf die Männer, die von draußen kommen, während sie das Drinnen repräsentieren. Und das Innen heißt nichts anderes als Abhängigkeit, Leere; heißt, sich keine Identität geben können, sich nicht wiederfinden in den kulturellen Symbolen, nicht in der gemeinsamen Praxis und nicht in der wechselseitigen Anerkennung als tätige und machtvolle Subjekte.

Die Freundschaft steht also im Gegensatz zur alltäglichen Lebenspraxis. Hier die Entwertung des weiblichen Lebenszusammenhangs, die Beeinträchtigung der Idealisierung der Frauen; die ökonomische und sexuelle Abhängigkeit bildet den Kern. In der Freundschaft die Fiktion der Grandiosität und des Verstehens. Und die Freundschaften der Frauen dürren aus am Mangel an gemeinsamer folgenreicher Tätigkeit, am Mangel an »Außenwelt«. Wenn es nichts mehr zu verändern gibt, erlöschen auch die Freundschaften – und die Liebe?

Liebe: Hier geht es um die ideale Liebe, das ist die Freundschaft, die den Körper einbezieht. (Die Liebe wird für Caroline wichtiger als Freundschaft und Freundesgruppe.) Die Liebe ist verknüpft mit den zentralen lebensgeschichtlichen Handlungsfeldern. Soziales Überleben durch Heirat, emotionales Überleben aber ist genauso zentral, um die Selbst-Idealisierung festhalten zu können, sie auszubauen und zu bestätigen in einer Beziehung ohne Gleichgültigkeit, Demütigung und Kränkung. Die emotionale Bedrohung, in der Caroline aufgewachsen ist, bedeutet die Gefährdung weiblicher Identität durch Entidealisierung, durch die Unzuverlässigkeit der Männer. Aus der Perspektive der Frauen ist die idealisierende Liebe Rettung vor der Verachtung. Aber die Liebe vervollständigt die Beschränkung des weiblichen Lebens. Die Emotionalität wird auf das Paar und auf die aus dem Paar hervorgehende Familie konzentriert. Die männlichen Praxiszusammenhänge gehen wie selbstverständlich aus den alten männerbündlerischen patriarchalen Institutionen hervor: die Zunft, die höhere Schulbildung, die Universität, die Profession. Für die Frauen tritt nichts an die Stelle der alten Kollektivität. Das wirkt ins Paar zurück – als Widerstandslosigkeit der Frau, als Unfähigkeit, den eigenen Reichtum an Bedürfnissen und Erlebnisfähigkeit zu behaupten, auf den Begriff zu bringen, zu praktizieren. Die Frauen geraten in den Sog der männlichen Pathologie und Regression, und sie lassen sich auf den Rausch der Ersatzbefriedigung ein: die narzißtische Teilhabe an der Größe des Geliebten. Lektüre, Freundschaft, Liebe – die drei entscheidenden Themen der Zeit, Indikatoren der bürgerlichen Emanzipation, werden für Frauen doppeldeutig, denn sie sind nicht mit Praxis- und Bewußtseinsprozessen verbunden, die weibliche Kultur und weibliche Identität in ihrer Eigenständigkeit fortentwickeln.

Anmerkungen

[1] Herders Briefwechsel mit Caroline Flachsland, nach den Handschriften des Goethe- und Schillerarchivs, Hans Schauer (Hrsg.), Bd. 1, August 1770 – Dezember 1771; Band 2 Januar 1772 – April 1773, Weimar 1926/28 in: Schriften der Goethe Gesellschaft Bd. 39/40; ich zitiere im folgenden nach dieser Ausgabe (im folgenden BW), verweise aber auf die Gesamtausgabe der

Briefe Johann Gottfried Herders durch Dobbek und Arnold, Weimar 1977; leider ohne Abdruck der Flachsland-Briefe. Die von mir verwandten Zitate wurden dort überprüft.

[2] BW, 25. Okt. 1771, Bd. 1, S. 351. Vgl. die Biographie von Eugen Kühnemann, Herder, München 1912 und die schöne Zusammenstellung: Johann Gottfried Herder, Im Spiegel seiner Zeitgenossen, Briefe und Selbstzeugnisse, Lutz Richter (Hrsg.), Göttingen 1978.

[3] Vgl. die Darstellung bei Wilhelm Dobbek, Karoline Herder Ein Frauenleben in klassischer Zeit, Weimar 1967.

[4] Die Verhältnisse am Hof zu Darmstadt vgl. Hermann Bräuning-Oktavio, Herausgeber und Mitarbeiter der Frankfurter Gelehrten Anzeigen 1772, Tübingen 1966, und ders., Goethe und Johann Heinrich Merck; Die Geschichte einer Freundschaft, Darmstadt 1970, sowie Vehse, Geschichte deutscher Höfe seit der Reformation, Bd. 1851–1858.

[5] BW, 30. März 1770, S. 76.

[6] BW, 25. Aug. 1770, Bd. 1, S. 3.

[7] a. a. O., S. 2.

[8] BW, 17. Okt. 1770, Bd. 1, S. 112.

[9] Vgl. Die Gedichte des 16jährigen Herder »an meinen Genius« und die Berichte in: Erinnerungen aus dem Leben Gottfrieds von Herder, Gesammelt und geschrieben von Maria Carolina von Herder, Tübingen 1820; vgl. die Einschätzung der Entwürfe des jungen Herder bei Hermann Hettner, Geschichte der deutschen Literatur im 18. Jahrhundert, Berlin 1979, Bd. 2, S. 25 ff.

[10] Nach Schätzungen Rudolf Schendas galten im Jahr 1770 etwa 10 – 15 % der Erwachsenen als Leser, nach der Jahrhundertwende etwa 25 %; Vgl. vor allem Rudolf Engelsing, Der Bürger als Leser, Stuttgart 1974, S. 163 ff. und 296 ff.; Rudolf Schenda, Volk ohne Buch; Studien zur Sozialgeschichte der populären Lesestoffe 1770–1910, Frankfurt am Main 1970; Elisabeth Blochmann, Das Frauenzimmer und die Gelehrsamkeit, Heidelberg 1966, S. 28 ff.; Wolfgang Martens, Leserezepte fürs Frauenzimmer, Die Frauenzimmerbibliotheken der deutschen Moralischen Wochenschriften, In Archiv für die Geschichte des Buchwesens, Bd. XV, 1975.

[11] Diese literarischen Entwürfe, die in sich den bürgerlichen Vernunftehen und der Einordnung in bestehende Machtstrukturen widersprachen, machten bald die Lektüre selbst verdächtig. Die Kampagne gegen das »Viel-Lesen« setzte etwa um 1774 mit dem »Werther-Fieber« ein. Auf diesen Aspekt möchte ich hier nicht weiter eingehen, ich verweise hier nur auf die Untersuchungen von: Helmut Kreuzer, Gefährliche Lesesucht? Bemerkungen zu politischer Lektürekritik im ausgehenden 18. Jahrhundert, in: Leser und Lesen im 18. Jahrhundert, Rainer Gruenter (Hrsg.), Heidelberg 1977, S. 62 und Gerhard Sauder, Gefahren empfindsamer Vollkommenheit für Leserinnen und die Furcht vor Romanen in einer Damenbibliothek in: Leser und Lesen a. a. O. S. 83 f.

[12] Johann Wolfgang Goethe, Die Leiden des jungen Werther, Brief vom 16. Juni.

[13] Aus der Fülle der Literatur zum Thema Empfindsamkeit war mir besonders

hilfreich: Gerhard Sauder, Empfindsamkeit Bd. 1 Voraussetzungen und Elemente, Stuttgart 1974; Wolfgang Doktor, Die Kritik der Empfindsamkeit, Frankfurt am Main / Bern 1975 und Georg Jäger, Empfindsamkeit und Roman, Stuttgart 1969, sowie die Studie von Silvia Bovenschen, Die imaginierte Weiblichkeit, Frankfurt 1980.

[14] Vgl. hierzu: Iring Fetscher, Rousseaus Politische Philosophie, Zur Geschichte des demokratischen Freiheitsbegriffs, 2. erw. Aufl., Neuwied 1968, vor allem Kapitel I, § 2, Rousseaus Kritik der zeitgenössischen Gesellschaft und Rousseaus Naturbegriff.

[15] Ich folge der Bestimmung des ästhetischen Erlebens durch Robert Jauss, Ästhetische Erfahrung und Literarische Hermeneutik, Frankfurt am Main 1984, S. 88 f.: Ästhetisch genießendes Verhalten, das zugleich Freisetzung von und Freisetzung für etwas ist, kann sich in drei Funktionen vollziehen: für das produzierende Bewußtsein im Hervorbringen von Welt als seinem eigenen Werk (Poiesis), für das rezipierende Bewußtsein im Ergreifen der Möglichkeit, seine Wahrnehmung der äußeren wie der inneren Wirklichkeit zu erneuern (Aisthesis), und schließlich – damit öffnet sich die subjektive auf intersubjektive Erfahrung – in der Beipflichtung zu einem vom Werk geforderten Urteil oder in der Identifikation mit vorgezeichneten und weiterzubestimmenden Normen des Handelns.
Poiesis, Aisthesis und Katharsis als die drei Grundkategorien der ästhetischen Erfahrung sind nicht hierarchisch als ein Gefüge von Schichten, sondern als ein Zusammenhang von selbständigen Funktionen zu denken: sie lassen sich nicht aufeinander zurückführen, können aber wechselseitig in ein Folgeverhältnis treten.

[16] BW, 25. August 1770, Bd. 1, S. 4 ff.

[17] BW, 20. Sept. 1770, Bd. 1, S. 44.

[18] a. a. O., S. 45.

[19] a. a. O., S. 47.

[20] BW, 1. Sept. 1770, Bd. 1, S. 17.

[21] a. a. O., S. 17.

[22] Vgl. Helmut Schauer im Kommentar BW, Bd. 1, S. 427.

[23] a. a. O., S. 19.

[24] Das Interpretationsverfahren, das ich bei der Analyse der vorliegenden Texte verwandte, wurde von Alfred Lorenzer entwickelt. Zur psychoanalytisch-tiefenhermeneutischen Methode vgl. Alfred Lorenzer, Der Gegenstand psychoanalytischer Textinterpretation in: Sebastian Goeppert (Hrsg.), Perspektiven psychoanalytischer Literaturkritik, Freiburg 1978; Alfred Lorenzer, Die Funktion von Literatur und Literaturkritik in: Institutsgruppe Psychologie der Universität Salzburg (Hrsg.), Jenseits der Couch, Frankfurt am Main 1984, und A. Lorenzer, Tiefenhermeneutische Kultur-Analyse in: Kultur-Analysen, Frankfurt am Main 1986.

[25] BW, Bd. 1, S. 88.

[26] BW, Bd. 1, S. 31.

[27] BW, Bd. 2, S. 10.

[28] BW, 16. Nov. 1771, Bd. 1, S. 370 f.

[29] BW, a. a. O., S. 373.

[30] BW, a.a.O., S. 384.

[31] BW, a.a.O., S. 386.

[32] BW, a.a.O., S. 384.

[33] Johann Gottfried Herder, Briefe Bd. 1, Weimar 1977, S. 105f.

[34] BW, 10. Sept. 1770, Bd. 1, S. 36f.

[35] BW, 20. Sept. 1770, Bd. 1, S. 49f.

[36] BW, 20. Sept. 1770, Bd. 1, S. 46.

[37] BW, 1. Okt. 1770, Bd. 1, S. 49.

[38] BW, Bd. 2, S. 11f.

[39] BW, Bd. 2, S. 12.

[40] BW, Bd. 2, S. 327.

[41] BW, Bd. 2, S. 336.

[42] BW, Bd. 2, S. 346.

[43] Herders Reise nach Italien, Briefwechsel mit seiner Gattin, H. Düntzer (Hrsg.), Hildesheim 1977, S. 349.

[44] a.a.O., S. 393.

[45] BW, 20. 4. 1771, Bd. 1, S. 166.

[46] Der scharfblickende Beobachter Lessing läßt deshalb den melancholischen Bräutigam, der die Geliebte nie erreichen wird, folgendes sagen:
Sie (Emilia): Wie sah ich aus als ich Ihnen zuerst gefiel? Wissen Sie es noch? Er (Appiani): Ob ich es noch weiß? Ich sehe Sie in Gedanken nie anders als so; und sehe Sie so, auch wenn ich Sie nicht so sehe.« (Emilia Galotti, II, 7) (1772).

[47] BW, Bd. 1, S. 177 (Hervorhebung von mir, U. P.).

[48] BW, Bd. 1, S. 236.

[49] BW, Bd. 1, S. 237.

[50] BW, Bd. 1, S. 174f.

[51] BW, Bd. 2, Feb. 1773, S. 365.

[52] Vgl. die Einleitung zu der Weimarer Ausgabe der Briefe Joh. G. Herders, Bd. 1, Weimar 1977.

[53] Lutz Richter, Herder im Spiegel seiner Zeitgenossen, Göttingen 1978, S. 255.

[54] BW, 14. Juni 1771, Bd. 1, S. 239.

[55] BW, 22. Juni 1771, Bd. 1, S. 247.

[56] BW, 1. Okt. 1770, Bd. 1, S. 49.

[57] Zum Thema Lektüre vgl. Anmerkung 9 und 10. Die Strukturgleichheit von Freundschaft und Liebe bei Paul Kluckhohn, Die Auffassung der Liebe des 18. Jahrhunderts und in der deutschen Romantik, S. 150 und S. 181ff., Tübingen 1966. Vgl. auch Niklas Luhmann, Liebe als Passion, Zur Codierung von Intimität, Frankfurt am Main 1982, S. 103f.: Die Begriffsdispositionen der Tradition hatten die Freundschaft im Verhältnis zur Liebe benachteiligt. Liebe war eine Qualität, Freundschaft nur eine Relation. Liebe war auch im Verhältnis zu Gott und zu sich selbst, Freundschaft dagegen nur im Verhältnis zu anderen Menschen möglich. Freundschaft blieb damit (wie schon im Aufbau der Nikomachischen Ethik) ein Anhängsel in der Behandlung ethischer Fragen. Dies scheint sich jedoch um 1700 in dem Maße zu ändern, als soziale Reflexivität zum Ausgangspunkt wird für eine Neubehandlung

naturrechtlicher und ethischer Fragen, und eine Zeitlang sieht es so aus, daß Liebe und Freundschaft verschmolzen werden könnten, wenn nicht das Störproblem der Sexualität zu einer Unterscheidung zwänge. Jedenfalls konkurrieren jetzt beide Begriffe um die Anwartschaft, den Code für Intimbeziehungen zu bestimmen.

Die Polarisierung der Geschlechtscharaktere beschreibt Karin Hausen in Heidi Rosenbaum, Familie und Gesellschaftsstruktur, Frankfurt am Main 1978; den Prozeß der Herausbildung der bürgerlichen Privatheit bei Jürgen Habermas, Strukturwandel der Öffentlichkeit, vor allem Kap. V, Sozialer Strukturwandel der Öffentlichkeit; bedenkenswerte Aspekte der Kontinuität traditional patriarchalischer Strukturen im »Sekundär-Patriarchalismus« des Bürgertums formuliert Annette Kuhn in: Brenner et al. (Hrsg.), Frauen in der Geschichte, Band 4, Düsseldorf 1983.

58 Vgl. hierzu Ulrike Prokop, Die Einsamkeit der Imagination; Literarische Produktion und Geschlechterkonflikt in: Gisela Brinker-Gabler (Hrsg.), Sozial- und Kulturgeschichte schreibender Frauen, München 1987.

ACHIM WÜRKER

Irritation und Szene

Anmerkungen zur tiefenhermeneutischen Literaturinterpretation [1]

Ich möchte Sie zunächst unmittelbar mit unserem Gegenstand, mit Literatur, konfrontieren, genauer: mit der Anfangspassage aus Elias Canettis Autobiographie ›Die gerettete Zunge‹ [2]:

Meine früheste Erinnerung

Meine früheste Erinnerung ist in Rot getaucht. Auf dem Arm eines Mädchens komme ich zu einer Tür heraus, der Boden vor mir ist rot, und zur Linken geht eine Treppe hinunter, die ebenso rot ist. Gegenüber von uns, in selber Höhe, öffnet sich eine Tür und ein lächelnder Mann tritt heraus, der freundlich auf mich zugeht. Er tritt ganz nahe an mich heran, bleibt stehen und sagt zu mir: »Zeig die Zunge!« Ich strecke die Zunge heraus, er greift in seine Tasche, zieht ein Taschenmesser hervor, öffnet es und führt die Klinge ganz nahe an meine Zunge heran. Er sagt: »Jetzt schneiden wir ihm die Zunge ab.« Ich wage es nicht, die Zunge zurückzuziehen, er kommt immer näher, gleich wird er sie mit der Klinge berühren. Im letzten Augenblick zieht er das Messer zurück, sagt: »Heute noch nicht, morgen.« Er klappt das Messer wieder zu und steckt es in seine Tasche.
Jeden Morgen treten wir aus der Tür heraus auf den roten Flur, die Tür öffnet sich, und der lächelnde Mann erscheint. Ich weiß, was er sagen wird und warte auf seinen Befehl, die Zunge zu zeigen. Ich weiß, daß er sie mir abschneiden wird und fürchte mich jedesmal mehr. Der Tag beginnt damit, und es geschieht viele Male.

Überprüfen Sie, ob Ihnen nicht spontan der Begriff der ›Kastration‹ eingefallen ist und Sie geneigt waren, die dargestellte Angst vor dem Abschneiden der Zunge als Darstellung der Kastrationsangst aufzufassen, ganz in dem Sinne, in dem Freud in seiner Deutung von E. T. A. Hoffmanns ›Der Sandmann‹ die Augenangst der Hauptfigur dort interpretiert:

»Hingegen mahnt uns die psychoanalytische Erfahrung daran, daß es eine schreckliche Kinderangst ist, die Augen (...) zu verlieren. (...) Das Studium der Träume, Phantasien und Mythen hat uns dann gelehrt, daß die Angst um die Augen (...) häufig genug Ersatz für die Kastrationsangst ist.« [3]

Und diese Identifizierung von Augenangst und Kastrationsangst macht Freud zur Grundlage seiner Deutung der Hoffmannschen Erzählung.

Nun ließe sich auch im Falle von Canettis ›Geretteter Zunge‹ die Kastrationsthematik weiterverfolgen, in der Tat enthält der Text weitere Szenen, die eine ödipale Problematik zur Geltung bringen, wie z. B. eine Szene, in der der Vater nackt, mit großem Glied als Pferd bezeichnet wird, was uns aufdringlich Freuds Fallgeschichte vom ›Kleinen Hans‹ in Erinnerung ruft[4].

Stellen wir uns also eine Interpretation vor, die solcherlei Parallelen zwischen psychoanalytischer Erfahrung bzw. Erkenntnis und Textszenen organisierte; – was würde sie leisten? Nun, sicherlich nicht wesentlich mehr als eine Illustration psychoanalytischer Erkenntnisse (um solche Illustration ging es zumeist Freud), keinesfalls ein Verständnis einer unbewußten Sinndimension. Denn – bleiben wir bei der zitierten Anfangsszene und ihrer Deutung – weder ist die dargestellte Bedrohung durch den Mann mit dem Messer irgendwie verborgen, noch ist uns die psychoanalytische Beschreibung der Kastrationsproblematik unbewußt, das eine wie das andere ist offenkundig-bewußt.

Da es aber – grob gesprochen – unser Ziel ist, ähnlich wie in der psychoanalytischen Therapie, unbewußte Zusammenhänge bewußt zu machen[5], darf es uns also nicht um eine solche erklärende Übertragung von theoretischen Erkenntnissen auf Literatur gehen; – übrigens eine Art der Betrachtung von literarischen Texten, die die Tradition psychoanalytischer Literaturinterpretation seit Freud weitgehend kennzeichnet.

Statt nun die komplexe Problematik des Methodentransfers von psychoanalytischer Praxis auf das Feld der literarischen Kommunikation abstrakt darzustellen – der Name der Tiefenhermeneutik deutet schon an, daß es um solchen Methodentransfer statt der umstandslosen Übertragung von Theorie gehen muß – möchte ich den Ansatz eines zweiten Interpretationsbeispiels vorführen, wobei ich Ihr Augenmerk nur durch die Nennung des Leitbegriffs des ›szenischen Verstehens‹ auf die Besonderheiten des Interpretationsversuchs lenken und Sie bitten möchte, mir in meinen zunächst sehr persönlichen Assoziationen und Irritationen zu folgen, von denen mein Verstehen seinen Ausgang nimmt.

Ich beziehe mich dabei wiederum auf eine Szene aus Canettis Autobiographie, die ebenfalls auf den ersten Seiten des Textes zu finden ist und die ich für eine umfassendere Interpretation als Ausgangspunkt gewählt habe:[6]

Es (das Geschäft des Großvaters, A. W.) lag an einer steilen Straße, die von der Höhe der reicheren Viertel Rustschuks stracks zum Hafen hinabführte. An dieser Straße lagen alle die größeren Geschäfte; das des Großvaters befand sich in einem dreistöckigen Haus, das mir stattlich und hoch erschien, die Wohnhäuser auf dem Hügel oben waren einstöckig. Man verkaufte darin Kolonialwaren en gros, es war ein geräumiger Laden, in dem es wunderbar roch. Auf dem Boden standen große, offene Säcke mit verschiedenen Getreidesorten, es gab Säcke mir Hirse, mit Gerste und solche mit Reis. Ich durfte, wenn meine Hände sauber waren, hineingreifen und die Körner fühlen. Das war ein angenehmes Gefühl, ich füllte die Hand mit Körnern, hob sie hoch, roch daran und ließ die Körner langsam wieder herunterrinnen; das tat ich oft, und obwohl es viele andere merkwürdige Dinge im Laden gab, tat ich das am liebsten und war schwer von den Säcken wegzubringen. Es gab Tee und Kaffee und besonders Schokolade. Alles fand sich in großen Mengen und schön verpackt, es wurde nicht einzeln verkauft wie in gewöhnlichen Läden, die offenen Säcke am Boden gefielen mir auch darum besonders, weil sie nicht zu hoch für mich waren und ich beim Hineingreifen die vielen Körner, auf die es ankam, fühlen konnte.

Diese eher unscheinbare Szene fiel mir bei der ersten Lektüre auf, vielleicht gerade weil ich durch Titel und Anfangsszene auf die Kastrationsproblematik konzentriert war und diese Beschreibung darin einfach nicht unterzubringen war, aber auch deshalb, weil ich die Faszination der Hauptfigur einerseits teilte, andererseits nicht recht verstehen konnte, was diese Faszination ausmachte. Hinzu kam, daß mir die im Text gegebene Erklärung sehr banal vorkam: Sie erinnern sich, dort wird gesagt, daß die offenen Säcke Elias deshalb besonders gefielen, weil sie nicht zu hoch für ihn waren und er also hineingreifen und die Körner fühlen konnte. Sicherlich, das war eine Voraussetzung für das faszinierende Spiel, erklärte aber kaum die Faszination selbst – die sich mir aber gleichwohl mitteilte.

Als ich mir die Bedeutsamkeit der Szene nun versuchte genauer verständlich zu machen, fiel mir zunächst auf, wie sehr diese Szene mit vorangehenden Schilderungen kontrastierte: gab es zuvor Szenen intensiver Bedrohlichkeit, wie die Eingangsszene oder solche von Angriffen hungriger Wölfe bei winterlichen Schlittenfahrten, so ist diese Szene durch eine Atmosphäre der Ruhe und Sicherheit gekennzeichnet.

Die Harmonie, die ich aktualisierte, hängt damit zusammen, daß ich mir Elias ungestört vorstelle, alleine inmitten der offenen Getreidesäcke, die Vielfalt der anderen Gegenstände tritt quasi in den Hintergrund, Elias' Bewegungen sind nicht hektisch, langsam nimmt er Körner aus den Säcken, führt die Hand zur Nase, um zu riechen, und ebenso langsam läßt er die Körner wieder durch die Finger in den Sack zurückrinnen. Ich aktualisiere den Geruch, spüre die Körner, deren glatte Oberfläche, ihre angenehme Wärme, die sich meiner Hauttemperatur anpaßt, ihre Kontur, ihr Gewicht, das mich sie spüren läßt, ohne daß sie schwer wären; – ich nehme die Szene sinnlich intensiv wahr.

Und gerade deshalb fällt mir auf, daß diese sinnliche Dimension nicht ungebrochen ist, daß Aspekte der Beschreibung diesem Empfinden Grenzen setzen: das ›Ich durfte‹ läßt die Möglichkeit eines Verbots virulent werden, und die Bedingung der Erlaubnis – ›wenn meine Hände sauber waren‹ – macht mich auf die *Sauberkeit* des Spiels insgesamt aufmerksam: die Körner funktionieren wie eine Flüssigkeit oder ein Brei, ohne daß der Berührende aber naß oder eben *schmutzig* würde, die Glätte der Körner ist keine Glitschigkeit.

So gesehen bekommt der nachfolgende Satz eine irritierende Doppelbödigkeit: sicher sind in der Aufzählung ›Es gab Tee und Kaffee und besonders Schokolade‹ nicht etwa die flüssigen Getränke gemeint, und doch schwingt diese Assoziationsmöglichkeit mit und bildet eine Kontrastvorstellung zu dem Körnerspiel. Unabhängig davon stellt sich bei der herausgehobenen Schokolade – ›und besonders Schokolade‹ – eine weitere Kontrastvorstellung zum Berühren der Körner ein: die umgangssprachlich als *Schokoladenfinger* bezeichneten *schmutzigen* Finger von Kindern, die Schokolade gegessen haben und zum Händewaschen geschickt werden.

Ein Zweites fällt mir auf: während Elias nur an den Körnern riecht, wollte ich sie auch schmecken; ich würde sie zwischen den Zähnen zermalmen, um ihren mehligen Geschmack zu schmecken. Plötzlich kommt mir Elias' Verhalten recht distanziert vor, die Geste, wie er die Körner zu seiner Nase führt, nie aber ein Korn ißt und schmeckt, erscheint mir so zurückgenommen und diszipliniert, daß ich eher an eine fachmännische Prüfung denke als wirklich an ein kindliches Spiel.

Und es bleibt mir nicht mehr selbstverständlich, daß Elias sich von der Schokolade fernhält, nicht – wie ich es vielleicht von einem kleinen Jungen erwarten würde – z. B. fragt, ob er ein Stück bekommen könnte, und irritiert lese ich den Anfangssatz des nächsten Abschnitts, wo es heißt: »Die meisten Dinge, die es da gab, waren genießbar, aber nicht alle« – redet er da von Schokolade etwa als von einem Ding, das ›genießbar‹ ist?

Der kleine Elias erscheint mir immer mehr als disziplinierter Erwachsener – fast wie ein Lebensmittelprüfer –, der ernst mit isolierter Sinneswahrnehmung kontrolliert: erst fühlt, dann riecht, dasselbe mit den nächsten Körnern, fühlen, riechen usw.

Dieser Eindruck deckt sich merkwürdig mit dem Bild, das in mir beim

Lesen der Szene entsteht, nämlich Elias als der, der die Säcke überragt – als notwendige Voraussetzung, daß er die Körner ›herunter‹-rinnen lassen kann –, den Arm ausgestreckt waagrecht, eine Geste, die ein bißchen großartig anmutet, die etwas von einer Herrschaftsgeste hat.

Mir fällt auf, daß der Text selbst diese Assoziation evoziert, denn das Die-Säcke-Überragen deckt sich eigenartig mit dem Bild der Gesamtszenerie, wie sie zuvor beschrieben ist: »An dieser Straße lagen die größeren Geschäfte: das des Großvaters befand sich in einem dreistöckigen Haus, das mir stattlich und hoch erschien, die Wohnhäuser auf dem Hügel oben waren einstöckig.« Wie Elias die Säcke überragt, überragt das dreistöckige Haus des Großvaters die einstöckigen anderen Häuser.

Sie sehen, wie der Text meine identifikatorische Interpretation abweist und bei genauerem Hinsehen klar wird, daß es nicht die spontane Lust eines Knaben ist, die sich im Spiel mit den Körnern verwirklicht (wie es mir anfangs vorkam), sondern wie der sinnliche Umgang mit den Getreidekörnern diszipliniert ist, wie spezielle Sinneswahrnehmungen zugelassen sind, andere ausgeschlossen bleiben, daß Elias eigentlich wenig kindlich gezeigt ist, sondern eher großartig und erwachsen, eher ›stattlich‹ (wie das Haus des Großvaters).

Ich möchte an dieser Stelle meine Skizze meines Verstehensversuchs abbrechen, um im folgenden die Besonderheit der Methode tiefenhermeneutischen Interpretierens von Literatur zu erläutern, nämlich das ›szenische Verstehen‹, – die Form des Verstehens also, die Alfred Lorenzer in Abgrenzung zu logischem und psychologischem Verstehen als die Eigenart des Erkennens unbewußter Dynamik in der therapeutischen Situation ausgewiesen hat.[7]

1. Zunächst wird die Textpassage als ein Interaktionszusammenhang – Elias' Umgang mit den Körnern – gesehen, und zwar im Kontext einer Szenenfolge, die der Text liefert – Bedrohung mit dem Messer, Wölfe bei winterlichen Schlittenfahrten usw.

2. Die Szene wird nicht aufgegriffen, weil sie plausibel in die Szenenfolge einzufügen ist, und nicht, weil sich in ihr ein leicht erfaßbarer Sinn zeigt, sondern gerade weil sie dem Verstehen einen Widerstand entgegensetzt: sie kontrastiert mit den Szenen, die ihren Kontext bilden, sie entzieht sich dem Sinn, den ich unter dem Stichwort ›Kastration‹ im Auge hatte, ihre immanente Logik ist brüchig, die gegebene Verhaltenserklärung erscheint mir wenig stichhaltig; kurz: ich greife die Szene auf, weil sie mich irritiert.

3. Diese Irritation wird aber nur möglich, weil ich den Text nicht unter der Voraussetzung lese, er böte einen lückenlosen Sinn, und nicht unter der Voraussetzung, dieser Sinn sei im Lichte einer Theorie – z. B. der

der Psychoanalyse – schnell faßbar. Die Irritation wird möglich, weil ich den Text ohne ausgeprägte bewußte Steuerung lese, weder konzentriert bin, zu ›verifizieren‹, was der Text mir als Sinn nahelegt, noch zu ›verifizieren‹, was mir eine Theorie an systematischen Erklärungen zur Verfügung stellt, sondern indem ich mich der Technik bediene, die einfach darin besteht,

»sich nichts besonderes merken zu wollen und allem, was man zu hören (und zu lesen, A. W.) bekommt, die nämliche ›gleichschwebende Aufmerksamkeit‹ (…) entgegenzubringen.«[8]

4. Die Bedeutung der Szene wird nicht durch den distanzierten Blick auf das Objekt ›Text‹ erschlossen, sondern indem ich mich ›einlasse‹, quasi am eigenen Leib spüre, was da geschildert wird: ich aktualisiere Geruch, spüre die Oberfläche der Körner, ich lasse mich gefangennehmen von der Bildhaftigkeit der Szene und werde so zum ›Mitspieler‹, nehme teil am Spiel mit den Körnern, ein Vorgang, der mit aller Vorsicht mit dem Zusammenhang von Übertragung und Gegenübertragung in der psychoanalytischen Therapie verglichen werden kann.[9]

5. Natürlich gehe ich nicht voraussetzungslos an den Text heran, sondern ich begegne ihm mit meiner Lebenserfahrung, meiner Weltdeutung. Wie jedes Verstehen gelingt auch tiefenhermeneutische Interpretation nur, weil ich Vorannahmen an das zu Verstehende herantrage, konkret sind es hier ›lebenspraktische Vorannahmen‹ – z. B. daß ein Kind die Körner auch schmecken wollte, daß es an Schokolade interessiert ist.

Wobei sich diese lebenspraktischen Vorannahmen – oder szenischen Anschauungsformen, wie Lorenzer sie auch bezeichnet – in der Auseinandersetzung mit dem Text korrigieren lassen müssen, sich ihm annähern müssen, um ihn in seiner Fremdartigkeit zu fassen: Elias eben nicht als kleiner Junge, der spielt, sondern als stattlicher Kontrolleur. Damit unterscheiden sich die szenischen Anschauungsformen, die als Vorannahmen fungieren, radikal von theoretischen Erklärungsmustern à la ›Kastration‹.

6. Das hier vorgeführte Verfahren zielt somit auf eine unterhalb manifester Bedeutungen – Elias, das spielende Kind – liegende ›latente‹ Sinnebene – Elias, der disziplinierte Kontrolleur – die dem Unbewußten näherssteht, die quer zum manifesten Sinn angelegt ist und die in einer bedeutsamen Spannung zu ihm steht.

7. Dieser ›latente Sinn‹ kann nur verstanden werden, wenn, ausgehend von Irritationen, andere Szenen – wiederum mit quasi ›gleichschwebender Aufmerksamkeit‹ – wahrgenommen werden, die als Erläuterungen zu der ersten auffallen und aus deren Zusammenhang ein neuer

Sinn aufschimmert. Auch hierfür enthält mein Interpretationsansatz ein Beispiel, denn ich habe ja nicht nur das Körnerspiel betrachtet, sondern auch noch eine zweite Szene, die üblicherweise gar nicht als Szene aufgefaßt würde, nämlich die undramatisch statische Beschreibung der Lage des großväterlichen Geschäfts: die Attribute (›stattlich‹ und ›hoch‹) des dreistöckigen Hauses, das die übrigen Häuser überragt, wurde mir als Ausdruck eines Verhältnisses bedeutsam, das auch eine Bedeutung von Elias' Körnerspiel ausmacht, eben ›überragend‹ zu sein.

Natürlich bin ich in meinem kleinen Beispiel nicht einmal annähernd zum Verständnis einer latenten Sinnebene gelangt, dazu wäre eine intensive, differenzierte Reflexion des Text-Leser-Verhältnisses bezogen auf den ganzen Text nötig.

Es stellt ja – ich betone es nochmals ausdrücklich – lediglich einen Verstehensansatz vor, dem in einer Gruppeninterpretation andere, vertiefende und differenzierende Eindrücke anderer Leser zu integrieren wären, der mir aber gleichwohl geeignet erschien, die Merkmale ›szenischen Verstehens‹ anschaulich zu machen. So hoffe ich, nicht dem Mißverständnis Vorschub geleistet zu haben, eine einzig angemessene oder gar vollständige Interpretation der Szene vorführen zu wollen. Lassen Sie mich abschließend wenigstens andeuten, daß eine aus dem hier skizzierten Verstehensansatz erwachsende und auf einem intensiven Gruppeninterpretationsprozeß beruhende Interpretation, die ich an anderer Stelle dargestellt habe[10], die genannten Aspekte der Kontrolle und des Verfügens, des Überragens, der Disziplinierung sinnlicher Erfahrung, v. a. der Ausgrenzung von Essen und Eßbarem, sowie die Dementierung von eigener Kindheit und lebensgeschichtlicher Gewordenheit zentrale Aspekte des Lebensentwurfs sind, der den latenten Sinn des Gesamttextes auszeichnet und der letztlich auf eine Allmachtsvorstellung hinausläuft, in der Sprachverfügung mit Wirklichkeitsverfügung identifiziert wird.

Ich muß nun einige Erläuterungen anfügen, die ich nicht unmittelbar aus meinem Interpretationsbeispiel ableiten kann, die aber eine notwendige Voraussetzung für eine Betrachtung der tiefenhermeneutischen Literaturinterpretation als einer ›psychoanalytischen Sozialforschung‹ bilden.

Wenn ich bisher gesagt habe, daß es Ziel der tiefenhermeneutischen Interpretation ist, eine latente Sinnebene zu erschließen, und angedeutet habe, daß der Verstehensprozeß somit in Richtung auf Unbewußtes angelegt ist, so muß hinzugefügt werden, daß dieses Unbewußte weder mit dem individuellen Unbewußten des Autors, einem irgendgearteten Verdrängten etwa, gleichzusetzen ist – für eine Psychoanalyse des Autors fehlt uns jede Voraussetzung (und auch das Interesse) –, noch mit dem Unbewußten des Interpretierenden – der literarische Text ist eben keine Projektionsfolie –, sondern daß es um nicht diskursiv-sprachlich faßbare, gleichwohl kollektiv bedeutsame Lebensentwürfe geht, die der literarische Text in sinnlich-unmittelbarer, präsentativer Form mitzuteilen vermag[11]. Die Tendenz psychoanalytischen Denkens in seiner psychogenetischen Ausrichtung hin zu Individualisierung und Pathologisierung muß deshalb durch die Perspektive auf kollektiv gültige, typische und u. U. noch nicht bewußte Lebensentwürfe ersetzt werden.

Ein zweiter Aspekt: Wenn ich bisher versucht habe, Ihnen Literaturinterpretation als ›szenisches Verstehen‹ mit den Merkmalen
– Einsatz lebenspraktischer Vorannahmen;
– Betonung des Bildverstehens;
– gleichschwebender Aufmerksamkeit; und
– unmittelbarer szenischer Anteilnahme
darzustellen, so muß gefragt werden, wie sich ein solches Verstehen – ohne das Kriterium des Heilungseffekts in der therapeutischen Situation – kontrollieren läßt.
Ich muß mich mit einer thesenhaft knappen Antwort begnügen: Tiefenhermeneutische Literaturinterpretation verfügt über zwei zentrale Kontrollmöglichkeiten, die beide aus der Tatsache der fixierten Gestalthaftigkeit des literarischen Textes resultieren: Einerseits muß sich jede Interpretation am Text überprüfen lassen; und andererseits beruht jedes Interpretationsergebnis auf einem – seinerseits durch einen Gruppenmoderator kontrollierten – Gruppenprozeß, in dem individuelle Abirrungen des einzelnen Interpreten durch die anderen zurückgewiesen werden.

Drittens: Wenn Lorenzer das psychoanalytische Verfahren charakterisiert als
a) ein kritisches Verfahren, das Leiden zu seinem Ansatz- und Ausgangspunkt macht;
b) ein hermeneutisches Verfahren, da es um eine Abarbeitung von Sinndifferenzen geht; und
c) als ein praktisch änderndes, weil heilendes Verfahren, so gehe ich davon aus, daß sowohl die hermeneutische Qualität wie der kritische Impuls der tiefenhermeneutischen Literaturinterpretation, gerade konflikthaft-problematische Lebensentwürfe im Text aufzuspüren und zu

verstehen, ansatzweise deutlich geworden sind, daß aber die Übertragung des letzten Charakteristikums zu Fragen Anlaß gibt.

Daß es nicht um eine ›Heilung‹ im psychoanalytisch-therapeutischen Sinne geht, habe ich schon dadurch betont, daß ich die Vermeidung einer lebensgeschichtlich-individualisierenden Perspektive hervorhob: Unbewußtes darf nicht mit Verdrängtem und nicht mit Infantilem gleichgesetzt werden, sondern muß als ›latenter Sinn‹ literarischer Texte weit gefaßt werden als Struktur unbewußter, auch im Sinne noch nicht bewußter Lebensentwürfe, die kollektive Bedeutsamkeit besitzen. Wenn in der klassischen Psychoanalyse Heilung gleichgesetzt wird mit Bewußtwerdung, so gilt dieser zweite Aspekt auch für die Tiefenhermeneutik der Literaturinterpretation: die praktisch-ändernde Qualität zeigt sich auch hier als Bewußtwerdung im Interpretierenden im Zuge der Aufdeckung des latenten Sinngefüges.

Viertens bedarf das Verhältnis von Interpretation und Theorie wenigstens einer kurzen Erläuterung:

Zwar ist der Interpretationsprozeß, wie ich versuchte zu zeigen, grundlegend ›lebenspraktisch‹ offen angelegt, dennoch muß in zweierlei Richtung eine Theorieauseinandersetzung ergänzt werden: einerseits liegen die ›lebenspraktischen Vorannahmen‹ nicht abseits jeglicher theoretischer Reflexion, andererseits gilt es, das Interpretationsergebnis schließlich theoretisch zu ›begreifen‹.

Der scheinbare Widerspruch zwischen ›lebenspraktischer‹ Qualität der Vorannahmen und ihrer theoretischen Systematisierung läßt sich mit dem Hinweis auflösen, daß mit theoretischer Systematisierung im Falle der Tiefenhermeneutik eine allgemeine Kenntnis z. B. der psychoanalytischen Theorie wie der Sozialwissenschaften gemeint ist, womit lebenspraktische Annahmen aus dem Bannkreis alltagsbewußter Horizontverengungen befreit werden können, reichhaltiger und vielfältiger werden[12]. Daß theoretische Versiertheit die Gefahr eingeengter Deutungen mit sich bringt, habe ich eingangs anhand der ›Kastrationsdeutung‹ zu zeigen versucht; daß einzelne Interpreten nicht der Versuchung nachgeben, ihr Vorwissen erklärend einzubringen, um sich mittels Theorie den Text ›vom Leib‹ zu halten, gerade darauf muß bei der Gruppeninterpretation geachtet werden.

Nicht weniger komplex stellt sich der Prozeß theoretischen Begreifens des Verstandenen am Ende des tiefenhermeneutischen Interpretationsprozesses dar, denn auch hier darf es nicht darum gehen, gewonnene Erkenntnis durch existierende und theoretisch explizierte Termini umstandslos zu ›übersetzen‹ – Canetti, der Narzißt –, sondern dem

Verstandenen muß ein eigenständiges Gewicht zugemessen werden, das verhindert, es der Theorie einfach zu subsumieren.

Im Vermittlungsprozeß zwischen Hermeneutik und Theorie muß zwischen beidem ein Wechselverhältnis gegenseitiger Beeinflussung gewahrt werden. D. h. den im konkreten Verstehensprozeß gewonnenen Einsichten in die unbewußte Dynamik des Text-Leser-Verhältnisses und den latenten Sinn des Textes, die in Stufen zunehmender Typisierung – gleichwohl immer noch in engem Bezug zu den Szenen des Textes und in Begriffen, die der Text selbst liefert oder zumindest nahelegt – abstrakter formulierbar werden, tritt ein Gefüge theoretisch organisierter Aussagen gegenüber, woraus eine Spannung resultiert, die zu produktiver Veränderung auf beiden Seiten anregt[13].

Lassen Sie mich nun in aller, vielleicht fahrlässiger Kürze die Bedeutung der tiefenhermeneutischen Literaturinterpretation für eine psychoanalytische Sozialforschung umreißen[14].

Tiefenhermeneutische Literaturinterpretation ist als Methode einer auf den Grundannahmen der Psychoanalyse beruhenden analytischen Sozialpsychologie als ›textgebundene‹ Interpretation ›intervenierend-textproduzierenden‹ Forschungen, wie z. B. der Ethnopsychoanalyse (bzw. ähnlichen Untersuchungen der subjektiv unbewußten Bedeutungen von Strukturen der eigenen Kultur), gegenüberzustellen.

Während sie sich auf fixierte literarische Texte bezieht, werden dort Erkenntnisse im Gespräch zwischen Untersucher und – im Falle der Ethnopsychoanalyse – Angehörigen der fremen Ethnie gewonnen. Ein Protokoll der Gesprächsepisode schließt somit die schon auf Interpretation beruhende Intervention des Untersuchers ein, so daß Interpretation auf zwei Ebenen relevant wird: auf der Ebene des unmittelbaren Umgangs und auf der Ebene der Protokollanalyse.

Literaturinterpretation als tiefenhermeneutische Wirkungsanalyse kann und darf dem fixierten Text nichts hinzufügen; ihr Erkenntniswert besteht – wie ich gezeigt habe – in der Möglichkeit, aktuelle, unbewußt wirksame Lebensentwürfe in ihrer Spannung zu kollektiv bewußten Lebensentwürfen ans Licht zu bringen, indem sie sich die präsentative Symbolisierungskraft des Dichters zunutze macht, d. h. die Leistung, typische Konfliktfiguren in einer Spannung latenter und manifester Bedeutung symbolisch zu fassen.

Wenn ich ausdrücklich von ›aktuellen‹ Lebensentwürfen spreche, so schlicht deshalb, weil sie von mir als ›heutigem‹ Leser (bzw. einer ›heutigen‹ Leser- / Interpretengruppe) aktualisiert werden, auch wenn es sich um einen Text aus vergangenen Jahrhunderten handelt. Somit bezieht sich die tiefenhermeneutische Literaturinterpretation als Wirkungsanalyse zunächst auf dasselbe Forschungsterrain wie Untersuchungen mittels Interviews: ich kann z. B. über subjektiv-unbewußte Bedeutungen der Mutterschaft etwas erfahren durch Interpretation von Romanen oder ich kann Interviews mit Müttern machen und deren Protokolle interpretativ auswerten. Setze ich im ersten Fall eine gewisse Typisierung als Merkmal von Literatur voraus, muß Typisierung im zweiten Fall ähnlich wie in der psychoanalytischen Forschung über die Abstraktion des Vergleichbaren vieler Interviews verlaufen.

Eine einzigartige Bedeutung besitzt die tiefenhermeneutische Literaturinterpretation dagegen auf dem Gebiet der Psychohistorie, die intervenierenden Verfahren verschlossen ist. Texte als Dokumente vergangener bewußter wie unbewußter Lebensentwürfe zu erfassen, erfordert aber die Überschreitung einer als reine Wirkungsanalyse angelegten Interpretation in Richtung auf eine Produktionsanalyse. Zu einer Hermeneutik, der das Unbewußte als das zu verstehende Fremde gilt, muß eine historische Hermeneutik hinzutreten; sowohl die Einstellung der lebenspraktischen Vorannahmen wie die abschließende Anstrengung des Begreifens müssen dem Rechnung tragen. Dies geschieht, indem die Wirkungsanalyse durch die Einbeziehung sozial- und kulturgeschichtlicher Informationen erweitert wird, d. h. durch die Verbreiterung des Materials über den einzelnen Text hinaus. Wenn z. B. Ulrike Prokop sich mit dem Tagebuch der Cornelia Goethe auseinandersetzt, so ergänzt sie die Analyse der subjektiv erfaßten Wirkung dieses Textes durch die Rezeption von Briefen und autobiographischen Notizen auch anderer Personen, sowie durch Informationen über Erziehungspraxis und Konventionen der damaligen Zeit; die Verstehensanstrengung des Zusammenhangs all dieser Quellen ist es, die letztlich ihre Wirkungsanalyse zu einer Produktionsanalyse erweitert [15].

Lassen Sie mich die Relevanz der tiefenhermeneutischen Literaturinterpretation als Politische Psychologie zusammenfassen:

1. Als Wirkungsanalyse gibt sie Auskunft über kollektive unbewußte Lebensentwürfe in ihrer aktuellen Spannung zu bewußtseinsfähigen Entwürfen.

2. Als Produktionsanalyse kann sie darüber hinaus – im Rahmen einer Psychohistorie etwa – den geschichtlichen Prozeß der Veränderungen des Verhältnisses von ausgeschlossenen, unbewußten zu kollektiv zugelassenen Lebensentwürfen erfassen.

3. Als tiefenhermeneutische Textinterpretation im weiteren Sinne hat sie innerhalb intervenierender Verfahren Bedeutung als Methode der Protokollanalyse.

Ich kehre nach diesen etwas abstrakten Überlegungen wieder zur Sphäre der konkreten Praxis tiefenhermeneutischer Literaturinterpretation zurück, um Ihnen in aller Kürze Geschichte und Stand unserer Arbeit zu skizzieren:

Seit etwas über zehn Jahren finden an der Frankfurter Universität am Fachbereich Gesellschaftswissenschaften Seminare unter der Leitung Alfred Lorenzers statt, in denen literarische Texte interpretiert werden – Texte unterschiedlichster Art: Hammetts ›Malteser Falken‹, Highsmiths ›Der Stümper‹, Hoffmanns ›Sandmann‹, Canettis ›Gerettete Zunge‹, Balzacs ›Oberst Chabert‹ und ›Grand Bretèche‹, Kleists ›Kohlhaas‹ und ›Penthesilea‹.

Parallel dazu gibt es eine Serie von Seminaren, die theoretische und methodologische Probleme zum Gegenstand haben, z. B. die Untersuchung des Verhältnisses zur Rezeptionsästhetik und zu anderen literaturwissenschaftlichen Interpretationsweisen oder die Analyse von Wortprotokollen von Interpretationsseminaren. In diesem Arbeitszusammenhang gibt es Vorarbeiten zu Veröffentlichungen wie z. B. die erwähnte über Canettis ›Gerettete Zunge‹. Zu den universitären Veranstaltungen trat seit etwa einem Jahr eine Institution, die ich vermessenerweise als ›Mittwochsgesellschaft‹ – sie fand zufälligerweise tatsächlich mittwochs statt –, bezeichnen möchte, wo in kleinerem Kreis unterschiedlichste Probleme intensiv weiterdiskutiert werden.

Wenn Lorenzer in seiner Einleitung der von ihm herausgegebenen Reihe über ›Psychoanalytische Kulturanalyse‹ einen ›besonderen, nicht-therapeutisch ausgerichteten Ausbildungsgang mit eigener psychoanalytischer »Würde«‹ fordert,

»als Einübung in das psychoanalytisch-tiefenhermeneutische Interpretationsverfahren (an Texten und kulturellen Objektivationen), gesichert durch Supervision und auf der Basis einer Theorieauseinandersetzung, die aus der Vermittlung von Psychoanalyse und kritischer Kulturtheorie hervorgegangen ist«[16],

so ist dies in der Tat eine zentrale Aufgabe für die Zukunft, wobei ich hoffentlich anschaulich machen konnte, wie unsere bisherige Arbeit immerhin einige Grundlagen gelegt und Markierungen und Perspektiven abgesteckt hat.

[1] Überarbeitete Fassung eines Vortrags, gehalten auf der Tagung ›Politische Psychologie‹ im April 1986.

[2] Elias Canetti, Die gerettete Zunge, Frankfurt am Main 1980, S. 7.

[3] Sigmund Freud, Das Unheimliche, in: Studienausgabe, Bd. IV, S. Fischer, Frankfurt am Main, S. 254

[4] Auf eine weitere Beziehung zwischen einer Szene von Canettis Autobiographie und einer Freudschen Fallstudie und der Bedeutung dieser Beziehung geht Sigrid Scheifele in ihrem Beitrag zu diesem Band ein.

[5] ›Grob gesprochen‹ deshalb, weil mit dem Anspruch auf ›Aufdeckung unbewußter Zusammenhänge‹ nicht die Erfassung des Unbewußten in einem absoluten Sinne gemeint ist, sondern die Erkenntnis von Anteilen nicht sprachlich gefaßter Sinngefüge, die dem Unbewußten nahestehen.

[6] Anm. 2, S. 11 f

[7] Vgl. Alfred Lorenzer, Sprachzerstörung und Rekonstruktion, Frankfurt am Main 1973; ders., Die Wahrheit der psychoanalytischen Erkenntnis, Frankfurt am Main 1974.

[8] Sigmund Freud, Ratschläge für den Arzt bei der psychoanalytischen Behandlung; in: ders., Studienausgabe, Ergänzungsband, Frankfurt am Main 1975

[9] Wenn ich sage, der Vergleich der szenischen Anteilnahme im Falle der Literaturinterpretation mit ›Übertragung‹ und ›Gegenübertragung‹ müsse mit ›aller Vorsicht‹ geschehen, so deshalb, weil er keinesfalls unproblematisch plausibel ist, wie folgende Äußerung aus dem Kontext eines Konzepts, das sich ebenfalls auf ›szenisches Verstehen‹ stützt, zeigt: »Der besondere Objektbereich ›Text‹ verändert die Erfahrungsgrundlage der Psychoanalyse. Die konkrete Interaktion zwischen Analytiker und Patient läßt sich in der Textinterpretation nur virtuell, jedoch nicht praktisch einlösen. Der Forscher vermag zwar durch praktische Teilhabe an den Sprachspielen des Textes den Sinn auf der Basis umgangssprachlicher Regeln zu rekonstruieren, er vermag aber nicht den individuell-privatsprachlichen Anteil des Sprachgebildes zu entziffern. Für diese Operation fehlt ihm ein entscheidendes methodisches Instrument der therapeutischen Praxis: die unmittelbare Teilhabe, das kontrollierte Mitagieren des Analytikers an der unbewußten Szene im Übertragungs-Gegenübertragungs-Kontext. Aufgrund des besonderen Objektbereichs der Textinterpretation im Gegensatz zu dem der analytischen Praxis bleibt dem Interpreten die individuell-lebensgeschichtliche und konkret-individuelle Bedeutung der Szene verschlossen.« (Thomas Leithäuser, Birgit Volmerg, Anleitung zur empirischen Hermeneutik. Psychoanalytische Textinterpretation als sozialwissenschaftliches Verfahren, Frankfurt am Main 1979) Die Verknüpfung von Übertragungs- bzw. Gegenübertragungsphänomenen mit dem Zugang zu ›individuell-lebensgeschichtlichen und konkret-individuellen‹ Bedeutungen, auf der das Gegenargument beruht, erscheint jedoch nicht zwingend; schon im Falle der ›gleichschwebenden Aufmerksamkeit‹ gehen wir von einem Begriff des Unbewußten aus, der über das Individuelle hinausgeht.

¹⁰ Achim Würker, Interpretation des Körperspiels (Arbeitstitel), in Lorenzer u. a., Die Epiphanie eines Unvergleichlichen, Manuskript.

¹¹ Es ist offenkundig, daß hier, im Falle von Sprach-Kunstwerken, die Betonung auf dem Unterschied zwischen diskursiven und präsentativen Momenten von Sprache selbst liegen muß und nicht auf dem zwischen Sprachlichem und Nichtsprachlichem (Vgl. hierzu Susanne K. Langer, Philosophie auf neuem Wege, Frankfurt am Main 1984)

¹² Dies in ganz ähnlichem Sinne, wie es Parin für die therapeutische Praxis der Psychoanalyse formuliert: »Ich glaube vielmehr, daß es darauf ankommt, daß der Analytiker während der ganzen Analyse eine Atmosphäre gesellschaftskritischer Offenheit herstellt. Dies kann nur erreicht werden, wenn er die Kritik der Gesellschaft, die auf seinen Analysanden einwirkt, in das assoziative Spiel seiner frei schwebenden Aufmerksamkeit aufnimmt. Das ist möglich, wenn er die ökonomischen Gesetze und Machtverhältnisse ähnlich gut kennt wie die Gesetzmäßigkeiten der frühkindlichen Entwicklung und der unbewußten Prozesse, die ihm das Gerüst für jede Deutung abgeben.« (Paul Parin, Gesellschaftskritik im Deutungsprozeß, in: Helmut Dahmer [Hg.], Analytische Sozialpsychologie, Bd. 2, Frankfurt am Main 1980)

¹³ Ich erinnere an das oben thesenhaft formulierte Interpretationsergebnis von Canettis Autobiographie: es stellt ein Beispiel solcher typisierenden Formulierung latenten Sinns noch diesseits theoretischer Begriffe dar.

¹⁴ Ich fasse hier im wesentlichen einen Vortrag von Alfred Lorenzer für das »Institut für Sozialforschung«, Hamburg, zusammen, wobei ich für die Thesenhaftigkeit meiner Ausführungen, die eben auf einer erneuten Kürzung einer ihrerseits schon komprimierten Darlegung zu diesem komplexen Thema beruht, um Nachsicht bitten muß.

¹⁵ Ulrike Prokop, Die Melancholie der Cornelia Goethe, in: Beltz – Feministische Studien, Heft 1/83.

¹⁶ Alfred Lorenzer, Kultur-Analysen, Frankfurt am Main 1986, Fischer Taschenbuch 7334.

SIGRID SCHEIFELE

Aufhebung der Leidenschaft?

Zu Elias Canettis »Die gerettete Zunge«

Aus Elias Canettis »Die gerettete Zunge« [1], dem ersten Band seiner Autobiographie, möchte ich ein Kapitel interpretieren. Der Titel des Kapitels lautet »Die schwarze Spinne!« [2]. Das Verhältnis zwischen Text und Leser soll im Vordergrund stehen. Mit Hilfe meiner Empfindungen, Gefühle und Assoziationen bei der Lektüre, entlang dessen also, was mir aufgefallen ist, wird der Text durch »szenisches Verstehen« [3] entfaltet. Es kommt darauf an, die Beziehungen der geschilderten Personen zueinander ins Auge zu fassen, zu verstehen, was sie miteinander tun, und was dies in mir, der Leserin, auslöst. Die Klärung der »lebenspraktischen Vorannahmen« [4], mit denen ich den geschilderten Episoden begegne, trägt dazu bei, die »Lebensentwürfe« aufzufinden. Dies soll das Herausarbeiten des »Lebensentwurfs« ermöglichen, der unterschwellig in den Episoden des Textes enthalten ist, aber abseits vom Bewußtsein des Lesers auf ihn wirkt. In seinem Aufsatz »Tiefenhermeneutische Kulturanalyse« [5] entwickelte Alfred Lorenzer jüngst, wie sich »szenisches Verstehen«, »lebenspraktische Vorannahmen«, »Lebensentwürfe« von der therapeutischen Psychoanalyse, deren Vorgehen und Erkenntnisziel sie teilen – auf die Untersuchung kultureller Werke übertragen lassen.

Für die Interpretation ist unerheblich, ob »Die gerettete Zunge« eine Autobiographie oder, wie der Untertitel lautet, die »Geschichte einer Jugend« ist. Da es darum geht, die Struktur des Handlungsraumes und damit die Interaktionsformen herauszuarbeiten, ist es gleichgültig, ob es eine lebende Person gibt, die mit der Hauptperson des Buchs identisch ist und Elias Canetti heißt, oder ob die geschilderten Episoden aus dem Leben dieser Person berichten und ihr Erleben darstellen. Es spielt also keine Rolle, ob Geschehenes subjektiv verzerrt erzählt wird oder ob das Geschilderte erdichtet ist. Handelte es sich bei dem zu interpretierenden Kapitel um eines aus einem Roman, der Gang der Interpretation würde sich von dem hier eingeschlagenen nicht unterscheiden. Sicher wäre es interessant zu untersuchen, was es bedeutet, daß die Geschichte nicht ein Bildungsroman, sondern eine Autobiographie ist. Was bewirkt beim Leser der Glaube, es gäbe eine Person, die all das Geschilderte erlebt hat oder die sich zumindest auf diese Weise eine Lebensgeschichte baut, die sie so öffentlich ausstellen will? Wie stellt sich das für dieses Genre besondere Verhältnis von Dichtung und Wahrheit im Hinblick auf »Die gerettete Zunge« dar?[6] Dies soll hier aber nicht untersucht werden.

Ich werde die Hauptperson des Buchs, wenn sie ins Geschilderte verwickelt ist, den fünfzehnjährigen Jungen, der erzählt, was ihn bewegt, Elias nennen. Vom Erzähler werde ich dort sprechen, wo das Ich aus der Schilderung heraustritt und rückblickend kommentiert. Gleichwohl bleibt es Ziel der Interpretation, die Struktur der Szenen zu begreifen, und nicht dabei zu verharren, das Kapitel als Schilderung der Nöte eines pubertierenden Jungen zu behandeln. Selbstverständlich kann ich nicht die ganze Fülle der in dem Kapitel enthaltenen Bezüge und Interpretationsmöglichkeiten ausschöpfen. Hier möchte ich lediglich eine Figur herausarbeiten, die Elias' Beziehungen zur gegenständlichen Welt und zur Mutter bestimmt, indem ich das, wozu die Darstellung mich beim Lesen verleitet, entfalte und analysiere.

Elias verbringt mit der Mutter und seinen Brüdern den Sommer in Kandersteg. Das Jahr über ist die Familie getrennt. Elias lebt in der Pension »Villa Yalta«, die Mutter in einem Sanatorium in Arosa und die beiden jüngeren Brüder in einem Internat in Lausanne. Vor dem zweiten Teil des Kapitels, auf den die Überschrift direkt hindeutet, wird ein Ausflug ins Lötschental beschrieben, den Elias organisiert hat. Einige andere Hotelgäste nehmen an ihm teil, die Brüder sind mit Billigung der Mutter ausgeschlossen (S. 298). Die Mutter geht nicht mit, sondern unternimmt mit den Brüdern als Entschädigung etwas anderes. Elias bewundert die zurückgezogen lebenden Bewohner, die in seinem Bild vom Lötschental noch abgeschiedener leben als damals tatsächlich. Eine Berührung oder ein Gespräch der Sommerfrischler mit den Dorfbewohnern findet nicht statt. Einzig ein kleiner Junge ist verlockt, auf die Fremden zuzugehen. Eine alte Frau ruft den Knaben zurück. »Chuom, Buobilu!« ruft die Frau, Elias ist begeistert (S. 299). Er glaubt, er höre mit eigenen Ohren einen althochdeutschen Satz; das Althochdeutsche als Umgangssprache der Dorfbewohner.

Die Erzählung ist von einem feierlichen Ton getragen, der mir den Eindruck vermittelt, hier geschehe etwas Besonderes:

»Wir zogen durch die vier Dörfer, als kämen wir von einem anderen Stern, ohne die Möglichkeit einer Berührung mit den Bewohnern, ohne daß man das Geringste von uns erwartete, nicht einmal eine Regung der Neugier ließ man uns merken und alles, was während dieser Wanderung geschah, war, daß eine alte Frau einen winzigen Knaben, der noch gar nicht ganz in unserer Nähe war, von uns wegrief.« (S. 300).

Nach dem Kommentar des Erzählers, der beteuert, er habe sich gehütet, das einmal gefaßte Bild des Lötschentals zu ändern, und d. h. vor allen Dingen, die Fremdheit seiner Bewohner abzuschwächen, sie etwa zu Zeitgenossen werden zu lassen (S. 300), fährt der Text fort:

»Die Bewunderung für Ein- oder eigentlich Viersilbigkeit, wie ich sie in diesem Tal erfahren habe, war aber damals etwas Rares. Etwa zur selben Zeit erlag ich der Beredsamkeit Gotthelfs. Ich las ›Die schwarze Spinne‹, und ich fühlte mich von ihr verfolgt, es war mir, als habe sie sich in mein eigenes Gesicht vergraben. Im Dachzimmer oben duldete ich keinen Spiegel, nun bat ich mir beschämt einen von Trudi aus, verzog mich damit hinauf, sperrte die Türe hinter mir zu, was in diesem Hause nicht üblich war, und suchte auf beiden Wangen nach den Spuren der schwarzen Spinne. Ich fand keine, wie hätte ich sie finden sollen, mich hatte der Teufel nicht geküßt, aber ich spürte trotzdem ein Kribbeln wie von ihren Beinen und wusch mich häufig am Tag ab, um sicher zu sein, daß sie sich nicht doch an mir festgesetzt habe. Ich sah sie, wo sie am wenigsten zu erwarten war, auf der Passerelle oben schien sie mir einmal an Stelle der aufgehenden Sonne. Ich stürzte mich in den Zug, da hatte sie mir gegenüber Platz genommen, neben einer alten Frau, die sie nicht bemerkte. ›Sie ist blind, ich muß sie warnen‹, doch ich ließ es beim Vorsatz bewenden, als ich in Stadelhofen aufstand, um den Zug zu verlassen, hatte sich die Spinne davongemacht, und die alte Frau saß allein, wie gut, daß ich sie nicht gewarnt hatte, sie wäre vor Schreck gestorben.« (S. 300 f.)

Der erste Satz des Zitats berührt mich merkwürdig. Ausgesprochen buchhalterisch klingt »die Bewunderung für Ein- oder eigentlich Viersilbigkeit«. Die sprachliche Wendung enthält nichts von dem Eindruck, der sich mir durch die vorhergehende Erzählung mitteilte. Wo sind die Phantasien über das »Tal der Täler« (S. 298) geblieben, wo die Feierlichkeit und »Einheit des Lebens« (S. 300), die beim Ausflug Elias beeindruckten? Sie malten eine ruhevolle Idylle. Fand er im Lötschental nicht das, was er in seinem Leben entbehren muß? Die Beschreibung der alten Frau mit dem Knaben zeigt, daß beider Umgang miteinander ihm gefallen; für keinen von beiden ergreift er Partei. Bei der Frau begeistert Elias der Ausruf, fast als solle er ihm folgen, und der Junge besticht ihn dadurch, daß er unternehmend ist. Der Vergleich der Schilderung dieser beiden mit der Darstellung von Elias' Verhältnis zur Mutter wird dem Leser geradezu aufgenötigt. Hier das fraglose, innige Zueinandergehören des Knaben und der alten Frau, dort die Trennung Elias' von der Mutter und das unausgesetzte Ringen um Liebe und Anerkennung. Sehnt sich Elias nicht gerade danach? Angesichts dessen wirkt der Satz von der »Einsilbigkeit« dürr. Er spricht nicht mehr von den Gefühlen, sondern von der Bevorzugung der »Einsilbigkeit« oder »Beredsamkeit«, und läßt den Leser mit der zuvor aufgebauten Stimmung allein. Mag sich auch die Distanzierung darauf beziehen, daß Gotthelfs Sprachgewalt Elias überrumpelte und der Entscheidung beraubte, mit der Novelle das anzufangen, was er möchte. Gotthelf bringt ihn dazu, Figuren aus der Novelle in sein Leben einzufügen: Elias ist, mit dem Text zu reden, »der Beredsamkeit Gotthelfs erlegen«. Dagegen lockte ihn zwar das Lötschental, doch keiner zwang sich ihm auf; er konnte sich sein Bild machen und wurde dabei nicht gestört. Es geht also um Abhängigkeit und Selbstbestimmung. Zu merken war das auch am Verhältnis zur Mutter. Er verführte sie dazu, ihm die Rücksichtslosigkeit gegenüber den Brüdern durchgehen zu lassen.

Bei der Lektüre der Novelle gerät Elias in den Wahn, die Spinne sei in seinem Gesicht. Er glaubt so fest daran, daß er eine Mitbewohnerin der »Villa Yalta« um ihren Spiegel bittet, damit er prüfen kann, ob Spuren der Spinne zu sehen sind. Obgleich er nichts entdeckt, bleibt sein Gefühl, sie habe sich in seinem Gesicht eingenistet, erhalten. Gedrängt von seinen Empfindungen, wäscht er sein Gesicht oft ab.

Die Charakterisierung von Elias' wahnhafter Empfindung ist eigenartig. Er weiß: Er kann keine Spinne im Gesicht finden, weil ihn kein Teufel geküßt hat. Er ist befangen und tritt heraus. Die wahnhafte Obsession, die Elias' Handlungen diktiert, und die nicht minder bestimmte Überzeugung, er sei nicht geküßt worden, lassen mich fragen: Weiß er es, weil er zumeist Berührungen aus dem Weg geht? Fällt ihm plötzlich auf, daß der Teufel nur Frauen zur Besiegelung seiner Abmachung küßt? Gibt es nichts, zu dem er sich die Hilfe eines Teufels hätte wünschen können? Dann wieder sieht Elias die Spinne außerhalb seiner, sie setzt sich an die Stelle der Sonne. Für Elias wird die Spinne gar eins mit der Sonne. Sie scheint wie die Sonne und für ihn – »auf der Passerelle oben schien sie mir einmal an Stelle der aufgehenden Sonne«. Auch im Zug ist er vor ihr nicht sicher, sie setzt sich ihm gegenüber. Elias kann sich das Verhalten der alten Frau neben der Spinne nicht anders erklären, als daß sie blind sein muß, und daß er sie warnen sollte. Doch er unterläßt dies. Er entdeckt, als er aufsteht, um auszusteigen, daß die Spinne den Zug verlassen hat.

Es liegt nahe, die Spinne als Ausdruck der andrängenden Sexualität zu verstehen: Der sich entwickelnde Körper, der fremd wird, Elias' Sich-Verschließen vor den anderen, dann sein Vorsatz, der Mutter nichts von allem zu erzählen, und die Vermutung, gerade sie werde davon berührt sein, mit keinem außer ihr will er darüber sprechen. Wird im

Lötschental die Ruhe des Tals und seiner Bewohner, ihre Entsprechung betont, wird das Zueinandergehören der alten Frau und des Knaben beschworen, so hier die Unruhe des Körpers und das Alleinsein. Doch sollte schon die Erwähnung der annähernden Gleichzeitigkeit beider Episoden davor warnen, Elias schlicht als pubertierenden Jüngling einzuordnen. Auch muß die weitere Entfaltung des Kapitels zeigen, was aus den anklingenden Empfindungen, die des Lesers eingeschlossen, wird.

Anschließend heißt es, das Erscheinen der Spinne sei an bestimmte Orte gebunden. In der Schule und auch in den öffentlichen Räumen der Pension tauche sie nie auf (S. 301). Elias ist sich sicher, den Grund dafür zu kennen: Die Leiterinnen der »Yalta« sind in ihrer »einfältigen Unschuld« der Verfolgung »nicht einmal würdig« (S. 301).

»Sie hielt sich an mich, obwohl ich mir keiner bösen Tat bewußt war, und an meine Wege, wenn ich allein war« (S. 301).

Die Frage nach der unbotmäßigen Tat verschiebt sich zu der danach, was Elias auszeichnet, was ihn »würdig« macht, von der Spinnen-Sonne verfolgt zu werden.

Die Schilderung des Gefühls, von der Spinne bedroht zu werden, schwankt bis hierher eigentümlich. Zunächst handelt es sich um Elias' subjektiv empfundene Bedrohung, auch ist das Drohende, die Spinne, ihm so nah wie irgend möglich, eingegraben in seine Wange, ihn das Kribbeln ihrer Beine fühlen lassend. Danach tritt sie ihm außerhalb entgegen, nun wohl nicht mehr allein Elias bedrohend. Doch wird gerade hier deutlich, daß zwischen Elias und der Spinne eine besondere Beziehung bestehen muß, denn er gewahrt ihre Unsichtbarkeit für andere, jedenfalls für die alte Frau; auch heftet sie sich an keines anderen Weg. Die dritte Umgestaltung des Wahns ist die, in der dem Gefühl, an einer bösen Tat schuld zu sein, die Auszeichnung entgegengesetzt wird, der zufolge Elias verfolgt wird. Auf mich wirkt die Spinne hier nicht mehr so bedrohlich wie zu Beginn – obwohl es heißt, sie verfolge Elias noch immer, obwohl auch klar wird, daß die Verfolgung sich über mehrere Tage hingezogen hat. Elias' Unruhe überzeugt nicht mehr so wie am Anfang. Bereits die Mutmaßung, die alte Frau wäre, hätte er sie gewarnt, vor Schreck gestorben, beinhaltet Elias' Auszeichnung. Er hält die Spinne aus, er stirbt nicht vor Schreck. Hat Elias den Wahn, das, was ihn in die wahnhafte Identifizierung mit Gotthelfs Novelle »Die schwarze Spinne« trieb, nicht bereits bewältigt? Je aufmerksamer ich der Erzählung folge, desto mehr verflüchtigt sich der Eindruck, ein Wahn werde geschildert, desto stärker zeigt sich, wie geneigt die Beschreibung des Kribbelns der Spinnenbeine auf Elias' Wange den Leser macht, diesen Affekt auch über die folgenden Schilderungen festzuhalten, die ihn selbst nicht mehr hervorzurufen vermögen.

Dem Eindruck fügt sich dann auch das Folgende ein, wo es heißt, Elias habe sich überlegt, ob er der Mutter davon erzählen soll. Nur der, der von der wahnhaften Obsession zurücktreten kann, ist in der Lage, aus Rücksicht auf einen anderen zu erwägen, ob Schweigen angebracht wäre. Doch zunächst der Text:

»Ich hatte mir vorgenommen, der Mutter nichts von der schwarzen Spinne zu sagen, ich fühlte Unruhe über die Wirkung, die sie auf sie haben könnte, als sei sie besonders für kranke Menschen gefährlich, und es wäre vielleicht manches anders gekommen, hätte ich die Kraft gehabt, bei diesem Entschluß zu bleiben. Denn schon bei ihrem nächsten Besuch platzte ich damit heraus und erzählte ihr die Geschichte ausführlich, in jeder schrecklichen Einzelheit; die behagliche Kindstaufe und alles Tröstlich-Moralische, durch das Gotthelf ihre Wirkung zu lindern sucht, ließ ich aus. Sie hörte mir zu, ohne mich ein einziges Mal zu unterbrechen, es war mir noch nie gelungen, sie so vollkommen zu faszinieren. Als wären unsere Rollen vertauscht, fragte sie mich, ich war eben zu Ende, nach diesem Gotthelf aus, wer das denn sei und wie es komme, daß sie von einer so ungeheuren Geschichte noch nie etwas gehört habe. Ich hatte mich in Angst erzählt und suchte es zu verbergen, indem ich auf einen alten Disput zwischen uns ablenkte, über Wert oder Unwert des Dialekts. Das sei eben ein Berner Dichter, seine Sprache sei die des Emmentals, manches verstünde man kaum, ohne den Dialekt sei Gotthelf undenkbar, aus diesem beziehe er seine ganze Kraft. Ich ließ durchblicken, daß mir die ›Schwarze Spinne‹ entgangen wäre, daß ich nie Zugang dazu gefunden hätte, wenn ich mich nicht immer schon dem Dialekt geöffnet hätte.« (S. 301 f)

und

»Wir waren beide in einer Erregung, die der Sache selbst entsprang, auch die Feindseligkeit, die wir füreinander fühlten, hatte etwas mit der Geschichte zu tun, aber alles, was wir sagten, bewegte sich in der Sphäre oberflächlichen Eigensinns.« (S. 302).

Die Bemerkung, Elias habe der Mutter nichts von der schwarzen Spinne erzählen wollen, legt nahe, es ginge um seinen Wahn, nicht um Gotthelfs Novelle. Doch erfährt der Leser gleich darauf, Elias habe der Mutter die Novelle erzählt, wobei er den Rahmen, in den Gotthelf das Ereignis einbettet, weggelassen habe. Der Unterschied wird darüber hinaus durch den Gebrauch der Anführungszeichen markiert. Für der Mutter gefährlich hält Elias die Spinne, die ihn verfolgt. Spinne muß demnach etwas sein, das mit der Beziehung von Elias zur Mutter zu tun hat, etwas, das auch die Mutter in Unruhe versetzen wird. Zum Ding gemacht wird es die »Sache selbst« genannt, aus ihr entspringe die

Feindseligkeit, die Elias fühlt, und die die Mutter nach seinem Empfinden ihm entgegenbringt. Darüber spricht Elias nicht. Als habe sich Elias die »Beredsamkeit« Gotthelfs angeeignet, »erliegt« ihm die Mutter: »...es war mir noch nie gelungen, sie so vollkommen zu faszinieren.«

Die Mutter macht mit, wenn Elias das Gespräch auf ein Thema lenkt, das zwischen beiden bereits zu Konfrontationen geführt hat und nun wieder führt. Beide, Sohn und Mutter, sind, sobald sie einander treffen, so verstrickt, daß, durch die Nacherzählung der Novelle verstärkt, keine direkte Auseinandersetzung mehr möglich ist. Das Gespräch erstarrt zu »purer Rechthaberei« (S. 303). Auch Elias' Distanz, seine Überlegung, die Spinne zu verschweigen, ist mit der Begegnung mit der Mutter dahin. Er »platzte damit heraus«. Beim Lesen ärgerte ich mich über die Mutter. Ich warf ihr ihre Unfähigkeit vor, den von der Obsession geplagten Jungen zu verstehen und zu trösten. Die Souveränität, die viele Male im Buch hervorgehoben wird, bezieht sich allein auf ihre kulturelle Bildung, vergegenwärtigte ich mir bitter. Am Ärger zeigt sich, daß ich Elias als Opfer der Mutter sah, also auf die Schilderung der Machtbeziehung beider zueinander reagiert, an ihr teilgenommen habe. Jedenfalls fallen hier, im Konflikt, Gefühle und Worte auseinander. Der Text hebt »sagten« hervor und trennt es von der »Feindseligkeit«, die das Entscheidende beim Zusammensein von Sohn und Mutter ist. Das Reden ist »oberflächlich«, eigensinnig.

Auch nachdem die Mutter ins Sanatorium zurückgekehrt ist, geht der Streit über den Schweizer Dichter weiter. Noch bei ihrem darauffolgenden Besuch ist der Konflikt lebendig. Elias beharrt auf seiner Schätzung Gotthelfs und beschimpft die Mitpatienten der Mutter, mit denen sie über den Dichter gesprochen hatte und die sie in ihrer Ablehnung Gotthelfs bestärkt hatten. Er bezeichnet die Mitpatienten mit dem Ausdruck, der das ärgste Schimpfwort der Mutter ist: »Ästheten«.

»Das Wort traf sie empfindlich, ich hatte es gut gewählt, sie verteidigte sich und verriet dabei eine Sorge um das Leben ihrer Freunde, so ernst, daß mir war, es käme stracks aus der ›Schwarzen Spinne‹. Menschen, die vom Tode bedroht seien, könnte man nicht als Ästheten beschimpfen.« (S. 302).

Am ersten Satz blieb ich bei der Lektüre haften. Ich las ihn wieder und wieder, bemerkte schließlich, seinen Sinn entstellt zu haben. Das »es« des nachgestellten Nebensatzes brachte ich mit der »Sorge« der Mutter zusammen. Erst die Entdeckung, daß der Bezug dann grammatikalisch falsch gewählt wäre – es hätte »sie« heißen müssen –, ließ mich finden, worauf »es« sich bezieht, nämlich auf das »Wort«: »Das Wort traf sie empfindlich, ich hatte es gut gewählt (...), mir war, es käme stracks aus der ›Schwarzen Spinne‹.«

Was mir schwer verständlich war, ist also die Beziehung zwischen Wort und Tod, die magische Bedeutung des Wortes, das zur tödlichen Tat werden kann. Elias' Schimpfwort, überdies dem Wortschatz der Mutter entnommen, ist so mächtig, aufgeladen offensichtlich durch das dichterische Wort Gotthelfs, daß die Mutter fürchtet, es könne den Mitpatienten gefährlich werden. Dabei spricht Elias das Wort nicht vor den Patienten aus, er sagt es der Mutter. Was der »Rattenmann« die »Allmacht der Gedanken«[7] nennt, wäre hier die Allmacht der Worte zu nennen. Das ist also die »Sache selbst«, die beide beim Gespräch über die Novelle fühlten: Elias' Feindseligkeit gegenüber der Mutter, die ihn dazu bringt, sich tödliche Worte zu wünschen, die die Mitpatienten der Mutter, die sie ihm entfremden, treffen; es ist – in Elias' Empfindung – die Feindseligkeit der Mutter eine Reaktion auf seine Stärke, sie spürt, er ist ein mindestens ebenbürtiger Gegner.

Die Drohung, die bereits in der Spinnen-Episode ausgesprochen wurde, nämlich:

»Du wirst eng«, sagte sie, »kein Wunder, wir sehen uns zu wenig. Du wirst zu eingebildet. Du lebst unter alten Jungfern und jungen Mädchen. Du läßt dich von ihnen beweihräuchern. Eng und eingebildet, dafür habe ich nicht mein Leben geopfert.« (S. 303),

wird im letzten Kapitel, »Das verworfene Paradies«, von der Mutter ausgeführt. Der Zusammenhang von Wort und Tod ist hier deutlicher ausgesprochen. Elias ergründet, was die Mutter bewogen haben mag, ihn aus der Pension fortzunehmen:

»Ich dachte, daß etwas sie besonders erbittert haben mußte. War es noch immer die ›Schwarze Spinne‹? Sie schlug so heftig auf mich ein, daß ich nicht gleich wagte, die Sprache darauf zu bringen.« (S. 314).

und

»Immer wieder kam sie auf die ›Schwarze Spinne‹ zurück, die war ihr ganz anders eingegangen als mir, unser früheres Gespräch darüber war *unwahr* gewesen, sie hatte sie nicht ableugnen wollen, sie wollte mich davon abbringen. Was sie über Gotthelf gesagt hatte, war ein Geplänkel gewesen, er interessierte sie gar nicht. Sie wollte ihm absprechen, was sie als ihre eigene Wahrheit empfand, es war ihre Geschichte, nicht seine, nicht das Emmental war der Ort der Spinne, sondern das Waldsanatorium. Von den Leuten, mit denen sie darüber gesprochen hatte, waren zwei indessen gestorben.« (S. 316).

Offenkundig ist hier auf die Gefährlichkeit der Mutter abgehoben und nur vermittelt auf das, was Elias damit zu schaffen hat. Elias interpretiert die Reaktion der Mutter: Sie empfinde, was die »›schwarze Spinne‹« ausdrücke als ihre Wahrheit und wolle nicht dem Schweizer Dichter erlauben, das zu gestalten. Auch wird breit ausgeführt, was die Mutter von den Schweizer Tälern, dem Emmental und dem Elias teuren Lötschental, hält: sie sieht ihre Armut und das Elend der Bevölkerung, für das, was Elias damit verbindet, hat sie keinen Sinn (S. 316). Hier läßt Elias der Mutter zweierlei widerfahren. Einmal entwertet er ihre Erkenntnis und damit sie. Jemand, der im »Dialekt« schreibt – sie hätte es begrüßt, wenn einer die Erzählung in »literarisches Deutsch« übertragen hätte (S. 302) –, hat sie vor ihr gefunden. Er nötigt der Mutter die Anerkennung ab, nicht nur in »literarischem Deutsch« könne gesagt werden, was ihr wahr erscheint. Elias schlägt die Mutter mit ihren eigenen Waffen. Gleichermaßen erhebt er sich über sie, denn er hat sich mit dem Aufspüren der Novelle, die dem von der geachteten und geliebten Mutter verhängten Tabu über Dialekte unterlag, befreit und der Lektüre entnommen, was ihm für die eigene Situation passend dünkt. Elias' Entzücken im Lötschental wird nun verständlicher. Der Eindruck, den die Beziehung der alten Frau und des Knaben auf Elias macht, und der sowohl an seinen Wunsch nach Nähe als auch seine Furcht davor anknüpft, wird auf die althochdeutsche Sprache verschoben. Nur im Fernen, Fremden, von der Mutter Verkannten ist Nähe möglich, und nur dann, wenn kein lebendiger anderer miteingeschlossen ist.

Wie eng und quälend die Beziehung von Elias zur Mutter ist, zeigt sich also auch hier. Beider Liebe, das führt das ganze Buch vor, ist wesentlich Kampf um die Verfügung über den anderen. Hat nicht Elias die Mutter nach Arosa getrieben? Jedenfalls wird in anderen Abschnitten der »geretteten Zunge« geschildert, wie Elias der Mutter das Leben schwer gemacht hat, ihre Gesundheit darunter litt und sie sich ins Sanatorium hat zurückziehen müssen. Ich möchte nur an zwei Stellen erinnern. Der Kampf gegen den Dozenten in Wien, der um die Mutter wirbt – auch da sind die Brüder nicht dabei –, führt dies vor. Der Dozent muß schließlich zurücktreten (S. 141 ff). Auf die Beziehung zur Mutter bezogen: »Es war Krieg zwischen uns und es wurde von Woche zu Woche schlimmer« (S. 147). Später wird vom Krankwerden der Mutter gesprochen, das nicht zuletzt darauf zurückzuführen sei, daß das Leben mit den Buben, vor allem dem widerspenstigen Elias, ihr zu viel abverlangte (S. 200). Fühlbar macht das alles dem Leser, wie mächtig er sich Elias vorzustellen hat.

Eine neue Bedeutung ist der Verfolgung durch die Spinne nun abzugewinnen. Der Prozeß von der glaubwürdig wirkenden Obsession – dem Kribbeln der Spinnenbeine und der Suche nach Spuren der Spinne im Gesicht – bis zur auszeichnenden Verfolgung führt zu einer Abkehr von der leibhaft spürbaren Empfindung. Die Darstellung schwenkt um ins Prophetische, das Elias mahnt, er solle auf der Hut sein. Elias ahnt die Prophezeiung mit der Befürchtung, der Mutter müsse gefährlich sein, was ihn verfolgt.

Das Pendeln des Textes zwischen seiner schwarzen Spinne und der Gotthelfs ist so verstanden auch angemessen. Die Novelle verlockte Elias durch die »Beredsamkeit« in die Obsession, nicht um der Geschichte willen, noch um ihn in ein der Wirklichkeit trotzendes und von ihr abhaltendes Wahnsystem zu sperren, sondern sie leitete ihn an, in einem die Gefährdung, die von der Mutter ausgeht, zu erkennen und als überwunden vorzuführen. Elias hat – mit dem Text zu reden, der häufig vom Mißtrauen der Mutter spricht, und deren Interesse ist, andere zu »durchschauen« (z. B. S. 188 f) – die Mutter »durchschaut«. Er hat sich ihrer als Instrument bedient, wenn er sein mächtiges, durch Gotthelf beschwertes Wort über die Mutter zu den Mitpatienten hat tragen lassen. Mein Ärger über die Unfähigkeit der Mutter, das anzusprechen, was beide bewegt, und über die höhnische Frage in einem Brief an Elias, ob er nun Bauer oder Pfarrer werden wolle (S. 302), war zugleich parteiisch für einen schwachen Elias. Seine Stärke, der Mutter nahezubringen, was er über sie denkt, und wie unabhängig er von ihr ist, entging mir dabei. Dafür gibt es zwischen den beiden keine Worte. Die Empfindung, die »Feindseligkeit«, bildet den Grund, über dem sich leere Worte aufbauschen. Das magische Wort – »Ästheten« und die nacherzählte Gotthelfsche Novelle – wird als das vorgeführt, was diese Trennung und die räumliche wirksam überwindet.

Die Verbindung des literarischen mit dem magischen Wort ist bemerkenswert. Sie hat etwas Monadisches: Ein einzelner liest und baut das Gelesene in seine Welt ein; er spricht ein gewaltiges Wort aus, läßt es weitertragen, um in das Leben anderer einzugreifen. Das Verhältnis von Sinnlichkeit und Sprache wird aufgebrochen und umgedeutet in eines von Sprache und Macht. Sprache als totale Verfügung. Und dies schließt die Macht über das Leben anderer ein – an den Patienten in Arosa wird das vorgeführt. Ihr Leben wird zum Trumpf, mit dem sich die Allmacht erweist. Vergleicht man die ausdrückliche Ablehnung des Tötens – im Kapitel »Verbotsbereitschaft« heißt es: »das Ur-Verbot in meinem Dasein (...): Das Verbot des Tötens« (S. 253) – und die Verabscheuung des Todes – hierzu gehört, was über den Tod des Vaters beim Ausbruch des Balkankriegs gesagt wird (S. 71 f) – damit, so kann der Gegensatz nicht stärker sein. Jedoch wird gerade diese Spannung an keiner Stelle als ungelöstes Problem angeführt. Die Unterwerfung unter das »Ur-Verbot des Tötens«, so wird suggeriert, erübrigt das. Das Jonglieren mit dem Tod wird als solches gar nicht ernstgenommen. Auch dem Leser entgeht Elias' tödliche Kraft.

Das Spiel der Figuren des Textes miteinander, der Mutter mit dem Sohn, ist auch das Spiel mit dem Leser. Erst die wiederholte Lektüre und intensive Auseinandersetzung mit dem Buch erlauben, das Befangensein in der Geschichte aufzubrechen. Was sich zunächst mitteilt, ist die Hilfsbedürftigkeit von Elias. Im Kampf von Mutter und Sohn gelingt es keinem, sich vom anderen zu lösen. Elias muß seine Eigenständigkeit, auch gegen die Mutter, erringen; an seinem Körper wird das Drängen, die Entwicklung der Sexualität spürbar. Die Mutter will ihn nicht freigeben, sie will von der Trennung nichts wissen. Die Eigenart des Lesers bestimmt, was in den Vordergrund seines Bildes von Kapitel und Buch tritt, ob mehr die Großartigkeit der vorgestellten Lösung oder die vielfältige Bedrohung des Jungen. Doch lebt das skizzierte Bild von den Empfindungen und Assoziationen des Lesers, von seinen Erlebnissen, an die die Erzählung rührt. Ich habe zu zeigen versucht, daß das, was mit dem Kribbeln der Spinnenbeine auf der Wange und der Verfolgung durch die Spinne hervorgerufen wird, nicht durchzuhalten ist, sondern der Text das Bild, abseits vom Bewußtsein des Lesers, in die Leere laufen läßt.

In ähnlicher Weise wirkt die Anführung der Gotthelfschen Novelle. Der Leser wird verleitet, die Gotthelfsche Novelle zu lesen, in der Hoffnung, so Elias verstehen zu können. Spricht der Text doch von der Novelle, ohne daß mitgeteilt wird, was Elias darin sieht. Ein breites Assoziationsfeld für den willigen Leser. Gotthelf entfaltet ein Drama, bei dem es um Leben und Tod einer ganzen dörflichen Gemeinschaft geht, die in einer ausweglosen Situation nur zwischen zwei Übeln wählen kann. Der Junker fordert zur Unzeit eine Fronarbeit, die mit rechten Dingen nicht zu bewältigen ist. Dagegen steht das Angebot des Teufels, mit seiner Hilfe die Arbeit zu leisten. Die Dorfbewohner bleiben standhaft, doch nachdem sich die wilde, fremde Lindauerin ihm ergeben hat, weisen sie des Teufels Dienste nicht zurück. Erzählt werden die Begebenheiten auf einer Kindstaufe von den gottesfürchtigen Nachfahren. Es läßt sich spekulieren, ob Elias die Mutter mit der Lindauerin identifiziert, oder sich selbst – Elias in der weiblichen Position dem Teufel gegenüber? Und doch führt dies alles zu ungedeckten Mutmaßungen, die näher oder ferner zur Struktur der »geretteten Zunge«, aus ihr extrapoliert werden müssen, weil im Kapitel selbst davon die Rede nicht ist. Allerdings verstärkt die Lektüre der Novelle die

Phantasien über Elias, er steht im Kampf mit Tod und Teufel, die Schilderung wird emotional aufgeladen.

Für den Leser, der mit Canettis »Masse und Macht« vertraut ist und mit Freuds Arbeit über die Aufzeichnungen des Senatspräsidenten Schreber, ist ein anderer Hinweis im Text auszumachen. Das zur Sonne Werden der Spinne erinnert an das Wahnsystem Daniel Paul Schrebers. Damit überlagert die besondere Beziehung Schrebers zur Sonne – er fühlt sich von der Sonne verfolgt und angezogen, spricht mit ihr und schreit sie an, sie läßt ihn leiden und zeichnet ihn aus, zum Erzeuger eines neuen Menschengeschlechts zu werden – im Leser die Darstellung dessen, was mit Elias geschieht. Auch dies bringt den Leser dazu, die Schilderung mit Nöten und dem Versuch ihrer Abwehr aufzuladen. Das Rezipierte wird gehaltvoller, ohne daß die Darstellung dies einholt. Es geht nicht um eine Auseinandersetzung mit Schrebers Selbstdarstellung, das nicht ausgewiesene Zitat wirkt als Köder für den psychologisch interessierten, literarisch kundigen Leser.

Zugleich läßt sich diese Anspielung als Konkurrenz mit dem einzigartig entfalteten und außergewöhnlich dargestellten Wahngebilde Schrebers verstehen. Der Wetteifer geht um das bessere Wahnsystem. Darüber hinaus wird vorgeführt, daß Elias in dem Wahn nicht gefangen bleibt, sondern auch über das Mittel der Rettung verfügt. Hat er die Bedeutung der wahnhaften Vorstellung erfaßt, so ist sie damit auch verschwunden. Während Schreber Jahre seines Lebens litt und schließlich starb, ohne Heilung gefunden zu haben, heilt sich, so läßt sich die Botschaft übersetzen, der Junge aus der »geretteten Zunge« selbst. Die Konkurrenz mit Freud ist eine um die Deutung des Wahnsystems. Elias ist in einer Person Kranker, Deuter und Heiler.

Der Leser der »schwarzen Spinne!« wird in ein Drama hineingezogen, das parasitär von seinen Empfindungen, Hoffnungen und Ängsten zehrt, das zugleich einen allgemeinen Konflikt des Verhältnisses von Individuum und Gesellschaft anspricht und das sich mit Bildern aus der Literatur auflädt. Nirgendwo wird das Leiden als solches entfaltet. Statt dessen tritt eine Hauptfigur auf, die außerordentlich mächtig und in ihrem Innersten absolut unabhängig von anderen ist. Zur Erläuterung sei nochmals auf die »Bewunderung der Einsilbigkeit«, zu der das Erlebnis des Lötschentals geronnen ist, und dem »Erliegen« unter der »Beredsamkeit Gotthelfs« verwiesen. Daß letzteres nach der Interpretation nicht mehr uneingeschränkt aufrechtzuerhalten ist, hoffe ich gezeigt zu haben. Wer so selbstgewiß das in die Hand nimmt, was ein anderer entworfen hat, der »erliegt« dessen Entwurf nicht. Gegenüber den borniert gezeichneten Mitpatienten der Mutter und der Mutter erweist sich Elias' Offenheit. Die Vorzüge der »Einsilbigkeit« hat er entdeckt, ohne daß ihn irgend jemand darauf gebracht hätte. Selbstmächtigkeit und absolute Unabhängigkeit werden hinter dem Rücken des Lesers gebildet. Ihm ist es daher unmöglich, sich mit dem Entwurf eines Lebens ohne Leid auseinanderzusetzen. Über die manifest erscheinende Sinnstruktur, die den Leser anzieht und einbindet, findet eine Identifikation mit der uneingeschränkten Selbstverfügung statt. Der Leser ist zur Bewunderung von Elias aufgerufen, die er auf die Sympathie mit dem unter schwierigen Umständen aufwachsenden Jungen zurückführen mag. So tritt ein, daß der Leser sich mit seiner Unterwerfung identifiziert, ohne dies zu bemerken, ohne dabei ein Unbehagen zu verspüren.

Ein letzter Rekurs auf das Kapitel mag das zusammenfassen. Ich bin mit der Interpretation dem Titel gefolgt, der ausdrücklich auf den zweiten Teil des Kapitels hinweist. Er lenkt die Aufmerksamkeit auf die Gefahr – wozu der Leser der Taschenbuchausgabe noch besonders durch das Ausrufungszeichen angeregt wird, das einzige hinter einer Kapitelüberschrift der »geretteten Zunge« –, die als Elias' bevorzugtes Element kenntlich geworden ist; darin bewegen sich die Figuren des Buchs, darin spielt der Text mit dem Leser. Jedoch faßt der Titel auch den ersten Teil des Kapitels unter sich, in dem der Ausflug und seine Bedeutung für die Hauptfigur geschildert werden. Er spricht den ersten Teil nicht an und läßt in der Schwebe, worin beide zusammengehören sollen. Der Leser ist zur eigenen Suche aufgefordert. (Ganz ähnlich wirken auch Aufbau und Titel des Kapitels »Der Gezeichnete«.) Die Überschrift hilft dabei, das im dunkeln zu lassen, was hier die verborgene Verführung durch die Großartigkeit der Hauptfigur genannt worden ist, die aus dem ersten Teil des Kapitels ihre vollendete Gestalt wirft. Bereits dort zeigt sich, worin die Abkehr von den Gefühlen, vom Erleben gipfelt: in einer großartigen Ausweitung der Erkenntnismöglichkeiten. Elias entbehrt nichts, verliert nichts, das ihn trauern macht; er gewinnt alles. Ich möchte der Deutlichkeit halber einige Sätze auslassen:

»Ich bin nie wieder in diesem Tal gewesen, es wird sich in einem halben Jahrhundert, besonders diesem letzten, wohl sehr verändert haben. Ich habe mich davor gehütet, das Bild, das ich von ihm bewahre, anzutasten. Ich verdanke ihm, eine Folge eben seiner Fremdheit, das Gefühl der Vertrautheit mit Lebenszuständen altertümlicher Art (...) Hätte ich mehr von ihnen erfahren, das Bild hätte sich aufgelöst, und sie wären mir, auch sie, zu Menschen unserer Zeit geworden, wie ich sie überall kannte. Es gibt, zum Glück, Erfahrungen, die ihre Kraft aus ihrer Einmaligkeit und Isoliertheit beziehen. Wenn ich später von Stämmen und Völkern las, die in geringer Zahl und von allen anderen abgesondert leben, stieg die Erinnerung ans Lötschental in mir auf, und ich mochte noch so Sonderbares über sie lesen, ich hielt es für möglich und nahm es an.« (S. 300).

[1] Elias Canetti, Die gerettete Zunge. Geschichte einer Jugend, Fischer Taschenbuch 2083.

[2] In der Erstausgabe des Hanser Verlags von 1977 wird der Titel ohne Ausrufungszeichen angegeben: »Die schwarze Spinne«

[3] Alfred Lorenzer, Die Wahrheit der psychoanalytischen Erkenntnis. Ein historisch-materialistischer Entwurf, 1976, S. 110 ff

[4] Alfred Lorenzer, a. a. O.

[5] Alfred Lorenzer, Tiefenhermeneutische Kulturanalyse in: A. Lorenzer (Hrsg.), Kultur-Analysen, Fischer Taschenbuch 7334.

[6] vgl. Roy Pascal, Die Autobiographie. Gehalt und Gestalt. Stuttgart / Berlin 1965.

[7] Sigmund Freud, Bemerkungen über einen Fall von Zwangsneurose, Gesammelte Werke, Bd. VII, S. 450.

MARTIN KARLSON

Spuren des Sinnlichen

Annäherung an ein szenisches Verstehen
gegenständlicher Bilder

Der Begriff des szenischen Verstehens wurde von Lorenzer entwickelt in einer Metatheorie des psychoanalytischen Verstehensprozesses. Er bezeichnet dort eine Verstehensweise, die über das logische Verstehen wie über das Nacherleben hinausgeht und den Analytiker in den Stand setzt, aus den Äußerungen des Patienten dessen Grundkonflikte zu erschließen. Im Anschluß daran ist die Methode des szenischen Verstehens weiterentwickelt worden, um kulturelle Phänomene, insbesondere Literatur (also zunächst sprachliche Gebilde, wie ja auch die Patientenäußerungen überwiegend in Sprache gefaßt sind) zu interpretieren, wobei die literarischen Texte nun nicht als Äußerungen eines zu analysierenden Autors, sondern als Entäußerungen einer zu untersuchenden Kultur betrachtet werden: Ziel ist hier die Erschließung kulturtypischer Grundkonflikte, jener Spannungen zwischen kulturellen Werten und ihnen zuwiderlaufenden Wünschen, die im Bereich bewußter Symbole allein nicht gefaßt werden können. Darstellbar und zugänglich wird das Verhältnis zwischen jenen Werten, denen zuwiderzudenken dem Bewußtsein verwehrt ist, und unbewußten Wünschen, die Erfüllung fordern, in sinnlich-unmittelbarer Symbolisierung, die innerhalb sprachlicher Gebilde in der ›szenischen Kunst literarischer Texte‹ gegeben ist. Sinnlich-unmittelbare Symbole können nur ›szenisch‹ verstanden werden, wobei Lorenzer den Begriff ›szenisch‹ gegen konkretistische Mißverständnisse abgrenzt:

»...›Szenisch‹ meint bei ›Texten‹ nicht das dramatisch Entfaltete und bei ›gegenständlichen Bedeutungsträgern‹ nicht bloß die Inszenierung, sondern muß beide Male die vom Alltagsverständnis gezogenen Grenzen durchbrechen: Die undramatisch stillen Bilder romantischer Gedichte (die ›Wälder‹, ›Täler‹, ›Blumen‹) ›bedeuten‹ szenisch entfaltete Zuständlichkeit, weil sie Formeln sozialer Spielfiguren, Entwürfe menschlicher Umgangsweise mit der Welt und mit anderen Menschen sind, so wie ein nüchtern abgegrenzter Gegenstand wie ein Stuhl als ›Bedeutungsträger‹ diesen Gegenstand immer als Teil einer menschlichen Verhaltensszene repräsentiert« (Lorenzer, S. 165).

›Szenisches Verstehen‹ beschränkt sich nicht auf das Verständnis der beschriebenen Episoden, des ›dramatisch Entfalteten‹, sondern zielt auf die Enträtselung einer verborgenen Konfliktdramatik, die durch den Vergleich einander ähnlicher Momente in verschiedenen Episoden erfolgt. Damit entsteht eine Schwierigkeit, will man das Verfahren auf Kunstwerke als gegenständliche Bedeutungsträger anwenden: während in Texten verschiedene Episoden in klar bestimmbarer Weise aufeinanderfolgen, konfrontiert das Bild als Ganzes den Betrachter mit einer »Inszenierung«, deren Bestandteile untrennbar ineinander verschmolzen sind. Soll eine solche bildliche Inszenierung als gegenständlicher Bedeutungsträger interpretiert werden mit dem Ziel, die Formeln sozialer Spielfiguren und die in ihnen nicht zugelassenen sinnlichen Wünsche herauszuarbeiten, erscheint es unerläßlich, sich mit dem Medium gegenständliches Bildwerk näher zu beschäftigen.

Insofern als jede symbolische Darstellung eines Gegenstands oder einer Person einen Entwurf menschlicher Umgangsweise mit der Welt notwendig beinhaltet, der aber nicht an ein bestimmtes Sujet gebunden ist, kommt den dargestellten Gegenständen und Personen nur untergeordnete Bedeutung zu. Die Art der Darstellung wie auch die Beziehung der dargestellten Gegenstände und Personen zueinander muß vielmehr ins Zentrum der Betrachtung rücken, wobei allerdings zu berücksichtigen ist, daß die Art der Darstellung weitgehend durch ein (z. T. kultur- und epochenspezifisches) Regelsystem bestimmt ist. Eine Beschäftigung mit der Art der gegenständlichen Darstellung führte zunächst also zu einer wie immer verfeinerten Stilanalyse. Szenisches Verstehen muß diesen Horizont überschreiten, muß die Vermittlung von Sinnlichkeit und Bewußtsein in jenen Bildelementen aufsuchen, die das kollektive Regelsystem, die Bild›sprache‹, überschreiten.

Wenn nun von Bild›sprache‹, von Bildelementen die Rede war, so ist damit bereits impliziert, daß auch bildliche Darstellungen einem Regelsystem unterliegen, das eine Gliederung nach Bildelementen ermöglicht. Ein solches Regelsystem wird aber ohne Zweifel ganz anders geartet sein als etwa die Grammatik einer Sprache; es bezieht sich ja nicht auf eine für den Rezipienten vorgegebene Abfolge einzelner Elemente (wie dies auch Regeln der Ton›sprache‹ tun), sondern vielmehr auf ein Medium, das dem Betrachter bereits auf den ersten Blick das Gesamt der Inszenierung in groben Zügen preisgibt.

Um dieses Regelsystem genauer kennenzulernen, scheint mir eine Verfolgung der Entwicklung von Kinderzeichnungen sinnvoll zu sein. Kinderzeichnungen sind zunächst den kollektiven Regeln des Abbildens nicht unterworfen und bedürfen häufig einer zusätzlichen Erklärung seitens des Kindes, soll das Abgebildete erkannt und verstanden werden. Zugleich sind sie in hohem Maße Ausdruck sinnlich-unmittelbaren Erlebens der Realität und bieten dem Betrachter einen Ausdrucksreichtum dar, der eng mit der Nichtbeherrschung der Regeln gekoppelt ist. Die Ausdruckskraft, die uns in vielen Kinderzeichnungen gegenübertritt, beruht nicht auf einer Regelüberschreitung, sondern auf der Unkenntnis der Regeln seitens des Kindes; man muß wohl davon ausgehen, daß ein erwachsener Betrachter Ausdruck sieht, wo dies vom Kind nicht intendiert ist. Gleichwohl kommt ihnen der Rang sinnlich-unmittelbarer Symbole zu, auch wenn sie – wie ja auch die Traumbilder – Symbole dieses Individuums sind und nicht – wie Kunstwerke – Symbole für eine Kultur, ein Kollektiv. Im Verlauf der Entwicklung ist der Widerstreit zwischen impulsivem Erlebnisausdruck und dem Anspruch kollektiver Verständlichkeit immer wieder erkennbar, bis schließlich die Absicht »korrekter« Abbildung des Erlebten und kognitiv bestimmter Anordnung überwiegt und den Erlebnisausdruck in den Hintergrund drängt. Die Einübung in die kollektiven Regeln des Abbildens drängt also das kreativ-individuelle Moment zunächst zurück, das – auf dem Wege zur künstlerischen Arbeit – wiedergewonnen wird und den Spielraum der Regeln nun nicht nur anerkennt und nutzt, sondern sie selbst teilweise überschreitet.

Im Folgenden soll anhand der verschiedenen Entwicklungsstadien der Kinderzeichnung dargestellt werden, wie affektives Erleben in verschiedenen Bildelementen zum Ausdruck gelangt, und wie sich zugleich Regeln der bildlichen Darstellung entwickeln, geleitet von dem Anspruch, kollektiv verstehbar Erlebnisse visuell zu artikulieren. (Abb. 1 S. 334).

Die allerersten Kritzeleien von Kindern geschehen wohl zumeist als Nachahmung der Schreibtätigkeit, die das Kind bei anderen beobachtet hat. Nicht unbedingt wird vom Kind der Zusammenhang zwischen seiner Tätigkeit und ihren sichtbaren Folgen sofort erkannt. Die noch wenig entwickelte Armmotorik vereint mit einer Lust an der eigenen Bewegung führt zu grobmotorischen Wechselbewegungen des Stifts auf kleiner Fläche. Auf der zuvor gleichgetönten Unterlage entsteht eine dunkle Stelle, die die visuelle Aufmerksamkeit auf sich zieht. Der Zusammenhang zwischen eigener Tätigkeit und ihrer bleibenden Hinterlassenschaft wird so bald erkannt, Kontraste können hervorgebracht werden:

»Dieses lustbetonte Erlebnis wirkt sehr eindringlich. Die Möglichkeit, eine Wand, einen Schrank, ein Stück Papier zu beschmieren, wird von da ab selten ungenutzt gelassen. Zu diesem hervorgebrachten Helldunkelerlebnis tritt ein Bewegungseindruck« (Daucher, S. 108).

Abb. 1: Anfänge der Kinderzeichnung: Kritzel-
zeichnungen, darunter Rundkritzeln, Schreibkrit-
zeln, Kreuzform.

Aus: H. Daucher, Künstlerisches und rationalisiertes Sehen.
München 1967, S. 119

Der Bewegungseindruck dürfte dabei zunächst motorisch-sensorisch
sein, weniger visuell. Die Kritzeleien bleiben zunächst einige Zeit
amorph, um sich dann in zwei verschiedenartige Gebilde zu polarisie-
ren: In Rundkritzeleien und Linien bzw. Kreuzformen. Dabei sind die
Rundkritzeleien wohl nicht visuell kontrolliert, trotz der Schwierigkeit
jener Bewegungen, die im weiten Bogen in sich selbst zurückkehren.
Grözinger schließt aus den im zweiten Lebensjahr entstehenden Rundkritzeln auf ein ›rotierendes Raumgefühl‹ des Kindes, das er mit präna-
talem Erlebnis und der dazu gegensätzlichen späteren Erfahrung der
Schwerkraft in Verbindung bringt:

»Was es (das Kind)... vor zwei Jahren erlebte, davon befreit es sich jetzt in einer
geistigen Leistung, zu der es in seiner Eigenschaft als Menschenwesen fähig ist.
Es... hält so eine tätige Zwiesprache mit seinem Innern, mit seinem Körper, der
sich noch wohl erinnert. Kritzeleien sind... Selbstverständigungen, durch die
das Kind ›zu sich‹ kommt« (Grözinger, S. 20).

Es fällt mir schwer, die von Grözinger behauptete Verbindung von Erinnerung, Tätigkeit und Wahrnehmung anzuerkennen, in ihr eine menschliche »geistige Leistung«, eine Symbolbildung, zu sehen. Der Grund für die Ausdauer und die Lust, mit der diese Kritzelformen geschaffen werden, scheint mir vielmehr vorwiegend in der motorischen Aktivität, einer zu ihrem Ausgangspunkt zurückführenden Bewegung, begründet. Geleitet sind diese Kritzelbewegungen von der Hand, vom Arm, wobei die Augen zugleich den dabei entstehenden Spuren folgen.

In den bald darauf überwiegenden Linien- und Kreuzkritzeleien steht immer noch die motorische Aktivität im Vordergrund, die Bewegungen der Hand sind aber gerichtete Ortsveränderungen:

»Das Trotzalter realisiert sich so graphologisch. Die sinnlich, lustbetonten Kurven der frühen Kritzelstufe werden seltener und abgelöst von harten Geraden, die entschieden *von hier dorthin wollen*« (Daucher, S. 110).

Die Bewegung des Zeichenstifts auf der Ebene des Papiers ist nun den Bewegungen des Kindes im Raum, seinem Krabbeln und Gehen, seinem »von hier dorthin wollen« vergleichbar.

In diesen ersten Kritzelstadien ist die Aktivität des Kindes nicht visuell kontrolliert, auch wird der entstandenen Zeichnung keine darstellende Funktion zugesprochen. Dennoch besteht bereits eine Wechselbeziehung zwischen motorischem Impuls und visueller Wahrnehmung seines Ergebnisses: Als erstes ›lustbetontes Erlebnis‹ stand die Entdeckung, daß ein für die Augen attraktiver Kontrast durch die Kritzeltätigkeit hervorgebracht werden kann. Die im Anschluß daran entstehenden Grundmuster der Kreisform und der Linien bzw. Kreuzformen gehen von motorischen Impulsen aus und zeigen die Polarisierung der leiblichen Erfahrung an: innere Ruhe und Bewegung auf der Ebene. Auch sie werden von den Augen aufmerksam verfolgt und bleiben Grundformen der visuellen Wahrnehmung.

Nahezu unmöglich erscheint es, daß ein aus diesen Grundformen entstehendes Kritzelgebilde einer Gegenstandsgestalt zufällig so genau entspricht, daß es vom Auge als Abbildung erkannt wird. Es bedarf vielmehr zweier Voraussetzungen, daß einem Kritzelgebilde eine Bedeutungsfunktion verliehen werden kann: zum einen eines Verständnisses symbolischer Beziehungen (die Dinge haben einen Namen, ein Name steht für verschiedene Dinge, ein Ding steht für ein anderes etc.), zum anderen der Tendenz des Auges, wahrgenommene Zeichen und Formen willkürlich zusammenfassen und zu vertrauten Gestalten zu ordnen. Wie bei den ›Illusionsspielen‹ des Kindes, in denen der Bauklotz zum Haus, zur Treppenstufe, zum Kasten wird, erhalten nun gezeichnete Formen eine Bedeutung:

»Ein kleiner Knabe spielte im Alter von zwei Jahren und zwei Monaten eines Tages... mit dem Zeichenstift und machte zufällig eine sich ringelnde Linie, worauf er in erregter Freude ausrief: ›Puff, puff!‹ d. i. Rauch. Er zeichnete dann mehrere Ringel mit der rudimentären Absicht zu zeigen, was er meinte« (Sully, S. 283).

Mit dieser Entdeckung beginnt der Widerstreit zwischen dem Ausagieren motorischer Impulse und der Absicht, die Motorik kontrolliert einzusetzen, um etwas abzubilden. Erfreute das Kritzelgebilde zunächst einzig als Kontrast und als Bewegungsspur, wird es nun auf eine Beziehung zur Gegenstandswelt überprüft. Während das Bild entsteht, wird

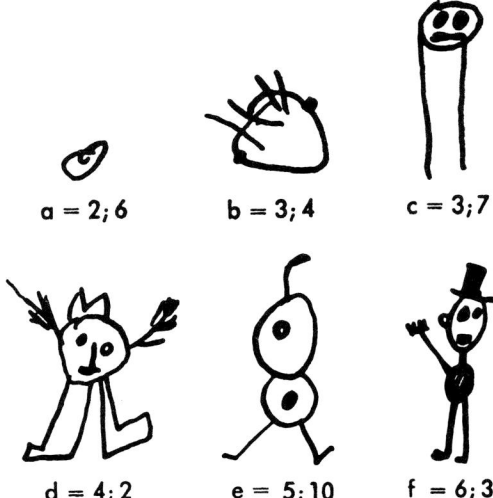

Abb. 2: Entwicklung der Menschendarstellung. a nachträglich als ›Mutta‹ benanntes Kritzelzeichen; b–d Kopffüßler; in e sind die Beine einem Rumpfzeichen angefügt, allerdings fehlt die Gesichtsgestalt; in f ist die Nase außen der Gesichtsform angesetzt, in ihr sind die Zeichen für Augen und Mund. Die Zahlen sind Altersangaben in Jahren und Monaten.

Aus: H. Meyers, Die Welt der kindlichen Bildnerei. Witten 1957, S. 51f.

es benannt und durch weitere Zeichen ergänzt, um das Genannte deutlicher zu machen. Die Grundformen des Kritzelns werden dabei ikonografisch verwendet: abgeschlossene Formen werden als räumliche Einheiten, meist als (menschliche) Körper aufgefaßt, Striche verweisen auf Bewegung. Durch Einfügen weiterer Zeichen in die Rundform wird diese der Gesichtsgestalt ähnlich. Die so entstehenden »Kopffüßler« sind also sich bewegende, gestalthafte Körper; auf die Frage nach dem Bauch deutet das Kind in die Kreisform. Bald werden die zeichnerischen Schemata variiert und neu kombiniert, eckige Formen benutzt, die dem Auge eine plötzliche Bewegungsänderung abverlangen, kantige Körper oder Räume bedeuten.

Die Vielfalt verfeinerter Schemata erlaubt allmählich, der Zeichnung typisierte Details hinzuzufügen, um z. B. Personen durch charakterisierende Attribute näher zu bestimmen: ein Mann mit Pfeife im Mund = der Bauer, ein Mann mit Brille = der Lehrer, ein Mann mit Hut = der Nachbar usf. Die Entwicklung der abbildenden Seite verläuft also ähnlich der Entwicklung im sprachsymbolischen Bereich: zeichnerische Schemata werden verknüpft wie sprachliche Begriffe, der ›Mann‹ wird

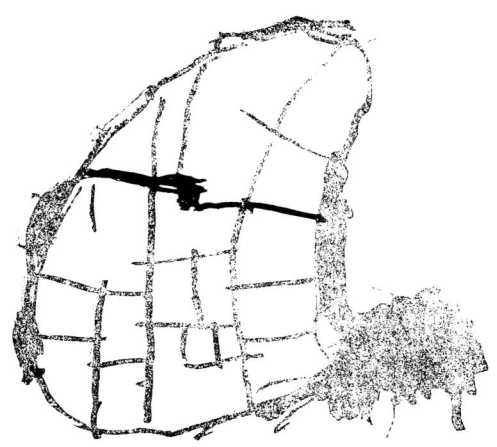

Abb. 3: Hausdarstellung eines 3½jährigen. Rundform als Umriß. Das Kind nannte beim Malen ein Zimmer nach dem anderen; der Fleck unten rechts bezeichnet das Verschließen des Hauses.

Aus: W. Grözinger, Kinder kritzeln zeichnen malen. München 1970, S. 34

337

nicht durch Veränderung des schematischen Abbilds, sondern durch Zusammensetzung präzisiert (›Hutmann‹).[1] Dabei werden Überschneidungen zwischen Attribut und Gestalt vermieden, der Hut wird oben der Kopfrundung aufgesetzt, die Pfeife seitlich der Kontur angefügt.

Das Festhalten an den erworbenen zeichnerischen Schemata, die ›logischen‹ Konstruktionen, verweisen darauf, wie stark die Absicht, äußere Gegenstände verständlich abzubilden, kognitiv-rational bestimmt ist. Dabei wird die Abbildung des Gegenstands dadurch bewerkstelligt, daß die dem Kind wesentlichen Charakteristika mit Hilfe entwickelter Schemata gezeigt werden. Diese Schemata beziehen sich aber nicht allein auf das Sichtbare, sie überschreiten zugleich die Darstellung des visuell Gegebenen. Dem Kind ist ja nicht allein das Sichtbare wesentlich, sondern ebenso auch das Tastbare, greifbar Feste. Die Umrißlinien stellen feste Körperformen dar und verweisen damit auf die Bedeutsamkeit der haptischen Erfahrung, was z. B. deutlich wird, wenn die Kopfkontur als ein Oval mit Nase gezeichnet wird, der dann zusätzlich ein Nasenzeichen eingefügt wird: Die Nase ragt aus der Kopfform – und ist zugleich, wie Augen und Mund, im Kopf. Tierkörpern werden die Haare am Rand aufgesetzt, Personen die Kleidung angefügt, die von der Kontur umgrenzte Form zeigt (z. B. bei Häusern) häufig den Innenraum. Die innere Erlebnisbedeutung wird zugleich noch in anderer Weise umgesetzt: die Proportionierung der einzelnen Elemente der Zeichnung (Kopf und Rumpf, Kind und Erwachsener) entspricht nicht den sichtbaren, meßbaren Größenverhältnissen, sondern weitgehend den Gefühlsbedeutungen: Das Wichtige (oft das Kind) wird besonders groß dargestellt. In Bildern des Mittelalters und der frühen Renaissance begegnen uns ähnliche Darstellungen. Ebenso wird in der Fläche das dem Kind Wesentliche zentral angeordnet, der Abstand vom Zentrum bezeichnet zugleich räumliche und emotionale Nähe und Distanz.

Die Ausdruckskraft, die diesen Zeichnungen innewohnt, ist auch Erwachsenen unmittelbar zugänglich. Die Mittel, aus denen sie erwächst, werden vom Kind nicht absichtsvoll eingesetzt, sondern sind geprägt von der engen, unreflektierten Beziehung zwischen visueller Wahrnehmung und Eigenbewegung im Raum, haptischem Erleben und motorischer Umsetzung. In der Betrachtung solcher Zeichnungen werden diese Beziehungen unmittelbar nachvollzogen. In den abgeschlossenen Grundformen (Kreis, Oval, Kasten) findet das Auge die Kontur eines Körpers, während die Linie ihm eine Bewegung zeigt, es selbst in Bewegung setzt. Die erlebnisgebundene Proportionierung und die Anordnung in der Fläche zeigen deutlich, was dem inneren Auge und dem Erleben nahe und was ihm fern war. In den Konturen verweisen die

Spuren des Stifts auf eine zögernde oder rasche Bewegung, ihre Dicke wird visuell als Festigkeit oder Schwere des Körpers aufgefaßt.

Dennoch ist die Ausdrucksabsicht, aus der heraus das Kind seine Zeichnung schuf, wie auch die in ihr gestaltete Episode oft nicht ohne weitere Erklärung verständlich. Das Kind will aber Verständlichkeit erreichen, will etwas mitteilen. Die gezeigten Gegenstände werden nun durch Anfügen vieler Details genau bezeichnet. Das Kind betrachtet und betastet in der Erinnerung die Gegenstände von allen Seiten und ›erzählt‹ in der Zeichnung seine Kenntnisse, wenn es z. B. der Ladefläche eines Marktkarrens vier ›liegende‹ Speichenräder anfügt, oder zwischen einem Tisch und der darauf stehenden Vase deren Form durch mehrere Kreise zeigt (Abb. 4). Zugleich ordnet es seine Zeichnung zunehmend einem Raumordnungsanspruch unter, wodurch die erlebnisgebundene Proportionierung zurückgedrängt wird. Es versucht in

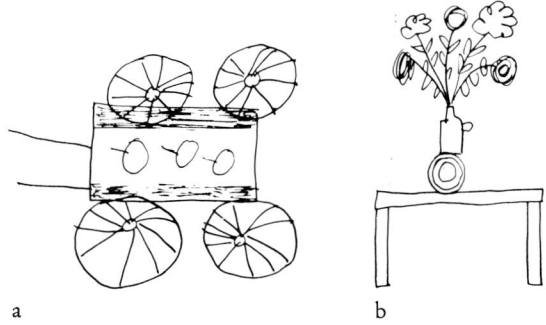

a   b

Abb. 4: Detailbezeichnung in der Gegenstandsdarstellung. a Marktkarren mit Äpfeln; b Tisch mit runder Vase. Zeichnungen 5½jähriger Kinder.

Aus: Bareis, Vom Kritzeln zum Zeichnen und Malen. Donauwörth 1972, S. 30

verschiedenster Weise, die räumliche Ordnung der Dinge in der Fläche wiederzugeben, wobei Überdeckungen zunächst weitgehend vermieden werden. Die Zeichnung als Ganze ›erzählt‹ nun eine bedeutungsvolle Episode.

Widlöcher hat diese Seite der Zeichnung ihren ›narrativen Wert‹ genannt, dem er den ›Ausdruckswert‹ gegenübergestellt. Auch er weist darauf hin, daß das Kind ebenso wie der Künstler einen Kompromiß herstellen muß zwischen bildnerischem Ausdruck und Darstellungsabsicht, wobei für das Kind im Entwicklungsverlauf letztere vorrangig wird. Das Kind will Gesehenes oder Vorgestelltes kollektiv verständlich schildern, genau bezeichnen. Dazu gehört nun zunehmend auch die räumliche Anordnung der gezeigten Gegenstände. Jede Umsetzung der dreidimensionalen Raumbeziehungen in die Fläche verlangt aber, nur die von einem Blickpunkt aus sichtbaren Details ins Bild aufzunehmen, einander überdeckende Gegenstandskonturen müssen durch unvollständige Schemata wiedergegeben werden. Bereits bei häufigen Verbindungen zweier Gegenstände wird die Schwierigkeit dieser Aufgabe sichtbar: die ersten Reiter schweben knapp über dem Pferd, die späteren ›sitzen‹ bereits der Kontur auf, aber im ›Damensattel‹: beide Beine sind auf einer Seite. Das Kind muß sich ›wider besseres Wissen‹ das Schema des ›einbeinigen‹ Reiters mühsam aneignen, es muß von der erfahrenen Zweibeinigkeit des Reiters abstrahieren. Die Umsetzung der räumlichen Anordnung aller im Bild gezeigten Gegenstände erfordert also eine Distanzierung von ihren sinnlich erlebbaren Eigenschaften und eine Konzentration allein auf das visuell Gegebene. Im Widerstreit zwischen detailgenauem Schildern der Gegenstände und eindeutig dechiffrierbarem Abbilden der Raumbeziehungen verschwindet der Ausdrucksreichtum, die Zeichnungen erscheinen leblos und konstruiert.

Im Verlauf der Entwicklung hat sich also die Bedeutung der Zeichnung gewandelt. Stand am Anfang der motorische Impuls, aus dem zur Freude der Augen ein Kontrast erwuchs, so ist die Zeichnung nun von der Absicht dominiert, einen Ausschnitt aus der Gegenstandswelt kollektiv verständlich und korrekt proportioniert zu zeigen. Die Aneignung der kulturell gültigen Regeln des Abbildens hat zur Dominanz des Intentionalen gegenüber dem Intuitiven geführt, wie es Langer – bezogen auf die kulturelle Entwicklung – darlegt:

»Wenn er (der Indianer, M. K.) den Status des Wilden hinter sich hat und die diskursive Vernunft ernst nimmt, versucht er genauer zu kopieren, und das Streben nach einer naturalistischen, buchstäblichen Darstellung, nach rationalen Maßstäben der Kunst, nach moralischer Ausdeutung usf., stören seine Intuition und gefährden seine visuelle Auffassung« (Langer, S. 247).

Die ›beste‹ Abbildung, das ›realistischste‹ Abbild vermag also ausdrucksärmer zu sein als die primitivste Kinderzeichnung oder die Schnitzerei eines »Wilden«. Während das genaue Kopieren, die buchstäbliche Darstellung also eng mit der diskursiven Vernunft verbunden ist, genügten bereits jene relativ einfachen Schemata der frühen Kinderzeichnung, die noch in engster Beziehung zum motorischen Akt des Zeichnens standen, um ein präsentatives Symbol hervorzubringen, dessen Abbildungsfunktion, dessen Bedeutungsbeziehung erkennbar und nachvollziehbar ist:

»Das einzige Merkmal, welches ein Bild haben muß, um Abbild einer bestimmten Sache zu sein, ist eine Anordnung von Elementen, welche der Anordnung von hervorstechenden visuellen Elementen des Gegenstands analog ist. ...Solange wir... ein Element finden, das als Kopf gelten kann, und im Kopf eins für das Auge, ...einen Strich da, wo er einen Arm vorstellen kann, erkennen wir immer noch die so geschilderten Gegenstände« (Langer, S. 78).

Nur einige wenige Elemente reichen also aus, um in uns die Vorstellung eines Gegenstands zu erwecken. Unsere Erfahrungen des Fühlens, Tastens und Greifens haben uns gelehrt, eine visuelle Wahrnehmung zu entwickeln, mit deren Hilfe wir schnell unsere Außenwelt zergliedern, in ihren Ordnungsbeziehungen zu begreifen vermögen, indem wir die vom Auge aufgenommenen Lichtreize in Merkbilder zusammenfassen und diese in die Welt hinausverlagern als Dinge, als Körper. Dabei fassen wir Linien zu Begrenzungen von Flächen, Flächen zu dreidimensionalen Formen zusammen, teilweise verdeckte Körperformen ergänzen wir; wenige Merkmale genügen uns, um in der Form einen Gegenstand zu erkennen und seine Stellung im Raum zu bestimmen. Ebenso ist auch unsere Rezeption gegenständlicher Bildwerke zunächst unwillkürlich von dem Anspruch dominiert, das Abgebildete zu erkennen. Der erste flüchtige Blick erfaßt das Bild mit Hilfe visueller Schemata. Die Konturen der Farbflächen erschließen sich uns als Körper, deren räumliche Anordnung zunächst durch Überdeckung bestimmbar scheint. Allmählich vermag sich der Blick vom Ganzen zu lösen und beginnt im Bild zu wandern, um dabei eine Fülle von Details zu entdecken, die die dargestellte Episode näher beschreiben. Damit erweitert sich zunächst die ›narrative‹ Seite des Bildes: die räumliche Anordnung wird präzisiert, der Lichteinfall erkennbar etc.
Immer wieder geht das Auge vom Detail zurück zum Gesamtbild, neben das Abbildungserkennen tritt ein Nacherleben, indem wir uns der Episode aussetzen, uns in sie hineinziehen lassen. Es ist aber nicht allein die Detailgenauigkeit, die Präzisierbarkeit der Gegenstandsvorstellungen, die uns ein Bild lebendig und ausdrucksvoll erscheinen läßt. Bereits anhand der Kinderzeichnungen sahen wir, daß Ausdrucksreichtum uns gerade dort erfahrbar wird, wo ein Bild nicht lebensnahe Wiedergabe des Sichtbaren ist, sondern die Regeln verletzt und in uns aufgrund divergenter visueller Merkmale (etwa durch ›realitätsfremde‹ Proportionierung, perspektivische Wechsel, unterschiedliche Konturierung der Körper etc.) verschiedene einander spannungsreich gegenüberstehende Vorstellungen zugleich erweckt. Geschah dies in Kinderbildern unreflektiert mit einfachsten zeichnerischen Mitteln, waren dort vorwiegend reine Farben zur Präzisierung des Gezeigten (Gras = grün, Dachziegel = rot etc.) zu finden, so sind in der gegenständlichen

Malerei die Spannungsbeziehungen zwischen zeichnerischer Form und Farbe von besonderer Bedeutung, um dem Betrachter verschiedene Erlebnisweisen des Dargestellten spannungsvoll vor Augen zu führen.

Um diese Spannungsverhältnisse und ihre Beziehung zum Erleben des Gegenstands deutlich zu machen, bedarf es freilich einer Darstellung anhand einer Bildbetrachtung. Ich habe hierfür das Stilleben mit Rebhuhn und Birne (Abb. 5) von Jean-Baptiste Chardin ausgewählt; ein Stilleben schien mir insofern besonders geeignet, als es die hier nicht behandelte Problematik der zeitlichen Dynamik, die eine Darstellung zu suggerieren vermag (und zugleich nicht erfüllt), vor der Hand am wenigsten enthält. Die hier abgebildeten Gegenstände liegen fest auf einer Unterlage, wären sie wirklich gegeben, könnten wir sie ebenso stundenlang betrachten wie das Bild. Auf den ersten Blick erfassen wir sie in ihrer räumlichen Ordnung: Auf einem Tisch liegt ein totes Rebhuhn, unter ihm befindet sich ein Faden mit Schlinge, dahinter steht eine Birne. Das Ensemble scheint lebensgetreu erfaßt, die Darstellung wirkt durchaus ›realistisch‹. Wir können sie jahreszeitlich einordnen als ein Herbstbild (Zeit der Jagd, der Birnenernte), können dem Ensemble eine allegorische Bedeutung verleihen, es etwa als eine Darstellung von Fülle des Lebens (Rebhuhn und Birne als Grundlage einer köstlichen

Abb. 5: Jean-Baptiste Chardin (1699–1779): Rebhuhn mit Birne.
Städelsches Kunstinstitut, Frankfurt am Main

Mahlzeit) und Gewaltsamkeit des Todes (ein hingemordetes Rebhuhn, noch die Fangschlinge liegt bei) ansehen.

Mein Anliegen ist aber nicht, eine Interpretation dieses Bildes zu leisten, sondern an ihm deutlich zu machen, wie durch einzelne zeichnerische und malerische Momente Spannungen erzeugt werden, indem durch die visuelle Wahrnehmung divergenter Elemente konkurrierende Vorstellungen erweckt werden[2].

Eine genauere Betrachtung zunächst des zeichnerischen Aspekts macht bereits deutlich, wie wenig mir der ›Tisch‹ bestimmbar ist. Aus dem Merkzeichen einer geraden Linie, einer plötzlichen Helligkeitsänderung, die parallel zum unteren Bildrand verläuft, und einer Entsprechung oberhalb von ihr, die am linken Rand schräg nach unten abbiegt, erschließe ich einen rechtwinkligen Tisch mit einer Decke. Konzentriere ich mich auf die obere Helldunkelgrenze, die in der Mitte von Rebhuhn und Birne verdeckt wird, scheint mir die Unterlage eher eine runde Form zu besitzen. Ebenso läßt das Verhältnis zwischen den Gegenständen und ihren Schatten nur schwer eine klare Bestimmung des Lichteinfalls zu. Zugleich entdecke ich Formbeziehungen z. B. zwischen der Birne und dem Rebhuhnkopf, die Ausrichtung des Schnabels entspricht der des Stiels. Meine Augen finden eine Diagonale, indem sie die Linie der Flügelfeder über Brust und Hals in die rechte Bucht des Fadens fortführen. Diese Linie erzeugt eine Dynamik, verleiht dem Rebhuhn zusammen mit seiner Schattenlinie, die sich im Schatten der Birne fortsetzt, eine Keilform, die sich unter die Birne schiebt, sie stützt.

Überschreite ich die zeichnerischen Aspekte und beziehe die Farbspannungen mit ein, so tritt innerhalb dieser Form zunächst die Helligkeit des Rumpfgefieders hervor, die durch die dunkle Unterkante des oberen Beins noch besonders betont wird. Durch das Zusammenwirken zeichnerischer Aspekte mit Farbspannungen erscheint das Tier leicht und in dynamischer Bewegung. Die abgespreizten Flügelfedern schimmern, als seien sie durchsichtig, das Gefieder wirkt insgesamt zart, wohingegen die Birne feste, kräftige Konturen besitzt. Aber ihr verlockendes, lebendiges Rot, ihr gelber Glanz, ihr weicher warmer Schatten lassen auch sie ›lebendig‹ erscheinen, nehmen ihr wieder die Plumpheit, rechts und oberhalb von ihr ist der Hintergrund aufgehellt, sie scheint eine eigene Aura zu haben. Sie hat ihre ›natürliche‹ Form bewahrt, wohingegen das Rebhuhn durch seinen verdrehten Hals, den hängenden wie den liegenden Fuß seine gewaltsame Tötung zeigt. Sein Schatten ist härter, kompakter, der Kontrast zwischen hellem Federkleid und dunklem Hintergrund wesentlich schärfer, es wirkt zugleich weniger farbig.

Und doch erschien es mir gerade noch zart, leicht, bewegt, als könne es auf und davon fliegen. Woher rührt die Vorstellung des zarten Gefieders? Betrachte ich das Bild genau, finde ich das Rumpfgefieder ›zeichnerisch‹ nicht genau ausgestaltet. Lediglich kurz oberhalb und links der Flügelfedern heben sich einige zarte Pinselstriche vom Hintergrund ab, die ich als Flaumhaare wahrnehme und die mir die Zartheit der Federn anzeigen. Gerade der harte Kontrast erzeugt den Eindruck der Leichtigkeit, und auch die opal schimmernden Flügelfedern lassen nicht den Hintergrund durchscheinen, sondern sind in einem zarten Blau abgesetzt. Der Blick aus nächster Nähe zeigt mir, daß das weiß erschienene Gefieder mit den unterschiedlichsten Pastelltönen durchzogen ist. Die Lebendigkeit beruht auch hier auf einer differenzierten Farbigkeit, wobei die einzelnen Farben von ferne nur schwer erkennbar sind. Knapp unterhalb des Halsansatzes entdecke ich ein Taubenblau, das seine intensive Farbwirkung sicher bereits zuvor entfaltete, nun aber unübersehbar wird. Links daneben ist das Gefieder rotbraun gehalten, von weitem sehe ich diese Farbe als Ergänzung, Fortführung der Birne an, das Rebhuhn scheint durchsichtig, nur der taubenblaue Kragen ragt keilförmig in die rote Farbform, die aus dem Zusammenklang erwachsende Farbformdynamik verweist auf den dunklen Streifen, der von unten kreisförmig rechts an der Birne hochläuft und im grün/blau/gelben Oval ihrer Spitze mündet. Die Augen gehen zurück auf das Gesamtbild, das Wechselspiel zwischen Gesamt und Ausschnitt, zwischen zeichnerischen und malerischen Elementen beginnt von neuem, aber keine der visuellen Erfahrungen, die das erste intensive Schauen ergab, kann nun übergangen werden. Rebhuhn und Birne durchdringen einander, sind nicht mehr nur zwei Gegenstandsbilder (mit unterschiedlicher allegorischer Deutbarkeit), sondern bieten ein Ensemble von Farben und Farbformen, das zu erleben uns nur Bilder gestatten. Die darin enthaltenen Spannungen müssen für eine Interpretation in Beziehung gesetzt werden zum dargestellten gegenständlichen Arrangement, wobei auch diese Beziehungen zunächst durch die Augen gefunden werden.

Die Betrachtung des Bildes ergab zunächst, wie das scheinbar selbstverständlich gegebene, der Tisch als Unterlage, in seiner Form nicht bestimmbar war, wie dann im zweiten Blick Formbeziehungen erkennbar wurden, die Rebhuhn und Birne miteinander verknüpften und zueinander in Gegensatz brachten. Durch differenzierte malerische Mittel wurden Leichtigkeit und Schwere, Lebendigkeit und Festigkeit erlebbar, ohne daß eine bleibende, polarisierende Zuordnung entscheidbar gewesen wäre, bis schließlich die beiden Gegenstände einander durchdrangen, das Sehen freigesetzt wurde vom Erkennen eines Gegenstands, die Dynamik der Farbformbeziehung zur Geltung kam. Diese Erlebnisse erschließen sich uns schwer, weil sie den Regeln des visuellen Erfassens widersprechen. Zugleich dürfen die Regeln der Gegenstandsdarstellung nur in geringem Maße überschritten werden, die dynamischen Spannungen in der Konzeption des Bildes müssen so miteinander verbunden sein, daß nicht ein Element, eine Spannungsbeziehung die Aufmerksamkeit des Betrachters in Anspruch nimmt, sein Blick vielmehr wieder freigesetzt wird, erneut im Bild herumzuschweifen.

In den frühen Kinderzeichnungen fanden wir Spannungsmomente, in denen wir Erlebnisausdruck erkannten. Diese Bilder waren noch nicht – oder nur gering – der Regelhaftigkeit von Wahrnehmung und Abbildung unterworfen. Wir erfassen keine zusammenhängende Episode, sondern freuen uns an der Deutlichkeit des Ausdrucks, der den einzelnen Bildelementen eigen ist. Diese Ausdrucksmomente entstehen teils unmittelbar motorisch, teils aus Versuchen, die Vielfalt des Erlebens ins Bild zu fassen. In gegenständlichen Bildwerken finden wir die Bildelemente in schnell erfaßbarer Weise geordnet und aufeinander bezogen, das Bild ›erzählt‹ detailliert eine nachvollziehbare Episode. Die Ausdrucksmomente scheinen zunächst die sinnliche Dichte der ›Erzählung‹ hervorzurufen, erst allmählich wird erlebbar, wie auch hier visuelles Erfassen der Gegenstandswelt und sinnliches Erleben einander widerstreiten. Ein szenisches Verstehen gegenständlicher Bilder muß sich auf diese Ausdrucksmomente konzentrieren, muß sich dem im Bild erlebbaren Wechselspiel zwischen visuell erfaßbarer Gegenstandswelt und sinnlichem Erleben der Ausdruckskraft öffnen. Die im Bild dargestellte Vermittlung zwischen ›sinnlichen Wünschen und kulturellen Werten‹ wird uns als Betrachtern zugänglich, wenn wir die Erfassung der gegenständlichen Darstellung in den Hintergrund treten lassen können und uns in gleichschwebender Aufmerksamkeit jenen Spannungsbeziehungen zuwenden, in denen die Spuren des Sinnlichen erfahrbar werden.

Anmerkungen

[1] In der Malerei finden charakterisierende Epitheta in verschiedenen Epochen Verwendung, so wird Maria durch die Farben des Gewandes, Petrus durch den Schlüsselbesitz bezeichnet, oder aber die Treue der Ehefrau durch Hinzufügen eines Hündchens, die Vergänglichkeit durch eine aufgeschnittene Zitrone dargestellt.

[2] Sie im folgenden dargestellten Momente meines Bilderlebens beruhen auf der Wirkung des Originals und werden nur bei seiner Betrachtung zugänglich. Die Reproduktion erlaubt einen Nachvollzug nur in einigen Punkten, vermittelt aber zumindest einen Eindruck des Sujets und kann für die, denen das Original vertraut ist, als Gedächtnisstütze dienen.

Daucher, H. Künstlerisches und rationalisiertes Sehen. Gesetze des Wahrnehmens und Gestaltens, München 1967.

Grözinger, W. Kinder kritzeln zeichnen malen. München ⁴1970.

Langer, S. Philosophie auf neuem Wege. Fischer Taschenbuch 7344.

Lorenzer, A. Das Konzil der Buchhalter. Fischer Taschenbuch 7340.

Sully, J. Untersuchungen über die Kindheit. Leipzig ²1904.

Uexküll, J. v. / Kriszat, G. Streifzüge durch die Umwelten von Tieren und Menschen. Frankfurt am Main 1970.

Widlöcher, D. Was eine Kinderzeichnung verrät. Fischer Taschenbuch 42254.

SØREN NAGBØL

Disziplinierung in Weiß

Eine Architekturinterpretation

»Es geht um eine *Wechselbeziehung* zwischen menschlichem Erleben und realen Gegenständen, die auf dieses Erleben bezogen sind, die einer ›Situationserwartung‹ entsprechen sollen, d. h. die reale *Symbole der Lebenssituation* der Menschen sind.«

Alfred Lorenzer, »Das Konzil der Buchhalter«

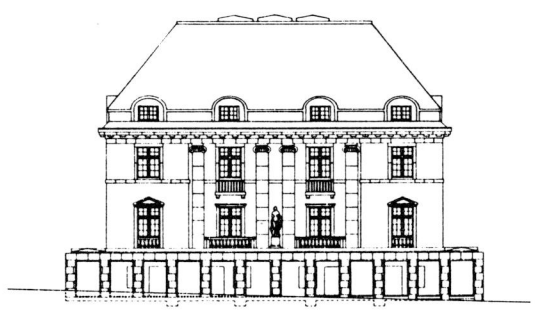

Die erste Begegnung

Kurz nach der Eröffnung des Frankfurter Museums für Architektur im Spätsommer 1984 stand ich in einer Menschengruppe am Mainufer, vor der Herrschaftsvilla aus der Gründerzeit, in der das Museum eingerichtet worden war. Es war ein lauer, heller Vormittag Anfang September. Pünktlich um 10 h öffnete ein etwa vierzigjähriger Mann in einem Anzug die Türen.

Drei Stunden später stand ich wieder draußen – irritiert, verärgert, bestürzt, aber auch fasziniert von diesem Museum. Die unterschiedlichsten Eindrücke jagten mir durch den Kopf, was schließlich dazu führte, daß ich beschloß, den soeben erfahrenen Affekten und Erlebnissen gründlich nachzugehen.

Von hinten in die Villa

Man betritt das Museum durch eine neue, offene Arkade, an die sich eine zweite anschließt, die ebenfalls nachträglich um die alte, würdevolle Villa herumgebaut wurde. Diese doppelte Arkadenkonstruktion gleicht den schiefen Winkel aus, in dem das Gebäude zur Straße steht, und dient als Eingang und Foyer des Museums.

Zwischen die beiden Arkaden wurden Thermoglasfenster montiert, zwei Glastüren, die links und rechts von einem ebenfalls durch Glasscheiben hergestellten Vorraum in der äußeren Arkade liegen, führen in die Eingangshalle des Museums. Man kommt nach innen, ohne die Verbindung zum Straßenbild zu verlieren. Wenn man durch die Arkaden gegangen ist, befindet man sich näher am Gebäude, hat es aber noch nicht betreten. Das gibt einem das Gefühl, durch einen Sockel geschritten zu sein und vor einem neuen zu stehen.

Hinter einem Tresen stehen zwei Männer, und direkt hinter ihnen ist der restaurierte Sockel der alten Villa. An ihm wurden nur ein paar Änderungen vorgenommen. Die ehemaligen Kellerfenster sind zugemauert, und in diese Nischen wurden Heizkörper eingebaut. In den Öffnungen, in denen keine Heizkörper stehen, befinden sich Türen, wie sie im Inneren eines Hauses benutzt werden. Sie führen zu drei kleinen, separaten Kammern. In die Villa selbst kommt man durch sie nicht. Ansonsten hat der Sockel sein ursprüngliches Aussehen beibehalten.

Ich gehe eine Weile in der Loggia umher, aber ich habe Schwierigkeiten, mich zu orientieren. Ich habe das Gefühl, das Leben sei draußen geblieben. Als Besucher bin ich zu einer suchenden Bewegung durch den Raum veranlaßt, ohne daß ich wüßte, woher dies kommt und wohin sie führt. Um in die alte Villa zu gelangen, muß man nach links um einen Sockel herumgehen, an dem ein Schild hängt, demzufolge es hier eine Ausstellung gibt. Man wird nach der Seite gewiesen und steht in einem langen, nach hinten führenden Flur. Dort stellt man fest, daß der Garten der Herrschaftsvilla in ein Atriumhaus verwandelt worden ist. Nachdem ich im Atriumhaus umhergegangen bin, will ich mir nun die Ausstellungsräume ansehen, die den Kern des Museums bilden. Das Betreten der Villa bringt eine Überraschung mit sich: Die Vorstellungen, die ich mir vom Interieur gemacht hatte, als ich draußen vor dem Museum stand, entsprechen der tatsächlichen Innenraumgestaltung ganz und gar nicht. Es ist völlig unmöglich, den neuen Raumverhältnissen zu entnehmen, wie das Innere der Villa vor dem Umbau ausgesehen hat.

In das Zentrum hinein

Durch die Tür im hinteren, südlichen Sockel betritt man eines dieser Treppenhäuser, die man aus Hochhäusern kennt, in denen neben dem Fahrstuhl noch eine Nottreppe vorgeschrieben ist. Gegenüber, im Parterre, steht eine Tür offen. Durch sie kommt man direkt in eine Ecke

349

und befindet sich in einer Galerie. Links führt ein Gang weg, und nach rechts öffnet sich die Galerie und schafft Raum für eine Brüstung, von der aus eine Treppe in einen Saal hinunterführt.

In der anderen Richtung, am Ende des Flurs, liegt ein Ausstellungsraum. Schräg gegenüber von mir ist ein schmaler Gang, der dem gleicht, in dem ich stehe. Am Vortragssaal entlang – also um den gesamten Kern des Raums – grenzt eine weiße Mauer mit quadratischen Gucklöchern die Galerie ab. Durch diese Löcher kann man von drei Seiten in den Vortragssaal hinunterblicken und die ganze Örtlichkeit so als ein Schachtelsystem erleben, in dem ein Raum – oder Würfel – in einem anderen steckt.

Die Art, wie diese Räume hier einander umschließen, macht es unmöglich, sich vorzustellen, wie die übrigen Räume des Gebäudes aussehen, wo sie plaziert und wie sie zu erreichen sind. Alles ist weiß in Weiß gehalten und wirkt tot wie eine Gipslandschaft, in der die Zeit zugunsten eines ewig gültigen Prinzips aufgehoben ist.

Beim Versuch, durch die Gucklöcher einen Blick in den Saal unten zu werfen, muß man feststellen, daß sie so hoch angebracht sind, daß ein durchschnittlich großer Mensch sich auf die Zehenspitzen stellen muß, wenn er etwas sehen will. Die Kante der Brüstung drückt sich schmerzhaft in den Körper, denn sie ist hart und scharf. Der Betrachter zieht sich augenblicklich irritiert zurück.

Alle Kanten und Ecken in diesem Würfel wirken sowohl optisch als auch haptisch abweisend bis hin zur Unnahbarkeit. Schon vor der Berührung mit ihnen erteilen die Materialien und auch die Formsprache dem Besucher eine Abfuhr. Ich habe das Gefühl, daß im Falle einer sinnlichen Konfrontation entweder der Würfel oder ich kaputtgehen würden.

Die Ausleuchtung der weißgestrichenen Betonbalken läßt ihre Kanten so scharf in Erscheinung treten, daß man vermeint zu hören, wie sie einem mitteilen: »Berühr mich nicht, sonst werde ich schneiden, daß du blutest!« Signale dieser Art veranlassen den Körper zu verkrampfter Haltung; man bewegt sich nicht spontan, sondern drückt sich an den Wänden dieses sich zugleich lauernd und unübersichtlich gebenden Universums entlang.

Der einzige Weg nach unten in den Vortragssaal führt innen an der Brüstung die Treppe hinab. Ein Blick vom Ausstellungsraum über die Brüstung die Treppe hinunter zeigt einen quadratischen Raum, der so stark beleuchtet ist, daß seine weißen Wände selbst als leuchtend erlebt werden. In ihm stehen vier viereckige Säulen. Sie tragen – jedenfalls habe ich das Gefühl – das ganze Gebäude. Auch tragen sie einen Rahmen, in den man ein großes, quadratisches und seinerseits in quadrati-

sche Felder unterteiltes Oberlicht installiert hat. Von unserem Standpunkt von oben aus gesehen ähnelt diese Säulenkonstruktion einem langbeinigen Monster.

Dieses Monster verliert jedoch alles Komische, sobald man die Treppe hinuntergeht: Es erhebt sich während meines Weges nach unten zu einem riesigen, stetig höher werdenden Lichtschacht. Will man sich bei diesem unangenehmen Eindruck am Treppengeländer festhalten, so greift man an eine weißlackierte Metallröhre, die bei der Berührung das Gefühl vermittelt, man habe zu kurz gegriffen – ein unbehaglicher Widerspruch, denn die beiden Erlebnisse verstärken sich auf dem Weg nach unten gegenseitig.

Vom Oberlicht kommt fingiertes Tageslicht; oben hinter den speziell angefertigten, quadratischen Kunststoffplatten, die als eine Art Lichtfilter dienen, verbirgt sich, wie ich am Charakter des Lichts erkennen kann, eine Batterie Lichtstoffröhren. Die Armaturen sind so groß, daß nicht einmal ein Elefant hier Schatten werfen würde. Man fühlt sich verunsichert in bezug auf die eigenen Bewegungen, wenn man in einem

Saal herumgeht, in dem die Eigenschaften der Beleuchtung, die uns Sicherheit bei der Beurteilung von Abständen und im Erleben von Formen und Stofflichkeit verleihen, fehlen. In dieser Plattenbeleuchtung sind der Boden und die Wände leuchtende Flächen geworden, und in einem solchen schwebenden und schattenlosen Zustand ist es schwierig, den Raum zu erleben, weil er zerfließt, indem er diffundiert.

Es gibt kein Tageslicht, weil keine Fenster vorhanden sind. Dieser Saal ist immer gleich beleuchtet, Tag und Nacht, sommers wie winters. Gleichgültig, ob draußen die Sonne scheint, ob Nebel herrscht, ob es schneit, ob Neu- oder Vollmond ist – das Licht bleibt stets das gleiche. Die Zeit als zyklisches Element ist zusammen mit dem natürlichen Tageslicht eliminiert. Der Raum verliert seine Konturen und die Zeit ist festgefroren. Formgemäßes Gegenstück zur Beleuchtung sind etliche Stühle mit quadratischen Sitzflächen und in Quadrate unterteilten Rückenlehnen. Sie sind als Quadrat im Quadrat aufgestellt.

Die Gucklöcher, die wir von oben kennen, sind Sichtfeldern geworden. Die verletzenden, aggressiven Erlebnisse, die im Körper ihre Spuren

hinterließen, als man oben stand, richten sich jetzt gegen die eigene Person. Man erinnert sich noch, wie es war, dort oben zu stehen und gereizt zu werden, welche Gefühle und Gelüste dies in Gang setzte. Jetzt, in einer anderen, neuen Position hier unten, erfährt man, was es bedeutet, daß man nicht sehen oder wissen kann, was hinter den viereckigen, hoch oben unter der Decke platzierten Sichtfeldern vor sich geht. Die eigenen, im Innern eingeklemmten Aggressionen werden in eine andere, in eine unbekannte Gestalt verlagert und gegen die eigene Person gerichtet. Obwohl man auf niemand anderen als auf sich selbst gestoßen ist, fühlt man sich verängstigt und verfolgt.

Jetzt, da ich hier unten stehe, frage ich mich, warum und wozu man einen Raum im Raum so gestaltet hat, daß er kaum zum Bleiben einlädt. Durch die Installierung einer riesigen Leuchtfläche in der Decke dieses Saals, in dem sowohl der Rest der Decke als auch der Fußboden weiß sind, konnte man einen Raum schaffen, in dem nichteckige Formen untergehen. Die Materialität als sinnliches Element wird aufgehoben, die Kanten der Säulen sind nur noch – Kanten. Sie scheinen nicht mehr Raumträger zu sein, sondern bekommen fast die Schärfe von Klingen.

Dieser Widerspruch im Erleben oben und unten bewirkt zusammen mit den Gucklöchern, durch die man hinab-, nicht aber hinaufsehen kann, daß die beiden Situationen im sozialen Zusammenspiel sich zueinander verhalten wie Tonscherben, die nicht zusammenpassen wollen. Die Bewegung im Raum ist von einem Gefühl des gleichzeitigen Aufgelöst- und Beherrschtwerdens geprägt. Wenn man hinabgeht und den Raum entdecken will, empfindet man die Auflösung als eigenes, inneres Chaos, denn oben – über diesem Chaos und der Unsicherheit, die sich im Körper eingeschlichen haben – herrschen Disziplin und absoluter Überblick. Eine penible und übermäßige Präzision in der Ausführung des Raumes untermauert dies noch.

Hier zu versuchen, kreativ zu sein, wäre ungefähr das gleiche, wie mit dem Kopf gegen eine höhnisch grinsende weiße Mauer zu rennen. Der Zersplitterungsprozeß liegt in der Inszenierung eines Spielraums, der beim Individuum in Unruhe und Rastlosigkeit umschlägt, die nirgendwohin führen. Hier kontrolliert ein Abwesender. Man kommt nicht in einen Raum hinunter, der die Besucher sammelt und sich damit für eine Gruppe von Menschen öffnet, die zufällig zusammentreffen, miteinander ins Gespräch kommen – woraus sich spontan eine andere Öffentlichkeit entwickelte. Dieser Raum wurde eindeutig nicht dafür geschaffen, daß sich Menschen hier in kleinen Gruppen versammeln – z. B. zu einem Gespräch über Architektur und ihre Bedeutung für die uns gemeinsame Umwelt. Im Gegenteil: Der Raum sammelt die Menschen

nicht, vielmehr spürt man Zersplitterung, während man versucht, auf dem glatten, leuchtenden Fußboden festen Stand zu finden. Man lauscht, ist angespannt und nimmt sich in acht. Jede Bewegung, jedes Geräusch erzeugt einen Schall, als befände man sich in einer »totalen Institution«, wo man sich vorschriftsgemäß einzuordnen hat. Man ist durch ein Loch in ein Loch hinabgestiegen, und nun beginnt man, unruhig wie ein Tier im Käfig hin- und herzuwandern; man läuft in einer weißen Blackbox herum und kommt nicht weiter. Die Türen, die einander an den Wänden rechts und links gegenüberstehen, sehen nicht so aus, als würden sie sich öffnen lassen: Ganz sicher sind sie abgeschlossen. Man erlebt sie nicht als Zugänge für neue, anregende Erlebnisse und auch nicht als Teil des menschlichen Lebensraums. Sie wirken kompakt, drohend, anonym und zugesperrt. Durch sie geht man nicht – eher würde man durch sie geführt.

Es ist, als zerre der Raum an mir, als treibe er mich in ein Abseits, in dem man von der Empfindung vereinnahmt würde, nicht weiterkommen zu können, gefangen zu sein. Hier kann man hin- und herlaufen, ohne von der Stelle zu kommen – der Körper aber zersplittert oder zerfließt, weil die Raumerlebnisse auseinanderfallen. Ohne zu wissen weshalb, fühlt man sich gleichzeitig angezogen und beherrscht.

Beängstigend wirkt, daß man keine Orientierungspunkte in anderer als der von oben diktierten Form findet – und mit der will man nichts zu tun haben. Einen Aggressor, den man sich denkt, aber nicht vorstellen kann, zu identifizieren, ist schwierig: Als ob die Form, die sich um einen und über einen aufrichtet, einem gleich zu Anbeginn übergestülpt worden wäre, eine Form, die von sich stößt und dabei droht, alles ihrem Ordnungsprinzip einzuverleiben. Sie weist einen ab und verlangt einen doch ganz – sie oder ich, darum scheint es hier zu gehen. Ich habe das Gefühl, daß ich, würde ich mich ihr unterwerfen, in einer Form ohne Inhalt eingeschlossen würde, daß ich in der gleichen Art zugerichtet würde, in der etwa die Stühle konstruiert und auch aufgestellt sind. Scheinbar unverrückbar stehen sie ordentlich in Reih' und Glied da. Die Kanten und das Fehlen der Schatten bereiten mir Unbehagen.

Daß ich hier auf kein Leben treffe, macht mich schaudern. Hier ist man inmitten von Leuten allein, und am liebsten ist man nicht ganz allein hier. Es ist ein Raum, in dem man unruhig umherläuft und in dem die anderen einen ebenfalls unruhig umkreisen. Der Raum wirkt bedrängend und destruierend, indem er die Initiativen auflaufen läßt, die in einem solchen Saal der Begegnung eigentlich entstehen und sich entfalten sollten. Eigenständige Formen der Auseinandersetzung werden unterbunden.

Wenn alle zwei Stunden das Licht oben abgeschaltet und das Licht für die Dia-Show über Architektur angeschaltet wird, beraubt quasi ein Sinnesangebot das andere seines Inhalts. Zunächst mildert es das Gefühl von Beklemmung, und man entspannt sich, wenn das Licht gedämpft wird, man nicht mehr geblendet ist und die große Leinwand am Ende des Raums herabgelassen wird. Sich auf einen dieser Stühle zu setzen, ist hingegen eine herbe Erfahrung. Die Sitzfläche ist eckig, die Rückenlehne steht ganz gerade im rechten Winkel zu ihr, man kann sich nicht so hinsetzen, wie es einem bequem ist, will man sich in aller Ruhe auf das Bevorstehende konzentrieren. Man sitzt auf einem Brett, in angespannter Haltung wie auf der Schulbank.

Zwölf Dia-Projektoren hinten an der Treppe in der Brüstung liefern die Lichtbilder. Sie leuchten die Leinwand in sechs Feldern aus, die sich zu einem großen Bild vereinigen. Dieses riesige Lichtbild schwebt hoch über den Köpfen derjenigen, die unten im Saal sitzen – als Zuschauer. Um das Bild sehen zu können, muß man sich ganz in seinem Stuhl zurücklehnen – und spürt augenblicklich, wie einem die Oberkante der Stuhllehne in den Rücken schneidet.

Der die Bilder begleitende Ton kommt aus zwei metallverkleideten Lautsprechern, die auf dem Fliesenfußboden stehen. Der Ton ist so laut und hallend, daß es schwierig ist, sich auf das, was man anschauen möchte, zu konzentrieren.

Man sitzt unfreiwillig unbequem, der Ton kommt dröhnend von unten, und die Bilder werden über unsere Köpfe hinweggeschossen: Es ist, als wollte diese konkret um und über uns ablaufende Vorstellung sich selbst und die Besucher zum Platzen bringen. Die Sinnesangebote können nicht so harmonisiert werden, daß das Erleben des Körpers, des Raums, der Laute und des Lichts zu einer Ganzheit zusammenfließt, die man durchleben und zu einer Reihe von Synästhesien umsetzen kann. Die Ganzheit hier ist die Atomisierung durch die einzelnen Elemente einer rigiden Ordnung; und man selbst sitzt als Partikelchen in einer disharmonischen und verarmten Welt. Im Zuge dieser Inszenierung wird nicht mit Hilfe des Mediums Diavortrag ein tieferer Blick in eine Architektur gefördert, die von einem ihrer Vertreter präsentiert wird, wie sie ist oder sein sollte – Laut, Musik, Stimmführung und die Art, wie sie die oben auf der Leinwand schwebenden Lichtbilder begleiten, sind vielmehr eine Art Traumführung. Den gleichen Stil kennt man aus den Kinos, wo einem kurz vor Beginn des Hauptfilms die herrlichen Bilder der Werbewelt vorgeführt werden. Die Architektur wird buchstäblich über die Köpfe der Zuschauer hinweg präsentiert, sie gebärdet sich, als sei sie eine metaphysische Vision. Es ärgert mich, daß sich der Betrachter nicht auf gleicher Höhe mit oder über den Bildern befinden darf. Warum wurde die Beziehung von Laut, Raum, Licht und Zuschauer in diesem Saal nicht so inszeniert, daß man bei einer solchen Vorführung – vorausgesetzt, man mobilisierte ein bißchen Phantasie und Imaginationsvermögen – unmittelbar in einen Lernprozeß mit einbezogen wird, der einen sinnlich erlebbaren Zugang zur Architektur öffnen und fördern könnte?

Während sich nach der Vorführung die Zuschauer über die schmale Treppe in der Brüstung verdrücken, um diesem Raum möglichst schnell zu entkommen, und die Lampen wieder voll aufgeblendet sind, stehe ich da und halte Maulaffen feil. Es dauert nicht lange, bis ich wieder allein in diesem Raum bin, der mich eher an einen Gerichtssaal erinnert als an einen Ort, der (wie es im Museumskatalog heißt) als Zentrum für die Architekturdiskussion in Deutschland gedacht ist.

Dies ist nur eine der Wirklichkeiten einer Architektur, die zu ihrer eigenen Ideologie, wie sie in den Programmen, Zielen und Einrichtungen dieses Museums vorgestellt wird, im Widerspruch steht:

»...machte sich [...] das Fehlen eines zentralen Ortes bemerkbar, der geeignet war, die vielfältigen Denkansätze und Bauideen, aber auch die kritischen Einwände gegenüber der modernen Architektur zu sammeln, aufzubereiten und als sachliches Fundament der öffentlichen Diskussion zurückzugeben [...] Die Stadt Frankfurt hat mit der Gründung des Deutschen Architekturmuseums im Januar 1979 der bundesweit geführten Diskussion um die Architektur der Gegenwart ein solches Forum eröffnet, das der neugewonnenen Rolle der Architektur im kulturellen Leben der Bundesrepublik entspricht [...] Jedoch wird es die Aufgabe des Deutschen Architekturmuseums sein, nicht Ausschließlichkeitsansprüche zu bestätigen, sondern den Zusammenhang aller dieser Faktoren, also die Verflechtung der sozialen und ökologischen Aufgaben des Bauens mit den Möglichkeiten der Bautechnik und den Absichten baukünstlerischen Gestaltens, öffentlich zur Darstellung zu bringen.

In thematischen, typologischen und biografischen Ausstellungen, durch regelmäßige Tagungen und Vortragsreihen und durch seine Publikationen wird das Deutsche Architekturmuseum seine Aufgabe als ›Umschlagplatz für Bauideen‹ wahrnehmen. Die wissenschaftliche Erschließung seiner Sammlungsbestände, die schon heute zu den umfangreichsten in der westlichen Welt zählen, wird für den Fachmann wie für den interessierten Laien ein Reservoir von Anregungen bereitstellen, durch die eine neue schöpferische Diskussion in Gang kommen könnte zwischen den ›Leuten vom Bau‹ und denjenigen, die dann in und mit diesem ›Bau‹ leben müssen.« [1]

Jetzt mache ich mir unwillkürlich Überlegungen, welche Kommunikationsform in diesem Raum eigentlich angelegt ist. Wofür kann man diesen Saal benutzen, welche Verhaltensformen haben eine Chance, sich hier durchzusetzen? Und wie sehen die Zukunftsvisionen aus, die man jenseits dieser weißen Blackbox erahnen kann?

Es ist ganz sicher möglich, sich vorzustellen, welchen Ton und welchen Stil man hier lancieren wollte, wenn der Raum nicht der Vorführung von Lichtbildern, sondern als Vortragssaal dienen soll.

Beim Blick über die Stuhlreihen zum Rednerpult fällt mir auf, daß eventuelle Zuhörer auf Stühlen plaziert würden, die wie Soldaten in Reih und Glied aufgestellt sind. Ohne daß es unbedingt der Absicht des Redners entspräche, würde dieser aufrecht und steif vor dem Publikum stehen wie ein Befehlshaber vor einem Regiment Soldaten.

Der lang hallende, kalte Raumklang bringt es mit sich, daß jedes Gespräch zwischen den Zuhörern Aufmerksamkeit erregt und als störender Lärm wirkt. Das harte Klangbild unterstützt und trägt im Gegenzug eine reglementierende, eigenmächtige, metallische Stimmführung. Hätte man für ein anderes Klangbild und eine andere Anordnung der Sitzgelegenheiten gesorgt, so wäre das informelle Gespräch zwischen den unten auf den Stühlen Sitzenden zu einem natürlichen Element des Ganzen geworden, anstatt sowohl beim Redner als auch unter den übrigen Zuhörern Aufsehen und Verärgerung zu erwecken. Jetzt gibt es hier nur Raum für *einen* Redner, und alle anderen müssen zuhören. Der Redner hebt sich hinter dem viereckigen Pult als einer ab, auf den man achtet, der die Vorstellung trägt und der sich von den anderen unterscheidet – genau wie ein Politiker auf einer Pressekonferenz. Der Mann auf dem Stuhl unten verschwindet in den Reihen der anderen, die als anonyme Masse alle auf den gleichen Stühlen sitzen. In diesem

schwarzweißen Rahmen sind Frauen denkbar fehl am Platz. Das Muster in Schwarzweiß ist genau auf Männer in Habit oder Uniform zugeschnitten.

Wenn man in einem entsprechenden Aufzug auf einem dieser Stühle säße, fiele man weder auf noch würde man im Abseits landen. Jedes Gesicht verliert bei dieser monochromatischen Plattbeleuchtung seine besonderen Merkmale und eventuellen persönlichen Charakterzüge, es erscheint gemeinsam mit anderen Gesichtern als eine Reihe leuchtend weißer Flecken, ohne Leben und Kontur. Das ist der ideale Platz für die anonyme, glatte und charakterlose Maske des strebsamen, aufstiegsversessenen Manager- oder Politikertyps. Auffallen würden hier nur Dunkelhäutige, Farbige und Frauen, und zwar negativ, weil das kalte, blaustichige Licht den Teint schmutzig wirken läßt. Die Nuancen, die akzeptiert werden und bestehen können, lauten »entweder/oder«, d. h. schwarz oder weiß.

In diesem Raum hier kann man nur gemäß einer zuvor erstellten Tagesordnung miteinander reden. Und: Man braucht einen Wortführer, der die Rednerliste aufstellt und dafür sorgt, daß die festgelegten Redezeiten eingehalten werden.

Im Zuge dieser architektonischen Inszenierung ist es gelungen, die soziale Ordnung anonym zu regulieren, nämlich ohne daß es nötig gewesen wäre, ein Reglement zu verfassen oder auch nur ein einziges Wort fallen zu lassen.

Der Raum und die Anordnung der Stühle haben dies übernommen. Man hat es fertiggebracht, allein mit architektonischen Mitteln ein *Zentrum für disziplinierte Kommunikation* zu schaffen.

Eine Vision

Es reizt mich sehr, Vorstellungen darüber zu entwickeln und zu spekulieren, auf welche Weise eine Architektur mit Merkmalen, wie ich sie erlebt und beschrieben habe, angeeignet werden will und welchen Einfluß sie auf diejenigen ausüben kann, die künftig mit ihr leben müssen. Ich will nach Lebensformen suchen, die durch den vom Vortragssaal vorgegebenen Rahmen hinauswachsen könnten. In diesem Zusammenhang hoffe ich die möglichen geschichtlichen Konsequenzen sichtbar machen zu können, die in einer architektonischen Inszenierung wie dieser angelegt sind.

Eine Gruppe Jugendlicher, die im physischen Milieu der siebziger und achtziger Jahre herangewachsen sind, stellen z. B. die Punks dar. Ich glaube, ich kann sie gut in meine Phantasien und Spekulationen einbauen. Die Punks sind nicht nur die Inkarnation des Begriffs »Großstadt«, sie sind auch sein lebendiges, kulturelles Gegenstück; und mir geht es um die Gruppe von Jugendlichen, die in den Saal im Saal eindringen, den disziplinierenden architektonischen Rahmen aufsprengen und für eine adäquate Zukunftsperspektive nutzbar machen könnten.

Sich unmittelbar mit dem Vortragssaal anlegen, ohne von vornherein »in schiefes Licht« zu geraten, könnte nur eine Gruppe von Jugendlichen – die Punks. Der von ihnen entwickelte Lebensstil zeigt, daß sie es verstehen, die Farbskala der Lichtröhre auszunutzen. Dabei spielen nicht nur die Farben eine Rolle, die von den Spektrallinien in den blauen, gelbgrünen oder orangen Bereichen betont werden, sondern auch eine Reihe von »Eiskrem«-Farben, wie zartes Lila, helles Apfelgrün, Schweinchenrosa etc. Bei den Punks hat sich eine Farbsichtweise entwickelt, die sich die Unfähigkeit, gewisse Farben wiederzugeben und andere in angemessener Weise zu betonen, zunutze macht.

Punks könnten hier auftreten und die ganze Greuelwirkung der Lichtröhre demonstrieren, ohne selbst das Gesicht zu verlieren. Dagegen wird, wer Wert legt auf buntes, farbenprächtiges Äußeres, ebenso wie Popper, Hippies, Liebhaber von Folklorekleidung und Körperkultur Betreibende sich selbst und sein Aussehen höchstwahrscheinlich als Debakel erleben, wenn er sich und andere bei der monochromatischen Plattbeleuchtung betrachtet.

Weil die Lichtröhre bestimmte Farben nicht betonen kann und andere in unangemessener Weise hervorhebt, bringt sie die genannten Menschengruppen in eine Situation, in der sie die verzerrt erscheinende Umgebung unmittelbar auf dem eigenen Körper erleben. Die Beleuchtung beraubt sie der gewünschten eigenen Ausstrahlung, indem sie die Farbigkeit von Make-up-Bräune und Kleidung entstellt. Wer Zeit und Mühe auf sein Äußeres, also auf eine bestimmte Form der Selbstdarstellung, verwendet hat, wird die irreale Umgebung mit hoher Wahrscheinlichkeit als individuelle Ohnmacht erleben, wenn das Bild, das er von sich selbst aufgebaut hat, bei dem künstlichen Oberlicht Risse bekommt.

Punks dagegen würden bei dieser Beleuchtung in ihrer Lebensführung bestärkt: Ihre Gesichter haben blaß und mitgenommen auszusehen, um die Disharmonie und das Unbehagen auszudrücken, die sie durch ihren Lebensstil zur Schau stellen wollen. Alle Hautunreinheiten, Verletzungen und Narben werden deutlich sichtbar, wenn der Teint und das Rot der Lippen von einem bläulichgrauen Schimmer verzerrt werden. Ihre sowieso schon fahlen Gesichter, das Totenkopfartige daran und der brutale Ausdruck, den sie mit Erfolg anstreben, indem sie sich z. B. Nägel in die Ohren, die Nase und die Lippen bohren, würden in angemessener Form pointiert werden.

Das Outfit der Punks, die zerrissenen schwarzen, durch Unmengen von Reißverschlüssen zusammengehaltenen Jeans und die nietenbestückten schwarzglänzenden Lederjacken würden im schattenlosen Plattlicht sehr gut zur Geltung kommen. In der hier herrschenden Kellerstimmung und im Kontrast mit den weißen Wänden würden die Kleidung der Punks und die Farbsichtweise, die sie vorführen, mit dem Raumklima zusammenfallen, und zwar so, daß alles in seinem reduzierten Ausdruck intakt bleibt. Weder an den schwarzen noch an den weißen Elementen würde man auf Anhieb erkennen, daß das Licht, das alles schafft, was wir sehen, monochromatisch und irreführend ist. Die Umgebung ist weiß in weiß, die Punks sind schwarz in schwarz. Das Schwarze kann nicht mehr dumpf werden – es ist schon dumpf. Sie tragen das, was im natürlichen Lebensraum fehlt, auf ihren Körpern. Das ist ein physischer Ausdruck, der wie aus dem Boden gestampft wirkt, er unterstützt und verbirgt gleichzeitig die Einförmigkeit ihrer Kleidung. Die Punks verbergen das Fehlende, indem sie die Disharmonie potenzieren. Mit ihrer Ausstattung stellen sie das Produkt der existierenden, irreführenden Verhältnisse dar, ohne sich von diesen verblenden zu lassen. Punks wirken nicht nur furchterregend, indem sie das Elend am Leibe tragen – sie überstrahlen die Situation auch, indem sie sich mit einer großartigen Haarpracht darstellen, die nach allen Regeln der Kunst zu Büscheln, Streifen und Kämmen hinfrisiert ist. Sie wählen stets phosphoreszierende Farben, hartes Gelbgrün etwa, leuchtendes Zitronengelb, Neonblau und Orange. Durch die Büschel, Streifen und Kämme im zuvor entweder schwarzgefärbten oder gebleichten Haar gehen die Farben ein irisierendes Spiel ein.

Mit der Wahl der scheinbar anarchischen Farbenpracht, die dem Schmuck der Haare dient, demonstrieren die Punks die Fähigkeit, die übertriebene Betonung phosphoreszierender Lichtstoffe, wie sie das Licht der Lichtröhre liefert, zu nutzen und umzusetzen. Dieses Extra, das Phosphoreszierende und der faszinierende Pfiff an der Art, wie sich die Punks darstellen, zeigen, daß sie in der Lage sind, mit den Möglichkeiten zu spielen, die in dem Licht liegen, in dem sie aufgewachsen sind. Die Punks haben das Bild gekippt, indem sie ihre Situation schildern – in dem Licht, in dem sie stehen.

Punks machen sich beim Licht der Lichtröhren besser als bei Tageslicht, in dem sie verkommen und zerfleddert aussehen. Wenn sie sich am Badestrand oder in ländlicher Umgebung zeigten, würden sie albern wirken. Bei Tageslicht verlieren sie das Besondere ihrer Ausstrahlung, ihre Erscheinung und ihre Bekleidung erfordern eine künstliche Ordnung. Auf ihre Weise sind sie ein eingefrorenes Bild unserer Zeit. Tag und Nacht sind wie Schwarz und Weiß ein immer gleichbleibender Ausdruck geworden. Zeit und Rhythmus als zyklische Momente sind aufgehoben. Die Zeit ist ewig und die Form der Status quo, die lineare Zukunftsperspektive ist vermauert. Das Künstliche ist das Natürliche und wird nicht mehr als Widerspruch erlebt, denn es ist gelebtes Großstadtleben. Einer Zukunftsperspektive, in der sie keinen Sinn erblicken können, werden sie sich nicht unterwerfen. Ihnen kommt es ja auch nicht auf die Ewigkeit an, sondern darauf, ins Jetzt hineinzuleben – und darin liegt eine spontane, nicht zu disziplinierende Kraft.

Die Punks sind anonym wie ihre Umwelt. Sie sind einsam und wurzellos. Der Konflikt zwischen den Punks und dieser architektonischen Inszenierung liegt auf der Hand. Sie spiegeln die diesem Raum eigene Widersprüchlichkeit als real existierende Tatsache wider. So wie sie sich darstellen, betonen sie die Spannungen zwischen dem sozialen Raum und ihrer inneren Wut über die verzweifelte Situation, in der sie stehen. Sie tragen die Nägel im Kopf und nicht im Ärmel.

Die Punks sind die Inkarnation dieser Räume. Niemand sonst könnte sich hier so stark und authentisch ausdrücken. Ihre Stärke liegt, glaube ich, darin, daß sie von einem physischen Ausdruck ausgehen, den sie spontan auszunutzen wissen. Sie haben sich nicht durch harmonisierende Reden und Bilder verblenden lassen, sie leben sichtlich mit der Disharmonie – und verwandeln diese in einen körperlichen Ausdruck, den sie personifizieren. Deswegen sind sie fähig, das Grauen in sich aufzunehmen und durch es hindurchzugehen. Sie wollen sich nicht hinsetzen und sterben, sondern sich in den Spuren ausleben, die von der

Architektur der Städte gesetzt worden sind. Sie sind der lebendige Verstoß, der in einer Auseinandersetzung mit diesen Räumen am wenigsten antastbar wäre, und sie würden sich im Vortragssaal nicht der herrschenden Ordnung unterwerfen. Der Raum würde sie auch nicht zersplittern, sie würden vielmehr zu einer neuen, gemeinsamen Ordnung zusammentreten und als Gruppe damit beginnen, den Rahmen so zu ändern, daß der Saal ihren Normen entsprechend genutzt werden könnte.

Die Punks brauchten weder Stühle noch Rednerpult – schon gar nicht in der Aufstellung, die wir aus dem Vortragssaal kennen. Sie würden auch nicht stumm bleiben, denn sie leben nicht mit Wörtern oder durch diese, sondern in der Musik. Sie würden das Stuhlregiment unmittelbar entfernen können und den Raum so benutzen, wie er ist – wenn er ganz nackt ist.

Ganz sicher würden sich die Punks nicht durch die weißen Wände blenden lassen, sondern sie nach eigenem Gutdünken bemalen, mit den Mitteln, die sie kennen – mit Spraydosen. Ich glaube, die Punks würden die weißen Wände des Saals peppig und phantasievoll mit einem Meer von Eiskrem- und Neonfarben besprühen und ihre Umgebung in eine Farbenorgie verwandeln, die ihre angespannte Lebenssituation wirklich anschaulich machte. Den harten Raumklang würden die Punks ebenfalls nutzen. Sie würden Rockmusik spielen, die das ganze Haus zum Vibrieren brächte. Sie würden sich zusammenrotten, tanzen, saufen und sich unter eigenen Bedingungen amüsieren. Auf diese Weise würde der Saal in den Besitz von Lebenden kommen.

Aus dieser Perspektive betrachtet, hätten sich die Punks von der Macht der Verhältnisse nicht niederschlagen lassen, sie trügen sie vielmehr in sich und nutzten sie entsprechend ihren eigenen Voraussetzungen. Wenn sie sich in diesen Lokalitäten sammelten und den Ton, das Licht und die Kellerstimmung bis zum Äußersten ausnutzten, wäre zu fragen, ob sie durch ihr Agieren die versteinerten Verhältnisse aufsprengen und für neue Lebensperspektiven öffnen könnten.

Gleichgültig, ob es gelänge oder nicht – der Saal im Saal ist eine materielle Realität, die in ihrer psychischen Wirkung die Vision ihrer zerstörerischen Wiederaneignung provoziert. Ich erlebe diese architektonische Gestaltung als eine Konfrontationsarchitektur, die in ihren realen Gegensatz umschlägt – die ideale Punkszene.

Anmerkung

[1] Die Revision der Moderne; Postmoderne Architektur 1960–1980, hrsg. v. Heinrich Klotz, Prestel-Verlag, München 1984.

Die Aufnahmen stammen vom Autor.

GUNZELIN SCHMID NOERR

Der Wanderer über dem Abgrund

Eine Interpretation des Liedes ›Gute Nacht‹ aus dem Zyklus
›Winterreise‹ von Franz Schubert und Wilhelm Müller.
Zum Verstehen von Musik und Sprache *

1. Zur Rezeption der ›Winterreise‹

Das Klavierlied ›Gute Nacht‹ ist das erste von 24 Liedern der ›Winterreise‹. Schubert vertonte mit diesem Zyklus eine Gedichtsammlung Wilhelm Müllers. Die Gedichte waren zunächst 1823 in zwei Teilsammlungen in Zeitschriften erschienen, dann vollständig ein Jahr später unter dem bezeichnenden Titel »Gedichte aus den hinterlassenen Papieren eines reisenden Waldhornisten, herausgegeben von Wilhelm Müller«. Schubert komponierte die Lieder 1827, im Jahr vor seinem Tod. Noch auf dem Sterbelager arbeitete er an Korrekturen zur ›Winterreise‹. Müller gilt in der Literatur- und Musikgeschichtsschreibung im allgemeinen als durchaus zweitrangiger romantischer Versemacher, insbesondere, wenn man ihn mit Goethe und Heine vergleicht, deren Gedichte Schubert ebenfalls oft vertont hat. Der ›Winterreise‹ wird jedoch von vielen Kommentatoren eine besondere Qualität zugesprochen. Diese Gedichte stellen, so führt etwa Rolf Vollmann aus, dessen Beurteilung im Vergleich zu der anderer Autoren besonders positiv ist, einen großen Wurf dar, der sich von Müllers sonstigem Schaffen kraß abhebt. Sie zeigen, schreibt er, eine unerwartete Originalität der Bilder, eine quer zu den üblichen Liebes- und Naturschilderungen der Romantik stehende Schroffheit im Ausdruck von Lebensüberdruß und Todessehnsucht. »Das Unglaubliche an diesen Gedichten ist, daß Müller auf Bilder und Wendungen kommt, die ihm sonst einfach nicht eingefallen sind, oder die er, wären sie ihm eingefallen, ganz ohne Zweifel, und das ist das beinah noch Unglaublichere, nicht zugelassen hätte. Es sind Bilder und Wendungen, die Müllers ganzer sonstiger Dichtungsart so sehr widersprechen, daß man sie geradezu als unpoetisch bezeichnen muß. Oft kann man von prosaischen Einschüssen reden, oft sogar von Bildern, die fast nicht mehr dem Bereich des Normalen angehören. Müller wagt sich in Gebiete hinein, die von Poesie noch gar nichts wissen – ein nicht nur für ihn, sondern für die ganze Lyrik seiner Zeit tatsächlich einzigartiger Vorgang. [...] Am auffälligsten ist wohl wirklich die fast entsetzliche Kindlichkeit dieser Bilder und Gesichte [...]: aber eine irgendwie ganz unnatürliche Kindlichkeit, weder so, daß jemand in sie zurückfällt, noch so, daß jemand sie etwa wiedergewinnt; eher so, daß man sagen möchte: hier wird einer mit Kindheit geschlagen.«[1] Vollmann verweist zu Recht darauf, daß manche Wendungen der ›Winterreise‹ einen Blick verraten, dem jeder vertraute Umgang mit der Welt fremd geworden ist. Er hebt den gleichsam exotischen Reiz der Gedichte hervor, ohne ihn doch voll der bewußten Gestaltungskraft des Dichters anzurechnen. Eine Verletzlichkeit des lyrischen Subjekts scheint in den Gedichten zum Ausdruck zu kommen, durch die diese weit über gängige Klischees der romantischen Wander-, Wein- und Liebeslieder hinausweisen. Präzise beschreibt Vollmann die Erscheinungsweise jenes Gefühls als in sich gebrochene Einheit von Ruhelosigkeit und Todessehnsucht. Deren zu Beginn des Zyklus angedeuteter Grund, der Verlust einer Geliebten, tritt im weiteren Verlauf so sehr in den Hintergrund, daß er nur als Anlaß, als Auslöser eines eigendynamisch wirksamen Getriebenseins gelten kann. Was dann jedoch als Grund dieses Gefühls anzusehen ist, bleibt ungeklärt.

Auch Schuberts Vertonung gibt den Kommentatoren Rätsel auf. Unumstritten ist ihr hoher kompositorischer Rang. Sie begnügt sich mit den einfachsten, an Volkslieder anknüpfenden Mitteln, und weist doch eine außergewöhnliche musikalische Eindringlichkeit auf. Exemplarisch sei hier auf Analysen von Trasybulos Georgiades und Theodor W. Adorno hingewiesen. Schuberts Werk als ganzes markiert, so Georgiades[2], eine eigentümliche Schwelle in der europäischen Musikgeschichte. Von der antik-hellenischen bis zur mittelalterlich-romanischen Kultur wurde die Musik immer eng an die Sprache gebunden, die selbst noch in hohem Maße musikalisch war. Dieser Zusammenhang wird, wie Georgiades ausführt, im deutschen Sprachraum des 15. und 16. Jahrhunderts aufgelöst. Die neuhochdeutsche Sprache wird, vor allem durch die unverrückbare Betonung der Wurzelsilbe als bedeutungsgebendem Akt, zur »reinen Sprache« und büßt so ihre von der semantischen Ebene relativ unabhängige musikalische Komponente weitgehend ein. Dadurch aber wird erst die Entwicklung einer sich von Sprache gänzlich unabhängig bewegenden Musik möglich. Diese streift den Charakter eines bloßen Vehikels der Sprache ab und gewinnt, wo sie noch mit Sprache zusammen auftritt, die Fähigkeit, Sprache selbst als musikalischen Ausdruck zu deuten. Schuberts Lyrik-Vertonungen bilden den Höhepunkt und das Ende dieser Epoche, die mit Heinrich Schütz' Prosavertonungen begann. Georgiades sieht Schuberts Leistung darin, mit dem traditionellen, sprachlichen Primat in der Lyrik gebrochen und dem eine »Lyrik als musikalische Struktur« entgegengestellt zu haben. Diese Musik erschöpft sich nicht darin, mit ihren Mitteln die Stimmung des sprachlichen Gedichts zu reproduzieren. Vielmehr wird in ihr »das Gedicht gleichsam getilgt und als musikalische Struktur neu geschaffen; die Musik erhält Verbindlichkeit dadurch, daß das Wesentliche nur als Musik realisiert wird.«[3] In seiner Musik-Lyrik komponiert Schubert, Georgiades zufolge, den »Sprachkörper« selbst, das durch Wortfunktionen und Satzgefüge Widerständige der sprachlichen Artikulation, anstatt das »Schattenhafte« der sprachlich dargestellten oder erzeugten Empfindungen. Darin unterscheidet er sich von den romantischen Liedkomponisten des späteren 19. Jahrhunderts, etwa Loewe, Schumann oder Brahms, denen es um den musikalischen Ausdruck eines neben Sprache »unaussprechlichen« Gefühls, einer subjektiven Gestimmtheit, geht. Der musikgeschichtliche Wendepunkt, den Schubert darstellt, entspricht einem sozialgeschichtlichen.[4] Schubert ist hinsichtlich der niederen sozialen Schicht, der er entstammt, durchaus mit den Wiener Klassikern vergleichbar und unterscheidet sich darin zugleich von den Romantikern, die dem gebildeten, seiner selbst bewußt gewordenen Bürgertum angehören. Anders aber als Haydn, Mozart oder Beethoven ist er kein Zunftmusiker mehr, sondern kommt als Liebhaber zur Musik. Er ist in einem neuzeitlichen Sinn einer der ersten freien Künstler, insofern er nicht mehr für eine sozial maßgebende Oberschicht, sondern für sich selbst und seinesgleichen, seine Freunde, komponiert. Innerhalb eines als gegeben hingenommenen gesellschaftlichen Gefüges steht eine solche frühbürgerliche Kunst für eine privat-subjektive Sphäre ein, die sich der durch den Adel dominierten Öffentlichkeit noch fraglos unterordnet. Den schmerzhaften Gegensatz zwischen dem Reichtum ihrer Innerlichkeit und den abgeschnittenen Möglichkeiten ihrer äußeren Erfüllung nimmt sie in sich selbst hinein und äußert ihn als innere Zerrissenheit und unbestimmtes Sehnen. Dieser gesellschaftliche Sinn liegt dem literarischen Topos des Wanderers zugrunde, der, die Utopie der Versöhnung in Natur und Liebe vor Augen, der Beschränktheit seiner Welt zu entfliehen sucht. In diesem Sinn ist Schuberts Musik an die Entstehung der Moderne gebunden. Während noch Beethoven, sein älterer Zeitgenosse, der feudalen Öffentlichkeit, für die er komponierte, durch die Kunst das universalistische Ideal des reinen Menschseins einzupflanzen trachtete, das die Partikularität der überkommenen Herrschaftsform sprengen sollte, beschränkt sich Schubert auf eine Kultur des Privaten. Dessen Abgründe aber offenbaren, darauf verweist Adorno, keine anderen Tiefenschichten als die, der auch die Beethovens Musik tragende Macht eines tätigen Willens entstammt. Was in der Klassik die praktische Vernunft zu meistern suchte, liegt in der bei Schubert ausgebreiteten, dezentral zerklüfteten Landschaft offen zutage. »Nirgends ist Schubert der Erde ferner, als wo er sie zitiert. In den Bildern des Todes eröffnet sie sich: im Gesicht der nächsten Nähe aber hebt Natur sich selber auf. Darum führt von Schubert kein Weg zur Genre- und Schollenkunst, sondern bloß einer in die tiefste Depravation und einer in die kaum nur angesprochene Realität befreiter Musik des veränderten Menschen. In unregelmäßigen Zügen, einem Seismographen gleich, hat Schuberts Musik die Botschaft von der qualitativen Veränderung des Menschen notiert. Ihr antwortet zu Recht das Weinen: Weinen der ärmsten Sentimentalität im Dreimäderlhaus nicht anders als das Weinen aus erschüttertem Leib. Vor Schuberts Musik stürzt die Träne aus dem Auge, ohne erst die Seele zu befragen: so unbildlich und real fällt sie in uns ein. Wir weinen, ohne zu wissen warum: weil wir so noch nicht sind, wie jene Musik es verspricht, und im unbenannten Glück, daß sie nur so zu sein braucht, dessen uns zu versichern, daß wir einmal so sein werden. Wir können sie nicht lesen; aber dem schwindenden, überfluteten Auge hält sie vor die Chiffren der endlichen Versöhnung.«[5]

Das Auf-der-Stelle-Treten in Schuberts Musik, dieser bloß perspektivische Wechsel in der Wiederkehr der musikalischen Themen anstatt der klassischen Durchführungen, das wechselnde Licht, das auf die dissoziierten Orte der öden Landschaft fällt, das endzeitlich Geschichtslose einer gerade erst seiner selbst innewerdenden bürgerlichen Subjektivität: die eigentümliche Brüchigkeit dieser Musik-Lyrik fordert den Leser, Hörer oder Interpreten heraus. Vollmann beschreibt das Rätsel der Müllerschen Gedichte zur ›Winterreise‹ als unableitbaren Sprung in der poetischen Symbolbildung. Das mag zutreffen. Doch ist hier zu fragen, worauf deren Wirkung beruht, was an sprachlicher Benennung zugelassen und produziert wird, und was zugleich mit der neuen Metaphorik an Unbenanntem oder Unbenennbarem mittransportiert wird. Erst daraus ergäbe sich der Sinn des Abgründigen. Ihn versucht Georgiades als »das sich in der Sprache ereignende, [den] Keim selbst«[6] zu fassen. Zu Recht verweist er darauf, daß von einem Unaussprechlichen nur im Rekurs auf Sprache die Rede sein kann. Aber in seinen auf die rhythmische, harmonische und melodische Struktur zentrierten Analysen formalisiert und positiviert er diesen Sprachkörper und spaltet dabei den Ausdruck als das bloß »Schattenhafte« in einer Weise ab, die, mit umgekehrter Intention, der von ihm kritisierten romantischen Auffassung wider Willen verhaftet bleibt. Denn was die Romantiker als unsagbares Gefühl von der sprachlichen Artikulation abtrennten, um es der Musik vorzubehalten, hat in der von Georgiades durchgeführten Formanalyse keinen Ort mehr. Daß Schuberts Musik, wie er schreibt, den Ausdruck der Lyrik verbindlich deutet, weil sie die zugrunde liegende Sprachgestalt komponiert, mag zutreffen. Aber der sprachliche Ausdruck wird durch die Hierarchie von Bedeutungsschichten konstituiert, die Georgiades aus seiner musik-strukturalen Interpretation völlig ausblendet. Diese Bedeutungsschichten verweisen auf Körperlichkeit in und unterhalb der Sprache in einem umfassenderen Sinn sowohl im Text und Lied als auch im Erleben des Hörers. Auf sie zielt Adorno mit seiner überraschenden Wendung: »wir weinen, ohne zu wissen warum«. Adornos Erklärung dieses Faktums: »weil wir so noch nicht sind, wie jene Musik es verspricht«, fällt freilich ebenso von oben ein wie diese Empfindung selbst. Gewiß zutreffend erörtert er »die Kategorie des Wanderns in ihrer bestimmenden Dignität für die Struktur des Schubertschen Werkes«[7]. Aber auch sein Zugriff bleibt unbefriedigend, weil er dabei – wie er selbst im Rückblick zugesteht[8] – allzu kühn die Kluft zwischen der sinnlich-unmittelbaren Rührung und der die Deutung leitenden geschichtsphilosophischen Idee zukünftiger Befreiung der Menschheit überspringt. Was bei Schubert, Adorno zufolge, als Idee der Versöhnung chiffriert ist, läßt sich durch das negativ zur Theologie stehende Epitheton »endlich« nur allzu vage erahnen.

2. Vorbemerkungen zu Gegenstand und Methode der Interpretation

Ohne die von Adorno zur »captatio benevolentiae« seiner Leser reklamierte »spätere Anstrengung [...] in der Korrektur solcher Mängel«[9] nun auch im Fall Schubert leisten zu wollen, unternehme ich im folgenden den Versuch, an einem Beispiel, dem Lied ›Gute Nacht‹, jenes Abgründige der ›Winterreise‹ genauer als bisher auszuloten. Methodisch unterscheidet sich der Versuch sowohl vom Ansatz Georgiades' als auch von dem Adornos. Georgiades beschränkt sich auf eine, wenn auch hoch differenzierte, Strukturanalyse von Rhythmik, Melodik, Harmonik und Anlage der Lieder. Adorno spannt, wenigstens dem Anspruch nach, den Bogen von technisch-kompositorischen Merkmalen zur Geschichtsphilosophie. Demgegenüber versuche ich, die Bedeutungsschichten von Musik und Text weitgehend ohne Verwendung musik-, literatur- und gesellschaftstheoretischer Kategorien zu erschließen: als Gefüge von »Lebensentwürfen«. Damit ist gemeint, daß Musik und künstlerische Sprache unter dem Aspekt analysiert werden, inwiefern sie subjektive Muster der Auseinandersetzung mit der Welt, und das heißt zugleich: soziale Verhaltensformeln vorführen. Dieses Verfahren, das Alfred Lorenzer[10] aus einer Metatheorie der Psychoanalyse abgeleitet hat, ist bisher vor allem an literarischen Texten erprobt worden. Innerhalb der psychoanalytischen Literaturtheorie sollte damit eine Alternative sowohl zum biographischen Reduktionismus als auch zur diagnostischen Anwendung theoretischer Kategorien, die der literarischen Gestalt äußerlich bleiben mußten, entwickelt werden. Das Verfahren soll im folgenden auf eine Analyse des musikalischen Gehalts ausgedehnt werden.

Bei einem solchen Versuch ist von vornherein mit bestimmten Schwierigkeiten zu rechnen, die aus der Differenz von Sprache und Musik sowie den Modi ihres Verstehens resultieren. Diese Schwierigkeiten äußern sich bei einer rezeptionsorientierten Interpretation von Musik darin, daß die beschreibenden und deutenden Begriffe das spezifisch musikalische Erleben kaum je wirklich zu treffen vermögen. Freud beschreibt eine analoge Erfahrung, in Anspielung auf seine religionspsychologischen Arbeiten, so: »Es ist nicht bequem, Gefühle wissenschaftlich zu bearbeiten. Man kann versuchen, ihre physiologischen Anzeichen zu beschreiben. Wo dies nicht angeht […], bleibt doch nichts übrig, als sich an den Vorstellungsinhalt zu halten, der sich assoziativ am ehesten zum Gefühl gesellt.«[11] Im Falle der Musik und des musikalischen Erlebens sind unmittelbar assoziierte Vorstellungsinhalte, wenn überhaupt, dann nur äußerst vage bestimmbar. Zwar sind exaktere Beschreibungen und Analysen des musikalischen »Sinns«, der Formorganisation, durch die Verwendung von Struktur- und Funktionsbegriffen möglich, diese erfassen aber nicht das rezeptiv Entscheidende, den als artikulierte sinnliche Qualität präsentierten »Gehalt«[12]. Dieser läßt sich nur durch eine qualitative Sprache einkreisen. Die sprachlichen Metaphern einer solchen Analyse sind günstigenfalls keine Vehikel rhetorischer Verstärkung oder pseudopoetischer Ausschmückung, sondern ebenso unumgängliche wie letztlich ungenügende Mittel, das Nicht-Identische zu identifizieren. Auf andere Weise bleiben also auch sie der sinnlichen Qualität des Musikalischen äußerlich. Sie umschreiben die namenlose Morphologie der Empfindungen, indem sie deren situativen Kontext angeben. Diese Erfahrung ist selbstverständlich nichts Neues, sondern eine Konstante in der musikästhetischen Literatur. Seit der Romantik wurde immer wieder das Problem des musikalischen Verstehens aufgeworfen: Stellt die Musik ein außer ihr Befindliches, Ereignisse, Erlebnisse, Gefühle dar, oder hat sie ihren Inhalt ausschließlich in sich selbst, ist sie ein autonomes und immanentes Spiel mit Klangformen? Beide Auffassungen, die der Heteronomieästhetik wie die der Autonomieästhetik, greifen in ihrer unhistorischen Verabsolutierung sowie in ihrer starren Entgegensetzung von Inhalt und Form zu kurz. An den vielfältigen Arten von Musik seit

ihren Anfängen im einfachsten Rhythmisieren und Melodisieren körperlichen Ausdrucks und Handelns, in Ritus, Tanz und Arbeit, ließe
sich, vor allem mit Hilfe kulturübergreifender Analysen, die die euro-
zentrische Perspektive der älteren Musiktheorien aufgegeben haben,
verdeutlichen, daß Vorstellungsinhalte und emotionale Dispositionen
mit musikalischen Formen in wechselnde Konstellationen treten können. Ihre Abhängigkeit oder Unabhängigkeit voneinander läßt sich
nicht ein für allemal bestimmen. In der Tradition der europäischen to-
nalen Musik etwa, insbesondere der des Kunstliedes während des 18.
und 19. Jahrhunderts, lassen sich musikalische Elemente isolieren, denen konventionell festgelegte emotionale Bedeutungen nicht abgespro-
chen werden können. Eine der gebräuchlichsten ist die Assoziation von
Dur mit Härte, Klarheit, Freude, Männlichkeit und von Moll mit
Weichheit, Dunkelheit, Trauer, Weiblichkeit. Aber solche Reihungen
brauchen nur benannt zu werden, um sogleich ihre relative Unverbind-
lichkeit, selbst für sehr begrenzte kulturelle Einheiten, zu erkennen zu
geben. Sie sind in sich nicht konsistent, was dadurch deutlich wird, daß
sie sich beliebig kombinieren lassen (z. B. Freude-Weiblichkeit).
Gleichwohl ist ihnen nicht jede Geltung abzusprechen; sie stimmen
und stimmen nicht. Nicht die Reihung selbst beansprucht Geltung,
sondern das jeweils einander zugeordnete Gegensatzpaar (z. B.
Freude-Trauer), und dies auch nur innerhalb epochen-, stil-, gattungs-
oder werkspezifischer Kontexte. Das Problem des musikalischen Verstehens ist im Lied bis zu einem gewissen Grad erleichtert durch die
vorgegebene Zuordnung von Text und Musik. Ein solches paralleles
Wirken verschiedener, einander wechselseitig interpretierender Codes
ist im übrigen typisch für die meisten Formen der Kommunikation, der
in einem weiten Sinn auch die Musik zugerechnet werden kann. Bereits
die Alltagssprache läßt sich nicht auf eine Übermittlung semantischer
Inhalte reduzieren; diese stellen vielmehr in der Regel bloß einen, oft
untergeordneten Aspekt des zu Verstehenden dar. Kaum anders verhält
es sich mit der Musik. Sie kann sich einerseits extern mit vielfältigen
anderen Symbolsystemen überlagern (z. B. Text, Aufführungspraxis),
andererseits enthält sie intern Schichten von in verschiedenem Maß ver-
bindlichen Konventionen (z. B. Tonalität, Werkgattung, Stil). Im Lied
gehen die musikalischen Elemente mit denen des Textes eine Verbindung ein, die sowohl kontinuierlich oder diskontinuierlich an kulturell
erzeugte Hörgewohnheiten anknüpft, als auch diese wiederum beeinflußt. Gleichwohl stoßen wir beim Versuch, Musik zu »verstehen«, auf
einen ihr allein eigenen Kern von »Bedeutung«, der sich nicht auf den
wie immer gearteten Kontext ihres kommunikativen Gebrauchs reduzieren läßt. Die Musik setzt ihrer Projektion auf sprachlich bestimm-

bare Inhalte, und seien sie noch so ungegenständlich, einen prinzipiell unauflösbaren Widerstand entgegen. Mit diesem Widerstand, ja dieser Eigendynamik der Musikalität muß jede Interpretation rechnen, auch wenn sie, wie im folgenden, das Lied möglichst weitgehend als Zusammenspiel von Text und Musik zu verstehen sucht.

Der Widerstand der Musik gegenüber der sprachlichen Formulierung ihres Gehalts gründet in der Eigenart der Musik, daß sie, anders als Dichtung oder bildende Kunst, nur zu ihrem unwesentlichsten Teil auf der Nachbildung sinnlicher Gegebenheiten beruht. Musik ist ein sinnvolles Ganzes ohne denotative Beziehungen zu Inhalten, die von ihr unabhängig wären. Sie ist eine gegenstandslose und begriffslose Kunst. Gleichwohl steht sie in enger Beziehung zum Begrifflichen, insofern sie die Ordnung des Lebendigen und Emotionalen formt und damit faßbar macht. Obwohl in diesem Sinne rational, bleibt sie den sinnlich-leiblichen Formen des Erlebens verhaftet. Deshalb geht sie auch nicht in einer rationalistischen Kombinatorik auf, stünde diese auch unter dem Primat zweckfreien Spiels. Diese Nähe zu den sinnlich-leiblichen Erlebnisformen teilt die Musik, trotz ihrer »Bilderlosigkeit«, mit der literarischen Sprache. Im Rahmen ihrer Theorie des Symbols subsumiert deshalb etwa Susanne Langer die Musik zu Recht, zusammen mit den anderen Künsten sowie mit Mythos und Ritual, unter die präsentativen Symbolsysteme[13], um so deren mit anderen Künsten geteilten Gehalt zu bestimmen: »das mit Worten nicht sagbare, und doch nicht unausdrückbare Prinzip der lebendigen Erfahrung, die innere Bewegungsform des empfindenden, seines Lebens bewußten Daseins.«[14] Anders als die diskursive Symbolik der verbalen Sprache, mit der über einen Begriff ein Objekt denotiert wird, fehlt jedoch letzteres im Fall der Musik. Diese ist »der höchstentwickelte Typus einer rein konnotativen Semantik«[15], das heißt einer Sinnordnung objektloser Vorstellungen des Lebendigen und Emotionalen. »Die wahre Macht der Musik besteht darin, daß sie, was das Gefühlsleben anlangt, auf eine Weise ›lebenswahr‹ ist, wie die Sprache es niemals zu sein vermag; denn was ihre sinnhaltigen Formen – im Gegensatz zu den Worten der Sprache – auszeichnet, ist gerade die Ambivalenz des Inhalts. [...] Die Sinnbeilegung ist immer ein wechselndes, kaleidoskopisches Spiel, das vermutlich unterhalb der Bewußtseinsschwelle, sicherlich außerhalb der diskursiven Vernunft vonstatten geht. [...] Nicht zur Kommunikation, sondern zur Einsicht verhilft uns die Musik, zum Wissen darum, was es, schlicht gesagt, ›mit den Gefühlen auf sich hat‹.«[16]

Langers symboltheoretischer Ansatz erlaubt es, Einheit und Differenz von Musik und Sprache faßbar zu machen. Musik ist sprachähnlich vor allem, weil sie, wie Sprache, ein »logischer« (nicht symptomatologischer), »rationaler« Ausdruck von Ideen ist. Sprachunähnlich ist sie, weil sie diese Ideen nicht über konventionell fixierte Bedeutungen mit dadurch bestimmbaren Inhalten verbinden kann. Langer nennt die Musik deshalb ein »unvollendetes Symbol«[17]. Die Musik artikuliert und kultiviert das elementar in der Sinnlichkeit angelegte Gestalterleben. Darin gleicht sie künstlerischen Bildern, literarischen Schilderungen oder auch Träumen, in denen Unbewußtes bewußt wird, ohne daß sich dessen Inhalt sprachlich konkret bestimmen ließe. Die Differenz ihrer Entschlüsselung liegt jedoch im Verhältnis von Situationen und Stimmungen. Kunst und Literatur stellen Situationen vor, aus denen die jeweiligen Stimmungen erwachsen. Diese werden auf dem ›Umweg‹ der Situationsschilderung erzeugt und lassen sich auch analytisch auf dem ›Umweg‹ einer Beschreibung und Deutung der Situation erfassen. Ziel der Deutung ist aber weder die Situation noch die Stimmung, sondern die »Szene«, der »Lebensentwurf«, der der Vielfalt der Situationen und Stimmungen innerhalb eines Kunstwerks zugrunde liegt. Er bildet auch den Kern der musikalischen Kompositionen. Aber im Unterschied zu Bild und Sprache gibt die Musik keine Situationen wieder, sondern die namenlosen Stimmungen selbst. Darin beruht der unüberwindliche Widerstand, den die Musik dem Begriff entgegensetzt. Versucht man, mit seiner Hilfe die Stimmung selbst zu treffen, dann ist man innerhalb der Sprache immer wieder zurückverwiesen auf das Konstrukt einer Situation, in der sich die Stimmung niederschlägt oder aus der sie resultiert. Die sprachliche Form bleibt der Musik immer bis zu einem gewissen Grad äußerlich, weil diese die Situation nicht darstellen kann. Bedingt durch die Assoziation von Stimmung und Situation ist die Verbindung von Musik und Sprache im Lied dennoch nicht beliebig. Weit entfernt davon, den Text zu ›illustrieren‹, das hieße durch eine sinnlich-konkrete Gestalt zu bestimmen, ist es die Musik, die in der begriffslosen Vieldeutigkeit ihrer Stimmung und Form durch einen Text näher bestimmt und eingegrenzt wird.[18]

Gute Nacht

Fremd bin ich ein-ge-zo-gen, fremd zieh' ich wie-der aus. Der
Ich kann zu mei-ner Rei-sen nicht wäh-len mit der Zeit: muß

Mai war mir ge-wo-gen mit manchem Blu-men-strauß. Das Mädchen sprach von
selbst den Weg mir wei-sen in die-ser Dun-kel-heit. Es zieht ein Mon-den-

Lie-be, die Mut-ter gar von Eh', das Mädchen sprach von Lie-be, die
schat-ten als mein Ge-fähr-te mit, es zieht ein Mon-den-schat-ten als

*) Tempobezeichnung im Autograph: *Mäßig, in gehender Bewegung*

Mut-ter gar von Eh'— nun ist die Welt so trü - be, der
mein Ge - fähr-te mit, und auf den wei-ßen Mat - ten such'

Weg ge-hüllt in— Schnee, nun ist die Welt so trü - be, der Weg gehüllt in
ich des Wil - des— Tritt, und auf den wei - ßen Mat - ten such' ich des Wil-des

Schnee.
Tritt.

Was soll ich länger wei - len, daß man mich trieb' hin - aus? Laß ir-re Hunde

heu - len vor ih - res Her - ren— Haus! Die Lie - be liebt das Wan - dern, Gott

377

hat sie so ge-macht, von einem zu dem an-dern, Gott hat sie so ge-macht.

Die Lie-be liebt das Wan-dern, fein Liebchen, gu-te Nacht, von

ei-nem zu dem an - dern, fein Liebchen, gu-te Nacht!

Will dich im Traum nicht stö - ren, wär'

schad' um dei - ne Ruh', sollst meinen Tritt nicht hö - ren-sacht, sacht die Tü - re

3. Interpretation des Liedes ›Gute Nacht‹

Zu verstehen ist eine musikalisch-sprachliche Gestalt als ganze sowie in ihren Teilen. Beides erschließt sich im Hör- oder Ausführungserlebnis, das durch das Studium des Notentextes genauer bestimmbar wird. Um dem Leser zu ermöglichen, die Beschreibung und Analyse im einzelnen nachzuvollziehen, ist auf den Seiten 376–379 die Notierung wiedergegeben[19].

Der Text des Liedes sei, der besseren Lesbarkeit wegen, noch einmal allein abgedruckt[20]:

Gute Nacht!
[Gute Nacht]

Fremd bin ich eingezogen,
Fremd zieh ich wieder aus.
Der Mai war mir gewogen
Mit manchem Blumenstrauß:
Das Mädchen sprach von Liebe,
Die Mutter gar von Eh' –
Nun ist die Welt so trübe,
Der Weg gehüllt in Schnee.

Ich kann zu meiner Reisen
Nicht wählen mit der Zeit,
Muß selbst den Weg mir weisen
In dieser Dunkelheit.
Es zieht ein Mondenschatten
Als mein Gefährte mit,
Und auf den weißen Matten
Such ich des Wildes Tritt.

Was soll ich länger weilen,
Daß man mich trieb' hinaus?
Laß irre Hunde heulen
Vor ihres Herren Haus.
Die Liebe liebt das Wandern –
Gott hat sie so gemacht –
Von Einem zu dem Andern –
Fein Liebchen, gute Nacht!

Will dich im Traum nicht stören,
Wär' schad um deine Ruh;
Sollst meinen Tritt nicht hören –
Sacht, sacht, die Türe zu!
Schreib im Vorübergehen
An's Tor dir *[:]* Gute Nacht,
Damit du mögest sehen,
Ich hab an dich *[An dich hab ich]* gedacht.

Daß der Titel »Gute Nacht« alles andere als einen familiären Abschiedsgruß auf baldiges Wiedersehen am nächsten Morgen in vertrautem Zusammensein meint, wird bereits in den ersten beiden Textzeilen deutlich, in denen das geschilderte Erleben gleichsam definiert wird durch die beiden Zustände des Fremdseins: »Fremd bin ich eingezogen, fremd zieh ich wieder aus.« Wer fremd wieder auszieht, wird niemanden bald wiedersehen. So gerät der Gruß zur bitteren Ironie. Musikalisch entspricht dem (in Takt 7–11) ein geläufiger, dem Volksliedstil entsprechender harmonischer Verlauf mit authentischer Kadenz von der Tonika über Subdominante, Tonika, Dominante zurück zur Tonika.

Diese Linie, mit der das Lied nach dem Vorspiel eröffnet wird, führt aus sich heraus nicht weiter; sie stellt etwas Abschließendes, in sich Kreisendes dar. Den dennoch das Lied weitertreibenden Impuls erbringt der gleichmäßig fortlaufende Rhythmus. Pochend ist er bereits im Vorspiel gegenwärtig, noch ehe die Melodie einsetzt. Er könnte schon eine Weile vorher pulsiert haben oder jetzt erst hörbar geworden sein. Die Singstimme setzt dann auf einem musikalisch unbetonten vierten Achtel des Taktes ein. Eben darauf liegt aber, mit dem Wort »Fremd«, die grammatisch bedingte Betonung. Umgekehrt verhält es sich mit dem darauf folgenden »bin«. Es ist grammatisch unbetont, musikalisch jedoch, als erstes Achtel des nächsten Taktes, betont. Beide Betonungen, die musikalische und die grammatische, wirken gegeneinander. Daraus ergibt sich ein gleichsam antriebsloses Hineingleiten der Melodie in die durchs Klavier vorgegebene Rhythmik und Harmonik. Wann genau die Melodie einsetzt, scheint fast zufällig zu sein. Ist sie einmal da, ordnet sich ihr die Begleitung augenblicklich unter, ohne daß diese jedoch ihren Eigensinn ganz aufgäbe. Beider Verhältnis bleibt schwebend. Die Begleitung ist ebenso zurückgenommen wie in ihrer rhythmischen Unbeirrbarkeit zuletzt dominierend. Als sei sie, entgegen dem Eindruck von ihrer Unterordnung, doch immer von der Melodie unabhängig gewesen, bleibt sie am Ende des Liedes (Takt 99–105) in einem kurzen, melodielosen Nachspiel allein stehen. Daß der Rhythmus der Begleitung, gesetzt in einfachen Akkordblöcken, für sich genommen beunruhigend sei, wäre zuviel gesagt, denn der nicht abreißende Strom, der nur mit einigen wenigen punktierten 16tel oder 32stel Noten kurze Wellen wirft, ist in seiner Struktur unmittelbar vom Hörer erfaßbar und wirkt so zunächst auch als etwas Beruhigendes. Einmal auf die Wiederholung vertrauend, weiß der Hörer jederzeit um den rhythmischen Fortgang und wird in dieser Sicherheit auch nicht getäuscht. Der gleichmäßige Rhythmus erhält jedoch etwas Starres, Unausweichliches dadurch, daß er eine Melodie strukturiert, die in ihrer abfallenden Linie eine ›Verlangsamung‹ des Antriebs, vielleicht Ermattung und Müdigkeit ausdrückt. Die Möglichkeit subjektiver Verfügung scheint suspendiert zugunsten eines unabänderlichen objektiven Ablaufs. Das subjektive Erleben wird gleichsam eingefroren angesichts des objektiven Lebens, dessen Ziel der Tod ist, und als dessen Teil es sich erkennt. Das Trauermarschartige der Motivik – die Tempobezeichnung lautet im Autograph: »Mäßig, in gehender Bewegung« – wird dadurch noch verstärkt, daß die absteigende Linie mehrfach gebrochen wird: zunächst im Klaviervorspiel durch die beiden fortepiano gespielten Vorhaltsdissonanzen in Takt 2 und 3, die die piano gespielte Melodielinie scharf unterbrechen,

dann durch die dieser instrumentalen Vorwegnahme entsprechenden Wechselnoten in der Singstimme in Takt 9,

zo - gen, fremd

382

schließlich dadurch, daß die Linie der Singstimme absteigend im selben Takt nur die Sekunde (e') erreicht, ihren Grundton (d') beim erstenmal also gleichsam verfehlt und noch einmal zu einem zweiten Abstieg ansetzt. Der streng fortlaufende Rhythmus, der dem Tempo des Gehens angepaßt ist, macht deutlich, daß es auch am Ende dieses Abstiegs kein Ausruhen gibt, nur Wiederholung. Wenn die Singstimme pausiert, greift die Klavierbegleitung die Gebärde des Abstiegs wieder auf, um sich beim Wiedereinsetzen der Stimme sogleich auf die lineare Abfolge der Akkordblöcke zurückzuziehen. Melos und Rhythmus sind ebenso klar getrennt voneinander wie aufeinander bezogen. Sie bilden eine in sich stimmige musikalische Einheit und formieren so doch zugleich einen emotionalen Gegensatz zwischen Ruhe und Unruhe, Ankunft und Aufbruch, Ende und Anfang. Solche Gegensatzpaare bestimmen auch die im Text wiedergegebene, innere Szenerie, die sich das lyrische Subjekt – nennen wir es, einer Konvention entsprechend, den Wanderer – vorführt. Die erste Strophe spannt den Bogen zwischen Liebe und Fremdheit, Frühling und Winter, Glück und Trauer. Die folgenden drei Strophen malen diese Gegensätze weiter aus: der Wanderer ist im Begriff, sich auf eine Reise ohne Ziel zu begeben, deren Motiv allein in der Flucht liegt. Dabei schwankt er zwischen Enttäuschung und fortdauernder Liebe. Diese Spannung ist bereits in der ersten Textzeile (Takt 7–11) vollständig gegenwärtig:

Fremd bin ich ein-ge-zo-gen, fremd zieh' ich wie-der aus. Der

Der gleichmäßige Achtelgang im Baß, die absteigende Melodielinie, schließlich die Vorhalte und Wechselnoten, die die harmonische Auflösung verzögern: diese drei herausragenden musikalischen Momente, ihre Kombination und ihre – äußerst sparsame – Entfaltung, liegen nicht nur der ersten Zeile, sondern auch dem Lied als ganzem und seiner Stimmung wesentlich zugrunde. Sie bilden einen musikalisch konsistenten Ablauf, der zwanglos mit der in dieser Zeile dargestellten situativen Einheit, der über eine kurze Episode des Glücks übergreifenden Fremdheit, zusammenstimmt. Form und Inhalt verschmelzen zu einer musikalisch-poetischen Symbolisierung, die sich umschreiben ließe als schmerzhaft verzögerte Enthüllung eines seit je schon maßgeblichen, nur vorübergehend und scheinbar aufgehobenen Alleinseins.

In der ersten Strophe ist von drei Szenarien die Rede, der Fremdheit des Ankömmlings, der hoffnungsvollen Entwicklung einer Liebe, schließlich dem gegenwärtigen Auszug in eine trostlose Fremde. Dazwischen liegt, unausgesprochen, die Enttäuschung der Hoffnung, das Ende der Liebe, die innere Trennung der Liebenden. Wie diese sich vollzogen hat, was ihre Gründe waren, bleibt, bei allem Ausdruck des Schmerzes darüber, ausgespart. Der Bogen wird buchstäblich über einen schwarzen Abgrund gespannt: der Hörer wird darüber im unklaren gelassen, welche Begebenheit den heimlichen Aufbruch des Wanderers erzwungen hat. Zwar meint er sie zu erraten: als Untreue der Geliebten. Eine solche Annahme wird nahegelegt durch die Art der Schilderung, nach der der Wanderer die Liebe völlig passiv, gleichsam als überraschendes Geschenk, erfahren hat, das ihm ebenso überraschend wieder weggenommen wurde. Bei näherer Betrachtung wird sich jedoch zeigen, daß einige Besonderheiten des Ausdrucks eine andere Bedeutung nahelegen. Die Passivität ist der Ausdruck eines Nichtverstehens im Erleiden, das sich in einer elliptischen Sprachform niederschlägt. Diese erzeugt ihrerseits beim Hörer ein – zunächst unbegriffenes – Gefühl des Nichtverstehens. Ganz im Vordergrund steht im Lied das Erleben des Wanderers in der Situation des Aufbruchs, seine trübe Erwartung, die mit dem erinnerten Glück, das zerbrochen ist, kontrastiert. Musikalisch erscheint der Schmerz am deutlichsten in jenen punktierten Wechselnoten der Melodie, wie sie zum ersten Mal im Takt 9 auftreten. Sie bilden dort den Gelenkpunkt zwischen den beiden Charakterisierungen von Fremdheit, der des Einzugs und der des Auszugs. Dieses Motiv wird in den Zwischenspielwendungen des Klaviers, zum Beispiel in den Takten 24 und 25,

wieder aufgegriffen und verstärkt. Es kann als eine Art Seufzer, ein schmerzhaft wiederkehrendes Aufbäumen gegen den doch unabänderlich absteigenden Verlauf verstanden werden. Auch hier erfüllt es wieder, und zwar noch deutlicher als in Takt 9, eine Gelenkfunktion zwischen den Schilderungen zweier Szenen, einerseits von Liebe und Eheerwartung, andererseits von Kälte und Düsterkeit. Die Singstimme legt an dieser Stelle, an der es, von der Erzähllogik her, um den Übergang von einer zur anderen Szene ginge, eine unerwartete Pause ein, wie um das Unbeschreibbare an seinem Ort im Ablauf wenigstens zu markieren. Die Pause der Singstimme wird vom Klavier ausgefüllt, dessen fortepiano-Markierungen wie die rhethorische Figur einer Aposiopese wirken: das Wesentliche bleibt ungesagt, das Verstummen wird als solches ausgedrückt und dadurch beredt. Der Klavierpart formt dabei die B-Dur-Harmonie des ausklingenden Taktes 23 in einen durch die Wechselnoten erweiterten Sextakkord der Moll-Parallele zu B-Dur um, nämlich des g-Moll; und diese Harmonik des Taktes 24 entpuppt sich im nächsten Takt sogleich als Subdominante zum basalen d-Moll, das in Takt 25 wieder erreicht wird. Im ständigen Wechsel zwischen g-Moll und d-Moll in den Takten 24 bis 33, deren Harmonien wiederum in sich durch die Dissonanzen der Wechselnoten geprägt sind, drückt sich der nicht zur Ruhe kommende Schmerz aus, dessen Grund unbenannt bleibt. Dem widerspricht nur scheinbar die Funktion der analogen Wechselnoten in den Mittelpassagen der ersten drei Strophen, die jeweils in der Dur-Parallele zur ursprünglichen Moll-Tonart sowie, bei der Wiederholung, in der Subdominante der Dur-Parallele gesetzt sind: Takt 7–15 in d-Moll, Takt 16–19 in F-Dur, Takt 20–23 in B-Dur. Die Melodieführung von »Liebe« in den Takten 17 und 21

 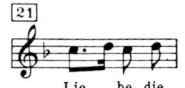

drückt keineswegs Schmerz, viel eher freudige Erwartung, innere Spannung des Sehnens aus. Aber die Gefühlsaufwallung der Liebe muß sich in ihrer Äußerungsform von der des Schmerzes nicht unterscheiden. Die Liebeshoffnung ist unbeschwert, gleichwohl bedroht. Zwiespältig klingt ihre Steigerung, angezeigt durch das »gar«: einerseits als Versprechen der Beständigkeit, andererseits als Überformung der Liebe durch eine äußere Norm, die von der Mutter an die Liebenden herangetragen wird. Mit der zyklischen Wiederkehr der Moll-Parallele färbt etwas von der späteren Vergeblichkeit auch auf die zuvor beschworene Liebe selbst ab. Der Schritt von der großen Terz auf den Grundton (d''–b'), mit dem die Dur-Passage in den Takten 22 und 23 schließt (»… von Eh'«), wird, wenn die Singstimme in den Takten 25 und 26 in die inzwischen vom Klavier vorgegebene Moll-Harmonik einsetzt, unmittelbar wiederholt (»nun ist…«), zugleich aber umgedeutet als Bestandteil der Subdominantsexte (g-Moll), die im Takt 27 in die Grundtonart d-Moll zurückführt.

Der Übergang ist derart stimmig, als sei das Scheitern der Liebe schon von Anfang an unausweichlich gewesen. Die Liebe wird zur bloßen Episode innerhalb einer andauernden Grundbefindlichkeit von Fremdheit und Einsamkeit. Die aufsteigenden Modulationen von d-Moll über F-Dur zu B-Dur in den Takten 15 bis 23 repräsentieren deutlich den Aufschein von Hoffnung, aus der Einsamkeit befreit zu werden. Doch diese Hoffnung erweist sich als vergeblich, als nur vorübergehend täuschende Spielart der seit je herrschenden Grundtonart und -stimmung. So aber wird, im Kontrast und zugleich in der Einheit von Fremdheit und Liebe, der Verlust selbst ausgeblendet.
Die zweite Strophe ist musikalisch eine genaue Wiederholung der ersten. Vom Text mag der Hörer jetzt, nachdem zuvor die Ausgangssituation zwischen der ferneren Vergangenheit einerseits und der Gegenwart und unmittelbaren Zukunft andererseits eingespannt worden war, eine nähere Schilderung des vorgefallenen Unglücks erwarten. Statt dessen jedoch wird der Blick wiederum verstärkt auf das Leiden des Wandern-Müssens gelenkt. Beschrieben wird die Not des Auszugs und die Beschwernis des Weges. Jene Not besteht zunächst darin, daß der Wanderer die Zeit seines Abschieds nicht bestimmen kann. »Ich kann zu meiner Reisen nicht wählen mit der Zeit«, heißt es, grammatisch verschroben. Das mag ein Kompromiß sein aus Formulierungen wie »...nicht wählen mir die Zeit« und »...nicht rechnen mit der Zeit«. Die erste Formulierung würde in der Verneinung ein aktivselbstbestimmtes Subjekt voraussetzen, die zweite ein mit der Gunst der Stunde oder der Heilkraft der Zeitdauer kalkulierendes. In der vorliegenden, kompromißartigen Fassung stellt sich der Wanderer, wie schon zu Anfang, erneut als passiv dar. Er tritt gleichsam neben die Zeit, die so zu einem autonomen Wesen wird, »mit« dem, oder, wie hier, »nicht... mit« dem man etwas wählen kann. Die Zeit war vorübergehend mit ihm verbündet, tritt ihm jetzt jedoch feindlich gegen-

über. Sie trifft selbst die Wahl, und glücklich ist, welcher mit ihr, unglücklich, welcher gegen sie das eigene Tun zu bestimmen hat. Sie ist es, die sich vom Wanderer abgewandt, ihn verlassen hat, und wir sind nur allzu bereit, hinter der abstrakten Zeit die konkrete Liebe, wenn nicht die noch konkretere Geliebte selbst zu sehen. An die Stelle der ›guten‹ Zeit ist eine ›schlechte‹ getreten: »Dunkelheit«. Daß die Zeit für den Wanderer dunkel geworden ist, scheint nur sinnvoll als Metapher seines inneren Zustands. Denn nichts wird darüber gesagt, warum die Zeit des Wanderns die nächtliche Dunkelheit sein müßte und nicht der Tag. »Muß selbst den Weg mir weisen in dieser Dunkelheit«: darin also besteht des weiteren die Not des Auszugs. Aber auch jetzt formuliert der Text anders als zu erwarten wäre. Nicht von »suchen« ist die Rede, sondern von »weisen«: »Muß selbst den Weg mir weisen...«. Der Wanderer scheint sich gleichsam aufspalten zu müssen in einerseits einen unwissenden oder zaudernden, aber gehorchenden und andererseits einen wissenden, entschlossenen und befehlenden Teil. Diese Aufspaltung wird in der darauf folgenden Vorwegnahme der Wanderung metaphorisch ausgesprochen: »Es zieht ein Mondenschatten als mein Gefährte mit.« Dieser Satz, der den Dur-Mittelteil der Strophe bildet, ist die einzige grammatisch und semantisch klare Aussage dieser Strophe. Es ist, als ermögliche erst das Eingeständnis der Spaltung, die Wanderung tatsächlich anzutreten, die trübe Spannung in Aktivität umzuwandeln und so aufzulösen. Mit der Aufspaltung gewinnt der Wanderer ein Stück seiner Autonomie zurück, freilich um den Preis der Rastlosigkeit, des Umhergetriebenseins. Und die Autonomie bleibt brüchig, denn der schattenhafte Doppelgänger ist nicht nur ein tröstender Gefährte, er erinnert auch ständig an jene Dunkelheit, der der Wanderer zu entfliehen suchte und der er doch nicht entkommen kann. Mit der auf den Mittelteil der Strophe folgenden Moll-Passage verdüstert sich denn auch erneut die Stimmung. Der Wandel äußert sich wieder in einer merkwürdig verschobenen Formulierung: »...such ich des Wildes Tritt.« Die Spuren des Wildes, dem ja die Aufmerksamkeit des Wanderers keineswegs gilt, stehen stellvertretend, nach der Figur der poetischen Metonymie, für einen abgelegenen, aber noch gangbaren Pfad. Warum jedoch dieser gewählt wird und nicht die Straße, warum die Dunkelheit der Nacht und nicht der Tag, bleibt verborgen. Als habe der Wanderer ein Verbrechen begangen, scheint er die Wege der Menschen meiden und sich nächtens durchs Unterholz schlagen zu müssen. Als habe er jede Selbstbestimmung aufgegeben, scheint er nur noch den Spuren anderer, und zwar wilder Tiere, folgen zu können. Das Eingeständnis des Alleinseins wäre dann zugleich das Eingeständnis einer Schuld, die das Selbstbewußtsein des Subjekts kaum zu tragen vermag.

Freilich wissen wir nichts Genaues von einer solchen Schuld, schien der Wanderer doch bisher sich ein Unrecht zu vergegenwärtigen, das ihm zugefügt wurde, nicht eines, das er begangen hat. Aber wir spüren, wie uns der Text durch seine wuchernden rhetorischen Figuren in eine semantische Verwirrung hineinzuziehen versucht und damit die Autonomie und Sicherheit unseres Verstehens untergräbt. Darin drückt sich eine latente Bedeutungsschicht des Textes selber aus. Wir ahnen, daß jenes verborgene Eingeständnis von Schuld so bedrohlich wäre, daß der Wanderer eben davor flieht und dabei eher auf die Einheit seines Selbst verzichtet, als sie auszusprechen. Er handelt nicht mehr bewußt-absichtsvoll, sondern nur noch als ein Getriebener, der sogar seine stärkste Aktivität, das Wandern, passiv erleidet.

In der Tat bezeichnet sich der Wanderer als einen, der hinausgetrieben wurde. Damit schreibt er den eigenen Antrieb zum Wandern anderen zu, die in der Form des »man« unbestimmt bleiben. Der entsprechende Satz am Anfang der dritten Strophe ist wieder in grammatisch ungewöhnlicher Form gebildet. Die grammatische Konstruktion des nicht zum Verb »weilen« passenden »daß« ließe sich vielleicht am ehesten verstehen als Verkürzung eines Satzes wie des folgenden: »Was soll ich länger weilen angesichts dessen, daß man mich trieb hinaus.« In der Verkürzung wird die Austreibung unmittelbar zu einer Folge – an Stelle des »daß« könnte man auch ein »da« erwarten – oder einer näheren Bestimmung des Verweilens. Das »weilen« erhält so die Bedeutung des mit ihm verwandten »[darauf] warten, daß…«, das der Wanderer von sich weist. Verstehen wir diese Zurückweisung als indirekten Hinweis auf die tatsächlich virulente Erlebnisszene, dann können wir das Verhältnis zur Geliebten als uneingelöstes Warten charakterisieren. Zwischen der Alternative dieses Wartens und der Flucht bleibt wiederum, wie schon zuvor, für ein bewußt handelndes Subjekt kein Platz. Das den Nebensatz einleitende »daß« unterstreicht allein durch seinen Klang die zunehmende Schärfe, durch die die dritte Strophe gegenüber den beiden vorangegangenen ausgezeichnet ist. Diese zunehmende Schärfe ist musikalisch repräsentiert in der Abwandlung des ursprünglich verzögert absteigenden Schlußteils der Melodie (etwa in Takt 10 und 11) zu einem erregten Stufenanstieg über den Leitton (cis'') (in Takt 42 und 43).

Inhaltlich liegt die Schärfe nicht auf der Seite des Wanderers, sondern auf der der feindlichen Welt: »...daß man mich trieb hinaus.« Aber indem der Wanderer diese Schärfe bezeichnet, nimmt seine Äußerung selbst etwas von Trotz und Aufbäumen gegen diese Welt an. Von den irren, heulenden Hunden, die unmittelbar in die Szene der Vertreibung des Fremdlings zu passen scheinen, wird mit derselben musikalischen Phrase berichtet. Auch hier ist eine eigentümliche Verschiebung zwischen Subjekt und Welt zu beobachten. Auf der metaphorischen Ebene stehen diese Hunde nämlich keineswegs für die feindliche Welt, sondern für den Wanderer selbst und sein eigenes »Heulen«, das er sich tatsächlich versagt. Indem er sein eigenes Verhältnis zur Geliebten in ihnen widergespiegelt sieht, sprachlich: indem er mit dem Doppelsinn des Wortes »heulen« spielt, gelingt es ihm, sein eigenes Leiden nach außen zu projizieren und sich ihm so zu entziehen. In der darauf folgenden Passage, dem Dur-Mittelteil der Strophe, vernehmen wir dann endlich den einzigen im Lied enthaltenen Hinweis auf das Absterben der Liebe: »Die Liebe liebt das Wandern – Gott hat sie so gemacht – von Einem zu dem Andern.« Doch diese doppelte, natürliche und göttliche Absicherung dient weniger der plausiblen Begründung als der notdürftigen Rechtfertigung. Überraschend daran ist, daß gerade hier die beteiligten Subjekte, ihr Handeln und ihre Empfindungen, hinter einer Aussage von höchster Allgemeinheit verschwinden. Wir erfahren nicht, wessen Liebe von wem weg zu wem hin »gewandert« ist. Weder im Text noch in der Musik teilt sich hier jene Stimmung mit, die wir als Ermattung oder Trübheit erlebt haben, und die an dieser Stelle zu erwarten wäre. Die Dur-Linie, die zuvor teils dem früheren Glück, teils dem Aufbruch des Wanderns galt, dient nun dem Ausdruck einer anderen Art des Wanderns, nämlich des »Wanderns« der Liebe. Die Erklärung fungiert als Trost. Sie ermöglicht eine Versöhnung mit dem Verlust der Geliebten, ja der Verlust scheint insgeheim akzeptiert zu werden. Die Allgemeinheit der Aussage wird dadurch noch überhöht, daß sie die Gestalt eines göttlichen Gesetzes annimmt, hinter dem jede individuelle Regung als peripher erscheinen muß. Die Rechtfertigung offenbart ihre Brüchigkeit gerade darin, daß sie sich mit fragloser Geltung zu wappnen sucht. Dann aber beschriebe der Wanderer nicht nur die Einstellung der Geliebten, sondern, da es sich um ein überindividuelles Gesetz handelt, zugleich seine eigene. Nicht nur reagierte er auf das »Wandern« der Liebe mit dem Wandern in die Ferne, sondern dieses stünde stellvertretend für jenes. Er verwandelte das Wandern der Liebe in die Liebe zum Wandern.

Nehmen wir die Wirkung der bisher deutlich gewordenen Merkmale der inneren Szene des Wanderers zusammen: die Verschiebung eigener

Regungen auf die als feindlich vorgestellte Welt und die daraufhin selbst vollzogene Ausstoßung als vorweggenommene Folge einer Schuld, als Strafe, dann drängt sich die Deutung auf, daß sich die verleugnete Schuld auf das heimliche Einverständnis mit dem Verlust der Geliebten bezieht. Dabei ist es in der Tat unerheblich, wer von beiden, der Wanderer oder das Mädchen, die Trennung äußerlich vollzogen haben mag.[21] Entscheidend ist allein das innere Einverständnis mit dem Bruch, das für dessen Ursprung und Vollzug selbst genommen wird. Das unaufhaltsame Getriebensein des Wanderers wäre als Folge der Treulosigkeit der Braut allein nicht zu verstehen. Eine unerbittliche Zwangsläufigkeit erhält die Entwicklung indes, wenn man beide Teile in die umgekehrte Beziehung zueinander setzt: wenn man annimmt, daß eine Tendenz zur Selbstzerstörung von Anfang an als Keim in der Liebe enthalten war, um diese schließlich zu zersetzen. Bei welchen der beiden Liebenden sich die zuletzt unaufhebbare Fremdheit allein oder stärker äußerte, bleibt verborgen. Denkbar ist durchaus auch ein Handlungsmuster, nach dem das Mädchen alles darauf anlegte, die vollkommene Liebeserklärung, verstanden als restlose Unterwerfung, zu erhalten, nur um gerade damit endgültig jedes Interesse am Werbenden zu verlieren. Dies jedenfalls könnte durch die vierte Strophe nahegelegt werden: Noch das einfachste Ruhebedürfnis der verklärten Geliebten wiegt unendlich viel mehr als der endgültige Abschied und der damit verbundene Schmerz des Wanderers. Dann aber wäre dessen Flucht das vollständige Verleugnen des Selbst und damit zugleich der Wut, die sich, zaghaft genug, in der dritten Strophe andeutete. Das »sacht, sacht die Türe zu!« wäre die unmittelbare Umkehrung und Vermeidung des durch eine donnernd zugeschlagene Türe unterstrichenen, aggressiven Abgangs. Nach dem Muster einer solchen Verkehrung ins Gegenteil läßt sich die gesamte Selbstdarstellung des Wanderers im Lied entschlüsseln. Nicht anders als die Bezeichnung »fein Liebchen«, musikalisch am Ende der dritten Strophe in Takt 64 durch eine Art trotziges Aufbäumen (im Schritt der Sexte a'–f'') getragen,

Liebchen, gu-te Nacht!

nicht anders als die dabei verwendete Grußformel »gute Nacht!«, enthält auch das »wär schad' um deine Ruh'« eine Spur jenes Doppelsinns: als selbstverleugnende Rücksichtnahme, aber auch, ironisch, als Zweifel daran, ob es sich lohne, die Auseinandersetzung der Trennung auf sich zu nehmen. Wäre es nicht ursprünglich der eigene Impuls des Wanderers, an der Einsamkeit gegen die Liebesbeziehung festzuhalten, er verstünde es immerhin, sich noch in der Selbstaufgabe wirksam zu rächen, indem er das Gefühl seiner Schuld der verlassenen Braut einpflanzt. Der nächtens vollzogene Abschied ist auch eine Verweigerung von Kommunikation. Die sprachliche Hinwendung zum Mädchen am Ende der dritten und in der vierten Strophe trägt die Züge einer pragmatischen Paradoxie. Anders als zuvor spricht der Wanderer nun die Geliebte direkt an. Aber der Inhalt dieser Ansprache ist, daß er sie *nicht* anspricht, da jedes Wort nur noch eine Störung natürlicher oder göttlicher Abläufe wäre: des Traumes der Geliebten und, so können wir jetzt ergänzen, des eigenen Wanderns. Die kommunikative Paradoxie drückt sich auch in einer auffälligen Inkonsistenz aus, die in der Schilderung des nächtlichen Abschieds, der Übermittlung des Grußes, enthalten ist. Die Rücksicht beim Schließen der Türe impliziert nämlich eine wie immer geartete Gemeinschaft des Zusammenlebens in einem Haus. Eine solche Darstellung widerspricht jedoch der Möglichkeit, die Nachricht »im Vorübergehen an's Tor« zu schreiben, denn der Vorübergehende befindet sich von vornherein schon draußen. Deuten wir diese ›physische‹ Unmöglichkeit als ›psychische‹ Realität, dann erhalten wir so einen weiteren Hinweis darauf, daß der Wanderer – um in jenem Bild zu sprechen – schon vor seinem Abschied draußen ist, fremd ist. Der Sinn seines Grußes enthüllt sich nur, wenn man sich die kommunikative Paradoxie in ihrer ganzen Tragweite klarmacht. Wie ein Selbstmörder, der den, dem er zürnt, aber nicht offen zürnen kann, noch nachträglich bestraft, indem er eine Nachricht hinterläßt, durch die dieser erkennt, was er an ihm verloren hat, so hinterläßt auch der Wanderer dem Mädchen einen Gruß, der seine Abgründigkeit gerade durch seine Fürsorge erhält. Er ist paradox auch deshalb, weil er zu dem Zeitpunkt, zu dem er wahrgenommen werden mag, nämlich am Morgen, seinen unmittelbaren kommunikativen Sinn eingebüßt hat. Der Wanderer schreibt nicht etwa einen Gruß wie »lebe wohl«, der situativ angemessener wäre, sondern »gute Nacht«, das, aus seinem pragmatischen Kontext herausgenommen, das Mädchen auf Dauer der Nacht überantwortet. Verdeutlichen wir uns diese – nur auf den ersten Blick absurde – Imagination, dann ergibt sich das Bild eines zweifachen Todes. Der ruhelose Wanderer sucht den Tod; aber damit will er zugleich seine Geliebte, die Liebe selbst, zu Grabe tragen. Er spricht die Schlafende an, die ihn, gleich einer Toten, nicht hört, er verschließt sacht die Türe, gleich dem Deckel eines Sarges, er setzt darüber schließlich eine Inschrift, gleich der auf einem Grabstein, die davon zeugt, daß er der Toten gedacht hat. Noch jenes Bild der »irren Hunde« wird so im nachhinein plausibel. Denn wahrhaft irre, scheinbar zwecklos und ohne Ende, können Hunde am Grab ihres Herrn heulen.

Aber die Musik hebt den destruktiven Hintersinn dieser Szenerie nahezu vollständig auf. Die Wirkung des Übergangs von der Moll- zur Dur-Stimmung am Anfang der vierten Strophe geht weit über das hinaus, was sonst geläufigerweise durch den Eintritt der Geschlechtsvariante bewirkt wird. Indem an die Stelle von d-Moll das gleichnamige Dur tritt, wird in ein nahezu schwereloses Schweben verwandelt, was zuvor ein sanftes Hinabgleiten auf den Untergrund eines pochenden Zwangs zur Ruhelosigkeit war. Die Melodik enthält sich jetzt aller Halbtonschritte. An die Stelle der absteigenden Quart (d''–a') in Takt 10 und 11 (»fremd zieh'...«)

sowie den diesen entsprechenden Takten ist nun in Takt 73 und 74 (»wär schad...«) eine aufsteigende kleine Terz (h'–d'') getreten.

Der Wanderer scheint den Boden endgültig nicht mehr mit den Füßen zu berühren. Schwebend wird er gleichsam zu einer Gestalt im Traum der Geliebten, unter dessen Schutz er dieser in Wahrheit entweicht. Jede Regung, jedes kleinste Geräusch würde sich in Zufügung von Leid verwandeln. Das wird zwar durch die völlige Selbstzurücknahme vermieden, bleibt aber gerade dadurch als Erinnerung völlig präsent. So ist die ätherische Musik dieser vierten Strophe ein Symbol reiner Versöhnung bei vollem Eingedenken des Leidens. Das wird am klarsten in der musikalischen Gestaltung der Schlußzeile »An dich hab ich gedacht« in ihrer ersten Präsentation (vor der anschließenden Wiederholung) in Takt 86 und 87 sowie im darauf folgenden Klavierzwischenspiel der Takte 88 und 89.

In Takt 86 und 87 taucht die Singstimme nicht nur auffällig in die Klavierbegleitung ein, ihre Melodieführung nimmt auch selbst, im Vergleich zu den analogen Phrasen in den Takten 22 und 23 sowie 54 und 55,

gegenüber dem Klavier den Charakter einer Begleitstimme an. Das Klavier dominiert hier mit seinem eindringlichen, klingenden Soprana'' und überblendet damit gewissermaßen durch die verstärkte Leuchtkraft seines Klanges das Bild des lyrischen Subjekts. Dieses tritt so hinter die Objektivität des musikalischen Stroms zurück. Damit stimmen Schuberts Eingriffe in den ursprünglichen Müllerschen Text überein. Dessen eher subjektzentrierte Version »Ich hab an dich gedacht« hätte jene Wirkung der Entsubjektivierung zweifellos durchkreuzt, und noch das subjektiv-expressive Ausrufezeichen des Titels mußte bei Schubert weichen. Im Klavierzwischenspiel der Takte 88 und 89 kommt die Wirkung jener Veränderung voll zur Geltung. Die Wechselnoten sind von Halbton- zu Ganztonschritten gleichsam gemildert. Kein forte-Akzent stört mehr den Fluß des pianissimo. Zuvor, in den Moll-Passagen, war der Baßgang (g–f) in diesen Zwischenspielwendungen selbst ein Nachklang jenes verzögerten Abstiegs der Eingangszeile. Jetzt ruhen sie auf dem orgelpunktartig wiederholten Grundton d auf, über dem sich in den Takten 88/89, 90/91

und 94/95 der Wechsel zwischen dem E-Dur-Septakkord und D-Dur vollzieht.

393

Anders als zuvor besteht die Harmonik dieser Takte nicht in einem Wechsel von der Subdominante zur Tonika, sondern in dem ungewöhnlichen von der zweiten zur ersten Stufe, also von E zu D. Der Akkord gis-h-d'-e' des Taktes 88 und der diesem entsprechenden Takte stellt die Zwischendominante zur Dominante A-Dur dar, die jedoch nicht erscheint. Statt dessen führt der künstliche Leitton gis zum a, das unmittelbar als Quinte von D-Dur fungiert. So wird eine Dominanterwartung erzeugt, die jedoch nicht eingelöst wird. Statt dessen wird die Spannung gleichsam kurzgeschlossen, statisch-unmittelbar in D-Dur aufgelöst. Dieses Changieren der Harmonik bewirkt, daß die Passage bis zum Ende des Dur-Teils, verstärkt durch den mehrmaligen Wechsel des Orgelpunktes zwischen Tonika und Dominante, bei aller verhaltenen Spannung etwas tief in sich Ruhendes, vielleicht könnte man sagen: etwas triumphierend zur Ruhe Gekommenes ausdrückt. Das Zwischenspiel jener beiden Takte verbindet nicht mehr zwei verschiedenartige Situationen miteinander, sondern leitet über zur Wiederholung ein und derselben, des Abschiedsgrußes. Der Schmerz ist aufgehoben in ein zeitloses Bewußtsein davon, daß alles so, wie es ist, gut ist. Diese Musik drückt eine vollständige Versöhnung mit allem Verlust und Leid aus. Mit der Rücknahme des direkten Aussprechens ins innere Sprechen und äußere Verschweigen wird jegliche Bitterkeit, die noch zurückgeblieben sein mag, aufgelöst. Die Stimmung der vierten Strophe ist die des vollkommenen Trostes. Die destruktiven Kräfte wirken nicht um ihrer selbst willen, sondern um die Spannung von Schmerz und Mangel aufzuheben. Das vollkommene Vergessen des Leidens ist der Tod, und zu ihm führt unweigerlich die nächtliche Flucht des Wanderes. Aber in diesem Tod wird die notwendig mit Leiden verbundene Individuation in eine überindividuelle, harmonisch-gewaltlose Totalität übergeführt.

Jedoch wird diese Sicht zuletzt – und darin besteht eine erneute, überraschende Wendung – durch einen leise nagenden Zweifel verdunkelt, der sich in der Wiederholung des »an dich hab' ich gedacht« (Takt 97 bis 99) und der dabei vollzogenen, abschließenden Rücknahme des D-Dur in d-Moll ausdrückt. Der Zweifel des verstummenden Subjekts wird vom Klavier in einem knappen Nachspiel aufgegriffen, verstärkt und gewissermaßen objektiviert. In dieser kargen, melodielosen Auflösung der Spannung, im kaum merklich beschleunigten Abstieg der Klangblöcke wird der Triumph des im Verzicht großartigen Subjekts zuletzt noch dementiert. Die so veränderte Wahrnehmung ist nicht mehr die des Subjekts, das in seiner Selbstaufgabe von seiner Verschmelzung mit der Welt und damit von einem inneren Sieg über das Elend träumte.

Sondern der Blick richtet sich jetzt von außen darauf und registriert mit nüchterner Trauer das Scheitern einer Sehnsucht, als sei dies ein bloßer Naturprozeß des Zugrundegehens.

Anmerkungen

* Wichtige musiktheoretische Hinweise zu diesem Aufsatz verdanke ich Albert von Reck, dem Paten und Freund, der am 13. Februar 1987 gestorben ist.

[1] Rolf Vollmann, ›Wilhelm Müller und die Romantik‹ in: Arnold Feil, *Franz Schubert*, Stuttgart 1975, S. 182 f.

[2] Trasybulos Georgiades, *Schubert. Musik und Lyrik*, Göttingen 1967.

[3] Ebd., S. 34.

[4] Vgl. ebd., S. 125 ff.

[5] Theodor W. Adorno, ›Schubert‹ (1928), in: Ders., *Gesammelte Schriften* Bd. 17, Frankfurt am Main 1982, S. 33.

[6] Georgiades, a. a. O., S. 38.

[7] Adorno, a. a. O., S. 25.

[8] Vgl. Adorno, ›Vorrede‹ zu *Moments musicaux*, a. a. O., S. 10.

[9] Ebd.

[10] Vgl. zuletzt Alfred Lorenzer, ›Tiefenhermeneutische Kulturanalyse‹, in: Ders. (Hrsg.), Kultur-Analysen, Fischer Taschenbuch 7334.

[11] Sigmund Freud, ›Das Unbehagen in der Kultur‹ (1930), in: Ders., *Gesammelte Werke*, Bd. XIV, S. Fischer, Frankfurt am Main [6]1968, S. 422.

[12] Zu dieser Unterscheidung zwischen Sinn und Gehalt vgl. Hans Heinrich Eggebrecht, ›Über begriffliches und begriffsloses Verstehen von Musik‹, in: Peter Faltin und Hans-Peter Reinecke (Hrsg.), *Musik und Verstehen. Aufsätze zur semiotischen Theorie, Ästhetik und Soziologie der musikalischen Rezeption*, Köln 1973, S. 48 ff.

[13] Vgl. Susanne K. Langer, *Philosophie auf neuem Wege. Das Symbol im Denken, im Ritus und in der Kunst* (1942), Frankfurt am Main 1965, Fischer Taschenbuch 7344 – Der Begriff des Präsentativen wird von Langer offensichtlich an der Struktur von Bildern abgelesen. Die Subsumtion der Musik unter diesen Symboltypus bleibt mißverständlich, solange man nicht jede Bindung des Begriffs des Präsentativen an Bildhaftigkeit und synchrone Wahrnehmungsweise auflöst. Präsentativität bezeichnet sinnvollerweise allein ein logisches Verhältnis von Teilen und Ganzem innerhalb eines Symbolsystems und den daraus resultierenden Erfahrungsmodus. Diese logische Differenz ist nicht – wie Langer dies gelegentlich nahelegt – mit der Differenz von einerseits »wörtlich«, »praktisch«, »prosaisch« und andererseits »bildhaft«, »expressiv«, »künstlerisch« verwendeten Symbolen zu verwechseln. Die Konfusion erwächst daraus, daß die verbale Sprache sowohl in künstlerischen als auch in alltäglichen Kontexten offenbar genau die Eigenschaft annehmen kann, die der präsentativen Symbolik vorbehalten schien: ganzheitlich, integral, metaphorisch-indirekt Ideen auszudrücken, die damit ihre Denotation einbüßen. Und umgekehrt gibt es präsentative Symbole, die den

jeweiligen Gebrauchskontexten angemessen, bloße Übersetzungen diskursiver Symbole darstellen. Das Material eines Symbolsystems kann in diesem Sinn »diskursiv« sein, während sein Erzeugnis, seine Gesamtheit und damit seine Wirkung »präsentativ« sind; umgekehrt kann auch das Material »präsentativ« sein, während das Erzeugnis als ganzes »diskursiv« ist (vgl. Langer, a.a.O., S. 256). Indem Langer dergestalt dieselbe grundlegende Dichotomie auf zwei kategorial differenten Ebenen der Analyse anwendet, verletzt sie das von ihr selbst formulierte Postulat, »daß die Unterscheidung zwischen diskursiven und präsentativen Symbolen nicht dem Unterschied zwischen wörtlicher und künstlerischer Bedeutung entspricht« (ebd., S. 255). Um diesen Widerspruch aufzulösen, ist daran zu erinnern, daß Langer den Unterschied zwischen beiden Symbolformen zunächst ganz unabhängig von der Frage nach dem Sinn der Kunst und des Kunstverstehens einführt: Diskursivität, das Prinzip der Aneinanderreihung von Bezeichnungen, ist das strukturelle Hauptmerkmal der natürlichen Sprache. Diese enthält einzelne, isolierbare Wörter mit fixen Bedeutungen, die sich über syntaktische Regeln zu komplexeren Einheiten zusammenfügen lassen, ohne daß die Elemente dadurch ihren ursprünglichen Sinn verlieren würden. Präsentativität ist demgegenüber das Merkmal eines andersgearteten »Symbolmodus, der unmittelbar zu den Sinnen spricht« (ebd., S. 102). Solche Symbole knüpfen an die ursprüngliche Fähigkeit der Sinne an, die Umwelt nicht als Flut von Daten, sondern als Gestalten, Formen, Muster, Dinge wahrzunehmen. Nichtverbale Darstellungen artikulieren dieses Formwissen als integrale Präsentation. Sie enthalten deshalb keine einzelnen Bedeutungselemente, die nach Art eines Wörterbuchs und einer Syntax zusammengesetzt werden könnten. Die Dichotomie zwischen diesen beiden Modi sollte, um die paradoxen Kategorien »präsentative Diskursivität« und »diskursive Präsentativität« zu vermeiden, allein auf die formale Unterscheidung der Symbolsysteme angewandt werden. Quer dazu steht die Differenz zwischen den verschiedenen Arten der Bedeutung. Diese kommt immer nur den Symbolgebilden als ganzen, nicht den einzelnen Teilelementen zu. Sie sind außerdem nicht ohne Einbeziehung des Rezeptionskontextes bestimmbar. Zu unterscheiden sind hier alltagspraktische, wörtliche, künstliche, übertragene, künstlerische oder rituelle Bedeutungen.

[14] Ebd., S. 252.
[15] Ebd., S. 107.
[16] Ebd., S. 238 f.
[17] Ebd., S. 236.
[18] Mit letzterer Bestimmung steht die hier grob skizzierte Konzeptualisierung des Musikverstehens in gewisser Nähe zu der Schopenhauers, ohne doch dessen Metaphysik des Willens zu implizieren. Vgl. Arthur Schopenhauer, *Die Welt als Wille und Vorstellung*, 1. Bd., 3. Buch, § 52, in: Ders., *Sämtliche Werke*, hrsg. von Eduard Grisebach, Leipzig, o. J., S. 337 ff.
[19] Franz Schubert, *Winterreise*, op. 89, DV 911, hrsg. von Dietrich Fischer-Dieskau und Elmar Budde, Edition Peters, Frankfurt am Main 1975, S. 4 ff.
[20] Nach Feil, a.a.O., S. 163. Die Änderungen, die Schubert am ursprünglichen

Text Müllers vorgenommen hat, sind in eckigen Klammern beigefügt und durch Kursivdruck kenntlich gemacht.

[21] Im Lied ›Die Wetterfahne‹, das im Zyklus auf das Lied ›Gute Nacht‹ folgt, wird auf die Trennung und ihre Begründung noch einmal angespielt mit der Formulierung »ihr Kind ist eine reiche Braut«. Abgesehen davon, daß das Lied ›Gute Nacht‹ trotz des Kontextes der ›Winterreise‹ eine in sich geschlossene und daher für sich zu interpretierende Einheit darstellt, verleugnet jene Formulierung in ihrer Vagheit kaum weniger als die entsprechenden Stellen in ›Gute Nacht‹ die subjektiven Motive, indem sie an deren Stelle ein scheinbar objektives Resultat setzt.

Verzeichnis der Schriften von
Alfred Lorenzer

Die bibliographischen Angaben sind chronologisch geordnet. Die alphabetische Aufreihung der im gleichen Jahr veröffentlichten Texte beginnt bei den Buchveröffentlichungen und setzt sich über die Essays und Kritiken bis zu den Herausgaben fort. Die Jahreszahl hinter dem Namen des Autors bezeichnet entweder das Jahr der Abfassung oder aber der Erstpublikation der entsprechenden Arbeit. Übersetzungen sind nur in dem Maße aufgelistet, wie es sich um Buchveröffentlichungen handelt. Die Bibliographie berücksichtigt alle bis zum 31.12.1986 publizierten Schriften.

1. Buchveröffentlichungen

Lorenzer, A. (1970 a): Kritik des psychoanalytischen Symbolbegriffs. Frankfurt am Main. Übersetzt ins Spanische. Übersetzung ins Japanische in Vorbereitung.

Lorenzer, A. (1970 b): Sprachzerstörung und Rekonstruktion. Vorarbeiten zu einer Metatheorie der Psychoanalyse. Frankfurt am Main. Übersetzt ins Italienische und Spanische. Übersetzung ins Japanische in Vorbereitung.

Lorenzer, A. (1972 a): Perspektiven einer kritischen Theorie des Subjekts. Frankfurt am Main.

Lorenzer, A. (1972 b): Zur Begründung einer materialistischen Sozialisationstheorie. Frankfurt am Main. Übersetzt ins Dänische, Italienische, Jugoslawische (Serbokroatische), Spanische. Übersetzung ins Japanische in Vorbereitung.

Lorenzer, A. (1973 a): Über den Gegenstand der Psychoanalyse oder: Sprache und Interaktion. Frankfurt am Main. Übersetzt ins Spanische. Übersetzung ins Holländische in Vorbereitung.

Lorenzer, A. (1974 a): Die Wahrheit der psychoanalytischen Erkenntnis. Ein historisch-materialistischer Entwurf. Frankfurt am Main. Übersetzt ins Japanische. Übersetzung ins Spanische in Vorbereitung.

Lorenzer, A. (1977 a): Sprachspiel und Interaktionsformen. Vorträge und Aufsätze zu Psychoanalyse, Sprache und Praxis. Frankfurt am Main.

Lorenzer, A. (1981 a): Das Konzil der Buchhalter. Die Zerstörung der Sinnlichkeit. Eine Religionskritik. Frankfurt am Main.

Lorenzer, A. (1984 a): Intimität und soziales Leid. Archäologie der Psychoanalyse. Frankfurt am Main.

1959

Lorenzer, A. (1959 a): Die Verlustdepression. Verlust und existentielle Krise. Archiv für Psychiatrie und Zeitschrift f. d. ges. Neurologie, Bd. 198, 649–658.

Lorenzer, A. (1959 b): Eine psychotische Form der Schuldentlastung. Der Nervenarzt, 30. Jg., 2. Heft, 20. Februar, 85–87.

Lorenzer, A. (1959 c): Erlebnis und Reaktion in einer paranoischen Entwicklung. Ein Beitrag zur Paranoiafrage (I). Zeitschrift für Psychotherapie und medizinische Psychologie, 9. Jg., 23–34.

Lorenzer, A. (1959 d): Schuld und Gewissen in einer paranoischen Entwicklung. Ein Beitrag zur Paranoiafrage (II.). Zeitschrift für Psychotherapie und medizinische Psychologie, 9. Jg., 97–108.

1960

Lorenzer, A., A. Roll, R. Schubert (1960 a): Beziehungen zwischen Biomorphose, Asthma bronchiale und Konstitution. Zeitschrift für Altersforschung. Bd. 14, Heft 3–4, 334–341.

Lorenzer, A. (1960 b): Formungen der Neurose im ›Psychologischen Feld‹. In: Neurose. Ein psychosoziales Problem. Aus Felix Schottlanders Stuttgarter Kreis. Stuttgart, 110–120.

1963

Lorenzer, A., A. Mitscherlich (1963): Das vegetative Nervensystem im psychosomatischen Konzept der Psychoanalyse. Physiologie und Pathophysiologie des vegetativen Nervensystems. Bd. II. Herausgegeben von Marcel Monnier. Stuttgart, 911–926.

1964

Lorenzer, A. (1964): Planung – wofür? Sozialpsychologische Überlegungen zu Stadtplanung und Raumordnung. Bundesminister für Wohnungswesen, Städtebau und Raumordnung (Hg.): Bundesbaublatt. Juni, 296–299.

1965

Lorenzer, A., H. Thomä (1965 a): Über die zweiphasige Symptomentwicklung bei traumatischen Neurosen. Psyche, 18. Jg., 674–684.

Lorenzer, A. (1965 b): Zur Revision des Symbolbegriffs in der Psychoanalyse. Arbeitspapier für das Sigmund-Freud-Institut, Ffm. In: Lorenzer 1972 a, 50–63.

1966

Lorenzer, A. (1966 a): Papier zum Vortrag über den ›kleinen Hans‹, angefertigt für ein philosophisches Seminar der Universität Frankfurt. In: Lorenzer 1972 a, 64–69.

Lorenzer, A. (1966 b): Zum Begriff der ›Traumatischen Neurose‹. Psyche, 20. Jg., 481–492.

1967

Lorenzer, A. (1967): Zum Problem der Symptomlatenz bei Verfolgungsschäden. Vortrag auf dem Internationalen Kongreß für Psychoanalyse in Kopenhagen. In: Lorenzer 1972 a, 17–21.

1968

Lorenzer, A. (1968 a): Erweitertes Votum über das ›szenische Verstehen‹. Arbeitspapier für das Sigmund-Freud-Institut Frankfurt. In: Lorenzer 1972 a, 70–73.

Lorenzer, A. (1968 b): Für eine Architektur ›von der Straße her‹. Publik visuell 2. Auch in Lorenzer 1972 a, 10 f..

Lorenzer, A. (1968 c): Methodologische Probleme der Untersuchung traumatischer Neurosen. Psyche, 22. Jg., 861–874.

Lorenzer, A. (1968 d): Städtebau: Funktionalismus und Sozialmontage? Zur sozialpsychologischen Funktion der Architektur. In: H. Berndt, A. Lorenzer, K. Horn: Architektur als Ideologie. Frankfurt am Main, 51–104.

1969

Lorenzer, A. (1969 a): Frantz Fanon: Die Verdammten der Erde. Rezension. Psyche, 23. Jg., 76 f.

Lorenzer, A. (1969 b): H. Kraschutzki. Die Untaten der Gerechtigkeit. Rezension. Psyche, 23. Jg., 77–80.

Lorenzer, A. (1969 c): D. C. McClelland. Motivation und Kultur. Rezension. Psyche, 23. Jg., 556–558.

Lorenzer, A. (1969 d): J. R. Royce (Hg.). Psychology and the Symbol. Rezension. Psyche, 23. Jg., 392 f..

1970

Lorenzer, A. (1970 c): Grenzen und Möglichkeiten der psychoanalytischen Traumalehre. Antrittsvorlesung in der philosophischen Fakultät, Ffm. In: Lorenzer 1972 a, 44–49.

Lorenzer, A. (1970 d): Holzhausen-Papier. Vortrag auf der Frühjahrstagung der Deutschen Akademie für Städtebau und Landesplanung. In: Lorenzer 1972 a, 12–16.

Lorenzer, A. (1970 e): Medizin, Psychosomatik. In: Design? Umwelt wird in Frage gestellt. Berlin, 83 f..

Lorenzer, A. (1970 f): Symbol, Sprachverwirrung und Verstehen. Psyche, 24. Jg., 895–920.

Lorenzer, A. (1970 g): Symbol und Verstehen im psychoanalytischen Prozeß. Kurzfassung des gleichnamigen Manuskriptes der Habilitationsschrift, die später unter den Titeln ›Sprachzerstörung und Rekonstruktion‹ und ›Kritik des psychoanalytischen Symbolbegriffs‹ bei Suhrkamp (beide 1970) erschien. In: Lorenzer 1972 a, 74–81.

Lorenzer, A., A. Mitscherlich, K. Horn, H. Dahmer, E. Schwanenberg, K. Brede und H. Berndt (1970 h): Über Psychoanalyse und Soziologie. Psyche, 24. Jg., 157–187.

1971

Lorenzer, A. (1971 a): Drei Vorlesungen, vertretungsweise gehalten in dem Mitscherlich-Zyklus: Einführung in die Psychoanalyse, Teil 1 (Metapsychologie), Ffm., SS. In: Lorenzer 1972 a, 92–136.

Lorenzer, A. (1971 b): Jahrbuch der Psychoanalyse, Bd V – Beiträge zur Theorie und Praxis. Rezension. Psyche, 25. Jg., 410–412.

Lorenzer, A. (1971 c): Pauleikhoff, B.: Situation und Persönlichkeit in Diagnostik und Therapie. Rezension. Psyche, 25. Jg., 503 f.

Lorenzer, A. (1971 d): Perspektiven einer kritischen Theorie des Subjekts. Vortrag am soziologischen Institut der Universität Wien. In: Lorenzer 1972 a, 82–91.

Lorenzer, A. (1971 e): Psychoanalyse und Sprache. Radiovortrag, gehalten am 29.4. im Südwestfunk II, 21.00 h. In: Lorenzer 1972 a, 150–155. Unter dem Titel: ›Sprache, Verständigung und Psychoanalyse‹ in: Sprache – Brücke und Hindernis. 23 Beiträge nach einer Sendereihe des ›Studio Heidelberg‹. München 1972, 215–224.

Lorenzer, A. (1971 f): Symbol, Interaktion und Praxis. In: Psychoanalyse als Sozialwissenschaft. Mit Beiträgen von A. Lorenzer, H. Dahmer u. a., Frankfurt, 9–59.

1972

Lorenzer, A. (1972 c): ›Allgemeine Semantik‹ aus der Sicht der Psychoanalyse. Rezension. Psyche, 26. Jg., 308–315.

Lorenzer, A. (1972 d): Die Stellung des Kranken und Behinderten in der Gesellschaft. Radiovortrag. In: Lorenzer 1972 a, 156–162.

Lorenzer, A. (1972 e): Freud und der Beginn einer psychoanalytischen Sozialpsychologie. In: Soziologie und Psychoanalyse. Herausgegeben von H.-U. Wehler, Stuttgart, Berlin, Köln, Mainz, 65–68.

Lorenzer, A. (1972 f): Hofer, G.: Der Mensch im Wahn. Rezension. Psyche, 26. Jg., 899.

Lorenzer, A. (1972 g): Sigmund Freud – ein Lerntheoretiker? Rezension. Psyche, 26. Jg., 156–168.

1973

Lorenzer, A. (1973 b): ›Das Spiel der Phantasie‹. Anmerkungen zu dem Verhältnis von Psychoanalyse, Literaturwissenschaft und Literatur. In: Sprache im technischen Zeitalter. Herausgegeben von W. Höllerer und N. Miller. Spielraum Literatur II. Herausgegeben von H. J. Heinrichs. Nr. 46, April–Juni, 146–156.

Lorenzer, A. (1973 c): Grundprobleme einer materialistischen Sozialisationstheorie. In: H. Walter (Hg.): Sozialisationsforschung Bd. I, Stuttgart 267–276.

Lorenzer, A. (1973 d): ›Psychoanalyse als Herrschaftswissenschaft?‹ oder Psychoanalysekritik als Anpassungsgeste. In: Lorenzer, Horn 1973 f, 43–75.

Lorenzer, A. (1973 e): Psychoanalyse, Sprache und historischer Materialismus. In: Lorenzer 1973 a, 153–167.

1974

Lorenzer, A. (1974 b): Die einsozialisierte Erlebnisstruktur in ihrem Verhältnis zur Sprache. Archiv für Rechts- und Sozialphilosophie. Wiesbaden Nr. 9, 23–26.

Lorenzer, A. (1974 c): Double-bind, pragmatische Paradoxie oder inkonsistent-antagonistische Praxisfigur. In: Landschaftsverband Westfalen-Lippe, Abt. Gesundheitswesen (Hg.): Walter Th. Winkler zur Vollendung des 60. Lebensjahres, o. O., 176–185.

Lorenzer, A. (1974 d): Kampf und Aggression. Veränderte Fassung eines Referates auf der Hamburger Politologentagung. In: Politische Psychologie, Wien, 198–211.

Lorenzer, A., J. Krambeck (1974 e): Verstehen, Hermeneutik und ›Falsches Verständigtsein‹. In: W. J. Schraml u. U. Baumann (Hg.): Klinische Psychologie II, Bern, Stuttgart, Wien, 147–166.

Lorenzer, A. (1974 f): Wittgensteins Sprachspiel-Konzept in der Psychoanalyse. Psyche, 28. Jg., 833–852.

1975

Lorenzer, A. (1975 a): Antagonistische Interaktionsformen beim ›Double bind‹. Gütersloher Fortbildungswoche, 1–11. Erweiterte Fassung in: Lorenzer 1977 a, 58–74.

Lorenzer, A. (1975 b): Psychoanalyse und Gesellschaft. In: M. Gerhardt (Hg.): Die Zukunft der Philosophie. München, 149–165.

1976

Lorenzer, A. (1976 a): Jean Piaget. In: Hommage à Jean Piaget, zum 80. Geburtstag. Stuttgart, 31.

Lorenzer, A. (1976 b): Zum Verhältnis von Natur und Geschichte im Individuum. In: H. G. Meissner (Hg.): Leidenschaft der Wahrnehmung. Psychoanalyse mit ihren Beziehungen zu Psychotherapie, Philosophie und zu den Wirtschafts- und Sozialwissenschaften. Festgabe für E. Meistermann-Seeger. München, 123–136. Auch in: Lorenzer 1977 a, 180–194.

Lorenzer, A. (1976 c): Zur Dialektik von Individuum und Gesellschaft. In: Produktion, Arbeit, Sozialisation. Herausgegeben von T. Leithäuser u. W. R. Heinz, Frankfurt am Main, 13–47.

Lorenzer, A. (1976 d): Zur Konstitution von Bedeutung im primären Sozialisationsprozeß. In: M. Schecker (Hg.): Methodologie der Sprachwissenschaft. Hamburg, 185–203.

1977

Lorenzer, A. (1977 b): Anatomie einer Verständnisbarriere – Anmerkungen zu den Aufsätzen von K. Brede und E. Moersch. In: Lorenzer 1977 a, 130–161.

Lorenzer, A. (1977 c): Architektonische Symbole und subjektive Struktur. In: Das Prinzip Reihung in der Architektur. Dortmunder Architekturtage 1975. Regensburg, 141–147.

Lorenzer, A. (1977 d): Das Sprachspielmodell und die Matrix individueller Praxis. In: Lorenzer 1977 a, 75–101.

Lorenzer, A. (1977 e): Dr. Freuds besondere Medizin. Die Wissenschaftlichkeit der psychoanalytischen Therapie. In: H. von Nussbaum (Hg.): Die verlorene Krankheit. Frankfurt, 379–399.

Lorenzer, A. (1977 f): Kritische Diskussionsbeiträge zum Funktionalismus und zu dessen Überwindung. In: Das Pathos des Funktionalismus. werk-archithese. Zeitschrift für Architektur und Kunst, 64. Jg., März, 31 f.

Lorenzer, A. (1977 g): Lacan und/oder Marx. In: Lorenzer 1977 a, 162–179.

Lorenzer, A. (1977 h): Psychoanalyse als kritisch-hermeneutisches Verfahren. In: Lorenzer 1977 a, 105–129.

Lorenzer, A. (1977 i): Sprache, Praxis, Wirklichkeit – in der Perspektive einer Analyse subjektiver Struktur. In: Lorenzer 1977 a, 38–57.

Lorenzer, A. (1977 j): Zum Verhältnis von objektiver und subjektiver Struktur. In: Lorenzer 1977 a, 195–217.

1978

Lorenzer, A. (1978 a): Der Gegenstand psychoanalytischer Textinterpretation. In: Perspektiven psychoanalytischer Literaturkritik. Herausgegeben von S. Goeppert. Freiburg, 71–81.

Lorenzer, A. (1978 b): Die Analyse der subjektiven Struktur von Lebensläufen und das gesellschaftlich Objektive. In: Einundzwanzig. Randgänge der Erziehungswissenschaft. Heft 8, Marburg, 33–49. Überarbeitete Fassung in: H. Dahmer (Hg.): Analytische Sozialpsychologie Bd. 2, Frankfurt am Main 1980, 619–631.

Lorenzer, A. (1978 c): Die psychischen Ursprünge ästhetischer Erfahrung. In: Ästhetik im Alltag. Studien und Materialien Bd. 1. Schriftenreihe der Hochschule für Gestaltung Offenbach a. M., Offenbach, 32 f.

Lorenzer, A. (1978 d): Nachwort zu G. Politzer, Kritik der Grundlagen der Psychologie. Frankfurt am Main, 205–212.

1979

Lorenzer, A. (1979 a): Kindheit. Kindheit, 1. Jg., 29–36.

Lorenzer, A., P. Orban (1979 b): Psychoanalyse als Sozialwissenschaft und das Konzept der Übergangsobjekte und Übergangsphänomene. Kindheit, 1. Jg., 271–280.

Lorenzer, A. (1979 c): Sprache, Persönlichkeitsstruktur und psychoanalytisches Verfahren. Psychiatrie der Gegenwart, Bd. 1. Herausgegeben von K. P. Kisker, J.-E. Meyer, C. Müller, E. Strömgren, Berlin, Heidelberg, 577–598.

Lorenzer, A. (1979 d): Sprache, Praxis, Wirklichkeit – in der Perspektive einer Analyse subjektiver Struktur. In: G. Simon und E. Straßner (Hg.): Sprechen – Denken – Praxis. Weinheim, Basel, 87–102.

Lorenzer, A. (1979 e): Aus der Diskussion zum Beitrag von A. Lorenzer. In: G. Simon und E. Straßner (Hg.): Sprechen – Denken – Praxis. Weinheim, Basel, 102–106.

Lorenzer, A. (1979 f): Variationen zum Thema: ›Wer nicht hören will, muß fühlen‹. In: Die Verarmung der Psyche. Igor A. Caruso zum 65. Geburtstag. Herausgegeben von E. H. Englert, Frankfurt am Main, 102–119.

Lorenzer, A. (1979 g): Vorwort zu H.-G. Trescher: Sozialisation und beschädigte Subjektivität. Frankfurt am Main, 11 f.

1980

Lorenzer, A. (1980 a): Die katholische Kirche und die Reform der Abtreibungsgesetzgebung. Kritische Justiz, 13. Jg., Heft 1, Frankfurt am Main, 28 – 38.

Lorenzer, A. (1980 b): Die Sozialität der Natur und die Natürlichkeit des Sozialen. Zur Interpretation der psychoanalytischen Erfahrung jenseits von Biologismus und Soziologismus. Ein Gespräch mit B. Görlich. In: B. Görlich (Hg.): Der Stachel Freud. Frankfurt am Main, 297 – 349.

Lorenzer, A. (1980 c): Symbol, Vermittlung von Sinnlichkeit und Bewußtsein. In: H. Leuner (Hg.): Katathymes Bilderleben. Ergebnisse in Theorie und Praxis. Bern, Stuttgart, Wien, 58 – 73.

1981

Lorenzer, A. (1981 b): Die Anstößigkeit der psychoanalytischen Erkenntnismethode. In: A. Krovoza, A. R. Oestmann, K. Ottomeyer (Hg.): Zum Beispiel Peter Brückner. Treue zum Staat und kritische Wissenschaft. Frankfurt am Main, 77 – 95.

Lorenzer, A., B. Görlich (1981 c): Lebensgeschichte und Persönlichkeitsentwicklung im Spannungsfeld von Sinnlichkeit und Bewußtsein. In: F. Maurer (Hg.): Lebensgeschichte und Identität. Beiträge zur biographischen Anthropologie. Frankfurt am Main, 84 – 104.

Lorenzer, A. (1981 d): Möglichkeiten qualitativer Inhaltsanalyse: Tiefenhermeneutische Interpretation zwischen Ideologiekritik und Psychoanalyse. Das Argument, 23. Jg., 170 – 180.

Lorenzer, A. (1981 e): Psychoanalyse als Dialogwissenschaft. In: P. Schröder, H. Steger (Hg.): Dialogforschung. Jahrbuch 1980 des Instituts für deutsche Sprache. Düsseldorf, 493 – 503.

Lorenzer, A., G. Schmid Noerr (1981 f): Psychoanalyse und Teleologie. Über Bildung und tiefenhermeneutische Erfahrung der unbewußten Zielstrebigkeit. Neue Hefte für Philosophie. Göttingen, 94 – 123.

Lorenzer, A. (1981 g): Vorwort zu S. Graf-Deserno: Gestörtes Lernen – gestörte Beziehungen. Eine psychoanalytisch-sozialpsychologische Interpretation der Lehrerarbeit mit Sonderschülern, Bensheim, 5.

Lorenzer, A. (1981 h): Was ist eine ›unbewußte Phantasie‹? In: A. Schöpf (Hg.): Phantasie als anthropologisches Problem. Würzburg, 213 – 224.

Lorenzer, A. (1981 i): Zum Beispiel ›Der Malteser Falke‹. Analyse der psychoanalytischen Untersuchung literarischer Texte. In: B. Urban, W. Kudszus (Hg.): Psychoanalytische und psychopathologische Literaturinterpretation. Darmstadt, 23 – 46.

1982

Lorenzer, A. (1982): Die Funktion der Literatur und der ›ästhetische Genuß‹. In: Henning Krauß, R. Wolff (Hg.): Psychoanalytische Literaturwissenschaft und Literatursoziologie. Akten der Sektion 17 des Romanistentages 1979 in Saarbrücken. Frankfurt am Main, Bern, 161 – 176.

1983

Lorenzer, A. (1983 a): Erweiterte Fassung meines Vortrags über ›Das Konzil der Buchhalter‹. Beirat der Konferenz der deutschsprachigen Pastoraltheologen (Hg.): Symbol und Ritual. Pastoral-Theologische Informationen. Passau, 145–178.

Lorenzer, A. (1983 b): Sprache, Lebenspraxis und szenisches Verstehen in der psychoanalytischen Therapie. In: Psyche, 37. Jg., 97–115.

Lorenzer, A. (1983 c): Sprache und Verstehen in der psychoanalytischen Therapie. In: Universitas. Zeitschrift für Wissenschaft, Kunst und Literatur, 38. Jg., 1167–1177.

Lorenzer, A., B. Görlich (1983 d): Subjektivität – als Gefüge von Lebensentwürfen. In: H. Radermacher (Hg.): Aktuelle Probleme der Subjektivität. Bern, Frankfurt am Main, 39–54.

1984

Lorenzer, A. (1984 b): Die Funktion von Literatur und Literaturkritik – aus der Perspektive einer psychoanalytisch-tiefenhermeneutischen Interpretation. In: Jenseits der Couch. Psychoanalyse und Sozialkritik. Herausgegeben von der Institutsgruppe Psychologie der Universität Salzburg. Frankfurt am Main, 211–228.

Lorenzer, A. (1984 c): Die Kontroverse Bloch – Freud. Eine versäumte Auseinandersetzung zwischen Psychoanalyse und Historischem Materialismus. In: H.-M. Lohmann (Hg.): Die Psychoanalyse auf der Couch. Frankfurt am Main, Paris, 60–74.

Lorenzer, A. (1984 d): Über die gemeinsame Wurzel aller interpretierenden Psychotherapien. In: T. Reinelt, Z. Otálora und H. Kappus (Hg.): Die Begegnung der Individualpsychologie mit anderen Therapieformen. Ausgewählte Beiträge aus dem 15. Kongreß der Internationalen Vereinigung für Individualpsychologie vom 2.–6. August 1982 in Wien. München, Basel, 51–59.

1985

Lorenzer, A. (1985 a): Das Verhältnis der Psychoanalyse zu ihren Nachbardisziplinen. In: Phantasmen der Macht. Psychohistorische Beiträge. Fragmente 14/15. Schriftenreihe zur Psychoanalyse. Kassel, 8–20.

Lorenzer, A. (1985 b): Der Analytiker als Detektiv, der Detektiv als Analytiker. In: Psyche, 39. Jg., 1–11.

Lorenzer, A. (1985 c): Diskussion mit H. Höller, J. Rainer, K. Mätzler, E. Bingl. In: Werkblatt. Zeitschrift für Psychoanalyse und Gesellschaftskritik, 2. Jg., 37–47.

Lorenzer, A. (1985 d): Freud und die Funktion der Literatur. In: Werkblatt. Zeitschrift für Psychoanalyse und Gesellschaftskritik, 2. Jg., 25–37.

Lorenzer, A. (1985 f): Spuren und Spurensuche bei Freud. In: Psychoanalyse – Literatur – Literaturwissenschaft IV. Dichtung und Verdichtung. Auf den Spuren der Einbildungskraft. Fragmente 17/18. Schriftenreihe zur Psychoanalyse. Kassel, 160–178.

Lorenzer, A., K. Horn (1985 g): Vorwort zu H.-J. Busch: Interaktion und innere Natur. Sozialisationstheoretische Reflexionen. Frankfurt am Main, New York, 11–15.

1986

Lorenzer, A. (1986 a): Das Unbewußte, die Physiologie und der Sadomasochismus. Ein Gespräch mit R. Butzer. In: Diskus. Frankfurter Studentenzeitung. Heft Nr. 3 / 4, Dezember, Frankfurt am Main, 48–54.

Lorenzer, A. (1986 b): Die Zerstörung der Sinnlichkeit. Der Beitrag des Christentums zur gegenwärtigen Krise der Symbole – eine kulturwissenschaftliche Analyse. In: Ausdrucksgestaltungen des Glaubens. Zur Frage der Lebensbedeutung der Sakramente. Hohenheimer Protokolle. Herausgegeben von der Akademie der Diözese Rottenburg–Stuttgart. Stuttgart, 17–31.

Lorenzer, A. (1986 c): Freud, Sigmund. Übersicht der Übertragungsneurosen. Ein bisher unbekanntes Manuskript. Herausgegeben und mit einem Essay versehen von I. Grubrich-Simitis. Rezension, Psyche, 40. Jg., 1163–1166.

Lorenzer, A. (1986 d): ›gab mir ein Gott zu sagen, was ich leide‹ – Emanzipation und Methode. Psyche, 40. Jg., 1051–1062.

Lorenzer, A. (1986 e): Mitten in der Auseinandersetzung. In: Materialien aus dem Sigmund-Freud-Institut Frankfurt. Nummer 2. Sozialforschung und Psychoanalyse als repolitisierende Praxis. Klaus Horn zum Gedenken. Herausgegeben von H.-J. Busch und H. Deserno. Frankfurt am Main, 53–57.

Lorenzer, A. (1986 f): Psychoanalyse als kritische Theorie. In: A. Schmidt, N. Altwicker (Hg.): Max Horkheimer heute. Werk und Wirkung. Frankfurt am Main, 259–278.

Lorenzer, A. (1986 g): Sackgassen. In: C. Bürger (Hg.): ›Zerstörung, Rettung des Mythos durch Licht‹. Frankfurt am Main, 131–145.

Lorenzer, A. (1986 h): Tiefenhermeneutische Kulturanalyse. In: Lorenzer 1986 i, 7–112.

3. Herausgaben

Lorenzer, A., K. Horn (1973 f): Das Elend der Psychoanalyse-Kritik. Beispiel Kursbuch 29. Subjektverleugnung als politische Magie. Sozialwissenschaftliche Sonderserie. Psychoanalyse als Sozialwissenschaft. Frankfurt am Main.

Lorenzer, A., K. Horn (1975 d): J. A. Schülein, Das Gesellschaftsbild der Freudschen Theorie. Psychoanalyse als Sozialwissenschaft. Frankfurt am Main.

Lorenzer, A., K. Horn (1976 e): S. Zepf, Die Sozialisation des psychosomatisch Kranken. Psychoanalyse als Sozialwissenschaft. Frankfurt am Main.

Lorenzer, A., K. Horn (1976 f): S. Zepf, Grundlinien einer materialistischen Theorie psychosomatischer Erkrankungen. Psychoanalyse als Sozialwissenschaft. Frankfurt am Main.

Lorenzer, A., K. Horn (1976 g): T. Leithäuser, Formen des Alltagsbewußtseins. Psychoanalyse als Sozialwissenschaft. Frankfurt am Main.

Lorenzer, A., K. Horn (1977 k): E. K. Reinke, Leiden schützt vor Strafe nicht. Psychoanalyse als Sozialwissenschaft. Frankfurt am Main.

Lorenzer, A., K. Horn (1977 l): S. Paulsen, Lernstörungen bei Kindern. Psychoanalyse als Sozialwissenschaft. Frankfurt am Main.

Lorenzer, A., K. Horn (1978 e): N. Elrod, R. Heinz, H. Dahmer, Der Wolf im Schafspelz. Psychoanalyse als Sozialwissenschaft. Frankfurt am Main.

Lorenzer, A., K. Horn (1981 j): S. Zepf, Psychosomatische Medizin auf dem Weg zur Wissenschaft. Psychoanalyse als Sozialwissenschaft. Frankfurt am Main.

Lorenzer, A., K. Horn (1981 k): C. Niemeyer, Kritische Psychologie und Psychoanalyse. Psychoanalyse als Sozialwissenschaft. Frankfurt am Main.

Lorenzer, A. (1986 i): Kultur-Analysen. Mit Beiträgen von H.-D. König, A. Lorenzer, H. Lüdde, S. Nagbol, U. Prokop, G. Schmid Noerr/A. Eggert. Psychoanalytische Studien zur Kultur. Band 1, Frankfurt am Main.

Lorenzer, A. (1986 j): H.-D. König, ›Spiel mit dem Tod‹. Marlboro Country, Reagan Country – Zur Sozialpsychologie eines Alltagsmythos. Psychoanalytische Studien zur Kultur, Band 2, Frankfurt am Main.

Die Autorinnen und Autoren

I. Theorie und Geschichte der Psychoanalyse

Görlich, Bernard, Dr. phil., 1949, Wissenschaftlicher Mitarbeiter am Fachbereich Gesellschaftswissenschaften der Johann Wolfgang Goethe-Universität Frankfurt/M.

König, Hans-Dieter, Dr. phil., 1950, Lehrbeauftragter am Fachbereich Gesellschaftswissenschaften der Johann Wolfgang Goethe-Universität Frankfurt/M. und Wissenschaftlicher Mitarbeiter am Hamburger Institut für Sozialforschung.

Wellendorf, Franz, Dr. phil., 1935, Professor für Psychologie an der Universität Hannover. Psychoanalytiker.

Krovoza, Alfred, Prof. Dr. phil., 1940, Akademischer Rat am Psychologischen Institut der Universität Hannover.

Schneider, Christian, Dr. phil., 1951, Wissenschaftlicher Mitarbeiter am Psychologischen Institut der Universität Hannover.

II. Sozialisation und Subjektivität

Busch, Hans-Joachim, Dr. phil., 1951, Wissenschaftlicher Mitarbeiter am Sigmund Freud-Institut Frankfurt und Lehrbeauftragter am Fachbereich Gesellschaftswissenschaften der Johann Wolfgang Goethe-Universität Frankfurt/M.

Belgrad, Jürgen, Lehrer, 1949, Wissenschaftlicher Mitarbeiter an der Pädagogischen Hochschule Ludwigsburg (Leiter der Forschungsgruppe »Spiel- und Theaterpädagogik«).

Zepf, Siegfried, Dr. med. habil., 1937, Arzt für Innere Medizin, Psychotherapie und Psychoanalyse. Professor für poliklinische Psychotherapie und Psychosomatik der Medizinischen Einrichtungen der Universität Düsseldorf.

Erdheim, Mario, Dr. phil., 1940, Privatdozent an der Johann Wolfgang Goethe-Universität Frankfurt/M. und Psychoanalytiker in Zürich.

Leithäuser, Thomas, Dr. phil., 1939, Professor für Entwicklungspsychologie im Studiengang Psychologie an der Universität Bremen.

Volmerg, Birgit, Dr. phil., 1949, Wissenschaftliche Mitarbeiterin im Studiengang Psychologie der Universität Bremen (Forschungsschwerpunkt: Sozialpsychologie von Arbeit und Technik).

Eggert, Annelinde, dipl. päd., 1947, Gruppenanalytikerin, Frankfurt/M.

Hoppe, Klaus D., Prof. Dr. med. et phil., M. D., 1922, Associate Clinical Professor an der Universität von Kalifornien in Los Angeles (U. C. L. A.) und Director of Research and Continuing Medical Education an der Hacker Psychiatric Clinic in Los Angeles und Lynwood, Kalifornien.

III. Tiefenhermeneutische Kulturanalysen

Nadig, Maya, Dr. phil., 1946, Psychoanalytikerin und Ethnologin in Zürich.

Prokop, Ulrike, Dr. phil., 1945, Hochschulassistentin am Fachbereich Gesellschaftswissenschaften der Johann Wolfgang Goethe-Universität Frankfurt/M.

Würker, Achim, Studienrat, 1952, Mitarbeit am Forschungsprojekt für Tiefenhermeneutik an der Johann Wolfgang Goethe-Universität Frankfurt/M.

Scheifele, Sigrid, dipl. soz., 1958, Wissenschaftliche Mitarbeiterin am Fachbereich Gesellschaftswissenschaften der Johann Wolfgang Goethe-Universität Frankfurt/M.

Karlson, Martin, dipl. päd., 1952, Wissenschaftlicher Mitarbeiter am Fachbereich Gesellschaftswissenschaften der Johann Wolfgang Goethe-Universität Frankfurt/M.

Nagbøl, Søren, Elektroingenieur, Mag. Art. i Idehistorie, 1947, Aarhus, Dänemark.

Schmid Noerr, Gunzelin, Dr. phil., 1947, Leiter des Max-Horkheimer-Archivs der Stadt- und Universitätsbibliothek Frankfurt/M. Mitherausgeber der Gesammelten Schriften Horkheimers.

Alfred Lorenzer
Intimität und soziales Leid
Archäologie der Psychoanalyse

224 Seiten. Geb.

»Die Psychoanalyse [...] bringt zu Bewußtsein, was keiner anderen Wissenschaft in dieser Schärfe bewußt zu machen gelingt: soziales Leid, das den Menschen angetan wurde und das sie selbst nicht mehr auszusprechen vermögen, weil die Verhältnisse sie sprachlos gemacht haben; weil sie ihr Unglück, ihr Elend, die gesellschaftlich hergestellt sind, nur noch erleiden, jedoch nicht mehr erkennen können.
Es führt kein Weg zurück zur Untersuchung des Patienten anstelle der Interpretation seiner Phantasien. Worauf es ankommt, ist, nicht lediglich die Realität, in welcher der Patient lebt, ernst zu nehmen, sondern auch und gleichermaßen seine Phantasien – jene Phantasien, in die der Einspruch gegen die Ordnung der Herrschaft sich zurückgezogen hat.«

Alfred Lorenzer

Aus dem Inhalt:

Die Säkularisierung des Wahns
Die Medizinalisierung der Besessenheit
Remystifizierung versus Szientifizierung
Das Unbewußte
Sexualität
Das Ende einer Illusion.
Von der Ereignisdiagnose
zur Erlebnisanalyse

S. Fischer

fi 546/1

Fischer Wissenschaft

Ernst Cassirer
Der Mythus des Staates
Band 7351

Ernst Robert Curtius
Kritische Essays zur europäischen Literatur
Band 7350

Mary Douglas
Ritual, Tabu und Körpersymbolik
Sozialanthropologische Studien
in Industriegesellschaft und Stammeskultur
Band 7365

Sigmund Freud
Studienausgabe
Die erste kommentierte deutsche Edition
Herausgegeben von Alexander Mitscherlich u. a.
10 Bände, 1 Ergänzungsband, Konkordanz und
Gesamtbibliographie in Kassette *Band 7300.*
Alle Bände sind einzeln erhältlich.

Heidrun Hesse
Vernunft und Selbstbehauptung
Band 7343

Max Horkheimer
Zur Kritik der instrumentellen Vernunft
Band 7355

Martin Jay
Dialektische Phantasie
Band 6546

Fischer Taschenbuch Verlag

Fischer Wissenschaft

Alfred Lorenzer
Das Konzil der Buchhalter
Die Zerstörung der Sinnlichkeit
Eine Religionskritik
Band 7340

Bronislaw Malinowski
**Magie, Wissenschaft und Religion/
Und andere Schriften**
Band 7335

Herfried Münkler
Machiavelli
Die Begründung des politischen Denkens der
Neuzeit aus der Krise der Republik Florenz
Band 7342

Jean Piaget
Biologie und Erkenntnis
Über die Beziehungen zwischen organischen
Regulationen und kognitiven Prozessen.
Band 7333

Marthe Robert
Das Alte im Neuen
Von Don Quichotte zu Franz Kafka
Band 7346

Viktor Šklovskij
Theorie der Prosa
Band 7339

Fischer Taschenbuch Verlag

fi 406 / 2b

Fischer Wissenschaft

Eine Auswahl

Philippe Ariès / André Béjin / Michel Foucault u. a.
Die Masken des Begehrens und die
Metamorphosen der Sinnlichkeit
Zur Geschichte der Sexualität im Abendland
Band 7357

Gaston Bachelard
Poetik des Raumes
Band 7396

Umberto Eco
Apokalyptiker und Integrierte
Zur kritischen Kritik der Massenkultur
Band 7367

Moses I. Finley
Quellen und Modelle in der Alten Geschichte
Band 7373

Michel Foucault
Von der Subversion des Wissens
Band 7398

François Furet / Denis Richet
Die Französische Revolution
Band 7371

Fischer Taschenbuch Verlag

fi 513 / 3a

Fischer Wissenschaft
Eine Auswahl

Maurice Halbwachs
Das kollektive Gedächtnis
Band 7359

Kultur-Analysen
Beiträge von Hans-Dieter König, Alfred Lorenzer,
Heinz Lüdde, Søren Nagbøl, Ulrike Prokop,
Gunzelin Schmid Noerr, Annelind Eggert
Band 7334

Richard Sennett
Verfall und Ende des öffentlichen Lebens
Die Tyrannei der Intimität
Band 7353

Stephen Toulmin / June Goodfield
Entdeckung der Zeit
Band 7360

Thorstein Veblen
Theorie der feinen Leute
Eine ökonomische Untersuchung der Institutionen
Band 7362

Lew Semjonowitsch Wygotski
Denken und Sprechen
Band 7368

Fischer Taschenbuch Verlag

Wissenschaft bei S. Fischer

Philippe Ariès /
André Bejin /
Michel Foucault u. a.
**Die Masken des Begehrens
und die Metamorphosen
der Sinnlichkeit**
272 Seiten. Broschur

Umberto Eco
**Apokalyptiker
und Integrierte**
312 Seiten. Broschur

Jacques Heers
**Vom Mummenschanz
zum Machttheater**
*Europäische Fest-
kultur im Mittelalter
350 Seiten. Leinen*

Russell Jacoby
**Die Verdrängung
der Psychoanalyse
oder Der Triumph
des Konformismus**
230 Seiten. Broschur

Alfred Lorenzer
**Intimität
und soziales Leid**
224 Seiten. Geb.

Ulrich K. Preuß
**Politische Verantwortung
und Bürgerloyalität**
295 Seiten. Broschur

Dieter Richter
Das fremde Kind
249 Seiten. 33 Abb. Leinen

Marthe Robert
Einsam wie Franz Kafka
234 Seiten. Geb.

Richard Sennett
**Verfall und Ende des
öffentlichen Lebens**
408 Seiten. Geb.
Autorität
238 Seiten. Broschur

Jean Starobinski
**Porträt des Künstlers
als Gaukler**
*Drei Essays. Mit zahl-
reichen Abbildungen
168 Seiten. Leinen*

Roberto Mangabeira Unger
Leidenschaft
*Ein Essay über Persönlichkeit
302 Seiten. Leinen*

S. Fischer